www.ingramcontent.com/pod-product-compliance
Lightning Source LLC
La Vergne TN
LVHW061347190726
843642LV00009B/3007

# 上田秋成集

全

爐邊に携へ行き、輕く片手に捧げ得べき書籍は、要するに、最も有用なる書籍なり。

ジョンソン

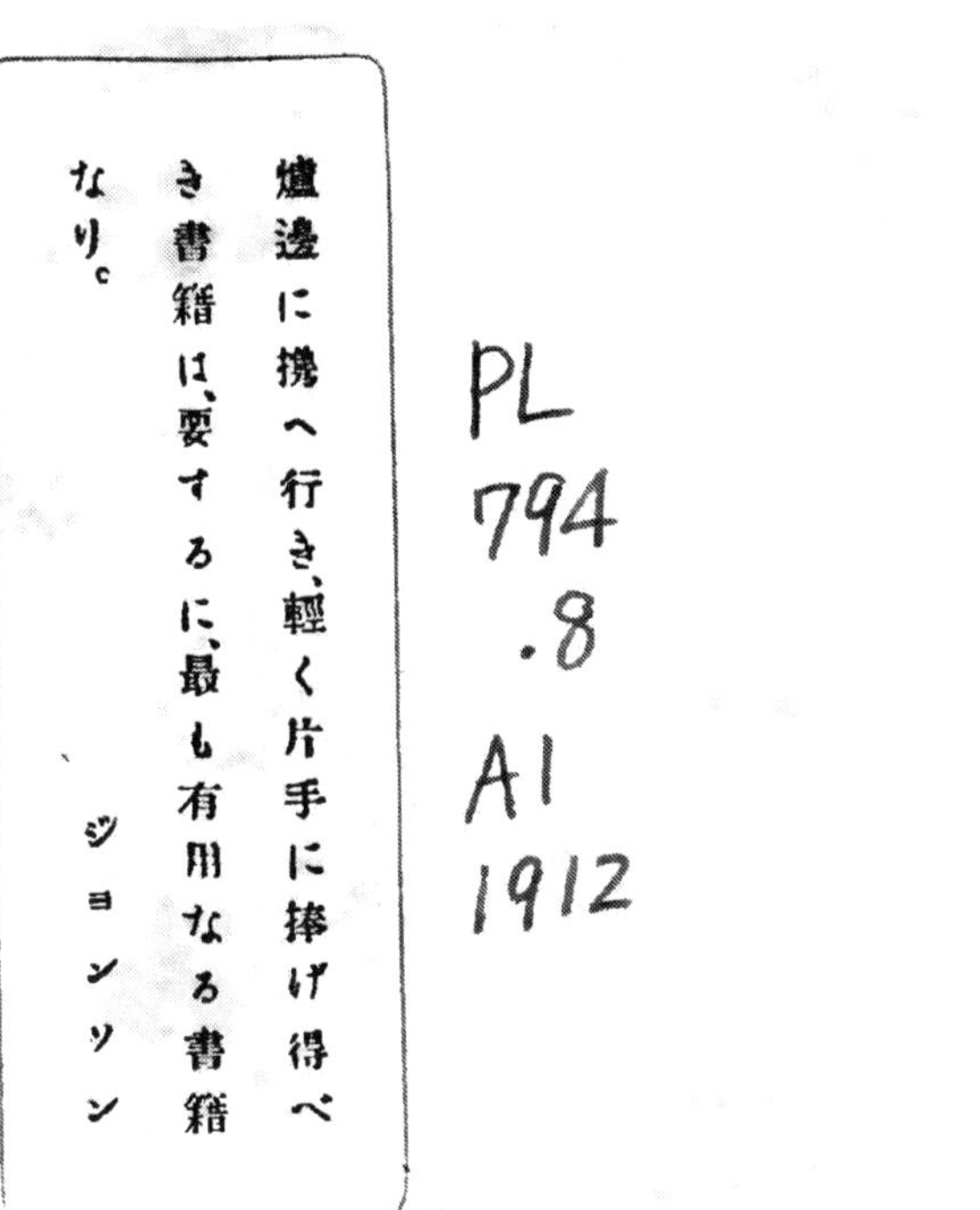

# 緒言

上田秋成は大坂の人、通稱を東作と言ひ、餘齋、無腸、剪枝畸人、和譯太郎等の號あり。加藤美樹の門に古學を修め、博聞强識、一家の見を具へ、殊に歌文に長じ、興到れば百篇立どころに成る。狷介剛愎にして世と相容れず。商となりては產を破り、醫となりては中道にして廢し、流寓轗軻、泊然たる寒生涯の裏、諷詠述作以て自ら遣れり。文化六年、七十八歳にして歿す。

秋成の作、其種類一ならずと雖も、本集には專ら其文學上の作物のみを收めたり。「諸道聽耳世間猿」「世間妾形氣」の二書は、作者壯時の戲作にして、八文字屋本の系統を追ひたるもの也。「雨月物語」は一部の小話集、其豐麗にして幽玄なる筆致は、後の讀み本作者の典範とする所、蓋し秋成の代表作也。春

雨物語」も亦一部の短篇集、或は想像を加へて史實を敍し、或は敍事に寓するに自家の感懐を以てす。「癇癖談」は、作者愛讀の「伊勢物語」に擬したる秋成一流の批評錄、白眼一世を藐視せる作者の面目を觀るべし。「藤簍册子」は歌文集にして門人の編纂にかゝる。

本集に收むる所は、何れも原本によりて校訂し、送假名を統一し、假名遣は主として歷史的假名遣に據れり。然れども、用字語格等に關しては、妄りに改竄を加へず。

尙ほ「春雨物語」は、京都帝國大學講師富岡謙三氏の厚意により本書に收むる事を得たり。玆に記して謝意を表す。

大正元年八月　校訂者　永井一孝

# 諸道聽耳世間猿序

彼賢人の仲間法度に、僞めきし眞は語るとも、眞くさき虛《う》言は吐かぬものとや。釋迦の藏經、莊子の南華經、うそのまことの眞のうそで、おもはくは我が心より出で、人の口にかはりゆき、貂となり、鼬となる。其尾に喰ひつく世の噂を、天に口なく、婆婦のそしりはしりにも、いは猿の戒を守れば、白《こ》痴《け》狙《ざる》の指ざしにあふ。さらば屁笑の戲草を、朝三暮四の筆まめに書き聚めて、題號を聽《きゝ》耳《みゝ》世《せ》間《けん》猿《ざる》と呼ぶ事は、見《み》猿《ざる》の人の伽ともならんかし。

明和三年いぬのとし

浪華　和譯太郎

# 上田秋成集目錄

## 諸道聽耳世間猿


序……一

〇一之卷

第一回　要害は間に合はぬ町人の城廓……一
先祖の武勇は商の懸引浪人の
算盤は指南に二一天作の五百石

第二回　貧乏は神とゞまり在す裏貸家……八
ひとり娘を犧牲にする〻そなへた
百燈より祓ひ出す女房の邪神

第三回　文盲は昔づくりの家藏……一四
我が目利して買ふ道具は心もとない
凌雲の榜隱居の異見に夜は瞽の茶器

〇二之卷

第一回　孝行は力ありたけの相撲取……二五
稼ぐ肩脊も弟が骨うづき跡から扇ぐ
かち荷物は小山に近き古市の澁團扇

第二回　宗旨は一向目の見えぬ信心者……三三
看經に義太夫節はこつはいな二十
四輩に先だつ子供は白骨の御文

第三回　呑こみは鬼一口の色茶屋……四〇
擊てどもならぬ內證は冬も裸
の男舞笑ふも道理附髮の門違

〇三之卷

第一回　器量は見るに煩惱の雨舍り……四七

濡るゝ袂に玉襷は小比丘尼がつか
ふ薙刀逃げるが勝は町人の奥の手
第二回　身過はあぶない輕業の口上……五三
鳴いて悔しき麝香の見世物乗合に見
立てられた人相は大津八町の打身藥
第三回　雀は百まで舞子の年寄……六三
どこぞがめいる坊主客にいひがかりの
卒都婆小町も尻はつまらぬ若衆の惣嫁

○四之巻

第一回　兄弟は氣の合はぬ他人の始……七一
傳授に拋うつ身代は輕きが上の
麻衣に染め替へし身は三吉野の奥
第二回　評判は黒吉の役者付あひ……七七
顔見世はづれた江戸下は時知らぬ富
士の峰より越すに越されぬ五十三次



第三回　公界は既に三年の喪服……八四
唐と倭の汐あひは暖饅頭屋がめ
うと中そなた百迄名月の丹藥

○五之巻

第一回　昔は抹香烟たからぬ夜噺……九三
しまつに困る古狐もうま臭い趣向
の捨罠にかゝる遊は下野の殺生石
第二回　祈禱はなでこむ天狗の羽帚……九九
あがる御鬮にてんぼの皮一杯はまる
西代の深田は夫よ昔の猪股の小平六
第三回　浮氣は一花嵯峨野の片折戸……一〇八
大盜人の今同心は殊勝げのなき
古筆の贋物都の錦は故郷の歸咲

# 世間妾形氣


序……………………一一七

○卷之一

第一　人ごころ……………………一一九
汲みてしられぬ朧夜の酒宴轉び
あふたお手枕は山科の紙蚊帳

第二　やあらめでたや……………………一二六
元日の拾子が福力三人の
聟がねに一人は得心の男妾

第三　織姫の……………………一三五
ほつとり者は取つて置の玉手箱喰明
けたあれ鼠なはらひ給へ竈の守神

○卷之二

第一　雛の酒……………………一四二
所は山路の肝いり嬶が附親音な
入れし忍の勤は夫のための假著

第二　敷金の……………………一五〇
二百兩は明いた口へ燒餅屋うま過
ぎた媒も跡は火のふる兩國の花火

第三　若後家の……………………一五六
寺參はてつきり仕立物屋が宿
替うはさの高い東山の六本杉

○卷之三

第一　武士の……………………一六五
矢たけ心もつまる所は金討つに
うたれぬ敵に尋ね逢うた部屋廻

第二　米市は……………………一七二

日本一の大湊に買積の思入空だのめなる身の末は八丈の海賊
第三　二度の勤は……一八〇
定めなき世は蜆川の淵瀬書置のまことを反古にせぬ女髪結

○巻之四

第一　息子の……一八九
心はてりふりしれぬ狐の嫁入つまられた尾の玉つくりは親里
第二　一人娘の……一九六
奢は末のかれた黄金竹赫夜姫にはあらぬ今の世の小町形氣
第三　貧苦に……二〇三
身なしぼる油扇の綸水の流と人の身はしれがたき深草の歌比丘

# 雨月物語

序……二二一

○巻之一

白峯……二二三
菊花の約……二三五

○巻之二

淺茅が宿……二三九
夢應の鯉魚……二五二

○巻之三

佛法僧……二六一
吉備津の釜……二七一

○巻之四

蛇性の淫……二八五

○卷之五

青頭巾……三二一
貧福論……三三一

春雨物語

序……三三三
一　血かたびら……三三五
二　天津處女……三四五
三　海賊……三五〇
四　目一つの神……三五八
五　樊噲……三六三

癇癖談

自序……三八一
竹窓書簡……三八二
上……三八三
下……三九九
跋……四一五

藤簍冊子

自序……四一七
序……四一九
附言……四二二

○卷之一

藻屑(屛風歌七十首)……四二五

○卷之二上

春歌……四三三
夏歌……四五一
秋歌……四五九

〇卷之二下

冬歌……四七三
雜歌……四八四

〇卷之三

秋山記……五二三

〇卷之四

序……五五三
落葉……五五五
十雨言(其一)……五五六
十雨言(其二)……五六〇
花園……五六二
年木……五六六
御嶽さうじ……五六八
初秋……五八一
中秋……五八三
月の前……五八五
劔の舞……五九一

〇卷之五

水無瀬川……五九七
郝廉留錢……五九七
古戰場……六〇一
聽雪(其一)……六〇五
聽雪(其二)……六〇八
擬李太白春夜宴桃園序……六一〇
故郷……六一三
硯の銘……六一八
風鈴……六一九
枕の硯……六二一
覆舟硯……六三〇
雨かはづ……六三〇

旌孝記……六三六

○卷之六

鶉居(其一)……六四一
鶉居(其二)……六四六
こな梅……六五二
嵐山夕曉……六五六
秋芽……六六〇
枕の流……六六四
三餘……六六八
よもつ文……六六九

○附錄

露分衣……六七五
夏野の露……六八一
後序……六八六

# 諸道聽耳世間猿 一之巻

上田秋成著

金一百疋—疋は二十五文

七星壇—北斗七星を祭り風を祈る壇

## 第一回 要害《えうがい》は間に合はぬ町人の城廓《じやうくわく》

それ治《をさ》まれる代《よ》の弓は弦《つる》をはづし、槍《やり》は鞘《さや》に銹《さ》びついて、古道具屋《ふるだうぐや》に幾世經《いくよへ》ぬらん。我見ても久《ひさ》しくなりぬるが、金《きん》百疋《ぴき》に負《ま》けてくれまいかと、一僕《ぼく》つれたお侍《さむらひ》が、その槍《やり》でまさかのときは、殿《との》の御役《おんやく》にたつ事か。今の世は城《しろ》より算盤《そろはん》を枕《まくら》にして、御馬《おうま》の先《さき》で、銀借《かねか》る工面《くめん》。今年《ことし》の二百十日《か》は暴《あ》れよかし、御藏米《おくらまい》を直段《ねだん》よく賣拂《うりはら》うて、天晴《あつぱれ》の感狀《かんじやう》に預《あづ》からんと、七星壇《せいだん》に風《かぜ》を祈《いの》り、先納銀《せんなふぎん》の催促《さいそく》に、町人が詰《つ》め懸《か》けても、樓門《ろうもん》に琴《こと》を挑《な》らしての請答《うけこたへ》、これを忠武侯諸譯發明《しよわけはつめい》の臣《しん》とはいふなり。昔は町人百姓とても武藝《ぶげい》を勵《はげ》みしと見えて、小西攝津守《こにしせつつのかみ》は堺《さかひ》の町人より一國一城の主《ぬし》になりたるとかや。其末の分《わか》れの家に小《こ》

小西攝津守
—行長

西《にし》三十郎《らう》とて、今《いま》に堺の大小路《だいせうち》に角屋《かどや》敷《しき》を構《かま》へし藥種問屋《やくしゆどひや》、主人《あるじ》の三十郎《らう》は未だ若年《じやくねん》ながら、先祖《せんぞ》の武勇《ぶゆう》を慕《した》ひ、軍學《ぐんがく》を好みて不斷《ふだん》一刀《たう》を佩《さ》しはさみ、居間《ゐま》には城取《しろどり》の砂物《すなもの》をつくりて、兵書《へいしよ》あまた机《つくゑ》に充滿《みちみ》ち、明暮《あけくれ》孫吳《そんご》が奇計《きけい》を感《かん》じ、かねては大祿《たいろく》も戴《いたゞ》く望《のぞみ》。萬事の物好《ものずき》猛々《たけ〴〵》しく、一里出《で》るにも鷹匠《たかじやう》足袋《たび》に武者草鞋《むしやわらじ》、肌《はだ》の守袋《まもりぶくろ》には一寸八歩の念《ねん》じ佛《ぶつ》、刀《たう》刄段々壞《じんだん〴〵ゑ》の御誓《おんちひ》忘《わす》れさせ給ふなと、すはといふ時身《み》がはりに立つて貰《もら》ふ心當《こゝろあて》、立《た》つにも居《ゐ》るにも身《み》を放《はな》さず。店の勘定藥種《かんぢやうやくしゆ》の高下《かうげ》も知《し》らねば近所の交際《つきあひ》も絶えて、毎夜《まいよ》の咄《はな》し伽《とぎ》には、町内の端《はし》に店《たな》がりして居《ゐ》る甲州浪人《がふしうらうにん》山本勘六が方へ仕《じ》かけて、さま〴〵兵法《へいはふ》を論《ろん》じ、手前《てまへ》先祖の小西攝津守《せつつのかみ》は賣人《ばいにん》の家より起《おこ》りて、武威《ぶゐ》を朝鮮國まで輝《かゞや》かせし英雄《えいゆう》。其《その》許の先祖山本勘介殿《どの》は、木曾《きそ》の山林より出で軍功《ぐんこう》を北國の雪《ゆき》に積《つ》みし勇者《ゆうしや》。其末《そのすゑ》の其許《そのもと》、我等《われら》、かく御懇意《ごこんい》に御出合《おであひ》申すも、兵《つはもの》の交賴母《たのも》しう存じますと、威儀《ゐぎ》を正《たゞ》して言ひ並ぶれば、此勘《かん》六は武士《ぶし》の腹《はら》に生《う》まれながら、生得《しやうとく》劒術を嫌《きら》ひ、不鍛鍊《ふたんれん》ゆゑ、浪人のよすがに手習十露盤《そろばん》の指南《しなん》して、何ぞ壹貫目《くわんめ》くひためたらば、商人《あきんど》とも出《で》かけるつもりなれば、三十郎《らう》が軍學咄《ぐんがくはなし》をとんと面白からねど、浪人といふ名《な》に恥《は》ぢて、いか樣《さま》互に先祖は武《ぶ》勇《ゆう》の家。併《しか》し攝津守殿《せつつのかみどの》は、手前《てまへ》先祖勘介《かんすけ》よりは御大身《ごたいしん》ほど有つて、器量《きりやう》ははるかに勝《まさ》つた

八陣の法—諸葛孔明の作りし陣形
才覺—工面
繩張—地取
大手—城の表門
搦手—城の裏門

大將かと存じまするは、今日の其許《そのもと》の身《み》分《ぶん》藥種問屋《やくしゆといや》で、安樂《あんらく》に暮さるゝといふは、是全く先祖の餘光《よくわう》、孔明《こうめい》が八陣《ぢん》の法を殘《のこ》せしに似《に》て、天晴《あつぱれ》の大將。先祖《せんぞ》の勘介《かんすけ》などは、我は發明《はつめい》にもござつたれど、子孫《しそん》の爲に才覺《さいかく》のわるい男。只今私浪人《らうにん》の身過《みすぎ》に、先祖《せんぞ》の家業《かげふ》ぢやとて、柴苅《しばかり》も出來《でき》ませぬ。まだしも眼《め》も足も滿足《まんぞく》に產れたが仕合《しあはせ》。左樣《さやう》では御座らぬかといはるゝを、三十郎《らう》怪《け》しからぬ顏《かほ》にて、それは何《どう》した仰せられ分《ぶん》、家業《かげふ》の藥種《やくしゆ》などは、町人の所作《しよさ》、羨《うらや》むに足《た》らず。又先祖の小西行重《こにしゆきしげ》は、もつとも一旦大國《たんたいこく》は領《りやう》したれど、いはゞ猛將《まうしやう》と申すもの。勘介殿《かんすけどの》は陪臣《ばいしん》にて終《をは》られしかど、名は一天下に隱《かく》れなき軍《ぐん》師《し》。既に手前が居宅《ゐたく》を去年建直《たてなほ》しましたが、あの地取《ぢどり》を御覽《ごらん》なされて下されし。あれが勘介殿《かんすけどの》の流義の繩張《なははり》でござる。大小路《だいせうじ》通《とほり》を大手《おほて》といたし、軒高《のきたか》く兩店《りやうみせ》に開《ひら》きて、中《なか》をとり放《はな》し、寄り來る商人物買《あきうどものかひ》を引《ひつ》つゝまんず手段《しゆだん》、横町《よこちやう》は搦手《からめて》、溝《みぞ》をふかめ、駒《こま》よせ[illegible]《かつし》とうち、溝板《みぞいた》は夜々《よる〳〵》繰引《くりびき》にいたし置きました。其外座敷《ざしき》內藏《うちぐら》などにも、寸志ばかり計略《けいりやく》をはかり置きましたれど、むさと人に洩《もら》さん事を存じまして、大工日雇《だいくひよう》どもにも他言《たごん》いたさせぬため、神文《しんもん》を取《と》りましたと、理屈《りくつ》がましく罵《のゝし》るに、勘六こらへ難《か》ねて、それはわるい御合點《ごがてん》。此太平の御代《みよ》に、さまで要害《えうがい》をなされいでも氣遣《きづかひ》はござらぬ。今日の

一腰—太刀一本
五郎政宗—鎌倉五郎正宗作の名刀
熨斗目—德川時代の禮服

軍法は店の勘定《かんぢやう》の懸引《かけひき》、藥種《やくしゆ》の高下《かうげ》をはかりて賣買《ばいばい》めさるゝが、孔明《こうめい》より楠《くすのき》より、智《ち》勇兼《ゆうか》ね備《そな》へた大將《たいしやう》と申すもの、手前《てまへ》などが如く、算學《さんがく》では富士《ふじ》の山を崩《くづ》して海を埋《う》めれば、何《なん》十里《り》が間は田地《でんち》になりて、作物《さくもつ》が如何《いか》程《ほど》あがると迄は割出しますれど、元手《もとで》のない悲《かな》しさは、此活計《このくらし》を仕る。世には腹心《はらごころ》の淋《さび》しい程、無念《むねん》な事はござらぬ。向後《きやうご》は軍學《ぐんがく》を止《や》めて、ちと算學《さんがく》をなされたが、肝要《かんえう》との異見得心《とくしん》せず。はてさて御浪人《ごらうにん》とも覺えぬ。商賣《しやうばい》の懸引《かけひき》は手代《てだい》共《ども》が居《ゐ》ますれば、拙者が仕るに及ばず、帳面《ちやうめん》も證文《しようもん》も此一腰《こし》で相濟《す》む事。もし約束《やくそく》を變《へん》ずる者には、心覺《おぼえ》の五郎政宗《まさむね》一尺八寸、胸元《むなもと》へさし付けて、貸《か》した借《か》らぬの是非《ぜひ》を明白に白狀《はくじやう》いたさせます。腰《こし》の拔《ぬ》けた素町人《すちやうにん》めらの事なれば、命《いのち》にかへては陳《ちん》じ申さぬと、兼々《かねゞ》謀《はか》りをりますれば、ちつとも心を用ひるに及ばず。はて其許《そのもと》の御先祖勘介殿《どの》は、左樣な卑劣《ひれつ》な武士《ぶし》では無かつたに、是を思へば楠《くすのき》は三代の忠臣《ちうしん》、嗚呼《ああ》と嘆《たん》じて其後は咄《はなし》にも來《こ》ざりけり。扨勘六《かんろく》は算學《さんがく》に達して萬事《ばんじ》發明《はつめい》なる男と、取《とり》つぎせし者ありて、去《さ》る西國《さいこく》の御大家《ごたいけ》へ五十人扶持《にんぶち》にて、勘定方《かんぢやうかた》を兼《かね》ねて金役人《かねやくにん》のあり付《つ》き、出《しゆつ》立《たつ》の日、熨斗目《のしめ》、大小立派《だいせうりつぱ》に供廻《ともまはり》美々《びゝ》しく、小西《こにし》三十郎《らう》が方へ案内乞《あんないこ》うて對面《たいめん》し、拙者儀兼々《かねゞ》武《ぶ》邊《へん》もうときとて、嘲弄《てうろう》いたされしかど、かたのごとく出世《しゆつせ》仕りたり。貴殿にも

あんだら―馬鹿

かたけ賣―擔ひ商賣

すげない挨拶―なさけなき挨拶

先達《せんだつ》て御異見《ごいけん》申した如く、向後は町人相應《さうおう》の算術《さんじゆつ》を勤《つと》めて、武道《ぶだう》をお止《や》めなさるゝが肝《かん》要《えう》でござる。お氣《き》にはまゐるまいながら、又々寸志を申進《まうししん》ぜると、暇乞《いとまごひ》して出で行くを、三十郎鼻《はな》であしらひ、何と手代《てだい》共見たか、世には物好《ものずき》な大名《だいみやう》があるものぢや、あんな侍《さむらひ》に高祿《かうろく》をくれるから、我等《われら》も追付《おつつ》け天晴《あつはれ》の知行《ちぎやう》で、召出さるゝは確《たし》かな事と、夫より愈《いよ〱》兵書に眼《まなこ》を留めて、晝夜《ちうや》怠る事なく、倦《う》む日はいつも戎島《えびすじま》の波濤《はたう》へ出で、眞直《まつすぐ》な針で釣《つり》をたれ、此針に魚の懸《かゝ》る時こそ、目の明《あ》いた大名が抱《かゝへ》には來るなれと、あんだらつくして居《ゐ》る中に、手代共《てだいども》が寄つてかゝつて唐物《たうもつ》の買《か》ひこみ損《そん》に、さしもに山本勘介が繩張《なははり》も、士卒《しそつ》の爲に落城《らくじやう》して、今さら夢《ゆめ》が覺《さ》むれば、一騎討《きうち》に打ちなされてつゞく勢《せい》もなく、一家《け》一門へも面目《めんぼく》なく堺《さかひ》を立退きて、大坂の乳母《うば》が方へ便《たよ》り、やう〱殘《のこ》りし軍用金《ぐんようきん》十兩《りやう》ばかりの細元手《ほそもとで》にて、小間物《こまもの》のかたげ賣《うり》、是も口が重《おも》たうてはいかず、淨《じやう》瑠璃《るり》、物眞似《ものまね》の一つもして、面白《おもしろ》をかしう云《い》はねば、何時《いつ》行《い》つても用は無《な》いと、すげない挨拶《あいさつ》ゆゑ、俄《にはか》に道頓堀《だうとんぼり》へ入りこみ、役者《やくしや》の聲色《こわいろ》・稽古《けいこ》、まだおれが仕《し》さうなは中村吉左衛門ぢやと、立つにも居《ゐ》るにも、花は三吉野《みよしの》人は武士《ぶし》、末世《まつせ》に殘《のこ》る名こそ恥《はづ》かし。別殿《しうきの》後に逢《あ》はうと、武道《ぶだう》の意氣込《いきごみ》を忘れかね、是一つを藝《けい》にして得意方《とくいかた》をかけ廻《まは》れば、女中

お初徳兵衛―近松門左衛門作曾根崎心中の主人公
せがまれて―せまり望まれて
女楠―吉野都女楠近松氏の作
樣子―事情
身上―財産
家中―大名の家來

方が集《たか》りかゝつて、此方《こなた》はいつも堅苦《かたくる》しい吉左衛門の物眞似《ものまね》ばかりさつしやる、ちと富十郎がお初徳兵衛《はつとくべゑ》をして見《み》せさしやれと、せがまれて天窓《あたま》をかき、富十郎が女楠《をんなくすのき》でもいたしたら、寫《うつ》して御目《おめ》にかけませう。心中事《しんぢう》は何《ごう》も得《え》いたしませぬと斷《ことわり》いへば、いつもいつも同じ咄《はなし》、同じ聲色《こわいろ》ではよい商《あきなひ》も出《で》來《き》ぬから、いつそ田舎《ゐなか》へ一稼《ひとかせぎ》と思付いて、彼山本勘六を思出し、其時の異見《いけん》の深切《しんせつ》、あの方《はう》へ下つて、先非《せんぴ》を悔《く》いて頼《たの》んだら、引《ひ》きそもないものと、小間物《こまもの》仕込《しこ》みて舟便《ふなたより》に西國《さいごく》へ下り、城下《じやうか》へ入りて尋《たづ》ぬれば、勘六今は段々《だん〱》に出世《しゆつせ》して、五百石《こく》の御用人《ごようにん》。案内乞《あんないこ》うて、私《わたし》は泉州堺《せんしうさかひ》の町人小西三十郎と申す者、勘六樣《さま》にはお馴染《なじみ》、ちと樣子《やうす》ありて下りました。御逢《おあひ》なされて下さらば忝《かたじけな》しと、云入るにぞ取次《とりつぎ》して、勘六聞き届《とど》け、玄關《けんくわん》へ出でて對面《たいめん》すれば、變《かは》り果《は》てたる三十郎《らう》が姿《すがた》、何《なに》も云出さぬ先《さき》に、一より十まで涙《なみだ》を流《なが》し、御意見《ごいけん》を用ひませず、かくの仕合《しあはせ》と誤《あやま》つて改めたる口上《こうじやう》に、勘六哀《あはれ》を催《もよほ》し、扨々《さて〱》お心のつきやうが遲《おそ》さに、あつたら身上《しんじやう》を失《な》くし召されたは殘念《ざんねん》の至《いたり》。しかし悔《くや》みて返《かへ》らぬこと、馴染《なじみ》と云ひ、身共《みども》を頼《たのみ》にはる〲との下向《げかう》。隨分《ずゐぶん》と家中傍輩《かちうはうはい》へ取次《とりつぎ》して進《しん》ずべしと、懇《ねんごろ》なる詞《ことば》にぶらさがり、毎日《まいにち》々〱一家中《かちう》をかけ廻《まは》り、大分《だいぶん》の商《あきなひ》をして、かさね〲の御世話《おせわ》忝《かたじけな》しと、一禮《れい》述べて代金請《うけ》

しらざ半分直—價の不明なるは半價にて買ふこと

すあひ—周旋料

黃石公—秦の隱者下邳の圯上にて張良に兵法を授けし人

取《ど》る段《だん》に、口次《くちつぎ》して遣はしたれば、此方へ三割《わり》の口錢《こうせん》を引申すと、算用《さんよう》して渡《わた》さるゝに肝《きも》を潰《つぶ》し、是は左樣になされて下されては、いつかう足《たし》のまゐる事。有《あり》やうは此度御世《おせ》話《わ》下されし商、總高《そうたか》で二割《わり》そこらの利分《りぶん》。それを三割《わり》お引きなされては、一割《わり》の損《そん》が參りまするに、段々《だん〳〵》歎《なけ》いても聞入れず。いや〳〵、しらざ半分直《はんぶんね》といふ事《こと》がある、云《い》はゞ武士《ぶし》の存《そん》ぜぬ小間物《こまもの》、三割《わり》の口錢《こうせん》はわづかな事。よい利《り》が無《な》くて濟《す》むものかと、一向取あはぬのみか、其後は御用々々《ごよう〳〵》とて逢《あひ》もせねば、三十郎《らう》は一生の口惜淚《くちをしなみだ》、無念《むねん》や表裏侍《へうりさむらひ》めに欺《たば》かられた。過分《くわぶん》の御知行《おちぎやう》を頂《いただ》きながら、商人のすあひを取るとは、武士の風上《かざかみ》にも置けぬ奴《やつ》。損《そん》してすご〳〵歸らんより、一太刀《たち》恨《うら》みて立退かんと、義心《ぎしん》を鐵石《てつせき》に固《かた》めて付覘《つけねら》へば、時こそ到《いた》れ、山本勘六が登城《とじやう》のかへり、薄暮《うすぐれ》の木陰《こかげ》より躍出で、手《て》ごろの棒《ぼう》にて乘物《のりもの》を打碎《くだ》けば、主《ぬし》は見《み》えずあき乘物《のりもの》。こは狼藉者《らうぜきもの》と取りまく家來《けらい》を、さん〴〵に打散らせば、殘《のこ》りしは乘物《のりもの》と著替《きかへ》ばかり、智伯《ちはく》にあらぬ琥珀《こはく》の羽織《はおり》、せめては是をずんずんに引裂《さ》きしは、晉《しん》の豫讓《よじやう》が思入《おもひいれ》。われ此賊《ぞく》を討《う》たずんばと、天《てん》に誓《ちか》ひ毎日々々《まいにち〳〵》夜《よ》をこめて、城下《じやうか》はづれの土《ど》橋《はし》の上に、北斗《ほくと》を拜《はい》し待ちあかせど、馬《うま》の沓《くつ》の流るゝばかりにて、遂《つひ》に黃石公《くわうせきこう》は來らず。

兩部—本地垂跡の說をいふ

高野大師—弘法大師

四匁—一匁は一兩の六十分の一

湯津の爪櫛—古代の齒多き櫛

買がかり—

## 第二回　貧乏《びんはふ》は神とどまり在《ま》す裏貸家《うらかしや》

神は正直《しやうぢき》の頭《かうべ》にやどり給へば、佛《ほとけ》は決定往生《けつぢやうわうじやう》とて、尻《しり》の穴《あな》に心を通はせ給ふ。神佛《んぶつ》一體兩部《たいりやうぶ》とは高野大師《かうやだいし》の口車《くちぐるま》。所詮極樂《しよせんごくらく》と高天《たかま》が原《はら》は、京と大坂の違《ちがひ》にて、何方《どちら》へ行つても歡樂《くわんらく》の都なるべし。たかき屋《や》にのぼりて見れば、瓦燒《かはらや》くなる大坂の上町邊《へん》、高原《たかはら》といへるに神《かみ》とゞまりて、石《いそ》の上古太夫《かみふるたいふ》といふ神道者《しんだうしや》あり。固《もと》より唯《ゆゐ》一の貧乏《びんはふ》にて、天《あま》の岩《いは》戸《と》めきし路地《ろじ》の奥《おく》に、雨《あめ》の宮風《みやかぜ》の宮《みや》に崩《くづ》れし窓《まど》に、科戸《しなど》の風《かぜ》を防《ふせ》ぎかねて、月に四匁《もんめ》の家賃《やちん》さへ、遠《とほ》かみ恵美《ゑみ》ためはらひかねたり。女房《にようば》はおゆふとて、四十に三四毳《ふ》けたれど、爪《つま》はづれ賤《いや》しからず、夫の神心《しんじん》を受繼ぎて、湯津《ゆつ》の爪櫛《つまぐし》におくれ毛《け》を清《きよ》め、いつも八重垣《やへがき》を出でずに、しほたらと二人《ふたり》が中の稻田姫《いなたひめ》。今年《ことし》十五の桂《かつら》の眉《まゆ》、名《な》はおしでとつけて、世《よ》のうきふしの忘草《わすれぐさ》。手足《てあし》は花車《きやしや》に育《そだ》てゝも、身には汚《よご》れし古袷《ふるあはせ》、せめて質種《しちだね》あるならば、雪花菜《おかべのから》の神使《かみづかひ》、惜しいものぢやとこれ沙汰《さた》なり。親古太夫は朝《あした》に出でて暮《くれ》るまで、人の軒《のき》に祓《はら》ひ給へ、淸《きよ》き身過《みすぎ》もかほどまで、佩《さ》した鐺《こじり》のつまりしは、まだいつまでぞ八百日《やほか》ゆく、濱の眞砂《まさご》の買《かひ》がかり、なせど八百つきせねば、賴む力も夏《なつ》過ぎて、秋《あき》の頃《ころ》よりぶら

買ふことを約して代金を拂はずにあること
根の國に歸りければ—死にければ
苦界させよ—遊女にさせよ
涙ごかし—涙を流して同情あるやうに見すること
あての槌—恃とするに槌をかけたり
肝入—周旋業者

ぶら病《やまひ》。神《かみ》なし月の末《すゑ》つかた、遠《とほ》く根《ね》の國《くに》へ歸りければ、跡《あと》や枕《まくら》にとり付いて、殘《のこ》る親《おや》子《こ》が悲《かな》しみ、哀《あはれ》といふもあまりあり。野邊《のべ》の送《おくり》もやう〳〵と何賣つてやら仕舞ひしが、けふよあすよと月日《つきひ》は立つ。中陰《ちういん》過ぎてそれからは、脊中《せなか》に腹《はら》のさびしさを、替《か》へて一入《ひとしほ》涙《なみだ》なり。此鄰《このとなり》に蠅聲《さはへ》なす邪神《あしきかみ》、奉公人《ほうこうにん》の口入に生馬《いきうま》の十兵衞とて、是も此春女房《にようぼ》に分れ、鄰《となり》づからの寡鴉《やもめがらす》、かねて古太夫に娘のおしでを苦界《くがい》させよと勸《すゝ》むれど、何《な》に喰はひでも一人娘《ひとりむすめ》を傾城《けいせい》などには思もよらず。御深切《ごしんせつ》は忝《かたじけな》しと、塵灰《ちりはひ》もなくかてつけねば、掘《は》りそこなひし金の蔓《つる》と、咽《のど》かわかして暮しけるが、時こそ來《きた》れと胸工《むなだく》み、打《うち》とけてのつまらぬ咄《はなし》。鬼《おに》と思へど問はるれば、かゝらう島《しま》のなき身をば、涙《なみだ》ごかしに濡《ぬ》れられて、子ゆゑの闇《やみ》に踏《ふ》みかぶり、つひそれなりの轉寐《ころびね》は、これも神《かみ》の縁結《えんむすび》と、隔《へだて》の壁《かべ》も打ちぬいて表向《おもてむき》の女房《にようぼ》、娘とも親子《おやこ》の盃《さかづき》。十兵衞は思ふ壺《つぼ》へ引入れて、高原《たかはら》を宿替《やどがへ》して、堀江《ほりえ》の場《は》中《なな》で二間間口、娘一人《ひとり》をあての槌《つち》、銀《ぎん》壹貫目《くわんめ》を借出して、普請《ふしん》もざつと取繕《つくろ》ひ、おしでは俄《にはか》に三味線《さみせん》の稽古《けいこ》、箱風呂《はこぶろ》の洗《あら》ひみがき、鉢《はち》かつぎ姫《ひめ》が鉢《はち》のぬけたごとく、金《こがね》の橘《たちはな》、銀《しろがね》の梨子《なし》、皮薄《かはうす》で色白で、顏《かほ》だちなら物腰《ものごし》なら、いはう所もない上作物《じやうさくもの》。仲間《なかま》うちの肝入《きもいれ》共《ども》が打寄りて、十兵衞はどうした奴《やつ》、後家《ごけ》の和泉式部《いづみしきぶ》をふづくつて、穴のある小

ふづくつて—たぶらかして
崇徳院樣ほど—こは崇徳院の魔王になられしとの傳說による
紋日—祝日
西照庵—大坂天王寺の近傍にありし酒樓
汁のたらぬ—金錢の充分ならぬ
杉原—紙の名

野小町を養子《やうし》にした。あいつは平の清盛《きよもり》ぢやと、樣々《さまざま》の噂《うはさ》して、羨《うらや》まぬ者《もの》もなかりし。女房おゆふも麻《あさ》につるゝ蓬《よもぎ》ではなうて、松にまつはる捻藤根性《ねぢふぢこんじやう》に入れかはり、銀《かね》になる娘ぢやと、可愛《かあいゝ》外に慾心魔王《よくもんまわう》、崇徳院樣《すとくゐんさま》ほど爪《つめ》がのびて、おしでをして野と改《あらた》め、親の内から自賄《じまい》の藝子《げいこ》。時々は膝《ひざ》もとへ引きつけて、泉五《いづご》のお客《きやく》は高麗橋邊《かうらいはしへん》の兩替屋《りやうがへや》の番頭衆《ばんとうしゆ》。年《とし》ばいも五十近いとあれば、末頼母《たのも》しい。なんぼそなたが嫌《きら》うても、つまる紋日《もんび》は出し次第《しだい》で、節季《せつき》はいつも金《かね》參兩《りやう》づつ、文箱《ふばこ》に入れて持《もた》しておこしてなり、折節《をりふし》は内へまで仲間《なかま》の汁《しる》で、西照庵《さいせうあん》の戻《もどり》ぢやと、炙物《やきもの》を送つてくれての深切《しんせつ》。あんなお方でなければ、根《ね》がとげぬもの。拔《ぬ》けつ隱れついきたがりやる福半《ふくはん》の足下《そつか》さんとやらは、島《しま》のうち風俗《ふうぞく》のあばずれ。此間こちの門通《かどごほ》らしやる時《とき》、おりんがあれぢやというたゆゑ、格子《かうし》から見たが、髮《かみ》は今はやる竹折髷《たけをりわけ》とやらに、鶸茶繻子《ひわちやじゆす》の胸高帶《むなだかおび》で、黑紬《くろつむぎ》の羽織《はおり》に大名衆《だいみやうしゆ》の書判《かきはん》見るやうな替紋《かへもん》、重草履《かさねざうり》の尻《しり》の切れて有つた樣子《やうす》では、たんと汁《しる》のたらぬ風俗《ふうぞく》。商賣《しやうばい》は何にする人かしらねど、あの身持《みもち》では鐵漿《かね》付けでも袖結《そでつ》めでも、杉原《すぎはら》一束《そく》のあてはかなはぬ。とてもする勤《つとめ》ぢや程《ほど》に、男ぶりを擇《えら》まずと、今時《いまどき》はとれる客と見たら、眼痴《がんち》でも鼻缺《はなかけ》でも、取外《とりはづ》さぬやうに仕《し》やらねば、味噌鹽《みぞしほ》のたしにはならぬぞや。内《うち》の者共《ものども》も心得

生頰くはさるゝ—頰を打たるゝ

長髓彦を云云—長き髓を踏みのばす義、傲然たる貌

生馬の目も抜く—狡猾敏捷なること

自賄—自賄藝者

て、福半《ふくはん》から人が来《こ》うと、五度《ごど》に三度《ど》は揚《あげ》ぢやといへど、現在《げんざい》の娘さへさりとはすかさぬ人遣《づか》ひ、一人《ひとり》の子《こ》女郎《ぢよらう》が三味線《さみせん》の稽古《けいこ》するを、われは晝中《ひるなか》に高枕《たかまくら》して、長煙管《ながぎせる》べらりとくはへて、そりやそこが違《ちが》うたと、生頰《いきづら》くはさるゝすさまじさ。中々《なか〳〵》兀頂《こつちやう》の茶屋《ちやや》風呂《ふろ》屋《や》の内儀《ないぎ》でも、あの様《やう》にはないものと町中《まちなか》の取沙汰《とりざた》。昔の神ごころは何處《どこ》やらゆきて、長髓彦《ながすねひこ》を踏《ふ》みのばして人挨拶《ひとあいさつ》。天津《あまつ》こづらの憎《に》くい女房《にようば》と、誹《そし》らぬ者《もの》もなかりけり。亭《てい》主《しゆ》十兵衛はいつの頃《ころ》よりやら、めつたに神信心《かみしんじん》を仕出《しだ》し、生馬《いきうま》の目《め》も抜《ぬ》くと異名《いみやう》とつた男が、心も弱々《よわ〳〵》となりて、門口に八岐《やまた》の大蛇《をろち》を筒切《づつぎり》にしたやうな注連繩《しめなは》を引きはへて、家内《かない》には切りかけの幣《ねさ》だらけ。月《つき》に六齋《さい》の百燈《ひやくとう》、節季《せつき》の朝《あさ》でも、中臣《なかとみ》の祓《はらひ》を三座《ざ》づゝあげねば、茶粥《ちやがゆ》にもすわらず。それにつれて慈悲《じひ》深《ふか》く、嚊《かゝ》が家内《かない》を追遣《おひつか》へば、跡《あと》へまはつて詫言《わびごと》半分の猫《ねこ》なでごゑ。我判《わがはん》入れた奉公人《ほうこうにん》の親《おや》が來て、私《わたし》も段々不《ふ》仕合《しあはせ》で、又妹めも出しませねばなりませぬ。姉《あね》が居《を》ります親方殿《おやかたどの》へなりとも、談合《だんがふ》なされて下さりませと頼《たの》めば、十兵衛はにがり切つて、扨々《さて〳〵》こなたは胴慾《どうよく》な心入《こゝろいれ》ぢやのう。姉《あね》ばかりか妹まで賣《う》つて喰《く》ふとは、子の可愛《かあい》といふ事はござらぬか。わしも娘が自賄《じまへ》はたらいて居《ゐ》ますが、どうぞはやう引《ひ》かしたいと思へど、人樣《ひとさま》の世話になり、まだ借金《しやくきん》も少々《せう〳〵》あるゆゑ、それ

神樣ごかし―何事も神にかこつけること

高なしの下

までと思うて居《ゐ》ます。こなたの娘も賣りさへすれば、口錢《こうせん》の納まる事なれど、そこをとめる十兵衞ぢや。酒《さけ》もちと止《や》めさしやれ、娘《むすめ》の身の油《あぶら》を呑《の》むやうな物ぢや。錢《ぜに》壹貫《くわん》合力《がふりよく》しましよ。青物《あをもの》なりと賣《う》らしやれ。此後《このご》にも姉《あね》が方へ無心《むしん》などいうていくまいぞ。苦界《くがい》する身の肩《かた》がすぼる事ぢや。嗅《かゞ》、鹽物《しほもの》でも燒《や》いて、茶漬進《ちやづけしん》ぜてたもと涙脆《もろ》き事、杉本佐兵衞このかた。嗅《かゞ》は大森《おほもり》に出つくわした楠《くすのき》の亡魂《ばうこん》のごとく、脊中《せなか》からわめき付き、是《これ》あんだら殿《との》、よい加減《かげん》に盡《つく》さしやれ。口入商賣《くちいれしやうばい》するものが、口《くち》のはたの飯粒《いひつぶ》を拂《はら》ひ落《おと》すのみか、方《すべ》もないわろに大枚《たいまい》の錢《ぜに》を合力《がふりよく》は何事《なにごと》ぞと、疊叩《たゝみたゝ》いて熱《に》えかへるを、はてさういやんな。あの衆《しゆ》もこちらも皆天照大神《あまてらすおほがみ》のお流《なが》れぢや。まんざら他人《たにん》ではないわいのと、何《なに》事《ごと》も神樣《かみさま》ごかし。お伊勢樣《いせさま》へは年に二度《ど》づつ缺《かゝ》さず、住吉講《すみよしかう》、天神講《てんじんかう》かけ錢倒《せんたふ》れと制《せい》しても、聞《き》き耳潰《みゝつぶ》しての信心《しんじん》に、女房《にようぼ》もほつともてあまし、よう思うて見れば、わし一人《ひとり》あたふたとして、禰宜《ねぎ》神主《かんぬし》に奉公するやうなものと思案《しあん》しかへて横道遊《よこみちあそび》。春さきの樗蒲《かるた》なぶりに日が暮《く》るゝと、其まゝ袖《そで》なし羽織《はおり》引つかけて、近所鄰《きんじよとなり》の男交《をとこまじ》くら酒《さけ》うちくらうて大口噺《おほぐちばなし》。奉公人《ほうこうにん》の遣《つか》ひやうから、男を尻《しり》に敷《し》く自慢《じまん》。痔《ぢ》に灸《きう》すゑてやる氣強《きづよ》い顏《かほ》まで、高《たか》なしの下作女房《ひさくにようぼ》。夫十兵衞堪《こら》へかねて、女のあらう身持《みもち》か、そなたの今の不行義《ふぎやうぎ》を前

作女房―身上もなき賤しき女房
神たゝき―神信心
神なぶり―神いじり

の近付《ちかづき》の衆《しゆ》が見られたら、皆十兵衛が心いきが移《うつ》つたのと、そなたの科《とが》はいはいで、おれが浮名《うきな》の立つ事ぢや。さういふ心になるといふも、全《まつた》く神々《かみ〳〵》の罰《ばち》と思はるゝ。ちと神《かみ》棚《だな》でもをがんで、お詫《わび》申しやと度々《たび〳〵》の異見《いけん》に、おゆふ大きに腹《はら》を立ち、何《なん》といはしやるぞ。是《これ》が神の罰《ばち》といふ物なら、死《し》なれた古太夫殿《ふるだいふどの》はどうでござる。こなたぐらゐと違《ちが》うて、神道《しんだう》のちんぷんかんを覺《おぼ》えぬいてゐられたけれど、一生乞食同前《こじきどうぜん》で死なれたではないか、常々《つね〴〵》こなたの役《やく》にもたゝぬ神たゝきが氣にいらぬ。伊勢講《いせかう》も百燈《ひやくとう》も内證《ないしよう》の械《かい》が廻《まは》らいでなるものか。其信心《そのしんじん》に遣《つか》ひすてる錢《ぜに》は何處《どこ》から出るぞ。わしが娘《むすめ》のかげで、是程《これほど》にまで仕出《しだ》した身上《しんじやう》、こなたの物《もの》は一つもない。わしに向《むか》うて一言《ひとこと》もいはしやる事はなろまい。兎《と》てもいうたとて、神《かみ》なぶりはやめる心あるまい。神道者《しんだうしや》相應に高天《たかま》が原《はら》に似た所の高原《たかはら》へ出でていにやと、箒《はゝき》おつとり拂出《はらひいだ》せば、理《り》の當然《たうぜん》に力《ちから》なく、すご〳〵と家出《いへで》して、もとの高原《たかはら》へ宮《みや》うつし、岩戸籠《いはとごもり》の路地住居《ろじずまゐ》。木綿襷《ゆふだすき》に鈴《すゞ》打振《ふ》りて、遠かみゑみ多《た》日《め》、嚊《かゝ》めが爲に追出されまし〳〵てと、家々《いへ〳〵》の軒《のき》に立《た》ちしは、目前古太夫《ふるだいふ》が恨《うら》のなすわざと、人皆噂《うはさ》は仕《し》たりしが、男を追出す厄神女房《やくじんにようぼ》は、いつの世に酬《むく》うかしらぬ。

張良—字子房、漢の人
韓信—漢淮陰の人
土人形—世間見ずの人
律氣者
尻のつまりし—吝嗇の意

## 第三回　文盲《もんまう》は昔づくりの家蔵《いへくら》

天子《てんし》の劍《つるぎ》、宰相《さいしやう》の劍《つるぎ》はすでに沽《う》りぬ。今一口《ふり》の元師《けんする》の劍《つるぎ》有り。是《これ》を沽《か》ふ人《ひと》、先生《せんせい》ならでと、張良《ちやうりやう》の文作《もんさく》にのせられて、韓信《かんしん》是は迷惑《めいわく》となめらはれしが、西蜀《せいしよく》への通札《とほりふだ》を貰《もら》ひて、終に漢家《かんか》四百年《ねん》の基《もとゐ》を興《おこ》せしは、子房《しはう》の目利《めきゝ》のはづれぬ所。なんぞ方寸《はうすん》の器物《きぶつ》を見きはめたりとて、目《め》利者《きゝもの》とはいふべからず。年々《としぐ》の相場《さうは》に身上《しんじやう》は乘《の》つて、北濱《きたはま》の米問屋《こめどひや》に大《だい》豆屋《づや》七兵衛とて、家作《やづくり》も昔もの〻高等親父《おやぢ》。家内二十人暮《ぐらし》にて、降《ふ》つても照《て》つても、年《ねん》分《ぶん》に千兩《せんりやう》づつは、延《の》びてゆく鼻毛《はなけ》のあまり、ひとり息子《むすこ》七三郎は甘茶育《あまちやそだち》にて、釋迦《しやか》でもくはぬいき過者《すぎもの》。一度《ど》聞いた事はちんぷんかんでも遁《のが》さねば、耳塚《みゝづか》と異名を付けて、息《なす》子《こ》中《なか》での憎者也《にくみものなり》。親七兵衛は根《ね》から土人形《つちにんぎやう》にて、世間に何がはやらうとも、江戸合羽《かつは》の煙草入《たばこいれ》に、茶紬《ちやつむぎ》の置頭巾《おきづきん》にて、店《みせ》から臺所《だいどころ》のきまりを心がけ、芝居《しばゐ》遊山《ゆさん》は身がなまけると嫌《きら》ひ、茶《ちや》の湯《ゆ》の茶《ちや》は澁《しぶ》うて呑《の》まれぬと、一俵《ぺう》十二匁の丹波茶《たんばちや》に、吉野《よしの》榧《がや》の菓子《くわし》にて尻《しり》のつまりし身持《みもち》。朝鮮人《てうせんじん》を三度《ど》見たよりは、咄《はなし》のない男ぞかし。斯程《かほど》の老武者《らうむしや》根城《ねじろ》もよく持固めたれは、最早《もはや》七十に近《ちか》きとて隱居《いんきよ》の望《のぞみ》、法體《ほつたい》して名を大愚《だいぐ》と改められ、七三郎

洞濟二派—禪宗の曹洞宗臨濟宗

乍麼生、什麼—兩者ともに如何の義

凌雲臺—魏明帝が洛陽孟津に築かれし樓

韋誕—字韋仲將魏の書家

は七郎右衛門と呼ばれて、我代知りたる顔《かほ》にもつばら禪學《ぜんがく》に誇《ほこ》り、洞濟二派《とうさいは》の悟錄《ごろく》に眼《まなこ》を止《せき》めるより、自然《しぜん》と心高慢《たかぶ》り、米市場《こめいちば》に拂子《ほつす》をふり立てゝ、乍麼生《そもさん》か千俵賣らう、什《いん》麼《も》三千買《か》うなどと、えしらぬ言葉をつかひ、僕兒《でつち》少婦《こめろ》が茶碗《ちやわん》一つ破《わ》りしをも、喝《かつ》と叫《さけ》んで、三十棒《ぼう》を打ちけるにぞ、半季《はんき》究《きは》めの奉公人《ほうこうにん》は、中戸《なかど》の喀板《かつぱん》を打つて、放參《はうさん》〱と障《さはり》をとりにける。付合《つきあひ》が廣《ひろ》がるにつけて、近頃より夢想國師《むさうこくし》の流《ながれ》にふみかぶり、雪《ゆき》の朝茶《あさちや》、春の夜咄《よばなし》と、頻《しきり》に古い物好《ものずき》になりて、生きた萬寶全書《まんぽうぜんしよ》とそやされて、目利《めきゝ》がる事すさまじ。上町邊《へん》の書物屋《しよもつや》菊亭《きくてい》といふ發明者《はつめいしや》、門口《かどぐち》の這入《はい》らぬ程な掛物箱《かけものばこ》を持つて來て、旦那《だんな》、此間はお見舞申しませぬ、此横物《このよこもの》は唐筆《たうひつ》でござりますが、けしからぬ見事に見えますれど名印《ないん》がないゆゑ、誰《たれ》ぢややら知れませぬと、出して見すれば、七郎右衛門一目見るよりせゝら笑《わら》ひ、そちも此樣《このやう》な古筆《こひつ》を商《あきな》はうと思はゞ、ちと心懸《こゝろがけ》たがよい。是《これ》は魏《ぎ》の明帝《めいてい》の築《きづ》かれし凌雲臺《りようんだい》の額《がく》ぢや。此樓《このろう》を築《つ》く時、あやまりて額《がく》を釘《くぎ》にて打付けたゆゑ、文字《もじ》を書くに、韋誕《ゐたん》といふ能書《のうしよ》を轆轤《ろくろ》にて釣上げて書かせられたが、地より高《たか》き事廿五丈ありしよし、韋誕《ゐたん》恐《おそ》れて白髮《はくはつ》となつたとあるが、其額《そのがく》のまくりと見《み》える。魏《ぎ》と唐《たう》とは、唐は餘《よ》程後《ほどあと》ぢやのに、唐筆《たうひつ》とは書林《しよりん》にいふまじき文盲《もんまう》としかられて、是はしたり、根から存じ

相口—七首
庵に木瓜—紋形
まげられた—質入せられたる

ませぬ。あなたにお目《め》にかけたればこそ、きつとわかりました。是《これ》は魏《ぎ》といふ國《くに》の人の書《か》いたのでござりますか、私《わし》は魏筆《ぎひつ》といふは贋物《にせもの》の事と存じてをりました。左様《さやう》なら古い物でござります。お目利《めきゝ》の上《うへ》なれば、よいやうに買《か》うて下さりませといふにぞ、いか樣此文《さまこのも》字《じ》の震《ふる》うた所が面白《おもしろ》い。おれがきはめて安《やす》うも買はれまい。金子《きんす》廿兩《りやう》に買つてやらうといはるゝに、菊亭《きくてい》それでは口錢《こうせん》がござりませねど、旦那《だんな》に見てもらひまして、高《たか》うも申されまいと置いていねば、跡《あと》へ壹丁目《め》筋《すぢ》の刀屋《かたなや》が、旦那《だんな》、あなたでなければ、知れぬ物が出《で》ましたと、朱鞘《しゆざや》の相口《あひくち》を出《いだ》して、是《これ》に庵《いほり》に木瓜《もくかう》の目貫《めぬき》がかけてござりますが、此《この》紋《もん》はまへかどに海老藏《ゑびざう》が來た時見ました、曾我兄弟《そがきやうだい》の紋所《もんどころ》かと存じます。めつたに古《ふる》う見えますれば、もし昔の曾我殿《そがどの》がつまらぬ大晦日《おほみそか》にまげられた質屋《しちや》の流《ながれ》ではあるまいか、御覽《ごらん》じて下さりませと指出《さしいだ》すを、七郎右衛門とつて倩々《つくづく》見て、是《これ》を曾我兄弟《そがきやうだい》が所持《しよぢ》とまでは氣が付いても、どういふわけと云ふ事は、壹丁目《め》の拵屋《こしらへや》の目は及ぶまい・是《これ》こそ曾《そ》我《が》の時宗《ときむね》が箱王丸《はこわうまろ》の昔、箱根《はこね》の別當《べつたう》の許《もと》にて、敵工藤左《かたきくどうさ》衛門《ゑもん》に始《はじ》めて對面《たいめん》せし時、祐經《すけつね》より箱王《はこわう》に遣《つか》はせし、赤木《あかぎ》の柄《つか》の差添《さしぞへ》ぢや。身も格別にはないが、出所《でどころ》が面白《おもしろ》い。銀《ぎん》廿枚《まい》なら置いていにやといはるゝに、さても〳〵學文知《がくもんし》らぬ者《もの》は、曾我《そが》とまでは氣がつい

腹脹ども—慾深き人
永德—狩野永德
德乘—後藤德乘
瀧本—八幡瀧本坊
楊貴妃—名太眞唐玄宗の妃

ても、根抜《ねぬけ》がいたしませぬゆゑ、旦那《だんな》に廿枚《まい》で掘《ほり》出されたと、銀《ぎん》受取つて歸《かへ》りぬ。とかく道具屋《だうぐや》で知れぬ物《もの》は、此先生に持つて來て、目利《めきゝ》して買《か》うてもらうとは、商人《あきうど》の軍《ぐん》法《はふ》、大豆屋の城《しろ》を賣《う》りおとさんとぞ謀《はか》りける。ある時、伏見町加賀屋《かがや》何某《なにがし》が方《かた》にて、道《だう》具會《ぐくわい》ありて、諸方《しよはう》の腹脹《はらふくれ》ども打寄つて、倦《あ》いた道具《だうぐ》は持つて出《い》で、珍《めづら》しき物《もの》をとかゝりける。永德《えいとく》の三幅對《さんぷくつゐ》、德乘《とくじよう》が緣《ふち》がしら、砧《きぬた》の水指《みづさし》、瀧本《たきもと》の自畫讃《じぐわさん》、淺黄《あさぎ》印金《いんきん》が一尺四方、高麗茶碗《かうらいちやわん》、楊貴妃《やうきひ》の天冠《てんくわん》、定家卿《ていかきやう》の鼻鑷《はなけぬき》、法然上人《はふねんしやうにん》の尿瓶《しびん》まで、それ〲に糶《せり》分けて、市《いち》大きにはづみけり。かゝる中《なか》に六十有餘《いうよ》の老人、山繭紬《やままゆつむぎ》の服太《ふくたい》に鼠小紋《ねずみこもん》羽織《はおり》も綿《わた》のおちつきし人柄《ひとがら》。私《わし》もちと拂《はら》ひたい物がござると、二重切《にぢうきれ》の花活《はないけ》に朱棗器《しゆなつめ》一つ出されければ、何れも見て廻《まは》し、まづ花活《はないけ》は銀五兩にをさまり、茶器《ちやき》は銀二兩より糶《せ》りけるに、いや〱それはあまりなりと引きこめらるれば、段々《だん〲》糶《せりあ》上げて金《きん》百疋《ぴき》につけゝれば、なんと御隱居《ごいんきよ》、もうよい直段《ねだん》でござりますが、お放しなされませぬかと問《と》へば、いや〱お目《め》に入らねば是非《ぜひ》なし、手前了簡《てまへれうけん》とは餘程《よほど》相違《さうゐ》いたすと取りあへねば、はてなあ、見た所がさして名物《めいぶつ》とも見えず、少々なれも見ゆれば、よい拂直段《はらひねだん》であらうにといへど、ただ默然《もくぜん》と返事《へんじ》せられず。大豆屋《だいづや》七郎右衛門床脇《とこわき》より遙《はる》かに、御隱居《ごいんきよ》、御道具《おだうぐ》今一度御見《おみ》

連城の璧—和氏の璧其價は連城よりも貴しといへるに依る
鹽瀬—絹布の名、袱紗の義
なれ—長き年月の使用より生ずる

せなされと、道具屋《だうぐや》に取りつがせ、暫《しばら》く眺入《ながめい》つて、是《これ》はちと存《ぞん》じよりもあれば、私《わし》が申請《う》けませう。御不足《ごふそく》ながら金子《きんす》八十兩《りやう》に負《ま》けて下《くだ》されまいかといへば、其時老人手《て》を打つて、さても〳〵、こなた樣《さま》はお若《わか》いが、道具《だうぐ》をお好《すき》なさるゝと見えて、天晴《あつはれ》のお目利《めきゝ》、八十兩《りやう》では賣損《うりそん》がまゐれど、斯列《かうなら》んでござる道具屋衆《だうぐやしゆ》も、金《きん》百疋相應《ひきさうおう》と仰られた物《もの》を、飛んで大金《たいきん》にお付けなさるゝは、此道具《このだうぐ》の素性《すじやう》御覽《ごらん》なされての事なれば、負《ま》けて進《しん》ぜませうといはるゝに、一座大に興《きよう》を醒《さま》し、是はどうした名物《めいぶつ》と、明いた口ふさがねば、七郎右衛門したり顏《がほ》にて、いかさま千兩道具《せんりやうだうぐ》を小金《こがね》にまけて下《くだ》さるゝは、甚《はなは》だ身にとつて大慶《たいけい》にこそござれば、連城《れんじやう》の璧《たま》も見《み》るものがござらいでは、瓦礫《ぐわれき》も同前《どうぜん》。これは室町殿《むろまちでん》の御《ご》重寶《ちようはう》曙《あけぼの》といふ茶器《ちやき》でござりますかと存ずる。ちと見所あつて申す事ぢやが、左樣《さやう》でござりますかといへば、いかにも曙《あけぼの》の名器《めいき》でござると、臺所《だいどころ》から取寄せるは七重《なゝへ》の服紗《ふくさ》十重《とへ》の箱《はこ》に、滿座《まんざ》の道具屋《だうぐや》も素人衆《しろとしゆ》も、是はと驚《おどろ》きもみでにて、七郎右衛門樣《さま》、御目利《おめきゝ》の名物《めいぶつ》、今《いま》一度拜見《はいけん》いたし申したしと、懷《ふところ》から嗜《たしなみ》の鹽瀬《しほぜ》取出すやら、手水遣《てうづつかひ》に立つやら、手《て》に取つて見れば見《み》る程、めつたにしほらしく見《み》え、少《すこ》しのなれといひしまで、爰《こゝ》がどういはれぬ所と、寄りこぞりて譽《ほ》めそやすに、老人重《かさ》ねてお素人方《しろうとがた》はともあれ、歷《れき》

品物のつかれ、手ずれなどの義

しらけて―興さめて

歷《れき》の道具屋衆《だうぐやしゆ》がござるが、いづれもの目利《めきゝ》で求《もと》めさつしやる衆《しゆ》が、大坂中にはあまたござらうが、今夕《こんゆふ》の體《てい》では、いつかう目《め》の明いた衆《しゆ》は一人《ひとり》も見えませぬ。向後は七郎右衛門殿《どの》をお頼《たの》み申して、道具《だうぐ》の素性《すじやう》も見習はつしやるが、貴様《きさま》方の家業《かげふ》といふ物ぢやと、あくまで悪口《あくこう》せられても、一言の返答《へんたふ》するものなく、一座しらけて其夜《そのよ》の會《くわい》は果《は》て、皆面《めん》目《ぼく》を失ひ歸《かへ》りけり。是よりも此沙汰が廣くなりて、京堺にも聞えければ、去《さ》る御大家《おたいけ》より聞及ばれ、其曙《あけぼの》の茶器《ちやき》は、故ありて先祖《せんぞ》より此方《こなた》の家に所持《しよぢ》する所、又々此度賣物《はいぶつ》に出でたりとは、其意を得《え》ず。しかし何《いづ》れか眞僞《しんぎ》とも定めがたければとて、大豆屋《だいづや》へ使《し》者《しや》を立てられ、目利所《めきゝどころ》をもつて改めさせられしに、並《なら》べては若干《そこばく》の違《ちがひ》にて、御傳來《ごでんらい》もたしかに極《きは》め、數札《すきつ》の證據《しようこ》もあれば、大豆屋《だいづや》の茶器《ちやき》は、丸薬入《ぐわんやくいり》にも劣りて見ゆるにぞ、又此噂《うはさ》が廣《ひろ》くなりて、目利《めきゝ》が違《ちが》ひしとて、七郎右衛門が異名を目違先生《めちがひせんせい》といひはやしぬ。隱《いん》居大愚《きよだいぐ》此樣子《このやうす》を聞及ばれ、大きに腹立《ふくりふ》し、七郎右衛門を呼付け、いらざる目利自慢《めきゝじまん》より大分の金銀《きんぎん》を費《つひや》すのみか、人に笑《わら》はれて大恥《おほはぢ》の名《な》をとりし事、もと商人《しやうにん》の道を忘れたるよりの事なり。町人は算筆《さんぴつ》とて外の事《こと》はきつと嗜《たしな》みて家業《かげふ》をつとめ、無用《むよう》の目利《めきゝ》いたすべからずと、席《せき》をうつて叱《しか》りつけ、隱居《いんきよ》へ歸《かへ》られぬ。七郎右衛門跡《あと》を見送り手鼓《てつゞみ》の中音《ちうおん》

にて、うたひ卑《いや》しき海士《あま》の胎内《たいない》にやどりてと、謳《うた》はれしはいかい白痴《たはけ》の。

參や晉なり
—論語五卷
にあり晉は
遲鈍の義
茶火れば—
死なれば
俊成—藤原
俊成
排—優劣な
きこと
白い齒見せ
すに 笑ず
嚴格に
伯人—遊女

# 諸道聽耳世間猿 二之卷

## 第一囘 孝行《かうかう》は力ありたけの相撲取《すまふとり》

孔子《こうし》の參《しん》や晉《ろ》なりと仰せられたは、曾子《そうし》はちとうまひとの悪口《わるくち》。其曾子《そうし》は孝經《かうきやう》の作者《さくしや》なれば、孝行《かうかう》もちとまへめでなければならぬ事と、唐繪《からゑ》の竹ゐがく生過者《いきすぎもの》が呑みこみ違《ちが》ひ、茶火《やか》ねばなほらぬものぞかし。枝折《しを》る栞《しをり》は誰《た》がためぞと、捨《す》てらるゝ親《おや》の方《はう》から、捨《す》ていぬる磔柱《はりつけはしら》めにあんまりな慈悲心《じひしん》。此手《このて》の親が世間に多く、河豚《ふぐ》の蝶《てふ》のやうに、切つても突いても煩《わづら》はぬ息子を、あれは病者《びやうしや》なゆゑ氣晴《きはらし》にならら、何《なん》なりと稽古《けいこ》させいと、涎《よだれ》三尺流《じやくなが》らかして、糟谷《かすや》宇左衞門がかけ聲《こゑ》に、こちの息子《むすこ》に似《に》ましたとは、よつぽどな甘《あま》口《くち》。息子《むすこ》の穀《こく》つぶしに親父《おやぢ》のあんだらを、俊成卿《しゆんぜいきやう》に點《てん》してもらうたらば、排《もち》とや仰せられん。今時は白い齒《は》見《み》せずに追遣《おひつか》うても、諷屋《うたひや》の夜食腹《やしよくはら》から、伯人《はくじん》の一切《いつさい》買《か》ふ葬禮《さうれい》の戻《もどり》に、竹田《たけだ》の新機關《しんからくり》見《み》る程のことは、きやつとうまるゝと知りぬいて居る世の中なり。播《はん》州高砂《しうたかさご》の相生浦之《あひおひうらの》助《すけ》とて手取《てどり》の相撲《すまふ》あり。元《もと》より活業《すぎはひ》の丸裸《まるはだか》にて一錢《せん》の貯《たくはへ》なく、尾上《をのへ》

石臼嚊―無藝にして頑固なる妻

濕病―黴毒症

愛染樣―三目六臂の忿怒尊即ち愛染明王

の鐘《かね》もひだるい腹《はら》には、響《ひゞき》の灘《なだ》と力士《りきし》立《だち》に喰ひしばつて、寒《さむ》き夜をあかし潟《がた》に、いく夜《よ》寢覺《ねざ》めて暮《くら》しぬ。此浦之助二親に孝行《かうかう》なる事近郷《きんがう》に隱《かくれ》なく、朝《あさ》は星をいたゞきて、曾根の鹽濱《しほはま》へ雇《やと》はれ、麥《むぎ》一升の働き、冬は寒取《かんごり》に生疵《なまきづ》の絶ゆるまもなく、どうぞ親達を安樂《あんらく》に養《やしな》ひたいと、四十八手《て》の外に身を粉《こ》にはたいて身過《みすぎ》の工夫。稼《かせ》ぐを追ひぬく貧乏神《びんはふがみ》ありて、此親父《おやぢ》は小《こ》博奕《はくち》打つて大酒《だいしゆ》喰《くら》ひ、なんぼ有つても掘りぬき世帶《せたい》、底《そこ》はかとなく負《ま》けくらせば、鬼《おに》の女房《にようぼ》に鬼神《きじん》とやら、嚊衆《かゝしゆ》も同じくなる口にて、針手《はりで》もきかぬ石臼嚊《いしうすかゝ》。三度《ど》の朝夕の外に、間鍋《まなべ》の菜好《さいごの》み、陰口《かげぐち》が悪いとて近所の茶飲《ちやのみ》にさへはねのけられても、鎌《かま》婆《はゝ》がかゝより子をいぢりたて、小遣錢《こづかひせん》が足《たら》ぬの、博奕《はくち》の元手《もとで》が少《すく》ないのと、ねすり事のある狀《ぢやう》。親《おや》に似《に》ぬ鬼《おに》の樣《やう》な關取《せきとり》も、土俵《どへう》ほどな涙《なみだ》を零《こぼ》しぬ。それさへあるに、一人《ひとり》の弟がぶら〱と煩《わづらひ》出して、此處《こゝ》や彼處《かしこ》の身節《みふし》が痛《いた》み、咽《のど》の下に口が明いて、いつをかぎりの濕病《しつやまひ》。竪《たて》な事横《よこ》へもせず、顏《かほ》も手足《てあし》もむさし坊の居喰《ゐぐひ》とはこれなんめり。浦之助《うらのすけ》が身《み》ひとつで、愛染樣《あいぜんさま》ほど手足《てあし》が有つても、迚もつまらぬ末六十日と、力足《ちからあし》を踏《ふ》みしめて、氣《き》を春さきに大坂の勸進相撲《くわんじんずまふ》、何んでも爲てこい。とちや遲《おそ》しと早々《さう〱》登りて、番附《ばんづけ》に載《の》せてもらへば、何處《どこ》へいても附廻《つきまは》る貧乏柱《びんはふはしら》といふ所に、播州相生浦之助《ばんしうあひおひうらのすけ》とかいたるは、ひ

大兵—大なる身體

松川菱—菱を重ねたる紋形

外山の霞云云—相撲に打ち負けたる形容

花出す鹽—纒頭いだす時

惡錢びらなか—小錢も

だるさうには見《み》えざりけり。其頃の關取《せきとり》は仙臺《せんだい》の眼力《がんりき》、九州《きうしう》の山颪《やまあけ》、山轉《やまころがし》、紀州《きしう》の駈拔《かけぬけ》、伊丹《いたみ》に鬼面《おにつら》、難波《なには》に唐綱《からつな》などといふ古今《ここん》の大兵《だいひやう》、とりての功者《こうしや》、東西《とうざい》に分《わか》れてはなばなし。さあ今年はよい相撲《すまひ》ぢやと近年の大はづみ、高木屋橋《たかぎやはし》がしはる程の人群集《ひとくんじゆ》。高砂《たかさご》の町人衆も大坂見物に登《のぼ》りあはせ、此方《こち》の在所《ざいしよ》の相生《あひおひ》もとるげな、どうぞよい相撲《すまふ》に勝《か》てがし、國許の外聞《ぐわいぶん》もあれ、一廉《ひとかど》花はとらすぞと、空色縮緬《そらいろちりめん》の羽織《はおり》に郡内の大縞袷《おほしまあはせ》。金《きん》子《す》五兩を包ませて、けふは勝《か》つかと、毎日《まいにち》〳〵割子《わりご》の松川菱《まつかはびし》になる程力《りき》んで居らるれど、浦之助《うらのすけ》は親兄弟《おやきやうだい》のづつなはが足に纒《まと》ひついて、行く日も來る日もあくるめなく、晴《せい》天《てん》十日物の見事に打ち付けられて、高砂《たかさご》の外山《とやま》の霞《かすみ》足たゝず、國許《くにもと》の客衆《きやくしゆ》も花《はな》出す鹽《しほ》もあらざれば、姫路《ひめぢ》のおさかべといふ前髪相撲《まへがみすまふ》にやつてしまはれぬ。浦之助《うらのすけ》は我ながら身を抓《つめ》つての男泣《をとこなき》。せめて給銀《きふぎん》に手はかけじと、一兩《りやう》たらずの身《み》の油《あぶら》、褌《ふんどし》にしかと括《くゝり》付け、西國《さいこく》へいぬる傍輩《はうはい》の相撲《すまふ》の著替《きがへ》どもをひとつにして、十二三貫目の歩荷《かもに》もち、顏《かほ》は窶《やつ》れて神崎《かんざき》の川中《かはなか》で剝《は》ぐ尼《あま》が崎《さき》、惡《わる》い時にはとぼ〳〵と、足元《あしもと》見えぬ武庫川《むこがは》や、祈《いの》れどきかぬ神心《かみごころ》、道理《だうり》で戎《えびす》も腰拔《こしぬけ》の、蘆屋《あしや》の里も打過《す》ぎて、かゝる住み憂き世の中を、誰《た》か住吉《すみよし》と莵原《うはら》の里《さと》、小揚買《こあけか》うも惡錢《びた》びらなか、摩耶颪《まやおろし》にはおろされじ。錢《ぜに》がなほしや求塚《もとめづか》、

戀《こひ》もしや〳〵りもなき身《み》をば、いつまで是《これ》で生田《いくた》河《がは》、運《うん》の築島《つきじま》ながしめに、鵯越《ひよどりごえ》の辛《から》き世《よ》を、逆落《さかおと》しとはあやにくの、所の名さへこり須磨《すま》や、明石《あかし》がた〳〵ふるひつゝ、やうやう内へ戻《もど》れば、爺親《てゝおや》がにじり出でて、内には火《ひ》の雨が降《ふ》らうとかまはず、大坂三界駈廻《かけまは》つて長々の留守に、親《おや》には不自由なめをさせたが、定《さだ》めてよい銀《かね》が取れたであろと、聲《こゑ》かけられておづ〳〵と、褌《ふんどし》の下から海士《あま》が玉出《たまいだ》すやうに、溫《ぬく》もつてある給銀《きふぎん》を出して見《み》すれば、不興顔《ふきようがほ》に、上方《かみがた》へ相撲《すまふ》々々というて大さうたてゝ登《のぼ》つたは是《これ》か。おきをらう腕《うで》なしめ、此摑取《つかみどり》の世界に大坂《おほさか》の腹《はら》はれどもに這《は》ひつくばうて、目《め》くさり金《がね》の壹兩《りやう》やそこら、一夜《よ》さのはり代《しろ》もない。不甲斐《ふがひ》ない忰《せがれ》を持《も》つたゆゑ年寄《としよ》つて入米《いりまい》がわるい。病《や》んでをる弟めが達者《たつしや》なら、此様《こんな》には有るまいと、支離所《かたはごころ》か行基《ぎやうき》の嘗《な》めて遣らせらるゝやうな病《やみ》ほうけを、可愛《かあい》がつてわめきつけば、二枚屏風のあちらから鼻聲《はなごゑ》にて、兄貴《あにき》戻《もど》つてか、大坂は結構《けつこう》な所で、上手な醫者衆《いしやしゆ》がたんとあるげな、わしが此病《このやまひ》には、五寶丹《はうたん》とやらいふ薬《くすり》を飲《の》んだら愈《なほ》るというた人がある。代物《しろもの》は金《きん》一兩《りやう》ほどぢやと聞いたが、買《か》うて來て下さつたかといふを、母親《はゝおや》が釜《かま》の前《まへ》で、横煙管《よこぎせる》啣《くは》へながら、何《なん》のいの、わが身のことを兄《あに》がかまふ氣《き》はない。二親《ふたおや》の飲代《のみしろ》さへ吶《のさ》しめしてあてがはぬもの、大方給銀《きふぎん》も金《かね》の三兩《りやう》やな

なきかの義

大坂の腹はれども―大坂の富豪達

入米―收入

行基の嘗めて云々―行基菩薩の病者をなめて救ひし事より瘡患者をいふ

けんたんや—飲食店
制魚—鯔に同じ
土龍—むぐらもちの古名、土百姓の義
醬油袋の頭

どは取れたであろけれど、大坂《おほさか》のけんたんやで、仇酒《あだざけ》喰《く》うて遣《つか》ひ捨《す》てたのでござらう。親《おや》は稼《かせ》ぐ子は樂《らく》するといふたとへに、一も違《ちが》うた事はない。日本一の不孝者とはおのれが事ぢやと、遠道《とほみち》かけて戻《もど》つた息子《むすこ》に、熱《あつ》い茶《ちや》一ぷく飲《の》まさずに、責《せ》めせたげる泥棒親《どろぼうおや》。こんな胴慾《だうよく》な家人《かじん》、ありがたい日のめのさすも不思議《ふしぎ》ぞかし。浦之助は戻《もど》るやいな挫《ひし》ぎ付けられて、さりとはさうした事ではないと、いひ譯《わけ》するほどつきあがるにぞ、如何《いか》にも私《わし》が不器量《ぶきりやう》から、おまへ方《がた》に不自由させせます。堪忍《かんにん》して機嫌《きげん》なほして下されと、親々《おや〱》の辛《つら》いほど魂《たましひ》の琢《みが》ける底光《そこひかり》。思へば今度《こんど》の相撲《すまふ》は始末《しまつ》ばかりして、蛸《たこ》の足《あし》一本ほつかりとは喰《く》はなんだゆゑ、脾腑《ひふ》づかなんだと此《この》なかでの相撲形氣《すまふかたぎ》。浦々《うら〱》の引網《ひきあみ》を手傳《てつだ》ひて、紫鮇制魚《たちうをはへのここのしろ》の生《なま》ぐちに、肉走《にくはし》りて踏《ふ》みかためたる足曳《あしびき》の、大和の御所に花相撲《はなすまふ》あれば、前《まへ》にも懲《こ》りず旅立《たびだ》ちて、今度《こんど》は勝《か》ちも勝《か》つたり、七日の相撲拾《すまふひろひ》をとりは取《と》つたれども、高《たか》が在所の土龍《うごろもち》ども、殊に土地に見知られねば、山伏の布施《ふせ》ほどな花《はな》もくれず、力瘤《ちからこぶ》さすりおろして、此勢《このいきほひ》に京の相撲《すまふ》ではおのれやれと、心の氣丈張詰《きぢやうはりつ》めし竹《たけ》の内峠《うちたうげ》を越《こ》えて、古市川《ふるいちかは》にさしかゝれば、跡《あと》からおゝい〱關取殿《せきとりどの》と呼《よ》びかくるに、誰《たれ》ぢやぞいと振《ふ》り返《かへ》れば、年頃《としごろ》五十ばかりの痩男《やせをとこ》、つゞれの肩結《かたなす》び上《あ》げて、醬油袋《しやうゆぶくろ》の頭巾《づきん》、時分柄《じぶんがら》の澁團扇《しぶうちは》腰

巾—醤油袋にて作れる頭巾

思ひばかぶゆかなんだ—思ふやうに物が運ばなかつた

龜の首すつこめて—貧しく暮すをいふ

にさして、うそよごれた顔《かほ》つき。漸々《やう〳〵》追《お》ひつき、是々親方《おやかた》、まあそろ〳〵行《い》かしやれ。こなたが大黑《おほぐろ》の大黑樣《だいこくさま》へ參《まゐ》つていやしやる間、わしはちとあの寺《てら》がさすゆゑ、脇道《わきみち》を廻《まは》つて來た内にはぐれましたと、水涕《みづはな》すゝりあげて、馴々《なれ〳〵》しく挨拶《あいさつ》。こなたはついど見た事もない和郎《わろ》ぢやが、念頃《ねんごろ》さうにいはしやる。そして見《み》れば、小淋《こさび》しい顔《かほ》つき、貧乏神《びんぼふがみ》の樣《やう》なりでといふを、彼男、これ關取《せきとり》、乞食《こじき》つかまへて乞食《こじき》といや腹立《はらた》てる。直《ぢき》にはどうしたわる口《くち》と、皆《みな》まで言はさず。扨《さて》はおのれが是迄《これまで》付廻《つきまは》るゆゑ、思《おも》ひばかゞゆかなんだのぢや。にくさも憎《に》くしと引きかついで、大地《だいち》へどうとのめらすれば、投《な》げられながら其裾《そのすそ》にすがりつき、おまへと一體《たい》かうなつたは、なみ大低《たいてい》の事かいなあと慕《した》ひよるに、ぞつとしてそれからの病《や》みつき、天道人を殺《ころ》すのか、高砂《たかさご》や此うら船に病船《やまひぶね》がつきて、いがみにいがむ尉《じよう》と姥《うは》、千歳《ちとせ》の鶴首《つるくび》物ほしげに、萬代の龜《かめ》の首《くび》すつこめて、暮《くら》すのも天なるかな、命なる哉《かな》。

## 第二回　宗旨《しうし》は一向目《いつかうめ》の見《み》えぬ信心者《しんじんしや》

去《さ》る淨土寺《じやうどでら》の說法《せつはふ》を聽聞《ちやうもん》せしに、因果經《いんぐわきやう》にお初德兵衞《はつとくべゑ》が道行《みちゆき》をまぜて、それ娑婆《しやば》の果敢《はか》

人と牛とがふりわけになつて—人牛相半して

維摩—釋迦の弟子

犬の手も人の手もといふ時—多忙

なき事は、たとはばあだしが原《はら》の道《みち》の霜《しも》、一足《あし》づつに消《き》えてゆく人の命《いのち》。死《し》ぬる時は帷子《かたびら》一枚《まい》と、慾《ほ》しい惜《を》しいの惡念《あくねん》を離《はな》れさせ、婆嚊《ばゝかゝ》の臍繰《へそくり》をふるひ出させ、此施物《このせもつ》をわるう請《う》ける出家《しゆつけ》は、七生《しやう》が間は牛《うし》に産《う》まるゝとござると、舌《した》も乾《かわ》かぬ所へ、梵妻《だいこく》が安産《あんざん》したとの報《しらせ》に驚《おどろ》き、衣《ころも》もそこ〳〵にかけ出さるゝを、殘《のこ》つて居《ゐ》た講中《かうちう》が、和尚樣《をしやうさま》、たつだ今の說法に、施物《せもつ》を請《う》けて、惡業《あくげふ》すると牛にうまるゝとおつしやつて、是はどうしたお身持《みもち》と、捕らまへて詰《つ》めかくれば、氣《き》はせきながらしら聲《ごゑ》をつくり、はて扨《さて》こなた衆《しう》は凡夫《ぼんぷ》心《しん》ぢやのう。是しきで牛に産《う》まりやうなら、此世界《せかい》は人と牛とがふりわけになつて、米《こめ》市《いち》の外に牛の食物の相場《さうは》が立ちますわいのと、一言《ごん》にしめして出でてゆかれぬ。維摩《ゆゐま》は惡田《あくでん》に苗《なへ》を植《う》うるごとしと、非人乞食《ひにんこじき》にものやるを叱《しか》り給ふげな。まして此樣な僧《そう》に物やる事は、雪隱《せつちん》へ錢落《ぜにおと》したやうなとも譬《たと》へ給ふべし。たゞ愼《つゝし》みがたきは婬酒《いんしゆ》の二《ふた》つと、親《しん》鸞《らん》上人の見識《けんしき》。佛體《ぶつたい》を得《え》し出家《しゆつけ》に、肴喰《さかなく》はせ女房持たせて奉公《ほうこう》をもせよ獵漁《れふすなどり》をもせよ、一向一心に念佛《ねんぶつ》すればと、くゝめるやうな勸《すゝめ》かた。末世《まつせ》の衆生の心では、經文《きやうもん》より座禪《ざぜん》より、家業《かげふ》の妨《さまたげ》にならぬのみか、犬の手も人の手といふ時分に、注連飾《しめかざ》り松立《まつた》てる世《せ》話《わ》を助《たす》かり、上戸《じやうご》の額面《ひたひ》にたとへし暑《あつ》い最中《さいちう》、屏風引廻《びやうぶひきまは》して、牡丹餅《ぼたもち》、索麵《さうめん》の客衆《きやくしゆ》もな

の時。

六條參—京都六條なる本願寺參

御眞向樣—佛壇の正面にかゝれる佛畫

ひけらかさるに—衒ふに

やくたいもなき—無益

く、常盆《じやうぼん》、常彼岸《じやうひがん》のならはせ有《あり》がたいとは、是許《これはか》りでも思はねばならぬ宗旨《しうし》ぞかし。さるによりて在家《ざいか》は信心《しんじん》のあまりに金銀《きんぎん》を投げうつ事、一他《ほか》の宗旨《しうし》に百倍《ひやくばい》して、三百里あちらの仙臺《せんだい》の奥から、霜月《しもつき》かけての六條參《ろくでうまゐり》。脊負《せお》うた菰包《こもづつみ》の中から、小判《こはん》の御《お》冥加錢《みやうがせん》、取《とり》次《つぎ》なしに賽錢箱《さいせんばこ》へ打ちこんで、淚《なみだ》を零《こぼ》しての御恩報《ごおんはうじ》は、假令《けりやう》の信心でゆくものか。御相《ごしやう》伴《はん》については一膳《ぜん》三文《もん》の白箸《しらはし》を、我喰《わがくら》うた跡《あと》を國《くに》もとへの土產《みやげ》にして、一在所《ざいしよ》のものに戴《いただか》すれば、ありがたいと思ふ心から、輕《かる》い瘧《おこり》の落《お》ちる事、全く祖師《そし》の功德《くどく》の廣大《くわうだい》なると申すべし。河内《かはち》の柏原《かしはら》に高持《たかもち》の百姓太郎右衛門とて、代々の堅門徒《かたもんと》。神棚《かみだな》は雜行《ざふぎやう》とて、御祓《おはらひ》樣《さま》も内へ入れず。佛壇《ぶつだん》は心齋橋《しんさいばし》で木地《きぢ》から三貫目《くわんめ》の誂《あつら》へ、御眞向樣《おまむきさま》、御脇掛《おわきかけ》皆々祖師《そし》の御正筆《ごしやうひつ》。朝夕《てうせき》の看經《かんきん》に二人《ふたり》の息子《むすこ》太郎七、清《せい》太郎とて、廿《はたち》と十七になるものまでに、肩《かた》衣《ぎぬ》かけさせ正信偈《しやうしんげ》のつれぶし、悴共《せがれども》もありがたうござると、同行《どうぎやう》中へひけらかさるに、惣《そう》領《りやう》太郎七は佛嫌《ほとけぎらひ》の芝居《しばゐ》好《ずき》、佛壇《ぶつだん》へなほると、親父《おやぢ》の歸命無量《きみやうむりやう》をこんたんでのゐちやへと鼻歌《はなうた》で間に合はせ、願以此《ぐわんいし》功德《くどく》は山《やま》アにぞ著《つ》きにけりまで、やくたいもなき仇口《あだぐち》。弟の清太郎は坊主まさりの有《あり》がたや、七首和讚《しゆわさん》、八首和讚《しゆわさん》のつとめ方《かた》、五帖《でふ》一部《ぶ》の御《お》文樣《ふみさま》には、どこから何枚目《なんまいめ》にどうしたおすゝめがあると宙覺《ちうおぼえ》。兄の淨瑠璃《じやうるり》を氣《き》の毒《どく》に思ひ、

なる
あなた―如來をさしていふ
親の日―親の命日
祖師上人―親鸞上人

あなたの前《まへ》で鼻歌《はなうた》いふとは、信心《しんじん》が決定《けつぢやう》せぬゆゑの事と、折《をり》ふし〱に異見《いけん》すれど、太郎七は上《うは》の空《そら》。親父様《おやぢさま》はお年よられたれば、有《あり》がたい筈《はず》の事、我々《われ〱》が年で佛付合《ほとけつきあひ》するはあんまり早《はや》い。廿八日の精進《しやうじん》も、祖師様《そしさま》が近付《ちかづき》でもなし、母者人《はゝじやびと》の日《ひ》さへ精進《しやうじん》すればよい事ぢや。そちもちと淨瑠璃《じやうるり》を習《なら》うて見や。お勤《つとめ》の節《ふし》のやうな物《もの》ではない、面白《おもしろ》い事ぢやといふを、清太郎かぶりをふり、そんな勿體《もつたい》ない事いはぬ物ぢや。今日《けふ》斯《かう》して居《を》るは、みな御宗旨《おしうし》の御影《おかけ》なれば、親《おや》の日《ひ》は少々落ちても、御宗旨《おしうし》の日は精進《しやうじん》を御逮夜《おたいや》からする物と兄弟がいさかひ。親《おや》太郎右衛門襖《ふすま》を隔《へだ》てゝ聞いてゐられ、扨々《さて〱》太郎七めは憎《に》くいやつぢや、しかし、あれが則ち無宿善《むしゆくぜん》とて、如來様に御縁《ごえん》のないのでがなあらうと、諦《あきら》めて捨《す》て置かれぬ。弟清太郎ある時、親父《おやぢ》の前へ出でて、私《わたし》はちと御願《おねがひ》がござります。祖師《そし》上人《しやうにん》は越後《ゑちご》へ御配流《ごはいる》なされてより、三十餘年《よねん》の御經廻《ごけいくわい》、北國《ほつこく》の雪《ゆき》に笈《おひ》を負《お》はせ給ひての御苦勞《ごくらう》は、みな御自身《ごじしん》の爲《ため》ではない、濁世《ぢよくせ》の凡夫《ぼんぷ》を助《たす》けんとの御修行《ごしゆぎやう》と承れば、おまへや私共《わたしども》が安樂《あんらく》に暮《くら》しまするも、皆あなたの御善根《ごぜんごん》と思《おも》へば、あまり冥加ない事と存じますゆゑ、せめて御舊跡《ごきうせき》の二十四輩《よはい》を廻《まは》つて來《き》たうござりますと、思ひこんで願《ねが》ふを、太郎右衛門大きに悦《よろこ》び、廿四輩《よはい》は年來《ねんらい》の大願《だいぐわん》で有つたれど、御縁《ごえん》が薄《うす》いやら、是まで出

るといふ時節《じせつ》もなかつたに、若《わか》い者のよう思ひ立ちめされたと、怪《け》しからぬありがたがり様《やう》にでにはかの用意、長旅《ながたび》の事なれば、路金《ろぎん》をしまつせずともと、著替《きがへ》、雨具《あまぐ》、蟲《むし》おさへの丸藥《ぐわんやく》、足痘《あしまめ》の黒燒《くろやき》、水の變《かはり》のふり出《だ》しよと、殘《のこ》る所なく取揃《とりそろ》へて、下作《ひさく》の小百姓に達者《たつしや》ものをえらみて、若い者の事萬事《ばんじ》を賴《たの》むと、くどいほどいひ付けて、吉日の首《かど》途《いで》を見立ててより、留主《るす》中の看經《かんきん》にも、淸太郎めが無事《ぶじ》にて歸《かへ》りますやうにと、賴《たの》む木《こ》陰《かげ》に雨もりて、淸太郎は常陸《ひたち》の板敷山《いたじきやま》で、山伏《やまぶし》の盜人《ぬすびと》に出遇《であ》ひ、路金《ろぎん》も著替《きがへ》もさつぱりと剝《は》ぎとられ、主從非人同前にて、命からがら東海道《とうかいだう》を逃《にげ》のぼりて、在所《ざいしよ》へは歸《かへ》りしかど、剝《は》がれた上に叩《たゝ》かれた逆《さか》さま竹《だけ》の痛《いたみ》がつよく、燒栗《やきぐり》の芽《め》も出でずに、極樂參《ごくらくまゐり》をなしけるにぞ、親太郎右衞門が力落《ちから》し、兩の手ももがれた悲《かな》しみ。日《ひ》の立つに付けて、一家同行《どうぎやう》への諦咄《あきらめばなし》、御舊跡廻《ごきうせきまはり》から病《や》みついて歸《かへ》りしも、不慮《ふりよ》な事のやうに思ひましたが、是が卽ち信心《しんじん》の到《いた》りましたのでござらう。淨土《じやうど》へお救《すくひ》に預《あづか》りましたは、不定《ふぢやう》世界を早《はや》う遁《のが》れた仕合者《しあはせもの》でござる。敎へて歸《かへ》る子《こ》は知識《ちしき》といふは淸太郎がことぞと、悅《よろこび》淚《なみだ》に深《ふか》くむせび入られける。此歎《このなげき》に引續《ひきつゞ》きて、兄太郎七に嫁合《めあは》すとて、呼びとつて置《お》きし紀州《きしう》の根《ね》來《ごろ》の姪《めひ》、風《かぜ》の心地《こゝち》とて二三日起《お》きざりしが、大傷寒《だいしやうかん》にとりつめての臨終《りんじう》。是《これ》もあなたの

お救《すくひ》と、念比《ねんごろ》に御禮《おれい》申せば、大和《やまと》の小泉《こいづみ》へ嫁入《よめい》りて居る中娘《なかむすめ》の初孫《うひまご》、早瘡《はやくさ》にて取つてゆきししらせの使《つかひ》。内に十年の餘《よ》飼《か》うた赤猫《あかねこ》が、井戸《ゐど》へ陥《はま》つて死んだまで、皆如來樣《にょらいさま》のお救《すくひ》とは八萬四千の光明《くわうみやう》の中へ、攝取不捨《せつしゆふしや》の御盟《おちかひ》を報恩謝德《はうおんしやとく》の信心他事《しんじんたじ》なかりけり。ある時、鄰村《となり》の道場《だうぢやう》に本堂《ほんだう》の棟《むね》上はいつ何日《いつ》かと、大坂から舞子《まひこ》藝者《けいしや》を呼寄せければ、物《もの》見多藝《みたけい》の草中《くさなか》とて思《おもひ》の外《ほか》の大參《おほまゐり》。柏原《かしはら》の太郎右衛門も講中《かうちう》の一筆《しよふで》なれば、天氣のよいを悦《よろこ》び、精進酒《しやうじんざけ》ひとつ過《すご》して、地築《ちつき》の棒《ぼう》をつきならして、棕櫚《しゆろ》の葉箒《はほうき》賣つたる親仁《おやぢ》、店の端《はた》にもしばしは休《やす》みと、皺枯《しわがれ》た一節《ふし》をやらるゝに、息子《むすこ》太郎七見《み》るより爰《こゝ》でこそ、我等《われら》が隱藝《かくしけい》を親父《おやぢ》に見せて驚《おどろ》かさんと、私《わたし》も狂言《きやうげん》一番《はん》致しませうといへば、御堂樣《おだうさま》へ御奉公《ごほうこう》ぢや、何なりとせいとの赦《ゆるし》を受《う》け、心得《こゝろえ》まかせの飛上《とびあが》り、矢《や》の根《ね》曾我《そが》の荒事《あらごと》、面眞赤《かほまつか》に塗《ぬり》こたくり、金襴《きんらん》の大廣袖《おほひろそで》、角鬘《つのかつら》の大童《おほわらは》、淨瑠璃《じやうるり》に合《あ》はしての思入《おもひいれ》、見物《けんぶつ》は口々に、ようよう庄屋《しやうや》の一番息子《はんむすこ》めと、譽《ほ》めるを聞いて、親《おや》はこゝにと悦《よろこ》ばれける。太郎七は大音《だいおん》に、あらふしぎや、左《ひだり》の腕《かひな》のしびれしは、兄十郎が大磯《おほいそ》にて、敵工藤《かたきくどう》に遶《めぐ》りあひ、酌酒《さくしゆ》を盛《も》ると覺《おぼ》えたり。たとへば此鬼鹿毛《おにかひ》千里も飛《と》べ、萬里《はんり》も行《ゆ》けと、思入《おもひいれ》の力足《ちからあし》に、足代《あじろ》の繩《なは》が切れて、高《たか》さ三丈程の所から、眞逆《まさか》さまに踏《ふ》みはづせば、やれ落《お》ちたは。氣《き》がつかぬは。

早瘡にて取つてゆきし―早瘡にて死せし

攝取不捨―助け導きて捨てざること

地築の棒―地固めの棒

矢の根曾我―歌舞伎十八番の一

鬼鹿毛―猛ましき鹿毛の馬

事きれたり—死せり

競伊達衆—いさみ連中

眉間尺の首—支那有名の鑄工干將の子にて身丈一丈五尺顔三尺眉間一尺ありしといふ首

薬《くすり》よ水《みづ》よの介抱《かいはう》に、親太郎左衛門はあわて騒《さわ》ぎ、忰《せがれ》やあい、時宗《ときむね》やあいと、呼びいけれど氣《き》はつかず。次第《しだい》に冷えて事きれたり。朝《あした》には江戸《えど》塗《ぬり》の紅顔《こうがん》も、夕《ゆふべ》には白骨《はくこつ》の身となれりと、御文様《おふみさま》も思出されて、いかな親父《おやぢ》も腰抜《こしぬ》けて、御救《おすくひ》もほどがある、これは又《また》あんまりなかたづけやう。此上は吾等《われら》ひとりのお救《すくひ》なれど、もそつと娑婆《しやば》に用事《ようじ》があれば、まあ十年《ねん》ばかり待つて給はれと、一向一心にぞたのまれぬ。

## 第三回　呑《のみ》こみは鬼《おに》一口《くち》の色茶屋《いろぢやや》

呉越《ごゑつ》の人は、文身《ぶんしん》とて惣身《そうしん》を彩り衣服の代《かはり》とするは、漁《すなどり》を常の活業《すぎあひ》として、水に沈みて世を渡《わた》るゆゑと聞きしが、江戸《えど》の競伊達衆《きほひだてしゆ》は入黶《いれぼくろ》を腕《かひな》ばかりか、身《み》うちに龍《りよう》の纒《まき》ひついた所、背中《せなか》に眉間尺《みけんじやく》の首《くび》、尻《しり》こぶたに近江《あふみ》八景《けい》、弘法大師《こうはふだいし》がござらば、般若經《はんにやきやう》六百巻《くわん》でも彫《ほ》つてもらひかねぬ血氣壯《けつきさかん》。それが何の爲《ため》なら、上方野郎《かみがたやらう》はなまぬるいとの力味《りきみ》から、滿足《まんぞく》に産《う》まれた體《からだ》を我と支離《かたは》にならいでも、男は男で通《とほ》ればこそ、江戸《えど》中《なか》がさうでもなし。額面《ひたひ》に鑷《けぬき》あてぬとて、裸《はだか》百貫《くわん》の相場《さうば》は彌勒《みろく》の代《だい》まで變《かは》るべからず。昔より今にいたるまで、百敷《もとしき》の都より天離《あまさか》る鄙《ひな》の末までも、替《かは》らぬ色は戀衣《こひごろも》。送《おく》りかへせば比叡《ひえい》の山風《やまかぜ》

二挺だて—二挺艪を立つること

土産盃—其地に産出する盃

晝さがりし—古びたる

鼓打のならず客—鼓打の無賴漢

疊上げて—殺して

四座—能狂言の四座をいふ

と謠《うた》ひしも、漕《こぎわ》分かれゆく室《しろ》や御《み》手洗《たらひ》の浪枕《なみまくら》、此處は名《な》だたる二挺立《ちやうだて》、葭原《よしはら》にのみ濡衣《ぬれぎぬ》を、染《そ》むればかはる品川《しながは》や、とんとはまりて深川《ふかがは》に、鬼の喜《き》介《すけ》といふ寡茶屋《やもめぢやや》。蒲團《ふとん》二疊《でふ》にはした枕《まくら》の漆《うるし》も兀《は》げし土産盃《どさんさかづき》、いつでも肴《さかな》は一種《しゆ》にて、座敷《ざしき》といふが釜《かま》の前《まへ》、七階子《はしご》の戀《こひ》の坂《さか》、晝《ひる》ともいはぬとこ闇《やみ》に、たてこめたればうつの山、夢《ゆめ》見る事のならばこそ、寐《ね》かへるさへ油斷《ゆだん》すれば、をちこちのたつ木部屋《きべや》二階《かい》。鄰《となり》あたりの思《おも》はくにも、此茶屋《このちやや》町《まち》のたゞ中《なか》に、あそこで遊《あそ》ぶ物好《ものずき》は、どうした衆《しゆ》ぞとおもへばさる事《こと》にて、入りこむ客《きやく》の風俗《ふうぞく》は、晝《ひる》さがりし黑羽《くろは》に落《おと》し佩《ざし》の、蝶鮫《てふさめ》も掃除《さうぢ》のわるい鍔《つば》のほこり、天窓《あたま》は色々《いろ〳〵》の龍《りう》宮界《ぐうかい》。醫者《いしや》、俳諧師《はいかいし》、鼓打《つゞみうち》のならず客《きやく》、三十匁《もんめ》とつかうては、質種《しちだね》もなき神々《かみ〴〵》を請《こ》ひこむ亭主《ていしゆ》が男ぶりは、競組《きほひぐみ》の目にも竪縞《たてじま》のかます袖《そで》。十服《ぷく》つぎの煙管《きせる》の烟《けぶり》、遠慮《ゑんりよ》もなう客の面《つら》へ吹きかけ、町所《まちどころ》の知《し》れた野郎《やらう》なら、賊《すり》でも連《つ》れて來《き》なさい客《きやく》にすべい。疊上《たゝみあ》げても、とらにやおかないといふ筈《はず》、名《な》さへ鬼《おに》の喜《き》助《すけ》なれば、渡邊《わたなべ》の綱《つな》でも仕過《しすごし》のならぬ茶《ちや》屋《や》。そこさへ寄《よ》せてくれるを嬉《うれ》しがりて、家島與左衛門とて四座《よざ》の末のすかんぴん。うつ鼓《つゞみ》のぶつとも、ほうともならずもの。其中《そのなか》での水遊《みづあそび》。毎夜《まいよ》喜介《きすけ》が方《かた》へ降《ふ》つても照《て》つてもかゝさねど、遊《あそび》は十日《か》に一度《ど》のあてがい扶持《ぶち》。其間は吸物《すひもの》の加減《かげん》に、雷盆《すりばち》のかた相手《あひて》、酒《さけ》

水遊—遊女あそびの義

さゝ蟹の家—蛛の巣

の燗《かん》に氣轉《きてん》をきかして、おつとよしなの板元廻《いたもとまは》り、いはく有馬《ありま》の湯《ゆ》の談合《だんがふ》と、口合《くちあひ》の言續《いひつゞけ》に、親父《おやぢ》今宵《こよひ》は拙判官《せつはんぐわん》ぢやと、月囃子《つきはやし》の謝禮《しやれい》を包《つゝみ》のまゝに露《つゆ》の間《ま》の二階籠《かいごもり》。それさへ下《した》から天井裏《てんじやううら》を棕櫚箒《しゆろはうき》でせり立てられ、一寸壹把の仕過《しすごし》が積《つも》れば金《かね》の一兩《りやう》あまり、突《つ》くやうに催促《さいそく》しられても、濟《すま》すあだてのないが定《ちやう》、遊《あそび》も今宵《こよひ》かぎりぞと、念比《ねんごろ》に損《そん》かけて門《かど》口《くち》までもよりつかねば、喜介大きに腹《はら》を立《た》ち、見付け次第《しだい》に剝《は》ぐ覺悟《かくご》、與左衞門が所へ仕《し》かけしに、戸は閉《さ》しよせて留主《るす》の體。内を覗《のぞ》けば疊《たゝみ》まで、いつ賣拂《うりはら》うて仕廻《しま》うたやら、竹實子《たけずのこ》に鼠《ねずみ》の巣《す》、紙屑《かみくず》ひとつ、下駄《げた》片足《かたし》、殘《のこ》るものとてはさゝ蟹《がに》の家《いへ》ばかりにて、與左衞門が影《かひ》も見えず。鄰《となり》の鍛冶屋《かぢや》で尋《たづ》ぬれば、宿替《やどがへ》てどもござらぬが、内はさつぱりと賣りたてゝ、二三日も戻《もど》られませぬ。取替《とりかへ》のござるのなら、ちと御出《おいで》が遲《おそ》かつたといはるるに、憎《にく》さも憎《にく》し、居所《ゐどころ》も大方合點《おほかたがてん》の、そんぢよ其處と、柳原《やなぎはら》の古手屋《ふるてや》の裏《うら》、正面《しやうめん》むいては這入《はい》られぬ路地《ろじ》の奥、幸田嘉兵衞《かうだかへゑ》といふ狂言師《きやうけんし》の表札《へうさつ》も雨じみし引《ひき》たて戸《ど》。こゝには人の居る體《たい》にて、きしれどあかぬ古敷居《ふるしきゐ》を、むりやりに身の這入《はい》るだけ、誰《たれ》ぞといふは與左衞門が聲《こゑ》。いや深川《ふかがは》の喜介《きすけ》ぢや、あひに來《き》たと云ひつゝ見《み》れど眞闇《まつくら》がり、たゞぞそつく物音ばかり、よく〳〵すかして見れば、主《あるじ》の嘉兵衞は寒中《かんちう》に古袷《あはせ》、木兎《みゝづく》なつた背中《せなか》

事を柿の本ー事を缺く意をかけたり

來山伏の豐心丹ー尋ね來るを來山伏にかけたり豐心丹は南都西大寺にてうる藥

肉米ー搗米に同じ

釣だけんどー釣錢なれど

めつた踊ーみだりなる踊

には、著る物に事を柿《かき》の本《もと》、短册《たんざく》ばりの二枚屏風《まいびやうぶ》を被《かぶ》りて、蓬莱山《ほうらいさん》のすくみ龜《がめ》。今一人《ひとり》は與左衛門。是はいつその丸裸《まるはだか》。せめて褌《ふんどし》引《ひ》きしめて、挾箱《はさみはこ》覆《おほひ》の青漆皮《せいしつがは》、鼠《ねずみ》の喰穴《くひあな》首《くび》の入るだけ切りあけて、それをすこしの肩《かた》ふせぎ。蠻國《はんこく》の圖《づ》にもない二人《ふたり》が姿《すがた》。寒《さむさ》を凌《しの》ぐ火鉢《ひばち》さへ、付木《つけぎ》一枚《まい》もやして、鼻《はな》だけ溫《ぬく》い稻妻《いなづま》の、光《ひかり》のうちに憂《うき》やわするゝと、こごなりよつても仇口《あだぐち》はやまず。是は喜介ようこそ尋《たづ》ねて來山伏《きやまぶし》の豐心丹《ほうしんたん》。さて拙等《せつら》にはいかなる寸善尺魔《すんぜんしやくま》が付きまはるやら、えら茄子《なすび》の大木《たいぼく》でかくの仕合《しあはせ》。ちとありの實《み》の判《はん》官《ぐわん》があらば、御引合頼《おひきあはせたの》みます。此節肉米澤山《つぎまいたくさん》の立荷《たてに》預《あづか》りたい。嘉兵御存《ごぞんじ》ないか。あの先《せん》生《せい》えら粋《すゐ》ぢやと、粋《すゐ》ごかしのことわり。逆さまにしてふるうたとて鼻血《はなぢ》の外はしたらぬ爲體《ていたらく》。さすがの鬼《おに》も呆《あき》れはて、此寒いに馬鹿《はか》な頰桁盜人《ほうけたぬすびと》に、釣《つり》だけんど錢《ぜに》百文合力《もんがふりき》すべい。酒《さけ》でも買《か》つて喰《く》らつたがよいと、二人《ふたり》が前《まへ》へころりと投出《なげだ》して、跡《あと》をも見《み》ずに歸《かへ》りける。兩人《りやうにん》は跳出《をどりい》で、かの百銅《ひやくどう》を捧《さゝ》げつゝ、嘉兵衛の音頭《おんど》に與左衛門がめつた踊《をどり》、しばし奏《かな》でて餠酒《もちさけ》に替《か》へ、一時《いつとき》の機嫌上戶《きげんじやうご》、ほめきの中《なか》に寢入《ねいり》しは、樂《たのしみ》其中になきにしも非らず。獻上鯛《けんじやうたひ》一枚《まい》が百兩《りやう》もする花のお江戶《えど》に、是ほどの落武者《おちむしや》もあるに違《ちがひ》はなかりし。心からこそ身は丸裸《まるはだか》、そこらが藝者根性《けいしやこんじやう》と面白《おもしろ》がるも程あるべし。此《この》與左衛門も其後《そのご》はす

松風―能の曲

村雨と見えし云々―松風曲中の文句をここに引用せるなり

つきりと、世間《せけん》ふさがりて、身に倦《あ》きはてた俄坊主《にはかばうず》。こゝに一月《つき》、かしこに十日の假寢《かりね》の夢《ゆめ》、一歳《ひとゝせ》あまり暮《く》れゆきしが、身の內の財《ざい》は朽《くち》る事なしと、持《も》つて生《う》まれた鼓《つゞみ》の音《ね》。昔の弟子《でし》が便《たよ》り來て、そうではすまぬと打寄《うちよ》りて、さる御大家《おたいけ》へ御抱《おかゝへ》の世話《せわ》も附髮《つけがみ》に借《かり》著《ぎ》の御目見《おめみえ》、さつそくの有付《ありつき》。始《はじ》めての御能《おのう》に、三番目《はんめ》の松風《まつかせ》は、御扶持人《おふちにん》の醫師《いし》石川松《しよう》庵《あん》が小鼓《こつゞみ》、大鼓《おほつゞみ》は與左衛門。太夫《たいふ》も囃子《はやし》も其日の大出來《おほでき》。ここぞとうつ鼓《つゞみ》に、いつのまにやら與左衛門が附髮落《つけがみお》ちて、坊主《ばうず》天窓《あたま》ふりまはすを、御棧敷《おさじき》とても氣《き》はつかず。松庵の後見《こうけん》に出《いで》し生駒《いこま》新八といふ狼狽《うろた》へた男、落《お》ちた附髮《つけがみ》の門《かど》たがへ、松庵の頭《あたま》へむりやりに引付けしかど、もとより心は張弓《はりゆみ》の、いつの間《ま》に髮《かみ》が出來《でき》たとも、村雨《むらさめ》と見えしも今朝《けさ》見《み》れば、松風《まつかぜ》ばかりや殘《のこ》るらんと、擊《う》ちあげて太夫《たいふ》ワキより樂屋《がくや》へ入れば、引續《ひきつゞ》いて笛《ふえ》小鼓《こつゞみ》、附髮《つけがみ》の繻子鬢《しゆすびん》にさしぬき長絹《ちやうけん》の橋《はし》がかり、大鼓《おほつゞみ》は法體《ほつたい》して緋熨斗目《ひのしめ》に長上下《ながかみしも》、棧《さ》敷《じき》棧敷《じき》の御目にかゝり、思《おも》はずどつと鬨《とき》の聲《こゑ》に、二人とも心付いて、頭《あたま》を抱《かゝ》へ逃《に》げこみしが、松庵はさすがに老醫《らうい》とて、人《ひと》がらをつくり、是々《これ〳〵》與左衛門殿《どの》、古語《こご》にも聖人《せいにん》は桃《たう》林《りん》に冠《かんむり》を糺《たゞ》さず、瓜田《くわでん》に沓《くつ》を入れずとござれば、其元《そのもと》の附髮《つけがみ》が愚老《ぐらう》に附けてござつても、手前《てまへ》が手はかけませぬ。自身はづしてとられよといふに、與左衛門痛《いたみ》入つて後《うしろ》に廻《まは》

八島の謡―結崎元清作曲したる謡の名

りて、附髪《つけがみ》をはづしつゝ、さるにても松庵老《らう》の首筋《くびすぢ》もとの黒《くろ》さよと、八島《やしま》の謡《うたひ》にて笑《わら》うて左右《さいう》へ分かれけり。

奈良法師―大和興福寺の僧

一來法師―三井寺の勇僧治承四年宇治川の合戰に奮鬪して名あり

# 諸道聽耳世間猿　三之卷

## 第一回　器量《きりやう》は見《み》るに煩惱《ぼんなう》の雨舍《あまやどり》

臨兵鬪者皆陳烈在前《りんぴやうとうしやかいぢんれつざいぜん》といふ眞言《しんごん》を唱ふれば、打ちかけた刀《かなた》の下も潛《くゞ》らるゝとて、歴々《れき〳〵》の大將《たいしやう》が旗《はた》さし物《もの》に書《か》いて出《いで》らるゝは、戰《たゝかひ》に望《のぞ》みて死《し》を忘《わす》るゝとは嘘《うそ》の皮《かは》。それなればこそ一番槍《はんやり》が戰場《せんぢやう》の高名頭《かうみやうがしら》。先《さき》へ行くのは酒屋《さかや》の親方《おやかた》ではなうて、心善うはないものなり。叡山《えいざん》、三井寺《みゐでら》、奈良法師《ならほうし》、無理《むり》いうてもだゝけても、命《いのち》を捨てての腕白《わんぱく》は、加茂川《かもがは》の水雙六《すごろく》の賽《さい》、思ふやうには任《まか》せぬぞと、いつの帝《みかど》やらのくやみごと。坊主《ばうず》に天窓《あたま》はりまける侍《さぶらひ》、昔はたんとありしやら、一來《らい》法師が輕業《かるわざ》、武藏坊《むさしばう》が大工道具《だいくだうぐ》、皆天狗《てんぐ》まがひの惡僧原《あくそうばら》。これを思《おも》へば町人百姓ほど、昔から今に至るまでも、寐覺《ねざめ》の安《やす》きものはあらじ。いやの侍《さむらひ》、むづかしの尼法師《あまほうし》と思《おも》へど、京《きやう》の知積院《ちしやくゐん》には坊主のこけら鮓《ずし》が漬《つ》けてあり。江戸《えど》の淺草《あさくさ》の觀音參《くわんおんまゐり》は町人は百歩《ぶ》一なり。何事も廣《ひろ》いことを、武藏野《むさしの》の樣などいひならはせしは昔にて、八百餘町《よちやう》に建《た》てつまり、諸大名《しよだいみやう》の御屋敷《おやしき》、神社、佛閣《ぶつかく》の華麗《くわれい》は

其角―榎本其角俳人芭蕉の高弟寶永四年歿

日和が落ちた―空模樣の惡しくなりたる意

もとより、所によりて一疊《たゝみ》一枚が、金子《きんす》一兩しても借屋札《しやくやふだ》はらぬ大湊《おほみなと》。大芝居、大叶《おほかなう》、大《おほ》小間物《こまもの》、大蕎麦《おほそは》切《きり》と、何《なん》でもかでも大の字を冠《かぶ》りて、今は氣《き》の大きなる事、武藏野《むさしの》の如《ごと》しといへり。兩國橋《りやうごくはし》は下總《しもふさ》の國へかよりしゆゑ、かくは名《な》付《づ》けしぞと、江戸《えど》初《はじ》めての見《けん》物《ぶつ》と見《み》えて、京家《きやうけ》の武士《ぶし》の小者一人《こものひとり》に風呂敷包《ふろしきつゝみ》持ちて草履《ざうり》がけ、菅笠《すげがさ》、柄袋《つかぶくろ》の外《ほか》は旅《たび》めかず。橋《はし》を渡《わた》りて河水に逆《さか》のぼりゆく道の、河の流岸《ながれきし》の下草《したぐさ》までも、知《し》らぬ道の珍《めづら》しく、三圍《みめぐり》の明神《みやうじん》にぬかづきて、かの其角《きかく》が、白雨《ゆふだち》や田《た》もみめぐりの神《かみ》ならばと、雨乞《あまごひ》せしは此社《やしろ》ぞと、心面白《おもしろ》く氣《き》も隅田川《すみだがは》の渡場《わたしは》にいたり、初《はじ》めて遠《とほ》くも來《き》にけるかなと、そこら見とるゝ折《をり》ふし、船頭《せんどう》が呼びかけて、おゝい乘《の》るのなら早うござれとわめくにぞ、あはれ都女郎《みやこぢよらう》ならばとたはむるゝに、船頭《せんどう》もぬからず、業平《なりひら》にとは申さぬと漕出しぬ。梅《むめ》若《わか》が塚《つか》じるしの柳《やなぎ》にたゝずむうちに、若し旦那《だんな》、どうやら曇《くも》りましたが、降《ふ》らぬ中《うち》にそろそろお戻《もど》りなされませぬかと言ふにぞ、いかさま日和《ひより》が落《お》ちた、雨具《あまぐ》の用意はなし濡《ぬ》れてはなろまいと、一二丁引返《かへ》すに、はやぼろ〳〵と降《ふ》りくれば、南無三寶《なむさんぽう》と、主從二人走りつまづきて、漸《やうや》く禪宗臭《ぜんしうくさ》き庵《いほり》を見《み》付《つ》け、まづ雨舍《あまやどり》をと内へ入りて、御免《ごめん》なれ、手《て》前《まへ》は旅《たび》の者でござるが、俄雨《にはかあめ》に合羽《かつぱ》を持たず難儀《なんぎ》仕る、暫《しばらく》が内雨をやめさして下されとい

ひ入るゝに、釜《かま》の前《まへ》に十三四の小比丘尼《こびくに》の、目元《めもと》凛《りゝ》しげなるが居《ゐ》て返事《へんじ》もせず。奥より旅《たび》のお侍《さむらひ》、こちへ這入《はい》つて雨をやめてござりませと、言ひつゝ出づるを見れば、年の比廿四五の尼《あま》、其美しさあてやかさ、物腰《ものごし》けはひも賤《いや》しからず。いはう所《ところ》のあるは、額面《ひたひ》に何《な》にが出來《でき》たやら、べつたりと膏藥《かうやく》張《は》つてあるのは正眞《しやうしん》の玉《たま》に疵《きず》。もし善光寺《ぜんくわうじ》の御印文《ごいんもん》を象《ざう》鼻《はな》の格《かく》で包《つゝ》んでおくのではあるまいかと、見惚《みご》れながら腰《こし》かくれば、小尼《こあま》が汲んで出《だ》す入端《いれはな》、はてしほらしいと云ひつゝ、煙草《たばこ》四五服《ふく》ゆらすうちに、雨は次第《しだい》に降《ふ》りしきり、いつあがりさうな氣色《けしき》も見えねば、主從途方にくれて居るを、主《あるじ》の尼氣毒《あまきのどく》に思《おも》ひ、旅《たび》の客に雨具《あまぐ》もなしに、さぞ御當惑《ごたうわく》、しかしきつう降《ふ》りますればござられまい。見苦《みぐる》しけれど、庵《いほ》に一宿《しゆく》なされて、あす天氣《てんき》に成《な》つてから、江戸《えど》へ御出なされませと、打ちとけた詞《ことば》に力を得《え》、それは有難《ありがた》い仕合《しあはせ》。お詞《ことば》にあまえゆるりと雨《あめ》をやめませう。其うちには小《を》止《やみ》もござらう、御免《ごめん》なれと上へあがれば、そこは端《はし》ぢか、まづこちへと奥《おく》へともなひ、緣《えん》の障子《しやうじ》を開《あ》くれば、春雨《はるさめ》の隅田河《すみだがは》へ降りくる氣色《けしき》、どうもいへず。うか〳〵と眺す内に遠寺《ゑんじ》の入相《いりあひ》。これはならぬ。濡《ぬ》れてなりともと、そろ〳〵と身拵《みごしらへ》すれば、主《あるじ》の尼《あま》がどれへござる事ぞ。最早《もはや》日は暮《く》れまする、雨もやみませねば、是非《ぜひ》とも御宿《おやど》申すつもりで、茶《ちや》

いはう所―言はんにて難すべき點の義

入端―出端の出を諱んでいふ語、出たての茶

ござられまい―行かれまじ

つき上つた事―増長せる事

宗哲―中村宗哲とて天祿頃の有名なる蒔繪師

お箸なされませ―召しあがれ

一圓よめねど―一向合點が行かれねど

漬《づけ》をこしらへさしましたと云はるゝに、それは近頃《ちかごろ》の御深切《ごしんせつ》、つき上つた事ながら、一宿御無《しゆくごむ》心《しん》申さうかと、いつそ心が落付いて、家來《けらい》も勝手《かつて》に横《よこ》にならしやれと木枕《きまくら》、忝《かたじけな》うござりますと、遠慮《ゑんりよ》せぬが下郎《げらう》のくせ。數寄屋《すきや》行燈《あんどん》の灯心《とうしん》かき立てゝ、さあお茶漬《ちやづけ》と持つて出でるは、宗哲《そうてつ》の夜食膳《やしよくぜん》。心を籠《こ》めしもてなしに、これは御馳走《ごちそう》、尼御《あまご》にもと、いひつゝ箸《はし》をとりて平皿《ひらざら》の蓋《ふた》とれば、小鯛《こだひ》の難波煮《なんはに》。こりやどうぢやと見合《みあ》はすうち、亭《てい》主《しゆ》の尼《あま》立出でて、里遠《さとどほ》き庵《いほ》の事なれば、何《な》にをあげますも、ふつゝかな事計《はかり》、ほんの御茶漬《おちやづけ》、さあお箸《はし》なされませ。お見合はせなされてござるは、もしお精進《しやうじん》と申すやうな事にや。旅《たび》なればくるしうもござろまいと、何《なに》げなき顔付《かほつき》に、一圓《ゑん》よめねどまゝの皮《かは》、喰《く》はぬは損《そん》としたゝかにとりこめば、御酒《ごしゆ》一つと燗鍋《かんなべ》に添《そ》へて雲雀《ひばり》の燒鳥《やきどり》、溫《ぬく》めてあげうと、火鉢《ひばち》引きよせてあぶらるゝに、いよ〳〵興冷《きようさ》め、これはどうでも江戸中《えどなか》のいたづら後家《ごけ》、いひわけまでに剃《そ》りこぼち、この淋《さび》しい所に居るは、夜《よ》どほしの責念佛《せめねんぶつ》、鄰《となり》かまはずのお好樣《すきさま》。しかし男の影《かげ》も見えぬは、今夜《こんや》は寺役《じやく》でこぬとのしらせ。それで我等《われら》を泊《と》めたと見える。顏《かほ》の膏藥《かうやく》もてつきりおどもりの濕《しつ》の瘡《はな》。これをしめる奴《やつ》も後には鼻《はな》落瓜《おちうり》になりをらう。さりながらあの美《うつく》しさは又《また》とあるまい。なんでも今夜《こんや》は一盃《はい》すごし

舌なめずりして—口のまはりを舐めて
さいたおさへた—獻盃の事をいふ
竹の內—竹內久盛の始めし劍術
關口—關口

て醉《ゑひ》まぎれに、宿賃《やどちん》をこつちへせしめてくれんと、舌《した》なめずりして、しからばお辭宜《じぎ》なしにたべませうと、盃取上《さかづきとりあげ》て一つうけて、持合はせましたがあげませうか、誠《まこと》に他生《たしやう》の緣《えん》とやら、ことない御馳走《ごちそう》にあづかります。今宵《こよひ》は夜《よ》とともしつぽりと咄《はな》しませうと、少《すこ》し含《ふく》ませての挨拶《あいさつ》に、さいたおさへたの數重《かずかさな》りて、何んとも尼《あま》のあるまじき不身持《ふみもち》と思《おぼ》しめさうが、お侍《さむらひ》は都方《みやこがた》とあれば、一入珍《ひとしほめづ》らしう好《この》もしう存じまして、あられぬお賴《たのみ》の筋《すぢ》聞いて給はるかと、打笑《うちゑ》む顏《かほ》の憎《にく》てらしい程可《か》愛《あい》らしく、靨《ゑくぼ》は三井の堀《ほり》ぬき井戸《ゐど》。夢《ゆめ》ではないかと飛立《とびた》つ嬉《うれ》しさ、今宵《こよひ》の御禮《おれい》には何事によらず承《うけたまは》りたし。ことに武士《ぶし》と見《み》てのお賴《たの》み、しんぞ命《いのち》でも差《さ》し上げまする所存《しよぞん》。たのまるゝ拙者《せつしや》は仕合《しあはせ》ものと膝《ひざ》すりよせて、そろ〳〵と手《て》をとりにかゝるを、飛《と》びしさつて身《み》がまへし、いや油斷《ゆだん》は仕らぬ、命《いのち》でもと仰《おほ》せらるゝは、眞劍《しんけん》の勝負《しようぶ》こゝろみんとの事か。それとても引《ひき》は申さねど、尼《あま》がお賴《たのみ》は竹刀《しなひ》の所望《しよまう》。御仁體《ごじんてい》の奥床《おくゆか》しさに、御上達《ごじやうたつ》の程《ほど》も思《おも》ひはかられて、未熟《みじゆく》の藝愧《ひはづか》しう存じます。夜長《よなが》の徒然《つれづれ》に一手《て》お立合《たちあ》ひ下《くだ》されよ。御流義《ごりうぎ》は竹《たけ》の內《うち》か關口《せきぐち》か、尼《あま》が習《なら》ひ得《え》しは柳生流《やぎふりう》を少《すこ》しの嗜《たしなみ》、女《をんな》の儀《ぎ》とて遠慮《ゑんりよ》なく踏《ふ》んこんで御立合ひ下されよ。こりや子《こ》尼《あま》、其竹刀《しなひ》持つてこよと、詞《ことば》の下より持つて出《で》る皮卷《かはまき》の竹刀《ちくたう》二本《ほん》、十文字《もんじ》にさし置いて

彌太郎の流義
柳生流―柳生宗矩の始めし剣術
印可―允許
石突―薙刀槍等の柄の端にある金

燈《ともし》を遠《とほ》ざけ、主《あるじ》の後《うしろ》に坐り同《おな》じ身《み》がまへ、すはといはゞの眼《まなこ》ざし。旅人《たびびと》大きに驚《おどろ》き、私は全く武士《ぶし》ではござりませぬ、京都下立賣《しもたてうり》の町人柳屋《やなぎや》權兵衞、雅名《がめい》は里江《りかう》と申すもの。此度江戸《えど》見物《けんぶつ》に御出入《おでいり》の御所方《ごしよがた》より帯刀《たいたう》を許され旅《たび》ばかりの侍《さぶらひ》、遊藝《いうげい》ならば何んなりともお相手《あひて》、和歌《わか》、詩作《しさく》、茶《ちや》、香《かう》、鞠《まり》、三絃《さみせん》、漢畫《かんぐわ》もよほど書きますれど、兵法は扨《さて》おき相《す》撲《まふ》ひとつとつた事はござらず。お目《め》利《きき》違《ちが》ひ迷惑千萬《めいわくせんばん》。しかし、呑込《のみこめ》ぬはこなたのお身持《みもち》。尼の姿で武藝《ぶけい》とは、物好《ものずき》がいき過《すぎ》まして思《おも》ひがけがござらぬと、顫《ふる》ひ〳〵尋ぬれば、御《ご》不審《ふしん》は尤《もつとも》。わたしは江戸《えど》永代堀難波屋《なにはや》何某《なにがし》が娘《むすめ》、幼少《えうせう》より武藝《ぶけい》を好みまして、さる浪人《らうにん》衆《しゆ》に稽古《けいこ》いたし、柳生流《やぎふりう》一道の印可《いんか》は殘《のこ》らず傳《つた》へてをります。額面《ひたひ》の疵《きず》は前々《ぜん〳〵》月《けつ》木挽町《こびきちやう》で、競《きほひ》と口論《こうろん》いたし、四五人は見《み》せつけましたれど、相手《あひて》は大勢《たいぜい》ゆゑ此《かく》の如く疵《きず》を負《お》ひました。あはれ侍《さむらひ》ならば、此疵《このきず》ばかりも二百石《こく》は確《たしか》なもの。其喧嘩《そのけんくわ》から一家共《けども》がよりまして、無理《むり》に尼《あま》にいたしまして、此庵《このいほり》へ隱居《いんきよ》させましたれど、好《すき》な道《みち》ゆゑ閑居《かんきよ》の樂《たの》しみに、これに居《ゐ》ます小比丘尼《こびくに》にも一手《ひとて》敎置《をしへお》きました。お慰《なぐさ》みに薙刀遣《なぎなたつか》うてお目《め》にかけよといふより早《はや》く、玉襷《たまだすき》ひらりとかけて飛上り、長押《なげし》の薙刀石突《なぎなたいしづき》とんと鞘《さや》をはづし、左右《さいう》をはらうて水車《みづぐるま》、目のまふ程の早業《はやわざ》に、でかした〳〵、御覽《ごらん》の如《ごと》く小腕《こうで》には器用《きよう》にござります。

御仁體—御人柄

へり口—妄言

私《わたし》も尼《あま》になりましてから、法師《はうし》武者《むしや》の心で、名《な》は筒井《つゝゐ》の淨妙《じやうめう》の淨の字《じ》に、辨慶《べんけい》の慶《けい》を合せて、淨慶《じやうけい》と申しまする。卑下《ひげ》なされても其方樣《そなたさま》の御仁體《ごじんたい》で、町人とは心憎《にく》し。中々《なか〳〵》無《む》手《て》とは見《み》えませぬぞ。僞《いつは》りて叩《たゝ》き伏《ふ》せんとや。お立ちなくば此方《こなた》からと、竹刀《しなひ》おつとり立ちあがれば、のう、かなしやと、主從《しうじう》もろとも横《よこ》になつて逃げて出づれば、春《はる》の雨夜《あまよ》としんの闇《やみ》、こけつまろびつ命《いのち》から〴〵、跡よりも武士《ぶし》たる者の女に後《うしろ》を見するかと、云ふ聲河風《こゑかはかぜ》にふき送《おく》り、耳突拔《みゝつきぬ》ける怖《おそろ》しさに、兩國橋《りやうごくはし》もいつ渡《わた》つたやら、やう〳〵と旅宿《りよしゆく》に歸《かへ》り、夜は明《あ》けぬ。きのふに懲《こ》りて、けふは芝居《しばゐ》へ、中村勘三が二《に》の替《かはり》見に行きしが、上棧敷《かみさじき》にきのふの尼《あま》、役者《やくしや》まじくらの酒盛《さかもり》、扨はやつぱり人で有つたか、天狗《てんぐ》でも無《な》さうな。

## 第二回　身過《みすぎ》はあぶない輕業《かるわざ》の口上《こうじやう》

國に宰相《さいしやう》とならずば、儒醫《じゆい》となりて人を救《すく》はんとあれど、其救《すく》ふといふ事阿彌陀如來《あみだにょらい》の方へゆづりて、此度は愚老《ぐらう》も大切には存じたれど、是《これ》は全く昨夜《さくや》の雨風《あめかぜ》で、時氣《じき》を受けられたと見《み》えますと、いはるゝへり口無理《むり》でなし。我力《わがちから》一杯《ぱい》是で癒《なほ》らうと思《おも》うた所は、如《い》

小田原外郎—相州小田原より出づる痰の藥

これやこの—蟬丸の詠をいふ

衆方規矩—書名

何《か》にも藥違《くすりちがひ》でない道理《だうり》。十四經難經《きやうなんきやう》は讀《よ》むとも、脉《みやく》はめつたに見えぬ物ぢやげな。人の手《て》取《どら》まへて尺八籟《しやくはちふき》の指《ゆび》づかひ、其間に心では、こゝは三分藥《ぶくすり》にして來《きた》れば、陳皮《ちんぴ》、獨《どく》活《くわつ》、桔梗《ききやう》の類《たぐひ》をたんと盛らねばと、胸《むね》の内の十露盤《そろばん》が二進《につち》も三進《さつち》もゆかぬ段になりて、醫《い》はそも藥料《やくれう》の官《くわん》、なんぞ死命《しめい》の官に預《あづ》からんとは、さりとはよい逃口《にげぐち》なれど、定業《ぢやうごふ》といふ得心《とくしん》があればこそ、親の敵《かたき》ぢや立上つて勝負《しようぶ》せいというてくる人もなし。近年は賣藥《ばいやく》が繁昌《はんじやう》して、勸學寮《くわんがくれう》の錦袋圓《きんたいゑん》、富山反魂丹《とやまはんごんたん》、後藤黑子丸《ごとうこくしぐわん》・大黑屋《だいこくや》の地黃丸《ぢわうぐわん》に小田原外郎《をだはらうゐらう》、俵屋《たはらや》ふり出《だ》し、其外數《かず》も限《かぎ》らぬ藥店《やくてん》、看板《かんばん》の外に胴木偶《どうにんぎやう》、あるひは熊《くま》の子《こ》に氣《き》にもすゝまぬ棒捻《ばうねぢ》させ、ねむり落ちる梟《ふくろ》を撞木《しゆもく》につきするゑ、豕《ぶた》を吼《ほや》して人寄《ひとよせ》の口上《こうじやう》に、往來《ゆきき》の足《あし》を止めるまでの店《たな》ざらし。飼《か》うたる鳥獸《とりけだもの》に親元《おやもと》がなうて仕合《しあはせ》ぞかし。これや此とよみし逢坂《あふさか》の關路《せきぢ》も、今は大津《おほつ》八丁に立ちつゞきて、商家《あきんど》建《た》ちならびたる中《なか》に、根元本家《こんげんほんけ》みすや針《はり》を商《あきな》ふ家多し。此店付《みせつき》は間口《まぐち》五間《けん》十間《けん》にとり放《はな》して、所がらの大津《おほつ》繪《ゑ》襖《ぶすま》、あけたあちらは座敷《ざしき》でなうて、庭前《にはさき》のあふ坂山《さかやま》が行くも歸《か》へるも胴《なな》づかへた家建《いへたち》。其中に間口《まぐち》も狹《せま》き藥店《くすりみせ》、打身藥《うちみぐすり》勝劣散《しようれつさん》と、松板《まついた》に養拙流《やうせつりう》のふすぼりて文字《もんじ》も見えず。主《ぬし》は惣髮《そうはつ》の老人竹田《たけだ》周益《しうえき》とて、衆方規矩《しゆはうきく》だのみの庸醫《やぶい》、女夫《めうと》さへ渴々《かつ〳〵》の朝夕《てうせき》。子《こ》は一人《ひとり》ありたれど、取《とり》

札の辻の雲助―官の制札の立てる辻にたむろかごかき

出女―お晒落とも書く賤しき遊女

所なき不孝《ふかう》ものゆゑ、家出《いへで》のなりに尋《たづ》ねもせず。子《こ》のない昔とあきらめて、一代切の了《れう》簡《けん》なれば、幸《さいはひ》に療治《れうぢ》もはやらず。されど仕舖《しにせ》の打身藥《うちみぐすり》一服《ぷく》廿四文《もん》づつ、札《ふだ》の辻《つじ》の雲助《くもすけ》が、日《ひ》の岡峠《なかたうげ》をふみくぢつたが、あの藥《くすり》でよかつたといひ觸《ふら》せば、矢橋《やはせ》の船頭《せんどう》が舟《ふね》がはで突《つき》腕《うで》した痛《いたみ》が、一服《ぷく》で愈《よ》かつたと悦《よろこ》ぶ取沙汰《とりざた》、誰《たれ》いふとなくよう賣《う》れど、老人夫婦《らうじんふうふ》が手《て》ずさびなれば、賣切《うりきら》す事のみにて、いつ鍋釜《なべかま》の賑《にぎは》ふ事なく、目の見える蟬丸夫婦《せみまるふうふ》、知《し》るも知《し》らぬも哀《あはれ》とや見《み》ん暮成《くらしな》りけり。されば年寄《としより》と紙袋《かんぶくろ》は入れにや立たぬといふ譬《たとへ》、腹淋《はらさび》しい事も有りしにや、女夫《めうと》二三日隔《にちへだ》てゝ死なれければ、家主《いへぬし》の針屋《はりや》耳介《みゝすけ》賴母《たのも》しい男にて、跡《あと》懇《ねんごろ》に取りたいて、家出《いへで》の息子《むすこ》が戻《もど》つて來《く》る事もやと、破《やぶ》れ道具《だうぐ》醫書《いしよ》四五冊我方《さつわがかた》へ取つて置《お》かれぬ。去程に家出《いへで》の息子《むすこ》三平といふは、年も三十にたらぬ浮氣《うはき》もの、ふと八丁の出《お》女《じやれ》に思《おも》はくがありて、ないもせぬ親《おや》の著《き》そげまで打ちまけて、我《われ》も內證《ないしよう》の借錢《しやくせん》に尻《しり》つまらず、あてどなしの缺落《かけおち》、大坂の長町に知己《しるべ》を尋《たづ》ねて落《お》ちつきしが、いつ限《かぎり》なきかゝり人ゆゑ、あたりの旅籠屋《はたごや》へ身をよせて、住吉堺《すみよしさかひ》への宿引《やどひき》、口先《くちさき》の發明《はつめい》にて、熊野參《くまのまゐり》を蟻《あり》のつゞく程つれて戻《もど》るゆゑ、親方《おやかた》の悅《よろこび》、よい者を抱《かゝ》へて、此春は道者衆《だうしやしゆ》が多《おほ》い、利口《りこう》者《もの》ぢやとほめそやせば、三平これを鼻《はな》にかけ、傍輩《はうばい》への我儘《わがまゝ》、海道《かいだう》の雲介相手《くもすけあひて》に端錢《はしたぜに》の

しこり博奕——熱心なる博奕

ちやるめら——支那の樂器

阿彌陀池——大坂和光寺内にあり

しこり博奕《はくち》に、親方《おやかた》の手前《てまへ》二三貫《ぐわん》の仕過《しすご》し、爰《こゝ》にも又居られぬ首尾《しゆび》、生《うま》れ付いた口松《くちまつ》に宿引《やどひき》の間にあゐがしみついて、張儀蘇秦《ちやうぎそしん》のやりばなし。舌《した》一枚《まい》あれば世界《せかい》は樂《らく》ぢやと、一日暮《にちぐらし》の胴《どう》がすわりて、輕業《かるわざ》の口上《こうじやう》に雇《やと》はれ、天王寺《てんわうじ》の彼岸中《ひがんちう》、太夫《たいふ》は長崎仙人鶴之介《ながさきせんにんつるのすけ》といふ一本綱《づな》の名人《めいじん》、小家《こや》がけ高《たか》く初日《しよにち》からの大入《おほいり》、喇叭《らつぱ》、ちやるめらに三味線《さみせん》を合はして、三平は二挺太鼓《ちやうだいこ》のうちまぜ、柿《かき》の袴《はかま》の肩衣《かたぎぬ》ばかりにて、東西《とうざい》々々、〳〵、扨《さて》まかり出でられましたが、此度の太夫《たいふ》、長崎仙人鶴之介《ながさきせんにんつるのすけ》と申しまして、御當地《ごたうち》はじめての御目見《おめみえ》、最《さい》初《しよ》仕つりますが、懸《かけ》わたしました一本綱《ほんづな》の上《うへ》にて、式三番叟《しきさんばそう》の一曲《きよく》、次《つぎ》に花傘居合《はながさゐあひ》の一《ひと》手《て》、達摩大師《だるまだいし》座禪車《ざぜんぐるま》、獅子《しし》の洞入《ほらいり》、鶯《うぐひす》の谷渡《たにわたり》、猿《さる》の木《き》のぼり、大津馬《おほつむま》の追《おひ》がらし、跡《あと》は四《し》本綱渡天《ほんづなどうてん》の一曲《きよく》、はり〳〵とう〳〵と聲《こゑ》はり上げてしやべりちらせば、輕業《かるわざ》もようするが、口上が上手ぢやと近年《きんねん》の評判《ひやうばん》。そこを仕舞《しま》うて阿彌陀池《あみだいけ》の開帳《かいちやう》、天満天神《てんまてんじん》の境《けい》内《だい》、京《きやう》の四條河原《よでうがはら》の涼《すゞみ》にて、太夫仙人《たいふせんにん》鶴之介京女房《きやうにようぼ》の脛《はぎ》の白《しろ》きに通《つう》を失《うしな》ひ、山雀《やまがら》の逆《さか》おとしに落ちて眩暈《めをまは》して跡《あと》のどよみ、まづさしあたりて間に合はねば、涼《すゞみ》の間の大設《おほまうけ》を取りはづしてはなろまいと、俄《にはか》に見世物《みせもの》のもくろみ、思《おも》はしい支離《かたは》もなく、どうせうと思《し》案《あん》の最中、壁鄰《かべどなり》の油屋《あぶらや》の絞《しぼり》を働《はたら》く男が、盗猫《のらねこ》を引きとらへて借屋《しやくや》中わめき散すを聞くよ

貫はかして
—寄贈して

り、ふつと思付《おもひつ》いて、其猫《そのねこ》わしに貫はかして下されと、引きさげて戻《もど》るや否《いな》、燃《も》えあがる柴火《しばび》の中へ投《はふ》りこめば、苦《くる》しさのあまりに飛びあがるを、打ちこみ投《な》げこみて、髭《ひげ》も毛《け》もさつぱりと燒《や》きはらひ、口押割りてはり木《き》をかへば、きやつとばかりのなく音《ね》も出でず。それを鍼金《はりがね》の網《あみ》へ退《お》ひこみて、さあ〱此度紅毛《おらんだ》から渡《わた》つた生《い》き麝香《じやかう》はこれぢや。正《しやう》のものを生《しやう》でお目にかけると、わめき散《ち》らして、一兩十四五文《もん》の五種香《ごしゆかう》をめつたにくゆらすれば、是《これ》に珍《めづら》しい生きた麝香《じやかう》は今見《いまみ》はじめぢや、併《しか》しとんと猫《ねこ》に毛のないやうな物ぢやと見て居る内に、口《くち》にかうたる木が拔《ぬ》けて、一聲《こゑ》ニヤンナと鳴きしかば、見物《けんぶつ》は可笑《をかし》がりて、此麝香《じやかう》の名《な》は三毛《みけ》とは云ひませぬかと大笑《おほわらひ》にて、それからは虻《あぶ》もたからず。是《これ》ではいかぬ。大坂の長町へ下《くだ》り、何なりと計畫《もくろ》んでと、翌朝晝舟《よくあさひるぶね》に飛乘《とびの》りて、錢儲《ぜにまうけ》の工夫《くふう》にこり、うか〱と煙管咬《きせるくは》へて居る乘合《のりあひ》に、五人前《にんまへ》借切《かりき》りて家來《けらい》一人《にん》挾箱《はさみばこ》一荷《か》の旅《りよ》人《じん》、卑《いや》しからぬ仁體《じんたい》なるが、三平が顏《かほ》をつく〲見て、貴樣《きさま》は何處《どこ》でござると尋《たづ》ぬれば、わしは京都の者、急用《きふよう》にて大坂へ下《くだ》りまするといへば、されば先程《さきほど》から其許《そこもと》の人相《にんさう》を見て居まするに、天晴秀才《あつぱれしうさい》出世する人なれども、只今の産業《さんげふ》何めさるゝか知らぬが、妖怪《えうくわい》に心神《しんしん》を破《やぶ》らるゝ相《さう》が見ゆるによりてお尋《たづ》ね申す。●天性《てんせい》人の下にたゝぬ身分なるに、殊

そと致したる者—ちよつと身分あるもの

方劑—藥の調合

剃下の奴—鬢を三日月形に後方にそり下げたる奴

の外相《さう》を損《そん》じめされたと云はるゝに、三平肝《きも》をつぶし、是は不思議《ふしぎ》。何を隱《かく》しませうぞ。私も元はそと致したる者の悴《せがれ》、心から落魄《おちぶ》れて、わるい身過《みすぎ》を致してをります。今日は大坂の長町へ見世物《みせもの》のもくろみに下ります。かやうな事を致《いた》しますも不孝《ふかう》の罰《はち》と、今思ひ知りました。どうぞ人らしい身に成りたうござりますが、何を致したらようござりますぞ。ついでに御覽《ごらん》じて下さりませと賴《たの》めば、怪異《くわいい》に惱《なや》む所の相《さう》がそれで知れました。貴《き》樣《さま》の相も學道《がくだう》がひらいておれば、そろ〳〵醫《い》でもめさるゝか、藥店《やくてん》なども良《よ》うござらうと、いはるゝから心づきて、大津《おほつ》の親元《おやもと》の打身藥《うちみぐすり》、よう賣《う》れた老舗《しにせ》なりしを、今は過ぎゆかれしと聞けば、跡《あと》はどうなりし事やら、何《なん》でも大津《おほつ》へ是《これ》から行《いき》て、家主《いへぬし》にたより、其方劑《そのはうざい》を吟味《ぎんみ》せんと、俄《にはか》に思入《おもひいれ》がかはりて、船頭牧方《せんどうひらかた》へつけて下され、寄《よ》る所があるゆゑあがりますと、人相見《にんさうみ》に一禮《れい》いうて、伏見《ふしみ》へ取つて歸《かへ》し、大瓶谷《おほがめだに》を大津《おほつ》へ出でて、八丁の親里針屋《おやざとはりや》耳助方《かた》へ行《ゆ》きて、段々《だん〳〵》の不埒《ふらち》を申しわけの嘘《うそ》八百。世《せ》帶道具《たいだうぐ》醫《い》書《しよ》ともに乞受《こひう》け、打身藥《うちみぐすり》を調合《てうがふ》して、荷物立派《りつぱ》に飾立《かざりた》て、剃下《そりさけ》の奴《やつこ》にかつがせて、大津《おほつ》より京《きやう》、伏見《ふしみ》、淀《よど》、鳥羽《とは》の端々《はし〴〵》まで、足《あし》かぎり口に任せて白聲《しらごゑ》のひねり口上《こうじやう》。手《て》前家《まへか》法勝劣散《はふしようれつさん》、功能《こうのう》の儀《ぎ》は、第一打身《うちみ》、脚氣《かつけ》、立《たち》ぐらみ、中風《ちうぶ》、痲痺《まひ》、痲木《まぼく》、一切不順《ふじゆん》の妙藥《めうやく》なり。別して産前産後《さんぜんさんご》

代物—代金

まや藥—まやかし藥

居なし—すまひ

には神妙《しんめう》の藥能《やくのう》、其外萬病《まんびやう》に用《もち》ひて功を見ずと云ふ事なし。かやう申せば、いづれも樣《さま》が、其《その》やうに何病《なにびやう》でも利《き》く時は、世界《せかい》に醫者《いしや》は入《い》らぬものかと仰せられませうが、如何《いか》にも當時《たうじ》町方の醫者衆《いしやしゆ》が銀口入《かねくちいれ》、嫁入《よめいり》の仲人《なかうど》、茶屋《ちやや》文《ふみ》の屆處《とゞけどころ》、初日《しよにち》棧敷《さじき》の使《つかひ》なさるゝ方《かた》方《がた》の醫案《いあん》の藥召上《くすりめしあが》らるゝは、必竟追剝《ひつきやうおひは》ぎ原《はら》へ螢狩《ほたるがり》にござる同前《どうぜん》。しかれば手前《てまへ》の勝劣《しようれつ》散《さん》は諸病本服功驗《しよびやうほんぷくこうけん》の外《ほか》心を用ひず、人を救《すく》ふに他念《たねん》なければ、お立合《たちあひ》の方々《かた〲》は、藥《くすり》の功《こう》能《のう》御試《おこゝろ》みの方々《かた〲》は、代物《だいもつ》お持合《もちあ》はせがござらずとお召しなされて、如何《いか》にも此藥《このくすり》はあの者が申した通《とほり》、たちまち功《こう》を見たと思召さば、又々藥《また〳〵くすり》お召しなさるゝ節《せつ》、其代物《そのだいもつ》を遣《つかは》されませ。家傳名法勝劣散《かでんめいはふしようれつさん》、はり〳〵とう〳〵と輕業《かるわざ》の口上、拍子《ひやうし》に間《ま》におひは云ひ次第《しだい》。元《もと》よりまや藥《くすり》にもあらず、呑《の》んで功《こう》を見《み》るもの多《おほ》く、日《ひ》まし夜《よ》ましに賣りひろめて、次第《しだい》に手前《てまへ》よろしく、古鄕《こきやう》なれば、大津《おほつ》八丁札《はつちやうふだ》の辻《つじ》に、五間口《けんぐち》の屋敷《やしき》を求めて、店《みせ》つき花々敷《はな〴〵し》く飾《かざ》りたて、見世物士《みせものし》から引きかへした出世《しゆつせ》とて、屋根《やね》に金《きん》の麝香《じやかう》を目印《めじるし》とし、諸國の出店《でみせ》町々の取次所《とりつぎじよ》、岡目《をかめ》からも二三百貫目の居なしにて、純子《どんす》縮緬《ちりめん》の常服《じやうふく》太《たい》に金拵《きんごしらへ》の小脇指《こわきざし》、小坊主《こばうず》の僕兒《でつち》つれて、石山、三井の花に明《あけ》くれ、此身《このみ》になりても零《おち》落《め》には、長町の宿《やど》なし住居《すまゐ》。四も八もくはぬとて、名を大津屋四茂八と改めて、世をう

逆馬に入ての—逆になりての

銀にする氣

ちやすに暮《くら》すもの、親《おや》の光《ひかり》は七光《なゝひかり》。大津八丁の勝劣散《しようれつさん》とて近年の仕出《しだし》なるよし。

## 第三回　雀《すゞめ》は百まで舞子《まひこ》の年寄《としより》

おそろしき物《もの》、老《おい》の化粧《けはひ》師走《しはす》の月《つき》と、近松門左衛門が筆《ふで》まめ、トラヤア〱といふ唐音《たういん》も、今は昔と成りけらし。されば女は髮容《かみかたち》といへど、よい年な後家《ごけ》の逆馬《さかむま》に入つての氣《み》嗜《だしなみ》、きはめて其家には、加賀《かゞ》の繻絆著《じゆはんき》た出頭手代《しゆつとうてだい》があるものなり。連合《つれあひ》の末期《まつご》に泣きくづをれて、髮尖《かみさき》切つて棺《くわん》へ抛《な》げこみ、付《つ》いてもいきたいやうに歎《なげ》かるゝ内儀《ないぎ》の、もの一年と持ちこたへのしたは珍《めづら》しい物ぞ。子を思ひ家を思《おも》へば、髮切《かみき》るとも尼《あま》になるとも、一家の差圖《さしづ》遺言《ゆゐごん》の趣《おもむき》、其をかまはず早《はや》まるは、皆徒者《いたづら》の癖《くせ》ぞかし。去《さ》る富家《ふか》の後家御《ごけご》が六十《むそじ》にあまる十筋毛《とすぢけ》を、九萬里《くまんり》に羽《は》をのす大鵬《たいほう》ほど髩出《つとだ》して、紅粉《べに》白粉《おじろい》を皺《しわ》にすりこみ、つくりすましての墓參《はかまゐり》、和尚樣《をしやうさま》の精進料理《しやうじんれうり》がくひたらず、寡住《やもめ》の達者《たつしや》づくりに吸付《すひつ》けて、花見《はなみ》芝居《しばゐ》にかこつけ、臍《ほぞ》の下《した》の岩淸水《いはしみづ》をかへほせば、彼《かの》まめ男は三界《がい》のならず者《もの》にて、ある夜《よ》の出合《であひ》から我内《わがうち》へ引込みて、今日《けふ》より女房《にようぼ》にするから去《い》なす事はならぬと、銀《かね》にする氣《き》の横倒《よこだふし》、世取《よとり》の惣領《そうりやう》は生《うま》れたちの實體者《じつていもの》、常々母の身持《みもち》をば、世間《せけん》の口へ手をあてゝ

の横倒—金を得んとする無法

市宇賀の伽羅煉—京都三條市宇賀繩手なる五

案《あん》じ暮《ぐらし》の上《うへ》なれば、猶更《なほさら》濟《す》まぬと氣《き》をもんで、手代《てだい》を迎《むかへ》にやらるれど、二日《か》三日《か》の居《ゐ》つづけに、腰拔《こしぬ》かされししみたれ後家《ごけ》。あのやうに云うてなら、まだ四五日も去なれまい。息子《むすこ》の手前《てまへ》もよいやうにいうてたも。お居間《ゐま》にそつと囁《さゝや》いて、櫛笥《くしげ》、鏡臺《きやうだい》をおこしてたもと、どこまで白痴《たはけ》をつくも髪《がみ》の恥白髪《はぢしらが》。漸《やうや》く侘言《わびこと》たら〳〵で、一廉《かど》のあつかひ代《だい》、竊《ひそか》にすめと思へども、世間《せけん》一ぱいこれ沙汰《さた》。こんな母親《はゝおや》を持ちし身は、札《さね》よき鎧《よろひ》に五枚《まい》兜《かぶと》を著《き》てあるいても、突《つ》くやうでさすやうで恙蟲《つゝが》の穴《あな》へも入りたかるべし。それとは事かはりたれど、京《きやう》の智恩院《ちおんゐん》の古門前《ふるもんぜん》に、辰巳屋宇治江《たつみやうぢえ》といふ舞子《まひこ》あり。ちよつと聞いては好《この》もしい名なれど、三十年前《ねんまへ》はよい女房《にようぼ》でもありし事か、ことし五十におまれども、心ばかりはうら若《わか》み、ねよげに見《み》えねば是までに片付《かたづき》もなく、兎やかくするうちに、百歳《もゝとせ》の半婆《はんばゝ》となりしが、幼少《えうせう》より縫《ぬひ》くゝりに疎《うと》く、今更針《はり》の穴《みゝず》も通《とほ》らぬ年で、裸人形《はだかにんぎやう》の服《べゝ》も縫《ぬ》ひならはれず。いつまで草《ぐさ》のうか〳〵と、やはり宇治江《うぢえ》で舞《まひ》と三味線《みせん》。毎日の鏡立《かゞみたて》に向ひて、頭《かしら》の白くなるを悔《くや》みながら、其《それ》を市宇賀《いちうが》の伽羅煉《きやらねり》で、きんしやうきんしやうの大《だい》吉髷《きちまけ》のと、鰹節編《かつをぶしあ》んだやうに結立てゝ、腰《こし》に梓《あづさ》の弓をのしきり、幅廣繻子《はゞひろじゆす》の三重廻《みへまはり》、吉《きち》彌《や》結《むすび》に金絲《きんし》の房《ふさ》たつぷりと、塗下駄《ぬりげた》に青天井《あをてんじやう》の日傘《ひがさ》。夜目遠目《よめとほめ》にも、女の外科《げくわ》とよりは言

十嵐の製する伽羅油
外科―醫者
花車―青樓の新造、鴇母
關寺小町―長唄の曲名
はんなり―花やかなる

ひやうのなき風俗《ふうぞく》。東石垣《ひがしいしがき》の井筒屋《ゐづつや》に山もどりの年寄客《としよりきやく》、色氣《いろけ》は有つても肝心《かんじん》の所が間に合はず、わつさりと一つ飲《の》まう、どれぞ舞子《まひこ》をと物好《ものず》けば、お客《きやく》の年には相應《さうおう》と、花車《くわしや》が差圖《さしづ》で宇治江を呼びに走らすれば、いつでも内に入《いり》まいの悪《わる》い舞子《まひこ》、呼びに來たか、えい〳〵と疝氣《せんき》さすつて衣裳《いしやう》に著替《きか》へ、足もとがあぶないと、中風《ちうふう》の用心《ようじん》に弓張提燈《ゆみはりちやうちん》、おくらるゝ後影《うしろかけ》のいぶせさ。座敷《ざしき》へ出るといな、客は興《きよう》さめて、こりやどうぞ、今日《けふ》は珍しい三年《ねん》ぶりの色遊《いろあそび》に、皺延《しわのばし》にこそ寄《よ》つたれ、皺《しわ》くらべには來《こ》ぬ。是《これ》なら宿《やど》へ歸《かへ》つて婆《ばゞ》と寐酒《ねざけ》で樂《たの》しみましよと、盃《さかづき》さし捨《すて》にいなれける。宮川町の丹波屋《たんばや》で、三味線《さみせん》繼いで本調子《ほんてうし》に合はせつゝ、歌「はづかしや、人の恨《うらみ》のつもりきて、頼《たの》む物には竹《たけ》の杖《つゑ》、泣《な》いつ笑《わら》いつ物狂《ものぐる》ひ」と、關寺小町《せきでらこまち》を謳出《うたひいだ》せば、客は智積院《ちしやくゐん》の出家達《しゆつけたち》、よう〳〵、うたうてうたうて、長橋《ながはし》の局《つぼね》へ綸旨《りんし》受《う》けに行《い》たやうなとの悪口《わるくち》に、一人《ひとり》の和尚《をしやう》が是々老女《らうぢよ》、そもじが謳《うた》ふは、小町《こまち》が年寄つて物《もの》もらひになつた文句《もんく》、こなたが彈《ひ》くと、正眞《しやうじん》の小町《こまち》が出現《しゆつけん》したやうで氣《き》がめいる。何《なん》ぞはんなりとした物をと望《のぞ》めば、宇治江少々《せう〳〵》むつとした顏《かほ》、不《ぶ》粋《する》な事をおつしやるお方々《かた〴〵》、歌《うた》によそへて年寄《としより》をお嫌《きら》ひなされますれど、たとへ深山《みやま》の朽木《くちき》でも、花さく春もござんした。わたしも盛《さかり》は過《す》ぎましたれど、心の花《はな》がかはらねば

妓交―遊女通ひの義

百歳に一とせ云々―百年にひとゝせ足らぬつくも髪吾を戀ふらしおもかげに見ゆ

誠に名うてのすつばの皮―眞に取るに足らぬ奴

こそ、かうしたはでな勤《つとめ》を致してをります。墨《すみ》に染《そ》めても、お心に色香《いろか》がある故の妓交《よねまじはり》、なされますのでは無いかえなと打ちこまれて、一人の僧起《そうお》きなほりて、それは地《ち》水火風空《すゐくわふうくう》の五つは人の體《たい》。心は變《かは》らぬと云やれども、像《かたち》も聲《こゑ》も變《かは》るからは、若い妓衆《よねしゆ》と一口に、現《けん》世利益《せりやく》はあるまいと、疊叩《たゝみたゝ》いて詰《つ》めかくれば、いえ〳〵、それは猶不粋《なほぶすゐ》、すでに業平《なりひら》さんは百歳《もゝとせ》に一とせたらぬと詠みて、枕《まくら》をかはさんしたを、世《よ》の戀知《こひし》りとはいふではないかえ。顔《かほ》の美《うつく》しいも外面如菩薩《げめんによぼさつ》の戒《いましめ》あれば、老《ふ》けたとて若《わか》いとて、戀《こひ》に染れば戀衣《こひごろも》、一念發起菩提心《ねんほつきぼだいしん》、色も心、無常《むじやう》も心《こゝろ》、いくつに成つても藝子《けいこ》はけい子でござんすと、いひまくられて、ぎつちりつまり、さあ其菩提心《ぼだいしん》があるならば、其年で藝子《けいこ》はせぬ筈《はず》ぢや。はでな歌《うた》うたふより、念佛《ねんぶつ》の一遍《ぺん》も申すが順縁《じゆんえん》といふ物ぢや。それも逆縁《ぎやくえん》なりとうかむでござんせう。そんならこちらが斯《かう》した遊《あそび》も、成佛得脱《じやうぶつとくだつ》するやいかに。なる程《ほど》あなた方の墨染《すみぞめ》も、今宵《こよひ》の座敷《ざじき》の戀衣《こひごろも》、女郎の手管《てくだ》も佛の方便《はうべん》と、聲あらゝかに罵《のゝし》れば、誠《まこと》に名うてのすつばの皮《かは》、背中《せなか》の兀《はげ》し藝子《けいこ》やと、僧《そう》は天窓《あたま》を掻き〳〵、あのけい子迎《むかへ》が来たら去《い》なしてたもと云はるれば、宇治江は猶《なほ》も腹《はら》たてゝ、

川竹《かはたけ》の勤《つとめ》なりやこそあしからめ嬶《かゝ》なら何《な》にがくるしかるべき

宮川町—かげまは京師にては宮川町と嬉遊笑覽に見ゆ

堺町—陰間看板堺町と三杯機嫌にみゆ

庚申の夜—諺に、庚申の夜に孕む者は盜心ありといへり

と、おこりちらして歸《かへ》りける。扨《さて》此宇治江が卅四五の頃《ころ》庚申《かうしん》の夜《よ》、祇園町《ぎをんまち》の一力《いちりき》で、大《おほ》寄《よせ》の雜魚寢《ざこね》に、鬼若《おにわか》の辨藏《べんざう》といふ幇間《たいこもち》にくどかれて、たつた一度《ど》で其種《そのたね》を孕《はら》み、産落《うみおさ》せしは玉のやうな男の子《こ》。なぜに置いてはこんなだと、悔《くや》みながらに育《そだ》てしが、生先《おひさき》ことに美《うるは》しく、十二より舞《まひ》と三絃《さみせん》を仕込《しこ》みて、名は石河五郎市《いしかはごろいち》と付けて、宮川町《みやがはちやう》の四匁《もんめ》花《はな》。よい子ぢやと評判《ひやうはん》よく、江戸《えど》の親方《おやかた》が百兩《りやう》に飛《と》び付《つ》いて談合《だんがふ》すれば、一人子《ひとりこ》ながら又出世の種《たね》にもと、十五の春より江戸《えど》へ下しけるに、堺町《さかひちやう》でも見事《みごと》な繁昌《はんじやう》。傍輩《はうはい》の子《こ》供《ども》を賣りひしげば、親方《おやかた》も近年の銀箱《かねはこ》と、朝寐《あさね》してゐる尻《しり》の方へ燈明《とうみやう》あげて、南無高野《なむかうや》大師遍照金剛《だいしへんぜうこんがう》とぞ拜《をが》みける。されば庚申《かうしん》の夜に宿る子はと、下世話《げせわ》にいふにちがひなく、此五郎市《このごろいち》とかく手癖《てくせ》がわるく、客の寐入《ねい》るを考へて、洟紙袋《はながみぶくろ》の中を探《さが》し、一歩小玉銀《ぶこだまかね》に限《かぎ》らず、目《め》についた物をはづしければ、寐《ね》ごきが浦の客衆《きやくしゆ》も、度《たび》かさなれば氣《き》が付いて、朝歸《あさがへり》の臺所《だいどころ》で亭主《ていしゆ》に囁《さゝ》きて、子供《こども》の事なれば、あながち慾《よく》でもあるまいけれど、かう〳〵した事ども、段々《だん〳〵》と肝《きも》の太《ふと》らぬうち、親方《おやかた》に云はしたらよからうと、内證《ないしよう》いうて歸《かへ》らるるに、是は怪《け》しからぬわるい病《やまひ》。捨《す》てゝおかれぬ品《しな》ぞと、手紙《てがみ》での付屆《つけとゞけ》。彼處《あそこ》からも此《こ》處《こ》からも、何《なに》がないかゞないと、一犬吼《けんほ》ゆれば百軒《けん》の噂《うはさ》。親方《おやかた》大きに驚《おどろ》きて、五郎市が

愛想も月の手長猿―愛想もつきたる盜人の意

惣嫁―夜鷹

留主《るす》のうち、文庫《ぶんこ》をあけて穿鑿《せんさく》すれば、藥入《やくにふ》、香包《かうつゝみ》、小柄《こづか》、印籠《いんろう》、煙草入《たばこいれ》、小玉《こだま》銀四五十、壹歩《ぶ》二十切《きれ》、蓋《ふた》のならぬ程おしこんであれば、あきれ果てゝの強異見《こはいけん》に、當座《たうざ》は聞いたやうなれど、目《め》のゆきやすい閨《ねや》のうち、愛想《あいさう》も月《つき》の手長猿《てながざる》、尻《しり》からはげてくるなれば、迚《とて》もなほらぬ根性《こんじやう》と、見《み》かぎり果てゝ長《なが》のいとま。京《きやう》の親へも聞《きこ》えたれば、内へもどるな、勘當《かんだう》ぞと涙《なみだ》を墨《すみ》にすりまぜて、憎《にく》し〳〵のひとつ書《がき》。廣《ひろ》いお江戸《えど》に住所《すまひ》あらしの夜半《よは》も雪《ゆき》の日《ひ》も、布子《ぬのこ》一單寒晒《たんかんざら》し、あはれいにしへは翠帳紅閨《すゐちやうこうけい》にいとしがられし尻《しり》の穴《あな》、心からとてすぼまりし、肩身《かたみ》もせばき浮世《うきよ》やと、棒藥《ばうぐすり》より辛《つら》きめにあふも此身《このみ》の銹《さび》刀《がたな》。往來《ゆきき》の人に袖《そで》引きて、兩國橋《りやうこくばし》で若衆《わかしゆ》の惣嫁《そうか》、牛若《うしわか》ならで馬若衆《ひまわかしゆ》、今宵《こよひ》で丁度千人《ちやうどせんにん》の情《なさけ》もうすき端錢《はしたぜに》、引きとめられて提燈《ちやうちん》の明《あかり》にちらと見《み》た顔《かほ》ぢや、たしか堺町《さかひちやう》の五郎市と、立ちもどりしが氣《き》が付いて、腰《こし》の巾著《きんちやく》あるかと見《み》れば、南無《なむ》三はや仕《し》てやられた。

# 諸道聽耳世間猿　四之巻

## 第一回　兄弟《きやうだい》は氣《き》のあはぬ他人《たにん》の始

神州《しんしう》五畿《き》七道《だう》に分れてより、都鄙《とひ》の文言《ものいひ》に其土《そのき》地《ち》そなはりて、因幡鴉《いなはがらす》に伯耆《はうき》猫《ねこ》、伊勢《いせ》人《じん》のひがごといふと詠める歌《うた》あれば、山城《やましろ》の人は八十《やそ》宇治《うぢ》つくともいへり。國々郡々《くに〳〵こほり〳〵》にてちがふ筈《はず》は、一つ竈《かま》の物喰《く》うてさへ、いひごとの絶《たえ》ぬならはせなれば、人の心同《おな》じからざるは、其面《そのおもて》のごとしと、いへるもさる事なり。中にも足曳《あしびき》の大和《やまと》の國《くに》は、文字《もんじ》にさへ大《おほ》きに和《やはら》ぐと書いて、土あまく山肥えて四神相應《しんさうおう》の地なれば、皇都《みやこ》もあまたゝびこゝに遷《うつ》し給ふ。人の心すなほにて、假《かり》にも僞《いつはり》をかざらず、上《かみ》を尊《たふと》み下《しも》を憐《あはれ》み、行《ゆ》くものは道を讓《ゆづ》り、耕《たがや》すものは勞《いたつき》を助《たす》けあひて、花の吉野《よしの》、紅葉《もみぢ》の龍田《たつた》、何《な》に不足《ふそく》なき上國《じやうこく》なり。むかし〳〵の京寧樂《きやうなら》の町に、鵜飼屋《うかひや》伊左衞門、伊兵衞とて、色も香もある墨商人《すみあきんど》、軒《のき》を並《なら》べて兄弟住《はらからす》みけり。兄伊左衞門は幼少《えうせう》より世渡《よわたり》の心がけよく、商賣《しやうばい》がらとて握《にぎ》り墨《ずみ》の卑吝人《しはんはうにん》。親《おや》の讓《ゆづり》とは三挺《ちやう》がけの身體《しんだい》にして、手代《てだい》十人《にん》、僕兒《でつち》七人《にん》、家内《かない》三十人餘《にんよ》の大《おほ》

因幡鴉に伯耆猫ー因幡人の言語は鴉の如く伯耆人は猫に似たりの義

握り墨の吝人ー握り墨は吝嗇の縁

言として用ふ

花の本—連歌の宗匠の號、宗祇法師に始まる

古今の三鳥三木—古今集の祕事

勢語—伊勢物語

賄《まかなひ》、諸國《しよこく》の出店《でみせ》へ卸荷《おろしに》の世話《せわ》注文《ちうもん》の懸引《かけひき》、目《め》づらもあかぬ抓《つか》みどりの繁昌《はんじやう》。若草山《わかくさやま》に櫻《さくら》が咲《さ》かうが、木辻《こつぢ》に夜芝居《よしばゐ》がはじまらうが、敷居《しきゐ》一寸外《そと》へ出でず。春日樣《かすがさま》は慈悲《じひ》萬行《はんぎやう》の御誓願《ごせいぐわん》なれば、商人《あきんど》の爲にならぬ神樣と、御祭にも參《まゐ》つた事はなかりけり。弟の伊兵衞は兄の氣質《きだて》とは若干《そこばく》の違《ちがひ》にて、生得《うまれつき》の廉直《すなほ》より迂作《うそ》つかず追從《つゐしやう》嫌《ぎらひ》にて、身持萬事《ばんじ》に高《かう》尙《じやう》を好《この》み、兄《あに》の吝嗇《りんしよく》を憎《にく》みて、常々《つねづね》なかよからず。春は飛火野《とぶひの》に若菜《わかな》摘《つみ》くらし、夏は佐《さ》保川《ほがは》の螢狩《ほたるがり》、洞《ほら》の楓樹《もみぢ》に小鹿《をじか》の鳴音《なくね》を添《そ》へて秋を感《かん》じ、寒《さむ》き夜《よ》のあられ酒《ざけ》に、冬籠《ふゆごもり》して世事《せじ》にかゝはらず。今春太夫《こんはるだいふ》につきて扇《あふぎ》の一手《ひとて》より芝能《しばのう》に羅綾《らりよう》の袖《そで》をひるがへし、連歌《れんが》は京《きやう》の花《はな》の本《もと》に入門《にふもん》して、風流《ふうりう》もつぱらに修行《しゆぎやう》せられぬ。此男の癖《くせ》にて何事《なにごと》を稽古《けいこ》しても、最初《さいしよ》から論《ろん》がつき過ぎて、無要《むえう》の事に念《ねん》を入れて金銀《きんぎん》を積んでも、傳授《でんじゆ》といふ程《ほど》の事《こと》、さらへてしまはねば氣《き》が濟《す》まず。古今《こきん》の三鳥《てう》三木《ぼく》、源氏《げんじ》物語《ものがたり》に三箇《が》の傳《でん》、勢語《せいご》に七箇《か》の大事《だいじ》と殘《のこ》りなく傳《つた》へ得《え》て、宗祇《そうぎ》法師《はふし》の鬚《ひげ》に香《かう》をとめられたは、連歌《れんが》を案《あん》じる便《たより》になる事にや。もし左樣《さやう》ならば、私《わし》が鬚《ひげ》も延《のば》して焚《た》きしめましやうかとの執心《しふしん》に、花《はな》の本《もと》も返答《へんたふ》にさしつまり、いや〳〵、あれは其やうな事ではござらぬ。宗祇《そうぎ》は歌枕《うたまくら》に飛廻《とびめぐ》られたゆゑ、旅籠屋《はたごや》の蒲團《ふとん》のむさいから、蚤虱《のみしらみ》わかすまいための用心《ようじん》であつたげな。以前は

宗長—宗祇の弟子連歌に名あり天文元年歿

御寮人—令嬢

髭《ひげ》に油《あぶら》をもつけられしかど、わたり奉公《ほうこう》の奴《やつこ》めきて風流《ふうりう》ならずと、香《か》をとめられたるよし、宗長《そうちやう》が書ける傳書《でんしよ》に、さだかに其由《そのよし》をしるしましたと、につこらしく云はるゝを、伊兵衛甚だ感心《かんしん》して、珍《めづら》しい祕説《ひせつ》を承はつた。それでよめた事がござります。町家《ちやうか》を往來《わうらい》いたして見ますれば、小間物油《こまものあぶら》などを商《あきな》ふ店に、髭油《ひげあぶら》と申す看板《かんばん》をしるしましたは、宗長《そうちやう》の書を出處《しゆつしよ》にてつけました物と、初《はじ》めて心が付きました。わづか小間物《こまもの》を商《あきな》ふ者すら、かゝる風流《ふうりう》をいたすものを、我等《われら》が只今《たゞいま》までのおこたり、恥《はづ》かしう存じまする。其傳書《でんしよ》も御傳《おつた》へなされ下されませ。まづ書《しよ》の標題《へうだい》は何と申しますると尋《たづ》ぬるに、宗《そう》匠《しやう》ぬからず、されば書の名目《みやうもく》は志賀《しが》の湖《うみ》と申すが、白髭《しらひげ》の神に思ひよられしと見えますと利口《りこう》せられぬ。かくて風流《ふうりう》に苦《くるし》みて寢食《しんしよく》を忘《わす》れ、三十に餘《あま》れど、未だ女房《にようば》の沙汰《さた》もなく暮らさるゝを、ひとりの母御《はゝご》が心濟《す》まず。兄《あに》伊左衛門と談合《だんがふ》すれば、はてほつておかしやりませ、女房持《にようぼも》てと勸《すゝ》めたとて、あの奢《おごり》ものが又高尙《かうじやう》ばつて、町人百姓の娘は育《そだち》が賤《いや》しい、公家衆《くげしゆ》の御寮人《ごれうにん》がな貰《もら》はうといひましよ。とてもつまらぬ身上《しんじやう》、子《こ》一人《ひとり》持たぬ昔とあきらめて、何事《なにごと》も御世話《おせわ》は御無用《ごむよう》と、塵灰《ちりはひ》つかず取りあへねば、猶更《なほさら》に心落附かず。弟伊兵衛を呼びつけて、其方《そなた》もいつまでの獨寢《ひとりね》ぞ、人の家には眞柱《しんはしら》がなうてはつま

つまらぬ身上—及ばぬ身の上

佐藤則清—佐藤義清ならん

ほつとり者—美女

とやかくや姫—兎や角やと赫夜姫と通音させ

らぬもの、彼方此方《あちこち》から似合《にあひ》の縁もいうて來《きた》れど、是までとりしめて談合《だんがふ》も仕《し》やらぬは、どうしたおもわくぞ。一日も早《はや》う呼《よ》びむかへて、初孫《うひまご》を抱《だ》かしてたも。第《だい》一母への孝行と詞《ことは》を盡《つく》していはるれど、伊兵衛中々《なか〳〵》聞入れず。母には風流《ふうりう》を遊《あそ》ばさぬゆゑ御合點《ごがてん》がまゐらぬ。妻子《さいし》に足を繫《つな》がれては、諸道共《しよだうとも》に成就《じやうじゆ》いたしがたし。古《いにしへ》の名ある人は、皆家を捨《す》てゝ剃髮《ていはつ》し、歌枕修行《うたまくらしゆぎやう》せられました、既《すで》に佐藤則清《さとうのりきよ》が西行法師《さいぎやうほふし》の類《たぐひ》あまたある事なれば、私《わし》も兼《かね》ては歌枕《うたまくら》の行脚《あんぎや》の望《のぞみ》でござります。人は一代名は末代《まつだい》、虎《とら》は死《し》して皮《かは》を止《とゞ》むと、禽獸《きんじう》すら心なきにあらず。緣邊《えんぺん》の事は御免下《めんくだ》さるべしと、更《さら》に得心《とくしん》の色目《いろめ》もなければ、兎角是は手《て》廻《まはり》に美《うつく》しい女《をんな》を遣《つか》はさば、自然箸《しぜんはし》のかゝる事もやと、京奈良中《ならぢう》を吟味《ぎんみ》して、年恰好《としかつかう》十七八のほつとり者、竹取《たけどり》の翁《おきな》が百目つけて貰《もら》うたやうな器量《きりやう》よしを傍近《そばちか》くつかはせ、朝夕《てうせき》の給仕《きふじ》寢《ね》道具《だうぐ》のあげおろしに、思ひつかるゝやうにせよといひ含《ふく》めて置かるれば、此女も氣に入つたら、本妻《ほんさい》になることゝ、髮《かみ》かたちはもとより詞遣《ことはづかひ》立居《たちゐ》まで、とやかくや姫《ひめ》の立振舞《たちふるまひ》に、色々《いろ〳〵》と心をつくせど、伊兵衛は一心不亂《いつしんふらん》机《つくゑ》にかゝり、兼《けん》好《かう》がつれ〴〵はよう書きたれど、おのれは伊賀《いが》の成仲《なりなか》が娘《むすめ》をてゝくり、又師直《もろなほ》が艶書《えんしよ》の下書《したがき》してやりしなど、あるまじき不埒者《ふらちもの》。清原《きよはら》の俊蔭《としかひ》は一人《ひとり》娘《むすめ》を方々《かた〳〵》から貰《もらひ》に來《きた》れど、

たり
てゝくり—ちゝくり、
馴れ親む
うつぼ物語—平安朝の小說作者未詳
ぼいまくれ—追出す
過ぎ行く—死す
稻おほせ鳥にして—負はせてなかけたり
飛鳥川—あすか川淵にもあらぬわが宿もせに

天《てん》に任《まか》せて許《ゆる》さぬ潔白《けつぱく》が氣《き》に入つたと、うつぼ物語《ものがたり》に首《くび》打振りては、お姿《てか》が鼻《はな》のさきで在宮《ざいみや》の神子《みこ》見《み》るやうに舞ひ〳〵すれど、首筋《くびすぢ》が白《しろ》いとも帶《おび》の結《むす》び下《さ》げが可愛《かあい》らしいとも思はず。何《なに》がな云ひよるよすがにもと、山吹《やまぶき》の薄出《うすで》端《はな》を吸《く》んでさし出《だ》し、笑顔《ゑがほ》つくりて、今《こん》もじは朗《ほが》らかな空《そら》に、徒歩も遊《あそ》ばさず、御氣《おき》つまりなお慰《なぐさみ》。御《お》歌《うた》でも御詠《おえい》じ遊《あそ》ばすかと寄添《よりそ》へば、伊兵衛目の玉《たま》をひくりかへして、其儘《そのまゝに》煮え茶《ちや》を女の面《つら》へざんぶりと打ちつけ、こいつなめ過ぎた、おれが歌《うた》よまうが氣《き》がつまらうがうぬらが知《し》つた事か。又《また》しても目《め》の先《さき》を百度參《まゐり》する程舞《ほどま》ひつきをるさへあるに、手代共《てだいども》この女郎《めらう》め、ぼいまくれと、抱《かゝ》へて寢《ね》る所か、生爪《なまづめ》はがして山の薯蕷《いも》ほりさうな勢《いきほひ》に、とつてつかう島《しま》もなく、お母老《ふくろ》は明暮《あけくれ》これを苦《く》に病《や》んで、程《ほど》なく過ぎゆかれたれば、いよ〳〵兄弟《きやうだい》中疎《うと》くなり、物事ひだり袵《まへ》になれば、內藏《うちぐら》の箱傳授《はこでんじゆ》もいつの間《ま》に空殼《あきがら》となりて、手代共《てだいども》が引負《ひきおひ》も筆先《ふでさき》で旦那《だんな》へ稻《いな》おほせ鳥《どり》にして、よい顏《かほ》で隙《ひま》とれば、いつしか鹽尻《しほじり》がつまらぬやうになりて、家屋敷《いへやしき》も賣拂ひ、帳切《ちやうきり》の席《せき》より伊勢《いせ》が飛鳥川《あすかがは》の歌《うた》を吟《ぎん》して、般若坂《はんにやざか》の邊《ほとり》に小家《こや》かりての侘住居《わびずまひ》。三分筵《ぶむしろ》の相借家《あひじやくや》には、うつぼの俊蔭《としかげ》に似《に》た人があらばこそ、業平《なりひら》の密夫《まをとこ》がはやりて、抑《おさ》へたのつゝもたせのといひ事止まず。近所鄰《きんじよとなり》に物いふ事もうるさく、こゝにも

變り行く物にぞありける古今集にあり

つゝもたせ—色に托して金をとること

世人皆濁る云々—楚屈原の漁父辭にあり

首陽の蕨—伯夷叔齊の故事

知識—高僧

一二月《けつ》にて三條口《さんでうぐち》へ宿替《やどがへ》すれば、博奕《はくち》の盆家《ぼんや》、ねたれ者《もの》、喧嘩《けんくわ》の相手《あひて》を切つたのと騒《さわが》しさを聞くたびに、人外《じんぐわい》の交《まじはり》するがかなしやと、其後《そのゝち》そこにも住みかねて、世人《せじん》皆濁《にご》る、我《われ》ひとり清めりと、水洟《はな》たれて小うさんにさまよふを、別家《べつけ》の手代《てだい》が聞《きゝ》付けて、兄《あに》伊左衛門に段々《だんだん》の訴訟《そしよう》すれば、憎《にく》い奴《やつ》ながら一人《ひとり》の弟、殊《こと》に母の末期《まつご》まで苦《く》にしられたる詞《ことは》、かれ是《これ》を思《おも》うて、月に百目《め》の合力《がふりよく》を遣《つか》はすべし。其方達《そのはうたち》うち寄つてよきに支配《しはい》してやるやうにと、ありがたき兄親《あにおや》の慈悲《じひ》。伊兵衛はいよいよ癇癖強《かんぺきつよ》く、穢《けがら》はしや聞《き》きともなや、心のむさき兄が養《やしなひ》、首陽《しゆやう》の蕨《わらび》は喰《くら》はじと、猿澤《さるざは》の池《いけ》に耳を洗《あら》ひて、どつちへやら行方知《ゆきがたし》れず。別家《べつけ》の者ども驚《おどろ》きて、方々《はうぐ》と尋《たづ》ぬれど、難波《なには》で聞けば伏見《ふしみ》とやら、大津《おほつ》で問《と》へば堺《さかひ》にと、行《ゆ》く先もく付合《あ》ふ人が氣《き》に入《い》らず。最早浮世《もはやうきよ》を捨衣《すてごろも》、ごつそり剃《そ》つて青道心《あをだうしん》。よし野《の》の奥《おく》に取り籠《こも》りて、

屎《くそ》ふむやあまりに奥《おく》の山《やま》ざくら

と、むかしを悔《く》いての獨《ひとり》ごと。猪小屋程《しごやほど》な觀音堂《くわんおんだう》の住居《すまひ》にも、まだ根濟《ねずみ》のせぬ事が氣にかゝり、とても沙門《しやもん》の身の上には、極樂世界《ごくらくせかい》八苦《く》の地獄《ぢごく》がある事かない事か、此傳授《このでんじゆ》が濟《す》ましたいと思へども、尋《たづ》ぬる知識《ちしき》もなきなれば、御丈《みたけ》二尺《しやく》の木佛《きぶつ》に、夢《ゆめ》になりとも示《じ》

鳩の杖—老人の杖

三箇の津—京都、大阪、江戸、

旦—若女形

末—實悪

丑—敵役

浄—道化形

ほんじやり—踊、芝居

現《けん》あれと、斷食《だんじき》にて責《せ》めつければ、本尊《ほんぞん》もほうと困《こま》らせ給ひ、ある夜《よ》の曉《あかつき》に鳩《はと》の杖《つゑ》もつかず、著《き》のまゝにて枕《まくら》に立たせ給ひ、微妙《みめう》の御聲《おんこゑ》高らかに、善哉《よきかな》〳〵、牛若丸《うしわかまる》、汝に兵法《へいはふ》の奥儀《おくぎ》を傳《つた》へん。それ地獄《ぢごく》遠《とほ》きにあらず、極樂《ごくらく》はるかなり。急《いそ》げ〳〵と、あかぬけのせぬ御告《おつげ》に、いとゞ迷《まよひ》の種《たね》とぞ成りける。

## 第二回　評判《ひやうばん》は黒吉《くろきち》の役者付《やくしやつき》あひ

笙《しやう》は鳳凰《ほうわう》の聲《こゑ》、笛《ふえ》は龍《りよう》のなく音《ね》ぢやとは、誰《た》が聞いてのたとへごと。よしそれにしてから鶯《うぐひす》松蟲《まつむし》のしほらしみもなし。音樂《おんがく》は太平《たいへい》の調子《てうし》、鼓三絃《つゞみさみせん》は殺伐《さつばつ》の音《おん》なりと、ある學者《がくしや》の片意地《かたいぢ》。それもへち物好《ものずき》にて、誠《まこと》太平の遊事《あそびごと》は、三箇の津《つ》の芝居《しばゐ》より外《ほか》あるべからず。日月は燈《ともしび》、江海《かうかい》は油《あぶら》、風雷《ふうらい》は鼓板《こはん》、天地人は一大の劇場《げきぢやう》、堯舜《げうしゆん》は旦《たん》、湯武《たうぶ》は末《まつ》、操莽《さうまう》は丑浄《ちうじやう》、古今來許多《そこばく》の脚色《きやくしき》とは、大淸康熈帝《たいしんかうきてい》の殿上《でんじやう》の柱《はしら》に書いて置れたげな。天地の大芝居《おほしばゐ》で、堯舜《げうしゆん》は坂田大和山《やまとやま》が溫潤《やはらかみ》、湯王、武王は小佐川《をさかは》柴崎《しばざき》がいきごみで、曹操王莽《さうさうわうまう》の悪人方は藤川武左衛門でなければと、唐《から》の帝《みかど》の芝居好《しばゐずき》。我日の本は神風《かみかぜ》や出雲《いづも》のお國《くに》がぼんじやり仕出《しだ》し、名古屋山三《なごやさんざ》が立髪風《たてがみふう》、花の都の川風《かはかぜ》に、袖《そで》打振りし昔より、今《いま》に四

踏みたんだく—踏みしだく

ぞつこん—非常、頗

條の櫓幕《やぐらまく》、眞葛《まくず》が原《はら》に染《そ》めあげし、顔見世《かほみせ》の春げしき。年々の上《のぼ》り役者《やくしや》、霜《しも》さきの冷めたい銀《かね》を、誰《たれ》は今年二十五貫目《くわんめ》で南側《みなみがは》へすんだけな。北側《きたがは》の江戸《えど》役者《やくしや》は七百兩《りやう》ぢやと、口《くち》にほうばる高給銀《たかきふぎん》、噓《うそ》かと思へば、見ては無理《むり》ではないぞ。唐織《からおり》の尻《しり》からげに、それなりの泥仕合《どろしあひ》。女形《をやま》は所作事《しよさごと》とて鮫蒲團《さめふとん》より見事《みごと》な襟數《えりかず》、くるりと廻《まは》つて一つ脫《ぬ》ぎ、飛《と》びあがつては一つ脫《ぬ》ぎ、繻子《しゆす》も緞子《どんす》も踏《ふ》みたんだく。三保《みほ》の浦《うら》へ下りた天人《てんにん》さへ、一尺二十匁切《もんめきれ》の伊勢講《いせかう》の曠著《はれぎ》ぢや、戾《もど》してさへ下さるならば、尻《しり》まくつて三べん舞《ま》ふと泣いたではないか。それから見れば尤《もつとも》な給銀《きふぎん》なり。其尻《そのしり》から思出した東寺邊《とうじへん》の生《うま》れの男、眞桑《まくは》瓜《うり》程ふとつて居れば、ある名《な》は呼はずに、瓜生《うりふ》と名《な》付け、ぞつこんの芝居好《しばゐずき》。夕顏《ゆふがほ》の宿ならぬ宮川町《みやがはちやう》に、小家《こや》を借《か》りてちよつこと座敷《ざしき》一間《ま》、二階《かい》も奇麗《きれい》にしつらうて、所からの建仁寺《けんにんじ》垣《かき》に、海老藏《えびざう》が發句《ほつく》の紙表具《かみへうぐ》、打出しての茶屋《ちやや》ではなく、芝居《しばゐ》眞黑《まつくろ》の天狗《てんぐ》共《ども》が、二の替《かはり》の趣向《しゆかう》を三十日前からの評判《ひやうばん》、がく屋《や》見《み》舞《まひ》の泥龜《すつぽん》のたき所、女房おりさも加茂《かも》川《がは》の水に灰汁《あく》の拔《ぬ》けた粹《すゐ》の果《はて》。役者《やくしや》も爰《こゝ》へ入込《いりこ》まねば、評判《ひやうばん》をわるうしらるゝが嫌《いや》さに、打ちとけて念比分《ねんごろぶん》。餅《もち》つきよ、あたり振舞《ふるまひ》よと呼びあひ、女夫《めうと》喧嘩《けんくわ》の挨拶《あいさつ》、節季《せつき》の拂《はらひ》の工面《くめん》までの談合相手《だんがふあひて》、若《わか》い立役《たちやく》、制外《せいぐわい》の女形《をやま》は淸水《きよみづ》の朝參《あさまゐり》の戾《もどり》、役場《やくば》仕舞《しまひ》と飛《と》ん

損かけなぶして—損をかけ嬲りて

尻くらへの仕うち—恩を仇で返して願みぬ仕方

くろとがる油—通人がる油蟲

鬼日—大晦日

一山越した理窟—更にうは手の理窟

黄金佛—富豪

で來《き》て、おりさを伯母《をば》さまあしらひに、涼《すゞみ》の間《あひだ》の色事《いろごと》を呑《の》みこんでもらひ、瓜生がいふことをぢり〳〵として怖《こは》がり、酒代《さかて》鍋燒《なべやき》の取替《とりかへ》銘々《めい〳〵》二三十匁《もん》づつ損《そん》かけなぶして、江戸大坂へすつぽぬけ、いかに野郎《やらう》とて尻《しり》くらへな仕《し》うちぞかし。入込《こ》む客《きやく》は京中のわるざれ息子《むすこ》、天窓《あたま》から足《あし》の爪先《つまさき》まで、當世《たうせい》につくりすまし、鳥叉《とりまた》の鶩《あひる》さへ寒《さむ》がつて出ぬ朝《あさ》の間《ま》から川東を飛《と》びめぐり、この玄界谷《けんかいだに》へ陷込《はまりこ》みて、役者《やくしや》の名《な》も小太《こだい》の嘉七《かしち》のと、番附《ばんづけ》にない名《な》をいうてくろとがる油《あぶら》。それ程役者《やくしや》が尊《たふと》うもなければ、有《あり》やうは我買ふ女郎藝《ぢよらうけい》子《こ》の間夫《まぶ》吟味《ぎんみ》、みづから犬《いぬ》に入つての心づかひ、思《おも》へばやるせのなき事なり。此若衆《わかいしゆ》打寄つて拂《はらひ》の銀高《かねだか》を見合ひ、どこは遣らいでも瓜生《うりふ》が方ばかりはと、銘々《めい〳〵》高歩の死《しに》一倍《ばい》。女郎の櫛《くし》の無理《むり》借《がり》、此節季《このせつき》は仕廻《しまひ》しが、又來る鬼日《おにび》の談合《だんがふ》も同《おな》じせりふをいひ出《だ》せば、中から一人《ひとり》たつて、よう思うて見や。瓜生《うりふ》も同《おな》じ茶屋《ちやや》ぞやとは、一山越《こ》した理窟詰《りくつづめ》。其から無論《むろん》の先生家《せんせいか》なり。明日《あす》は北側《きたがは》の二の替《かはり》が出る。宵《よひ》から瓜生《うりふ》で飲明《のみあか》して直《すぐ》にいかうと、下京での黄金佛《わうごんぶつ》四塚屋《づかや》五郎右衛門に、付添ふ帮間《たいこ》は我物《がぶつ》不入《ふにふ》とて、底《そこ》なしの酒《さか》如來《によらい》。どや〳〵と來迎《らいがう》あれば、おりさ立出で、是《これ》はどなたもようお出でだ。よう此間扇《せん》九《く》からお歸《かへ》りによりなんだなあ。一鳳《ほう》が告げに來《き》ました。さあ其晩《そのばん》はえら酩酊《めいてい》で、駕《かご》に乘《の》

大盡—分限者

そゝられば—うかるれば

三度笠—貞享頃飛脚のかぶりし笠

つたもおぼえなんだ。親仁《おやぢ》はどこへじや。いえ、たつた今丁子屋《ちやうじや》から呼びに來《き》ていかれました。鯉長《りちやう》どんの給銀《きふぎん》のあやぢやさうにござります。もう歸《かへ》られます。まあ、奥《おく》へいきなされと、燈《ひ》を點《とも》してはや持ち出る盃《さかづき》は、あひも變《かは》らぬ富十郎が江戸土產《みやげ》。棒鱈《ぼうだら》のこごりで飲《の》みかける所へ、瓜生《うりふ》戻《もど》りて、いや御出。今丁子屋の親仁《おやぢ》めに一服盛《ぶくもつ》てから、直《すぐ》に樂屋《がくや》へいて稽古《けいこ》見て來たが、何でも今度は請《う》けたわいな。今七《いまひち》めがよう仕《し》をる。しかしあの場《は》を前の音右衞門にして、喜代三がする所を春水《しゆんする》あやめで、團藏《だんざう》が役《やく》を親榊山《さかきやま》で見たら面白《おもしろ》かろとは素人《しろと》の評判《ひやうばん》、くろとの幕《まく》のうちさして、かはりもないものなり。四塚《づか》大盡芝居《たいじんしばゐ》咄《はなし》に現《うつゝ》を拔《ぬ》かし、來春《らいしゆん》はこの連中《れんちう》で江戸《えど》の二の替《かはり》、今團十郎《いまだんじふらう》見に下《くだ》らうぢやあろまいかとそゝらるれば、瓜生《うりふ》おほきに悅《よろこ》び、こりやきつと行きたい。柏莚《はくえん》や助高屋《すけたかや》にかたぐ\下る約束《やくそく》した。また道中はさす物ぢやない。あの街道《かいだう》ばかりは、始《はじ》めてなら慘《むご》い目《め》にあはしをるぞいと、馬駕《むまかご》のこなし自慢《じまん》に、いかさま瓜生は度々下つて咄《はなし》なれば、道中案內に同道《どうだう》しやう。そりや有難《ありがた》いの薄約束《うすやくそく》が、年改《かは》りて彌生《やよひ》の空、四塚《づか》屋の東下《あづまくだり》。連《つれ》は不入と瓜生《うりふ》に定《さだ》め、都《みやこ》をば霞《かすみ》とゝもに明《あけ》六つ立ち、瓜生《うりふ》が出立《いでだち》は一番《はん》の三度笠《どがさ》に大《おほ》津《つ》脚半《きやはん》、濱松《はままつ》の草鞋《わらぢ》がけ、五十三次《つぎ》一とまたげの御《お》七里《り》仕立《じたて》。酢《す》でさすやうにいひちら

どうはれ茶屋—山科十禪寺村の餅を賣る茶屋
げんこ取の餅—五文取の餅
ほいつけて—おしつけて
神おろし—神靈を請じて祈禱する事

し出《で》るやいな、山科《やましな》のどうはれ茶屋《ちやや》で、此《この》げんこ取《ごり》の餅《もち》はなんぼぞとはたき初《はじ》め、桑名《くはな》の渡《わたし》でごまの灰《はい》に、秋葉御夢想《あきはごむさう》の藥《くすり》を金《きん》一歩《ぶ》で賣付けられ、富士見《ふじみ》が原《はら》では駕《かご》のうちから、いつも日和《ひより》がよいと、こゝから富士《ふじ》が見えると咄《はな》しかくれば、前肩昇《さきがたか》いてゐる男が、旦那《だんな》は度々上下《たび〳〵じやうげ》なされますかして、よう知つてござりますといへば、跡方《あとがた》の親仁《おやぢ》が冷《せゝ》ら笑《わら》ひ、よう知つてござる筈《はず》ぢや、駕《かご》の中《なか》で道中附讀《だうちうつけよ》んでござらしやると、ひどい所を見《み》付《つ》けられて、氣《き》ははり弓《ゆみ》の矢矧《やはぎ》の橋《はし》で、向《むか》うから馬追《むまお》うて來《く》るを、右《みぎ》へよけて待合《まちあ》はす。其方《そなた》へ馬《むま》ほいつけて、やい上方《かみがた》の白瓜野郎《しろうりやらう》め、馬《むま》のよけやうさへしらずに、此海道《このかいだう》を大《おほ》手《で》ふつて通《とほ》りをるか。胴腰馬《どうこしむま》にふみ折《を》らすぞよと惡口《あくこう》せられて、あの馬士《まご》めも酒《さけ》くらふやら、左勝手《ひだりかつて》へ追ひをると、行く先々を口先《くちさき》で、大井河《おほゐがは》は海道《かいだう》一の晴軍《はれいくさ》。こゝではなんでもやつてくりよと、一杯引つかけて頭《あたま》ごなしにいて見れど、一目《め》見《み》ても遣《や》る物《もの》が京の下水溜《せゝなげ》でさへ水が出《で》ると騒《さわ》ぐに、およそ一里《り》の川幅《かははゞ》に氣《き》を吞《の》まれて、強《つよ》いこというて居《ゐ》る口のうちには、南無住吉大海神樣《なむすみよしだいかいじんさま》、天神樣《てんじんさま》、金毘羅樣《こんぴらさま》と臆病《おくびやう》の神《かみ》おろし。そこへつけこむ河童共《かつぱども》、尻《しり》の穴《あな》まですひとられ、七十川を一人《ひとり》に十人前づつ、まだしも不入《ふにふ》は、浪《らう》人《にん》ゆゑ挨拶《あいさつ》やらひら詫《わび》で無難《ぶなん》に川《かは》は越《こ》えぬ。行《ゆ》き〳〵て駿河《するが》の國富士《ふじ》の山にいたりぬれ

瓜生の連に茄子はならぬ—瓜の蔓に茄子はならぬ諺をかけたり

上東門院—藤原彰子

小野お通—淨瑠璃十二段草子の作者

ば、皆々《みな〳〵》始めての見物に肝《きも》を潰《つぶ》し、如何様《いかさま》比叡《ひえ》の山《やま》を二十ばかり重《かさ》ねしとはよう書いたぞ。聞きしよりも見事《みごと》な山《やま》の姿《すがた》。瓜生《うりふ》なんと此山の裾《すそ》を二三日《にち》も通《とほ》る事かと問《と》はるれば、いえ〳〵、此様《このやう》に見ゆれど、海道《かいだう》の間は富士《ふじ》三里《り》とて、わづか百五十丁程《ちやうほど》でござりますと、取つてもつかぬ間に合せ。箱根《はこね》の關《せき》は手《て》判《はん》がなうては京へ戻《もど》ると、道中雙六《だうちうすごろく》で覺《おぼ》えた學文《がくもん》、五十三次《つぎ》はたき散らして、おどろき蟲《むし》の俄病《にはかやまひ》。是はと皆の介抱《かいはう》に京までの通駕《とほしかご》。肥《こ》えふとつた二十四貫目《くわんめ》、宮川町のあがり口まで、三枚《まい》で金《きん》七兩《りやう》一歩《ぶ》三百文《もん》と、足元見られてもしやう事なし。瓜生《うりふ》の連《つれ》に茄子《なすび》はならぬとは、此時よりのたとへとぞ聞きし。

## 第三回　公界《くがい》はすでに三年《ねん》の喪服《もふく》

晉《しん》の王羲之《わうぎし》が師匠《ししやう》は衞夫人《ゑいふじん》といふ女寺屋《をんなてらや》。此國にては上東門院《じやうとうもんゐん》の上臈達《じやうらふたち》、源氏《げんじ》、枕草紙《まくらさうし》、榮花《えいぐわ》物語の作者《さくしや》、近《ちか》くは小野《をの》のお通が筆力《ひつりよく》、どれも〳〵賢過《かしこす》ぎた言《こと》がら、少々《せう〳〵》の男は尻《しり》に敷《し》きさうな嚊達《かゝたち》。當世《たうせい》は傾城《けいせい》とても、心たらはぬ方が繁昌《はんじやう》する事は、無理《むり》いうても腹立《はらた》てても、言譯《いひわけ》ひとつ口說《くぜつ》の切《きり》もり、出來《でき》ぬおぼこが零《こぼ》さす涙《なみだ》、一雫《しづく》が四匁花《もんめはな》、一

亡八―遊廓

過ぎゆきければ―死にければ

文徵明董其昌―共に明の有名なる書家

ねむりめにて―くすめる色にて

粒金丹《りふきんたん》より高直《かうぢき》な物なれど、利目《きめ》のよき事又とない惚藥《ほれぐすり》。亡八《くつわ》の親方も、今にては抱《かゝへ》の太夫《たいふ》に茗荷《みやうが》の子を喰《く》はせけるよし。京大阪の茶屋《ちやや》風呂屋《ふろや》が布袋《ほてい》の土人形《つちにんぎやう》をまつるのも、愛敬《あいきやう》第一にうだしうなるを願《ねが》ふゆゑとなり。世は移りかはる難波江《なにはえ》の古言《ふるごと》、よしあしとは妓女《よね》衆《しゆ》の位《くらゐ》の事となり。新町《しんまち》の三《み》筋《すぢ》に三の浦《うら》の面影殘《おもかげのこ》りて、磯臭《いそくさ》き昔とは替徳《かへぞく》な留《さ》壽《め》楠《き》の薫《かをり》、桃《もゝ》が笑《わら》へば柳《やなぎ》があゆむ。中《なか》に茨木屋《いはらきや》の唐土太夫《もろこしだいふ》とて、つき出しの美人草《びじんさう》。親はもと長崎《ながさき》の生《うま》れ、司馬《しば》忠庵《ちうあん》といふ儒醫《じゆい》。不仕合《ふしあはせ》より大坂へ引越して、おらんだ流《りう》の外科《げくわ》を仕《し》かけしに、幾程《いくほど》もなく過ぎゆきければ、内儀《ないぎ》は馴染《なじみ》なき土地にてすべきやうなく、ひとり娘《むすめ》のおらんといふを、三年切つて五十兩《りやう》に苦界《くがい》に沈《しづ》め、われは女の按摩《あんま》とりに、心靜《しづか》に世を過《すご》しける。此《この》おらん幼《いとけな》きより父親《てておや》の勸學《きんがく》を朝夕《てうせき》に聞きなれ、女子《ぢよし》には珍《めづら》しい博學《はくがく》、手跡《しゆせき》も明人《みんじん》の筆意を得《え》て、文徵明《ぶんちようめい》、董其昌《とうきしやう》が骨肉《こつにく》を書《か》き、名《な》も唐土《もろこし》と付けて全《ぜん》盛《せい》はすれど、いまだ親《おや》の喪《も》中《ちう》とて、衣裳《いしやう》の物《もの》ずきも一きはねむりめにて、上着《うはぎ》は鼠縮緬《ねずみちりめん》に五岳《ごがく》の眞形《しんぎやう》の五所紋《ごころもん》、黄緞子《きどんす》に印譜《いんぷ》の縫帶《ぬひおび》。襠《うち》は淺黄繻子《あさぎじゆす》に蘭亭《らんてい》の盃流《さかづきながし》を肩裾《かたすそ》の摺箔《すりはく》。水櫛《みづぐし》の梳鬢《すきびん》は片々《へんぺん》たる行雲《かううん》に似《に》て、桂《かつら》のひき眉《まゆ》は繊々《せん〳〵》たり。我《わが》つかふ禿《かぶろ》の髪《かみ》も鬢《びん》づらを結《むす》ばせて、名も蛾眉《がび》少女《せうぢよ》と呼《よ》び、揚屋《あげや》の花車《くわしや》をお幸夫人《かうふじん》と稱《しよう》し、初對面《しよたいめん》の客に

韻鏡―音韻の書
吉野折敷―吉野より産する盆類

は座敷《ざしき》へ出でて、立ちながら手を拱《こまぬ》いて、中華《ちうくわ》の禮《れい》をなしけるゆゑ、客はすかさず合掌《がつしやう》するを、もうしく\/、それは天竺《てんぢく》の禮《れい》でござります。あなた方《がた》は、やはり日本の禮《れい》を遊《あそば》しますが好うござりますと云ひければ、客はうろたへて、ものもうといはれけるも可笑《をか》し。馴染《なじみ》重《かさ》ねて逢《あ》ふ客に、おまへのお字《あざな》は何んと申しますと問ひかけられし、字《あざな》といふ事は知《し》らぬが、替名《かへな》は歌夕《かせき》といひますといふに、それは文盲《もんまう》なお名《な》。歌《か》は柯也《かなり》とて、枝葉《しえふ》に風の吹《ふ》くを歌《うた》ふと訓《くん》じてよみます文字。又夕《せき》は月《つき》の字《じ》の半《なかば》にて、月の初めて出《で》る時《とき》は、暮に西《にし》に見ゆるゆゑ、夕《ゆふべ》を半月《はんけつ》と申します。字義《じぎ》ではいつかうつゞかぬ文字《もんじ》でござりますと貶《おと》されて、然《しか》らば前の替名《かへな》は鬼笑《きせう》というたが、それに仕らうといふを、いえく\/鬼《おに》は山川《さんせん》の神靈《しんれい》なれば、何をかわらひ給はん。いつかう熟字《じゆくじ》いたしませぬ。お前《まへ》は性質《せいしつ》御《お》丈夫《ぢやうぶ》なれば、叔雄《しゆくゆう》と御付《おつ》け遊ばせ。兄御《あにご》のあるには、叔《しゆく》の字《じ》を御付けなさるゝが字例《じれい》でござります。韻鏡《ゐんきやう》があらば序《ついで》にかへして上げますにと、眞言寺《しんごんでら》へ行つた樣《やう》なかたつまる睦言《むつごと》に、客《きやく》は氣《き》をつまらして能名《よきな》か知《し》らぬが、醫者殿《いしやどの》のやうなとむづかしがりて、それぎりに尋《たづ》ねもせず。機嫌《きげん》のそこねた客の方へ、血文誓紙《ちぶみせいし》は愚痴《ぐち》のいたりと、唐紙《たうし》の二切《ぎり》一行《ぎやう》に、妾心正斷絶《こゝろまさにだんぜつす》、君懐那得レ知《きみをおもふなんぞしるをえん》と、筆意を振《ふる》うて書きくだし、吉野折敷《よしのをしき》ほどな印《いん》

八文字―遊女の道中に足な八文字形にあゆむ事

王昭君―漢元帝の命に由り胡國に嫁せられし美妃

不興―勘當

しやくら商―遊び商

を押しておくれば、客は何んの事やらよめぬながらの負惜《まけをしみ》、斯《かう》いふ事なら其筈《そのはず》ぢやと、機嫌《きげん》なほして來るもあり。たま〳〵小學文《こがくもん》のある客は、あたまからなじるつもりで、太《た》夫殿《いふどの》は日本の俗物《ぞくぶつ》はお嫌《きら》ひなさるゝに、やはり揚屋入《あげやいり》は八文字《もんじ》ぢやが、あれは俗《ぞく》にござらぬかと打込めば、あなた方《がた》は書生《しよせい》さん方《がた》と見請《みう》けましたが、書法《しよはふ》に疎《うと》いおつしやりかた、わたしが道中は八文字《もんじ》を踏返《ふみか》して、十六點《てん》に歩《あゆ》みますと答《こた》へぬ。この勤方《つとめかた》ゆゑ、終《つひ》に可愛いといふ男もなく、王照君《わうせうくん》が胡國《ここく》の悲《かな》しみ、面白《おもしろ》からぬ奉公《ほうこう》と明暮《あけくれ》思ひ暮らしける。出入《でいり》の香具《かうぐ》商人《あきうど》住屋《すみや》吉介《よしすけ》といふ男、もとは京の御所近《ごしよちか》き中川沖之進といふ歌學者《かがくしや》の一人《ひとり》息子《むすこ》、若氣《わかげ》のならひとて、色道《しきだう》より親《おや》の不興《ふきよう》をうけて、大坂へ立退き、紅粉《べに》白粉《おしろい》の荷賣《になひうり》、好《すき》の道《みち》とて遊廓《くるわ》へはまりこみ、化粧部《けしやうべ》屋《や》のしやくら商《あきなひ》に、ふと唐土《もろこし》が高倘《かうじやう》になづみ、寢《ね》ても寤《さ》めても忘《わす》られず。折々《をり〳〵》はよそながら口説《くど》いて見《み》れど、文盲《もんまう》がつてとりあへねば、此儘戀《このまゝこひ》に朽《く》ちなんも本意なしと、心のたけを薄雪風《うすゆきふう》のちらし文《ぶみ》に、はづかしい事はかない事、筆《ふで》の命毛《いのちげ》くど〳〵としたゝめて、誂《あつらへ》の詩囊袋《しなうぶくろ》へ入れてやりけるを、唐《もろ》土《こし》ひらき見て、口《くち》の文《ぶん》はよむに及ばずと、戀歌《こひうた》の上《かみ》に下《しも》の句《く》を付けてぞ戻《もど》しける。

よし助が文に　枝《えだ》たかきはなの木末《こずゑ》も折れば折る

きんくるべいこの云々—未詳
玉の緒もたゆる—死する
文花もなく—作り飾もなく
引舟—下等の女郎

もろこしが返事に　きんくるべいこのきうらい〱
唐音《たういん》にて其心はよめず。次に二句詩《くし》を賦《ふ》したり。

青苔匪衣岩猶寒《せいたいあらずころもいはなほさむし》　白雲似レ帯山不レ纏《はくうんにておびにやまずまとはぬ》

叶《かな》ふやうにてかなはぬ返事。よし助は思に沈《しづ》み、其詩《そのし》を和《くわ》して又いひやりける。

苔衣《こけころも》きたるいはほはかたくとも衣々《きぬ〲》山の帯《おび》は解《と》けなん

わりなくも戀侘《こひわ》びて、今は玉《たま》の緒《を》もたゆるばかりと聞えしかば、夫程《それほど》までわしを思うてかと、心根《ね》がかはゆうなりて、かへしは例のもろこし太夫《たいふ》、

與レ君相向轉相親《きみとあひむかうてうたゝあひしたしみ》　與レ君雙栖共二一身一《きみとならびすみていつしんをともにせん》

と唐詩の古語《こご》になつた口《くち》、夢現《ゆめうつゝ》ともわきかねて、手《て》の舞《ま》ひ足《あし》の踏所《ふみどころ》を忘《わす》れ、それからこの逢瀬《あふせ》かしこの首尾《しゆび》、忍《しの》び〱に契《ちぎ》りしが、唐《から》も倭《やまと》もどこへやら、後《のち》は互《たがひ》の實《まこと》と實《まこと》、いとし〱の外《ほか》は文花《ぶんくわ》もなく、傍輩《はうはい》の目《め》口《くち》かわきに見咎《みとが》められ、引舟遣手《ひきふねやりて》が付《つ》け廻はしての強異見《こはいけん》。おまへばかりはと氣《き》を許《ゆる》したに、是はどうしたつまらぬ惡性《あくしやう》。全盛出世《ぜんせいしゆつせ》を望《のぞ》む太夫《たいふ》さんが、香具屋《かうぐや》に間夫《まぶ》があると、廓中《くるわ》へ知れたら、お客《きやく》もばた〱落ちましやう。此浮氣《うはき》はやめたまへと、責《せ》めかけてのわりくどき。よし助《すけ》も出入《でいり》をとめられ、宵々《よひ〱》

思はます鏡—思のますをかけたり

川竹—遊女

武陵桃源—支那湖南省にある仙境

丹竈—仙藥を作るかまど

ごとの逢坂《あふさか》も關守《せきもり》に見付けられじと忍《しの》ぶ程《ほど》、なほ思はます鏡《かゞみ》。見付けた所が深《ふか》い緣《えん》、どうで是なら添《そ》はれぬ中《なか》、いづくの浦《うら》へも立退いて、一日《にち》なり共夫婦《ともふうふ》ぞと、廓《くるわ》を抜《ぬ》けて夜の雁《かり》、しるべの方に假寢《かりね》して、京の友達《ともだち》に賴《たよ》りゆき、つまらぬ戀《こひ》の缺落《かけおち》を、かくまはれる氣《き》かくまふ氣《き》。一月《つき》あまりは過せしが、こゝへも尋ねて來《く》るとの噂《うはさ》。いまは都の辰巳《たつみ》なる黃檗山《わうはくさん》の門前《もんぜん》に、藁葺《わらぶき》の一軒家《けんや》。唐土《もろこし》が古鄕《こきやう》の名《な》によりて、長崎御菓子《ながさきおくわし》唐饅頭《たうまんぢう》の燒《や》き賣《う》りして、貧《まづ》しき暮《くらし》も川竹《かはたけ》の浮節《うきふし》にかへての樂《たのしみ》。俤《おもかげ》のかはらで年の積《つも》れかしと、中のよいあまりの願《ねが》ごと。仙家《せんけ》の丹藥《たんやく》に不老不死《ふらうふし》の歡樂《くわんらく》を究《きは》むべしと、妻《つま》が覺えし藥拵《くすりごしらへ》、近《ちか》き桃山《もゝやま》の流《ながれ》こそ、武陵《ぶりよう》の人《ひと》の迷道《まよひみち》、桃源《たうげん》のたよりぞと、丹竈《たんさう》をひらいて服するに、聾《つんぼ》ほどもきかばこそ、夫《をつと》は風の心地《こゝち》とて、ぶら〳〵と病《わづら》ひつけば、月宮殿《けつきうでん》へも入る所が、さしつまりての月《つき》がこひ、月に六日の勤《つとめ》のなかに、可愛い男が出來《でき》たのか、男の介《かい》病《びやう》に倦《あ》いたのか、但《たゞし》は丹藥《たんやく》が利《き》いて仙人《せんにん》になりもしたか、八月十五日の夜《よ》、月の明かなるに家出《いへで》して再《ふたゝ》び歸《かへ》らず。

斑足太子―身に翼生じ脚は鹿足の如く飛行自在なりと云ふ王

幽王の后―褒姒

白雲の飛助―漢武帝の秋風起白雲飛との辭にちなみて飛助となせるならん

# 諸道聽耳世間猿　五之卷

## 第一囘　昔《むかし》は抹香烟《まつかうけむ》たからぬ夜咄《よばなし》

天竺《てんぢく》にては斑足太子《はんそくたいし》の塚《つか》の神《かみ》、大唐にては幽王《いうわう》の后《きさき》、我朝《わがてう》にては鳥羽院《とばのゐん》の上臈《うへわらは》と化《け》したりしも、はては那須野《なすの》の叢《くさむら》にかくれて、殺生石《せつしやうせき》となりけるとや。それには事かはりたれど、人をとる事他念《たねん》なき男、二條室町《むろまち》に店借《たながり》したる川口屋《かはぐちや》磯右衞門《いそゑもん》といふ町幇間《まちたいこ》、呉《ご》服所《ふくごろ》の歷々《れき〳〵》へ心安く立入りて、年忘《としわすれ》の執持《とりもち》、茶湯《ちやのゆ》の勝手《かつて》を手傳《てつだ》ひ、酒間《さかあひ》の落咄《おとしはなし》に、腹《はら》をよぢらす輕口《かるくち》、とり付き引きつけ迂作《うそ》が上手《じやうず》とて、川獺《かはうそ》と異名をつけられぬ。世上は夏過ぎて盂蘭盆《うらんぼん》もいつしか暮《く》れのけば、人も袷《あはせ》の肌《はだ》にしつぼりと、夜は次第《しだい》に長くなりて、御靈祭《ごりやうまつり》の囃子《はやし》の稽古《けいこ》、月の夜すがら冷々《ひや〳〵》と、何處《どこ》やらのらぬ拍子《ひやうし》のあるも、秋風吹いて白雲《はくうん》の飛助達《とびすけたち》さへ、今宵《こよひ》は氣も進《すゝ》まねばと、川東のしゆかうもじやみて、其連中《そのれんぢう》四五人《にん》、磯右衞門が方《かた》へ仕《し》かけて取〆《とりじめ》もなき昔咄《むかしはなし》。兵法喧嘩《けんくわ》の仕形《しかた》から、狐狸《きつねたぬき》の子供《こども》すかしを、かの川獺《かはうそ》が口拍子《くちひやうし》に油《あぶら》を乘《の》せての面白《おもしろ》さに、毎夜《まいよ》々々磯右衞門が方に市をなし

小半合酒—小量の酒
有德人—富豪

て素《す》咄《はなし》の夜《よ》半切《はんきれ》、折ふしには吸物《すひもの》一つ小半合《こなから》酒、麪類《めんるゐ》のあばれ喰《ぐひ》には、いか程奢つても端錢《はしたぜに》の樂《たのしみ》。銘々《めい〳〵》涼《すゞみ》の仕過《しすごし》を入合はすつもり。氣《き》のはらぬ遊には、内を出《で》るにも權柄《けんぺい》に、店《みせ》仕《じ》廻《ま》ふなら提燈持《ちやうちんも》たして迎《むかへ》におこしやと、家内《かない》へ響《ひゞ》く程な聲《こゑ》して出《で》らるゝ後影《うしろかげ》、朱雀《しゆじやく》野《の》の朝歸《あさがへり》に日《ひ》がたけて内入《うちいり》わるうこそ〳〵と、常著《じやうぎ》が火燵《こたつ》にかゝつてなうても、冷《つめた》いなりに著替《きかへ》て、勘定場《かんぢやうば》に吐息《といき》ついて居るとは、勢《いきほひ》の違《ちが》ふものぞかし。かくして毎夜寄《よ》る程に、若《わか》いも年寄《としより》も打込《うちこみ》に、軍書《ぐんしよ》の空《そら》覺えなる中老《ちうらう》、碁將棊《ごしやうぎ》の強《つよ》き隱居《いんきよ》まで、先から先の咄《はなし》の中《なか》に、一夜《や》もかゝさぬ新町《しんまち》の有德人《うとくにん》、平野屋《ひらのや》七左衞門とて、年《とし》ばい六十過ぎし吝《しは》親父《おやぢ》、蠟燭《らふそく》の費《つひえ》を厭《いと》ひ、暮《く》れきらぬうちから來《き》て、去《い》にがけには人の提燈《ちやうちん》と連《つれ》立ちて歸《かへ》らるゝ。煙草《たばこ》入《いれ》洟紙《はながみ》も人のをあてに、集錢出《しゆぜんだし》の夜食《やしよく》があれば、大事《だいじ》の用を忘《わす》れたと逃《に》げて去《い》ぬれど、振舞《ふるま》ふとさへいへば蛇《じや》の鮓《すし》でものがさず。是はよい所へ參《まゐ》りましたと、上座《かみざ》にすわり、御亭主御《ごていしゆお》勝手《かつて》は存ぜぬが替《かへ》ましようかと、千枚張《せんまいはり》の頰《つら》の皮《かは》、憎《にく》まぬ者はなけれども、年《とし》に免《めん》じていひてもなく、銘々《めい〳〵》雪踏《せつた》はき替《か》へられぬ用心《ようじん》のみなり。ある夜雨そぼふりて宵《よひ》より風《かぜ》だち、誰《たれ》もかれもいひ合はせたやうに遊人《あそびにん》なく、やう〳〵衣《ころも》の棚《たな》の袈裟屋《けさや》墨《すみ》五郎といふ男、七左衞門と只二人《たゞふたり》にて、何《な》んとなう打ちしめり、利《り》に入つた咄《はなし》

耳よりな—
聞きたし

なかば、墨五郎亭主《ていしゆ》磯右衛門に向《むか》ひ、先夜《せんや》の趣向《しゆかう》は又とない珍《めづら》しい事、どうぞ今一度見ることはなるまいかと云へば、いゑ〳〵、あればかりは度々《たび〳〵》はなりませぬ。併珍事《しかしちんじ》というて、又あのやうな錢《ぜに》のいらぬ面白《おもしろ》い事はござりませぬと、二人《ふたり》が思出《だ》しては珍《めづら》しがるを、七左衛門聞きとがめ、錢《ぜに》のいらぬ面白《おもしろ》い事とは耳《みゝ》よりな。殊《こと》にまたとない珍しいとあれば、かた〴〵聞遁《きゝのが》しにならぬ咄《はなし》。どうぞ、今一度の御《お》催《もよほし》の御加《おくは》へ下されと、めつたに羨《うらや》ましがれば、磯右衛門がいふは、ま一度見《み》らるゝやうなら、是非《ぜひ》あなたをと存じてをりますれど、さきが武士《ぶし》の浪人衆《らうにんしゆ》ゆゑ、申しでたとて最早《もはや》見らるゝ事は出來《でき》まいと存じますといへば、墨五郎がさあさうあらうと思うて居る。ふと咄《はなし》かけた事なれば、申して聞けましやうなれども、他言《たごん》は御無用《ごむよう》。是《こ》の亭主《ていしゆ》の懇意《こんい》に御出《おで》合ひ申す、東國下《しも》野《つけ》那《な》須《す》野《の》邊《へん》の浪人《らうにん》、三浦介兵衛殿《どの》と申すが、先祖《せんぞ》の祕傳《ひでん》とて狐《きつね》を釣《つ》る事が名人《めいじん》でござる事、ふと磯右衛門の咄《はなし》で承り、段々所望《だん〳〵しよもう》して見物《けんぶつ》いたし度きよし、磯右をもつて申遣はしたれば、見物とては中々叶はぬが、幸《さいはひ》近日さる貴人《きじん》より頼《たの》まれて、一疋釣《ひきつ》りてやらねばならぬ。其時餘所《よそ》ながら見物《けんぶつ》に參《まゐ》れと、仰せこされたゆゑ、其夜亭主《ていしゆ》と二人《ふたり》、右《みぎ》の浪《らう》人衆同道《にんしゆどうだう》にて、嵯峨野《さがの》の方へ參《まゐ》つて、釣《つ》る所を見ましたが、中々貞五郎、藤九郎が釣狐《つりぎつね》の

伯藏主—堺耕雲庵の住僧

堅き石となりて—堅く結ばれて

安倍晴明—花山帝の御宇に有名なりし天文博士

狂言《きやうげん》見るやうな物ではない。正眞《しやうじん》の伯藏主《はくざうす》、いなうやれの畜生《ちくしやう》、足《あし》が人間《にんげん》とは又格別《かくべつ》のとり廻《まはし》。罠《わな》にかゝるまでの面白《おもしろ》さ、どうもはや、いはれた物ではないと、身《み》ぶり交《まじり》に咄《はな》さるゝを、七左衛門現《うつゝ》をぬかし、それはけしからぬ珍《めづら》しい事、金《かね》の一歩《ぶ》やそこらは入れても見たい物でござる。どうぞ、亭主《ていしゆ》の働《はたらき》で見物さして下されと、段々《だん〲》と頼《たの》まるゝに、礒右衛門あたまをかき、はてきつい御執心《ごしふしん》、然《しか》らばどうぞ、今一度《ど》明日參《まゐ》つて頼《たの》んで見ましやうが、得心《とくしん》あればようござりますがと、其夜は約束堅《やくそくかた》き石《いし》となつて、犬追物《いぬおひもの》の杖《つゑ》つき鳴《なら》し歸《かへ》られぬ。扨《さて》二三日過ぎて、礒右衛門は七左衛門が方に來《き》たり、この間の一儀《ぎ》段々《だん〲》頼《たの》みましてござりますれば、浪人衆《らうにんしゆ》申されまするは、何とも迷惑千萬《めいわくせんばん》な儀《ぎ》、是《これ》は手前《てまへ》が家の一大事の祕傳《ひでん》。今にもあれ玉藻《たまも》の前《まへ》が、二度《ど》の勤《つとめ》にて御惱《ごなう》ならせられた時、安倍晴明《あべのせいめい》が祈《いの》り除けはめされうが、生捕《いけど》る事は思もよらず。其時は拙者天晴《せつしやあつぱれ》の知行《ちぎやう》にいたすつもりで、かくの仕合《しあはせ》ながら時節《じせつ》を待つてまかりある。町人衆の慰《なぐさ》みには、ちと心外《しんぐわい》にござれど、段々の懇望《こんもう》と有るゆゑ、明晩《みやうばん》今一度釣りてお目《め》にかけ申さう。重《かさ》ねてはきつとなりませぬと、きつい恩《おん》にきせられましたと、したり顏《がほ》にて咄《はな》せば、七左衛門大きに悦《よろこ》び、それは段々《だん〲》の御《お》働《はたらき》。左《さ》樣《やう》な重《おも》いことを雇賃《やとひちん》なしに見物いたすは、全く其

小竹筒―酒器

夜の八つに―午前二時

野風呂―野遊の時携へて行く火爐

許のお影《かけ》ゆゑ、然らばせめて小竹筒《さゝえ》提重《さげぢう》は此方《こなた》から持たせましやうと、人心がついてから、又とない大氣《たいき》な事いはるれど心もとなく、金銀《きんぎん》ではかなぬ遊山なれば、提重《さげぢう》の御《お》肴《さかな》もちと御念《ごねん》入れられませい。刻限《こくげん》は夜《よ》の八つに御誘《おさそ》ひ申しましよと、別《わか》れて宿《やど》に歸《かへ》り、明《あ》くる夜《よ》の丑《うし》みつ頃、平野屋《ひらのや》の門《かど》をほと〳〵と叩《たゝ》けば、内よりはいと答《こた》へて戸《と》を明ける。さあ七左衛門樣《さま》、只今と三人連《づれ》。浪人《らうにん》は朱鞘《しゆざや》の大小に山岡頭巾《やまをかづきん》、釣罠《つりわな》持つてひかゆれば、一人《ひとり》は袈裟屋《けさや》墨《すみ》五郎、是は御苦勞樣《ごくらうさま》と挨拶《あいさつ》して、下男《げなん》に用意の食物《たべもの》持たせ、跡《あと》につけば、二條通《どほり》を東《ひがし》へ、川原《かはら》の假橋《かりはし》を渡《わた》りて、聖護院《しやうごゐん》の森を目あてに露霜《つゆしも》を分けて、お辰《たつ》稻荷《いなり》の宮近き所に立ちどまり、いづれも是に居給《ゐたま》へ。御兩人《ごりやうにん》は先達御《さきだつてご》案内《あんない》の通《どほ》り、此方《こなた》より呼び申すまでござる事は御無用《ごむよう》。祕傳《ひでん》を行《おこな》ひますうち見えさつしやると、向後の妨《さまたけ》となりますと堅《かた》く制《せい》して、浪人《らうにん》は遠《とほ》く隔《へだ》てゝ罠《わな》をかけに行きぬ。跡《あと》に三人家來《にんけらい》ともに、冬《ふゆ》の夜《よ》の寒《さむ》さに比叡颪《ひえおろし》烈《はげ》しく只《たゞ》は居《ゐ》られず。先御酒《まづおさゝ》一つと野風呂《のぶろ》の熱燗《あつかん》、提重《さげぢう》取りちらして、さいつおさへつ待てど暮せど、何《なん》の音《おと》もせねば、礒右衛門退屈《たいくつ》して、私窃《わたしひそか》に見て參りましやうと、さし足して行きしが、又是《またこれ》も戻《もど》らず。是は如何《いか》な事と、二人《ふたり》も待兼ねて、そろ〳〵と行きかけしに、遥《はるか》むかうの方にて何やら喧嘩《けんくわ》の聲《こゑ》、そりや相圖《あひづ》ち

ちんこの呪ーいつはりの呪

吼噦ー狐釣の狂言の名

弓矢八幡ー誓に用ゐる語

やと、走《はし》りつまづきてかけ付ければ、狐《きつね》は釣《つ》らで、浪人《らうにん》介兵衛刀《かたな》の反《そり》を打つて聲荒々《こゑあらく》しく、扨《さて》は三人の者ども身が祕事《ひじ》にしてつゝしむ所を、礒右衛門が忍《しの》びて來《きた》りしは、ちんこの呪《まじなひ》を見届《みとゞ》けん結構《けつこう》よな。年かさの七左衛門とやら、それへ出でよ、無體《むたい》に望《のぞ》みて今宵《こよひ》の催《もよほし》を致して、此仕合《このしあはせ》は汝《なんぢ》が所爲《しよゐ》と相見ゆれば、遁《のが》すまじと詰《つ》めかくるに、七左衛門大きに狼狽《あわ》て、なんく\の誓文《せいもん》、町人の儀なれば、狐釣《きつねつり》の傳授覺《でんじゆおぼ》えて何《なに》にいたさん。とかく礒右衛門が早《はや》まりしゆゑと、吼噦《こんくわい》のたらぐ\いうて誤《あやま》つた稻荷樣《いなりさま》の三人が體《てい》、浪人《らうにん》中々聞入れず。いやく\何事《なにごと》によらず、利欲《りよく》にふけるが町人のつね、身《み》が祕傳《ひでん》も覺《おぼ》えたら、銀《かね》まうけにもならんかと思ひ、某《それがし》をたばかりしなり。弓矢《ゆみや》八幡堪忍《まんかんにん》せぬと、おどり上《あが》つて、鳥居《とりゐ》もこゑんずいきほひを、ひらとも詫言《わびごと》して、やうく\靜《しづ》まりたれど、まだ眼《まなこ》ざしの恐《おそろ》しさに、小竹筒《さゝえ》の酒《さけ》もたべあらしたれば、墨五郎殿《ごの》、どこぞ貴樣方《きさまがた》の懇《こん》意《い》な料理屋《れうりや》があらば、あなたを御供《おとも》したい。引きあはせて下されと、日比《ひごろ》の吝《しは》さも刀《かたな》に怖《おそ》れて、折入つて賴《たの》めば、兩人畏《かしこま》つて暫《しば》し連立ちて、祇園《ぎをん》町の一力《いちりき》へ成りこみ、夜の明けぬうちからの酒盛《さかもり》。浪人《らうにん》も打寛《くつろ》ぎて、夜寒《よかん》をはらふ鷄卵《たまご》酒《ざけ》に、鍋燒《なべやき》よと社人《しやじん》のいなり喰《ぐひ》。どうもかやうな形《なり》で、晝中《ひるなか》に宿元《やどもと》へも歸《かへ》られず。七左殿《さごの》、とてもの御馳走《ごちそう》に、

蘆屋道滿―蘆屋道滿大內鑑、竹田出雲の作
葛の葉―大內鑑の中の姬君
月令―林園月令、書名
狗賓―天狗

芝居《しばゐ》を仰付けられいと聲《こゑ》かけられて、それは御用捨《ごようしや》といはゞ、また怒《おこ》りかねぬいぶり者《もの》と、如何様《いかやう》にもと、しぶ〳〵に臺所《だいどころ》へいひ付けて、棧敷《さじき》をとらせ、始《はじま》るといな、皆々見物すれば、世《よ》には似《に》た事もある物《もの》にて、蘆屋道滿《あしやだうまん》の狂言《きやうげん》、葛《くず》の葉《は》の道行《みちゆき》、畜生足《ちくしやうあし》にこり果てゝ、京より歸《かへ》る與勘平のやうに小首《こくび》かたげ、惡右衞門《あくゑもん》が家來《けらい》の坊主《ばうず》にしらるゝに氣《き》が付いて、あたまを撫《な》で見《み》られぬもをかし。田鼠《でんそ》化《け》して鶉《うづら》となる、川獺《かはうそ》で狐《きつね》がつれるとは、いまだ月令《げつれい》に見あたらず。

## 第二回　祈禱《きたう》はなでこむ天狗《てんぐ》の羽《は》箒《はうき》

京の鞍馬山《くらまやま》の僧正《そうしやう》が谷には、繞《めぐり》の石悉《こと〴〵》く刀《かたな》の痕《あと》あり。源の牛若《うしわか》が狗賓《ぐひん》に出合《であ》ひて、劍《けん》術《じゆつ》をならひ得《え》し所なりといふ。また唐土《もろこし》の馬《ば》鞍山《あんざん》といへる山の石は、試劍石《しけんせき》とて滿山劍《まんざんつるぎ》をあてし痕《あと》のこゝに等《ひと》し。山の名も同じ文字にて、同《おな》じ奇石《きせき》のやまと唐土《もろこし》にはあれど、牛若《うしわか》といふ唐人の若衆《わかしゆ》が有る事を聞かず。しかれば鞍馬《くらま》の古跡《こせき》はうその皮。怪力亂神《くわいりよくらんじん》を語《かた》らずとあれど、是も其人の紀念《かたみ》と思ふにぞ、猶なつかしき袖の移香《うつりが》、故《ふる》きを慕《した》ふ心よりこそ、戀《こひ》も無常《むじやう》も風流《ふうりう》もある世なれば、所詮唐土《しよせんもろこし》の馬《ば》鞍山《あんざん》も樊噲張飛《はんくわいちやうひ》などが、醉狂《すいきやう》

花やこよひの云々—行きくれて木の下蔭を宿とせば花や今宵の主ならまし

味噌にも鹽にも使れて—何事にも使れて

ひせし名所ともいうて置くべし。花《はな》やこよひのあるじならましとよみし忠度《たゞのり》の墳《はか》は、兵《ひやう》庫《ご》の西須磨《すま》の濱邊《はまべ》、駒《こま》が林の村中《むらなか》にあり。其片邊《かたほとり》に高村宮内《たかむらくない》といふ老醫《らうい》、少々は讀《よめ》もすれど、とかく匕子《さじ》が廻《まは》らぬと、近在《きんざい》の療治《れうぢ》もかれ〴〵に、いつ見ても空色加賀《そらいろかが》の長羽織《ながはおり》に、佩《さ》しふるしたる柄絲《つかいと》のあかつきかけて鹽《しほ》はふめども、つとめ甲斐《がひ》なき親方《おやかた》を、小平六といふ十八九の剃下《そりさげ》、小力《こぢから》もある脾腑《ひふ》ざかり、味噌《みそ》にも鹽《しほ》にもつかはれて、また珍しい忠義者。何《なに》聞きはつゝて覺《おぼ》えたやら、二君《くん》には仕《つか》へじと、いづくまでもの尻《しり》からげ。今《け》日《ふ》は二月の初午《はつうま》なれば、摩耶參《まやまゐり》と心ざし、主從《しゆじう》二騎《き》に錢《ぜに》二十、是《これ》であらうかしら波《なみ》の、和田《わだ》の笠松《かさまつ》打ちかぶり、花隈《はなぐま》の城跡《しろあと》より生田《いくた》の森《もり》を横《よこぎ》りて、いさご山《やま》にのぼれば、まだ消《き》え殘《の》る峯々《みね〳〵》の、雪より落ちて布引《ぬのびき》ぞと、瀧《たき》にしばらく佇立《たゝず》みて、感《かん》にたへても酒《さけ》はなく、雲内村より摩耶《まや》の裏坂《うらざか》をと、木《こ》の根《ね》岩稜《いはかど》すぢりもぢりて、漸《やう〳〵》半腹《ぷく》にのぼるとき、何處《どこ》からやらひよつこりと、旅僧一人《たびそうひとり》出で來りて、其方《そなた》は宮内《くない》なるか。よき所にてぞ逢《あ》ひたり。此方《こなた》へ來れといふかと思《おも》へば、忽《たちま》ち千鰯《ほしか》くさき風起りて、一山の草木《くさき》を吹《ふき》飛《と》ばし、宮内《くない》を引きたて虛空《こくう》にあがれば、小平六大きに驚《おどろ》き、あれよ〳〵と叫《さけ》ぶといへども、ついてゆく羽も持《も》ち合《あ》はさず、詮方《せんかた》つきてすご〳〵と宿《やど》へ歸《かへ》り、近《ちか》き鄰《となり》へもあり

人顔もたそがれ時—人顔も彼誰とわからぬ時

手んづもんづ—手に手に

呪文—まじなひの文句

し次第《しだい》を咄《はな》しけるに、天狗《てんぐ》の所爲《しわざ》は是非《ぜひ》なし。又歸らるゝ事もやと、それなりに一月あまり暮《く》れにけるに、或夕暮《あるゆふぐれ》の人顔《ひとがほ》もたそがれ時に、表《おもて》の戸《と》を盤石《はんじやく》をもて投付けるかとばかり、凄《すさま》じき音《おと》のしけるに、小平六あわてゝ駈出て見れば、主人《しゆじん》の宮内《くない》髪《かみ》もかたちも茫《はう》茫然《はうぜん》として、右の手に獨鈷《とつこ》鈴《れい》を持《も》ち、左《ひだり》に引きむしれる鳥箒《とりはうき》を持《も》つて、うつとりと立つて居るを見るより、やれ旦那《だんな》が歸《かへ》られましたと、あたり鄰《となり》へわめきちらせば、宮内様《くないさま》は戻《もど》らしやつたかと、そこらあたりが寄つて來て、先《ま》づ内へ入れましやれと、手《て》んづもんづに抱きかゝへて、御無事《ごぶじ》で怪我《けが》もなしにおめでたやと悅《よろこ》べど、宮内つやく／＼物もいはず。倦《う》みつかれた體《てい》なれば、先《ま》づ寢《ね》さしましたがよからうと、蒲團《ふとん》打ちきせ介抱《かいはう》するに、それなりに打ちふりかいふり、二三日は起きざりしが、四日《か》目の朝《あさ》、やう／＼人心地《ひとごこち》付いて、小平六に此程《このほど》の物語《ものがたり》。かの僧《そう》に誘《さそは》れて、諸國《しよこく》の靈地《れいち》到《いた》らぬ所なくかけめぐり、九《きう》州《しう》にあるかと思へば奧州《あうしう》に遊《あそ》び、北國《ほつこく》を行くかと思へば四國《こく》に渡《わた》り、あるひは樂《たのし》みあるひは怖《おそろ》しき事語るにつきず。かの僧《そう》のいへるは、汝か長直《ひさなりすなほ》なるゆゑに、一つの法を授《さづ》く。今此獨鈷《とつこ》と鳥《とり》の羽《は》をもつて、教ゆる所の呪文《じゆもん》をとなふべし。人間の吉凶外傷《ぐわいしやう》不幸《かう》の病を治《ぢ》せんに、必《かなら》ず其驗《しるし》あるべし。急《いそ》ぎ家《いへ》に歸《かへ》りて、人を救ふ善根《ぜんこん》をなし、其身も

冠付—俳諧宗匠が末句を出して初句をつけさせるとこ

信心他事《しんじんたじ》なかれと、教へ給ふと思へば、其跡《そのあと》は夢《ゆめ》のごとくにてかつて覺《おぼ》えず。我今日《われけふ》より神《かみ》の教に從《したが》ひ、祈加持《いのりかぢ》して衆生《しゆじやう》を救《すく》はんと、俄に家内を清《きよ》めて壇《だん》をまうけ、・朝夕《てうせき》の鈴《れい》の音喧《おとかまびす》しく聞えければ、やれ駒《こま》が林《はやし》の醫者殿《いしやどの》が、天狗《てんぐ》につかまれて戻《もど》つてから、見通《みとほし》の八卦《はつけ》を占《うらな》ひやるげな。なんといな病《やまひ》でも愈《なほ》しやるげなと、近在《きんざい》より日々に人をうつしける。宮内《くない》はそれ〴〵の加持人《かぢびと》を呼出して祈禱《きたう》をなし、彼烏《かのとり》の羽《は》にて頭《あたま》より鼻《はな》を撫《な》でおろす事三遍《べん》にして、其人の氣質病根《きしつびやうこん》をさす事神のごとし。前《さき》な親仁《おやぢ》は、家業《かげふ》は檜《ひ》物屋《ものや》なるべし、僞飾《いつはりかざり》なき生付《うまれつき》なれども、是《これ》までに我知らず愛宕《あたご》の杉《すぎ》を切りくだきし事あるがゆゑ、此度《このたび》の病杉《すぎ》の木《き》の如く立煩をめさるゝなり。それがしが加持《かぢ》にて平愈《へいゆ》は疑なし。次《つぎ》なるは船乘《ふなのり》の女房と見ゆる、其方が夫《をつと》、先年難風《なんぷう》にあひし時、金毘羅《こんぴら》へ願立《ぐわんだて》して、杉苗《すぎなへ》百本奉納《ほうなふ》せんというて、今に奉らざる咎《とがめ》にての病氣《びやうき》なり。杉苗《すぎなへ》が大儀《たいぎ》なら、杉《すぎ》の神著《かんばし》でも百膳奉納《ぜんほうなふ》せらるべし。跡《あと》に居る四十ばかりの男は、冠付前句付《かさづけまへくづけ》お淸書屋《せいしよや》よな。汝に神《かみ》の咎《とがめ》あり。いま世上にめくら付の前句《まへく》なんどを、天狗俳諧《てんぐはいかい》と名《な》付けもてはやす。是筋《これすぢ》なき事に我名《わがな》を呼ぶとて、兼《かね》て怒《いか》り給ふ。向後天狗《てんぐ》の二字を除《のぞ》きて、蔦俳諧《こんぴはいかい》なりと申すべし。此御詫《おわび》に生酒《きざけ》五升持參《ぢさん》せらるべし。是を捧《さゝ》げて天狗酒盛《てんぐさかもり》を勸《すゝ》め、よろ

羽團—羽團扇

象頭山—琴平神社

しく罪をなだめ進《しん》ずべし。いづれも加持人《かぢびと》は燈明代《とうみやうだい》として、銀《ぎん》五匁づつおいてかへられよ。是は手前《てまへ》の徳分《とくぶん》ではない。天狗《てんぐ》頼母子《たのもし》と申して、直《すぐ》にあなたへ捧《さゝ》げるのでござると、未前過去《みぜんくわこ》の事ども皮肉《ひにく》に入りしごとく占《うらな》ふに、皆々《みなく》恐《おそ》れ謹《つゝし》みて、扨《さて》も／＼不思議《ふしぎ》な有《あり》難《がた》い事でござります。一つ御尋《おたづ》ね申したい事は、あなたの持つてござるは、灸屋《きうや》にあるやうな鳥箒《とりはうき》、天狗様《てんぐさま》に御貰《おもら》いなされましたら羽團《はうちは》でありさうな物《もの》。鳥箒《とりはうき》もあなた方は御持《おも》ちなされます事でござりますかと問へば、宮内うなづき、尤《もつとも》の不審《ふしん》。是《これ》は天狗《てんぐ》の羽箒《はねはうき》とて、ずんどかるい末の衆《しゆ》の持たせらるゝ物《もの》。羽團《はうちは》はたしないゆゑ、是《これ》を貰《もら》うて來ましたと語《かた》られぬ。ある時宮内いつく／＼の夜《よ》は、各《おの／＼》信心深《ふか》き人々をえりて、我家《わがや》より讃岐《さぬき》の象頭山《ざうづさん》へ、暫時《ざんじ》が内に海上《かいじやう》を越《こ》えて參詣《さんけい》さすべし。しかしあまたの人は神《かみ》も御苦勞《ごくらう》なれば、打ちよられしうち一人《ひとり》、神前《しんぜん》にて御鬮《みくじ》をとり、神《かみ》の御心におがりし人を參詣《さんけい》さすべしと聞くより、是は奇妙《きめう》な事《こと》ども。どうぞ御鬮《みくじ》にあたりたいと、頭《あたま》に血《ち》の多《おほ》き若者《わかもの》ども、それを見《み》よとて老《おい》たる人々《ひと／＼》、其夜《そのよ》は暮《く》れぬうちから、宮内《くない》が方へつめかけゝる。さて宮内はいつく／＼よりも壇《だん》に十二の御燈《ごとう》をてらし、數《かず》の供物《くもつ》嚴々とかざり立て、先《ま》づ祕《ひ》文《もん》を唱へ鈴《れい》をふり立て、既《すで》に御鬮《みくじ》を取りけるに、あたりし人は兵庫騎馬《ひやうごきば》の町越中屋《ゑつちうや》善

甘口の男―智慧の廻りのわろき男

次郎とて、ちと甘口《あまぐち》な男なれば、もとより殼《から》の智《ち》惠《ゑ》袋《ぶくろ》ふるひ〳〵出でけるを、宮内手《くないて》をとりて縁《えん》の障子《しやうじ》の外《そこ》へ出して、また壇《だん》に返《かへ》りて祈りけるに、不思議《ふしぎ》や、十二の燈明《とうみやう》一陣《ぢん》の風《かぜ》にはた〳〵と消えて、障子《しやうじ》雨戸ぐわた〳〵とすさまじく鳴響《なりひゞ》けば、皆々《みな〳〵》あつと魂《たま》きれて、暗《くら》がりに手《て》を取りあひ、活きた心地《こゝち》はなかりし。扨《さて》善次郎は障子《しやうじ》の外に、恐《おそ》れながら立つて居るを、灯《ひ》の消《き》えたを相圖《あひづ》に誰《たれ》とも知《し》れず、善次郎を背《せ》に負うて、闇路《やみぢ》を飛ぶが如くに走り行く、是正しく天狗殿《てんぐごの》と目《め》を閉ぢて、心中《しんちう》に南無《なむ》金毘羅《こんぴら》大權現《だいごんげん》と息をも繼《つ》かず申すうちに、虛空《こくう》へは飛びあがらで、西代《にしだい》村の蓮池《はすいけ》のあたり、深田《ふけだ》の所へ下しけるに、是《これ》は如何にと目《め》を明いて見《み》れば、天狗《てんぐ》ではなく藥箱持《くすりはこもち》の小平六なり。こりやどうぢやといふ所を物もいはさず、力《ちから》に任《まか》せて善次郎を深田《ふけた》の中へ突倒《つきたふ》し、あがる所をふんごみ、引きずり揚《あ》げてはたゝき込み、目《め》鼻《はな》の別《わかち》なく握拳《にぎりこぶし》にてはり廻《まは》しければ、やれ人殺《ひとごろ》しなるぞ。助《たす》けよと大聲《おほごゑ》に泣きわめけど、人家《じんか》は遠《とほ》し殊《こと》に深夜《しんや》なれば、誰《たれ》かけ付ける人もなし。小平六聲をひそめて、今宵魔《ま》神《じん》、こなたを象頭山《ざうづざん》へ暫時《ざんじ》の間に參詣《さんけい》せさせ給ふ。其間は天狗道《てんぐだう》の熱鐵《ねつてつ》の苦《く》を受くる事、中々なみ大抵《たいてい》の苦《くるしみ》ならず、それゆゑ魔《ま》神《じん》來り給ふまで、荒《あら》こなしをしておますのぞと云へば、善次郎かた息《いき》になり、是が荒《あら》

かくやく— 赫灼

光棍一騙兒

ごなしなら、其時はさぞ苦《くる》しい事であらう。最早《もはや》息《いき》が切れるやうなれば、どうぞ此金毘《このこんぴ》羅參《らまゐり》は止《や》めに仕《し》たい。斷《ことわり》をいうて下れと泣《な》き詫《わ》ぶるを、いや〳〵、それでは講中《かうちう》へ主《しゆ》人《じん》の約束《やくそく》が違《ちが》うて一分立《ぶんた》たず。それともに苦《くる》しくば、是《これ》より歸つて、人々《ひと〴〵》には金毘羅《こんぴら》山《さん》を拜《をが》み來りしと、よい加減《かげん》に間《ま》に合はすなら、御詫《おわび》申してくれん。それも後日に親兄弟に限《かぎり》、其方《そなた》の口より、箇樣々々《かやう〳〵》と語《かた》りなば、其詞《そのことは》の終《をは》らぬ内、魔神《まじん》來りて引裂き給ふべし。如何《いか》にや如何《いか》にやと云ひつゝ、頭《あたま》をはりまはせば、何々《なに〳〵》の誓文《せいもん》、人にいふ事にはあらずと、段々の口がために、よろめきながら立ちあがれば、又《また》背中《せなか》に負ひて走り歸《かへ》る。

内には又燈明《とうみやう》かくやくとして、祈《いのり》の聲《こゑ》の澄渡《すみわた》る座《ざ》敷先《しきさき》を、手《て》ごろの石をとつて、軒口《のきぐち》へ打付ける響《ひゞき》に、すはやと參詣《さんけい》立騷ぐ所に、緣《えん》の障子《しやうじ》を明けて、善次郎髮《かみ》も着物《きもの》も泥《どろ》まぶれにて、よろ〳〵と立歸《かへ》り、只今讃岐《さぬき》から戻《もど》りました。扨《さて》も〳〵有《あり》がた痛《いた》い事でござりました。どなたも參詣《さんけい》なされたくば、やはり舟《ふね》をかり切つて、御參《おまゐり》なされませと云ふを、小平六が臺所《だいどころ》より握拳《にぎりこぶし》を見《み》せる顏《かほ》が、天狗《てんぐ》よりも怖《おそろ》しく、人にはもとより寢言《ねごと》にもいはじとぞ心に誓《ちか》ひける。誰《たれ》が見《み》て居たやら、此樣子を翌日《よくじつ》より一まいに取沙汰あれば、憎《にく》い光棍《かたり》めと、近在の荒者《あらもの》どもいひ合《あは》せて暴《あば》れ込《こ》み、壇《だん》も注連《しめ》も鳥帚も引きむしつて捨《す》

まや藥―ごまかし藥
大年の夜―大晦日
集禮倒―定

て、宮内主從《しゆじう》を棒《ぼう》ずくめにて追立てければ、所の住居《すまひ》もならぬしだら。はふ〳〵の體《てい》にて大坂へ立退き、齒藥《はぐすり》の居《ゐ》あひ拔《ぬき》。あの奴《やつこ》めが討手《うつて》まゐると、主從息勢《いきせい》はつての思入《おもひいれ》、摩耶《まや》の天狗《てんぐ》でしくぢつたゆゑ、今まや藥《くすり》と出かけるも、より所《ごころ》なきにしもあらず。

## 第三回　浮氣《うはき》は一花《ひとはな》嵯峨野《さがの》の片折戸《かたをりど》

桑名屋《くはなや》の德藏といふ船頭《せんどう》、大年《おほとし》の夜に舟を走らせしに、いづくの沖《おき》にてかありけん、凄《すさま》じき雲出《くもい》でて、浪風《なみかぜ》あらく吹きしかば、船中大きに便《たより》を失《うしな》ひしを、德藏船櫓《ふなやぐら》にあがり、心を用《もち》ひて下知《げぢ》しけるに、空中《くうちう》より怪《あや》しき聲して、いかにや德藏、今宵《こよひ》はいつの夜《よ》なるぞと尋《たづ》ぬれば、德藏少《すこ》しも恐《おそ》れず、年の夜にて候ふと答《こた》ふ。妖神《えうじん》また汝世に恐《おそ》るゝ物ありやなしやと問《と》ふ。德藏重《かさ》ねて、世には身過《みす》ばかり恐《おそろ》しき物《もの》はなく候ふと申せしかば、再び聲《こゑ》なくして風波《ふうは》靜《しづま》り、船《ふね》も思ふ方へ走りけるとなん。行《おこなひ》餘《よ》力《りよく》ある時は文を學ぶとやら、米櫃《こめびつ》の底さへ見ゆる山《やま》の井《ゐ》のとも詠みてをかしからず。とかく身過《みすぎ》が大切《たいせつ》と稼《かせ》いで見れば、諸商賣《しよしやうばい》ともに先達《せんだつ》の巧者《こうしや》ありて、あまい滴《しづく》の垂《た》らぬ世の中《なか》。親《おや》の代《だい》から仕《し》にせの家業《かげふ》、おはづの森《もり》のせいらいでも、知《し》らぬ事は集禮倒《しゆらいたふれ》。かへぬが理詰《りづめ》といふ事は、

まりて拂ふべき代金の倒の義

筏士よ云々ー筏士よ待てこと問ん水上はいかばかり吹く山の嵐ぞ

よう知つてゐながら、たゞ取るやうな口車《くちぐるま》、乗《の》るかふぞるか、借銭《しやくせん》の淵《ふち》およぎつかれぬ人多《ひとおほ》し。見一無體《けんいちむたい》ざつきやくでは、儲《まう》けられぬ銭銀《ぜにかね》とは、後《のち》にぞ思合《おもひあは》すなり。昔《むかし》より世《よ》を捨つる身《み》の置所《おきどころ》とて、都《みやこ》に近き嵯峨野《さがの》の末、嵐山《あらしやま》は名ばかりにて暁《あかつき》の夢《ゆめ》も破《やぶ》らず。名《な》社《こそ》の瀧《たき》の音もせで、丸裸《まるはだか》にて喰はずに居《ゐ》よなら、此上もなき隠里《かくれざと》なれど、此處《ここ》にも季日《さはび》の滅鬼《めつき》殺鬼《しやつき》があればこそ、はや瀬《せ》の鮎《あゆ》を追《お》ひあるき、腰《こし》だけ濡《ぬ》れても口一つ、ふさぎ兼《か》ねたる膝《ひざ》がしらで、掘《ほ》りやしつらん硯石の、窪《くぼ》い所へ水も溜《たま》らぬ商店《あきなひみせ》、どこへ廻《まは》つても、たゞ居てはつまらぬに究《きはま》りぬ。筏士《いかだし》よ待てことゝはんと詠みし大堰《おほゐ》川《がは》、渡月《とげつ》橋《けう》のわたりは嵯峨《さが》第一の風景《ふうけい》。こんな所に能い女房持つて暮したらと、思ふは誰《たれ》しも姉《あね》が小路《こうぢ》の銀屎息子《かねぐそむすこ》、大黒屋《だいこくや》富太郎。島原《しまはら》の菜種《なたね》の匂伽羅《にほひきやら》の油《あぶら》が鼻《はな》の先へしみ付いて、親《おや》の異見手代《いけんてだい》の忠言《ちうげん》、云ふほど募《つの》る居《ゐ》びたれ遊《あそび》。弟《おとゝ》もあるなれば、いつそまくり出《だ》して仕舞《しま》ふに、一家《け》衆《しゆ》の談合《だんがふ》極《きは》まりて、母御《はゝご》の歎御機嫌《なげきごきげん》のなほるまでは、是《これ》にて何なりともして辛抱《しんはう》せよと、百兩餘《りやうあまり》の枕金《まくらがね》袖《そで》の下から遣《や》らるれば、勘當《かんだう》の富太郎此金に力を得《え》、いつそ思案《しあん》が固《かたま》りて、是で太夫《たいふ》が苦界《くがい》を引かせ、手煎《てせんじ》仕たら兼々《かね〴〵》の望《のぞみ》の通《とほり》と、その足で島原《しまはら》へ駈出して、桔梗屋《ききやうや》の花野《はなの》太夫《たいふ》、半季《はんき》に足らぬ末年を借金《しやくきん》こみ五十兩、頼母《たのも》し

平家座頭―琵琶法師

世尊寺樣―藤原行成の書風

ちびり暮―豐ならぬ生活

づくでもらひしが、女房《にようぼ》は出來ても家《いへ》がなく、脇《わき》ひら見ずに嵯峨《さが》の奥《おく》、妓王寺《ぎわうじ》の邊《ほとり》を借《か》りて、面白《おもしろ》づくしの宿這入《やどはいり》。殘《のこ》る金《かね》ではそなたもわしも紙子仕立《かみこじたて》、藤色羽二重《ふぢいろはぶたへ》に媚茶繻《こびちやじゆ》子《す》の火打《ひうち》、下には何を白綸《しらぬめ》の反古染《ほうぐそめ》。心一ぱい物好《ものずき》して、富太郎は名を瀧口《たきぐち》と改め、花《はな》野《の》が名もお笛《ふえ》とかへて、平家座頭《へいけざとう》に謠《うた》はれたさの風流《ふうりう》。こゝまでは仕《し》ならべしが、殘《のこ》る金は廿兩あまり、是喰《くら》うて仕舞《しま》ふはちつとの間と、世渡《よわたり》の心つき、何にても卑《いや》しからぬ手《て》ずさみをと、いろ〳〵と工夫《くふう》して、富太郎は嵯峨野《さがの》の茶杓《ちやしやく》を削《けづ》り、お笛には花《はな》の露《つゆ》をとる事を數へて、浮氣《うはき》がさする夫婦《ふうふ》の身過《みすぎ》。入口の柴折戸《しをりど》に千家《せんけ》御茶杓四季《おんちやしやくしき》花《はな》の露《つゆ》と、世尊寺《せそんじ》樣《やう》の看板《くわんばん》も京からまでは買ひにこさず。花の露《つゆ》の香《か》も褪《さ》めて、茶杓《ちやびしやく》はいつしか朝餉《あさけ》の焚《たき》つけに打ちくべて、始末《しまつ》といふ事せねばならぬといふ事《こと》、氣がついても、ちびり暮《ぐらし》の明暮《あけくれ》は、名《な》にし嵯峨野《さがの》の秋の暮、壁《かべ》に鳴く蛬《きり〴〵す》、窓《まど》に音《おと》づるゝ棹鹿《さをしか》、廣澤《ひろさは》の月も酒《さけ》がなうてもをかしからず。桂《かつら》の鏽鮎《さびあゆ》も十を百文《もん》にはよわりて、今ぞ不自由が身《み》にしみじみと鉦《かね》の聲は鄰《となり》の庵の御坊《ごばう》、まだ近付にもならねば、憂《うき》を忘《わす》るゝよすがにもと、烟管《きせる》提《さ》げて御宿《おやど》にござりますか。私《わたし》は近頃となりの庵《いほ》を借りて參りました京《きやう》の者でござります。淋《さび》しう暮《くら》しますゆゑ、ちと御咄《おはなし》に參りましたと、云ひつゝ這入《はい》れば、庵主《あんしゆ》は夕暮《ゆふぐれ》の看《かん》

唐犬額—俠客唐犬權兵衞の始めし角額

性根玉—根性

しらなつて—昔をわすれて善にかへりて

經《きん》。是《これ》は〳〵ようござりました。まそつとぢや、仕舞《しま》ひますと云ふ。人相《にんさう》六尺《しやく》ばかりの大入道《おほにふだう》。唐犬額《たうけんびたひ》の跡《あと》もするどく、殊勝《しゆしよう》げのなき物《もの》ごし。扨《さて》は名《な》ある武士《ぶし》の果《はて》、暗君《あんくん》を諫《いさめ》兼《か》ねての桑門《よすてびと》と一入《しほ》たのもしく、兎やかうするうちに烟草《たばこ》盆《ぼん》提《さ》げて立出で、ようこそござりました。まあ是《これ》へと竹縁《えん》につくも筵《ござ》。四方山《よもやま》の咄《はなし》がしみても、どこか一つ侍《さぶらひ》めかぬ詞《ことば》づかひの卑《ひやし》さ。一圓《ゑん》よめねば、なんと御坊様《ごばうさま》には、幼少《えうせう》よりの御出家《ごしゆつけ》とも見《み》えませぬが、定《さだ》めて以前《いぜん》は、一廉《かど》の御知行《おちぎやう》でも、御取《おと》りなされましたと云ふやうな御方《おかた》と、見受《みう》けましたと問《と》ひかくれば、いや〳〵愚僧《ぐそう》は武士《ぶし》でござらぬ。鄰合《となりあはせ》で向後念比《ねんごろ》にいたすから隱《かく》し申さぬ。おらはもと東海道を働《はたら》いた無間《むけん》の鐘介《かねすけ》というて、盗人《ぬすびと》の張本《ちやうぼん》でござつた。手下《てした》も五十人計《はかり》有つて、おそらくは大名でも、剝鎌《はぎか》ねぬけちぶとい性根玉《しやうねだま》ゆゑ、上《のぼ》る手指《ゆび》さす者もなかつたに、三年跡の師走《しはす》の廿四日の夜《よ》、江戸《えど》の店《たな》の勘定《かんぢやう》しまひて、上《のぼ》る手代と見え、百兩《りやう》餘《あまり》の小判《こばん》を首《くび》にかけて供一人《ともひとり》、夜道《よみち》かけて急《いそ》ぎの道中《だうちう》、府中《ふちう》と鞠子《まりこ》の山中《やまなか》で出《で》つくはし、供《とも》めは大袈裟《おほけさ》にぶち放《はな》し、直《すぐ》に親方《おやかた》めもしまひ付《つ》けうと切りかける刀《かたな》を、何の苦《く》もなう引つたくり、おらを眞二《まつぷた》つと切付けるを、逃《に》げるひやうしに谷《たに》へ轉《こけ》落《おち》、命《いのち》は助《たす》かつたかはりに、此の如く左《ひだり》の腕《かひな》が叶《かな》はぬゆゑ働《はたらき》やめ、しらになつての道《だう》

笠の臺―首などいふ
どやがしやれ―よび給へ
御時分―食時。
南圓堂―藤

心者《しんもの》。しかし今に働《はたら》いてをつたら、笠《かさ》の臺《だい》がばれるであらう。御手前《おてまへ》も御夫婦《ごふうふ》さうなが、こゝも不用心《ぶようじん》な所ぢやや程《ほど》に、なん時でもどやがしやれ。片腕《かたうで》でもまだひとりや二人《ふたり》は朝《あさ》飯仕事《めししごと》と、聞いてゐるうちから、癪《しやく》の上《のぼ》る身の上咄《うへはなし》。さやうなら殊更殊勝《ことさらしゆしよう》に存じます。いや又盗《ぬすみ》も捨《す》てられた商賣《しやうばい》ではないげにござりますと、恐々挨拶《こはごはあいさつ》して内へ戻《もど》れど、肌刀《はだがたな》さいたやうな鄰同士《となりどうし》と、うす氣味《きみ》わるく、向《むかひ》の庵主《あんしゆ》は六十有餘《いうよ》の浪人《らうにん》、見《み》かけから實體《じつてい》な恰好《かつかう》。盗人坊主《ぬすびとばうず》よりは念比《ねんごろ》にして大事《だいじ》ない人柄《ひとがら》、ちと御見舞《おみまひ》申しますといひつゝ通《とほ》れば、浪人《らうにん》はいづくも同《おな》じ秋の夕飯《ゆふめし》を、ねつ〳〵と喰《く》うてゐらるゝにぞ、是《これ》は御時分《ごじぶん》でござりますにと氣《き》の毒《どく》がるを、いや〳〵苦《くる》しうござらぬ。御《お》かけなされ。ちと上《あが》られぬか。しかし京中《きやうぢう》と違《ちが》うて喰《たべ》ものは不自由《ふじいう》にござる。ひとり住《ずみ》は御覧《ごらん》なされ。冷飯《ひやめし》がすゑりましたゆゑ、木香丸《もくかうぐわん》を菜《さい》にいたすと、にが〳〵しき顔付《かほつき》に興《きよう》さめ、扨《さて》はこゝもつまりし困《こん》窮《きう》。しかし心にくき住《すみ》なし、腰《こし》をれの一首《しゆ》も詠むからの嵯峨住居《さがずまひ》。これは咄《はな》せる風雅人《ふうがじん》、座敷《ざしき》の壁《かべ》にべた〳〵と、何やら張《は》つてあるは、歌《うた》の詠草懐紙《えいさうくわいし》でこそあらん。所がらとて定家卿《ていかきやう》の小倉色紙《をぐらしきし》を學《まな》びたるは、さりとはしほらしき物好《ものずき》と、よく〳〵見《み》れば歌《うた》ではなく、南圓堂《なんゑんだう》の足代《あししろ》のくさらぬ仕用帳《しようちやう》、木津川《きつがは》のあさくならぬつもり書《がき》、おそろしい事《こと》の

原冬嗣の奈
良興福寺に
建てし佛堂

山水な醫者
ーさびたる
醫者

我落ちにき

有狀。是はいかにと驚くうち、浪人楊枝つかひながら、扨貴様にちと談じ申す事がある。承れば姉《あね》が小路《こうぢ》の大黑屋《だいこくや》福右《ふく》衞門、惣領《そうりやう》の富太郎殿《どの》とやら、傾城狂《けいせいぐるひ》の不埒《ふらち》ゆゑ、此《こ》所《こ》の住居《すまひ》めさるゝよし、最早本家は舍弟《しやてい》の名前《なまへ》にて、親父《おやぢ》は隱居《いんきよ》の身分《みぶん》、詫言《わびごと》してから傾城《けいせい》つれていなれぬ首尾《しゆび》。代《だい》の替《かは》つたは幸《さいはひ》千兩《りやう》ばかり合力《がふりき》申してつかはされい。其使《そのつかひ》は拙者辯舌《せつしやべんぜつ》で天晴仕《あつぱれし》おふせて進《しん》ぜう。なんと思案《しあん》めされぬかと、初對面《しよたいめん》からわる性根《しやうね》の腰《こし》おし。成程御《なるほどご》深切《しんせつ》のお詞、とくと思案《しあん》仕りて又御世話《おせわ》にもと、うぢ〳〵とした返答な、はて氣《き》の弱《よわ》いお人《ひと》。本家《ほんけ》の身上《しんしやう》で千兩《りやう》はわづか。拙者《せつしや》にさへお任《まか》せなさるゝと、後々《のち〳〵》には身上《しんしやう》半分は取つておます事ぢやと、鑷《けぬき》ひねくつてひらじひの尖《するど》さ。是《これ》はひよんな所《ところ》へ來《き》た。どうぞ去《い》にたい物ぢやがと、見合《みあは》せて居る所へ、先生御《せんせいご》在宿《ざいしゆく》かと、ずつと這入《はい》るは、黑紬《くろつむぎ》の小豆色《あづきいろ》繪師《ゑし》とも見《み》ゆる山水《さんすゐ》な醫者《いしや》。扨此間《さてこのあひだ》の一休《きう》の自《じ》畫贊《ぐわさん》は鹽梅《あんばい》ようはまつたが、芭蕉《はせを》の手紙《てがみ》が文《ぶん》がうま過ぎるといきかねる。もそつと御氣《おき》を付けられい。是は其割符《そのわつぷ》と金《きん》一兩《りやう》渡して跡《あと》のもくろみ、樣子《やうす》を聞《き》く程座《ほどざ》にたまられず。つひとはづして迯《にげ》歸《かへ》り、こり果てた嵯峨《さが》の奧《おく》、妓王妓女《ぎわうぎぢよ》より擬筆士《ぎひつし》やら追剝《にひはぎ》やら、しばしの住居《すまひ》もおそろしく、わが落《お》ちにきと人にかたるなと、家主《いへぬし》に口どめして、ひそかに京へ立歸り、親々

一名にめでて折れる許ぞ女郎花我落ちにきと人に語るな に擬せり

の詫言《わびごと》がすみ、お笛もろとも故郷《こきやう》へは錦《にしき》の小路《こうぢ》の掛屋敷《かけやしき》を貰《もら》ひ、綿服《めんぷく》に仕替《しか》への商《あきなひ》形氣《かたぎ》。槌《つち》で打出すやうな金《かね》まうけして、大黒屋《だいこくや》富太郎が長暖簾《ながのれん》。五日《か》の風《かぜ》のそよくと、十日《か》の雨《あめ》にしつぼりと、夫婦中《ふうふなか》よく富《と》み昌《さか》え、豐《ゆたか》に住《す》めるぞ目《め》でたけれ。

諸道聽耳世間猿　終

# 世間妻形氣序

八文字が草紙、其磧自笑の戯作多かる中に、近世《このごろ》俗間《よのなか》の模様有りとあるまゝの序《ついで》に、鶴翁《かくをう》が絲に引きそめし傳授車《でんじゆぐるま》の、綱手にすがりて商賣《あきうど》のそろばん形機《かたぎ》著出れば、親釜《おやぢ》の斉斎《しまつ》質氣《かたぎ》は、其中に求めたりと見ゆ。石臼藝《いしうすけい》に親の財《たから》を空《なく》し、悪所がよひに家藏《いへぐら》を失ふむす子の、我まゝ形氣やむ時ぞなき。その諫めかねし忠心の手代形氣、母おやかた氣の愛憐も、よむにさこそと感あり。又小むすめの婿《むこ》婿《とり》待《また》たで、こがれまゐらせの偸《ぬすみ》ならひ、若紫の歌舞妓《かぶきこ》子に思はくよするまで、偖もかしこしや狸老《たぬきおやぢ》が雜談、眞似《まね》てまねえんか、誠にまねられず。荒れにし我軒は、いつしか浮浪子《のらもの》の中宿となりて、長き代のかたみにはあらで、荒蕪《せりじめもなき》世説《よそごと》をいはざれば、衣《や》食《しょく》の慶

ふくるゝよと、宵よりつどひて七つの鐘聞く夜は數多たび、それが中にえるとはなくて、當世てかけものゝ厚薄の情、をかしきあり、はかなき有り、編みて册《さつ》とし、故《ふるき》によりて妾容氣《てかけかたぎ》と號《なづ》く。されば二老《にらう》が文理は、五卷《まき》に猶名殘ぞをしまる。この弊《いや》言《こと》数ふれば、はたちに餘《あま》り、撰めば一つとして採るものなし。偶《たま〱》なぐさむ一ふしは、さてもさても八文字が糟粕。これを除き是を棄てて、そぞろにものして、十種《とくさ》に充《みた》しめ、四《よ》卷《まき》に已みぬ。自笑をしれる人は嘲《あざ》みなん。自笑を知らざる人は、見ずも棄つべし。時に明和丙戌の冬。

和氏譯太郎述ぶ

# 世間妾形氣 巻之一

## 第一 人心汲みてしらたぬ朧夜《おほろよ》の酒宴《しゆえん》

戀せじと御《み》たらし川にせし御祓《みそぎ》、神はうけずも成りにけるかな。むかし伊勢《いせ》加茂兩社の齋宮《さいぐう》をたてられし例《ためし》、彼《かの》六條の御息所《みやすごころ》が、伊勢《あち》まで誰が思ひおこさんと、もてはなれたるすね詞も、かち人のわたれば濡《ぬ》れる業平《なりひら》への自墮落《じだらく》より、今も在原の氏なる人は、お影參《かけまゐり》もならぬよし。戀に和《やはら》ぐ國の風俗《ふうぞく》も、たはれ過しの浮世之介は、無筆《むひつ》むくつけの角内にも劣りやせんと、殘口《ざんこう》が艶道通鑑《えんだうつうがん》のおもむきに洩《も》れたるは、必ず繰言《くりごと》成るべし。天子に十二人諸侯《しよこう》に七人と、聖人《せいじん》の任米《まかせまい》。いづれ家督相應《しんだいさうおう》に、三千の後宮《こうきう》でも有つて、つまる勘定なら、それが果報《くわはう》といふ物よ。たとへ町人百姓でも婬欲《いんよく》の外に、一人でことは足《た》らぬがち。先づ女房は大黒ばしら、其家のたて物とするは、夫《をつと》は外へ稼《かせぎ》に出れば、女房は内をまもる。それにこそさま〴〵あるなれ。容色《みめ》がよければ手づつなり。世帶《せたい》かし

戀せじと云—古今集第十一巻にあり

かち人のわたれば云々—伊勢物語にあり

殘口—增穗殘口、艶道通鑑の著者

手づつ—手

の拙きこと
わざくれ—悪戯者
ぬれ衣—戀衣

こきは口さがなく、縫針好《ぬひはりずき》は尻《しり》おもたし。病身ならねば法會《ほふゑ》だち、こゝらをもつて見るときは、外聞《ぐわいぶん》、手利《てきゝ》、人挨拶《あいさつ》、世帶《せたい》、敷金《しきがね》、閨《ねや》の花、それ〴〵の女房を凡そ十人ばかりまでは、誰しも持ちたい物ならずや。春秋《しゆんじう》に次妃《じひ》と築《しろ》し、武家にはお國樣とうやまふ。京洛《らく》中の妾種《てかけだね》、蒔《ま》いた一粒《りふ》が萬倍《はい》の五人扶持《ぶち》に、數《す》百兩の捨金《すてがね》のあたゝかな暮仕ても、娘さへ産《う》みやあての槌《つち》。世はならはせの鄰《となり》づからも、うらやみこそすれ恥《はぢ》ならず。腹かさぬ子の義理へちまなく、似我《じが》蜂《はち》のそだてがらに、延《の》びる脊《せ》丈《たけ》の肩《かた》越した借金《しやくきん》も、濟ますてだての外にはなければ、本《ほん》の親がうらみもせず。されば萬卷《まんぐわん》の佛經《ぶつきやう》を地中にしき、四神擁護《おうご》の王城に生るゝ人の心意氣《いき》、加茂川の水のすみ濁《にご》る芥屑《あくそ》藻屑《もくづ》に、染みやすきわざくれも、汚《きたな》う稼《かせ》いで淸う暮《くら》せとなり。こゝに都しら河に櫻戸《さくらど》の中將殿とかや申して、やんごとなき方のおはしける。御筋目《すぢめ》もめでたく時めき給ふが、和歌《わか》、管絃《くわんけん》、有職《いうしよく》に長じ、唐土《もろこし》の文の道も博達《はくだつ》におはすあまり、情のみちもかしこく、あまたなれ昵《むつ》れさせらる中に、花園《はなその》といへる新命《しんみやう》、年は廿に一つ二つ黠《ひす》からぬ才發《さいはつ》ものの、白く油つきたるにとんと打込《こ》んで、大内の勤ことしげき外に、間がな透《すき》がなぬれ衣《ごろも》の足かさなれば、お妾と定りて、しんぞ可愛《かあい》がらせ給ひけり。今參《いままゐり》の雜掌眞葛半平《ざつしやうまくず》とて、唐《から》も倭《やまと》もないまぜ

定家―藤原定家
後京極殿―藤原良經
花實一體―形式内容の整然たること
于鱗之美―明の詩人、李于鱗王元美
石川のこまうど―催馬樂の呂の曲

の辯舌《べんぜつ》もの、中將殿のお伽《とぎ》にちかう參りて、今日殿《この》の御所で遊ばした、曉《あかつき》に寄戀《よるこひ》の御詠《ぎよえい》は、及ばずながら感《かん》じ入りました。定家の骨法《こつぱふ》に後京極殿の幽艶《いうえん》、花實《くわじつ》一體《たい》の風體、中中どなた樣も御批判《ごひはん》はございますまい。先日一位樣へ進ぜられました禪院《ぜんゐん》の梅の七律も、于鱗元美《うりんげんび》を一變《いつぺん》せられました御發明《ごはつめい》の句調《くてう》。まことに殿樣は和漢《わかん》に秀《ひい》でさせ給ふと申す物でございますと、さしつけたる追從《つゐしよう》に、あま口ならぬ中將殿も、聖天《しやうてん》の油責《あぶらぜめ》成る辯舌《べんぜつ》に蕩《とら》かされて、出づるに半平居るに花園と、寵愛出頭《ちようあいしゆつとう》、只この二人にとゞまりぬ。比《ころ》しも春の彌生《やよひ》中の八日餘、前栽《せんざい》の花散《ち》りがてに咲亂れて、やり水に風の小皺《こじわ》もなく、寺々の夕ぐれ告《つ》ぐる鐘《かね》の音に、山の月もやゝおそくして、雪かとぞ白くさし出る影の、松に櫻《さくら》にうつろひて、春の夜のながめ一しほ心うきたちて、花園が膝《ひざ》を枕《まくら》にして、半平に酌《しやく》とらせつゝ、今昔《こんじやく》の物語とりまぜて、石川のこまうどに帶《おび》をとられてと、うたひ興じさせ給へば、半平も御前酒が額面《ひたひ》にわき上りて、申し殿樣、催馬樂《さいばら》より朗詠《らうえい》より、私が隱藝《かくしげい》を差上げましよと、扇しやにかまへて、宮古路《みやこうぢ》がいたづら節《ぶし》。傳兵衛さんのう我夫《つま》と呼《よ》べどさけべど、河風に聲をとられて聞えぬかいのう。我夫戀《わがつまこひ》しと、首《くび》打ちふりての思入。殊更《ことさら》の御機嫌《ごきげん》にとり上ぐる小盞《こさかづき》、かたぶく月の夜半《よなか》になれども、中々臥戸《ふしど》に入

どうぶくら―胴服にて最中の義
朧月夜―照りもせず曇りもはてぬ春の夜の朧月夜にしく物ぞなき
秀句―駄洒
落
めつさう―方外の義

らせ給ふ氣色《けしき》もなく、いかう更《ふ》けたやら、風もひやゝかに覺ゆる。なんぞあたゝかに煮《に》た物で、燗酒《あつかん》一つ乾《ほ》して寢ようとのお物好《ずき》に、畏《かしこま》つたと半平が御《さ》臺所《だいどころ》へ立ちてゆけど、今最早《もはや》勝手《かつて》はごろ〳〵と、あそこや爰《こゝ》に轉寢《うたゝね》の、料理《れうり》人水仕《みづし》男《をとこ》が鼾《いびき》に寢言《ねごと》こきまぜて、今こそ夢《ゆめ》のどうぶくらなれば、引起してもうつゝなし。宵《よひ》の御膳《ごぜん》の殘《のこり》もやと、厨《くりや》こそこそ尋ぬる内の待遠《まちどほ》さ。まことに此半平は何《どう》して居るぞ。花園見てこよと、欠《あくび》まじりに仰せらるれば、ほんによほどの間《ひま》、御前のお待ちかねはお道理。自《みづから》呼んで參じましよと、つい立ちて勝手《かつて》の方へあゆみ出で、半平殿何《どう》してぞ。殿樣のお待ちかね。朧月夜《おぼろづきよ》に煮《に》る物もないかやと、秀句《しうく》まじりの酒機嫌に、色香《いろか》まさりて憎《にく》からぬけはひに、半平心ときめきて、幸《さいはひ》あたりの人も性根《しやうね》なければ、胸《むね》だくみして、是は花園樣《はなぞのさま》、追付きそれへ參りますに御覽じませ。此通に皆ねぶりこけてたはひなしゆゑ、私が手づからの庖丁《はうちやう》をと、只今獻立《こんだて》の隙入《ひまいり》。それに付きていつそはと、思うて居《ゐ》たによい首尾と、急遽《やにはに》ひたと抱《だき》付《つ》けば、これあの人は酒《さゝ》が過ぎてかめつさうなと、こゑ立つる口をおさへて耳《みゝ》にさしよせ、

今宵《こよひ》しもたなさがしとや夕月のおぼろげならぬ契《ちぎり》とぞおもふ

ぬれ衣―戀衣におなじ

おてき―おぬし

本錢のしがく―本錢の仕覺にて用意の義

この屋敷へくるから、ほれて〳〵此不埒《ふらち》、一夜までの情《なさけ》をと、おしつけわざのぬれ衣《ごろも》、それが宿世《すぐせ》のあくえんにて、此所《ここ》やかしこの小くらがり、おてきならでとしめられて、あのくちがしこい男めと、虚言《うそ》のまことにたらされて、身につく程の可愛《かあい》さも、つまらぬ末《すゑ》のどれ合中。もし知れたらばあぶな物。爰をすつかりぬけて出でて、いづくの里の住居《すまひ》でも、女夫《めうと》と云うて暮す樂《たの》しみはどうあらうと、せき切つた男の詞、花園が思案《しあん》にも、いかさまかう成るからなれば、いづくまでもと思へども、内裏上﨟《だいりじやうらふ》もどうやらと云ふふしにて、在所古町《こまち》の住居でも、所在《しよざい》なうては過《すご》されず。それはといへば、何事も本錢《もとで》のしがくなうては、手すさみありとて又つまらず。其工面《くめん》さへ出來たなら、鬼《おに》住む里へもゆく心。爰《ここ》を思案して下されと、急《きふ》な所へぬけめなきは、姿形氣《てかけかたぎ》の京女。半平これに吐息《といき》をつき、いかさま、是はもつともな氣のつけ所。其工面《くめん》こそ第一なれ。きつと發明《はつめい》いたすなりと、其夜はそれで別れしが、又あけの夜の囁《さゝやき》に、よき才覺《さいかく》を設《まう》けたり。明日の晝比《ひるごろ》には、御用達《ごようたし》の掛屋《かけや》より金子五十兩持つてくる筈、すなはち某《それがし》が名をいうて來るべし。そなた其處《そこら》をぬからずに、取次顏《とりつぎがほ》にちよろまかして置かるべし。それで二人が命綱《いのちづな》、菜摘《なつ》み水汲《く》み暮《くら》すなら、こゝを退《の》いてのたづきもあり。まづは今宵の才覺《さいかく》は、

梅の御符―京都梅宮の神符
盗根性の小夜烏―盗根性を出して去り行くの義ならん
式臺―玄關にある板敷
お部屋―諸侯の妾

おれやそなたの身の廻《まはり》、油、元結《もとゆひ》、紅《べに》紛、小櫛《をぐし》、梅の御符《まもり》よ、香包《かうづつみ》と浚込《さらへ》みたる小風呂敷。持《もた》るゝだけは儒書《じゆしよ》、和歌集《わかしふ》、切紙傳授《きりがみでんじゆ》、職原式《しよくけんしき》、我《わが》の主の差別《しやべつ》なく、三つ四つ二つとりあつめ、盗根性《ぬすみこんじやう》の小夜《さよ》がらす、打ちかたげてぞ出でにける。あくる日の晝時《ひるどき》に、こくめいらしき手代風《ふう》の男、一腰《こし》に袴《はかま》いためつけて、賴《たのみ》上《あ》げますと案内乞うて、式臺《しきだい》にかいつくばへば、花園は今朝《けさ》よりも今やとの待《まち》ごころに、はやくも聞付けて、玄關の障子《しやうじ》ほそめにあけて、誰《たれ》いづれよりと尋ぬれば、かの男兩手をつき、私は三條室町《むろまち》の御用達《ごようたし》、白銀屋《しろかねや》金七手代共でござります。昨日御《お》賄方《まかなひかた》御用とて、眞葛《まくず》半平樣をもつて仰付られました金子五十兩持參《ぢさん》仕りました。半平樣に御目にかゝり、お渡し申したう存じまするといせば、成程、其事は半平の沙汰《さた》して居られた。今日は殿の御名代に、上加茂《かみがも》北野へ參詣《さんけい》せられたれば、かへる程はしれまい。自事《みづから》は殿のお部屋《へや》花園といふ者、御用の物みづからが取次で進ぜうとあれば、是は〳〵恐《おそ》れ多《おほ》い。お部屋樣とも存じませず、慮《りよ》外《ぐわい》のお目見《めみえ》。然《しか》らばあなたへ差上げますと、封印《ふういん》かたき金五十兩、式臺《しきだい》にさし置いて立歸りぬ。程なく半平も立ちかへりて、扨右《かく》のはとさゝやけば、首尾《しゆび》よしと知らせの日づかひに心おち付きて、其日の暮《くる》るを待ちこがれ、裏門《うらもん》よりもしのび出で、手に手をとり

外しら露の云々―しら露に知らぬなかけ粟田口にありなかけたり
蹴上け水にぬれた同士―戀せる同士の意
ひじきもの―鹿尾菜の海藻に敷物なかけたり
はつむいたが―機に乘したがの義俚言集覧に見ゆ
五器―或は吳器に作る

て西ひがし、どこがおちつき所ぞと、外《ほか》しら露《つゆ》の御所育《そだち》。たのみも夢《ゆめ》の粟田口《あはだぐち》、蹴上《けあげ》の水にぬれた同士《どうし》。これが晝日《ひるひ》の闇《なか》ならば、人がとがめて御廟野《みべうの》ぞと、小夜《さよ》の狐火《きつねび》つまゝるゝを、しらぬ女の淺《あさ》はかさ。戀《こひ》のうはもり山科《やましな》に、兼てしるべにかり置きたる藁葺《わらぶき》のひとつ家《や》。軒端《のきは》も店もすかんぴん。風は來次第の古柱《はしら》。ひじきものさへあら筵《むしろ》三枚。きのふの玉の臺《うてな》には、ちと替損《かへそん》な住居《すまひ》なり。花園心をおとしつけて、先は二人がねがひのまゝに、此所へは來た事ぞ。其五十兩の本錢《もとで》にて、なにする氣ぞと、女心の先《さき》のさきなるとひ狀《じやう》に、半平爰では腰《こし》をする爲、是まではつむいたが、何をかくさう此しだらと、ぐわらりほどけば石瓦《いしがはら》、これはどうぞとあきれ果て、吐胸に魂《たま》も消《け》ぬるばかり。半平が云ふやうは、さすが女のうはがしこく、金と思うてちから草、ひかれ爰《こゝ》まではしり來て、當惑《たうわく》はもつともなり。しかし能《よ》う思うても見よかし。あの尻《しり》ぬけの中將殿に、大枚の五十兩を引きあてなしに用達《ようだ》ててよい物か。よしそれならば罪《つみ》に罪、戀《こひ》には許《ゆる》すかたもあり。貧《ひん》の盗《ぬすみ》も盗なれば、金と出かけては尻むづかし。おれはそなたに首《くび》だけ游《およ》いで居るなれば、あつぱれ五器《き》も提《さ》げる氣なれど、そなたには尻くゝり、迯代《にげしろ》なしにはいやといふ。色と銀《かね》との手詰《てづめ》にてあるまじき光棍《かたり》ごとも、そなたをおびき出すまでの手くだ、

食器なり
大津繪—浮世繪
はんなりと—花やかなる
百年に云々—伊勢物語に見ゆ
目こぼし—

少々本錢《もとで》があればとて、竹釘《たけくぎ》一本箸《ほんはし》かたし、削《けづ》る手職《てしよく》はもとよりも、肩に朸《あふこ》の小商《こあきなひ》さへすべ知《し》らねば、身過のたづきは宛もなし。二人暮さうばかりなり。しかれども爰は東海道のさしぐちにて、往來《わうらい》しげき逢坂《あふさか》の關路《せきぢ》なれば、本錢《もとで》入らずの茶店《ちやみせ》を出し、そなたもお園《その》と名を替《かへ》させ、われらが少しの繪心《きごころ》に、所がらの大津繪畫《か》いてと、世渡の手段《しゆだん》かねてあり。心おとすな、世の中に無祿《むろく》の人はないとやら、それもさうよと絶念《あきら》めて、女夫《めうと》茶店の竹床几《しやうぎ》、はんなりとした信樂茶《しがらぎちや》。よごす繪筆《ゑふで》や腰をれ歌も、憂《うき》もわするゝ口だんばく。春過ぎて夏《なつ》は來にけり瘦《やせ》世帶。空《そら》の暑さは凌《しの》ぎよけれど、山科の藪蚊《やぶか》を防《ふせ》ぎ兼ねて、賣り殘《のこ》したる史記《しき》一部《ぶ》を、手細工《てざいく》の紙蚊帳《かや》に、繼目《つぎめ》はなれぬ女夫中と、羨《うらや》むうはさも一むかし。

## 第二　やあらめでたや元日の拾子《ひろひこ》が福力《ふくりき》

百《もゝ》とせに一年《とせ》たらぬつくも髮《がみ》、われを戀ふらしおもかげにみゆ。堪《た》へられぬ物、灸《きう》の端《はた》のかゆきと、老女房のしたゝるきとは、淸少納言《せいせうなごん》の目こぼし。むかしむかし若狹の國に八百比丘尼《びくに》とて、千年《とせ》ちかきまで春秋を見過せし人の物がたり。彼國《かのくに》に跡をとめてお

見落
喰うた人魚の靈云々—人魚を銜くと同義、いらざる世話をやくこと
過ぎゆく—逝く
煎豆に花咲くこと—僥倖もあると

がめ祭れる例《ためし》あれども、これらは喰うた人魚《にんぎよ》の靈《れい》につかはるゝ、借屋《しやくや》かして本家《おもや》とられたるの道理。實に神仙の人といふ者にはあらじ。其國の鄰《となり》なる丹後の宮津の町に、浦《うら》島《しま》が血脈《けつみやく》にて、凡そ此津に百《もゝ》の代《よ》を重《かさ》ねて、住みこしめでたき家なれば、人の用《もちひ》もおろそかならぬあまり、代々長命にて、田《た》畑《はた》の物生《ものなり》も一とせの賄《まかなひ》にあてて、樂々《らく〳〵》とした暮、なに不足なき身なれども、浮世《うきよ》の月滿《みつ》れば虧《か》くる習にて、壽齋《じゆさい》丁年七十歳までに、男子女子七人まで設《まう》けしかど、皆々繦褓《むつき》より二十までの內にて、一人も取りとめず死にはて、女房もかさなる患《うれひ》に六十《むそぢ》をこしての病附《やみつき》、おなじく過ぎゆかれけるにぞ、壽齋の力《ちから》おとし。かゝるめでたき血脈《けつみやく》の絕《た》えなんを嘆《なげ》きかなしめども、妾目《てかけめ》かけに子種《こだね》とるべき年にもあらねば、養子《やうし》の望《のぞみ》にはかに方々聞合すに、あの家はとんと子が育《そだ》たぬといひはやして、誰《たれ》とりあへる人もなし。今はすべき樣《やう》とてなく途方《とはう》に暮れ、ゆく年のあしも、今四五日にせまりて、松立て注連餝《しめかざ》る春の設《まうけ》の若々《わか〳〵》しきさへ、身につもる年月を何に急ぐらんと可笑《をか》しからず。殊に今年《ことし》は大三十日《おほみそか》に、節分《せつぶん》とりまぜたる年じまひ。軒《のき》並《なみ》よりはやく片付けて、暮れやくれずにいはひはやす煎豆《いりまめ》に、花咲《さ》くこともあるぞと、思ひなほして壽《ことぶ》く門には、やあら、めでたいな。浦島《うらしま》太郎は八千歳《ざい》と、此家にはさし合

の意

文珠樣―京都東寺大西寺にある文珠菩薩

な文句《もんく》の惡口《わるぐち》ならぬを、壽齋が耳《みゝ》にとまり、厄《やく》はらひのあだ口にまでいはふ家の規模《きぼ》、七世《なゝよ》の孫の代まで、むかしにかはらぬ俤《おもかげ》と、今にいたりてのかたり草。其龍宮《りうぐう》は何《なん》たる所で、年のよらぬ國ぞ。龍宮城《りうぐうじやう》の娘はこちの先祖の嫁なれば、一家《ひとつや》というても遁れぬ中。ことに此里の切戸《きれど》の磯《いそ》に立てる龍燈《りうとう》の松は、年ごとに大三十日《おほみそか》の夜には、龍神燈明《りうじんとうみやう》をあげ給ふ事、目前《めのまへ》に見る所なれば、いまだに使のなる所。いざ今宵《こよひ》あの松の下に立ちこえて、龍神に近《ちか》より、我おもはく家のためなる操《みさを》をかたり、子孫長久をはからばやと、思ひ立つより家内へは、文珠樣《もんじゆ》へ年籠《としごもり》、知恩寺殿《ちおんじどの》で年をとると、何氣《なにけ》なき顏《かほ》に我家を出で磯《いそ》つたひ、犬堂鷄塚《いぬだうにはとりづか》を打過ぎ、片枝《かたえ》の松の下道闇《くら》く、星のひかりにすかし見て、雲に聳《そび》えし一木《き》こそ、年月見なれし松ならめと、この下かげの下臥《したぶし》、風ふきわたす天の橋立《はしだて》物すごく、浪のたちゐる音さへ、龍宮《りうぐう》の神使《かみづかひ》や出でくると、待ちくらす夜の心淸みて、松が根枕《まくら》寢《ね》るとなき夢心に、更けゆく風の浪を起《おこ》し、此世《このよ》目なれぬ人の、古き金燈籠《かなどうろう》に燈火《ともしび》をてらし、跡よりあでやかなる乙女の、浪の上を靜《しづか》に歩《あゆ》み來て、松の下《もと》に立ちより、人あるを見て、隨神《ずゐじん》大きに憤《いきどほ》り、龍女《りうぢよ》こゝに來り給ふ。何者なればと、おそろしき眼《まなこ》を見出して睨付《にらみつ》ければ、壽齋あわて地に臥《ふ》して、罪をゆるし給《たま》へと泣きわぶ

いりわけ——理由
家の接木——子孫
さゞれ石の苔むすまで——千秋萬歳をいふ

る。燈《ともしび》の光にそれと見て、龍女《りうぢよ》の御聲《こゑ》やはらかに、いかなれば年高き人の、此寒き夜にかゝる荒磯《あらいそ》の浪枕《なみまくら》ぞと、御尋《おたづね》に心生出《いきい》でて、しかぐ〜の物語《ものがたり》、家のためにこそ此願《このねがひ》。老が身の嘆《なげき》をあはれと思召し給はれと、涙にしみぐ〜とのくり言《ごと》。龍女もむかしなつかしく、さては浦島殿の血《ち》すぢの人か。太郎殿を此土へ送りしもあかぬ別《わかれ》。其いりわけといへば、遠き釋迦《しやか》の御國《みくに》、もろこし、日本《ひのもと》、我龍《わがたつ》の國とて、浮世の義理《ぎり》にかはりなし。さればこそ年の夜毎に、爰に詣來《まうでく》るも、この松を其俤のしるしと頼みて、永き未來《みらい》の明《あかり》を照《てら》すせめてもの手向草《たむけぐさ》、むかし戀《こひ》しき今宵しも、そなたに逢ひし嬉《うれ》しさよ。家のためなる望《のぞみ》にまかせて、家の接木《つぎき》を得さすべし。此一品はみづからが情《まこと》を磨《みが》く玉手《たまて》箱《はこ》、あやまりて開き給ふゆゑ、はやくも此土を去りたまふ。其後はしばらくも放《はな》さでありし形《かた》見《み》、今得《え》さする子の齢《よはひ》をひめて、家に久しき壽《ことぶき》をさゞれ石の苔むすまでと、心をこめて與ふるぞ。爰は伊勢路《いせぢ》の浦ならねば、ふたみに開《あ》くる事なかれと、箱を渡して別《わかれ》を告《つ》げ、燈籠《とうろう》を松にかけさせ、浪《なみ》の都に歸り給ふと見て夢さめぬ。壽齋不思議《ふしぎ》のあまりにあたりを見れば、さきの玉手箱はそこの岩根にありて、授《さづ》けるとありし子種《こだね》は見えず。かゝる正夢《まさゆめ》の瑞《ずゐ》こそあらめと、彼箱を家土產《いへづと》の袖のにしきと戴《いたゞ》きぐ〜て、立歸る空は早

ものまうの聲—他人の家に行きて案内を乞ふ聲

腎虚火動—腎臓病

や明けゆく春の光《ひかり》。横雲《よこぐも》に色そひてのどやかなる、町はまだほの〴〵のかはたれ時に、ものまうの聲《こゑ》ならで、ほぎやあ〳〵と子の泣く聲。まさしく我軒端と走寄つて見れば、まだ産《うみ》のまゝなる子をば、おさだまりの蜜柑籠《みかんかご》。壽齋大に悦びて抱きあげ、龍神《りうじん》の御めぐみ、家に久しき賜《たまもの》と戸を推《お》して入るよりも、いつもならぬ元朝の壽《ことぶき》に家内の賑《にぎはひ》、女子《によし》なれば其まゝお春とよびて、うどんげの花さき草の、三葉《は》四葉《は》の比より、おとなしく生立ち、春をむかへ秋を送りて、十八の初花までに育《そだ》てし壽齋は、今年八十八の升かけをきりて、先祖の浦島が數とりの賀振舞《ふるまひ》に、引續いて聟《むこ》とりの定《さだめ》。久美《くみ》の町に古き入江屋甚太夫が二男甚藏といふをもらひ、かさね〴〵なる悦《よろこび》。家屋敷田畑《たはた》まで殘なくゆづり渡し、今は世の中に心殘とてもなく、其秋こゝちすぐれぬとて、二三日よろづにおもげなるが、老病《おいやみ》の名もつかで、たふとき往生《わうじやう》をなしにける。甚藏養父《やうふ》の醫業《いげふ》を受けつぎて、忌中《きちう》の月代《さかやき》を其まゝに四方髪《しはうがみ》の厚《あつ》びたひ。長羽織にはみ出し鍔《つば》の、醫者柄《いしやがら》はよけれども、我身しらずの不養生《ふやうじやう》、婚禮《こんれい》してから十年餘《あまり》、小いさかひ一《ひと》つせず、殊に同年女夫《めをと》の火吹く力《ちから》さへなく成りて、腎虚火動《じんきよくわどう》といふものに病臥《やみふ》し、三十五才の年はやくも世を去りければ、女房お春が悲《かな》しみ。ともに本《もと》のかこち言《ごと》さへ、月日につれて疎きならひ、

眞切りて―舟語にて風を斜にうけて舟を進むる義よりよく事を處するをいふ
當住―當住職
白はへ―六月末の南風
萬年草云々―卜占の法

今度の聟は由良《ゆら》の舟乗《ふなのり》傳三郎とて、荒《あら》けづりなる骨組《はねぐみ》が思はしと、若死《わかじに》にこりた物好の戀男《こひをとこ》。入聟《いりむこ》といふ日《ひ》和《より》をよく勘《かんが》へて、女房に眞《まぎ》切りてあしらふ樹取《かぢとり》の名人《めいじん》には、海ならば海山ならば山と、人のうらやむ女夫《めをと》中のむつまじさ。成相寺《なれあひでら》の本堂久しき大破《たいは》にて、當住《たうぢう》ことは再興《さいこう》の大願を發《おこ》し、鉢《はち》を飛《とば》せて身をこらし給へども、片田舍の勸化柱《くわんけはしら》一本の施主《せしゆ》さへまれ成るによりて、出開帳《でかいちやう》の思立。目當《めあて》は京大阪とこゝろざして、所々の舟開《ふなかい》帳大きにはづみ、ずつしりとした納《をさまり》、回向《ゑかう》袋米都合《つがふ》して百三十俵ばかり、下の關へ水揚《あ》げ、傳三郎身を投打ての世話人。本尊什物《じふもつ》は先へ出船《でふね》させ、我は下の關に殘りて奉加米《ほうがまい》賣拂ひて跡よりと、宮津の女房へこまぐ〵とのことづてして十日計の逗留《とうりう》。幸に由良までの便船《びんせん》ありて、五月《さつき》初めつかた、中國の地を放れしに、白はへ日《ひ》和《より》して乗出せしそらのにはかに陰《し》けて、出雲《いづも》沖《おき》にて高波山をかくし帆柱を折《を》られて、東南《いなさ》の風に吹立てられ、生死《しやうし》の海そこはかとなく流れゆきぬ。難船《なんせん》の便月をこえて、由良宮津へも聞えて、お春が驚き、もしや活《い》きて戻らるゝ事もやと、神佛に祈り加持《かぢ》、萬年草《まんねんさう》をしたしものにする程漬《つ》けてみれば、命は今にあるとの報告《しらせ》も、たしかな便にあらねば心ゆりせず。案じ暮して其年もくれ、明くる年もまた暮《く》れて、あしかけ三年といふ物、そよとのおとづれも

なまいだ—南無阿彌陀佛

福州—支那福建省にあり

なければ、今は海に沈《しづ》みしにきはめて、又入聟のせんさく。あちこちと聞く内に、出入の按摩《あんま》とり六右衛門《うゑもん》といふ者、もとは此宮津の足輕《あしがる》奉公人にてありしが、久しき眼病《がんびやう》よりお暇《ひま》をもらひて、すべて手職《てしよく》もそこひ目の薄《うす》き眼力《がんりき》につとまらず、按摩《あんま》をとりならひて、杖を頼《たのみ》の元手入らず。お春が痞《つかへ》をさすり覺えて、手入足入《ていれあしいれ》毎夜の咄伽《はなしとぎ》。足手の達者な男は、外稼《そとかせぎ》より難義《なんぎ》もおこると、目の不自由な六右衛門に、注文きはまりて表向の祝《しう》言《げん》、かほうな仕合せと宮津中の取沙汰。前《ぜん》の夫《をつと》傳三郎があたる三年に、初めての佛事《ぶつじ》、七日々々も百箇日もひとつにして、三回忌の弔《とぶらひ》。船譽入水信士《せんよじゆするしんし》なまいだ〳〵と、同行寄《よ》つて百萬遍の最中へ、不思議《ふしぎ》の命たすかりて、夫《をつと》傳三郎三年ぶりにて立歸り、内へ入るよりそれと知りて、扨は死んだと思うての法事か。女房どもさぞ泣いたであろ。同行衆いかい御苦勞千萬、出雲沖《おき》から大きな陰《しけ》に出合ひて、帆《ほ》柱檝《はしらかぢ》も折れ、船中みな覺悟《かくご》きはめて風次第の命《いのち》、三十日餘西北《いぬゐ》の方へ吹付られ、其間粮米《らうまい》は喰《く》ひつくし、積合《つみあひ》はせた油《あぶら》粕《かす》をかぢりて、漸《やつ》と命をつなぎ、山を見付けて漕《こ》ぎよせましたれば、そこは福州《ふくしう》といふ國で、唐人《たうにん》どもが見つけ、所の王様へつれて出で、通辭《つうじ》をもつて委細《ゐさい》を聞屆け、百日の餘《よ》とめられて、そこから北京《ほつきん》といふ都へ送られ、爰《ここ》に又百五十日餘の逗留《とうりう》。そこか

しつかへ人―後夫

刄物ざんまい―三昧とは其事にのみかたよること

ら朝鮮《てうせん》へおくられ、こゝにて又二百日あまりの船待《ふなまち》して對馬《つしま》へわたり、何やかやとの隙《ひま》入《いり》、あたる三年の今日、やつと戻つた。珍しい國の咄はゆる〳〵と致しませう。先づ長長の留主《るす》、いかい御世話と、たくりかけて咄す内より、同行中のびつくり、お春が當惑《たうわく》。死なしやつたと思うて、後夫《のちづれ》を持ちましたと打ちつけて言《い》ひにくゝ、六右衛門はそこ氣味わるう挨拶《あいさつ》なし。皆々顔を見合せて吐息《といき》をつき、誰何《たれかれ》といふ者もなければ、講頭《かうぜう》の幾《いく》野屋《のや》藤左《とうざ》衛門《ゑもん》といふ分別者、見かねて罷出《まかりい》で、先は御堅固で久々《ひさ〴〵》の歸國《きこく》、この上もなきめでたい事。それにつき氣の毒なはお春殿《はるどの》、其許の事を泣きこがれて、三年の此春まで、きつと待ちてござつたれど、ついぞに風の便もなければ、死にめされたに究《きは》めて、春の末つかた、爰に居らるゝ六右衛門殿もやもめの事、殊に按摩《あんま》は先々の壽齋殿《じゆさいどの》のめされた醫者《いしや》のはし、似よりな事にて談合《だんがふ》極り、しつかへ人《にん》に入られました。其許の事わすれぬ證據《しようこ》は今日の法事、そこへ戻つて見えたゆゑ、差しあたつて當惑《たうわく》の體。だまつて居てもつまらず。年役《ねんやく》に咄しますると聞く内より、傳三郎大きに腹立てゝ、不心中《ふしんぢう》者密夫《まをとこ》と、前《ぜん》後《ご》も聞きわけぬ憤《いきどほり》に、聲あらくなりて刄物《はもの》ざんまい。六右衛門は目《め》かい不自由の身皆様よろしく御挨拶《ごあいさつ》をと、おろ〳〵と涙ぐむ。お春は汗《あせ》になつて返答なし。同行中寄つ

おろ〳〵と—泣く貌

心外—心ならぬ事

てかゝつて、傳三郎を抱へすくめて働《はたらか》せず。藤左衞門暫《しはらく》思案して、これは傳三殿の短氣といふ物。手前が了簡《れうけん》を聞かつしやれ。其許の胸のすむやう、六右衞門殿も落付手段、お春殿も二人の夫《をつと》へ云譯のしやう。お氣には參るまいなれど、愚案《ぐあん》の通り申して見ませう。先づ難船《なんせん》にて生死の知れぬ其許を、三年待つて居られたれば、お春殿の不心底とも云はれますまい。又六右衞門殿も先の人が戻られたとて、私はお暇申しませう。是で緩《ゆるり》となされませと、出ていぬる家《うち》もなし。三人の尤《もつとも》を一にして、丸う治める時は、もとの傳三郎殿は此家の名前をつぎ、お春殿と夫婦に成り、相續《さうぞく》を致さるべし。又六右衞門殿の事は、此鄰《となり》の借屋を明けさせて、萬事此内よりの賄《まかなひ》、お春殿の妾分《てかけぶん》になりて事を濟《すま》さるべし。心外《しんぐわい》にも思し召されうが、かうした間違《まちがひ》と、其許の目の不自由なに免《めん》じて、堪忍《こら》へさつしやれと、事をわけたる挨拶に、何が拙、傳三郎殿さへ得心《とくしん》ならば私はと、おとなしき詞にむかふ刄《やいは》なく、其まゝに治りて、傳三郎はもとの夫婦。六右衞門は男《をとこ》妾《てかけ》。女房一人に二人《ふたり》のますらを、友しら髮《が》まで意恨《いこん》なく打語らひ、七十三と六十八で二人の夫《をつと》はすぎゆきしかど、お春はやつぱり二十四五の女房ざかり。玉手箱の千歳《ちとせ》をこめし浦島が血脉《けちみやく》と、聞く人感《かん》じ羨《うらや》みぬ。媒婆《なかうどはは》が駈《か》けあるきて、身代《しんだい》の能《よ》い器量の能い、

めんような―面妖にてあやしき意

傷寒論―醫書漢の張機の著

いつまでも年のよらぬ受合の女房と、いひ廻《まは》つて拵えらみ、是ばかりは媒口《なかうどぐち》ならず。

## 第三　織姫《おりひめ》のほつとり者は取りて置《おき》の玉手箱《たまてばこ》

夏の夜は浦島が子の箱なれや、はかなく明けてくやしからまし。唐《たう》の則天皇后《そくてんくわうごう》といふは、天性《てんせい》の婬亂《いんらん》にて、文宗高宗《ぶんそうかうそう》の二皇を追ひたふし、白馬寺《はくばじ》の懐義和尚《くわいぎをしやう》の精進《しやうじん》料理に喰ひつき、張氏《ちやうし》兄弟が男ぶりになつまれて、其身七旬《じゆん》にかたぶきても、淺《あさ》づけ程の皺《しわ》もよらず、若き昔にかはらで、油ぎりたる俤《たちかけ》は、お春が身の上によそならず。三人の夫《をとこ》を喰《く》ひ殺《ころ》しても、眉目容貌《みめかたち》はもとより心の若々しさ、一つとして古びのこぬは、我ながらもめんような玉手箱の奇特《きどく》と、神酒《みき》を供《そな》へ燈明をてらして、彌勒《みろく》の代《よ》までもかたち替らで、よい男百人も持《もた》しかへさせ給へと、朝夕いのるかひ有りて、成相寺《なれあひじ》の住持《ぢうぢ》の甥《をひ》多《た》門《もん》、幼少より京學《きやうがく》にのぼせしが、今年廿五歳にて本國なつかしく下りしを、すゝめこみて伯《を》父坊《ぢぼん》の媒《なかだち》。儒《じゆ》は宇野三平が書生《しよせい》、醫門《いもん》は古法《こはふ》を信《しん》じて、傷寒論《しやうかんろん》に臆説《おくせつ》の見識自慢《けんしきじまん》。爰《こゝ》らまれなる博識《はくしき》に、上《かみ》京風のいたり仕出《しだ》な男ぶり、お春深くなつみて、此人こそは何時《いつ》までも年よらであれかしと、玉手箱がま一つほしい心入《こゝろいれ》。されば醫者《いしや》と干蕪《はしかぶら》は若い内《うち》には

賞翫《しやうくわん》せず。汗吐下《かんさけ》梅壽の古方は人恐れて、後藤流《ごとうりう》とやら云ふものは、荒療治《あられうち》でこはい物ぢやげなと、田舎《ゐなか》形氣にかてつけねば、錢と間《ひま》とを友として、久世戸《くせど》の文珠《もんじゆ》に日詣《ひまうで》。門前の茶店にきせる一本のたのしみ、知恵の餅《もち》、思案酒に祇園南禪寺《ぎをんなんぜんじ》の葛《くず》だまりなつかしく、橋立に遊びて、一盞《はい》の醉《ゑひ》のうち、詩作《しさく》に自負《じふ》をあらはし、夕日の浦に舟をよせては、細川幽齋《いうさい》が移《うつ》しうゑし吉野山に、むかしを感じつゝ、心のゆくまゝ成るたのしみにも、まかせぬは繩手《なはて》石垣《いしがき》の色酒。寢衣《ねまき》の油くさきも、宿の大夜著《おほよぎ》に勝《まさ》りてをかしき物をと、大切《たいせつ》がる女房に、聞かさぬやうの獨言は、ねられぬ夜ざえの樂なるべし。されば此宮津の地は、いにしへいかなる織姫《おりひめ》の跡とめて、かゝるすさびを傳へけん。都の西陣におとりなき織殿《おりどの》、五百機《いほはた》たてゝ、きりはたりてふ丹後《たんご》ちりめん丹後縞《じま》。色なる絹のかぎりを織出せる、夏びきの手引の絲くり女とて、此里の女原《をんなはら》。小娘の比より蠶《かひこ》のわざになれぬれば、自然《しぜん》に育も鄙《ひな》びず、なよやかなる立ふるまひは、田舎に京の女房ぶり多かる中にも、ちかき岩瀧《いはたき》村の小染《こそめ》とて、器量はもとより心だて出過ぎず、しめり豆ならぬ仕出《しいで》、今小式部といひはやして、近郷《きんがう》の名うて者。いつの比よりか、多門に見そめられて、都の水に角《かど》とれて、木折《きをれ》ならぬ手くだに仕かけられ、一二夜のたはぶれも、

葛だまり―葛粉を煮固めたるものをいふ

きりはたり―機をおる音

木折―すぐ

なる木な折たろやうに
て、そつけなきこと
しつぽり—睦言
小糠三合—諺に、小糠三合持たら入婿すな
山の神—妻

度かさなりて可愛《かあい》さもまし、小染が兄は金太郎といふ漁人《れふし》、おもてむきに對面《たいめん》し、ゆくゆくまでも見放すまじ。足下《そくか》のおゆるし有るならばと、浮氣ならぬ相談《さうだん》さらりとすみて、上《かみ》宮津のかたかげに藪がくれなる妾宅《せふたく》。筧《かけひ》の音のとく〳〵と枕に響《ひゞ》く小夜《さよ》のかね言《ごと》。此しつぽりは都にもあらぬいたりと、心ゆりして契りしに、天の口が鄰《となり》のみそこし婆が鼻《はな》の下へ宿替し、壁《かべ》の耳に生《は》ひさがりが出來きて、女房お春が焔《ほのほ》となり、付けつ廻しつの悋氣《りんき》も、心ばかりは老女房のしなせに小腹はたてど、小糠《ぬか》三合《がふ》の聖語《せいご》、耳の底にありて胸をさすり、十日一月通路《かよひぢ》をたちて納得《なつとく》させんと、敷居《しきゐ》一寸出ずに居れば、女房の機嫌《きけん》はよけれども、小染が方に心をいり、此まゝにして捨て給はば、いつそ死ぬると、藝氣《けいき》のなき田舍娘の一筋をあしらひかね、そなたを捨てよい物か。去るにても山の神が悋氣《りんき》のつらにくさ、若しやつれても奔《はし》らうかと、此比《ごろ》は引取りて錢一文の自由もさせねば、駈落《かけおち》せんにもてだてなし。戀《こひ》の道の發明《はつめい》は女こそさかしきに、何《どう》とした物であろと、さすがの學者《がくしや》も、此道にはゆきつまつたる溜息《ためいき》に、小染も涙をとゞめて、始より主《ぬし》あるお前の事なれば、まさかは死ぬると極《き》めてをりますれども、さきの世で女夫にならるゝも噓《うそ》かして、お花半七佛といふも、終《つひ》にをがんだ事もなし。お春樣の事は噂にも聞きま

とつゝおひつ―かにかくと思案にくれて

左右―おとづれ

地黃煎―藥名、地黃の根を飴に和へて製した

した。いつまで生きてござつても、お年のよらぬ不思議《ふしぎ》なおうまれ、よそ並《なみ》の人ならば、もはや七十ばかりの上樣《かみさま》であらうのに、それなればお前と私は、世間はれて思ふまゝに女夫に成り、此悲《かな》しみはござるまいとのくやみ言。いか樣替つた女房を持つて、つらい悋氣《りんき》にせたけられ、こちばかり年のよる事よ。因果人《いんぐわにん》とは此二人ぢやと、手に手を取りて、かこち涙《なみだ》に目もあはで、あれる鼠《ねずみ》の物さわがしく何をかぢるぞ。夜もすがら耳にかゝり、とつゝおひつの知惠袋《ちゑぶくろ》、ほどけし趣向《しゆかう》に心うきたちて、まだ夜深《よふかき》に別を告げ、必ずよい左右《さう》聞かすべしと、歸る足に町口の果物《くだもの》や、地黃煎玉《ぢわうせんだま》二つ三つ袖にして宿に歸り、何げなきもてなしにて、お春にむかひ、かりそめの浮氣に、しばらくも其方《そなた》の心をくるしめし事、今更恥《はづか》しき次第、誤《あやまり》入りて、小染が事は今日こそまことに兄《あに》が方へ送り戻し、外へ緣《えん》につくる筈、この事さらに僞《いつはり》ならずと誓言《せいごん》だてに、お春が心はれ渡り、いつ〳〵よりも機嫌よく、寢酒の床に心ゆりて、よく寢入りしを伺ひて、そつとぬけ出で、彼地黃煎玉《ぢわうせんだま》を取出し、神棚の玉手箱にぬすくり付けて、さらぬ體に歸りて臥《ふ》しぬ。其夜もこして二夜三夜、むつましき相床も明《あけ》の烏に起されて、是は晝《ひる》ぢやと起きたつ傍《そば》に、かはり果たるお春が俤に大きに驚《おどろ》き、是はどうぞ、お春〳〵とゆり起されて欠《あくび》

るもの

老のなみ—老の皺

地獄落—鼠を捕ふる具

まじり、何としてけはしい老《たい》なりやうと、起きあがる拍子《ひやうし》に腰がつくり。あゝどうやら致しましたと、いふ聲さへをかしく、一夜の間《ま》にそなたの姿かはりしは何《どう》いふことぞ。先づ鏡をと取出してあてがへば、私が姿が何とせしと、ふたを取つてさしむかへば、あら悲しや。きのふまで油ぎりたる女房の、たちまちに頭は夜半《よは》の霜を戴《いたゞ》き、ひたひに老のなみ打ちよせて、腰に梓《あづさ》の弓さへはるに力《ちから》なく、百とせちかき嫗《うば》の姿に、お春は夢かとばかり、何ゆゑに此有樣《ありさま》、いつまで草のとし波、誰なすわざに此俤《おもかげ》。あがめ祭れる玉手箱を開きしはお主《ぬし》ならでと、恨みつ叩《たゝ》きつ泣きくどけば、多門さら〳〵覺《おぼえ》なし。先づ其箱改めんと神棚より取りおろせば、いつのまにかは鼠穴《ねずみあな》、一文餅《もち》程喰ひあけたり。是はいかい鼠のしわざ。にくし〳〵と多門が詞に、手に取りみればこは淺間《あさま》しや。かぢる物こそ多きに、此箱の喰ひざまはと、或はいかり或は泣き、箱を打付け打たゝきて、涙に老を噛《か》みまぜたるくり言《ごと》。思へば敵《かたき》は鼠ぞと、恨ばかりにとゞまりて、地獄落《ぢごくおとし》升落。後は夜ごとにまどろみもせで、鴨居《かもゐ》膳棚走《ぜんだなはし》りさき、手づかみの鼠狩《ねずみがり》に、近所鄰の惡《わる》口《くち》、猫《ねこ》いらず鼠取婆《ねずみとりばゝ》といひはやしぬ。多門お春にいふやう、かゝる事も皆前世の因縁《いんえん》誰をか恨みん。今よりは女房の名を取りおいて、我爲には養母《やしなひはゝ》と、勝手だらけの孝行ぶ

九十九髪——老女の白髪

り。何といらへん九十九髪《つくもがみ》、いはでもこもる恨の涙。今はた殘す言《ことは》にも、我死《し》しても有ならば、一念のとゞまる所。世の中の鼠のかぎり、殺しつくさである物かと、いかりさけびて死なれしより、此婆《ばゝ》の靈《れい》を祭《まつ》り、お猫《ねこ》樣と尊敬《そんぎやう》して、鼠《ねずみ》よけの守神。塚《つか》の石をとりて家に祭れば、まさに鼠のあれぬよし、蠶飼《こがひ》する家ごとに、惡鼠《あくそ》の難《なん》をたすかりけると、幾野あたりの人には聞きし。

# 世間妾形氣 卷之二

## 第一　雛《ひな》の酒《さけ》所は山路《やまぢ》のきも入嗅《かい》が附親《つけおや》

こゝにしも何に匂ふらん女郎花、人のものいひさがにくき世に。なりのぼれども、もとよりさるべき筋《すぢ》ならぬは心かだましく、讒口《そしり》勝《か》ちて、己が利口をふるまふとて、つれそふ夫《をとこ》のぬかりを數《かぞ》ふるなど、多くは菩薩《ぼさつ》まさりの、足もめ肩うてから、ずる〳〵の奥樣なり。在所の甥《をひ》に跡やつて下されと、脚布《きやくふ》のしめくゝりより、いつしか一家の中も、むつましからぬ品に成るは膳《ぜん》の箸《はし》。妾《てかけ》と飯蛸《いひだこ》はあれで果る物にして、女房は表向の呼むかへをこそ、願《ねが》はまほしきわざなれ。難波の梅のみばえより、色づきはつる妾種《てかけだね》、十三四よりめき〳〵とおいぐろしく、前うしろ見る心つくより、宮芝居《みやしばゐ》見あるきて、丁稚《でつち》役者に思はくの小いたづら、親の身にも、今時からき世にじんき卷《まか》しても、百を三文のむすび昆布《こぶ》結ばしても、一日に廿か三十のつまみ錢。まめしげのない手仕事さすのみか、爹《てい》なし子の政道《せいだう》にあらぬ氣もせをやかうより、ぢやんぎり鍋《なべ》へ入る事なれば、ひわ茶の

じんき—食物、しのまき
まめしげのなき—面白

くなき

肝入—男女の周旋者

ついまつ—歌かるた

木綿布子《もめんぬのこ》、青梅縞《あをめじま》の類、繻子《しゆす》の裏打《うらうち》帯まとはして、氏なうて玉の輿《こし》の足代《あししろ》。かごや町の按《あん》摩《ま》取は去る御屋敷から扶持《ふち》の來る咄《はなし》。釣鐘町《つりがねちやう》の糊屋《のりや》の娘の産んだ子が、本町の何屋殿の代取《よとり》なるよし。うまいづくしの口車に乗《の》らぬ者もなく、それ〴〵の生れだちに品定りて、年季《ねんき》、半季《はんき》、月切、うち切と、思ひ〳〵の色稼《かせぎ》。一割の兩口錢《りやうこうせん》、五節句の付屆《つけとゞけ》、鹽鯛牛房《しほだいごばう》添《そ》へて鏡すうるを上《かみ》の品《しな》として、かさね草履一足《そく》、あらひ金《かね》のたばこ入、蜜柑《みかん》饅頭《まんぢう》の土産《みやけ》まで、出る息なしの世渡多かる中に、上町のすみどりや、天滿に茶碗屋の狐婆《きつねばゝ》、島の内の備安《びんやす》、順慶町《じゆんけい》の人形屋など、此道に名だたる肝入《きもいれ》の兀頂《こつちやう》。同じ流を西堀《にしほり》に汲《く》みてしる、山路《やまぢ》のお菊《きく》とて隱れなきしてもの、けふしも長月《ながづき》菊の節句《せつく》とて、六そぢ過ぎぬる身も女の數とて、雛祭《ひなまつり》おぼめかしくものして、客《きやく》あるふきさうぢ。伯母樣のけふはよう呼びて下さんすと、お梅《うめ》、小吟《ぎん》、お石《いし》、おすが誘合《さそひあう》て、足袋屋《たびや》のお露《つゆ》さんは、お腹《なか》が痛《いた》いとて、ようお禮云うてというてでござんした。それは殘《のこり》多い事。さあ〳〵皆上つて、お雛樣《ひなさま》をいはうてと、人よりのよき住居さへおく口かけて、十六疊《でう》六枚屛風《びやうぶ》引廻したる雛館《ひなやかた》によりたかりて、ついまつむべ山の遊。寺子げのぬけぬ聲に上の句のそら覺《おぼえ》も、いづれなまめかしきけはひには、大象《ざう》もよくつながるゝ髪の出來《でき》を褒《ほ》めあふよ

評判あこぎ—評判のかずかずに

黄檗—黄檗山禪宗の開山

しんぞ—眞に同じ

山上樣—大和金峰山をいへるなるべし

り、雛介《ひなすけ》金作の評判あこぎに、後は身の上の噂すみて、お常さんに云うて、笑ふ事かある。後《あと》の月お前と一所に目見えした、平野町の凉風堂《りやうふうだう》といふ扇屋《あふぎや》の旦那め、きつい贅《ぜい》こき。こゝ生《うまれ》とは見えぬ。いつ引こして此難波《なには》の住居ぞ。京はどこらと、あてずゐな事ぬかすゆゑ、どうしてそれが見えますえ。わたしは伏見の生《うまれ》、わけありて親父《とゝ》さんに生きわかれ。歸らしやるを待つ間に、三右衞門町の伯母さんを頼《たのみ》に、かゝさんと一所に下つてさんじたと、出ほうだいに云うてのけたれば、伏見が古鄕《こきやう》で親父《とゝ》に生きわかれとおれば、大かた宇治の黄檗《わうばく》へすわる後住《ごぢう》のむかへに、唐《から》か天竺《てんぢく》へ供にやとはれたと、いふやうな事でがな有うず、長《なが》の留主さし詰りての此奉公でこそ、色氣のけても頼もしづくなら、そなたおふくろ二人までの賄《まかなひ》何程の事ぞ。仕つけもせぬ身で、しらぬ人の機嫌《きげん》とるは、さぞかし。しんぞ口から出した詞は、ひかぬ男とぬかすゆゑ、その詞につけこんで哀れらしう、いえ〳〵、とゝさんは去年の四月に、山上樣《さんじやう》の戸明《とあき》とやらいふ事に參り、天狗《てんぐ》につかまれさんして、それから今に便がしれませぬ。御鬮《みくじ》にも八卦《はつけ》にも命が有りて、一度は戻らしやんすと申しますゆゑ、悲しい中にも假初《はかな》いたのしみ。かゝさんは持病《ぢびやう》に頭痛《づつう》が有りて、月のうちに五日七日は枕のあがらぬお人ゆゑ、わたしが女の身

御靈樣―六月十四日の祇園まつり

其家の白鼠―家の役に立つ老功の番頭

でやる方もなく、恥かしい奉公を致しますと、涙まじりに眞實《まこと》らしうやつたれば、それは不便な身の上。聞いた上は見捨ぬぞ。きつと世話してやる事ぢや。頼もしうおもへと、ぬかすのが半分の半分に聞きても、一月と二月はかゝりをらうと思うたのに、其翌《あす》の朝、銀《かね》一兩で詫言《わびごと》して來をつたげな。憎《にく》さも憎しと、此間とゝさんとつれ立ちて、御靈《りやう》樣へ參つたとき、平野町を心がけて通つたら、一間半口のきたない扇屋《あふぎや》、店《みせ》のはなで、錢なら五文の事を芋賣《いもうり》と喧嘩《けんくわ》して居《ゐ》をつたを、きつと睨《にら》んでこましたら、あつちにもわしを見てから、これ芋屋《いもや》、天狗につかまれたと思うて、五文弱みを喰《く》ふぞと、ぬかしくさつたと咄せば、それは憎てらしい事で有つたなあ。お梅さんのいひぢや通りに、茶屋のおやまが來る粹《する》よりも、こぬ野暮《やぼ》がしにくいといふげな。流をたてる者のいふことは、それに違《ちが》うたことはない。靭《うつぼ》の干鰯《ほしか》屋の番頭といふもの、新町島の内がよひに、親方の手前二三度も不埒な品も有つたとの咄。今はきつとしまりて其家の白鼠《しろねずみ》、すいもあまいも知りぬいて居る相手ゆゑ、こちから何もかも打ちあけて、實《まこと》づくしの寢物語《ねものがたり》。月に六日の定の外にも參《まゐ》らねばならぬしかけ。明晩われら手すきなれど、是へ參つても、てつきり上町の伯母樣へ灸する爲にと、おことわりの有りさうな事。いかさま其方《そもじ》だちの

國府—國府煙草

色柄にぎりて—色事に關係して

背中には、生灸《なまきう》のたやされぬ義理合《ぎりあひ》ゆゑ、おのづと達者《たつしや》で、一月に五六人もお勤なされても、跡のいたまぬと申す物と、憎《にく》てらしいわる口なれど、さすがに太夫遊もした程有りて、此たばこ入をもてというて、國府《こくぶ》一たま添へてくれたが、拾匁より下にはつかぬくれ物と、出《だ》してひけらかすれば、花やのおすが手枕ながら、お前がたにいうておく事がある。長堀の石屋とて六十ばかりのかた藏《ざう》、兀天窓《はげあたま》に黒紬の衿《えり》まき、いつも白茶の木綿羽織に、紋はたしか丸の内に抱柊《だきひゝらぎ》。すみ、どりの紙入に、文字替《がはり》の錢を粋《こはぜ》につけて居る親仁《おやぢ》。それは〳〵、六日の勤を三日にことわりいうても、身の痛《いたみ》に成るつよさ。もし其親仁《おやぢ》なら、始めから言譯《ことわり》いうて戻りなされと、口々《くちぐ》のそしりはしりが、はしりもとへ聞えて、あるじのお菊料理ごしらへも大かたに座敷へ出で、さきにからの噂は、打とけての憂鬱《うさ》はらしとは云ひながら、あまりなるかげ口。人も聞くぞかし。さる事なくてさへ、色柄《いろづか》にぎりて揚屋《あげや》のかしかりの諸《しよ》わけに陥《はま》りたる衆は、妾者《てかけもの》はかへりて實《じつ》なき仕出《しだし》と、一概《がい》に定めらるゝ事も無理ならず。妾はもと地女《ぢをんな》にて、宿の妻にひとしく、はやり詞しらず。口舌不得手《くぜつふえて》にて、生娘《きむすめ》の心もち、ことに初目見《はつめみえ》はいつも嫁入の夜の恥しく、なじみかさねては實《まこと》すくなからず。一際《きは》しめやかならでは、心のとまる物ならず。

はすはな―浮氣なる
ありべかゝり―ありふれたる
いきはり―意氣張

茶屋者は多くの客にあふを全盛《ぜんせい》として、妾者《てかけもの》は一人の男にまもらるゝを、おのがさかえとする物ぞ。只かゝさんの爲に、恥しい奉公を致します。お心替らずお見捨なうよりは、せりふ有るまじき物を、さま〴〵のはでな詞づかひ、はすはな物ずきより、かへつて茶屋者の第二におちて、地女のまこと仕出《しだし》はどこへかゆき、終《つひ》に人のさげすみにあふ事ぞ。此道のかく成りゆくは、よせてはかへる浮枕《うきまくら》、月切とのみ思うてよりの事。ええうにする奉公ならば、三人五人にもかゝらねば、髮《かみ》かしら足袋《たび》までのつばめあはぬ事是非もなし。灸する爲にゆくの、芝居見にゆくのと、ありべかゝりの虚言《うそ》も、今更とがむる愚《ぐ》痴《ち》な世界にもあらねば、新しき手くだにも及ばず。只おぼこに誠ふかく見ゆるには、月もかさなりてかはゆく成り、長《なが》に極めて浮世小路《うきよこうぢ》砂原の住居より、後は宿の妻とも成りのぼらるゝは、茶屋者のいきはりより出づるとは格別の事ぞ。かならず〳〵、一月切のかけ流しなる心いきは、よろしからぬ事と、長談義《ながだんぎ》の最中へ、お菊樣お宿にござりますかと男の聲。どなたぞと立出で、是はしたり。おれん樣の所の久七殿《どの》。ようこそ、さあ掛《か》けさんせと、あいぐろしき挨拶《あいさつ》に手をつかへ、お上《かみ》に申して居られまする。今日は菊のお節句、めでたう存じます。この菊の花は高津の植木屋《うゑきや》吉介方より、お雛樣にとこし

おすそわけ
|分配
加賀笠|加
賀國より出
するすげ笠
虎屋伊織|
山城國伏見
町なる饅頭
屋

ました見事な花ゆゑ、筒《つゝ》のまゝにおくりまする。又此重《ぢう》の内もお雛様《ひなさま》へ供《そな》へまして荒しましたれど、少《すこ》しおすそわけ申しまするとて差出す。加賀笠ほどな大菊にそへて、時代《じだい》蒔絵《まきゑ》の重箱に、虎屋《とらや》伊織《いおり》が金糖《きんたう》もち五十。是は〳〵、まあお珍しい。けつこうなお菓子、見事な花、さつそく賞玩《しやうぐわん》致しませう。この間は何やかやにまぎれて、お見廻も申さぬが、お上にも御機嫌はよござりますか。幸《さいはひ》こちも雛様のお神酒《みき》、内がたのやうな結構《けつこう》な酒《さゝ》ではなけれど、一つまゐつて下さんせと、有りあふどさん盃《さかづき》にもてなせば、久七是は有《あり》がたい。左様ならお辭義《じぎ》なしに一つたべます。いつそこの茶碗に致しませうと、一つのんでの機嫌上戸《きげんじやうご》。内にも酒は、朝ぬつと起きるから寢《ね》ますまで、出入《でいり》の道具屋衆《だうぐやしゆ》や醫者衆《いしやしゆ》が相がはりに見えて、盃の出つゞけ、毎日三斗といふ酒のいらぬ日は、ござりませぬけれど、私共は吸物の下たいたり、風呂たいたりして、一向ゆるりと一つ下されます隙がござらぬ。いかさま、人の果報《くわはう》と云ふものは結構《けつこう》な物。手前のおれん様のやうな、うまい身ぶんと申しては、廣い大阪にも澤山《たくさん》はござりますまい。不斷《ふだん》ちりめん羽《は》二重《ぶたへ》を、五六づつ引きかさねて、ちよつとどれへござるにも、手竹輿《てかご》にめして黒土《くろつち》ふまず。芝居はいつも初日、棧敷《さじき》を西の三四間めに極め、勸進能《くわんじんのう》、月見、花見と、氣に入つ

末社—幇間

伊豆藏—貞享年中江戸本町一丁目にありし呉服店

・でつち打出した云々—雙六にて調一を打出せる如き幸運なる義

た末社衆《まつしやしゆ》を引きつれてのお出。内にござれば琴、三味せん、香《かう》、茶《ちや》の湯《ゆ》と取りかへ引きかへてのお鬱散《なぐさみ》。裸《はだか》人形につぶれます裂《きれ》ばかりが、三非、伊豆藏《いづくら》へ一節季五十兩づつのお拂《はらひ》。御自身《じしん》のお召しなさるゝお小袖はもとよりの事。帶は折りてたゝめば、折目がつくとて、帶箱といふ物をお誂《あつら》へなされましたに、此繁花《はんくわ》の地でも、ない物はないに極りました。長さ一丈一尺、幅《はゞ》一尺八寸の島桐の一枚板。せんじ詰《つま》つて佐渡《さど》どやらいふ遠い國へ挽《ひき》に參りましたげな。中々《なか〳〵》本家《ほんけ》の方《かた》の奥樣でも、あのやうな樂《らく》はなされまい。あんまりお隙《ひま》なゆゑ、此間も旦那樣と何やらいさかひが出來まして、茶の湯の茶碗をおれん樣が取りて、ほつて破《わ》らしやりましたが、あとで聞けば紅葉五器《ごき》とやらいふ名の茶碗《ちやわん》で、七八十兩程する物と、道具屋衆の咄《はなし》。わたしらが身體《からだ》を葬禮《さうれい》ごみに賣つても、其茶碗のかけでもない事と、心があぢきなう成りましたと咄すにぞ、扨も〳〵聞いてさへ咽《のど》のかわく事。あの子はでつち打出した出世《しゆせ》。お世話申した私まで嬉しうござります。其茶碗はわれても、澤山な御身代《しんだい》なれば苦しからぬが、其やうないさかひ遊ばして、旦那の御機嫌がわれずばと、菊が案じて居つたと申して下されと、一二人が物語るを、月君たち聞入《きゝい》れて、顔見合せてうらやむ所へ、四十五六ばかりの女房の、こゝら邊《あたり》にす

おづ〳〵―怖ぢつゝ
濕病―黴毒
いづましい―厭はしき

まの浦の鹽《しほ》なれ衣しみたれし、古袷《ふるあはせ》の上に帶《たひ》さへせず、前垂の紐《ひも》引きしめて、かご島下駄の音せぬやうに内へ入りて、伯母《をは》樣、この間はいかい御厄介に成りましたのよ。それからお禮《れい》に出ませうと存じたばかり、其あけの日は、どうか腹がにがりまして出ませなんだが、それから三四日も、こちのお人の腫物《しつもつ》がわづらひまして、手がはなれませぬゆゑのよ。忘れちや居りませぬげにと、おづ〳〵腰をかくれば、お菊《きく》も茶《ちや》を汲みてさし出し、それからわしも便したかつたれど、節季《せつき》前なり、何やかやで不沙汰ばかり、そして内がたのはすぐれもせずが、ほんにお前はいかい苦勞をしてぢやのうと云ふに、彼嚊《かのかゝ》うち涙ぐみて、いかさま、此やうにつらい世を渡りますも、皆お主のばちでがな。悲しいあまりのお咄を致しますのよ。こちとら女夫《めうと》は藝州《げいしう》廣島にて、何の何某《なにがし》といふ三百石どりの家にをつて、だんなのお手がかゝり、お妾に成りましたげに、こちのお人はお草履《ざうり》とりの奉公人。ふと申しかはしてお國を立ちのき、大阪へまゐつたげに、なじみのないに、こちのお人が今の濕病《しつやまひ》のよ。いづましい病ぢやげに、人ばたらきもならず、けふ此比《このごろ》のめいわく。恥《はづか》しい事も忘れて、伯母樣《をはさま》のやつかいに成りますのよ。又こよひはお客樣にやくそく致した夜なれば、小宿まで出でまする。たび〳〵ながら伯母樣の着物《きもの》かし

晝比なる—中ぶろなる
口入—周旋業者
蜘の圍—蛛の絲

て下されといふより、是をとて出して著する晝比《ひるごろ》なる糸縞《いとしま》の薄綿《うすわた》、黒繻子《じゆす》の中幅帶《はゞおび》にしかへさして、此間もいうて置いた通り、さきへは去る浪人衆《らうにんしゆ》の死にわかれというてある程に、其口のちがはぬやうにと、お菊がさしづ。心得ました、皆様これにゆるりと咄さしやりませよと、出て行くうしろ影《かげ》に、皆々《みな〳〵》哀《あはれ》をもよほしぬ。此女房男の長わづらひより忍《しのび》のつとめ、一月定めて錢壹貫文の内を、口入に四百の口錢。扨も世はさま〴〵のある物やと可笑《をか》しくもかなし。

## 第二　敷金《しきがね》の二百兩はあいた口へ燒餅屋《やきもちや》

蜘《くも》の圍《ゐ》にあれたる駒は繫《つな》ぐとも、ふたみちかける人はたのまじ。外婬《ぐわいいん》の誹《そしり》、男女《なんによ》ともに愼《つゝし》むべき第一ながら、薫《かを》る蚊遣《かや》の夕涼み床、小夜《さよ》の巨燵《こたつ》の手そゝぶり、ありやうが眞事の浮氣勝《うはきがち》なる世の中。今は貴布《きぶ》ねの山風に、鐵輪《かなわ》のともしあふたねは、嫁入の輿《こし》も宇治橋を大手ふつてぞ通りぬ。日本武《やまとだけ》の尊《みこと》の吾妻《あがつま》としたはれしより、東《あつま》とよびて、水くさからぬ人心。ずんと惚《ほ》れたと出かけては、みさを尖《するど》きを江戸の意氣張《いきはり》。葭原《よしはら》品川の諸譯《しよわけ》はもとより、地女でもまさかその、烈女《れつぢよ》がいのちの塵芥《ちりあくた》、捨られた物ではあるまじ。傳馬《てんま》

紙花―纏頭

猪牙―猪牙船、遊里に通ふ舟

薄雪仕出し―福やかに愛敬ある風して

なれ過ぎた―古び汚れたる

町の呉服所《ごふくじよ》、本家は伊勢《いせ》の出店にて、白子屋の三郎七、大名方の御立入多く、軒ならびの一番手といふ大商人。掘ぬき井戸の底しれぬ身代《しんだい》に、旦那三郎七三十に足《た》らぬ若鳥なれど、十露盤《そろはん》にぬけめなき掛引《かけひき》、しかも頑愚氣質《かたくなきしつ》にもあらず。折々《をりをり》は大門のむかひ提燈《ちやうちん》の舟宿の紙花《かみはな》など角のとれた取捌《とりさばき》。いやでなければ昵近《なづみ》もせず。産《うまれ》ながらの粹方《すゐはう》なれば、押しきる猪牙《ちよき》の一夜流なる色よりはと、いつの間に取りよせしぞ。千住の貸《かし》座敷に、廿三四の姫《ひめ》うるり、薄雪《ほつこり》仕出してぬるからぬ立ふるまひ。おすみとつけしも所から、名にし河邊の都鳥にも恥ぢぬ器量《きりやう》の自慢《じまん》とぞ聞えし。どこも此身は御退屈《たいくつ》、隙ふさぎなる縫《ぬひ》くより、帶に房《ふさ》つけ笠の紐《ひも》、紅絹《もみ》の小猿《ざる》に豆巾着《まめぎんちやく》の手なぐさみ。十種香《じふしゆかう》、茶の湯、琴《こと》、三味線、どれ友となきつれ〴〵に、堺町木挽《こびき》町の芝居へも、狂言のかはるごとに、一度もかゝさぬ。幇間《たいこ》には駿河町の富士屋《ふじや》八左衞門《ざゑもん》とて、京大阪はおろか、府中《ふちう》三國の色酒まで、しみこんだ野等《のら》道具や、なれ過ぎた黒羽織の脱《ぬ》げば、まゝよのしこなし風。晝夜《ちうや》を分かずはまりこみて、三郎七がお髭《ひげ》の塵《ちり》とり、半太夫のつれ彈《びき》。伊勢音頭《おんど》は旦那の事ぢや。其ふしがいきませぬと、あぢな所を堪能《たんのう》さして、心やすくなる程、おすみには遠慮がちなる挨拶も、幇間《たいこ》功《こう》ある男なりけり。此座敷のかい鄰なる燒餅屋《やきもちや》傳介、壁《かべ》あはせ

入津—輸入

ぼつかり—ほかりに同じ明の義

の事とて、毎日の見舞も生物《なまもの》に氣づかひげなる親仁《おやぢ》なれば、勝手廻のそこゝを如才《じよさい》だらけの忠義者。二人の下女が陰口《かげぐち》も、八左衛門樣《さん》はよい氣だて、あの傳介の慾面《よくづら》と、憎《にく》みたてるも道理《ことわり》なり。ある時三郎七傳介一人つれ立ちて、淺草の觀音參《くわんおんまゐり》の道すがら、扨親仁《おやぢ》そちにきまつて談合せねばならぬ事がある。外でもない。おすみが事、倦《あ》いたと云うでは根《ね》からないが、今度《こんど》我らも長崎へ繻子《しゆす》ちりめん織物の類が、たんと入津《にふづ》したに付いて、一下《くだり》くだつて來るが、終《つひ》半季ばかりと思へど、上方《かみがた》も見物がてら、凡そ一年隙《ひま》どる所存《つもり》ゆゑ、おすみが事もとても女房《にようぼ》にするではなし。爰は一段よい仕舞所《しまひどころ》と思うて居る。たんとの事はせまいなれど、二百兩そこらはつけて片付うといふ胸《むね》。親もない彼れがこと、いつそそなた親分《おやぶん》に成りて、縁《えん》につけて呉れまいかと、ぼつかりと云はるゝに、傳介興《きよう》をさまし、旦那、それは誠でござりますか。私はとんと途方《とはう》を失《うしな》ひました。一年二年お留主《るす》で御座りませうと、はゞかりながら私がお預《あづか》り申しますれば、お案じなさるる事はござりませぬ。左樣な事をおすみ樣《さま》のお聞きなされたらば、御當惑《ごたうわく》なされませう。御座興《ござきよう》ならば旦那お胴慾《だうよく》でござりますといふを、いや／＼座興でないぞ。眞實《しんじつ》ぢや。留《る》主《す》心もとないとての事にもあらず。女房子のある我ら事、末かけてともならぬ品《しな》。おす

手段といつば―手段と言はば

一分―面目に同じ

行器―食器

みが爲もよいなれば、是非にたのむ引きしはせぬ。扨てそこに又我らが手段《しゆだん》といつば、あの富士八もいつまで寡《やもめ》で居《る》やうより、似合の縁《えん》なり氣《き》中《うち》もしれた中なれば、あの男に遣したい。此思案はどうあろう。女房でも持たしたら、向後家業《かけふ》も精《せい》出すであろ。すれば互《たがひ》の爲といふ物。此詞反古《ほぐ》にしては、我ら一分《いちぶん》たゝぬなり。きつと世話してたもろかと、僞《いつはり》げのなき談合に、旦那《だんな》の思召極りましたら、私は世話《せわ》致し、うちとくとお定め遊ばせ。いや〳〵我らはちがはせぬ。おすみにとくと呑《の》みこますうち、そちは始終《しじう》をしらぬふりと、あらまし内證《ないしよう》かためつゝ、別れて宿へかへりけるが、其事終《つひ》に傳介が媒介《はいかい》にて、親分やら仲人《なかうど》やらで、丸うをさまる道行《みちゆき》にも、八左衛門が數遍《すへん》の辭退《じたい》。粋《する》に似合はぬかた藏《ざう》と、三郎七がしひぶんに、夢なら醒《さ》めなとかしこまる。おすみも幾《いく》たびか、主《ぬし》樣に放《はな》れて外へとてゆく心はなし。高麗唐土《こまもろこし》のお留主《るす》でも、幾とせなりと待つ心。それもお赦《ゆるし》なきならば、よしや、此身は墨染《すみぞめ》の尼となりても、女の道はそむくまじと泣口說《くど》くを、さうではないぞ。さりとては世になき例《ためし》ぢや有るまいし、心底《しんてい》きつと嬉しいと、これもすかしつ割口說《わりくどき》に、涙の中の得心《とくしん》なり。扨日を定めて、おすみが手道具《てだうぐ》、簞笥《たんす》九棹《さを》、夜具三荷《か》、櫛笥《くしけ》、琴箱、松明《たいまつ》、行器《ほかゐ》、あらましざつと十八荷に、二百兩の敷金も、

分一致—徳川時代の奴詞にて分は接頭語なり

盃のさざんざに—盃の忙しき獻酬に

わけだち—條理を糺明すること

跡の跡まで頼《たのも》しい諸譯《しよわけ》ぢやと、傳介が足かぎりに分《ぶん》一《ち》致す爪《つめ》だくみ。旦那が昨日《きのふ》おつしやるは、表向の嫁入格式だての譯《わけ》ならねば、おすみを先へ入りこまし、跡は我らが呑込みて、諸式《しよしき》も送遣はせよとのお心付《こゝろづけ》、これもつてよい手つがひ。先婚禮《こんれい》の日は何日《いつ》か。上段なるとは嫁取よし。おすみは駕《かご》にて綿帽子《わたぼうし》、傳介がせんだく袴《はかま》、糊《のり》けのある仲人顔《なかうどがほ》に引きそうて、駿河町の富士屋方へなりこめば、八左衞門も出でむかひ、待女郎も花聟《はなむこ》も、かね合したる寡住《やもめずみ》。盃のさざんざに三國一の果報者と、傳介がもつれくだ、南無《なむ》三かんじんのことを失念《しつねん》したりと、懷中より一封《ふう》を出し、これはあらたまつた樣《やう》なれど、跡からまゐる荷物《にもつ》の目錄《もくろく》。今夜盃の上で披露《ひろう》せよとて渡されしと取出せば、これは丁寧《ていねい》ななされかた。いで拜見と封《ふう》〆切りて開きみれば、目錄にはあらず、一書の文なりけり。

一おすみ事。とし月不便をかけ遣し候所、我ら目を掠《かす》め八左衞門と竊《ひそか》にこんたん致し候うて、すなはち鄰《となり》傳介諸事呑込み申候事、たしかに聞屆け候《さふらふ》。早速わけだち致し申候はんと存候へども、我等《ら》名も立ち候事なれば、此度大やうに取りはからひ致し候事、過分《くわぶん》に存られべく候。

こんたん―たくみにて
つくらひ―修繕の義
譯どり―分配

一此諸譯《しよわけ》のはじめは、當《たう》六月兩國の花火《はなび》見物、舟にて我等まかり出《いで》候所、本家より御《に》屋敷《やしき》方急用申參り、手代ども差越候ゆゑ、すぐに駕《かご》にて同道致し候時、八左衛門に舟の留主預け申候《さふらふ》。其の夜仄《ほの》くらがりが不埒《ふらち》の發旦《ほつたん》に候。申さずとてもそなた二人共心に有之《これあり》候事。

一其後座敷《ざしき》にては我等參り候程もはかられず。又は召使の女共が手前をはゞかり、八左衛門こんたんにて、鄰の傳介方を神かけて賴み、中宿に致し候。傳介儀貪慾《どんよく》の義《ぎ》理《り》しらずゆゑ、わづかの袖の下にほだされ、あるまじき不埒《ふらち》を受込み候。當八月傳介方内普請《ふしん》、店まはりのつくらひ、竈《かまど》などつきかへ候も、おすみまかなひにて出來《でき》候よし。其節《せつ》聞とゞけ候。

一當八月。召使の下女たけ事。其譯《わけ》どり候ゆゑ、繻子《しゆす》の帶一筋《すぢ》遣しこまづけ候へども、猶口がるき者ゆゑ心元なく、九月の出《で》がはりに今十日ばかりの所、不勤《ふつとめ》のよしにて、いとまつかはし候事。

右のあらまし一々聞屆け申候へども、右申すごとく微細《びさい》にしらべ候ては、我らかへつて一分のすたる品に候へば、よく〳〵こらへ、此方より緣《えん》に取組申候。其役きつ

と恩がましく候間、三人共おろそかに存申さるまじく候。しかし著替《きがへ》手道具《だうぐ》はせめてもの胸ばらしに候ゆゑ、一も遣はし申さず候。二百兩の枕金尤《もつとも》僞《いつはり》に候。もはや今夕手代共に家内取拂ひ申付候。是にて濟せ候段かへす〴〵仕合《しあはせ》成る方々《かた〴〵》に候。むくいの程わきまへらるべく候以上。

九月二十八日　　三郎七

八左衛門殿

おすみ殿

傳介殿

よみをはりて、三人とも途方にくれて物もいはれず。土器酒《かはらけ》のほろ醉《よひ》も、蝶花形《てふはながた》の夢とさめて、糠悦《ぬかよろこび》の花聟に、丸のはだかの嫁御寮《よめごれう》。手ふり棒《ぼう》の仲人と、これを合せて三々九度。面目なさが又とたまらず。身上《しんじやう》すつきり駿河《するが》町の住居も疵持足《きずもつあし》。其後はどうなつやたら噂《うはさ》もきかず。三郎七が發明《はつめい》、さりとは手段もあればある物。

## 第三　若後家《わかごけ》の寺參《てらまゐり》はてつきり仕立物屋《したてものや》の宿替《やどがへ》

蝶花形―婚禮用の銚子提子につけある紙折の蝶の形

糠悦―實質なき悦

阿迦—閼伽に同じ、水のこと

髮のかゝり—髮の樣子

咽かわく—羨む

舌なめずり

極らくの玉の臺《うてな》のはちす葉に、我をいざなへゆらぐ玉の緒《を》。彼志賀寺《かのしがでら》の老法師《おいぼうし》が、修驗《しゆけん》の月の明《あき》らかなるも、情《なさけ》の道にはぐれては、闇《やみ》の闇なるたゞずまひ。初音のけふの玉はばき、手に取るからに妄執《まうしふ》の雲消《き》えて、又正覺《しやうがく》に立歸りしは、仇惚《あだぼれ》ならぬ誠より、眞の道も得やすしとかや。女房ざかりの二髷《ふたつまげ》が手折る樒《しきみ》はかざしの櫻、阿迦《あか》のそゝぎも思ひざしの酒事《さゝごと》、見ゆる凡僧《ぼんそう》の心ならば、眞如《しんによ》の月は見えぬ筈のもの。一念の往生《わうじやう》も不《ふ》の字なるべきか。然れども牛馬《うしうま》はくはぬ物と心得たるは、まだしもの取得《とりえ》ぞかし。京の東邊《とうへん》建仁寺《けんにんじ》町に、仕立物屋吟《ぎん》七とて、一間半口に折障子《をりしやうじ》さしこめたる、家内は姉のお糸といふ若後家と二人寡《やもめ》の過ぎやすき世帶方。近比西京よりの引こしなれば、近所鄰もなじみ薄《うす》く、うひ〳〵しき所がらにも、姉のお糸が器量《きりやう》のうはさ。年は三十でもあろうか。脊《せ》恰好爪《かつかうつま》はづれ中肉《ちうじし》なれど尋常《じんじやう》にて、寢起からも笑顔《ゑがほ》のすき通る髮のかゝり、あれが後家かと見るたびに、咽《のど》かわかさぬはなかりけり。しかも心だておとなしきやら、朝夕の佛壇に、過ぎゆかれし人の菩提《ぼだい》を念比《ねんごろ》に弔ひて、閒暇《ひま》さへあればそろ〳〵と、知恩院《ちおんゐん》、誓願《せいぐわん》寺《じ》にあゆみを運《はこ》び、水晶の念珠《ずゞ》につたふ涙の神妙さ。思はくよする人もあまた有る中に、寺《じ》方の和尚談義僧《をしやうだんぎそう》、後家とさへいや、舌なめずりまして、お糸が色よきに現《うつゝ》ぬかして、

して—口の周圍を舌にて舐めて

黒紬—言うて呉れの意をかけたり

常陸帶—正月十四日相思せし男女

俗めらに打つて取られぬさきにと、千束《ちつか》の文ことばの媒《なかだち》、仕立物に事よせて、白無垢《しろむく》づきん、袈裟《けさ》、衣《ころも》ゆがんでなりとも苦しからず。姉御《あねご》の手際《てぎは》がゆかりぞと、爰かしこから持ちせく中に、東山の六本杉とて、名うての悪僧、滅法寺《めつほふじ》、墮落院《だらくゐん》、无佛庵《むぶつあん》、梵妻寺《ぼんさいじ》、婬《いん》亂寺《らんじ》、殺生坊《ぜつしやうばう》各々ちごくの釜焦《かまこげ》連中、お糸にふかく思ひ川。心をよする始より、まさりおとりもあらずして、雨につけ風につけ、無事《ぶじ》をとはせの送物《たくりもの》。櫛《くし》、香包《かうづつみ》、南草《たばこ》入《いれ》、不《ふ》詳帽子《しやうぼうし》の返事でも、せめてはいうて黒紬《くろつむぎ》。つむがるゝともよしや其《それ》、君が名による糸縞の、物ならなくに氣づよやと、負《ま》けずさらずに口説《く》きけり。お糸も初の程にては、こは淺ましの戀衣《こひごろも》と、なさけらしき答《いらへ》もせざりしが、あまり切《せつ》なること人々の志、一度は捨し身なれども、戀てふ人も墨染《すみぞめ》を、色にかへてのかこちごと、身をまかすとも未來《みらい》の種《たね》と、心の紐《ひも》は解《と》けながら、どれへどうとも云はれぬしだら。此身はいづれ様へなりと、まかせ參《まゐら》す心なり。そなた様方の御中へ、身一つなげ出し候へば、よきにとばかりの返《へん》事《じ》なれば、六人の和尚打ちよりて、我こそ先《せん》の思はくなれ。愚僧《ぐそう》がなづみ深かりし。さうはさせぬと角芽《つのめ》だちて、常陸《ひたち》帯のえにし引つぱり合《あひ》に事はてねば、とかくは君が思ひざしのお盞《さかづき》、それが輪廻《りんゑ》の切所《きりところ》。恨はせじとかこちけるを、弟の吟七もてあまし、いづ

名を記して鹿島神社に供へ婚を定めし布の帶

しこり—凝り固まれる

宮川町—京都の陰間ある町

宵ぞめき—宵の素見

れも樣のお志、淺い深いもあらざれば、姉貴《あねき》もとんと當惑《たうわく》。妾は私が存じ付《つき》、たとへば一年十二月を、二月づゝ六人樣にふりわけの御契《ちぎり》。かたみ恨《うらみ》のないやうは、南無阿彌《なむあみ》陀佛《だぶつ》の六字のもみ鬮《くじ》で、前番後番《ぜんばんごばん》の月を定めましたらば、どうござりましやうぞと、したり顔にいひ出せば、六人の和尙橫手《よこで》を打つて、さりとは智惠がな粹方《すゐはう》がな。それで我らが一分はたつといふ物ぢやが、お糸殿さへとくしんなら、我々《われ〳〵》は一蓮托生《れんたくしやう》、それに否應《いやおう》いふ者なしと、しこりかゝつた談合《たんがふ》に、お糸もつんと恥かしながら、とかくどうとも片付られぬ義理《ぎり》なれば、あなた方の思召、何しにもれます心ならずと、さつぱりこんたん極《きはま》りて、其月々々《そのつき〳〵》の客坊《かんばう》もち。妾が出家《しゆつけ》ぞ。悋氣《りんき》すな。はて褌《ふんどし》一筋で寺開《ひら》く法もあれと、天窓《あたま》も中も丸う成りて、打ちこんじたる夜咄の、あたり月が亭主方。泥龜《すつぽん》どぢやう、貝燒《かひやき》のあばれ喰《ぐひ》。衣は人目あればと、銘々《めい〳〵》簞笥《たんす》一棹《さを》づつ、吟七が方に預け置き、皆一體の黑小袖に長羽織、頭巾《づきん》すつぽり打ちかぶりて、宮川町の宵ぞめき。非番《ひばん》の月は外稼《そとかせ》ぎ、罪《つみ》もむくいも忘れ果《はて》たる遊《あそび》なりけり。ある夜吟七《ぎんしち》六人にむかひ、扨いづれも樣のお心やすう御出下されまするにつき、私《わたくし》が內證《ないしよ》の械《かい》もふり廻し易《やす》う成りましたも、全くお陰《かげ》と兄弟ども悅んでをりまするに、近所のそねみつよく、又しても私《わたくし》どもを寄《よ》

わろ達―そなた達

頭首にかへて―あらあらしきに代りての意

知識―僧

合て咄しまするに付ては、あなた方の事を何角《なんか》と申しますすげにござります。それではお寺のお名が立ちまする段、氣《き》の毒《どく》に存じますゆゑ、爰をとんと宿替《やどがへ》して、人目すくなき所をかり、ひそかにお出なさるを、目だちませぬこんたんが致したう存じまするると、おとなしきいひかた。はて扨氣の細《ほそ》いわろ達《だち》。我々は少《すこ》しも厭《いと》はねど、兄弟の心に住みにぐゝ思うてなら、どれへ成りとも變宅《へんたく》めされ。いか様にこちとらも少しは世間《せけん》を厭《いと》へとて、さつそくに取りきまり、吟七が聞き出したる、二條新地《しんち》の町はづれ、人さびしき表《おもて》家《や》をかり受けて、とやかくと取りしつらひたる内普請《ないぶしん》も、六箇寺の立合物好《ものずき》、いつ比が家移《やうつり》と取急いでぞ催しける。時しも秋の盂蘭盆會《うらぼんゑ》、棚經《たなぎやう》の世《せ》間役《けんやく》も仕廻るれば、町踊《まちをどり》のにぎはしさに、なんといづれも家移の夜の一趣向《しゆかう》。揃浴衣《そろへゆかた》の雀《すゞめ》をどりで、奴仕立《やつこじたて》の容ぶりはどうあらう。こりや新しいと浮調子《うはてうし》。奴鬘《かづら》に編笠《あみがさ》の紅絹紐《もみぐけ》は、頭首《づかう》にかへて燃《も》えたつ色の緋衣《ひぎぬ》ならぬちりめんの腰繻絆《こしじゆばん》、丸ぐけ帯の引結に、ぞれえ〳〵、やあとさの高《たか》聲《こゑ》は、たれか知識《ちしき》と、白河橋より三條通を河づたひ、二條新地の妾宅《せふたく》へをどりこんで、お糸吟七どうぢや〳〵、かたづいたか。我ら今宵《こよひ》の一趣向《しゆかう》、家移の壽《ことぶき》をふみかためる。これを來て見よかしのえ。さあ滅法寺《めつほふじ》始めんかと立ちさわぐを、お糸は一向そしら

みす〳〵なる云々―知つてゐながらとぼけたいひ方
いがみ―邪
わごれ達―和御寮達にて御身といふこと
いなす―去

ぬ顏《かほ》に物いはず。これは兄弟喧嘩《けんくわ》かの。二人ともすまぬ顏色《かほいろ》。腹《はら》立ち給ふな。これ君よと、しなだれかゝるを、吟七取りて突倒《つきたふ》し、大あぐらに眉《まゆ》をしかめて、こなた衆はどこから來て、家移の取捜《さが》した所へ、仕組《しぐみ》をどり所望《しよまう》にない。そして人の女房《にようぼ》を取らへて不《ふ》埒《らち》千萬。嚊《かゝ》あのわろだちは近付かと、取つてもつかぬ挨拶《あいさつ》に、お糸も尖聲《さがりごゑ》にて、ほんにをかしい衆《しゆ》ぢや。ぬしのある身を捉《とら》へて、なめ過ぎたものいひ、氣違《きちがひ》か門たがひかと、みす〳〵なるいひかたに、六人ながら肝《きも》をつぶし、こりや吟七。そりやどうした訟《うつたへ》ぶんぞ。一たいそち達は兄弟の筈ではないか。其上今まで此連中《れんぢう》の世話に成りて、此家移の普請《ふしん》も誰が陰《かげ》で出來きたとおもふ。まんざらのやり仕事にかけうとしたとて、それ喰《く》う樣なこちとらではない。屋財《やざい》家財《かざい》をあけ渡し、丸裸《はだか》で出る氣なら、いがみなりとかたりなりと、勝手《かつて》次第と口々《くち〳〵》に罵《のゝし》るを、吟七大きにいかり、何といふぞ。こちの内に有る道《だう》具《ぐ》が、どうしてわごれ達の物ぢやぞ。たしかな證據《しようこ》うけ給はらうと、大ごゑになりわめけば、お糸が脊戸《せど》へ走り出で、やれ御近所の來てたまはれ。あばれ者が來ましたと、泣《なき》聲《ごゑ》によびたけるにぞ、相借屋《あひしやくや》の者ばら〳〵と、寄りて來る人がらのすさまじさ。雲《くも》つくやうなあら男、先づ門《かど》しめよ。一人もいなすなと、理非《りひ》もわけずにたゝき立れば、など

らす

相賊―仲間の騙りもの

り笠、奴《やつこ》かづら、すつぽ〳〵と脫《ぬ》けた跡は、殊勝《しゆしよう》げのなき坊主《ばうず》あたま。扨こそ、いよいよ賣僧《まいす》ども、町所を聞きて斷れと、くち〳〵にいひ立れば、先々いづれも待ちてたべ。我々は一寺の住職《ぢうしよく》、かたり言《こと》いふやうな者にあらず、是には譯《わけ》のある事なれど、かうみす〳〵の爭《あらそひ》を、今更しらべる程となれば、我々《われ〳〵》が表向《おもてむき》もすまぬしだら。是吟七、お糸、女夫とは今が聞きはじめ、むごいめに合したの。出家六人たまにかけて、未來《みらい》の程も思へよと、無念《むねん》涙にくもり聲《こゑ》。まだ口きくか、光棍《かたり》ども。其なりで一寺の住持とは腹《はら》いたし。はて殊勝《しゆしよう》な住持達、物をいはすな。引剝《ひつは》げと、相賊《あひずり》ども一時に寄りてかゝつて、むき鬼燈《ほゝづき》。褌《ふんどし》一でほひちらせば、ほう〳〵迯《に》げてぞかへりける。かゝる工《たくみ》もあらおそろし。當世の髪切後家《かみきりごけ》、釣《つ》るとおもふが釣らるゝで、遠慮《ゑんりよ》ぶかいは持ちかける。町よりお寺の小くらがり、無常《むじやう》のあらし戀風《こひかぜ》に、たふとい所が迷《まよ》はする。扨此吟七が致しかた、憎《に》くさも憎《にく》しと思へども、聲立られぬ内兜《うちかぶと》を、見すかした工面には力及ばず。明くれ心にく〳〵と、忘れぬあまりに問《と》ひ合せば、たばかられたも尤《もつとも》なれ。北野西陣にかくれなき、千本搗《づき》のお糸とて、寺々《てら〳〵》の柱《はしら》くさらし。それなれば理《ことわり》と、皆得心はしたりしが、やつぱりそこに居る事かと、餘所《よそ》ながら通つて見れば、二條新地《しんち》にありし住居、六

・

棹《さを》の箪笥《たんす》が元手にて、釣りならべたる古手店《ふるてみせ》。小袖類《こそでるゐ》、をどり浴衣《ゆかた》、御出家《こしゆけ》方《かた》御ぞめき鬘《かつら》ありとは、さりとはむごいぞ、氣づよいぞ。

西川——浮世繪師西川祐信ならん
本詰——とします藝者
おやま——妓女

# 世間妾形氣　巻之三

## 第一　武士《もののふ》の矢《や》たけ心《こゝろ》もつまる所《ところ》は金《かね》

いで人は言《こゝ》のみぞよき月草《つきぐさ》の、うつし心は色ことにして。人によりて法《はふ》をとくといふ詞、佛《ほとけ》も聖人《せいじん》も同じ思召なるに、いかなれば蒟蒻色《こんにやくいろ》の親仁《おやぢ》、越中ふんどしは懸《か》けども、義理はかゝず。死《し》ねがな目くじろに取溜《とりた》めたる金屎《かなくそ》から生れた息子《むすこ》。西川が枕繪《まくらゑ》に聲がはりして、手習より眉《まゆ》なしの本詰《ほんづめ》をこなす發明《はつめい》は、打ちたゝきの強異見《こはいけん》にてはゆくまじ。色小《こ》白《じろ》うらやかなる生付《うまれつき》は、女の方より十路盤《そろはん》はぢかせて置《お》かねば、一日もはやく器量よき嫁《よめ》をよびてあてがふべし。女房に惚《ほ》れたる男の身代《しんだい》持ち崩《くず》すはまれなる物ぞ。孔子《こうし》に盗跖《たうせき》は生膽《いきぎも》をぬかれんとし、褚遂良《ちよするりやう》は武后《ぶこう》の爲に刑《けい》せらる。木折の異見より、親は慈愛《じあい》の道をうしなひ、子は不孝《ふかう》のゆびざしに逢《あ》ふぞかし。方便《はうべん》の空言《うそ》は釋迦《しやか》のおゆるし。おやまのにせ癪《じやく》、野郎《やらう》の素股《すまた》とらするもの、あながちに知《し》るべからず。今の世に妾者の色品多き中に、部屋《へや》めぐりといふ名目《みやうもく》の女は、在《ざい》江戸の武士方の部屋《へや》々々へ呼びよせら

扇の一手—踊

石部金吉—手堅き人

日本堤—浅草より吉原に行く間の堤

早打—急使の者

れて、酒あひに琴《こと》、三味線《みせん》、扇の一手する程の藝《けい》、さしてしほらしみもなく、たつしや一ぺんの仕《し》こみ、大かた器量も十人並よりはうちばにて、郡内紬《ぐんないつむぎ》の類に縫紋《ぬひもん》の一向《かう》つきりとせねども、まづ第一には、武家方の挨拶《あいさつ》をよく間に合せて、國々の訛詞《なまり》ぐせを聞きわけ、萬事行儀《ぎやうぎ》がましければ、吉原へ手の屆かぬ方の寵愛《ちようあい》に預かる事なり。此筋の名うてものに、かへり討《うち》の繁野《しげの》といふ者あり。其名のいはれを知りたる人に尋《たづ》ねしに、去る北國大名の御家中《おかちう》に、熊谷次郎《くまがひじらう》太夫とて、千石頂戴《ちやうだい》の家柄、いまだ四十に足らぬ人物なれども、物堅き事石部金吉にて、忠義專《もつはら》の武士、殊に萬事發明なれば、江戸勤《づとめ》久しく年をかさねて、御大切の役目を承る。此次郎太夫天性儉約《うまれつきけんやく》を肝要《かんえう》として、金銀を貯《たくは》ふる事、いにしへの岡左内にもひとしき癖《くせ》あれども、さすがに武士《ぶし》たる道をまもりて、頼《たの》もしき志は深かりけり。かく久しき在番《ざいばん》のうちにも、いまだ日本堤の舟やどに、流れよりし事なく、品川へとばす三枚肩は、どこの御屋敷《やしき》の早打《はやうち》ぞと、尋ねるむくつけにも、折にふれては壯年《さうねん》の夜床《よどこ》さびしく、ひそかに出入の菓子屋《くわしや》をまねきて聲をひそめ、其方《そのはう》、つね〴〵懇意《こんい》に物語を致すにつき、誰々よりも頼しく存じまかりある。それに付きて我心腹《しんぷく》の煩《わづらひ》を咄《はな》し申す。かならず他言《たごん》めさるれば、拙者武士道の恥辱《ちじよく》になり申す事。拙者二十

江戸在番—江戸の勤番にあること

賣女—遊女

四歳の秋より江戸在番《ざいはん》仰付られ、今年にて十三年。御本國に居る妻《め》は、某《それがし》二十三の時婚《こん》姻《いん》調ひ、わづか一年夫婦同じく臥《ふ》し、同じく喰《くら》ひたるのみなり。恥しながら長夜などには、古《こ》郷《きやう》の事を思出して、鬱々《うつうつ》としてたのしまず。然れども武士たる者の、廓遊所《くるわいうじよ》などへ忍びあるく事、もし相知れる人にもあはゞ、一生の瑕《か》瑾《きん》悔《く》ゆるとも效《かひ》なく、品によりて切腹《せつぷく》を致さねば、ならぬ事もあるべし。高祿《かうろく》をいたゞき、重き主命をまもる身の、恥づべき第一ならずや。又妾《てかけ》などを召抱るものならば、本國の妻方へ聞えても、放埒《ふらち》と思ふ所もめいわく。爰をもつて其方《そのはう》に密々に相頼《たの》みたきは、何とぞ、不《ふ》行作《ぎやうさ》になき女の、刀さす道理も知りたる者あらば、一二回《くわい》の鬱散《うつさん》を遂《と》げたし。大切の金銀なれども、此密事《みつじ》において多少の費《つひえ》はいとふまじと、赤面汗《せきめんあせ》を流して語らるれば、菓子屋上總《かづさ》をかしさをこらへ、何事を仰付られますと、存じをりましたに、左様《さやう》の儀《ぎ》ならば、何よりいとやすき御用。今晩明夕《みやうせき》の間にも、御注文相調へまする事と申上れば、次郎太夫にがり切つて、これ〱、其方は何と心得られしぞ。賣女《ばいぢよ》やうの望ならば、即刻《そくこく》にも間に合せ申すべき事。お江戸ひろしとて、左様の女早速《さうそく》に尋ねあたるべきか。一月二月遲く成りてもくるしからず。某《それがし》が名の出ぬやうこそ大事なれ。不用意に事をはからひ、汚名《をめい》を先祖《せんぞ》に致す

石に根繼ぎ—極めて堅固なることの諭
胸ゆゑ—考ゆゑ
口入—肝煎
相對にて—相談づくにての義

ことなれと、石に根繼《ねつ》ぎなるいひかた。上總《かづさ》かしこまり、旦那はかやうの儀《ぎ》、御案内にござりませぬゆゑ、左樣に思召すは御尤《ごもつとも》。只今江戸にかぎらず、京、大阪、駿府《すんぷ》にも御在《ざい》番《ばん》の方々の御酒《ごしゆ》の相手、お寢間《ねま》のあげおろしまで、致します部屋《へや》めぐりと申す女、一年一月ないし一夜二夜にても、謝儀《しやぎ》を定めて參ります者がござります。是をお伽《とぎ》に差上げまする胸ゆゑ、早速にお受申したのでござりますと云へば、次郎太夫横手を打つて、はて珍しい說《せつ》を聞きしかな。左樣の辨《べん》なる女のある事、只今が聞きはじめ、實《げ》に〱太平ならでは、其類の身過《みすご》する者有るべからず。誠に治世《ちせい》のありがたき事ならずや。然らば其中にて隨分《ずゐぶん》はすはならぬ女を、先一夜會合《くわいがふ》いたしたし。其上にて又々再會《さいくわい》の夜をはかるべし。此謝禮《しやれい》には干菓子《ひぐわし》一斤《きん》思ひ切りて調《とゝの》ふべしと、一廉《いつかど》心をはられし所が、金百疋には付けられず。是にても賣らぬよりはと、御用仰せ付られ有がたいと、百遍《べん》程いうて歸り、早速に口入《くにふ》を賴み、かの繁野《しげの》を一夜百疋の相對《あひたい》にて、ひそかに次郎太夫方へ通達《つうだつ》すれば、過分のよし仰せられて、手筈《てはず》を定め、淺草の觀音《くわんおん》前に小宿の世話まで、菓子屋受けこみ逢《あ》はせしに、繁野いづ方にて聞きしぞ、次郎太夫がよい物たんと持つて居る事をよく知り、初會《しよくわい》にはしんじつに憘悅《うれしが》らするもてなし。次郎太夫ことの外に感心《かんしん》し、又か

得心―承知

さねてと別れしより、忘《わす》られぬ所ありしが、四五度にも及びし日に、繁野《しげの》涙をはら〳〵と流し、誠にかやうな恥しき宮仕《みやづかへ》を致しまするも、深きわけありての事。この程より厚《あつ》きお情に預りまするに付きまして、あなたのやうな、誠あるお侍様《さむらひ》をつひに見ませぬ。お頼しい所を見こみまして、私が身の一大事をあかしたう存じます。何事にもよらず、お得心《とくしん》下されませうやと云へば、實ある武士《ぶし》と見て頼みたきとある儀《ぎ》、刀の手前《てまへ》聞捨てにも成りがたし。命は主君に奉りし物、金銀《かね》は萬寶《ばんほう》の第一、澤山《たくさん》にはせぬ物。其外の事ならば何事にてもうけ給はり、届けてくれんとある詞に、手《て》を合せてよろこび、先はさつそくのお受有《あり》がたう存じます。然らば一大事を明《あか》しまする。一通《ひとほり》お聞きなされて下されませ。もと私は三州《しう》の生《うまれ》。先祖《せんぞ》は岐阜《ぎふ》中納言殿の御内にて、百々《どど》越前守《えちぜんのかみ》とて忠功《ちうこう》の武士《ぶし》。岐阜《ぎふ》落城《らくじやう》の節、搦手《からめて》の大軍《たいぐん》河田川に攻《せ》めよするを、三千の小勢にて三度までかけなやまし、終《つひ》に討死せし大剛《たいがう》の家。父なる百々彌三《どどやさ》兵衛《べいゑ》まで六代の浪人《らうにん》、然るに淺井《あさゐ》藤《とう》八と申す侍、何の意趣《いしゆ》ありてか、父を闇打《やみうち》にして立退く。聞くとひとしく母諸《もろ》ともかけつけ申し候へども、もはや行方しれず。死骸《しがい》のそばに落ちありし小柄《こづか》を證據《しようこ》に、顏《かほ》も容《かたち》も知らぬ敵《あた》を女の身として、七年が間付けねらへども、尋ねあふべきやうもなし。江戸は諸國《しよこく》の

刀冥理—刀冥利の意にて武士の體面を重んじて誓ふ語

豫讓—晉の智伯の爲に趙襄子を殺

武士の入りこみ所と、母諸《もろ》とも此地へ移りしかど、浪人《らうにん》の家ことさら女の身、朝夕《てうせき》の煙《けぶり》もたえ〴〵なれば、一は敵を尋ぬるため、又一つには誠《まこと》あるお侍《さむらひ》を見かけ、助太刀《すけだち》をも頼みません爲にこそ、此淺ましい身と成りくだりしなり。これまで多くの武士にも逢《あ》ひませしかど、あなた樣のやうなる誠《まこと》のお侍樣を見受けませぬ。哀れ不便《ふびん》とも思しめさば、われ〳〵親子《おやこ》が力ともなりて、一太刀《たち》恨みさして給れと、一部始終《ぶしじう》を物がたれば、次郎太夫最前より諸手《もろて》を組んで聞入りしが、手を打つて大きに感じ、さすが武士の胤《たね》とて、女には希《まれ》なるたくましき根性《こんじやう》、我を武士と見ての頼もだしがたし。刀冥理《かたなみやうり》、とも〴〵に探《さが》し出して討《う》たすべし。外に少《すこし》の手がかりもなきかと尋ぬれば、何も心あたりは無けれども、父の最期《さいご》に拔合はされしと見えて、刀の切先《きつさき》に血《のり》がしたうてござりました。すれば相手も手を負《お》ひしと申すもの。刀疵《かたなきず》のある者こそと、帶紐《ひも》といて、肌《はだ》をさぐりますれども、いまだ尋ねあたりませぬといへば、尤々《もつとも〳〵》神妙なる計略《けいりやく》。此後とても敵を尋ぬる手がかりなれば、多くの武士に枕をかはすべし。先祖も正《たゞ》しき其方《そなた》。かくまでいやしき業《わざ》をするとは思ふべからず。晉《しん》の豫讓《よじやう》は炭《すみ》を呑みて其身を變《へん》じ、伍子胥《ごししよ》は道に飢《う》ゑて食《しよく》を乞《こ》ふ。はげしきかな。孝成るかな。此一包《つゝみ》は其方が母へ某が寸志ぞと、鼻紙《はながみ》にひん

し仇を報いんとせし臣
伍子胥―父兄の仇を報ぜんとて呉に奔り楚平王を討ちし人
家中―屋敷
藩邸
小指―情婦

ねぢて金子壹兩。いつまでも見捨てぬぞ、心おとすないぞをれと、いさみ進《すゝ》んで歸らるゝ。されば此敵討《かたきうち》さんなる事、あの屋敷にも、この家中にも、助太刀を頼まれし者幾人《いくにん》といふ數をしらず。熊谷次郎太夫が傍輩《はうはい》岡部六之介といふ侍、前の丁子屋丁山《ちやうじやちやうざん》に、所望《しよまう》せぬ小指《こゆび》ももらいし男。色友達の夜咄《よばなし》に、繁野が敵うちのうはさ。次郎太夫が心を盡《つく》して、不便を加《くは》へるまで聞出し、てつきり此女くせものと、脇より傳手《つて》こしらへて向ひよれば、四五囘すむと、はやくだんの助太刀を頼み出し、私が父は京の堀川《ほりかは》にて、靜《せい》四郎《らう》兵衞と申せし薙刀《なぎなた》の名人、弟子のうちに澁谷《しぶや》藤作《とうさく》といひし侍、武藝《ぶげい》の奧義《おくぎ》を傳へぬを恨とて、父四郎兵衞殿の寢ごみへしかけ、蚊帳《かや》の四すみを切りおとして、だまし打に討ちて立ちのきました。私は其時は三つ四つの比《ころ》ゆゑ、前後もわからず、其敵《あだ》の顏も見しらず、かか樣《さま》の懷《ふところ》にだかれて、敵討の手がかりに、この江戶へ下りました。貧しきあまりにかやうな勤致しますも、一は敵にめぐりあはうかと、それをたのしみ、あはれ助太刀と成りて、敵《てき》のありかを尋《たづ》ねて下さんせと、取付きて泣出せば、六之介さてこそと可笑《をか》しく、扨はそちは靜四郎兵衞の息女か。其時は誠に乳呑子《ちのみご》にてありしゆゑ見忘れたが、いかさま稚顏《をさながほ》殘りてあり。其方が志の切《せつ》なるを感《かん》じて、我本名《わがほんみやう》を申し聞すなり。我こそ其方《そち》が

、

きつさう――顏色

付けねらふ澁谷藤作なるぞ。すなはち證據《しようこ》はそちが父四郎兵衛を討ちし時、寢ながら一刀《たち》はらひし切先《きつさき》、わが内股《うちもゝ》にも付けられて、其疵《きず》久しくなやみしかば、今に跡の付きたりしをこれ見よと、横根《よこね》のなほりし癒口《いえぐち》をまくりかけて見せ。さあ立ちあがつて勝負せよと、きつさうを替へてかゝれば、繁野《しげの》は口から出次第の敵討、うつ心もとよりあらう筈《はず》もなし。さしあたつて返答も出ず。扨はおまへがとゝさんを討《う》たんした藤作樣か。顏みぬさきは憎《にく》い〳〵と、思うて居たれど、此間から馴染《なじみ》かさねまして、情《なさけ》らしい殿御《とのご》ぶりに、恥かしながら惚《ほ》れました。もはや敵うつ氣はござんせぬ。かへり討にして下さんせと、帶解《と》いて抱付きしもをかし。よく〳〵聞けば、この女湯島《ゆしま》の天神にて、軍書講《かう》釋《しやく》する朝倉《あさくら》一東といふ者の娘なるよし。此うはさ廣くなりて、かへり討の繁野とて、部屋めぐりの名うて者、誰《たれ》しらぬ人もなかりし。

## 第二　米市《こめいち》は日本《にほん》一の大湊《おほみなと》に買積《かひづみ》の思入《おもひいれ》

鯨《くぢら》とるかしこき海の底《そこ》までも、君だにすまば波路しのがん。心は法界《はふかい》にして無量《むりやう》なる物ながら、一念のよる所多くは戀にとゞまりて、銘々《めい〳〵》身分不《ぶ》相應《さうおう》の仕過しせぬ人もなけれ

今宮の心中―淨瑠璃の曲名近松門左衞門の作

ど、それが中にもそろばんあり、果報《くわはう》有りて、身のなさまりよく狂《くる》ひやむ事ぞかし。船車にもつまれぬ思の、うたてくも違《まちが》ひて、親の讓《ゆづり》塵灰《ちりはい》のこらず人の物になして、はては町々御評判の今宮《いまみや》の心中と、草雙紙《くさざうし》の口ずさみにかゝるなど、其身にては底《そこ》までゆかねば、生《い》きてもの義理《ぎり》あるとは見えたり。其もとは皆金づくならではかなるはすくなし。さらば金さへあれば、世の中に何かは儘《まゝ》ならぬ事なきとて、銀子《ぎんす》まうけの心付きそめて、立出でて峰《みね》の雲《くも》、花の都の四條五條に所せきまで、建《た》てならびたる商人《あきうど》、皆腹の中から十露盤蛸《そろばんだこ》のある人心。あれかこれかと見れども、是ぞよき銀の蔓《つる》といふべき手業《てわざ》も見えず。只燃《も》ゆる火の中にも、涼しい風が吹《ふ》く物といふ禪宗《ぜんしう》のさとりのやうに思うて居ねば、今時《いまどき》の商人心のゆりる物にもあらず。江戸は身上《しんじやう》の定めかやと、歌にうたふ本町駿《する》河《が》町さへ、昔とはことさびて、千兩の掘《ほり》ぬき井戸《ゐど》も近年ほらする家も見えず。ましてや小店商人の劍《つるぎ》の刃を渡る世の中の姿《すがた》。そろばん詰《づめ》のちゑ才覺《さいかく》にも、大まうけあるべきとも思はれず。まだしも大阪の堂島《だうじま》の米市こそ、千里一とはねの大商。六十餘州《よしう》の大小名《だいせうみやう》の身代《しんだい》を受けこみて、日本國が一所《しよ》へよるとは、よい事する時のやうな詞僞《いつはり》ならず。千三百六十軒の米仲買、米方《こめがた》兩替五十軒《けん》、ひとつにして千四百十軒の仲間。隨分《ずゐぶん》ちいさう

ずつしりとした—重味のある

とちめん棒をふりて—急ぎ立ちて

積りて一軒に五人口、一人五匁雑用《ざふよう》に當《あ》てゝも、年分に壹萬二千七百貫目の歩口錢《ぶこうせん》をさまらでは過《すご》されぬ所。それにつく仲衆《なかしゆ》働人《はたらきど》といふ者、草鞋《わらぢ》しめはきて、矢立《やたて》手拭はなさぬ人柄《ひとがら》に、島の内、曾根崎《そねざき》、新地の悪所狂につかひ捨てる銀《かね》、一節季に壹貫目づつは何程の事にもあらず。道頓堀《だうとんぼり》の芝居どもが、顔見世の初日の三ばん太鼓を、夜半《よなか》過ぎても打ちやまず。櫓下《やぐらした》といふ名目《めいもく》の銀子を、今と成りて雲の裏《うら》まで借《か》りあるきても出來ぬ所。此人柄の中より北といふ字を先へ立て、十貫目箱二つ、ずつしりとした意氣込《いきごみ》。三番叟《はそう》に、よいよ〱の聲《こゑ》かけさするなど、又となきためし。それをつかふ上たる人の心意氣《いき》はからるべし。ある人の間目に、六十日に二萬貫目、年分《ねんぶん》に十二萬貫目の銀、此島へ落ちてこねば、此所の諸商人まで門松立て、ものまうの聲きく事ならず。爰こそ人の出世の種《たね》植うる土地《とち》と見立て、出かけて見れば、いかにも萬事大まかにて、有る無《な》きをくるしまず。さあつまらぬといふ時は、拾匁にとちめん棒《ぼう》をふりて、大三十日《みそか》の夜半ごろに、道具屋《や》の戸をたゝきて、佛壇《ぶつだん》戸棚を置質《おきじち》の談合。敷きて居る疊《たゝみ》も、一疊《でう》を三分のうり賃。銀受取りて賣渡したるしるしに、簞笥《たんす》の小引出《こひきだし》一つ抽《ぬ》いていぬれば、はや元朝の壽《ことぶき》。年禮《ねんれい》にくる人の見るも恥しと、ぬいて去《い》にし引出の跡に、女房の前だれかけて、

似つゝもあられ—似つつもあらればの意か

堂島—大阪にて米商のある所

飛鳥川—大和國にありあすの縁詞にて用ふ

人目繕ふ中にも、丹後の一番鰤《ぶり》は、是非大釜《おほがま》の上にぶらつかす事ぞかし。扨わつと寄る初相場《はつさうは》より、その十日には、さらりと小拂《こはらひ》まで殘りなくしめきり、春に春をかさねて八千代の壽《ことぶき》。又百貫目とらまへる事珍《めづら》しからず。是扶桑《ふさう》の第一の都會、唐土《たうど》の長安洛陽《ちやうあんらくやう》とても、此所に似《に》つゝもあらね、鋤鍬《すきくわ》の柄《え》のゆに成るまでつかうたとて、いつかはと無分別おこして、池田に鄰《とな》る櫻塚《さくらつか》に、才太郎とて所ふがき大百姓。舟渡《ふなわたし》二つこへて五里に近き道を、田《た》畑《はた》家藏《いへくら》のこりなく持運び、堂島の人の雪踏《せきた》のうらにつけてしまひし事、今更に夢《ゆめ》さめしとて、物がたき在所の一家《け》は、人外《にんぐわい》と覺えてよせつけず。堂島通《がよひ》の内になじみかさねて、身代《しんだい》しまふ足代《あししろ》にもなりし蜆川《しじみがは》の女郎《ぢよらう》、岸屋《きしや》の藤野《ふぢの》といふを身請《みうけ》して、曾根崎の裏町に、夕顔《ゆふがほ》咲ける垣根の内、池田山の愛宕《あたご》火《び》居ながら見ゆる座敷をかりて、櫻塚より米商の足やすめにと、しつらひ置きし住居に身をよせて、飛鳥川《あすかがは》のあすを如何《いか》にともあだてなく、なじみ深きお藤にさへ、身の上を打明けかねて、心を沖の日和見《ひよりみ》に、渡邊橋に立明《あか》しつゝ、何をあてなる浮雲《うきぐも》の、空だのめなる身のおじきなく、よく〳〵いはじと忍びしさへ、けふと成りてはつまらぬ盡《づく》し、聞いてお藤《ふぢ》が胸打ちさわぎて、涙より外に詞もなし。才太郎いふやう、そなたのしんてい常々《つねづね》あだならぬ志《こゝろざし》、一つとして忘れはせ

心のやる方
—慰方

ぬ。かう仕果《しはた》せしは、長からぬ縁《えん》の限《かぎり》にや有《あ》るらめ。京の親達へ一《ひと》まづ歸りて、身のかたづきの談合《だんがふ》もあれかし。今とてあかぬ中なれども、さらに心は殘すまじ。逢見《あひみ》ぬとても心替らず、互に身のゆくすゑを神にいのりて、よき音信《おとづれ》をきくまでのたのしみぞと、心おちたる男の詞《ことは》に、なほも涙せきあへず。扨も〳〵世の中に勤せし身は、女の淺ましきかぎりにや、年月《としつき》お世話《せわ》に成りまゐらせて、あはれ我心の底《そこ》をうらなくも見せしらせ申せしとこそ思ひしに、只今のお詞にて、今に流の身は誠すくなき遊《すさび》をおぼし止めて、かゝる事をもいうて下さんすなれば、聞えませぬといふ恨《うらみ》さへ、我身に恥ぢて申されず。つとめて居りました節《ふし》より、いつお心に違《たが》へし事もなく、まことを盡《つく》しましたればこそ、つらき苦界《くがい》をのがるゝ様《やう》になされては下れしぞかし。おち目には隙《ひま》取らうと、よその女中はいうてか知らず。私ばかりは其やうなさもしい心露《つゆ》ばかりも持《も》たねば、勿體《もつたい》ないながら、恨みませんより外に心のやる方なし。京の親達とて眞實《しつじつ》のでもなし。たとへ血をわけて下さつたのにもせよ。かなしい奉公に賣りて下さる心入《こころいれ》、ことさら丸八年も隔《へだた》りては、親とは名ばかり頼《たのも》しうも思はれず。又ぞや勤《つとめ》せよとあるとて、夫《をつと》にはなれし女の身、親の爲なら是非《ぜひ》もなきならひなれば、京へとては歸る心夢さ

お身のくろまる—お身の爲なる
たもる程—賜はる程
かれいひ—乾飯
たのむの鴈—田面に賴をかけたり

らなし。お心たしかに思しかへて、又御出世の時を待ちて下さんせ。お前さへ御得心《おごくしん》ならば、私が身をばもとの流に沈め、今までの親方《おやかた》さんに、何もかも打明《うちあ》けて、借《か》らるゝだけは借《か》りましてなりとも、お身のくろまる御恩報《はうじ》が致しましたいと、實《まこと》のまことに涙をそへていひ出れば、才太郎も嬉涙《うれしなみだ》身にしみ通りて、さりとは志《こゝろざし》の程かたじけない。さういうてたもる程、又奉公をさす事が男の身では口惜《くちをし》い。忘れはせぬぞと、手を合せての悦《よろこび》。お藤は我身をそれに極《き》めて、もとの親方へ二度のつとめ。岸屋榮《えい》五郎《らう》といふ男、粹《すゐ》といふ字には、命でもと思ひこんだる生付《うまれつき》。さつそく呑みこみて、五十兩かして心のまゝの奉公。才太郎は此金を肌《はだ》につけて、命二つと思ひこみ、おのれ人並《なみ》なるべきか。しばしの憂目《うきめ》は凌《しの》ぐとも、親の恩《おん》より義理《ぎり》の恩、金さへあらば報《はう》ずる物と、生付きたる大摑《たほづかみ》。心の矢猛《やたけ》はるゞと、江戸のよしみを賴みにて、伊勢《いせ》や尾張の海面《うみづら》に、過行く方の戀しさは、胸にあまれど腹《はら》さびしくて、忍涙《しのびなみだ》にかれいひの、ほどへにけりな旅衣《たびごろも》、きつゝ馴《な》れにしつまからげ、錦《にしき》よみなす蔦楓《つたかへで》も、金の蔓《つる》なら眺《ながめ》もあかじ。あかぬ眺《ながめ》の山は富士の根いつとてか、歸《かへ》る日をなんたのむの鴈の、君が方にぞよるとなく。あゆみつづけて十日旅《たび》。仙臺川岸《せんだいがし》に紅紐《もみひも》の八兵衞といふ大名《だいみやう》奉公人の口入あり。此男は櫻塚の生《うまれ》、

一口—山城國紀伊郡にあり
なら茶—奈良茶飯
ねまつた—寢そべる

所で小口も利《き》いたる者。伊丹《いたみ》の牛市に、男づくのいきさきにて、二三人に手疵《てきず》を負はせ、江戸へ立ちのきて、五六年このかた爰《こゝ》に居くろめて、頼《たのも》しづくの世渡《よわたり》。やう〳〵に尋ねあたりて、内に入れば、是はどうしたお下《くだり》、薄々《うす〳〵》樣子もうけたまはり、いかゞと案じてをりました。扨お下《くだり》の思召《おぼしめし》はと、頼しげなる詞に力を得、あらましの物語《ものがたり》。先はおしたく風呂《ふろ》にめせと、心一ぱいの深切《しんせつ》。旅草臥《たびくたびれ》しばらく休息《きうそく》と、枕かりて横《よこ》になるあたまの上へ、落ちかゝるやうな聲して、唐犬《たうけん》びたひの男、親方、おらは大膳《だいぜん》太夫殿へなら行付くべい。今一口《いもあらひ》の長尾殿へはよしなさい。とても十兩や十五兩の給分《きふぶん》では、なら茶、ぶつかけの錢にも足《た》らない。爰にねまつた野郎《やらう》も奉公人殿《ほうこうにんどの》か。見た所が大がい寸にはかゝるべいが、上方《かみがた》野郎はなましらけて、おかちにも道具《だうぐ》にも親方の骨折《ほねをり》だと、跡さきなしにきほふ所へ、廿四五の庸醫《やぶい》、檳榔子《びんらうじ》染《ぞめ》の木綿衣裝《いしやう》、羽織《はおり》著物一對《つゐ》に、小脇指の柄《つか》絲きれて油じみたるもいぶせき人柄。御亭主《ごていしゆ》昨日は始めて、段々《だん〳〵》のお世話。今朝より手前相《さう》應《おう》の口も申して參らぬかと尋ぬれば、さればさき程相馬樣《さうまさま》から、外科《げくわ》本道かねて、十兩に二人扶持《ぶち》と申すがいうて來てござれど、おのぞみには足りますまいと云へば、それはなんほう末々の療治《れうち》でござると申して、藥種屋《やくしゆや》の埃飲《ほこりのま》しても置《お》かれませぬ。手前《てまへ》が身分を

大びらな銀子ー大金
入口商賣ー周旋屋
買出しする仁ー買出しする人

賄《まかな》ひまして、藥種膏藥《やくしゆかうやく》の出所もござらぬ。又よろしい口もござらばと出でゆきぬ。才太郎亭主《ていしゆ》にむかひ、しらるゝ通《とほり》の我等、高《たか》五百石《こく》にあまる田畠、五とせの夢《ゆめ》と失ひて、身すがらと成りくだりしは云ふてかへらず。とかく大びらな銀子《きんす》まうけして、今一度古郷の松が見たし。當地《たうち》の案内かつて知《し》らねば、とかく力は貴樣《きさま》ぞと、ぶらさがりたる詞《ことば》。日いかにも呑込ましたれど、私も此地へ下りまして、きざみたばこ上塵紙《じやうちりがみ》のかたげ賣。ことに諸色《しよしき》の高きにおはれ、水道《すゐだう》の泥水《どろみづ》さへ呑《の》まるゝ事にあらず。八九里づつの道を、足を棒《ぼう》にかけ廻りましても、小商のはかもゆかず。うろ〳〵と致すうち、此家の死跡の入家《いりゐ》致して此口入《くちいれ》商賣。只今の江戸なか〳〵大づかみなる事、小本錢《こもとで》にては見えわたらず。通町《とほりまち》の大商人は多く京伊勢《いせ》近江《あふみ》よりの出店《でみせ》にて、地のおひたちは希《まれ》なり。千兩設けやすく、千兩出でやすし。淀《よど》河の水の味おわすれなく、江戸の濁《にごり》水の御しんばうは、もとよりいつ御出世ともはかりがたし。とかく爰《こゝ》は思召をかへられて、お上りなさるゝが上分別《じやうふんべつ》と、實ある諫《いさめ》いかさまと思ふ程力《ちから》落ちて、途方《とはう》にくれたる體《てい》。八兵衞思案《しあん》をめぐらして、折角《せつかく》のお下《くだり》まんざら手ふり棒《ぼう》にてお歸りなさるゝも殘念《ざんねん》。此郷に私内外の懇《こん》意《い》、八丈絹の買出しする仁《じん》あれば、是へ御談合なされて、八丈物《ぢやうもの》の思入はいかゞといふ

氷の如き物―刀劍

に、才太郎悅び、當世上方《かみがた》が八丈縞《じま》の時花《はや》る折から、せめてそれをともみ立の相談、鄰《りん》家《か》の男賴《たの》もしく、幸《さいはひ》八丈へ出船《でふね》の比なれば、才太郎も同船《どうせん》にて、伊豆の國なる八丈に漕《こぎ》渡り、好《この》める縞模樣《しまもやう》思ふまゝにえらみて、五十兩の金有りだけの思入《おもひいれ》。上《のぼ》り日和の手つがひよく、名もしらぬ磯邊《いそべ》に泊舟《とまりぶね》せしに、其夜の九つばかりに、あやしき小舟一艘《そう》こぎ付けて、恐しげなる男五六人、氷《こほり》のごとき物を拔持《ぬきも》ちて、こなたの舟にとび乘《のり》、是は此わたりの海賊《かいぞく》なるぞ。命をしくば荷物《にもつ》を渡《わた》せと、聲々《こゑ〴〵》に罵《のゝし》りければ、船中あわて騷《さわ》ぎて逃げまどふを、はやく艀《はしふね》に乘《の》りてさるべし。命や取るべきかとにらむ眼に、心消《き》え〴〵として、才太郎と水主《かこ》一人、艀《はしふね》に飛乘りて、磯《いそ》にこぎよせて、人をしらず道もわかず逃まどひて、足にまかせけるに、やう〳〵夜明《よあ》けて、爰はいづくにやと尋《たづ》ぬるに、伊豆の內にて御崎《みさき》といへる所なるよし。扨も淺ましや。かくまで悲しき事の續《つゞ》く物かは。

## 第三　二度《ど》の勤《つとめ》は定《さだ》めなき世《よ》の蜆川《しゞみがは》の淵瀨《ふちせ》

さりともと待し月日も過ぬれば、こや絕《た》えはつる始《はじめ》ならん。去《さる》にても命の二つある物にしあらば、一つは捨てて愁《うれひ》をたちてん。一つは世に殘《のこ》りて、戀しき人に宮仕《みやつかへ》せばやと、か

大文字の送火ー七月十六日京都如意嶽にて大の字形に火を點ずること

こちたるは、とてもなるくり言《ごと》。生《しやう》は難《かた》し、死はやすし。生《い》きてなれぬ事の、いかにあの世まゝなるべきや。金は世の寶《たから》にて、かへりて人を損《そこな》ふと、あながちに云ふべからず。人一生に福《さいはひ》あり、禍《わざはひ》あり。死《し》なでつまらぬ大三十日《おほみそか》ぞと思はば、伊勢《いせ》へ年籠《としごもり》と出かくべし。三月の二日には天王寺に經供養《きやうくやう》の舞《まひ》あり。五月の際《きは》には賀茂の足揃《あしそろへ》より上《のぼ》りて避《さ》くべし。七月は大文字《だいもんじ》の送火《おくりび》、九月八日桂《かつら》の宮の相撲會《すまふゑ》、泉涌寺《せんゆうじ》の舍利會《しやりゑ》、皆これ神佛の御めぐみ、命は捨てずとも、此厄難《やくなん》のがるゝ方はあるぞかし。一夜こしては春の日のゆたかなる人心より、三が日《にち》に借金《しやくきん》の目やすのつきしこと、神代よりあるべからず。蜆《しゞみ》川《がは》の岸屋の藤野《ふぢの》は、其後才太郎が音づれを待ちくらして、つとめも可笑《をか》しからねども、親方榮五郎が殘る所なき深切《しんせつ》のうれしさに、奉公に陰《かげ》ひなたなく、友傍輩《ともはうばい》とも情《なさけ》を盡《つく》して馴染《なじ》みければ、其誠あるもてなしを感ぜぬ者もなかりけり。ある日朝迎より藤野《ふぢの》をはじめ皆々歸りて、いつものごとく一所に打ちよりて、憎《にく》い可愛《かはい》の人ごと、笑をつくりて咄《はなし》して居る所へ、小女郎《こめろ》のおつる走來《はしりき》て、藤野《ふぢの》さん、旦那さんのお呼びなさつてといふより、何の御用ぞと立ちてゆけば、榮五郎、そなたにひそかに咄す事あり。こちへとつれて二階の小座敷《こざしき》へともなひ、聲をひくゝして、とつくと心を落しつけて聞くべし

心も空になりて—失心驚怖して

かずまへられたく—世の人に數へられたく

そなたの夫《をつと》の才太郎殿《さいたらうどの》、事は不慮《ふりよ》なる事にて相果てられしぞ。定めて聞きておどろくべしと云ふをまたで、それは何時《いつ》のいづくにて、いつの日にあなたのお耳《みゝ》には入りし事ぞと、心も空《そら》になりて尋ぬれば、成程《なるほど》、此文飛脚《ひきやく》が投入《なげい》れて行きしより、我も今朝《けさ》こそ知りたるなれ。よみて聞かさん。心をしづめて聞かれよと、袖より一通を取出して、

誠に片便《かただより》ながら一筆申入候。拙者事不覺悟《ふかくご》より存じよらず、御情《おなさけ》の御取はからひに預り、殊更格別《かくべつ》の御深切《ごしんせつ》など粗《ほゞ》うけたまはり、放埒《はうらつ》の身深く恥入候。しかし人界《にんかい》の定《さだめ》は、前《さき》の世よりやくそくある事も、かねて聞きおきしにまかせ、心やりをも致し有レ之候《さふらふ》。藤事厚《あつ》き志より、二度淺ましき苦界《くがい》につながせ候段、今更に候へども、悲しきかぎりに候。女たる道《みち》の誠は、あの方にとゞめられしが、をのこの情は露《つゆ》ばかりも我身《わがみ》には思ひよらず候。いかにもして今一たび、世の人にかずまへられたく存候より、いひがひなき金ともかへり見ず、物見《ものみ》付《つけ》たるがましく、はる〴〵と古郷《ふるさと》をはなれ候事、世にしたがひて、かくも愚《おろか》には成りくだり候。あはれ苦《くる》しき事をも淩《しの》ぎなば、めでたき日をむかへんとのみ思ひはかり候ものを、今は其心さへ掻《か》きうせたるは、世の因果《いんぐわ》とある因果、此身をひしとはなれず。終《つひ》に命のきはのくり言《ごと》に及び

すぎはひ｜生業

いたくな吹きそ｜海原に浮寢せる夜は沖津風

候。當夏《たうなつ》の末、其地を出候て、江戸仙臺川岸《せんだいがし》に、頼《たの》もしき人の方に落付申候より、立身《りつしん》のたくみ夜も眼《まなこ》もとぢず、心にとゞめ申候へども、土地に委《くは》しからず。只うち見に心かけ候ては、京難波《きやうなには》に稗りたるすぎはひもあらず候。宿《やど》の鄰《となり》なる人、伊豆の八丈の絹買《きぬか》ふ業《わざ》を手馴《てな》れておはし候にすがり、あの島へ渡り、絹《きぬ》どもあまた買ひあつめ、先づ一たびのぼりてと、舟出急《いそ》ぎ候所に、伊豆《いづ》の沖《おき》の名さへ知らぬわたりに泊舟《とまり》せし夜、海賊《かいぞく》といふ者におどされ候て、積《つ》みたる荷《に》ども殘らずうばひ取られ候。その者どもの手にて死なんず命にて候物を、おろかにもからうじて、よしなき命を迯《に》げまどひ候事、後にこそ淺《あさ》ましく存候。今は世の中の望《のぞみ》も綱《つな》きれて、親々の罰《ばつ》せられ候とまで思ひしられ候まゝ、古郷《ふるさと》近き所よりは、人しらぬ遠き國こそ、せめて恥しめのすくなきまゝ、伊豆の三島にてこの文認《したゝ》め、我は此暮《くれ》にかならず身を終《をは》り申候。此事藤《ふぢ》方へも申遣したく候ひしかども、いとゞ物思ふ身は、いたくな吹きそともうけたまはり候物を、何事もこなた樣まで申入候。我事はかく朽果《くちはて》候とも、身にある罪《つみ》の身を責《せめ》るなれば、例珍《ためしめづら》しからず候。只藤《ふぢ》事は二年《とせ》ばかりのなじみにて、い

いたくなふきそ妹もあらなくに

年も殘りて—年季ものこりて

横死—自害



まだ未來《みらい》の事までは、言《い》ひなぐさむ月日《つきひ》にもあらず候に、しほらしき誠を思ひつめて、我爲《わがため》に又のつとめを致しくれ候段、永き未來《みらい》までも忘るゝ時はあるまじく候。我死《し》にゆきしと聞候物ならば、其まゝかれも死《し》にはつべき樣《やう》にも思ひとり候はん。其事によりてこそ、此くり言《ごと》をも申入候。いまだ大恩《だいおん》あるこなた樣《さま》方に年《ねん》も殘りて、おのれ儘《まゝ》ならぬ身《み》に候なれば、自害《じがい》など致し候は、其身を盜《ぬすみ》て恩をむくいず。死にゆく夫《をつと》まで人でなし者にいたし候事、草葉《くさは》のこなたより願《ねが》はざるふしに候。とても過者《すぐるもの》のかへる道はなく候へば、よく〳〵物を辨《わきま》へて、仇《あた》なる命をすて申候はぬやうに、御申聞せ可レ被レ下候。もし御詞《おことば》に付申さず候て、横死《わうし》致し候はゞ、あの世にて行合候とも、物をも申まじく候。又は死なれぬ命を悲《かなし》み、とみに尼法師《あまぼうし》などにも成りて、跡とぶらひ候とも、恩《おん》と義理《ぎり》とを忘れたるまことなき回向《ゑかう》は、露《つゆ》ばかりも受申まじく候。其譯《わけ》とくと御申聞可レ被レ下候。只過ゆく身の願《ねがひ》には、此心をよく〳〵聞わけ、こなた樣への奉公《ほうこう》をこたりなく、末々年《ねん》もあき申候はゞ、丈夫《ぢやうぶ》を見立て嫁《か》し、其上にての一遍《ぺん》の回向《ゑかう》をこそ賴《たのも》しく存申候。幾重《いくへ》にも此詞をまもり候はぬ物ならば、永き夫婦《ふうふ》と思ひ入候まことも情《なさけ》も草の上の露《つゆ》、朝日にあふ霜《しも》と消《きえ》るばかりの

さだかならで｜不明にて

ひたすらに｜専らに

契《ちぎり》に候。くどくも御申聞可レ被レ下候。わざと藤方《ふぢかた》へは文どもおもひよらず候。これしも報《しら》せ申さぬこそ、そのことは存じ候へども、そこまでは思ひ捨《すて》がたく候。頼みなき者の身《み》の末、よく〳〵御情《おなさけ》の御介抱《ごかいはう》こひねがひ候。盡《つ》きぬくりごと申とゞめ候已上。

霜月十三日の朝　才太郎

岸屋榮五郎様

讀《よ》むうちより藤野が悲《かなしみ》いふばかりなく、兩眼《りやうがん》より涙《なみだ》わき出るがごとく、只いふ詞もさだかならで、物ぐるはしく見えにける。榮五郎も不便《ふびん》さかぎりなく、暫《しばら》く案じて云ふやうは、死《し》ぬるにも死なれぬ心の内、推《すゐ》しやりて申聞す事有り。涙を止《とゞ》めてよく聞すべし。流《ながれ》をたつる身は、末ひとつをたのしみとして、さま〴〵心にすゝまぬ氣色《けはひ》をもつとむる事ぞ。あまた人づかひし中《うち》には、良《よ》きと悪《あ》しきとの志《こゝろざし》多く見來りしに、そなた程《ほど》なる女らしき人を見ず。才太郎殿《どの》の節義《せつぎ》も感《かん》じてもあまりあれども、この書置《かきおき》に呉々《くれぐれ》云ひおかれしは、ひたすらに我方への義理《ぎり》を思過《すご》しての事なれば、われさへ赦《ゆる》す物ならば、且は歎《なげ》くにも及ばず。生《い》きて成りとも、死んでなりとも、是までまもりし貞女《ていぢよ》の道

冥加―慈、冥利
いきぢ―意氣

今更《いまさら》あやまる事なかれ。生《い》きる死《し》ぬるの二つより、外に心をみだすなと、男《をとこ》をみがく亭《てい》主《しゆ》が一言《ごん》と、夫《をつと》のおもき遺言《ゆゐごん》と情《なさけ》の道の二筋《すぢ》、いづれ涙に見えわかず。只手を合せて拜《をが》むばかり。榮五郎立上りて、女子共持佛《ぢぶつ》へ燈明《とうみやう》をあげて、一本花《もとはな》を立てかへよ。藤野が居《ゐ》やる小座敷《こざしき》へ誰もゆく事無用。折ふし襖《ふすま》ごしに用があらばと、尋ねてやれと、そこそこに氣をつけて、佛間《ぶつま》に入りて看經《かんきん》の聲いと殊勝《しゆしよう》なり。藤野はそこに夢うつゝともなく、其日の暮《く》るゝまで泣倒《たふ》れしが、夫の文をくり返《かへ》し〳〵よみかへして、始めて心を取りなほし、親方の前にあゆみ來りて、さき程の御詞《おことば》、あまりなるお慈悲《じひ》ふかさに、冥加《みやうが》の程もおそろしく存じますから、才太郎樣の書置に、只あなたの御恩《ごおん》を忘るゝなと、くれ〴〵れ巾置《お》き給ふ心と引きくらべまして、うへが上《うへ》にも有《あり》がたう存じます。其お情《なさけ》をくみわけまする程、猶《なほ》さら死にまする所にあらねば、遺言《ゆゐごん》にしたがひ、數《かず》ならねども屹度《きつと》御恩を送《おく》りたう存じます。只いつまでも御見捨《おみすて》なく頼上《たのみあ》げまするると、物のわかる事、さすがに川竹のいきぢより出で、地女《ぢをんな》の及ばぬ所、榮五郎大きに感入《かんじい》りて、何にもいやんな。呑みこんだ。おどろき入りし心底《しんてい》。其心ならばけふよりは四十九日が間、つとめには出《だ》さぬぞ。小座敷《こざしき》へ引きこもりて、才太郎殿の未來の爲《ため》、經《きやう》を寫《うつ》して追善《つゐぜん》しや。七日ごと

月日の關路ー過ぐるの縁語より關路といふただ月日の義
ほだしを打たぬー心をとめぬ

には旦那《だんな》寺《でら》の和尙をよんで、あみだ經を供養《くやう》すべしと、殘る所なき深切《しんせつ》。あんまり勿體《もつたい》なうござりますと、聲をあげての悅涙《よろこびなみだ》。親方夫婦《ふうふ》に助《たす》けおこされ、其夜より二階なる小《こ》座敷《ざしき》に閉ぢこもりて、髮すきなほし小袖をあらため、硯を淸めて机《つくゑ》にむかひ、晝となく夜となく、てらす燈《ともし》の思のけぶり、胸《むね》にあまりて空にたつを、みせばや富士《ふじ》の峰《みね》にまがへて、吾妻《あづま》の方にむかひつゝ、觀音經《くわんおんぎやう》の倭文字《やまともじ》、心ぼそさはかぎりなし。月日の關路《せきぢ》はやくも過ぎて、四十九日が內つとめをこたらず。思《おもひ》のまゝにとぶらひて、其夜一夜《よ》を通夜《つや》にあかして、人よりはやく起出でて、常々《つねづね》よりも心かろく、友傍輩《ともはうはい》に立交《まじ》りて、この程はすきと樣子も聞きませなんだが、誰さんはどうぞ。かれさんはいつ見えしかと、笑ひたはぶれて打遊《あそ》ぶけはひ、きのふと替る立ふるまひに、親方夫婦《ふうふ》猶々哀《あはれ》をもよほしぬ。髮化粧《かみけはひ》いつよりも派手《はで》につくりすまして、其夜よりのつとめ、前にこゆるもてなし、誰いふとなく此沙汰《さた》、此里にひろがりて、其心いきにほだしを打たぬものなく、今は全盛《ぜんせい》ならぶ者もなかりし。金を積《つ》みても身請《みうけ》せんと、あふごとにせむる客《きやく》あれども、御志は忘れませぬ。さら〳〵僞《いつはり》にて、お心を慰《なぐさ》めまするでは無けれども、この事はかさねて申出して下さんすなと、いくたびいうても同じいらへに心をいりて、親方榮五郎へいひ入

春秋の紋日―春秋の祝日

列女傳―漢の劉向の著書

るれば、藤野《ふぢの》事はちと樣子《やうす》ござりまして、たとへいか程の身の代《しろ》を下されても、お心にまかせ遣《つか》はしまする事叶ひませぬと、ちり灰《はい》つかずかてつけねば、腹たてちらす客もあり。わけてこそと木折《きをれ》ならぬ人は、粋《すゐ》といふたぐひ成るべし。春秋の紋日《もんび》おくりむかへて、定めし年も首尾《しゆび》よくつとめ、八疊敷《でふじき》の宿這入《はいり》、木綿布子に前だれ引きしめ、くだの襷《たすき》りゝしげに、身のすぎはひは此里の女髮結《かみゆひ》、一生やもめで身をかため、才太郎が追善《つゐぜん》をねんごろに弔《とぶら》ひしは、毛唐人《けたうじん》の書きし列女傳《れつぢよでん》にも、此《かく》なるはあるまじ。さて此かみゆひといふ事、敵討御未刻《おやつ》の太鼓《たいこ》といふ淨るりに、なんぼ廣い大阪でも、男のとりあげ婆《ばゞ》と女の髮《かみ》ゆひはないと書きしは、四十年そこらのむかしなるに、何事もさかしく移《うつ》りゆくは、色里のすがた。是も風流《ふうりう》のひとつならんかし。

# 世間妾形氣　巻之四

陰獸—野狐

結願—立願

修法の果の日

## 第一　息子《むすこ》の心《こゝろ》は照降《てりふり》しれぬ狐《きつね》の嫁入《よめいり》

諏訪《すは》の海氷《こほり》のうへの通路《かよひぢ》は、今朝《けさ》ふく風に跡たえにけり。信州《しんしう》諏訪の湖水《こすゐ》は、年毎《としごと》に三冬の時いたりて、冰千尋《こほりちひろ》の水底に徹《とほ》りぬれば、野狐《やこ》其上をはしりて、旅客輿馬《りよきやくよば》の途《みち》を曳《ひ》き、又春氣《しゆんき》地中より冒擬《うごきあ》ぐる比、野狐《やこ》かへりて往來《ゆきかひ》をとゞむとなり。かの陰獸恩《いんじうおん》のために酬《むく》い、冤《うらみ》を懐《いだ》きて訪《と》ふためし、ふるき夜話《やわ》につきずしも。ちとせの後の鳥居數にはいさをしを立て、うとくも見えぬ。西行が花の匂も日にみがくと詠《よ》みたる玉造《たまつくり》は、家居たてせばまりて、旅店《りよてん》の軒もよひ、唐弓《たうゆみ》の弦《つる》うつ夕ぐれ、難波《なには》の里のふるき俤《おもかげ》も、此わたりには殘りて見ゆ。梅はちりがてに彼岸櫻《ひがんざくら》の比《ころ》も違《たが》へず。天王寺の大法會《だいほふゑ》、けふしも結願《けちぐわん》とて、六十あまりの老女の隱居《いんきよ》めきたるが、小僕兒《こでつち》に巾紗物《ふくさもの》もたせて、旦那寺の因縁《いんねん》ばなしに日もかたぶき、まだ春ながら、野風の寒きに心せかれて、眞田山《さなだやま》の下道をかへる薄暮《うすぐれ》の木陰《こかげ》より、年の比《ころ》二十二三の女房、其美《うつくし》さしほらしさ、古金襴《こきんらん》に抱帶《かゝへ》か

心妙―神妙の義

鳥目三百文―金三百文に同じ

いしよげに引結びて、靜《しづか》にあゆみ來《く》るに、人すくなき道をば、わかい女中の供もつれず大《だい》膽《たん》なと、見かはす顔に小《こ》腰《こし》をかゞめ、申し〳〵御隱居樣《ごいんきよさま》。なれ〳〵しい事ながら、あなたをお慈悲《じひ》深い御方と見かけまして、お頼み申上たき品《しな》。一通《とほり》お聞なされて下されしうへ、御聞屆け下されますならば、まことにうへなき御恵《めぐみ》と、いと心妙《しんめう》に思沈みたる風《ふ》情《ぜい》。見た所が錢銀《ぜにかね》の無心いひさうな身の廻《まはり》にもあらず。終に見もせぬ女中のしみ〴〵としたお詞、年寄に相應《さうおう》の御用ならば、何なりとも聞きて進ぜませうに、先其譯《わけ》はと尋ねられ、賴《たのも》しきお詞にあまえまして、あからさまに申上ます。かならず人にはお話下されまじ。恥しながら私《わたくし》は、この野邊《のべ》に百とせをかさねて住みまする狐《きつね》でござりますが、去秋《きよしう》の末産《う》みました子狐、此ごろ人に取られました。其子《こ》が鳥屋町《とりやちやう》へ鳥目《てうもく》三百文に買取られましたゆゑ、夜晝啼《な》きあかしてばかり暮《くら》しまする。今は命も終《をは》るばかりの悲《かなしみ》ゆゑ、かりに人の容《かたち》と成りて、これぞと賴《たのも》しげなる人を待ちてをりまするに、あなた樣のお年恰好《かつかう》と申し、殊に後生參《ごしやうまゐり》のお歸なれば、此悲《かなしみ》をお嘆き申したらばと、先程よりのお願《ねがひ》。人ならぬ身の哀さを御推量遊ばして、何とぞ我子を買戻して給はらば、生々《しやう〳〵》世々の御《ご》慈悲《じひ》。この御《ご》恩報《おんはうじ》には何事にても、一つのお望は叶へませうと、黄なるな

玉造—攝津國東生郡にあり

六貫—一貫は八十文なり

みだを流して賴みけるに、老女もほろと淚《なみだ》ぐませられ、扨々《さて〳〵》不思議《ふしぎ》な哀《あはれ》な話《はなし》を聞く事かな。子の可愛いは人間畜生《ちくしやう》に替る物か。かならず心やすかれ。明日《あす》はいかにもこの鳥屋町を尋ねて、何程にても買戻しておませうぞと云はるゝに、それはまことか。あら嬉《うれ》し。此程の憂《う》さをけふぞ忘草《わすれぐさ》なれ。とてものお慈悲《じひ》にあすの暮《くれ》がた。此野《の》まで御あゆみ下されませ。先程も申すごとく、此御恩《ごおん》には何事なりとも、一品《しな》はお心にまかせ申すべし。日も暮れきり候へばとて、念比《ねんごろ》に禮《れい》をなして、畦道《あぜみち》を小走りに、菊菜《きくな》畠《はたけ》の中へ見えずなりにける。供の僕兒《でつち》がこはがるを、力をつけて手を引きたて、玉造《たまつくり》の町を横切《よこぎり》に、内平《うちひら》野《の》町の本家《ほんけ》に歸られけるが、其夜は目もあはで、明ると其まゝ手代《てだい》太兵衛をひそかに呼びていひつけ、鳥屋《とりや》町をせんさくすれば、はたして此比生捕《ころいけど》りしとて、子狐の繫《つな》れ居るを、五百文より六貫までに、付きあげて買取り持歸れば、隱居《いんきよ》の悦《よろこび》、誰にも知らすなと口どめして、我小座敷《こざしき》へかくし置き、なでつさすりつ、食物《しよくもつ》をあたへなどして、其日の暮れやくれずより、件《くだん》の子狐を久三がふところに抱《だ》かせつゝ、眞田《さなだ》山《やま》の下なるきのふの木陰《こかげ》に立ちやすらへば、あんのごとく母狐《はゝぎつね》、ありし姿《すがた》にて立出で來りて、物もいはず、伏しをがみ伏しをがみ。子狐を抱取りて、嬉しげなる顏ばせにて、地に跪《ひざまづ》き、かしら

去狀—離緣狀

若代—若き手代

をうなだれて、深く恩をむくふる有様《ありさま》に、隱居《いんきよ》も大かたならぬ悅《よろこび》、先はそなたの望叶ひて、さぞ嬉しからん。それについて昨日《きのふ》そなたのいうた詞に、何なりとも一品《しな》の望は心にまかさうとありしゆゑ、其詞に付きて賴みたき事有り。其譯《わけ》といふは、わしが事は内平野町にて、日光屋《につくわうや》和三郎といふ人參《にんじん》の問屋なるが、今の和三郎といふは、わしがひとり子にて、今年《ことし》三十二に成りまする。器用發明《きようはつめい》は町内の譽《ほまれ》もの。去年今橋邊より嫁をもらつて、もはや世に不足なき身と、わしは隱居《いんきよ》しました所に、何とした佛樣のばちでやら、息子和三郎其嫁を嫌《きら》ひて、去狀《さりじやう》つけて親里《おやざと》へいなしました。其おこりといふは、島の内の藝子《げいこ》に深うなじみ、此春身うけして、爰から程ちかき上鹽町《かみしほまち》に圍《かこ》うてあるからの事。此比《ごろ》はいつそ商賣の勘定《かんぢやう》もうはの空《そら》にて、晝夜妾《てかけ》の所へはいりこみて、一向《かう》内にとては尻すわらず。若代《わかだい》なり手代共も多い事、家の主《あるじ》がそれでは身代《しんだい》も心もとなく、さまざま異見《いけん》すれど、唐《から》の倭《やまと》の引言《ひきごと》に、口がしこく云ひぬけて取りあへず。さらば其妾を内へいれうにも、一家《け》世間の思はく、茶屋者《ちややもの》は嫁《よめ》にも成りがたし。賴むといふは爰の事。何にとぞ、そなたの通力《つうりき》にて、妾《てかけ》と手のきれるやうにして、又外より似合しき緣組《えんぐみ》もあるやうに、まもつてさへ下さらば、その上もなき恩がへし、きのふも旦那寺の和尙樣《をしやうさま》に、

脇に成り—他事となりて
後生も水にならう—後生の願も無になりて罠くなからんの意
野干—狐
葛の葉—蘆屋道滿大内鑑の姫の名
わんざん—和讒の義いひがかりなり

異見してもらひたさに、其譯《わけ》を話《はなし》がてらの天王寺參。今は如來樣《にょらい》も脇に成り、此事のみ心すまず願《ねが》ひこんだ。後生《ごしやう》も水にならうかと悲《かな》しうござると、眞實《まこと》に子を思ふ親の慈悲《じひ》、狐も感入《かんじい》りて、やう〱に頭《かしら》をあげ、お心やすう思しめせ。それ程に子を思ひ家を思ひての御心勞《ごしんらう》、佛神の加護《かご》ばかりにても、思召の通に成りませいで、此お情の御恩報《ごおんはうじ》にきつと思召にまかせまする。かならずしるしを見すべきぞ。今はとて立上り、野干《やかん》の姿もあらはさず。角結《つのゆひ》のくけ帶に尾をかくして、女房《にようぼ》ぶりしほらしく、宵月夜の朧《おぼろ》に眞田山の方へかきうせにけり。久三は始終《しじふ》を見入り聞入りて、扨も替《かは》つた狐ぢや。去《い》にしなには是非《ぜひ》に箔置《はくおき》の杖《つゑ》かたげて、畜生足《ちくしやうあし》と出かけさうなもの。富十郎が葛《くず》の葉《は》の正眞《しやうじん》を見る事と、たのしんで居たのに、中々尻のあたりのよせ皺《しわ》引きのばして、尻聲《しりごゑ》もかはいらしい鶯《うぐひす》ごゑ、とんと呑みこまぬ女房《にようぼ》。あの狐の子も持ちていんで藥喰《くすりぐひ》にするか。又は黑燒《くろやき》にして髮生藥《かみはえぐすり》にするのではござるまいかと不思議《ふしぎ》がるを、はて扨そんな惡口《わるぐち》いふ物か。狐は執心《しふしん》の深いもの。ことに賴置《たのみお》きたる事もあるぞかし。かならず宿へ歸りしとて、わんざん噂《うはさ》もすまいぞと叱りつけ、狐がことばを賴みに、心まめしう急ぎて宿に歸りける。實《げ》に其言瑞《ことはずる》あるかな。一子《し》和三郎は、去年《こぞ》のいつよりか、ふと道頓堀《だうとんぼり》の水遊

あのゝものの道行—兎や角の道行

山吹の道具立—黄金には

眉おろさせて—落籍の上眉を落させての意

に游《およ》ぎそめて、岩井風呂《いはゐぶろ》の小袖といふ藝子《けいこ》に、夜晝の居つゞけ、愚痴《ぐち》な悋氣《りんき》からいひあがり、いつそ身請の談合《だんがふ》しめて、身《み》の代《しろ》の三百兩に、あのゝものゝ道行《みちゆき》に、まきちらす山吹の道具立には埒《らち》せぬ事もなく、先《まづ》は此春の二の替《かはり》と親方の悦《よろこび》。眉《まゆ》おろさせて上臈町の座敷住居《ざしきずまゐ》、妾珍しき水の出端《ではな》、宿の妻《め》さへ去《さ》りこくりての無理氣儘《むりきまゝ》。老母《らうぼ》のいかりも憎《にく》さ可愛《かあい》さの涙川。歸《かへ》りくるかに取りついての理詰《りづめ》づくしも、うはの空ふく戀風に、たちゐる雲の足とまらで、我屋《わがや》を旅の一夜もまれなる枕の海《うみ》、はやくも瀬《せ》となりて、ある朝母の看經《かんきん》の終《をはり》を待ちてかしこまり、暫《しばら》くも御心に違《ちか》ひて、段々の不行跡《ふぎやうせき》、やう〳〵始めて夢さめ、きつと分別《ふんべつ》致し、袖が事は早々暇遣《いとまつかは》して、向後は店の勘定《かんぢやう》ぬかりなく、せめてものお心やすめ。是までの不孝《ふかう》御免《ごめん》下さるべし。しかし本妻《ほんさい》義は一旦離別狀《りべつじやう》遣したるうへ、わが心なほせしとて、今更あらためて呼戻す事も心外《しんぐわい》なれば、外々にて似合しき緣《えん》を聞きたて、天晴《あつぱれ》御安堵《ごあんど》させます間、何事も御宥免《ごいうめん》と、本心にかへりたる和三郎が言《いひ》ぶん、隱居《いんきよ》大きに悅び、其心にし聞くうへは、何をか後世《ごせ》の障《さはり》ならん。茶屋《ちやや》者でさへあらずば、何人の娘でもくるしからず。一日もはやく初孫《はつまご》の顏を見せてたもと、世に嬉しげなる有さま。是こそ狐《きつね》の恩がへしと、其まゝ僕兒《でつち》下女引きつれ、玉造

常脉のお出入—常に定まれる出入

氣伏し—承知の意

いきり—息張りの義

てら〳〵日和—曇り乍ら晴るゝ日和

むべも富みけり—東遊の呂の句を引用す

眞田山《さなだやま》の稲荷へ、御膳《ごぜん》百燈《とう》の賽《かへりまう》し、和三郎は其日より、勘定場にはひぬきの商人形氣《かたぎ》。上鹽町の妾宅《せふたく》は、しばしの榮花とさめ果て、世帶道具に片付代《かたづけしろ》五十兩、いづち行きけん郭《ほと》公《とぎす》、雲井《くもゐ》のよそに歸りけり。常脉《じやうみやく》のお出入醫《い》者《しや》信多《しのだ》快庵《くわいあん》、したり顏《かほ》に隱居《いんきよ》へ來り、私存じたる西國の浪人衆《らうにんしゆ》、青葉《あをは》半之介殿と申すが、玉造邊《へん》に蟄居《ちつきよ》せられてござる。息女おたね殿《との》と申すが當年十八歳にまかりなられ、容儀《ようぎ》發明《はつめい》さすがに武家の育《そだち》から、しかも兩親《しん》に孝行なる事日本の孝子傳《かうしでん》、金《こがね》の釜《かま》の掘出し嫁《よめ》。今日和三郎樣へもちよとお咄申したれば、手前《てまへ》ははなはだ氣伏《きふく》したれども、母の思はくいかゞとの儀ゆゑ、其のまゝ是まで伺候《しこう》仕つたと、いきりかゝつて物語《ものがた》れば、それはまあいかい御親切《ごしんせつ》。殊に系圖《けいづ》正しき浪人衆とあれば、娘御《むすめご》の行儀はさぞかし。和三郎さへ得心ならば、私はもとよりの事。一時もはやうとてものお世話《せわ》と、かさね〴〵の悦《よろこび》。又兩社の稲荷《いなり》樣へ御湯神樂《ゆかぐら》のお禮參。神の結びし緣《えにし》にや。結納《たのも》の往來《ゆきき》も事をさまりて、三月二十一日は稲荷樣の御緣日《ごえんにち》なればと、婚禮《こんれい》の日はお母《ふくろ》老の望にて俄《にはか》の設《まうけ》。普《ふ》請上塗《しんうはぬり》の干《ひ》るまなき、苗代《なはしろ》時の風寒み、てらてら日和に降《ふ》る小雨《こさめ》も、淸めの雨といはひ歌《うた》。むべも富《と》みけり其夜の設《まうけ》、媒人《なかうど》信多快庵案内にて、舅《しうと》青葉半之介夫婦、五十有餘《いうよ》の友白髮《ともしらが》、嫁《よめ》の乘物舁入《かきいれ》させて、おの〳〵座に

節用集—辭書、其書に記されし如き作法

ためつすがめつ—注意して見ること

后羿—有窮氏

つけば、介副加《かいぞへくはへ》の役々の女中、立ちかはり入替り、節用集《せつようしふ》の式作《しきさ》法《はふ》。お供のくわい介ごん藏《ざう》まで、おめでた雜煮《ざふに》の腹鼓《はらつゞみ》、うちをさまりし三々九度に、嫁御《よめご》は先づ色なほし、御一家方へのお近付と、帽子《ぼうし》を取れば、見たような顔に、隱居《いんきよ》の母ためつすがめつ眺《なが》め入つて、よう思ひ出せば、狐《きつね》の子買つて戻した眞田《さなだ》山の白子《しろこ》女郎、是は不思議《ふしぎ》とあきれた顏に、嫁のおたねも恥しさうに、指しうつむいて挨拶《あいさつ》出でず。いざお休みと快庵《くわいあん》が引取つてのきり盛に、立ちてゆくうしろから、尾は見えぬかとお母老《ふくろ》の疑《うたがひ》も、心一つに日はたちて、よく〳〵聞合せたれば、嫁の親里青葉《あをば》半之介といふは、玉造の黑門《くろもん》に、屋根《やね》草《ぐさ》おふる軒のつま、よめ菜《な》川苣《かはちさ》たんぽゝも、いつを春なる荷《になひ》うりして、青菜《あをな》助兵衞といふその日すぎ、藝子《けいこ》の小袖がおやもとなるよし。お母老《ふくろ》はじめて夢がさめ、これ和三郎、嫁《よ》女《め》の廣めしやるなら、小豆《いろ》の蒸飯《おこは》に油あげ七つばかり添《そ》へて配《くは》りやと、にがり切りていひ付けられぬ。

## 第二 一人《ひとり》娘《むすめ》の奢《おごり》は末《すゑ》のかれた黃金竹《こがねだけ》

あかなくに月のうちなる欒もが、老をかくして幾秋《いくあき》も見む。錦繡萬花《きんしうばんくわ》にいはく、后羿《くけい》が慾《よく》

赫夜姫―竹取物語に委し

玉味噌―木曾の玉味噌にて出家にあり

鵲の橋―七夕の夜天河に鵲の羽にて掛渡す橋

---

のかぎりなく、はからずも得し仙藥《せんやく》を、ものした物がものしらるゝ、其盜人は千年《ちとせ》もと契をこめし妻がねが横著《わうちやく》。奔月托身月中仙《つきにはしりてみをけつちうのせんにたくす》とは、不心底《ふしんてい》のうはもり。夫《をとこ》を尻《しり》に敷《しい》金《がね》、かなゆづすり持ちて來りつらん。又赫夜姫《かぐやひめ》がむかし噺、八月の十五夜に天津空《あまつそら》よりむかへの輿《こし》、帝に不死《ふし》の藥をすゝめたるは、出尻《でじり》あらさぬ神妙《しんめう》を、世に珍しく書殘《かきのこ》せり。然れども此二女《ぢよ》がふるまひ、むさいさもしい凡情《ぼんじやう》にて、非難《ひなん》をいふべきことならじ。我福分《ふくぶん》を以て其福分を損《そこな》う奢者《おごり》でも、身一生にある果報《くわはう》なら、削《けづ》つても落すべからず。迂作《うそ》と聞きては、おとし噺さへせぬ正直ものが、貧乏神《びんぼふがみ》の中宿と成るは、天數《てんすう》のまゝならぬ世の中。說法僧《せつぽふそう》の付けこみ所。因緣《いんねん》とも業障《ごふしやう》ともお口にまかせて仰せらるべし。又女は氏なうて玉味噌《みそ》のあぢしらぬ身と成るは、天地《あめつち》のめのこ算《ざん》に、はづれたやうに思はるゝぞかし。河内の枚方《ひらかた》天の河内《かはち》の邊《ほとり》に、平戶《ひらど》梶《かぢ》右衛門とて、有德《うとく》なる浪人あり。常のすぎはひに謠《うたひ》の指南《しなん》して、麥豆綿《むぎまめわた》の禮物《れいもつ》に、心やすく世を渡りける。女房のお琴《こと》ある夜の夢《ゆめ》に、鵲《かさゝぎ》の橋《はし》の上で、かけ盤《はん》で茶漬《ちやづけ》喰ふと見て、お腹《なか》のかさ高くなり、終《つひ》に女の子を產落せしより、父梶《かぢ》右衛門《ゑもん》此子の名をお橋とつけて、撫《な》でつさすりつ愛憐《いつく》しみ、千箱《はこ》の玉と育《そだ》てしが、脊《せ》たけ延るにつれてあいくろしく、器量《きりやう》發明只ならぬ生立なれば、父母の

氣付けて來たずんばい　ーずんばいは接尾語

雛人形ー艶麗なる女

嬉しさ限なく、此草中《くさなか》であらうとも、生先《おひさき》をこそ頼みなれ。紡績《うみつむぎ》はをしへたとて、迚《とて》も賤《いや》しきわざくれぞ。手書《てかき》物よみ琴《こと》のくみ、十五や十六のはや覺《おぼえ》に、をしふる親がはだしにて、逢ふ人ごとに、自慢《じまん》の鼻は屋の棟《むね》よりも高かりし。近郷《きんがう》のとり沙汰、天《あま》の河の梶右衛門殿に、天人を産れたげな。いや觀音《くわんたん》の化身《けしん》ぢやと、見に來る人も多かりけり。麥《むぎ》刈《か》り草引く小娘さへ十五六ははぢけ時、ましてかゝるしやれ者が、洗磨《あらひみがき》も小がしこく、前うしろ見る智惠つけば、あそこからも爰からも、嫁入の口はさま〴〵に、耳かしましくいひ來れど、土百姓のふつゝかさ、油氣《あぶらけ》のなきそゝけ鬢《びん》。娘がいや氣、二親がやらぬ氣に、どの談合も取りあへず。氣付けて來たずんばい。桃《もゝ》手折らせじとぞまもりける。二親の思はるゝは、とても此片里にては、頼《たの》もしい聟《むこ》がねも有るまじければ、京のたゞ中を聞合して、天晴《あつぱれ》都の男ぶり、それもえらみに撰《えら》みてと、子に狼狽《うろた》ゆる夜の鶴《つる》。家内の下人諸道具まで、すつぺらぽんと町の座敷《ざしき》をかりて引きこしの明日《あした》より、お橋が緣の事のみにて、御忌御影供《ぎょきみえいぐ》の人だちへ二親が引きそうて、娘自慢《じまん》のうはの空焚《そらだき》。物好《ものずき》小袖につくりすませし品《しな》かたち。京にも希《まれ》な雛人形《ひなにんぎやう》。よいや大名道具めと、譽《ほ》められた一言が、梶右衛門の耳にしみ付きて、我も昔はよしある家、一人娘をむざ〳〵と無祿《むろく》の町

お國様—諸侯の夫人

縁邊—結婚

ころりと逝きし云々—死せること

人にくれるとは、思へば心外《しんぐわい》のいたりなりと、それから思案が打替り、大名目見《めみえ》の思入。それも餘所《よそ》なみ同前に、扶持《ふち》給金《きふきん》の望《のぞみ》なく、發端からお國様といはして見たい慾目《よくめ》には、誰《たれ》しもいろふといふ人なく、娘ももとが世間《せけん》みずを、あまやかしたる育《そだて》がらに、かな草子《ざうし》の端々《はし〲》を聞きはしりたるいき過者《すぎもの》。男えらみは親一倍《ばい》にて、著類《きるゐ》、手道具《てだうぐ》、人遣も、法慮《はふりよ》なき榮耀《えいえう》沙汰。襟垢《えりあか》つけばむさいとて、あたりの人にやりちらす。此やうな仕入染は縮緬《ちりめん》なりやとて著らるゝかと、噛《か》みさき引裂《さ》くすね者も、育《そだ》てた親があやまりにて、異見《いけん》いさめも聞かばこそ、母のなげき梶右衛門が後悔《こうくわい》。愛慾《あいよく》に心みだれて、かゝるてんばに仕あげしは、親の仕付がわるさゆゑ、支離《かたは》な子が可愛《かはい》いと、あの行末はどうなることと、縁邊《えんへん》の望もどこへやら、浪人の貯《たくはへ》の田畑の藪《やぶ》のあての實《み》も、内證からの早《ひ》損水損《そんみづそん》。十荷《か》の嫁荷も著潰《きつぶ》して、いつの間にやら空箪笥《あきだんす》の、くわんともちんともいかぬあげくに、梶右衛門が心痛《しんつう》にて、ころりと逝《ゆ》きし京の土。母のお琴が悲《かなしみ》は推量《すゐりやう》してもあまりあり。今はさらりとつまらぬぞ。どうする心と引きよせてのとひ状《じやう》に、お橋はいかな弱《よわり》なく、器量自慢《きりやうじまん》の鼻のさき、かく成りました事なれば、私が身を妾《てかけ》奉公になりと參りまして、お母様《かゝさま》に不自由はさせませぬ。お前も私も乘物《のりもの》で、神參《かみまゐり》見物に出るまでは致

案じてばし—案じてばかり
すつぱ—盜人
木に餅がなる—甚だ都合よく巧なる

しませいで、はゞかりながら案じてばし下さんすな。君傾城《きみけいせい》に沉《しづ》みても、あら〳〵しい打著《うちぎ》などは、著せます事ぢやござんせぬと、小町形氣《かたぎ》のはねぎり者には、取りつく所もなかりけり。さての奉公《ほうこう》口入には、河原町の花屋嗅《かゞ》とて、名うてのすつぱが駈けあるきて、中立賣《なかだちうり》の大金持、春木《はるき》德右《とくう》衞《ゑ》門《もん》といふ大盡《だいじん》を釣りかけ、かう〳〵した譯《わけ》ある娘御。器量育《きりやうそだち》は私が口で百日千日申したとて、いひ盡《つく》されぬ美人草《びじんさう》。藝《げい》は萬能に達してござる。母御一人で厄介《やくかい》なし。その又母御の心入。以前が思ひやられまする。あのやうなお子が手入らずで、此すばやい京中にござつたは、旦那樣《だんなさま》の御果報。私も口入冥加《くにふみやうが》に叶ひましたと申す物と、古狸が辯《べん》にまかせて、木に餅のなるいひかたに、それは急に見たいまで、外へしらすな。其替りに嗅《かゞ》の背は盜まぬと、何角《なんかご》なしに一角《かく》はづみ切つた談合に、いつ何日に則《すなはち》娘御の方へ、あなたを御供《おとも》いたしましよ。是も東山邊でと申したら、京の道は石高《いしだか》で徒歩《ひろ》ひにくいとむつがるゆゑ、左樣ならばと、御供致してまゐる筈に、約束《やくそく》申して歸りました。そりやどうなりと打ちつれ立ちて、ほんと町《ちやう》の借屋敷。先づ私が案内申しましよ。玄關《げんくわん》へおあがり遊ばせと、勝手口へ嗅《かゞ》は這入る。春木大盡《はるきだいじん》はつゝぼりと立ちて居らるゝ内より、十四五の小婳《こしもと》先程よりお待遠《まちどほ》にござりませう。暫くおひかへ遊ばさ

手前—茶の手前

のんこの赤手—古陶器の名品

すはま—菓子の名

七度半—使の多きをいふ古諺にいづ

廣蓋—衣服を藏むる匣の盞の稱にて賜輿の服など載せる器

れませと、時代蒔繪《まきゑ》のたばこ盆も、朝脉《あさみやく》の療治《れうぢ》人あしらひに、いか樣嚊《かゝ》がいふ通《とほり》、たゞものではないわいのと、見ぬ戀《こひ》に待退屈《たいくつ》。又入替りて二十ばかりの小婢《こしもと》が、鹽瀨《しほせ》の巾紗《ふくさ》に持添へて、是は御客人の手前澁《しぶ》うござりますれど、一服召上られて下さりませと、差《さし》出す茶碗ものんこの赤手《あかて》、口取は大文字屋《だいもんじや》のすはま、心ある饗應《もてなし》に、是はけしからぬ高《かう》尙者《じやうもの》。てんとたまらぬ御馳走と、心は空に釣上られ、今か〳〵と脊中には、汗《あせ》を催《もよほ》して待ちかけけるに、旦那樣お性《せい》が盡《つ》きましよと、嚊《かゝ》がしらせの七度《なゝど》半。繻珍《しゆちん》の蒲團《ふとん》正面に敷捨て、入る小婢《こしもと》に引きちがへて出るお橋が勿體《もつたい》。襠《うちかけ》さばきしとやかに、春木が方へは目もやらず。お内儀《ないぎ》大儀《たいぎ》とふうわりと座につけば、思はずしらず春木大盡、はつと頭をさげたるも可笑《をか》しかりき。お橋しとやかに、始めての御めもじ、萬事は内儀《たいぎ》によろしうとばかりにて、これ蘭《らん》、内儀の帶が垢付《あかつ》いていぶせい。どれぞ一筋進ぜてといひ付くれば、はいと答へて、廣蓋《ひろぶた》にわたり繻子《しゆす》のくけ帶。仕《し》ふるしたれど始めてのしるしまで、あなたへ御ゆるりとお休み遊ばしてと、ついと這入《はい》りて仕舞ひける。春木大盡荒膽《あらぎも》をぬかれ、門口へ出るやいな、扨嚊《かゝ》の咄よりは、見事で高尙《かうじやう》で、近年の大掘出《おほほりだし》。給金はいか程でも我等《われら》世話いたすなり。きまつて跡から戾りやれと、足も地につかず歸《かへ》られけるが、

妲妃―殷紂王の寵后　褒姒―周幽王の后

濡人―情を交す人

苫の衣云々

さつそく首尾なりて、座敷《ざしき》も住馴れたれば、其まゝに手《て》生《いけ》秘藏《ひざう》の箱牡丹《はこぼたん》。比翼《ひよく》の鳥は閨《ねや》の酒事《さゝごと》の燒肴《やきざかな》、連理の枝《えだ》の爪楊枝《つまやうじ》、可愛《かはい》い愛《いと》しの夭《えう》とれとは、こんな中をやいふならし。されどもお橋が取りじめもなき榮耀《えいえう》氣ずるは日增《まし》夜增にて、此蝦夷錦《えぞにしき》はあつくろしい。淺黃《あさぎ》印金《いんきん》の夏帶が拵《こしら》へたい。はらげ髮《がみ》には一角獸《うにこうる》の水櫛《みづぐし》がよからうか、火鼠《ひねずみ》の蒲團《ふとん》はあたゝかさうなと、見た人さへ希《まれ》な物好には、金の山でもくづしかねぬ妲妃褒姒《だつきはうじ》が生れがはり、さすがの大盞よわらせられて、さりとは可愛《かはい》い奴《やつ》なれど、あの奢《おごり》にはたてあはれぬ。妾も身代《しんだい》ありてこそ、あらしようやと迯《にげ》じりにて、花屋の嚊《かゝ》にへんじやう米《まい》。これ嚊、彼はけしからぬ氣ちがひ、人の榮耀《えいえう》も程がある。物うか〱とは世話がならぬ。ぎやまんの入歯《いれば》して㒵れといふまでは、いかな身代もつゞきはせぬ江戸の店へ下つて戻《もど》らぬとなりと、囘國《くわいこく》に出《で》て行方がしれぬとなりというで迯《に》げてたも。此後もかゝりては、恐らく京にはあるまいぞ。あら勿體《もつたい》なの妾やと、身ぶるひしてさらば〱。お橋も此手をはなれてより、見に來る人もあるなれど、聞合してはこり須磨《すま》の、しほぬれ衣《ごろも》濡人《ぬれて》もなく、さそふ水さへあるならば、手鍋《てなべ》もさげたい心でも、浮草の根もたえはてたすたり者。眺《なが》めせしまにふるされて、賣《う》り喰《ぐ》ひなれば肌《はだ》さむし、苫《こも》のころもを我にか

—岩の上に旅寢をすれば肌寒し苔の衣を我に借さなん

搔暮に—全く

氣でくへ—男は氣でくへとの諺

さなん。京もいつしか立退《の》きて、其後は搔暮《かいくれ》に行方も知らざりしが、小野寺の門前に、卒都婆屋《そとばや》の女房が、たしか其お橋ぢやと、いふ人がありしとやら。

## 第三　貧苦《ひんく》に身《み》をしぼる油扇《あぶらあふぎ》の繪《ゑ》

さまぐ\にかはる願《ねがひ》をいのるてふ、ひとつまことを神《かみ》やうくらん。人と生れて思ふ事なきものはないに、それも氣のはたばかりに高下《かうげ》ありて、一本の朸《あふこ》で百貫目屋敷を荷《にな》ひ出す上根《じやうこん》あれば、讓《ゆづり》の金箱いつしかかき餅入《もちいれ》にする息子あり。おのれやれと褌《ふんどし》しめたことの。九梯子《はしご》七はあがらるゝ物ぞかし。惠《ゑ》心僧都《しんそうづ》は佛にならんとのみ願ひて、胸つぼに白蓮《びやくれん》が生《は》えたるよし。聖人《せいじん》をまねぶ人の鼻《はな》の下は、日々に長く成るにたがはじ。われ手で伯母《をば》の死跡のこけこみしと、山の芋《いも》の鰻《うなぎ》に成るはおのれしらずの理外《りぐわい》、氣でくへといふ譬《たとへ》はかいなぐりがたし。されば男山のむかし、一時をくねる女郎花《をみなへし》の跡たえて、髭《ひげ》牛房《ごばう》のむくつけなる名所となりぬ。淀野《よどの》の眞《ま》こも草、五月《さつき》の粽《ちまき》の外には言ひいづる事なし。伏見の呉竹《くれたけ》のみぞ、職人のよるべと成るはをかし。砂川《すながは》といふ邊《ほとり》に小店《こだな》をかりて、夏冬なしに油扇の繪《ゑ》千枚畫《か》いて一匁五分。筆の命毛《いのちげ》はかなくも親子四人口、さのみむさ

守隨の秤ー吉川守隨天正年間初めて秤座となりし人これより世々秤を稱してかくは呼べり。

うも住みあらさず。脊戸《せど》の朝顔、葉鶏頭《はけいとう》を目鏡ながらのながめに、澁茶《しぶちや》のたのしみ、心は貧《まづ》しからねども、鼻のさきの桃山《もゝやま》のさかりを見る事なく、大路の往來《ゆきゝ》に春をのみ知りて、いくとせをか過《すご》しぬ。相借屋《あひじやくや》五軒いづれも切《き》りつめし世わたり、壁鄰《かべどなり》は六十も既にかたぶく禪門《ぜんもん》、ひとりの息子を板橋町の文珠《もんじゆ》四郎へ弟子にやりて、今二とせの年明《ねんあけ》をたのしみに、楊枝《やうじ》けづりていざり仕事いと侘《わび》し。其鄰なる寡男《やもめ》は、烏《からす》とともに朝戸を出で高瀬《たかせ》の舟曳《ふなびき》。西鄰はかんてん草《ぐさ》にて、三島海苔《みしまのり》を仕出せし親仁。井戸のはたの家は、守《しゆ》隨《ずゐ》の秤竿《はかりざを》に目をもりて、こまかなる身過。獨居《ひとりずみ》の噂なん撞木町《しゆもくちやう》のやり手の果にて、今に前巾著《まへきんちやく》を放さず。なれし事とて小娘の口入。泥町中正島《どろまちなかしやうじま》で、折ふしは二三十日とかたまつた銀をとれば、此借屋中にて鹽物《しほもの》をたやさぬ暮。いづれこのあたりには、大三十《おほみそ》日《か》に掛乞《かけごひ》の聲も聞えず。氏神のまつりに提燈《ちやうちん》出した事なし。貧しうしてたのしむといへるふる語《ごと》も、かゝる所にやあるらめ。扇畫工《ゑかき》の伊右衞門、もとはそとした武士《ぶし》の果にて、貧苦《ひんく》にわろびれず、二人の娘をもてり。姉はお瓶《かめ》妹は木幡《こはた》とて、十七と十五の春の梅櫻《うめさくら》。いづれも器量《きりやう》すぐれて、心だてもしほらしく、二親に孝行なる振舞《ふるまひ》さかしければ、親親のいつくしみ深く、とても我は老いゆく身、弓も刀《かたな》も望なし。生《おひ》さきある娘には貧苦

賃苧—打麻なをして賃金をうろ事

鐵槌抄—徒然草の註釋書、靑木宗湖著

樫竿—三味

八文字—遊女のあげや入りにふむ足の樣

の境《さかひ》をのがれさせて、人らしき者の宿《やど》の妻となすならばと、朝夕の看經《かんきん》に、即現長者身《そくげんちやうじやしん》得度者《とくどしや》を深く念じて他事なし。女房は煑焚《にたき》の間に賃苧《ちんを》をうみ、二人の娘は近所の嚊達《かゝだち》にさそはれて、一里にちかき小倉《をぐら》の里へ、鶯《うぐひす》の餌《ゑ》小魚《さこ》十串《くし》さして二文、さすがに都ちかきとて、はかなき營《いとなみ》もいやしからず。同じ種《たね》にさへ心はひとつならぬ物ぞかし。姉のお瓶《かめ》は、稚《わか》き時よりおとなぐろしく神佛《しんぶつ》を信じ、小倉通《をぐらかよひ》の道すがらに、豐後橋《ぶんごはし》の古道具屋で、つれ〴〵の鐵槌抄《てつつゐせう》を十八文に買ひて、朝夕手を放《はな》さず。爹親《てゝおや》の看經《かんきん》について、觀音經《くわんおんきやう》よみならふより、萬にさう〴〵しからず。妹のこばたは辯目《べんもく》ものにて、毎日の行戻《ゆきもどり》に中正島《なかしやうじま》の色屋《いろや》の店に足をとめて、三味線《みせん》の心がけ、はやり謳《うた》に耳をかたぶけて、聞がな透《すき》がな、煙筒《きせる》を取りて稽古《けいこ》の指《ゆび》づかひ。相借屋の肝《きも》いり嚊《かゝ》が唄ずんばいうつて、祇園《ぎをん》か島原へやらば黄《き》な物たんとに成る代物《しろもの》と、樫竿《かしざを》に古絲かけて、我もむかしはお町にてかぢりならひし五八いよこの手拭《てぬぐひ》、よし野の山を雪かと見ればを教《をし》へ、折がな色奉公廓《くろわ》の活計《くわつけい》をうそ八百とりまぜて勸《すゝ》めこまれ、稚心《をさなごころ》に八文字がふんで見たく、年よりは前うしろ見るいき過者、爹親《てゝおや》の心に叶はず。何とした因果で、あの下作者《ひさくもの》には育《そだ》てしと、女房《にようばう》をうらむれば、女房は又相借屋の嚊《かゝ》を恨みて中よからず。いつそ妾《てかけ》もの

すれ—ちゞれ毛

三筋—少し

にして、大名方へ出さばと、夫婦《ふうふ》談合しめて、はじめの角《つの》を笑《わらひ》にかくして、口入噂《くにふかゝ》をたのめば、口が明いたと噂《かゝ》が悦《よろこび》。京中の妾口入《てかけくにふ》をかけ廻りて、尋ぬれば又廣い事。諸國の大名方より妾の器量恰好《きりやうかつかう》年ばいまで、繪圖《ゑづ》にして幾口《いくくち》といふ事をしらず。毎日五人三人目見《めみえ》のなき事もなし。奥御用《おくごよう》の役人目鏡《めがね》をたのみに、繪圖《ゑづ》に引合せて、器量はよけれども、瘦肉《やせじし》にて子はあるまじき恰好《かつかう》とつきさませば、あの子の母御は有馬《ありま》の人で、おちに伯母《をば》様があれば、湯治《たうぢ》がてら一年もいてござつたれば、御懷妊《ごくわいにん》の所は受合ひますと出はうだい。年ばいとて合點せず。侍形氣《さぶらひかたぎ》、忠心形氣、けがな黒痣《ほくろ》一つちがうても、大事の役目を仕損ずると覺えて、笑ふ時に齒莖《はぐき》が出るの、髪の中にはすねがあるのと、繪圖《ゑづ》にあふは希《まれ》なれども、又相應《さうおう》に兀《は》げてゆくもをかし。此役人第一に腋臭《わきが》に鼻のはやきを手柄《てがら》とする事ぞかし。木幡《こはだ》もあちこちと目見に出れど、三筋足らぬ所ありて思はしき口もなし。去る北國方の高家《かうけ》より御注文の器量風俗《ふうぞく》、姉のお瓶《かめ》に寸歩《すんぶ》も違はず。しかも大金を出さるゝよし、口入噂《かゝ》目を光らして、伊右衛門《いゑもん》夫婦に咄せば、先づすゝめて見ませうとお瓶をよんで、出世《しゆつせ》なり、ことによりて我等も武士《ぶし》の家を起す事もあるべし。そちさへ得心《とくしん》ならばと、合點《がつてん》のゆくやうにいへど、おかめはあぢな望《のぞみ》にて、成程おまへ方の御

あい―諾

三密の云々―三密行法にて眞言の行法をいふ

出世の事なれば、直《ぢき》にあいと申したき物ながら、私はとかく尼《あま》に成りたい望《のぞみ》にて、かねがね心に誓《ちか》ひましたれば、是ばかりは不孝《ふかう》の段、御ゆるし下されませ。其替《かはり》には好《す》いて居《ゐ》やる妹をやつて下さんせと、よほど望みこんだ顔《かほ》ばせ。終《つひ》に親にさからはぬ心入《こゝろいれ》に、是一つの事叱りもならず。又より〳〵にもと其夜はいひやみぬ。妹《いもうと》は固《もと》よりきうくつな大名奉公《ほうこう》望にあらず。口入嚊《かゝ》をもつて二親へ茶屋《ちやや》奉公の訴訟《そしよう》。浪人形氣《らうにんかたぎ》にあいさうつかして、とても根性魂《こんじやうだま》のくさりたる女郎《めらう》め、高家《かうけ》の奉公思ひもよらず。年季《ねんき》親判《おやはん》も爹親《てゝおや》へしらさず。勘當《かんだう》ぞと忿《いかり》の涙《なみだ》。母親の心にて、表《おもて》は不通《ふつう》にしてよろしくお世話《せわ》をと、島原の桔梗屋《ききやうや》へ五年百兩の定《さだめ》、身の代《しろ》は其まゝ親方に預《あづけ》置きて、娘が不自由にないやうにと、世間に子を賣る親とはきり替つた慈悲心《じひしん》も、さすがに氏素性《うぢすじやう》は恥しき物なりけり。三密《みつ》こゝに伏見にとなる深草《ふかぐさ》の里に、かすかなる庵《いほり》を結びて、觀念修行《くわんねんしゆぎやう》の若僧《にやくそう》あり。の牀《ゆか》に一衣《い》の起臥《おきふし》こゝろかろく、眞如《しんによ》の月に煩惱《ぼんなう》を洗ひて、あれば喰う、なければ寢る氣さんじ。末世《まつせ》も末法ならぬ出家なりけり。朝ごとの頭陀《づだ》に、人の門々《かど〳〵》に米はよべども、錫杖《しやくぢやう》をならすばかりにて、一遍《ぺん》の念佛をも申さず。さゝげたる鐵鉢《てつぱち》に、一首《しゆ》狂歌をはりつけたり。

南無阿彌陀《あみだ》ほとけの御名《みな》のたふときもしらぬ昔が佛なりけり

かくして無言《むごん》の大行《たいぎやう》を發《おこ》しければ、人みな歌比丘《うたびく》とよびはやして、たふとむもの多かりける中に、伊右衛門が娘《むすめ》のおかめ、ことさらの歸依《きえ》にて、一《ひと》にぎりの報施《はうせ》に無量《むりやう》の心をこめ、女は罪《つみ》がふかいとやら助《たす》けさせ給へと、伏しをがむ信心《しんじん》は、年に似合はぬ殊勝《しゆしよう》さを、歌比丘深く感じ給ひて、おかめを見《み》れば、につたりと打笑はせ給ふも、いつとなく信心の實《まこと》かよひて、淺からぬ佛緣《ぶつえん》なるべし。いつの年にや五月雨《さみだれ》のはるゝ間《ひま》もなく、十日あまり降りつゞきて、吹晴《ふきはら》す風雲さわがしく、晝《ひる》さがりより近江の吹越《ふきこし》とて、高波山《たかなみ》のごとく、宇治《うぢ》、槇《まき》の島、六地藏《ぢざう》、小倉《をぐら》、八幡《まん》も一面に、伏見の船場《ふなば》問屋旅舍《はたごや》の軒もすでに波打ちよせて、子を負《お》ひ親の手をひき、迯げまどふ聲あはれにも悲《かな》し。簞笥《たんす》、長持《ながもち》、桶《をけ》、小桶の流るゝ事夥《おびたゞ》しく、是はくとあきるゝばかりなり。折ふし西國方の大名二かしらまで舟どめに、四五日の御泊。家中小者《こもの》は日永《ひなが》の退屈《たいくつ》に鑷《けぬき》の工合《ぐあひ》のゆるぐまで、かゝるときにこそ墨染撞木《すみぞめしゆもく》町の賑《にぎはひ》めづらし。筑紫《つくし》の太守《たいしゆ》萩山《はぎやま》殿の御家老《ごからう》、伊萬里《いまり》新左衛門といふ武士《ぶし》、供人あまた召しつれて、藤《ふぢ》の森稻荷山《いなりやま》へ殿の御代參にまゐらるゝ道すがら、寶塔寺《ほうたふじ》前にて、かの歌比丘を見るより大に驚《おどろ》きて、御行方《おんゆくへ》いかにと尋ねまゐらせ

撞木町―山城國伏見の遊廓のあるところ

櫛の齒を引くがごとし—間斷なく連續する比喩

しにと、詞をかけて走りよれば、物をもいはず逃げらるゝを、衣の袖はやく取りてうごかせず。三が年いぜん、お國《くに》を立退き給ひてより、大殿《おほとの》さま御前樣《ごぜんさま》の御歎《なげき》、草《くさ》をわかつて御跡をしたひ參らせんと、御附人の誰々は今に本國へも歸らず。其御歎につゞいて、弟君鶴吉樣《つるきちさま》は疱瘡《はうさう》の御惱《おんなやみ》おもく、終《つひ》に早世《さうせい》遊ばされし、今は御代《よ》嗣《つぎ》も絶《た》えなんと、猶々《なほ〳〵》御悲《おんかなしみ》深く、又々御在家《ありか》を尋ね參らせんと、諸家中幾組《いくぐみ》をか出し候ふ所、不思議《ふしぎ》に今日御顏を拜し參らす事、御家運《かうん》の盡《つ》きざると申す物、一旦の御不孝は大願の覺立《おぼした》ち、しひては家國を亡《ほろぼ》す極惡人《ごくあくにん》同前。いかに仰せらるゝも放すまじと、家來《けらい》を走らせ追々の注進に、諸武士櫛《くし》の齒《は》を引くがごとし。歌比丘涙を流したまひ、今は大願《だいぐわん》を立んとすれば、かへりて國の讎《あた》と成りて、不孝《ふかう》の罪永劫《えいごふ》にいたる。よく〳〵三世の諸佛《しよぶつ》にも見放されまゐらせしとの御悔《おんくやみ》。すは御得心《ごとくしん》ぞと無體《じたい》に乘物《のりもの》に移《うつ》しまゐらせ、大殿への御對面《ごたいめん》、御親子めでたくお國入《くにいり》。舟謳《ふなうた》ざんざめかして筑紫《つくし》にくだらせ給ひけり。御還俗《ごげんぞく》めでたく一國の悦《よろこび》、大殿は御隱居《ごいんきよ》なされて、歌比丘今の御名は萩山鹿之介《はぎやまかのすけ》殿と申して、仁義《じんぎ》五常の明君《めいくん》。かゝるありがたき御胤《おんたね》を一日もはやくとすゝめ申せば、吾《われ》思ふ方ありと、伏見の砂川《すなかは》なるお瓶《かめ》が方へ、手づから御筆《おんふで》しめされて、

道しるべせし深草の歌比丘はうづらとなりて今ぞ音《ね》になくいそぎまゐらすべきよし、親《おや》伊右衛門へ使者《ししや》のおもむき、おかめも不思議《ふしぎ》のいんねんといやおうなしに笑《ゑみ》のまゆ。はじめからお國御前《くにごぜん》とあふがれて、御男子《ごなんし》を設《まう》け、よろこびに悦《よろこび》をかさぬるめでたさ。妹《いもうと》の木幡《こはた》も伏見の古里に、楓《かへで》屋松右衛門といふ屋根板屋《やねいたや》の有徳《うとく》なる人に受出されて、宿の妻《め》と成りければ、親伊右衛門の機嫌《きげん》なほりて、表むきの舅《しうと》いり、萩山殿より五百石の御とりたて、むかしの武士《ぶし》にかへりしも、治まる御代のかたり草也《ぐさなり》けり。

世間妾形氣　終

# 雨月物語序

羅子撰水滸、而三世生啞兒。紫媛著源語、而一旦墮惡趣者、蓋爲業所偪耳。然而觀其文、各々奮奇態、唫喚逼眞、低昂宛轉、令讀者心氣洞越也。可見鑑事實于千古焉。余適有鼓腹之閑話、衝口吐出、雉雊龍戰、自以爲杜撰、則摘讀之者、固當不謂信也。豈可求醜脣平鼻之報哉。明和戊子晩春、雨霽月朦朧之夜、窻下編成、以畀梓氏。題曰雨月物語云。

剪枝畸人書

# 雨月物語巻之一

## 〇白峯

むらさき艶ふ—武藏野の枕詞
歌枕—うたに詠みこむ名所
仁安—六條帝の御宇
新院—崇德院

あふ坂《さか》の關守《せきもり》にゆるされてより、秋《あき》こし山の黄葉《もみぢ》みすごしがたく、濱千鳥《はまちどり》の跡《あと》ふみつくる鳴海潟《なるみがた》、不盡《ふじ》の高嶺《たかね》の煙《けぶり》、浮島《うきしま》が原、清見《きよみ》が關《せき》、大磯《おほいそ》小磯《こいそ》の浦々《うら〱》、むらさき艶《にほ》ふ武藏《むさし》野《の》の原《はら》、鹽竈《しほがま》の和《な》ぎたる朝《あさ》げしき、象潟《きさがた》の蜑《あま》が苫屋《とまや》、佐野《さの》の舟梁《ふなはし》、木曾《きそ》の棧橋《かけはし》、心のとどまらぬかたぞなきに、猶《なほ》西の國の歌枕《うたまくら》見まほしとて、仁安《にんあん》三年の秋は、葭《あし》がちる難波《なには》を經《へ》て、須磨《すま》明石《あかし》の浦ふく風《かぜ》を身にしめつも、行く〲讃岐《さぬき》の眞尾坂《みをざか》の林といふに、しばらく節《つゑ》を植む。草枕《くさまくら》はるけき旅路《たびぢ》の勞《いたはり》にもあらで、觀念修行《くわんねんしゆぎやう》の便《たより》せし庵《いほり》なりけり。この里ちかき白峯《しらみね》といふ所にこそ、新院《しんゐん》の陵《みさゝぎ》ありと聞きて、拜《をが》みたてまつらばやと、十月《かみなづき》はじめつかた、かの山に登《のぼ》る。松柏《まつかしは》は奥《おく》ふかく茂《しげ》りあひて、青雲《あをぐも》の輕靡《たなび》く日すら小雨《こさめ》そぼふるがごとし。兒《ちご》が嶽《だけ》といふ嶮《けは》しき嶽背《みねうしろ》に聳《そばだ》ちて、千仭《じん》の谷底《たにそこ》より雲霧おひ

紫宸—禁中の正殿
清涼—主上の常殿
藐姑射の山—仙洞御所のある所
神がくれ—崩じ、死す、
松山の涙の云々—西行法師の咏

のぼれば、咫尺《まのあたり》をも鬱悒《おぼつかな》きこゝちせらる。木立《こだち》わづかに間《す》きたる所に、土墩《たか》く積《つ》みたるが上に、石を三かさねに疊《たゝ》みなしたるが、荊《う》蕀葛蘿《はらかつら》にうづもれて、うらがなしきを、これならん御墓《みはか》にやと、心もかきくらまされて、さらに夢現《ゆめうつゝ》をもわきがたし。現《げ》にまのあたりに見奉りしは、紫宸清涼《ししんせいりやう》の御座《みくら》に、朝政《おほまつりごと》きこしめさせ給ふを、百《もゝ》の官人《つかさびと》は、かく賢《さか》しき君ぞとて、詔恐《みことかしこ》みてつかへまつりし。近衛院《このゑゐん》に禪《ゆづ》りましても、藐姑射《はこや》の山の瓊《たま》の林《はやし》に禁《し》めさせ給ふを、思ひきや、麋鹿《びろく》のかよふ路《あと》のみ見えて、詣《まう》でつかふる人もなき深山《みやま》の荊《おどろ》の下に神《かみ》がくれたまはんとは。萬乘《はんじよう》の君にてわたらせ給ふさへ、宿世《すぐせ》の業《ごふ》といふものの、おそろしくも添ひたてまつりて、罪《つみ》をのがれさせ給はざりしよと、世のはかなきに思ひつゞけて、涙《なみだ》わき出づるがごとし。終夜《よもすがら》供養《くやう》したてまつらばやと、御墓《みはか》の前《まへ》のたひらなる石の上に座《ざ》をしめて、經文《きやうもん》徐《しづか》に誦《ず》しつゝも、かつ歌《うた》よみてたてまつる。

松山《まつやま》の浪《なみ》のけしきは變《かは》らじをかたなく君はなりまさりけり

猶《なほ》心怠《おこた》らず供養《くやう》す。露《つゆ》いかばかり袂《そで》にふかゝりけん。日は沒《い》りしほどに、山深《ふか》き夜のさま常《たゞ》ならで、石《いし》の牀《ゆか》、木葉《このは》の衾《ふすま》いと寒《さむ》く、神清《しんす》み、骨冷《ほねひ》えて、物とはなしに凄《すさま》じきこゝちせらる。月は出でしかど、茂《しげ》きが林《もと》は影《かげ》をもらさねば、あやなき闇《やみ》にうらぶれて、眠《ねむ》

圓位―西行法師の法名

松山の云々―西行法師の詠

隔生卽忘して―生を隔つる時は前生の事をわすれて

るともなきに、まさしく圓位《ゑんゐ》々々とよぶ聲《こゑ》す。眼《め》をひらきてすかし見れば、其形異なる人の、背《せ》高《たか》く痩《やせ》おとろへたるが、顔《かほ》のかたち、着《き》たる衣《ころも》の色紋《いろあや》も見《み》えで、こなたにむかひて立てるを、西行《さいぎやう》もとより道心《だうしん》の法師《ほうし》なれば、恐《おそろ》しともなくて、こゝに來《きた》るは誰《た》ぞと答《こた》ふ。かの人いふ。前《さき》によみつる言葉《ことのは》のかへりを聞えんとて見えつるなりとて、

松山《まつやま》の浪《なみ》にながれてこし船《ふね》のやがてむなしくなりにけるかな

喜《うれ》しくも詣でつるよと聞ゆるに、新院《しんゐん》の靈《れい》なることをしりて、地《ち》にぬかづき、涙《なみだ》を流《なが》していふ。さりとていかに迷《まよ》はせたまふや。濁世《ぢよくせ》を厭離《えんり》し給ひつる事のうらやましく侍りてこそ、今夜《こよひ》の法施《はふせ》に隨縁《ずゐえん》したてまつるを、現形《げんぎやう》し給ふはありがたくも悲《かな》しき御《み》心《こゝろ》にし侍り。ひたぶるに隔生《きやくしやう》卽忘《そくまう》して、佛果圓滿《ぶつくわゑんまん》の位に昇《のぼ》らせ給へと、情《こゝろ》を盡《つく》して諫《いさめ》奉《たてまつ》る。新院呵々《しんゐんからく》と笑《わら》はせ給ひ、汝《なんぢ》しらずや。近來《ちかごろ》の世の亂《みだれ》は朕《わ》がなす事《わざ》なり。生きてありし日より、魔道《まだう》に志《こゝろざし》をかたぶけて、平治《へいぢ》の亂《みだれ》を發《おこ》さしめ、死《し》して猶朝家《てうか》に祟《たゝり》をなす。見《み》よ見よ、やがて天《あめ》が下《した》に大亂《だいらん》を生《しやう》ぜしめんといふ。西行《さいぎやう》この詔《みことのり》に涙《なみだ》をとゞめて、こは淺《あさま》しき御心《みこゝろ》ばへを承《うけたまは》るものかな。君はもとよりも聰明《そうめい》のきこえましませば、王道《わうだう》の理《ことわり》は諦《あきら》めさせたまふ、こゝろみに討《たづ》ね請《まう》すべし。そも保元《ほうけん》の御謀叛《ごむほん》は、天《あめ》の神

永治―崇德帝の御宇

父帝―鳥羽帝

牝雞の晨する代―婦人の權を恣する世

堯舜の教―

の教《をしへ》へ給ふことわりにも違《たが》はじとて、おぼし立たせ給ふか。又みづからの人慾《にんよく》より計策《たばかり》り給ふか。詳《つばら》に告《のら》せ給へと奏《まう》す。其時院《ゐん》の御《み》けしきかはらせたまひ、汝《なんぢ》きけ。帝位《ていゐ》は人の極《きはみ》なり。若し人道上《にんだうかみ》より亂《みだ》す則《とき》は、天《てん》の命に應《おう》じ、民の望《のぞみ》に順《したが》うて是を討《う》つ。抑《そも〳〵》永《えい》治《ぢ》の昔、犯《おか》せる罪《つみ》もなきに、父帝《ちゝみかど》の命《みこと》を恐《かしこ》みて、三歳《さんさい》の體仁《としひと》に代《よ》を讓《ゆづ》りし心、人慾深《にんよくふか》きといふべからず。體仁早世《としひとさうせい》ましては、朕皇子《わがみこ》の重仁《しげひと》こそ國《くに》しらすべきものをと、朕《われ》も人も思ひをりしに、美福門院《びふくもんゐん》が妬《ねたみ》にさへられて、四の宮《みや》の雅仁《まさひと》に世を簒《うば》はれしは、深《ふか》き怨《うらみ》にあらずや。重仁《しげひと》國しらすべき才《さい》あり。雅仁何《まさひとなん》らのうつは物《もの》ぞ。人の德《とく》をえらばずも、天《あめ》が下のことを後宮《こうきう》にかたらひ給ふは、父帝《ちゝみかど》の罪《つみ》なりし。されど世にあらせ給ふ程は、孝信《かうしん》をまもりて、勤色《ゆめ》にも出《いだ》さゞりしを、崩《かく》れさせたまひては何時《いつ》までありなんと、武きこゝろざしを發《おこ》せしなり。臣《しん》として君を伐《う》つすら、天に應《おう》じ民の望《のぞみ》にしたがへば、周《しう》八百年の創業《さうげふ》となるものを、ましてしるべき位《くらゐ》ある身《み》にて、牝雞《ひんけい》の晨《あした》する代《よ》を取つて代らんに、道《みち》を失《うしな》ふといふべからず。汝家《なんぢ》を出でて佛《ほとけ》に婬《いん》し、未來解脫《みらいげだつ》の利慾《りよく》を願《ねが》ふ心より、人道《にんだう》をもて因果《いんぐわ》に引入れ、堯舜《げうしゆん》の教《をしへ》を釋門《しやくもん》に混《こん》じて朕《われ》に說《と》くやと、御聲《おんこゑ》あらゝかに告《のら》せ給ふ。西行《さいぎやう》いよゝ恐《おそ》るゝ色もなく、座《ざ》をすゝみて、君が告《のら》せたまふ所は、人道《にんだう》の

傳教
譽田の天皇―應神天皇
兎道の王―菟道稚郎子

ことわりをかりて、慾塵《よくぢん》をのがれ給《たま》はず。遠《とほ》く震旦《もろこし》をいふまでもあらず。皇朝《くわうてう》の昔譽田《ほんだ》の天皇《すめらみこと》、兄《あに》の皇子《みこ》大鷦鷯《おほさゞき》の王《きみ》をおきて、季《すゑ》の皇子《みこ》兎道《うぢ》の王《きみ》を日嗣《ひつぎ》の太子《みこ》となしたまふ。天皇崩御《かみがくれ》たまひては、兄弟相讓《はらからあひゆづ》りて位《くらゐ》に昇《のぼ》りたまはず。三歳《とせ》をわたりても猶果《はつ》べくもあらぬを、兎道《うぢ》の王深《きみふか》く憂《うれ》ひ給ひて、豈《あに》久しく生きて、天《あめ》が下《した》を煩《わづら》はしめんやとて、みづから寶算《よはひ》を斷《た》たせたまふものから、罷事《やんごと》なくて、兄の皇子《みこ》御位《みくらゐ》に即《つか》せ給ふ。是れ天業《てんげふ》を重《おも》んじ、孝悌《かうてい》をまもり、忠《まこと》をつくして人慾《にんよく》なし。堯舜《げうしゆん》の道《みち》といふなるべし。本朝に儒教《じゆけう》を尊《たふと》みて、專《もつはら》王道《わうだう》の輔《たすけ》とするは、兎道《うぢ》の王百濟《きみくだら》の王仁《わに》を召して學《まな》ばせ給ふをはじめなれば、この兄弟《はらから》の王《きみ》の御心《みこゝろ》ぞ、即《やが》て漢土《もろこし》の聖《ひじり》の御心《みこゝろ》ともいふべし。又周《しう》の創《はじめ》、武王《ぶわう》一たび怒《いか》りて、天下《あめのした》の民を安《やす》くす。臣《しん》として君《きみ》を弑《しい》すといふべからず。仁を賊《ねず》ひ義《ぎ》を賊《ねず》む一夫《ぷ》の紂《ちう》を誅《ちう》するなりといふ事、孟子《まうじ》といふ書《ふみ》にありと、人の傳《つたへ》に聞き侍る。されば漢土《もろこし》の書《ふみ》は、經典《けいてん》、史《し》策《さく》、詩文《しぶん》にいたるまで渡《わた》さゞるはなきに、かの孟子《まうじ》の書《ふみ》ばかり、いまだ日本《ひのもと》に來《きた》らず。此書《このふみ》を積《つ》みて來《きた》る船《ふね》は、必《かならず》しも暴風《あらきかぜ》にあひて沈沒《しづ》むよしないへり。夫《それ》をいかなる故《ゆゑ》ぞとゝふに、我國《わがくに》は天照《あまてら》すおほん神《かみ》の開闢《はつくに》しろしめしゝより、日嗣《ひつぎ》の大王《きみ》絶《た》ゆることなきを、かく口賢《くちさか》しき教《をしへ》をつたへなば、末《すゑ》の世に神孫《しんそん》を奪《うば》うて、罪《つみ》なしとい

兄弟牆に云云ー詩經小雅之篇にあり
あまさへーあまつさへ
一院ー鳥羽帝
殯の宮云々ー崩御ましますや否や
高遠が松山の云々ー保元物語に高季とあり

ふ敵《あだ》も出づべしと、八百《やほ》よろづの神《かみ》の惡《に》くませ給うて、神風《かみかぜ》を起《おこ》して船《ふね》を覆《くつが》へしたまふと聞く。されば他國《かのくに》の聖《ひじり》の教《をしへ》も、こゝの國土《くにつち》にふさはしからぬ事すくなからず。且詩《かつし》にもいはざるや。兄弟牆《はらからうち》に鬩《せめ》ぐとも外《よそ》の侮《あなどり》を禦《ふせ》げよと。さるを骨肉《こつにく》の愛を忘《わす》れ給《たま》ひ、あまさへ一院《いちのゐん》崩御《かみがく》れたまひて、殯《もがり》の宮《みや》に肌膚《みはだへ》もいまだ寒《ひえ》させたまはぬに、御旗《みはた》なびかせ弓末《ゆずゑ》ふり立《た》て、寶祚《みくらゐ》をあらそひ給ふは、不孝《ふかう》の罪《つみ》これより劇《はなはだ》しきはあらじ。天下《てんか》は神《じん》器《き》なり。人《ひと》のわたくしをもて奪《うば》ふとも得《う》べからぬ理《ことわり》なるを、たとへ重仁王《しげひとぎみ》の卽位《みくらゐ》は民の仰《あふ》ぎ望《のぞ》む所なりとも、德《とく》を布《し》き和《くわ》を施《ほどこ》し給《たま》はで、道《みち》ならぬわざをもて代《よ》を亂《みだ》したまふ則《とき》は、昨日《きのふ》まで君《きみ》を慕《した》ひしも、けふは忽《たちま》ち怨敵《あだ》となりて、本意《ほい》をも遂《と》げたまはで、いにしへより例《あと》なき刑《つみ》を得《え》給ひて、斯る鄙《ひな》の國の土とならせ給ふなり。たゞ〳〵舊《ふる》き讐《あだ》をわすれ給うて、淨土《じやうど》にかへらせたまはんこそ、願《ねが》はまほしき叡慮《みこゝろ》なれと、はゞかることなく奏《そう》しける。院長嘘《ゐんながきいき》をつがせ給《たま》ひ、今《たゞ》事を正して罪《つみ》をとふことわりなきにあらず。されどいかにせん。この島《しま》に謫《はぶら》れて、高遠《たかとを》が松山《まつやま》の家に困《くるし》められ、日に三たびの御膳《おもの》すゝむるよりは、まゐりつかふる者もなし。只天《あま》とぶ雁《かり》の小夜《きよ》の枕《まくら》におとづるゝを聞けば、都《みやこ》にや行《ゆ》くらんとなつかしく、曉《あかつき》の千鳥《ちどり》の洲崎《すさき》にさわぐも、心をくだく種《たね》となる。烏《からす》の頭《かしら》

烏の頭は云云—燕丹の故事、有り得べからざるの意
濱千鳥跡—文のこと
信頼—藤原信頼
義朝—源義

は白くなるとも、都《みやこ》には還《かへ》るべき期《ごき》もあらねば、定めて海畔《あまべ》の鬼《おに》とならんずらん。ひたすら後世《ごせ》のためにとて、五部《ごぶ》の大乘經《だいじようぎやう》をうつしてけるが、貝鐘《かひがね》の音《ね》も聞《きこ》えぬ荒磯《ありそ》にとどめんもかなし。せめては筆《ふで》の跡ばかりを、洛《みやこ》の中《うち》に入れさせたまへと、仁和寺《にんわじ》の御室《みむろ》の許《もと》へ、經《きやう》にそへてよみておくりける。

濱千鳥跡《はまちどりあと》はみやこに通《かよ》へども身《み》は松山《まつやま》に音《ね》をのみぞなく

しかるに少納言信西《せうなごんしんぜい》がはからひとして、若呪咀《もしじゆそ》の心にやと奏《そう》しけるより、そがまゝに返《かへ》されしぞうらみなる。いにしへより倭漢土《やまともろこし》ともに、國《くに》をあらそひて、兄弟敵《けいていあた》となりし例《ためし》は珍《めづ》らしからねど、罪深《つみふか》きことかなと思ふより、悪心懺悔《あくしんざんげ》の爲《ため》にとて寫《うつ》しぬる御經《みきやう》なるを、いかにさゝふる者ありとも、親《した》しきを議《はか》るべき令《のり》にもたがひて、筆《ふで》の跡《あと》だも納《い》れたまはぬ叡慮《みこゝろ》こそ、今は舊《ひさ》しき讐《あた》なるかな。所詮此經《しよせんこのきやう》を魔道《まだう》に回向《ゑかう》して、恨《うらみ》をはるかさんと、一《ひと》すぢにおもひ定めて、指《ゆび》を破《やぶ》り血《ち》をもて願文《ぐわんもん》をうつし、經《きやう》とともに志戸《しど》の海に沈《しづ》めてし後は、人にも見《まみ》えず深《ふか》く閉《と》ぢこもりて、ひとへに魔王《まわう》となるべき大願《だいぐわん》をちかひしが、はた平治《へいぢ》の亂《みだれ》ぞ出できぬる。まづ信頼《のぶより》が高き位《くらゐ》を望《のぞ》む驕慢《おごり》の心をさそうて、義朝《よしとも》をかたらはしむ。かの義朝《よしとも》こそ悪《にく》き敵《あた》なれ。父の爲義《ためよし》をはじめ、同胞《はらから》の武士《もののべ》は皆朕《わ》がため

朝

忠正―原本忠政に作る平忠正也

家の子―家人長田忠致

經をかへせし云々―崇徳院の書き給ひし大乘經をかへせし罪との義

應保長寛―二條帝の御世

に命《いのち》を捨《す》てしに、他一人《かれひとり》朕《われ》に弓《ゆみ》を挽《ひ》く。爲朝《ためとも》が勇猛《ゆうまう》、爲義《ためよし》、忠正《たゞまさ》が軍配《たばかり》に贏目《かついろ》を見つるに、西南の風《かぜ》に燒討《やきうち》せられ、白川《しらかは》の宮《みや》を出でしより、如意《によい》が嶽《みね》の嶮《けは》しきに足を破《やぶ》られ、或《あるひ》は山賤《やまがつ》の椎柴《しひしば》をおほひて雨露《あめつゆ》を凌《しの》ぎ、終《つひ》に擒《とら》はれて此《こ》の島《しま》に謫《はぶ》られしまで、皆義朝《よしとも》が姦《かだま》しき計策《たばかり》に困《くる》しめられしなり。これが報《むくい》を虎狼《こらう》の心に障化《しやうけ》して、信頼《のぶより》が隱謀《いんぼう》にかたらはせしかば、地祇《くにつがみ》に逆《さか》ふ罪《つみ》、武《ぶ》に賢《さき》からぬ淸盛《きよもり》に逐討《おひう》たる。且つ父の爲義《ためよし》を弑《しい》せし報《むくい》偪《せま》りて、家の子に謀《はか》られしは、天神《あまつがみ》の祟《たゝり》を蒙《かうむ》りしものよ。又少納言《せうなごん》信西《しんせい》は常に己《おのれ》を博士《はかせ》ぶりて、人を拒《こば》む心の直《なほ》からぬ。これをさそうて信頼義朝《のぶよりよしとも》が讐《あだ》となせしかば、終《つひ》に家をすてて宇治山《うぢやま》の坑《あな》に竄《かく》れしを、はた探《さが》し獲《え》られて、六條河原《ろくでうがはら》に梟首《かけ》らる。これ經《きやう》をかへせし諛言《おもねり》の罪《つみ》を治めしなり。それがあまり、應保《おうはう》の夏は美福門院《びふくもんゐん》が命《いのち》を窮《せま》り、長寛《ちやうくわん》の春は忠通《たゞみち》を祟《たゝ》りて、朕《われ》も其秋世をさりしかど、猶嗔火熾《しんくわきかん》にして盡《つ》きざるまゝに、終に大魔《だいま》王《わう》となりて、三百餘類《よるゐ》の巨魁《かみ》となる。朕《わ》が眷屬《けんぞく》のなすところ、人の福《さいはひ》を見ては轉《うつ》して禍《わざはひ》とし、世の治《をさ》まるを見ては亂《みだれ》を發《おこ》さしむ。只淸盛《きよもり》が人果大《にんくわだい》にして、親族氏族《うからやから》ことごとく高き官位《くわんゐ》につらなり、おのがまゝなる國政《まつりごと》を執行《とりおこな》ふといへども、重盛《しげもり》忠義をもて輔《たす》くる故、いまだ期《とき》いたらず。汝見よ。平氏《へいし》も亦《また》久しからじ。雅仁《まさひと》朕《われ》につらかりしほどは終《つひ》

荊の髮ーおどろの如くみだれたる髮

干支一周ー十干十二支の一周六十年をいへど此處には十二年をいふ

に報ふべきぞと、御聲《おんこゑ》いやましに恐《おそろ》しく聞えけり。西行いふ。君かくまで魔界《まかい》の悪業《あくごふ》につながれて、佛土《ぶつど》に億萬里《おくまんり》を隔《へだ》て給へば、再《ふたゝ》びいはじとて、只默《もだ》してむかひ居たりける。時に峯谷《みねたに》ゆすり動きて、風叢林《かぜはやし》を僵《たふ》すがごとく、沙石《まさご》を空《そら》に卷上《まきあ》ぐる。見る〳〵一段《だん》の陰火《いんくわ》、君が膝《ひざ》の下《もと》より燃上《もえあが》りて、山も谷も晝《ひる》のごとくあきらかなり。光《ひかり》の中につらつら御氣色《みけしき》を見たてまつるに、朱《あけ》をそゝぎたる龍顏《みおもて》に、荆《おどろ》の髮膝《かみひざ》にかゝるまで亂《みだ》れ、白眼《しろきまなこ》を吊《つ》りあげ、熱《あつ》き嘘《いき》をくるしげにつがせ給ふ。御衣《みころも》は柿色《かきいろ》のいたうすゝびたるに、手足《てあし》の爪《つめ》は獸《けもの》のごとく生《お》ひのびて、さながら魔王《まわう》の形《かたち》あさましくもおそろし。空にむかひて相摸《さがみ》〳〵と叫《よ》ばせ給《たま》ふ。あと答《こた》へて、鳶《とび》のごとくの化鳥《けてう》翔來《かけ》り、前《まへ》に伏して詔《みことのり》をまつ。院《ゐん》かの化鳥《けてう》にむかひたまひ、何《なん》ぞはやく重盛《しげもり》が命《いのち》を奪《と》りて、雅仁清盛《まさひときよもり》を苦しめざる。化鳥《けてう》こたへていふ。上皇の幸福《さいはひ》いまだつきず、重盛《しげもり》が忠信ちかづきがたし。今より干支《えと》一周《ひとめぐり》を待《ま》たば、重盛《しげもり》が命數《よはひ》既《すで》につきなむ。彼死《かれし》せば一族《ぞく》の幸福《さいはひ》此時に亡《ほろ》ぶべし。院《ゐん》手を拍《う》つて怡《よろこ》ばせたまひ、かの讐敵《あだがたき》こと〲く此前の海《うみ》に盡《つく》すべしと、御聲谷峯《おんこゑたにみね》に響《ひゞ》きて凄《すさま》じさ云ふべくもあらず。魔道《まだう》の淺《あさ》ましきありさまを見て、涙《なみだ》しのぶに堪《た》へず。復《ふたゝ》び一首の歌《うた》に隨縁《ずゐえん》の心をすゝめ奉る。

が如し
刹利も須陀も—印度種族の階級の名、王侯も農民の義
いなのめ—黎明
治承—高倉帝の御世
平相國入道—平清盛
幼主—安德

よしや君昔の玉の床とてもかゝらんのちは何《なに》にかはせん

刹利《せつり》も須陀《しゆだ》もかはらぬものをと、心あまりて高らかに吟《うた》ひける。此ことばを聞しめして感《め》でさせ給ふやうなりしが、御面《みおもて》も和《やはら》ぎ、陰火《いんくわ》もやゝうすく消《き》えゆくほどに、つひに龍《み》體《かたち》もかきけちたるごとく見えずなれば、化鳥《けてう》もいづち去《ゆ》きけん跡《あと》もなく、十日あまりの月《つき》は峯《みね》にかくれて、木《こ》のくれやみのあやなきに、夢路《ゆめぢ》にやすらふがごとし。ほどなくいなのめの明《あ》けゆく空《そら》に、朝鳥《あさとり》の音《こゑ》おもしろく鳴きわたれば、かさねて金剛經《こんがうきやう》一巻《くわん》を供養《くやう》したてまつり、山をくだりて庵《いほり》に歸《かへ》り、閑《しづか》に終夜《よもすがら》のことどもを思出づるに、平治《へいぢ》の亂《みだれ》よりはじめて、人々の消息《せうそく》年月《としつき》のたがひなければ、深《ふか》く愼《つゝし》みて人にもかたり出でず。其後《そののち》十三年《ねん》を經《へ》て、治承《ぢしよう》三年《さんねん》の秋《あき》、平の重盛《しげもり》病《やまひ》に係《かゝ》りて世を逝《さ》りぬれば、平相國入道《へいしやうこくにふだう》、君《きみ》をうらみて、鳥羽《とば》の離宮《とつみや》に籠《こ》めたてまつり、かさねて福原《ふくはら》の茅《かや》の宮《みや》に困《くるし》めたてまつる。頼朝《よりとも》東風《とうふう》に競《きそ》ひおこり、義仲北雪《よしなかほくせつ》をはらうて出づるに及び、平氏《へいし》の一門ことぐ〜く西の海に漂《たゞよ》ひ、遂《つひ》に讃岐《さぬき》の海《うみ》志戸《しど》八嶋《やしま》にいたりて、武《たけ》きつはものども、おほく鼇魚《がうぎよ》のはらに葬《はうむ》られ、赤間《あかま》が關壇《せきだん》の浦《うら》にせまりて、幼主《えうしゆ》海《うみ》に入らせ給《たま》へば、軍將《いくさぎみ》だちも、のこりなく亡《ほろ》びしまで、露《つゆ》たがはざりしぞ恐《おそろ》しくあやしき話柄《かたりぐさ》なりける。其後《そののち》御廟《みべう》は玉もて彫《ゑ》り、丹《たん》

青《せい》を彩《いろど》りなして、稜威《みいづ》を崇《あが》めたてまつる。かの國《くに》にかよふ人は、必《かなら》ず幣《ぬさ》をさゝげて齋《いは》ひまつるべき御神《みかみ》なりけらし。

## ○菊《きく》花《くわ》の約《ちぎり》

青々《せい〳〵》たる春の柳《やなぎ》、家園《みその》に種《う》うることなかれ。交《まじはり》は輕薄《けいはく》の人と結《むす》ぶことなかれ。楊柳茂《やうりうしげ》りやすくとも、秋の初風《はつかぜ》の吹くに耐《た》へめや。輕薄《けいはく》の人は交《まじはり》やすくして亦速なり。楊柳《やうりう》いくたび春に染れども、輕薄《けいはく》の人は絶《た》えて訪ふ日なし。播磨《はりま》の國加古《かこ》の驛《うまや》に、丈部《はせべ》左門《さもん》といふ博士《はかせ》あり。清貧《せいひん》を憩《あまな》ひて、友とする書《ふみ》の外はすべて調度《てうど》の絮煩《わづらはしき》を厭《いと》ふ。老母あり。孟氏《まうし》の操《みさを》にゆづらず。常に紡績《うみつむぎ》を事として、左門がこゝろざしを助く。其季女《いもうと》なるものは、同じ里の佐用氏《さようぢ》に養《やしな》はる。此佐用《さよ》が家は頗富《すこぶるとみ》さかえて有りけるが、丈部《はせべ》母子の賢《かしこ》きを慕《した》ひ、娘子《をごめ》を娶りて親族《しんぞく》となり、屢《しば〳〵》事に托《よ》せて物を餉《おく》るといへども、口腹《こうふく》の爲に人を累《わづらは》さんやとて、敢《あ》へて承《う》くることなし。一日《あるひ》左門同じ里の何某《なにがし》が許《もと》に訪《とぶら》ひて、いにしへ今の物がたりして興《きよう》ある時に、壁《かべ》を隔《へだ》てて人の痛《くるし》む聲《こゑ》、いともあはれに聞えければ、主《あるじ》に尋《たづ》ぬるに、あるじ答ふ。これより西の國の人と見ゆるが、伴《ともなひ》に後《おく》れしよしにて、一《ひと》

孟氏の操—孟母の貞操—三遷の故事ありしなど蒙求等に見ゆ

いとほしさ—あはれさ
愚俗のことば—俗説
病を看る—看護する

宿《よ》を求めらるゝに、士家《しか》の風《ふう》ありて卑《いや》しからぬと見しまゝに、逗《とゞ》めまゐらせしに、其夜邪熱劇《じやねつはなはだ》しく、起臥《おきふし》も自《みづから》はまかせられぬをいとほしさに、三日四日《かか》は過しぬれど、何地《いづち》の人ともさだかならぬに、主《あるじ》も思ひがけぬ過《あやまり》し出《い》でて、こゝち惑《まど》ひ侍りぬといふ。左門聞きて、かなしき物がたりにこそ。あるじの心安《やす》からぬもさる事にしあれど、病苦《びやうく》の人はしるべなき旅《たび》の空に、此疾《やまひ》を憂《うれ》へ給ふは、わきて胸窮《むねくる》しくおはすべし。其やうをも看《み》ばやといふを、あるじとゞめて、瘟病《なんびやう》は人を過《あやま》つ物と聞ゆるから、家童《わらべ》らもあへてかしこに行かしめず。立ちよりて身を害《がい》し給ふことなかれ。左門笑《わら》うていふ。死生命《しせいめい》あり、何の病《やまひ》か人に傳《つた》ふべき。これらは愚俗《ぐぞく》のことばにて、吾儕《ともがら》はとらずとて、戸《こ》を推《お》して入《い》りつも、其人を見るに、あるじがかたりしに違《たが》はで、倫《なみ》の人にはあらじを、病深《ふか》きと見えて、面《おもて》は黄《き》に、肌黒《はだくろ》く痩《や》せ、古き衾《ふすま》のうへに悶《もだ》え臥《ふ》す。人なつかしげに左門を見て、湯《ゆ》ひとつ恵《めぐ》み給へといふ。左門ちかくよりて、士《し》憂《うれ》ひ給ふことなかれ。必救《すく》ひまゐらすべしとて、あるじと計《はか》りて、藥《くすり》をえらみ、自方《みづからはう》を案《あん》じ、みづから煮《に》てあたへつも、猶粥《かゆ》をすゝめて病《やまひ》を看《み》ること、同胞《はらから》のごとく、まことに捨《す》てがたきありさまなり。かの武士左門が愛憐《あはれみ》の厚きに泪《なみだ》を流《なが》して、かくまで漂客《へうかく》を恵《めぐ》み給ふ。死《し》すとも御《み》心《こゝろ》に報《むく》いたてま

不慮に—思ひもかけず

見る所を忍びざる—惻隱の情をいふ

つらんといふ。左門《さもん》諫《いさ》めて、ちからなきことはな聞えたまひそ。凡疫《えき》は日數《ひかず》あり。其ほどをすぎぬれば壽命をあやまたず。吾《われ》日々《ひゝ》に詣《まう》でてつかへまゐらすべしと、實《まめ》やかに約《ちぎ》りつゝも、心を用ひて助《たす》けけるに、病漸減《やまひやゝげん》じてこゝち清《すゞ》しくおぼえければ、あるじにも念比《ねんごろ》に詞《ことば》をつくし、左門が陰徳《いんとく》をたふとみて、其生業《なりはひ》をもたづね、己《おの》が身の上《うへ》をもかたりていふ。故出雲《いづも》の國松江《くにまつえ》の郷《さと》に生長《ひとゝな》りて、赤穴宗右衛門《あかなそうゑもん》といふ者なるが、わづかに兵書の旨《むね》を察《あきら》めしによりて、富田《とみだ》の城主鹽冶掃部介《じやうしゆえんやかもんのすけ》、吾《われ》を師《し》としてもの學《まな》びたまひしに、近江《あふみ》の佐々木氏綱《さゝきうぢつな》に密《みそか》に使《つかひ》にえらばれて、かの館《みたち》にとゞまるうち、前《さき》の城主尼子經久《じやうしゆあまこつねひさ》、山中黨をかたらひて、大三十日《おほみそか》の夜《よ》不慮《すゞろ》に城《しろ》を乘《の》りとりしかば、掃部殿《かもんどの》も討死《うちじに》ありしなり。もとより雲州《うんしう》は佐々木《さゝき》の持國《もちぐに》にて、鹽冶《えんや》は守護代《しゆごだい》なれば、三澤《みざは》、三刀屋《みとや》を助《たす》けて、經久《つねひさ》を亡《ほろぼ》したまへとすゝむれども、氏綱《うぢつな》は外勇《ほかゆう》にして内怯《うちおび》えたる愚將《ぐしやう》なれば果《はた》さず、かへりて吾を國に逗《とゞ》む。故《ゆゑ》なき所に永く居《を》らじと、己が身ひとつを竊《ぬす》みて國に還《かへ》る路《みち》に、此疾《やまひ》にかゝりて、思《おも》ひかけずも師《し》を勞《わづら》はしむるは、身《み》にあまりたる御恩《みめぐみ》にこそ。吾半世《はんせい》の命《いのち》をもて、必《かなら》ず報《むく》いたてまつらん。左門《さもん》いふ。見る所を忍《しの》びざるは、人たるものの心なるべければ、厚《あつ》き詞《ことば》ををさむるに故なし。猶逗《とゞま》りていたはり給《たま》へと、實《まこと》ある詞《ことば》を便《たより》にて、

諸子百家―老子莊子などの如き多くの子類。

青雲の便―立身出世の便

菽水の奴―

日比《ひごろ》經《ふ》るまゝに、物《もの》みな平生《つね》に邇《ちか》くぞなりにける。此日比《ひごろ》左門《さもん》はよき友もとめたりとて、日夜交《ひるよるまじは》りて物がたりするに、赤穴《あかな》も諸子百家のことおろ〳〵かたり出でて、問ひわきまふる心愚《おろか》ならず。兵機《へいき》のことわりはをさ〳〵しく聞えければ、ひとつとして相《あひ》ともにたがふ心もなく、かつ感《め》で、かつよろこびて、終《つひ》に兄弟《けいてい》の盟《ちかひ》をなす。赤穴《あかな》五歳《ごさい》長じたれば、伯氏《あに》たるべき禮義《れいぎ》をさめて、左門《さもん》にむかひていふ。吾父母《われふぼ》に離《わか》れまゐらせていとも久し。賢弟《けんてい》が老母《らうぼ》は卽《やが》て吾母《わがはゝ》なれば、あらたに拜《をが》みたてまつらんことを願《ねが》ふ。老母《らうぼ》あはれみてをさなき心を肯《う》け給はんや。左門歡《よろこび》に堪《た》へず、母なる者常《つね》に我が孤獨《こどく》を憂《うれ》ふ。信《まこと》ある言《ことは》を告《つ》げなば齡《よはひ》も延《の》びなんにと、伴《ともな》ひて家に歸《かへ》る。老母《らうぼ》よろこび迎《むか》へて、吾《わが》子《こ》不才《ふさい》にて、學《まな》ぶ所時《とき》にあはず、青雲《せいうん》の便《たより》を失《うしな》ふ。ねがふは捨《す》てずして伯氏《あに》たる敎《をしへ》を施《ほどこ》したまへ。赤穴《あかな》拜《はい》していふ。大丈夫《ますらを》は義《ぎ》を重《おも》しとす。功名富貴《こうめいふうき》はいふに足《た》らず。吾《われ》いま母《ぼ》公《こう》の慈愛《めぐみ》をかうむり、賢弟《けんてい》の敬《ゐや》を納《をさ》むる、何の望《のぞみ》かこれに過《す》ぐべきと、よろこびうれしみつゝ、又日來《ひごろ》をとゞまりける。きのふけふ咲《さ》きぬると見し尾上《をのへ》の花《はな》も散りはてて、涼《すゞ》しき風《かぜ》による浪《なみ》に、とはでもしるき夏《なつ》の初《はじめ》になりぬ。赤穴《あかな》、母子《おやこ》にむかひて、吾近江《わがあふみ》を遁來《のがれきた》りしも、雲州《うんしう》の動靜《やうす》を見んためなれば、一たび下向《くだ》りて、やがて歸《かへり》來り、菽水《しゆくする》の奴《つぶね》

菽を啜り水を飲む奴となりて親につかへんの義
重陽—九月九日
嚢をかたぶけて—財を投じて
八雲たつ國—出雲國

に御恩《めぐみ》を返《かへ》したてまつるべし。今のわかれを給《たま》へといふ。左門《さもん》いふ。さらば兄長《このかみ》いつの時にか歸《かへ》り給《たま》ふべき。赤穴《あかな》いふ。月日《つきひ》は逝《ゆ》きやすし。おそくとも此秋《あき》は過《す》さじ。左《さ》門《もん》云ふ。秋《あき》はいつの日《ひ》を定《さだ》めて待《ま》つべきや。ねがふは約《やく》し給《たま》へ。赤穴《あかな》云《い》ふ。重陽の佳節《かせつ》をもて歸來《かへりく》る日《ひ》とすべし。左門《さもん》いふ。兄長《このかみ》必《かなら》ず此日《このひ》をあやまりたまふな。一枝《し》の菊花《きくくわ》に薄酒《うすきさけ》を備《そな》へて待《ま》ちたてまつらんと、互《たがひ》に情《まこと》をつくして、赤穴《あかな》は西に歸《かへ》りけり。あら玉《たま》の月日《つきひ》はやく經《へ》ゆきて、下枝《したえ》の茱萸《ぐみ》色《いろ》づき、垣根《かきね》の野ら菊《きく》艶《にほひ》やかに、九月《ながつき》にもなりぬ。九《こゝ》日《ぬか》はいつよりも蚤《はや》く起出《おきい》でて、草《くさ》の屋《や》の席《むしろ》をはらひ、黄菊《きぎく》白菊《しらぎく》二枝《えだ》三枝《えだ》小瓶《こがめ》に挿《さ》し、嚢《ふくろ》をかたぶけて酒飯《しゆはん》の設《まうけ》をす。老母《らうぼ》いふ。かの八雲《やくも》たつ國《くに》は山陰《やまきた》のはてにありて、こゝには百里を隔《へだ》つると聞けば、今日《けふ》とも定《さだ》めがたきに、其來《こ》しを見て物《もの》すとも遲《おそ》からじ。左門《さもん》云ふ。赤穴《あかな》は信《まこと》ある武士《ものゝべ》なれば必《かなら》ず約《ちぎり》を誤《あやま》らじ。其人を見てあわたゞしからんは、思《おも》はんことの恥《はづか》しとて、美酒《よきさけ》を沽《か》ひ、鮮《あざらけき》魚を宰《に》て厨《くりや》に備《そな》ふ。此日や天晴《そらは》れて、千里《ちさと》に雲《くも》のたちゐもなく、草枕旅《くさまくらたび》ゆく人《ひと》の群々《むれ〳〵》かたりゆくは、けふは誰某《たれがし》がよき京入《みやこいり》なる。此度《このたび》の商物《あきもの》によき徳《とく》とるべき祥《さが》になんとて過《す》ぐ。五十《いそぢ》あまりの武士《ものゝべ》、廿《はたち》あまりの同《おな》じ出《いで》立《たち》なる、日和《ひより》はかばかり好かりしものを、明石《あかし》より船《ふね》もとめなば、この朝《あさ》びらきに、牛《うし》

却物怯して—かへりて物おそれして

な恚みたまひそ—いきどほる勿れ

銀河—天の河

氷輪—月

窓《まど》の門《と》の泊《とまり》は追《お》ふべき。若《わか》き男は却物怯《けくものおぢえ》して、錢《かね》おほく費《つひや》すことよといふに、殿《との》の上《のぼ》らせ給ふ時、小豆島《あづきじま》より室津《むろづ》のわたりし給ふに、なまからきめにあはせ給ふを、從《みとも》に侍りし者のかたりしを思《おも》へば、このほとりの渡《わたり》は必《かなら》ず怯《おぢ》ゆべし。な恚《ふくつ》みたまひそ。魚《うを》が橋《はし》の蕎麥《くろむぎ》ふるまひまうさんにと、いひなぐさめて行く。口とる男《をのこ》の腹《はら》だたしげに、此死馬《しにうま》は眼《まなこ》をもはだけぬかと、荷鞍《にぐら》おしなほして追《お》ひもて行《ゆ》く。午時《ひる》もやゝかたぶきぬれど、待《ま》ちつる人は來《きた》らず。西に沈《しづ》む日に、宿《やどり》急《いそ》ぐ足のせはしげなるを見《み》るにも、外《と》の方《かた》のみまもられて心醉《ゑ》へるが如し。老母《らうぼ》左門《さもん》をよびて、人の心の秋《あき》にはあらずとも、菊《きく》の色こきは今日《けふ》のみかは。歸《かへ》り來《く》る信《まこと》だにあらば、空《そら》は時雨《しぐれ》にうつりゆくとも、何《なに》をか怨《うら》むべき。入りて臥《ふ》もして、又翌《あす》の日を待《ま》つべしとあるに、否《いな》みがたく、母《はゝ》をすかして前《さき》に臥《ふ》さしめ、もしやと戶《と》の外《そと》に出《い》でて見《み》れば、銀河《ぎんが》影《かげ》きえぐ〳〵に、氷輪《ひようりん》我のみを照《てら》して淋《さび》しきに、軒《のき》守る犬《いぬ》の吼《ほ》ゆる聲《こゑ》すみわたり、浦浪《うらなみ》の音《おと》ぞこゝもとにたちくるやうなり。月の光《ひかり》も山の際《は》に陰《くら》くなれば、今はとて戶《と》を閉《た》てて入らんとするに、たゞ看《み》る、おぼろなる黑影《かげろう》の中《うち》に人ありて、風《かぜ》の隨《まに〳〵》來るをあやしと見れば、赤穴《あかな》宗右衞門《そうゑもん》なり。踊《をど》りあがるこゝちして、小弟《せうてい》蚤《はや》くより待《ま》ちて今《いま》にいたりぬる。盟《ちかひ》たがはで來《きた》り給ふ事《こと》のうれしさ

井臼の力—薪水のつとめ
陽世の人—現世の人

よ。いざ入らせたまへと云ふめれど、たゞ點頭《うなづ》きて物《もの》をもいはである。左門前《さもんさき》にすゝみて、南の窓《まど》の下《もと》にむかへ、座《ざ》につかしめ、兄長《このかみ》來りたまふことの遲《おそ》かりしに、老母《らうぼ》も待ちわびて、翌《あす》こそと臥所《ふしど》に入《い》らせたまふ。寤《さま》させまゐらせんと云へるを、赤穴《あかな》又頭《かしら》を振《ふ》りてとゞめつも、更《さら》に物《もの》をもいはでぞある。左門《さもん》云ふ。既《すで》に夜を續《つ》ぎて來《こ》し給ふに、心も倦《う》み足も勞《つか》れたまふべし。幸《さいはひ》に一杯《いつはい》を酌《く》みて歇息《やすませ》たまへとて、酒《さけ》をあたゝめ下物《さかな》を列《つら》ねて勸《すゝ》むるに、赤穴《あかな》袖をもて面《おもて》を掩《おほ》ひ、其臭《にほひ》を嫌放《いみさ》くるに似《に》たり。左門《さもん》云ふ。井臼《せいきう》の力《つとめ》はた欵《もてな》すに足《た》らざれども、己が心なり。いやしみ給《たま》ふことなかれ。赤穴《あかな》猶答《こたへ》もせで、長噓《ながいき》をつぎつゝ、しばししていふ。賢弟《けんてい》が信《まこと》ある饗應《あるじぶり》をなどいなむべき理《ことわり》やあらん。欺《あざむ》くに詞《ことば》なければ、實《じつ》をもて告《つ》ぐるなり。必《かなら》ずしもあやしみ給《たま》ひそ。吾は陽世《うつせみ》の人にあらず。きたなき靈《たま》のかりに形《かたち》を見えつるなり。左門《さもん》大に驚《おどろ》きて、兄長《このかみ》何ゆゑにこのあやしきことかたり出で給ふや。更《さら》に夢《ゆめ》ともおぼえ侍《はべ》らず。赤穴《あかな》いふ。賢弟《けんてい》とわかれて國にくだりしが、國人《くにびと》大かた經久《つねひさ》が勢《いきほひ》に服《つ》きて、鹽冶《えんや》の恩《めぐみ》を顧《かへり》みるものなし。從弟《いとこ》なる赤穴《あかな》丹治《たんぢ》、富田《とみた》の城《しろ》にあるを訪《とむら》ひしに、利害《りがい》を說《と》きて吾を經久《つねひさ》に見《まみ》えしむ。假《かり》に其詞《ことば》を容《い》れて、つら〳〵經久《つねひさ》がなす所を見るに、萬夫《ばんぶ》の雄人《ゆうじん》に勝《すぐ》れ、よく士卒《いくさ》を習練《たなら》すとい

腹心爪牙ー輔弼の義

刃に伏しー自殺し

菊花の約ー

へども、智《ち》を用ふるに狐疑《こぎ》の心おほくして、腹心爪牙《ふくしんさうが》の家の子なし。永く居《を》りて益《やう》なきを思ひて、賢弟《けんてい》が菊花《きくくわ》の約《ちぎり》あることをかたりて去《さ》らんとすれば、經久《つねひさ》怨《うら》める色ありて、丹治《たんぢ》に令《れい》し、吾《われ》を大城《おほぎ》の外《そと》にはなたずして、遂《つひ》に今日《けふ》にいたらしむ。此約《ちかひ》にたがふものならば、賢弟《けんてい》吾を何《なに》ものとかせんと、ひたすら思《おもひ》沈《しづ》めども遁《のが》るゝに方なし。いにしへの人《ひと》のいふ、人一日《にち》に千里《ちさと》をゆくことあたはず、魂《たま》よく一日《にち》に千里《ちさと》をもゆくと。此ことわりを思出《おもひい》でて、みづから刃《やいば》に伏《ふ》し、今夜《こよひ》陰風《かぜ》に乗《の》りてはるぐ〳〵來り、菊花《きくくわ》の約《ちかひ》に赴《つ》く。此心をあはれみ給へといひをはりて、泪《なみだ》わき出づるが如し。今は永きわかれなり。只母《たゞぼ》公《こう》によくつかへ給《たま》へとて、座《ざ》を立つと見《み》しが、かき消《き》えて見《み》えずなりにける。左門《さもん》慌忙《あわ》てとゞめんとすれば、陰風《いんぷう》に眼《まなこ》くらみて行方《ゆくへ》をしらず。俯向《うつぶし》につまづき倒《たふ》れたるままに、聲《こゑ》を放《はな》ちて大に哭《なげ》く。老母《らうぼ》目《め》さめ、驚《おどろ》き立《た》ちて、左門《さもん》がある所を見れば、座上《ざこのべ》に酒瓶《さかがめ》魚《な》盛《も》りたる皿《さら》どもあまた列《なら》べたるが中《なか》に、臥倒《ふしたふ》れたるをいそがはしく扶起《たすけおこ》して、いかにと問《と》へども、只聲《こゑ》を吞《の》みて泣《な》く〳〵さらに言《ことば》なし。老母《らうぼ》問《と》うていふ。伯氏《あに》赤穴《あかな》が約《ちかひ》にたがふを怨《うら》むるとならば、明日《あす》なんもし來《きた》るには言《ことば》なからんものを。汝《なんぢ》かくまでをさなくも愚《おろか》なるかとつよく諫《いさ》むるに、左門《さもん》漸答《やゝこた》へていふ。兄長《このかみ》今夜《よひ》菊花《きくくわ》の約《ちかひ》に特《わざ〳〵》來る。酒《しゆ》

殽《かう》をもて迎《むか》ふるに、再三辭《あまたたびいな》みたまうて云《い》ふ。しか〴〵のやうにて約《ちかひ》に背《そむ》くがゆゑに、自《みづから》刃《やいば》に伏《ふ》して、陰魂《なきたま》百里を來るといひて見えずなりぬ。それ故《ゆゑ》にこそは母の眠《ねむり》をも驚《おどろ》かしたてまつれ。只々《たゞ〳〵》赦《ゆる》し給へと潸然《さめ〴〵》と哭《なき》入るを、老母《らうぼ》いふ。牢裏《らうり》に繫《つな》がるゝ人は夢《ゆめ》にも赦《ゆる》さるゝを見、渴《かつ》するものは夢《ゆめ》に漿水《しやうすゐ》を飮《の》むといへり。汝も亦さる類《たぐひ》にやあらん。よく心を靜《しづ》むべしとあれども、左門頭《さもんかしら》を搖《ふ》りて、まことに夢《ゆめ》の正《まさ》なきにあらず。兄長《このかみ》はこゝもとにこそありつれと、又聲《こゑ》を放《あ》げて哭倒《なきたふ》る。老母《らうぼ》も今は疑《うたが》はず、相叫《あひよ》びて其夜は哭《な》きあかしぬ。明《あ》くる日左門《さもん》母を拜《はい》していふ。吾幼《をさな》きより身を翰墨《かんぼく》に托《よ》するといへども、國《くに》に忠義《ちうぎ》の聞《きこえ》なく、家に孝信《かうしん》をつくすことあたはず、徒《いたづら》に天地《あめつち》のあひだに生《うま》るゝのみ。兄長《このかみ》赤穴《あかな》は一生《しやう》を信義《しんぎ》のために終《をは》る。小弟《せうてい》けふより出雲《いづも》に下《くだ》り、せめては骨を藏《をさ》めて信《しん》を全《まつた》うせん。公尊體《きみおほんみ》を保《たも》ちたまうて、しばらくの暇《いとま》をたまふべし。老母《らうぼ》云《い》ふ。吾兒《わがこ》かしこに去《さ》るとも、はやく歸《かへ》りて老《おい》が心を休《やす》めよ。永く逗《とゞま》りてけふを舊《ひさ》しき日となすことなかれ。左門《さもん》いふ。生《しやう》は浮《う》きたる漚《あわ》のごとく、旦《あさ》に夕《ゆふべ》に定《さだ》めがたくとも、やがて歸《かへ》りまゐるべしとて、泪《なみだ》を振《ふる》うて家を出《い》で、佐用氏《さようぢ》にゆきて老母《らうぼ》の介抱《いたはり》を苦《ねんごろ》にあつらへ、出雲《いづも》の國《くに》にまかる路《みち》に、飢《う》ゑて食《しよく》を思はず、寒《さむ》きに衣《ころも》をわすれてまどろめば、夢《ゆめ》にも哭《な》きあ

九月九日に再會せんとする約束なり

渴する云々—白樂天の詩に「渴人多夢飲」

翰墨—學問

生は浮きたる漚の如く—人の生のはかなきこ

と水沫の如く
翼ある物—雁の便にて漢蘇武の故事
諱むべからず—死去のこと
商鞅—商の公孫鞅

かしつゝ、十日《か》をへて富田《とみた》の大城《おほぎ》にいたりぬ。先赤穴《まづあかな》丹治《たんぢ》が宅《いへ》にゆきて、姓名《せいめい》をもていひ入るに、丹治《たんぢ》迎《むか》へ請《しやう》じて、翼《つばさ》ある物の告《つ》ぐるにあらで、いかで知らせたまふべき謂《いはれ》なしとしきりに問尋《とひもと》む。左門《さもん》いふ。士《し》たる者は富貴《ふうき》消息《せうそく》の事ともに論《ろん》ずべからず。只信《しん》義《ぎ》をもて重《おも》しとす。伯氏《あに》宗右衛門《そううゑもん》一旦《ひとたび》の約《ちかひ》をおもんじ、むなしき魂《たま》の百里を來《きた》るに報《むく》いすとて、日夜《にちや》を逐《お》うて此所《こゝ》にくだりしなり。吾學《まな》ぶ所について士《し》に尋《たづ》ねまゐらすべき旨《むね》あり。ねがふは明《あきら》かに答へ給へかし。昔魏《ぎ》の公叔座《こうしゆくざ》病《やまひ》の牀《ゆか》にふしたるに、魏王《ぎわう》みづから詣《まう》でて、手《て》をとりつも告ぐるは、若諱《もしい》むべからずのことあらば、誰《たれ》をして社稷《くに》を守らしめんや。吾《わが》ために教《をしへ》をのこせとあるに、叔座《しゆくざ》いふ。商鞅《しやうあう》年少《わか》しといへども奇才《きさい》あり。王《きみ》若《もし》この人を用ひ給はずば、これを殺《ころ》しても境《さかひ》を出《いだ》すことなかれ、他《た》の國にゆかしめば、必《かなら》ずも後の禍《わざはひ》となるべしと苦《ねんごろ》に敎《をし》へて、又商鞅《しやうあう》を私《ひそか》にまねき、吾汝《なんぢ》をすゝむれども、王《きみ》許《ゆる》さゞる色あれば、用ひずばかへりて汝《なんぢ》を害《がい》したまへと敎《をし》ふ。是《こ》れ君を先《さき》にし臣を後《のち》にするなり。汝速《はや》く他《ひと》の國《くに》に去りて、害《がい》を免《のが》るべしといへり。この事《こと》士《し》と宗右衛門《そううゑもん》に比《たぐ》へてはいかに。丹治《たんぢ》只頭《かしら》を低《た》れて言《こと》なし。左門座《さもんざ》をすゝみて、伯氏《あに》宗右衛門鹽治《えんや》が舊交《よしみ》を思《おも》ひて、尼子《あまこ》に仕《つか》へざるは義士《ぎし》なり。士《し》は舊主《きうしゆ》の鹽治《えんや》を捨《す》てて、尼子《あまこ》に降《くだ》りしは

骨肉の人―兄弟

士たる義《ぎ》なし。伯氏《あに》は菊花《きくくわ》の約《ちかひ》を重《おも》んじ、命《いのち》を捨《す》てて百里《ひやくり》を來《こ》しは信《まこと》ある極《かぎり》なり。士《し》は今尼子《あまこ》に媚《こ》びて骨肉《こつにく》の人をくるしめ、此橫死《わうし》をなさしむるは友とする信《まこと》なし。經久强《つねひさしひ》てとゞめたまふとも、舊《ひさ》しき交《まじはり》を思はば、私《ひそか》に商鞅《しやうあう》、叔座《しゆくざ》が信《まこと》をつくすべきに、只榮利《えいり》にのみ走りて、士家《しか》の風《ふう》なきは、即《すなはち》尼子の家風《かふう》なるべし。さるから兄長《このかみ》何故この國《くに》に足《あし》をとゞむべき。吾今信義《しんぎ》を重《おも》んじて、態々《わざ〳〵》こゝに來《きた》る。汝は又不義《ふぎ》のために汚名《をめい》をのこせとて、いひもをはらず、拔打《ぬきうち》に斬《き》りつくれば、一刀《かたな》にてそこに倒《たふ》る。家眷《いへのこ》ども立騷《たちさわ》ぐ間《ひま》に、はやく逃《のが》れ出《い》でて跡《あと》なし。尼子《あまこ》經久《つねひさ》このよしを傳《つたへ》聞《き》きて、兄弟信義《けいていしんぎ》の篤《あつ》きをあはれみ、左門《さもん》が跡《あと》をも强ひて追《おは》せざるとなり。咨輕薄《あゝけいはく》の人と交《まじはり》は結《むす》ぶべからずとなん。

足利染—下野國足利より産する絹布

# 雨月物語　卷之二

## ○淺茅《あさぢ》が宿《やど》

下總《しもふさ》の國葛飾郡眞間《かつしかのこほりまま》の郷《さと》に、勝四郎《かつしらう》といふ男ありけり。祖父《おほぢ》より舊《ひさ》しくこゝに住み、田《た》畠《はた》あまた主《ぬし》つきて、家豐《いへゆたか》に暮《くら》しけるが、生長《ひとゝな》りて物にかゝはらぬ性《さが》より、農作《なりはひ》をうたてき物《もの》に厭《いと》ひけるまゝに、はた家貧《いへまづ》しくなりにけり。さるほどに親族《うから》おほくにも疎《うと》んじられけるを、口をしきことに思ひしみて、いかにもして家《いへ》を興《おこ》しなんものをと、左右《とかく》にはかりける。其比《ころ》雀部《さゝべ》の曾次《そうじ》といふ人、足利染《あしかゞぞめ》の絹《きぬ》を交易《こうえき》するために、年々《ねん〱》京《みやこ》よりくだりけるが、此郷《さと》に氏族《やから》のありけるを、屢々《しば〱》來訪《きとぶら》ひしかば、かねてより親《したし》かりけるまゝに、商人《あきびと》となりて京《みやこ》にまうのぼらんことを頼《たの》みしに、雀部《さゝべ》いとやすく肯《うけが》ひて、いつの比《ころ》はまかるべしときこえける。他《かれ》が頼《たの》もしきをよろこびて、殘《のこ》る田をも販《う》りつくして金《かね》に代《か》へ、絹素《きぬ》あまた買積《かひつ》みて、京《みやこ》にゆく日《ひ》をもよほしける。勝四郎《かつしらう》が妻宮木《つまみやぎ》なるものは、人《ひと》の目《め》とむるばかりの容《かたち》に、心ばへも愚《おろか》ならずありけり。此度勝四郎《かつしらう》が商物《あきもの》買《か》ひて京《みやこ》に

心のはやりたる―心の跳立ちたる
梓弓―すゑにかけていふ冠辭
浮木に乘り―心の安らかならざるの譬
享徳―後花園帝の御宇

ゆくといふを、うたてきことに思ひ、言《ことば》をつくして諫《いさ》むれども、常《つね》の心のはやりたるにせんかたなく、梓弓末《あづさゆみすゑ》のたづきの心ぼそきにも、かひぐしく調《こしら》へて、其夜《そのよ》はさりがたき別《わかれ》をかたり、かくてはたのみなき女心《をんなごころ》の、野にも山にも惑《まど》ふばかり、物うきかぎりに侍《はべ》り。朝《あした》に夕《ゆふべ》にわすれたまはで、速《はや》く歸《かへ》りたまへ。命《いのち》だにとは思ふものの、明《あす》をたのまれぬ世のことわりは、武《たけ》き御心《みこころ》にもあはれみたまへといふに、いかで浮木《うきぎ》に乘《の》りつも、しらぬ國《くに》に長居《ながゐ》せん。葛《くず》のうら葉《は》のかへるは此秋なるべし。心づよく待《ま》ちたまへと言ひなぐさめて、夜も明《あ》けぬるに、鳥《とり》が啼《な》く東《あづま》を立出でて、京《みやこ》の方《かた》へ急《いそ》ぎけり。此年《ことし》享徳《きやうとく》の夏、鎌倉《かまくら》の御《ご》所成氏朝臣《しよしげうぢあそん》、管領《くわんれい》の上杉《うへすぎ》と御中《おんなか》放《さ》けて、館《みたち》兵火《ひやうくわ》に跡なく滅《ほろ》びければ、御《ご》所《しよ》は總州《そうしう》の御味方《おんみかた》へ落《お》ちさせたまふより、關《せき》の東忽《たちまち》に亂《みだ》れて、心々の世の中となりしほどに、老《おい》たるは山に逃竄《にげかく》れ、弱《わか》きは軍民《いくさびと》にもよほされ、けふは此所《ここ》を燒《や》きはらふ、明《あす》は敵《かたき》のよせ來《く》るぞと、女わらべ等《ら》は東西《をちこち》に逃《に》げまどひて泣きかなしむ。勝四郎《かつしらう》が妻なるものも、いづちへも遁《のが》れんものをと思《おも》ひしかど、此秋《あき》を待てときこえし夫《をつと》の言《ことば》を頼《たの》みつゝも、安《やす》からぬ心に日をかぞへて暮《くら》しける。秋《あき》にもなりしかど、風《かぜ》の便《たより》もあらねば、世とともに憑《たのみ》なき人心かなと、恨《うら》みかなしみ思ひくづをれて、

夕つけ鳥―鷄のこと

三貞―婦人三從の德

攻むる―原本責むるに作る、以下同じ

八州―關東八州

よき德―長き利益

涿鹿の岐―蚩尤と黃帝と戰ひし所

身のうさは人しも告げじあふ坂《さふ》の夕《ゆふ》つけ鳥《とり》よ秋《あき》も暮《く》れぬとかくよめれども、國あまた隔《へだ》てぬれば、いひおくるべき傳《つて》もなし。世の中騷《さわが》しきにつれて、人の心も恐《おそろ》しくなりにけり。適間《たま〳〵》とぶらふ人も、宮木《みやぎ》がかたちの愛《めでた》きを見ては、さまざまにすかしいざなへども、三貞《てい》の賢《かしこ》き操《みさを》を守りてつらくもてなし、後《のち》は戸を閉《た》てて見《まみ》えざりけり。一人《ひとり》の婢女《はしため》も去《さ》りて、すこしの貯《たくはへ》もむなしく、其年も暮《く》れぬ。年あらたまりぬれども猶《なほ》をさまらず。あまさへ去年《こぞ》の秋、京家《きやうけ》の下知《げぢ》として、美濃《みの》の國郡上《くにぐじやう》の主《ぬし》、東《とう》の下野守常縁《しもつけのかみつねより》に御旗《みはた》を給《た》びて、下野《しもつけ》の領所《しろどころ》にくだり、氏族《しぞく》千葉《ちは》の實胤《さねたね》とはかりて攻《せ》むるにより、御所方《ごしよがた》も固《かた》く守《まも》りて拒戰《ふせぎたゝか》ひけるほどに、いつ果《は》つべきとも見えず。野《の》伏《ぶし》等はこゝかしこに寨《さい》をかまへ、火《ひ》を放《はな》ちて財《たから》を奪《うば》ふ。八州《はつしう》すべて安き所もなく、淺《あさ》ましき世の費《つひえ》なりけり。勝四郎《かつしらう》は雀部《さゝべ》に從ひて京《みやこ》にゆき、絹《きぬ》ども殘《のこり》なく交易《かうえき》せしほどに、當時《このごろ》都《みやこ》は花美《くわび》を好《この》む節《せき》なれば、よき德《とく》とりて東《あづま》に歸《かへ》る用意《はかりごと》をなすに、今度《このたび》上杉《うへすぎ》の兵《つはもの》鎌《かま》倉《くら》の御所《ごしよ》を陷《おと》し、なほ御跡《おんあと》をしたうて攻討《せめう》てば、古鄕《ふるさと》の邊《ほとり》は干戈《かんくわ》みち〳〵て、涿鹿《たくろく》の岐《ちまた》となりし由《よし》をいひはやす。まのあたりなるさへ僞《いつはり》おほき世說《よがたり》なるを、ましてしら雲《くも》の八重《やへ》に隔《へだ》たりし國なれば、心も心ならず、八月《はづき》のはじめ京《みやこ》をたち出でて、岐曾《きそ》の眞坂《みさか》

落草―盗賊

產所―鄉里

同根の爭―同族の爭

一劫の云々―劫に成住壞空の四劫あり、こゝは住劫の盡きて此世の滅ぶるならんといふ意

を目ぐらしに踰《こ》えけるに、落草《ぬすびと》ども道《みち》を塞《さ》へて、行李《にもつ》も殘《のこり》なく奪《うば》はれしが上に、人《ひと》のかたるをきけば、是《これ》より東《ひがし》の方《かた》は所々《ところ〴〵》に新關《しんせき》を居《す》ゑて、旅客《たびびと》の往來《ゆきゝ》をだに宥《ゆる》さゞるよし。さては消息《おとづれ》をすべきたつきもなし。家も兵火《ひやうくわ》にや亡《ほろ》びなん。妻《つま》も世に生きてあらじ。しからば古鄕《ふるさと》とても鬼《おに》のすむ所なり、とてこゝより又京《みやこ》に引きかへすに、近江《あふみ》の國《くに》に入りて、にはかに心地《こゝち》あしく、熱《あつ》き病《やまひ》を憂《うれ》ふ。武佐《むさ》といふ所に、兒玉嘉兵衛《こだまかへゑ》とて富《ふう》貴《き》の人あり。これは雀部《さゝべ》が妻《つま》の產所《さと》なりければ、苦《ねんごろ》にたのみけるに、此人見捨《みす》てずしていたはりつも、醫《い》をむかへて藥《くすり》の事專《もつはら》なりし。やゝこゝち淸《すゞ》しくなりぬれば、篤《あつ》き恩《めぐみ》をかたじけなうす。されど步《あゆ》む事はまだはかぐ〳〵しからねば、今年《ことし》は思ひがけずも此所《こゝ》に春を迎ふるに、いつのほどか此里《このさと》にも友《とも》をもとめて、揉《ため》ざるに直《なほ》き志《こゝろざし》を賞《しやう》せられて、兒玉《こだま》をはじめ誰々《たれ〴〵》も賴《たの》もしく交《まじは》りけり。この後《のち》は京《みやこ》に出《い》でて雀部《さゝべ》をとぶらひ、又は近江《あふみ》に歸《かへ》りて兒玉《こだま》に身《み》を托《よ》せ、七年《なゝとせ》がほどは夢《ゆめ》のごとくに過《す》ごしぬ。寛正《くわんせい》二年畿內河內《きないかはち》の國に、畠山《はたけやま》が同根《どうこん》の爭《あらそひ》果《はた》さゞれば、京《みやこ》ちかくも騷《さわが》しきに、春の頃より瘟疫《えやみ》さかんに行れて、屍《かばね》は衢《ちまた》に疊《つ》み、人の心も今や一劫《ごふ》の盡《つ》くるならんと、果敢《はか》なきかぎりを悲《かなし》みける。勝四郎《かつしらう》熟《つら〳〵》思ふに、かく落魄《おちぶ》れてなす事もなき身の、何《なに》をたのみとて遠《とほ》き國に

泉下の人—彼世の人

繼橋—眞野の繼橋

いたうれび

逗り、由縁《ゆゑ》なき人の恵《めぐみ》をうけて、いつまで生《い》くべき命《いのち》なるぞ。古郷《ふるさと》に捨《す》てし人の消息《せうそこ》をだにしらで、萱草《わすれぐさ》おひぬる野方《のべ》に、長々《なが〳〵》しき年月をすごしけるは、信《まこと》なき己《おの》が心なりける物を、たとへ泉下《せんか》の人となりて、ありつる世《よ》にはあらずとも、其あとをもとめて、塚《つか》をも築《つ》くべけれと、人々に志《こゝろざし》を告げて、五月雨《さみだれ》のはれ間《ま》に手をわかちて、十日あまりを經《へ》て、古郷《ふるさと》にかへりつきぬ。此時《このとき》日ははや西に沈《しづ》みて、雨雲《あまぐも》は落ちかゝるばかりに闇《くら》けれど、舊《ひさ》しく住《す》みなれし里なれば、迷ふべうもあらじと、夏野《なつの》わけ行くに、いにしへの繼橋《つぎはし》も川瀬《かはせ》におちたれば、げに駒《こま》の足音《あしおと》もせぬに、田畑《たはた》は荒《あ》れたき儘《まゝ》にすさみて、舊《もと》の道もわからず、ありつる人居《いへゐ》もなし。たま〳〵此處彼處《ここかしこ》にのこる家に、人の住むとは見《み》ゆるもあれど、昔には似《に》つゝもあらね、いづれか我住みし家《いへ》ぞと立惑《まど》ふに、こゝ二十歩《つぼ》ばかりを去りて、雷《らい》に摧《くだか》れし松の聳《そび》えて立てるが、雲間《くもま》の星《ほし》の光に見《み》えたるを、げに我軒《わがのき》の標《しるし》こそ見えつると、先喜《まづうれ》しきこゝちして歩行《あゆ》むに、家は故《もと》にかはらであり。人も住むと見えて、古戸《ふるど》の間《すき》より燈火《ともしび》の影《かげ》もれて輝々《きら〳〵》とするに、他人《ことひと》や住《す》む、もし其人や在《いま》すかと心躁《さわが》しく、門《かど》に立ちよりて咳《しはぶき》すれば、内にも速《はや》く聞《き》きとりて、誰《た》そと咎《とが》む。いたうねびたれど正《まさ》しく妻の聲《こゑ》なるを聞きて、夢《ゆめ》かと胸《むね》のみさわがれて、我《われ》こそ歸《かへ》りま

ゐりたれ。かはらで獨自《ひとり》淺茅《あさぢ》が原《はら》に住《す》みつることの不思議《ふしぎ》さよ、といふを、聞知《きゝ》りたれば、やがて戸を明《あ》くるに、いといたう黒《くろ》く垢《あか》づきて、眼《まみ》はおち入《い》りたるやうに、結《あ》げたる髮《かみ》も脊《せ》にかゝりて、故《もと》の人とも思はれず。夫《をとこ》を見て物《もの》をもいはで濟然《さめ〴〵》と泣く。勝四郎《かつしらう》も心くらみて、しばし物をもきこえざりしが、やゝしていふは、今《いま》までかくおはすと思《おも》ひなば、など年月《としつき》を過《すご》すべき。去《い》ぬる年、京《みやこ》にありつる日、鎌倉《かまくら》の兵亂《ひやうらん》を聞き、御所《ごしよ》の師潰《いくさつひ》えしかば、總州《そうしう》に避《さ》けて禦《ふせ》ぎたまふ。管領《くわんれい》これを攻《せ》むる事急《きふ》なりといふ。其明《そのあす》雀部《さゝべ》にわかれて、八月《はづき》のはじめ京《みやこ》を立ちて、木曾路《きそぢ》を來《く》るに、山賊《やまだち》あまたに取りこめられ、衣服金銀殘《いふくきんぎんのこり》なく掠《かす》められ、命ばかりを辛勞《からう》じて助《たすか》りぬ。且里人《かつさとびと》のかたるを聞けば、東海東山の道はすべて新關《しんせき》を居《す》ゑて人を駐《とゞ》むるよし、又きのふ京《みやこ》より節刀使《せつとし》もくだり給ひて、上杉《うへすぎ》に與《くみ》し、總州《そうしう》の陣《いくさ》に向《むか》はせたまふ。本國《ほんごく》の邊《ほとり》は疾《とく》に燒《や》きはらはれ、馬の蹄《ひづめ》尺地《せきち》も間《ひま》なしとかたるによりて、今は灰塵《くわいぢん》とやなり給ひけん。海《うみ》にや沈《しづ》みたまひけんと、ひたすらに思《おも》ひとゞめて、又京《みやこ》にのぼりぬるより、人に餬口《くちもら》ひて七年は過《す》ごしけり。近《ちか》曾《ごろ》すゞろに物《もの》のなつかしく有りしかば、せめて其蹤《そのあと》をも見たきまゝに歸《かへ》りぬれど、かくて世におはせんとは努々《ゆめ〳〵》思《おも》はざりしなり。巫山《ふざん》の雲《くも》、漢宮《かんきう》の幻《まぼろし》にもあらざるやと、

たれど—甚
老いたれど
餬口ひて—
養はれて
巫山の雲—

楚襄王の故事、男女の會を云ふ
漢宮の幻―漢武帝の故事、意義前に同じ
玉と砕けても云々―操を守りて死すとも不義の安は求めじ
逢ふを待つ間―人知れず逢ふを待つ間にこひ死なば何に代へたる命とかいはん

くりごとはてしぞなき。妻涙《なんだ》をとゞめて、一たび離參《わかれまゐら》せて後、たのむの秋より前《さき》に、恐《おそろ》しき世の中となりて、里人《さとびと》は皆家を捨てて、海に漂《たゞよ》ひ山《やま》に隱《こも》れば、適《たま〳〵》に殘《のこ》りたる人は、多く虎狼《こらう》の心ありて、かく寡《やもめ》となりしを便《たより》よしとや、言《ことば》を巧《たく》みていざなへども、玉《たま》と砕《くだ》けても瓦《かはら》の全《まつた》きにはならはじものをと、幾《いく》たびか辛苦《からきめ》を忍《しの》びぬる。銀河《ぎんが》秋を告ぐれども、君は歸《かへ》りたまはず、冬《ふゆ》を待《ま》ち、春《はる》を迎《むか》へても消息《おとづれ》なし。今は京《みやこ》にのぼりて尋《たづ》ねまゐらせんと思ひしかど、丈夫《ますらを》さへ宥《ゆる》さゞる關《せき》の鎖《とざし》を、いかで女《をみな》の越《こ》ゆべき道もあらじと、軒《のき》端《は》の松にかひなき宿《やど》に、狐鵂鶹《きつねふくろふ》を友として今日《けふ》までは過《す》ごしぬ。今は長《なが》き恨《うらみ》もはれ〴〵となりぬることの喜《うれ》しく侍《はべ》り。逢《あ》ふを待つ間《ま》に戀死《こひし》なんは、人しらぬ恨《うらみ》なるべしと、又よゝと泣くを、夜《よ》こそ短《みじか》きに、と云ひなぐさめてともに臥《ふ》しぬ。窓《まど》の紙松風《まつかぜ》を啜《すゝ》りて、夜もすがら涼《すゞ》しきに、途《みち》の長手《ながて》に勞《つか》れ、熟《うま》く寢《い》ねたり。五更《ごかう》の天《そら》明《あ》けゆく比、現《うつゝ》なき心にもすゞろに寒《さむ》かりければ、衾被《ふすまかづ》かんとさぐる手に、何物《なにもの》にや籟々《さや〳〵》と音《おと》するに目《め》さめぬ。面《かほ》にひや〳〵と物《もの》のこぼるゝを、雨や漏《も》りぬるかと見《み》れば、屋根《やね》は風にまくられてあれば、有明月《ありあけづき》のしらみて殘《のこ》りたるも見《み》ゆ。家は扉《と》もあるやなし、簀《す》垣《がき》朽頽《くちくづ》れたる間《ひま》より、荻薄《をぎすゝき》たかく生出でて、朝露《あさつゆ》うちこぼるゝに、袖《そで》濕《ひ》ぢてしぼるばかりなり。壁《かべ》には蔦《つた》葛《くず》延《は》

五更—今の午前四時

我身ひとつ—月やあらぬ春や昔の春ならぬ我身ひとつはもとの身にして

水向—死者の靈をまつること

ひかゝより、庭《には》は葎《むぐら》に埋《うづも》れて、秋ならねども野《の》らなる宿《やど》なりけり。さてしも臥《ふ》したる妻《つま》はいづち行《ゆ》きけん見《み》えず。狐《きつね》などのしわざにやと思へば、かく荒果《あれは》てぬれど故《もと》住みし家にたがはで、廣《ひろ》く造り作《なせ》し奥《おく》わたりより、端《はし》の方《かた》、稲倉《いなぐら》まで好《この》みたるまゝの形《さま》なり。呆《あ》自《き》れて足《あし》の踏所《ふみど》さへ失《わす》れたるやうなりしが、熟《つら〲》おもふに、妻《つま》は既に死《まか》りて、今は狐狸《こり》の住《す》みかはりて、かく野《の》らなる宿《やど》となりたれば、怪《あや》しき鬼《もの》の化《け》して、ありし形《かたち》を見《み》せつるにてぞあるべき。若《もし》又我を慕《した》ふ魂《たま》のかへり來《きた》りてかたりつるものか。思《おも》ひしことの露《つゆ》たがはざりしよと、更《さら》に涙さへ出《い》でず。我身《わがみ》ひとつは故《もと》の身《み》にしてと、あゆみ廻《めぐ》るに、むかし閨房《ふしど》にてありし所の簀子《すのこ》をはらひ、土を積《つ》みて壠《つか》とし、雨露《あめつゆ》をふせぐまうけもあり。夜《よべ》の靈《れい》はこゝもとよりやと、恐《おそろ》しくも且《かつ》なつかし。水向《みづむけ》の具《ぐ》物《もの》せし中に、木《き》の端《はし》を刪《けづ》りたるに、那須野紙《なすのがみ》のいたう古《ふる》びて、文字《もじ》もむら消《ぎえ》して所々《ところ〲》見定めがたき、正《まさ》しく妻《つま》の筆《ふで》の跡《あと》なり。法名《ほふみやう》といふものも年月《としつき》もしるさで、三十一字《みそひともじ》に末期《いまは》の心を哀《あはれ》にも展《のべ》たり。

さりともと思《おも》ふ心にはかられて世《よ》にもけふまでいける命《いのち》か

こゝにはじめて妻の死《し》にたるを覺《さと》りて、大に叫《さけ》びて倒《たふれ》伏す。去《さ》りとて何の年、何の月《つき》日《ひ》に終《をは》りしさへ知らぬ淺《あさま》しさよ。人は知りもやせんと、涙《なみだ》をとゞめて立出づれば、

過活—活計

菩提を弔はせ—成佛を祈らせ

日高くさし昇《のぼ》りぬ。先《まづ》ちかき家に行きて主《あるじ》を見るに、昔《むかし》見し人にあらず。かへりて何國《いづく》の人ぞと咎《とが》む。勝四郎《かつしらう》禮《ゐやま》ひていふ。この鄰《となり》なる家の主《あるじ》なりしが、過活《わたらひ》のため京《みやこ》に七とせまでありて、昨《きぞ》の夜かへりまゐりしに、既《すで》に荒廢《あれすさ》みて人も住《すまゐ》侍らず。妻《つま》なるものも死《まか》りしと見《み》えて、壠《つか》の設《まうけ》も見えつるが、いつの年《とし》にともなきに、まさりて悲《かな》しく侍《はべ》り。知らせたまはば教《をし》へ給へかし。主《あるじ》の男いふ。哀《あはれ》にも聞《きこ》えたまふものかな。我《わが》こゝに住《す》むもいまだ一年《ことせ》ばかりの事《こと》なれば、それよりはるかの昔に亡《う》せたまふと見えて、住《す》みたまふ人のありつる世は知り侍らず。すべてこの里《さと》の舊《ふる》き人は、兵亂《ひやうらん》の初《はじめ》に逃《に》げうせて、今住居《すまゐ》する人は、大方他《おほかたほか》より移來《うつりきた》る人なり。只一人《たゞひとり》の翁《おきな》の侍るが、所に舊《ひさ》しき人と見《み》えたまふ。時々《をり〳〵》あの家にゆきて、亡《う》せたまふ人の菩提《ぼだい》を弔《とぶら》はせ給ふなり。この翁《おきな》こそ月日をも知らせたまふべし、といふ。勝四郎《かつしらう》いふ。さては其翁《そのおきな》の栖《す》みたまふ家は何方《いづべ》にて侍るや。主《あるじ》いふ。こゝより百歩《ほ》ばかり濱《はま》の方《かた》に、麻《あさ》おほく種《う》ゑたる畑《はた》の主《ぬし》にて、其所《そこ》にちひさき庵《いほり》して住《すま》せたまふなり、と教《をし》ふ。勝四郎《かつしらう》よろこびて、かの家にゆきて見れば、七十可《なゝそぢばかり》の翁《おきな》の、腰《こし》は淺《あさ》ましきまで屈《かゞ》まりたるが、庭竈《にはかまど》のまへに圓坐《わらふだ》敷《し》きて茶《ちや》を啜居《すゝりを》る。翁《おきな》も勝《かつ》四郎《しらう》と見るより、吾主《わぬし》何とておそく歸《かへ》りたまふ、といふを見れば、この里に久《ひさ》しき漆間《うるま》の

烈婦―宮木のこと
足蹇ぎて―足なやみて歩行しがたきこと
矢武に―心づよく
蘋蘩行潦―水向に同じ

翁《おきな》といふ人なり。勝四郎《かつしらう》、翁《おきな》が高齢《よはひ》をことぶきて、次《つぎ》に京《みやこ》に行きて心ならずも逗《とゞま》りしより、前夜《さきのよ》のあやしきまでを詳《つばら》にかたりて、翁《おきな》が壠《つか》を築《つ》きて祭《まつ》りたまふ恩《めぐみ》のかたじけなきを告げつゝも、涙《なみだ》とゞめがたし。翁《おきな》いふ。吾主《わぬし》遠くゆきたまひて後は、夏の比《ころ》より干戈《かんくわ》を揮《ふるひ》出でて、里人《さとびと》は所々に遁《のが》れ、弱《わか》き者どもは軍民《いくさびと》に召さるゝほどに、桑田《さうでん》にはかに狐《こ》兎《と》の叢《くさむら》となる。只烈婦《さかしめ》のみ主《ぬし》が秋を約《ちか》ひたまふを守りて、家を出《い》で給はず。翁《おきな》も又足蹇《なへ》ぎて百歩《ほ》を難《かた》しとすれば、深《ふか》く閉《た》てこもりて出でず。一旦《ひとたび》樹神《こだま》などいふおそろしき鬼《もの》の栖所《すむところ》となりたりしを、稚《わか》き女子《をんなご》の矢武《やたけ》におはするぞ、老《おい》が物見《ものみ》たる中《なか》のあはれなりし。秋《あき》去り春來りて、其年《そのとし》の八月《はづき》十日といふに死《まか》りたまふ。惆《いとほ》しさのあまりに、老《おい》が手づから土《つち》を運《はこ》びて柩《ひつぎ》を藏《をさ》め、其終焉《をはり》に殘《のこ》したまひし筆《ふで》の跡《あと》を壠《つか》のしるしとして、蘋蘩行潦《みづむけ》の祭《まつり》も心ばかりにものしけるが、翁《おきな》もとより筆《ふで》とる事《わざ》をしも知らねば、其月日を紀《しる》すこともえせず。寺院《じゐん》遠《とほ》ければ贈號《おくりな》を求《もと》むる方《すべ》もなくて、五とせを過《す》ごし侍るなり。今の物語《ものがたり》をきくに、必《かなら》ず烈婦《さかしめ》の魂《たま》の來り給ひて、舊《ひさ》しき恨《うらみ》を聞《きこ》えたまふなるべし。復《ふたゝび》かしこに行《ゆ》きて、念比《ねんごろ》にとぶらひ給へ、とて杖《つゑ》を曳《ひ》きて前《さき》に立ち、相《あひ》ともに壠《つか》のまへに俯《ふ》して、聲《こゑ》を放《ち》げて歎《なげ》きつゝも、其夜《そのよ》はそこに念佛《ねんぶつ》して明《あか》しける。寝《ね》られぬまゝに翁《おきな》かたりてい

ふ。翁《おきな》が祖父《おほぢ》のその祖父《おほぢ》すらも生《うま》れぬ、はるかの往古《いにしへ》の事《こと》よ。此郷に眞野《まの》の手兒奈《てこな》といふいと美《うつく》しき娘子《をとめ》ありけり。家貧《いへまづ》しければ、身《み》には麻衣《あさごろも》に青衿《あをえり》つけて、髪《かみ》だも梳《けづ》らず。履《くつ》だも穿《は》かずてあれど、面《かほ》は望《もち》の夜《よ》の月《つき》のごと、笑《ゑ》めば花《はな》の艶《にほ》ふがごと、綾錦《あやにしき》につゝめる京女﨟《みやこぢよらふ》にも勝《まさ》りたりとて、この里人はもとより、京《みやこ》の防人等《さきもりたち》、國《くに》の隣《となり》の人《ひと》までも、言《こと》をよせて戀慕《こひしの》ばざるはなかりしを、手兒奈《てこな》物うき事に思沈《おもひしづ》みつゝ、おほくの人の心に報《むく》いずとて、此浦曲《このうらわ》の波に身《み》を投《な》げしことを、世の哀《あはれ》なる例《ためし》とて、いにしへの人は歌《うた》にも詠《よ》みたまひてかたり傳《つた》へしを、翁《おきな》が稚《をさな》かりしとき、母のおもしろく語《かた》り給ふをさへ、いと哀《あはれ》なることにきゝしを、此亡人《なきひと》の心は、昔《むかし》の手兒子《てこな》がをさなき心に幾等《いくら》をかまさりて悲《かな》しかりけんと、かたる〳〵淚《なみだ》さしぐみて止《とゞ》めかぬるぞ、老《おい》は物《もの》えこらへぬなりけり。勝四郎《かつしらう》が悲《かなしみ》はいふべくもなし。此物《このもの》がたりを聞きて、おもふあまりを田舍人《ゐなかびと》の口《くち》鈍《にぶ》くもよみける。

いにしへの眞間《まま》の手兒奈《てこな》を斯《かく》ばかり戀《こ》ひてしあらん眞間《まま》のてこなを

思《おも》ふ心の端《はし》ばかりをもえいはぬぞ、よくいふ人の心にもまさりて、あはれなりとや云はん。かの國にしば〳〵かよふ商人《あきびと》の聞傳《きゝつた》へてかたりけるなりき。

手兒奈―原本手兒女に作る萬葉集卷三、九、十四等に見ゆ

麻衣に青衿つけて―古代の賤者の服裝

防人―外寇を防がんためおかれし武士

手兒子―手兒奈

いにしへの云々―こは萬葉集にあり

延長—醍醐帝の御宇
細妙—精妙に同じ
鮮—鮮肉

## ○夢應《むおう》の鯉魚《りぎよ》

むかし延長《えんちやう》の頃《ころ》、三井寺《みゐでら》に興義《こうぎ》といふ僧《そう》ありけり。繪《ゑ》に巧《たくみ》なるをもて名を世にゆるされけり。常《つね》に畫《ゑが》く所、佛像山水花鳥《ぶつざうさんすゐくわてう》を事《こと》とせず。寺務《じむ》の間《いとま》ある日は、湖《うみ》に小船《こぶね》をうかべて、網引釣《あびきつり》する泉郎《あま》に錢《ぜに》をあたへ、獲《え》たる魚《うを》をもとの江に放《はな》ちて、其魚《うを》の遊躍《あそ》ぶを見ては畫《ゑが》きけるほどに、年を經《へ》て細妙《くはしき》にいたりけり。或《ある》ときは繪《ゑ》に心を凝《こら》して眠《ねむり》をさそへば、ゆめの裏《うち》に江《え》に入《い》りて、大小《きはかり》の魚《うを》とともに遊《あそ》ぶ。覺《さ》むれば卽《やが》て見つるまゝを畫《ゑが》きて壁《かべ》に貼《お》し、みづから呼《よ》びて夢應《むおう》の鯉魚《りぎよ》と名付《なづ》けけり。その繪《ゑ》の妙《たへ》なるを感《めで》て、乞要《こひもと》むるもの前後《ついで》をあらそへば、只花鳥山水《くわてうさんする》は乞《こ》ふにまかせてあたへ、鯉魚《りぎよ》の繪《ゑ》はあながちに惜《をし》みて、人每《ひとごと》に戲《たはむ》れていふ。生《しやう》を殺《ころ》し鮮《あざらけ》を喰《くら》ふ凡俗《ぼんぞく》の人に、法師《ほうし》の養《やしな》ふ魚必《かなら》ずしも與《あた》へずとなん。其繪《そのゑ》と俳諧《わざごと》とともに天下《あめのした》にきこえけり。一年《こせ》病《やまひ》にかゝりて、七日を經《へ》て忽《たちまち》に眼《まなこ》を閉《と》ぢ、息絶《いきた》えてむなしくなりぬ。徒弟友《とていとも》どちあつまりて、歎惜《なげき》みけるが、只心《たゞむ》頭《ね》のあたりの微《すこ》し暖《あたゝか》なるにぞ、若《もし》やと居《ゐ》めぐりて守りつも、三日を經《へ》にけるに、手足すこし動《うごき》出づるやうなりしが、忽長嘘《ためいき》を吐《は》きて、眼《め》をひらき、醒《さめ》たるが如くに起《お》きあ

殿原—人々
露たがはじ—少しも違ふまじ
路次の勞云云—道すがらのつかれを謝しければ

がりて、人々にむかひ、我人事《われにんじ》をわすれて、既《すで》に久《ひさ》しき日をか過《すご》しけん。衆弟等《しようていら》いふ。師《し》三日《か》前《さき》に息《いき》たえ給ひぬ。寺中《じちう》の人々《ひとびと》をはじめ、日頃睦《むつ》まじくかたり給《たま》ふ殿原《とのはら》も詣《まう》でたまひて、葬《はうむり》の事をも計畫《はか》りたまひぬれど、只師《し》が心頭《むね》の暖《あたゝか》なるを見て、柩《ひつぎ》にも藏《をさ》めでかく守《まも》り侍りしに、今や蘇生《よみがへ》りたまふにつきて、かしこくも物《もの》せざりしよと怡《よろこ》びあへり。興義《こうぎ》點頭《うなづ》きていふ。誰《たれ》にもあれ一人《ひとり》、檀家《だんけ》の平《たひら》の助《すけ》の殿《との》の館《みたち》に詣《まゐ》りて告《まう》さんは、法師《はうし》こそ不思議《ふしぎ》に生《いき》侍れ。君今酒を酌《く》み、鮮《あざらけ》き鱠《なます》をつくらしめたまふ。しばらく宴《えん》を罷《や》めて寺《てら》に詣《まう》でさせたまへ。稀有《けう》の物語《ものがたり》聞えまゐらせんとて、彼の人々のある形《さま》を見よ。我詞《わがことば》に露《つゆ》たがはじ、といふ。使《つかひ》異《あやし》みながら、彼館《みたち》に往《ゆ》きて其由《よし》をいひ入《い》れてうかゞひ見るに、主《あるじ》の助《すけ》をはじめ、令弟《おとゝ》の十郎、家《いへ》の子《こ》掃守《かもり》など居《ゐ》めぐりて、酒《さけ》を酌《く》みゐたる。師《し》が詞《ことば》のたがはぬを奇《あやし》とす。彼館《みたち》の人々此ことを聞きて大に異《あやし》み、先箸《はし》を止《や》めて、十郎掃守《かもり》をも召《めし》具《ぐ》して寺に到《いた》る。興義《こうぎ》枕《まくら》をあげて、路次《ろじ》の勞《わづらひ》をかたじけなうすれば、助《すけ》も蘇生《よみがへり》の賀《ことぶき》を述《の》ぶ。興義《こうぎ》先問うていふ。君試《こゝろみ》に我いふ事を聞せたまへ。かの漁父《ぎよふ》文四《ぶんし》に魚《うを》をあつらへ給ふことありや。助《すけ》驚《おどろ》きて、まことにさることあり。いかにしてしらせたまふや。興義《こうぎ》、かの漁父《ぎよふ》三尺《たけ》あまりの魚を籠《かご》に入れて、君《きみ》が門《もん》に入《い》る。君は賢弟《けんてい》と南面《みなみおもて》の所に、

奕の手段—碁の手なみ

鱠手—料理人

籠の鳥の雲井にかへる—自由に快きことの喩

海若—海神

碁《ご》を圍《かこ》みておはす。掃守《かもり》傍《かたはら》に侍りて、桃《もゝ》の實《み》の大なるを啗《く》ひつゝ奕《えき》の手段《しゆだん》を見る。漁《ぎよ》父《ふ》が大魚《まな》を携《たづさへ》來るを喜《よろこ》びて、高杯《たかつき》に盛《も》りたる桃《もゝ》をあたへ、又杯《さかづき》をたまうて三獻飲《こんのま》しめたまふ。鱠手《かしはびと》したり顔《がほ》に魚《うを》をとり出で鱠《なます》にせしまで、法師《ほうし》がいふ所《ところ》たがはでぞあるらめと云ふに、助《すけ》の人々此事《このこと》を聞きて、或《ある》は異《あやし》み或はこゝち惑《まど》ひて、かく詳《つばら》なる言《こと》のよしを頻《しきり》に尋《たづ》ぬるに、興義《こうぎ》かたりていふ。我此頃病《やまひ》にくるしみて堪《たへ》がたきあまり、其死《し》したるをもしらず。熱《あつ》きこゝちすこし冷《さま》さんものをと、杖《つゑ》に扶《たす》けられて門《もん》を出づれば、病もやゝ忘《わす》れたるやうにて、籠《かご》の鳥《とり》の雲井《くもゐ》にかへるこゝちす。山となく里となく行き行きて、又江の畔《ほとり》に出づ。湖水《こすゐ》の碧《みどり》なるを見るより、現《うつゝ》なき心に浴《あ》びて遊《あそ》びなんとて、そこに衣《ころも》を脱去《ぬぎす》てて、身《み》を跳《をど》らして深《ふか》きに飛入《とびい》りつも、彼此《をちこち》に游《およ》ぎめぐるに、幼《わか》きより水に狎《な》れたるにもあらぬが、慾《おも》ふにまかせて戯《たはぶ》れけり。今思へば愚《おろか》なる夢《ゆめ》ごころなりし。されども人の水に浮《うか》ぶは、魚《うを》のこゝろよきにはしかず。こゝにて又魚《うを》の遊《あそび》を羨《うらや》むこゝろおこりぬ。傍《かたはら》にひとつの大魚《まな》ありていふ。師《し》のねがふ事いとやすし。待《また》せたまへ、とて杳《はるか》の底《そこ》に去《ゆ》くと見しに、しばしして冠裝束《かむりさうぞく》したる人の前《さき》の大魚《まな》に胯《また》がりて、許《あま》多《た》の鼇魚《うろくづ》を率《ひき》ゐて浮《うか》びきたり、我《われ》にむかひていふ。海若《わたつみ》の詔《みことのり》あり。老僧《らうそう》かねて放生《はうじやう》の

水府―龍宮城

志賀の大曲―近江の琵琶湖にあり

波にうつろふ朱の垣―辨才天の朱の垣ならん

河伯―河神

功徳《くどく》多し。今江に入りて魚の遊躍《あそび》をねがふ。權《かり》に金鯉《きんり》が服《ふく》を授《さづ》けて、水府《すゐふ》のたのしみをせさせ給《たま》ふ。古餌《ふるゑ》の香《かんば》しきに昧《くらま》されて、釣《つり》の絲にかゝり身《み》を亡《うしな》ふことなかれといひて、去《さ》りて見《み》えずなりぬ。不思議《ふしぎ》のあまりに、おのが身をかへり見《み》れば、いつのまに鱗金光《うろこきんくわう》を備《そな》へて、ひとつの鯉魚《りぎよ》と化《け》しぬ。あやしとも思はで、尾《を》を振り鰭《ひれ》を動《うご》かして、心のままに逍遥《せうえう》す。まづ長等《ながら》の山《やま》おろし、立《た》ちゐる浪《なみ》に身をのせて、志賀《しが》の大曲《おほわだ》の汀《みぎは》に遊《あそ》べば、かち人《びと》の裳《も》のすそ濡《ぬら》すゆきかひに驚《おどろか》されて、比良《ひら》の高山影《たかやまかげ》うつる深《ふか》き水底《みなそこ》に潛《かつ》くとすれど、かくれ堅田《かただ》の漁火《いさりび》によるぞうつゝなき。・ぬば玉の夜中《よなか》の潟《かた》にやどる月は、鏡《かゞみ》の山の峯《みね》に淸《す》みて、八十《やそ》の湊《みなと》の八十隈《やそくま》もなくておもしろ。沖津島山《おきつしまやま》、竹生島《ちくぶじま》、波《なみ》にうつろふ朱《あけ》の垣《かき》こそおどろかるれ。さしも伊吹《いぶき》の山風《やまかぜ》に、朝妻船《あさづまぶね》も漕《こぎ》出づれば、葦間《あしま》の夢《ゆめ》さまされ、矢橋《やばせ》の渡《わたり》する人《ひと》の水《み》なれ棹《ざを》をのがれては、瀬田《せた》の橋守《はしもり》にいくそたびか追《おは》れぬ。日あたゝかなれば浮《うか》び、風あらきときは千尋《ちひろ》の底に遊《あそ》ぶ。急《にはか》にも飢《う》ゑて食《もの》ほしげなるに、彼此《をちこち》に求食《あさり》得《え》ずして狂《くる》ひゆくほどに、忽《たちまち》文四が釣《つり》を垂《た》るゝにあふ。その餌《ゑ》ははなはだ香《かんば》し。心又河伯《かはかみ》の戒《いましめ》を守《まも》りて思ふ。我《われ》は佛《ほとけ》の御弟子《みでし》なり。しばし食《もの》を求め得ずとも、なぞもあさましく魚《うを》の餌《ゑ》を飮《の》むべきとて其所《そこ》を去《さ》る。しばしありて飢《うゑ》ます〱甚《はなはだ》しければ、

嗚呼—愚者

旁等—諸君

かさねて思ふに、今は堪《た》へがたし。たとひ此餌《このゑ》を飲《の》むとも、嗚呼《をこ》に捕《とら》れんやは。もとより他《かれ》は相識《あひしろ》ものなれば、何のはゞかりかあらんとて、遂《つひ》に餌《ゑ》をのむ。文四《ぶんし》はやく絲を收《をさ》めて我を捕《とら》ふ。こはいかにするぞと叫《さけ》びぬれども、他《かれ》かつて聞《き》かず顏《がほ》にもてなして、繩《なは》をもて我腮《わがあぎと》を貫《つら》ぬき、葦間《あしま》に船《ふね》をつなぎ、我《われ》を籠《かご》に押《おし》入れて、君が門《もん》に進入《すゝみ》る。君《きみ》は賢弟《けんてい》と南面《みなみおもて》の間《ま》に奕《えき》して遊《あそ》ばせたまふ。掃守《かもり》傍《かたはら》に侍りて菓《このみ》を啗《くら》ふ。文四《ぶんし》がもて來《こ》し大魚《まな》を見て、人々大に感《め》でさせたまふ。我《われ》其とき人々にむかひ、聲《こゑ》をはり上げて、旁等《かたへら》は興義《こうぎ》をわすれたまふか。宥《ゆる》させたまへ。寺にかへさせたまへと連《しきり》に叫《さけ》びぬれど、人々しらぬ形《さま》にもてなして、只手《て》を拍《う》つて喜《よろこ》びたまふ。鱠手《かしはびと》なるもの、まづ我兩眼《わがりやうがん》を左《ひだり》手の指《ゆび》にてつよくとらへ、右手《みぎり》に礪《と》ぎすませし刀《かたな》をとりて、俎盤《まないた》にのぼし、既《すで》に切《き》るべかりしとき、我くるしさのあまりに大聲《おほごゑ》をあげて、佛弟子《ぶつでし》を害《がい》する例《ためし》やある。我を助けよ助《たす》けよと、なき叫《さけ》びぬれど聞入れず。終《つひ》に切《き》らるゝとおぼえて、夢醒《ゆめさ》めたりとかたる。人々大に感《め》で異《あやし》み、師《し》が物がたりにつきて思ふに、其度《そのたび》ごとに魚《うを》の口の動《うご》くを見れど、更《さら》に聲を出《いだ》すことなし。かゝる事《こと》まのあたりに見しこそいと不思議《ふしぎ》なれとて、從者《ずさ》を家に走《はし》らしめて殘《のこ》れる鱠《なます》を湖《うみ》に捨てさせけり。興義《こうぎ》これより病《やまひ》愈《い》えて、杳《はるか》の後天年《よはひ》をもて死《まか》

紙繭―紙絹

古き物がたり―古今著聞集。

りける。其終《をはり》に臨《のぞ》みて、畫《ゑが》く所の鯉魚《りぎよ》數枚《すまい》をとりて湖《うみ》に散《ちら》せば、畫《ゑが》ける魚紙繭《うをしけん》をはなれて水《みづ》に遊戯《いうぎ》す。こゝをもて興義《こうぎ》が繪《ゑ》世《よ》に傳《つた》はらず。その弟子《でし》成光《なりみつ》なるもの、興義《こうぎ》が神《しん》妙《めう》をつたへて時に名あり。閑院《かんゐん》の殿《との》の障子《しやうじ》に鷄《にはとり》を畫《ゑが》きしに、生《い》ける鷄《とり》この繪《ゑ》を見《み》て、蹴《け》たるよしを、古《ふる》き物《もの》がたりに載《の》せたり。

# 雨月物語 卷之三

## ○佛《ぶつ》法《はふ》僧《そう》

浦安の國—日本
不知火の—筑紫の枕詞
別業—別莊
道のゆくて云々—途中の道のけはしきに行き

浦安《うらやす》の國久《ひさ》しく、民作業《たみなりはひ》を樂《たのし》むあまりに、春は花の下《もと》に息《やよ》らひ、秋は錦《にしき》の林を尋《たづ》ね、不知火《しらぬひ》の筑紫《つくし》路《ぢ》も知《し》らではと檝枕《かぢまくら》する人の、富士《ふじ》筑波《つくは》の嶺々《みねく》を心に占《しむ》るぞそゞろなるかな。伊勢《いせ》の相可《あふか》といふ郷《さと》に、拜志《はやし》氏《うぢ》の人、世をはやく嗣《つぎ》に譲《ゆづ》り、忌《い》むこともなく頭《かしら》おろして、名を夢然《むぜん》と改《あらた》め、從來《もとより》身に病《やまひ》さへなくて、彼此《をちこち》の旅寢《たびね》を老の樂《たのしみ》とする。季子《すゑのこ》作之治《さくのぢ》なるものが、生長《ひとゝなり》の頑《かたく》なるをうれひて、京《みやこ》の人見するとて、一月《つき》あまり二條《でう》の別業《べつけふ》に逗《とゞ》まりて、三月《やよひ》の末《すゑ》吉野《よしの》の奧《おく》の花を見て、知《し》れる寺院《じゐん》に七日ばかりかたらひ、此ついでに、いまだ高野《かうや》の山《やま》を見《み》ず、いざとて、夏のはじめ、青葉《あをは》の茂《しげ》みをわけつゝ、天《てん》の川《かは》といふより踰《こ》えて、摩尼《まに》の御山《みやま》にいたる。道《みち》のゆくての嶮《さか》しきになづみて、おもはずも日傾《かたぶ》きぬ。壇場諸堂靈廟《だんぢやうしよだうみたまや》、殘《のこり》なく拜《なが》みめぐりて、こゝに宿《やど》からんといへど、ふつに答《こた》ふるものなし。そこを行く人に所の掟《おきて》をきけば、寺院僧坊《じゐんそうばう》に便《たより》なき人は、麓《ふもと》に下《くだ》りて明《あ》かすべ

艱みて

扶桑—日本

大師—弘法大師

法施—說敎

念佛などすること

道にさかふ云云—道に接したる河の水音

し。此山すべて旅人《たびびと》に一夜《ひとよ》をかす事なしとかたる。いかゞはせん、さすがにも老《おい》の身の、嶮《さか》しき山路《やまぢ》を來《こ》しがうへに、事のよしを聞きて、大きに心倦《う》みつかれぬ。作之治がいふ。日もくれ足も痛《いた》みて、いかゞしてあまたの道《みち》を下らん。弱《わか》き身は草《くさ》に臥《ふ》すとも厭《いとひ》なし。只病《や》み給はん事の悲《かな》しさよ。夢然《むぜん》云ふ。旅《たび》はかゝるをこそ哀《あは》れともいふなれ。今夜《こよひ》脚《あし》をやぶり、倦《う》みつかれて山をくだるとも、おのが古郷《ふるさと》にもあらず。翌《あす》のみち又はかりがたし。此山は扶《ふ》桑第《さうだい》一の靈場《れいぢやう》、大師《だいし》の廣德《くわうとく》かたるに盡《つ》きず。殊《こと》にも來りて通夜《つや》し奉り、後《ご》世《せ》の事《こと》たのみ聞ゆべきに、幸《さいはひ》の時《をり》なれば、靈廟《みたまや》に夜もすがら法施《ほふせ》し奉るべしとて、杉の下道《したみち》の小暗《をぐら》きを行《ゆ》き〱、靈廟《みたまや》の前なる燈籠堂《とうろうだう》の簀《す》の子《こ》に上《のぼ》りて、雨具《あまぐ》うち敷《し》き座《ざ》を設《まう》けて、閑《しづか》に念佛《ねんぶつ》しつゝも、夜の更《ふ》けゆくをわびてぞある。方《はう》五十町に開《ひら》きて、あやしげなる林《はやし》も見《み》えず。小石《こいし》だも掃《はら》ひし福田《ふくでん》ながら、さすがにこゝは寺《じ》院遠《ゐんとほ》く、陀羅尼《だらに》鈴錫《れいしやく》の音《こゑ》も聞えず、木立《こだち》は雲をしのぎて茂《し》みさび、道にさかふ水の音《おと》、ほそ〱と淸《す》みわたりて、物がなしき。寢《ね》られぬまゝに、夢然《むぜん》かたりていふ。そも〱大師《だいし》の神化《じんくわ》、土《ど》石草木《せきさうもく》も靈《れい》をひらきて、八百年《やほとせ》あまりの今にいたりて、いよゝあらたに、いよゝたふとし。遺《ゐ》芳歷蹤《はうれきさう》多きが中《なか》に、この山なん第《だい》一の道場《だうぢやう》なり。大師《だいし》いまそかりける昔時《むかし》、とほく唐土《もろこし》

三鈷—佛具獨鈷の類
一世ならぬ善緣—前世からのよき因緣
詩偈—佛頌
寒林云々—僧空海著性靈集に在り
三寶—佛法僧をいふ

にわたり給ひ、あの國にて感《め》でさせ給ふ事おはして、此三鈷《さんこ》のとゞまる所、我道《わがみち》を揚《あ》ぐる靈地《れいち》なりとて、杳冥《そら》にむかひて抛《な》げさせ給ふが、はた此山にとゞまりぬる。壇場《だんぢやう》の御《おん》前《まへ》なる三鈷《さんこ》の松《まつ》こそ、此物の落《お》ちとゞまりし地《ところ》なりと聞く。すべて此山の草木泉石靈《さうもくせんせきれい》ならざるはあらずとなん。こよひ不思議《ふしぎ》にもこゝに一夜《よ》をかり奉《たてまつ》る事、一世《よ》ならぬ善緣《ぜんえん》なり。儞弱《なんぢわか》きとて努々信心怠《ゆめ〳〵しんじんおこた》るべからずと、小《さゝや》かにかたるも、淸《す》みて心ぼそし。御《ご》廟《たまや》のうしろの林にと覺《おぼ》えて、佛法《ぶつはふ》〳〵となく鳥の音、山彥《やまびこ》にこたへて近《ちか》く聞《きこ》ゆ。夢然《むぜん》目さむる心ちして、あなめづらし。あの啼鳥《なくとり》こそ、佛法僧《ぶつはふそう》といふならめ。かねて此山に栖《す》みつるとは聞きしかど、まさに其音《そのね》を聞《き》きしといふ人もなきに、こよひのやどり、まことに滅罪生善《めつざいしやうぜん》の祥《しるし》なるや。かの鳥は淸淨《しやうじやう》の地をえらみて棲《す》めるよしなり。上野《かんづけ》の國迦《くにか》葉山《せふざん》、下野《しもづけ》の國二荒山《くにふたらさん》、山城《やましろ》の醍醐《だいご》の峯《みね》、河內《かはち》の杵長山《しながやま》、就中《なかんづく》此山にすむ事、大師《だいし》の詩《し》偈《げ》ありて、世の人よくしれり。

寒林獨座草堂曉《かんりんどくざさうだうのあかつき》　三寶之聲聞二一鳥一《さんはうのこゑをきくいつてうに》
一鳥有レ聲人有レ心《てうありこゑひとありこゝろ》　性心雲水俱了々《せいしんうんすゐともにれう〳〵》

又ふるき歌に、

松の尾の峯—山城國にあり、藤原光俊朝臣の詠

前驅—さきをおふ武士

松《まつ》の尾《を》の峯《みね》しづかなる曙《あけぼの》にあふぎて聞けば佛法僧《ぶつぽふそう》啼《な》く

むかし最福寺《さいふくじ》の延朗法師《えんらうほうし》は、世にならびなき法華者《ほつけしや》なりしほどに、松《まつ》の尾《を》の御神《みかみ》、此鳥をして常に延朗《えんらう》につかへしめ給ふよしをいひ傳《つた》ふれば、かの神垣《かんがき》にも巣《す》むよしは聞えぬ。こよひの奇妙《きめう》既《すで》に一鳥聲《てうこゑ》あり。我《われ》こゝにありて心なからんやとて、平生《つね》の樂《たのしみ》とする俳諧風《はいかいぶり》の十七言《こと》を、しばしうちかたぶきていひ出《い》でける。

鳥《とり》の音《ね》も祕密《ひみつ》の山《やま》の茂《しげ》みかな

旅硯《たびすゞり》とり出でて、御燈《みあかし》の光に書いつけ、今一聲もがなと耳を傾《かたぶ》くるに、思ひがけずも遠《とほ》く寺院《じゐん》の方より、前《さき》を追《お》ふ聲《こゑ》の嚴《いか》めしく聞えて、やゝ近《ちか》づき來り、何人の夜深《ふ》けて詣《まうで》給ふやと、異《あやし》くも恐《おそろ》しく、親子《おやこ》顏《かほ》を見あはせて息《いき》をつめ、そなたをのみまもり居《ゐ》るに、はや前驅《ぜんぐ》の若侍《わかざむらひ》橋板《はしいた》をあらゝかに踏《ふ》みてこゝに來る。おどろきて堂の右に潛《ひそ》みかくるゝを、武士《ぶし》はやく見つけて、何者なるぞ。殿下《でんか》のわたらせ給ふ。疾《とく》下りよといふに、あわたゞしく簀子《すのこ》をくだり、土《つち》に俯《ふ》して跪《うづくま》る程《ほど》なく、多くの足音《おと》聞ゆる中に、沓音《くつおと》高く響《ひゞ》きて、烏帽子《えぼし》直衣《なほし》めしたる貴人《あてびと》、堂に上《のぼ》り給へば、從者《みとも》の武士《ものゝべ》四五人ばかり、右左《ひだり》に座《ざ》を設《まう》く。かの貴人《あてびと》人々に向《むか》ひて、誰々《たれ〳〵》はなど來《きた》らざると仰《おほ》せらるゝに、やがてぞ參りつ

瓶子―酒器

紹巴―姓里村半醒子と號す連歌に名あり慶長五年歿す

大徳―高僧の義、弘法大師を云ふ

らめと奏《まう》す。又一群《むれ》の足音して、威儀《ゐぎ》ある武士《もののべ》、頭圓《かしらまろ》けたる入道等《にふだうら》うち交《まじ》りて、禮《ゐや》たてまつりて堂に昇《のぼ》る。貴人《あてびと》只今來りし武士《もののべ》にむかひて、常陸《ひたち》は何《なに》とておそく參りたるぞとあれば、かの武士《もののべ》いふ。白江《しらえ》熊谷《くまがへ》の兩士、公《きみ》に大御酒《おほみき》すゝめたてまつるとて、實《まめ》やかなるに、臣《しん》も鮮《あざらけ》き物《もの》一種調《しゆてう》じまゐらせんため、御從《みとも》に後《おく》れたてまつりぬと奏《まう》す。はやく酒殽《さかな》をつらねてすゝめまゐらすれば、萬作酌《まんさくしやく》まゐれとぞ仰《おほ》せらる。恐《かしこま》りて美相《びさう》の若士《わかざむらひ》膝行《ゐざ》りよりて、瓶子《へいじ》を捧《さゝ》ぐ。かなたこなたに杯《さかづき》をめぐらして、いと興《きよう》ありげなり。貴《あて》人《びと》又曰《のたま》はく、絶《た》えて紹巴《ぜうは》が説話《ものがたり》を聞かず。召せと宣《のたま》ふに、呼びつぐ様《やう》なりしが、我跪《うづくま》りし背《うしろ》の方《かた》より、大なる法師《ほうし》の面《おもて》うちひらめきて、目鼻あざやかなる人の、僧衣《そうえ》かいつくろひて、座の末《すゑ》にまゐれり。貴人古語《あてびとふるごと》かれこれ問辨《とひわきま》へ給ふに、詳《つばら》に答へたてまつるを、いとゞ感《め》でさせ給うて、他《かれ》に祿《ろく》とらせよと宣《のたま》ふ。一人《ひとり》の武士《もののべ》、かの法師《ほうし》に問ひていふ。此山は大徳《だいとこ》の啓《ひら》き給うて、土石草木《どせきさうもく》も靈《れい》なきはあらずと聞く。さるに玉川《たまがは》の流《ながれ》には毒《どく》あり。人飲む時は斃《たふ》るが故に、大師《だいし》のよませ給ふ歌《うた》とて、

わすれても汲《く》みやしつらん旅人《たびびと》の高野《かうや》の奥《おく》の玉川《たまがは》のみづ

といふことを聞傳《つた》へたり。大徳《だいとこ》のさすがに此毒《どく》ある流《ながれ》をば、など涸《か》せては果《はた》し給はぬ

風雅集―萩原法皇御撰の歌集光明帝貞和二年十一月九日成る

玉川てふ川は國々にありて―世に六玉川といひて六國にあり

や。いぶかしき事を足下《そこ》にはいかに辨《わきま》へ給ふ。法師《ほうし》笑《ゑみ》をふくみて云《い》ふは、この歌《うた》は風雅《ふうが》集《しふ》に撰《えら》み入れ給ふ。其端詞《はしことば》に、高野《かうや》の奥《おく》の院《ゐん》へまゐる道《みち》に、玉川《たまがは》といふ河《かは》の水上《みなかみ》に、毒《どく》蟲《むし》おほかりければ、此流を飲《の》むまじきよしをしめしおきて、後よみ侍《はべ》りけると、ことわらせ給へば、足下《そこ》のおぼえ給ふ如くなり。されど今の御疑《おんうたがひ》僻言《ひがごと》ならぬは、大師《だいし》は神通《じんつう》自在《じざい》にして、隱神《かくれがみ》を役《えき》して道なきをひらき、巖《いはほ》を鐫《ゑ》るには土を穿《うが》つよりも易《やす》く、大蛇《をろち》を禁《いま》しめ化鳥《けてう》を奉仕《まつろ》へしめ給ふ事、天《あめ》が下の人の仰《あ》ふぎたてまつる功《いさをし》なるを思ふには、此歌の端《はし》の詞ぞまことしからね。もとより此玉川てふ川は國々にありて、いづれをよめる歌《うた》も、其流《ながれ》のきよきを擧《あ》げしなるを思へば、こゝの玉川も毒《どく》ある流にはあらで、歌《うた》の意《こゝろ》もかばかり名に負《お》ふ河の此山にあるを、こゝに詣《まう》づる人は忘《わす》るゝも、流の清《きよ》きに愛《め》でて、手《て》に掬《むす》びつらんとよませ給ふにやあらんを、後のひとの毒ありといふ狂言《まがごと》より、此端詞《はしことば》はつくりなせしものかとも思はるゝなり。又深く疑《うたが》ふときには、此歌の調《しらべ》今の京《みやこ》の初の口風《くちぶり》にもあらず。おほよそ此國の古語《ふるごと》に、玉蘰《たまかつら》、玉簾《たまだれ》、珠衣《たまぎぬ》の類《たぐひ》は、形《かたち》をほめ清《きよ》きを賞むる語《ことは》なるから、清水《しみづ》をも玉水《たまみづ》、玉《たま》の井《ゐ》、玉川《たまがは》ともほむるなり。毒ある流をなど玉《たま》てふ語《ことは》は冠《かうむ》らしめん。強《あながち》に佛《ほとけ》をたふとむ人の、歌の意《こゝろ》に細妙《くはし》からぬは、これほどの訛《あやまり》

某が短句云云ー某が俳諧は耳なれ給ひて興なからん

殿下ー關白にも用ふる尊稱

は幾《いく》らをもしいづるなり。足下《そこ》は歌《うた》よむ人にもおはせで、此歌の意《こゝろ》異《あやし》み給ふは、用意《ようい》ある事にこそと篤《あつ》く感《め》でにける。貴人《あてびと》をはじめ人々も、此ことわりを、頻《しきり》に感《め》でさせ給ふ。御堂《みだう》のうしろの方《かた》に、佛法《ぶつぽふ》々々と啼音《なくこゑ》ちかく聞《きこ》ゆるに、貴人《あてびと》杯《さかづき》をあげ給ひて、例《れい》の鳥絶《た》えて鳴《な》かざりしに、今夜《こよひ》の酒宴《しゆえん》に榮《はえ》あるぞ、紹巴《ぜうは》いかにと仰《おほ》せ給ふ。法師《ほうし》かしこまりて、某《それがし》が短句《たんく》公《きみ》にも御耳《おんみゝ》すゝびましまさん。こゝに旅人《たびびと》の通夜《つや》しけるが、今の世の俳諧風《はいかいぶり》をまうして侍《はべ》る。公《きみ》にはめづらしくおはさんに、召して聞せ給へといふ。それ召せと仰《おほ》せらるゝに、若《わか》きさむらひ夢然《むぜん》が方へむかひ、召し給ふぞ、近《ちか》う參《まゐ》れと云ふ。夢《ゆめ》現《うつゝ》ともわかで、おそろしきまゝに、御まのあたりへはひ出づる。法師《ほうし》夢然《むぜん》にむかひ、前《さき》によみつる詞《ことば》を公《きみ》に申上げよといふ。夢然恐《むぜんおそ》る〳〵、何《なに》をか申しつる。更《さら》に覺《おぼ》え侍《はべ》らず。只赦《ゆる》し給はれといふ。法師《ほうし》かさねて祕密《ひみつ》の山《やま》とは申さゞるや。殿下《でんか》の問せ給ふ。いそぎ申上げよといふ。夢然《むぜん》いよ〳〵恐れて、殿下と仰《おほ》せ出され侍《はべ》るは、誰《たれ》にてわたらせ給ひ、かゝる深山《みやま》に夜宴《やえん》をもよほし給ふや。更《さら》にいぶかしき事に侍るといふ。法師《ほうし》答《こた》へて、殿下《でんか》と申奉るは、關白秀次公《くわんはくひでつぐこう》にてわたらせ給ふ。人々は木村常陸介《きむらひたちのすけ》、雀部淡路《さゝべあはぢ》、白江備《しらえびん》後《ご》、熊谷大膳《くまがへだいぜん》、粟野杢《あはのもく》、日比野下野《ひびのしもづけ》、山口少雲《やまぐちせううん》、丸毛不心《まるもふしん》、隆西入道《りうさいにふだう》、山本主殿《やまもとゝのも》、山田《やまだ》

頭に髮あらば云々―驚怖失心の貌

修羅の時―闘爭の始まるべき時刻

泡吹かせん―周章させん

三十郎《らう》、不破萬作《ふはまんさく》、かく云ふは紹巴《ぜうは》法橋《ほつけう》なり。汝等不思議《ふしぎ》の御目見《おめみえ》つかまつりたるは、前《さき》のことばいそぎ申上げよといふ。頭《かしら》に髮あらばふとるべきばかりに凄《すさま》じく、肝魂《きもたましひ》も空にかへるこゝちして、振《ふる》ふ〳〵頭陀袋《づだぶくろ》より淸《きよ》き紙取《かみとり》出でて、筆《ふで》もしどろに書きつけてさし出すを、主殿《とのも》取りてたかく吟《ぎん》し上ぐる。

鳥の音《ね》も祕密《ひみつ》の山の茂《しげ》みかな

貴人聞《きか》せ給ひて、口《くち》がしこくもつかまつりしな。誰《た》ぞ此末句《すゑく》をまうせとのたまふに、山田三十郎座《ざ》をすゝみて、某《それがし》つかうまつらんとて、しばしうちかたぶきてかくなん。

芥子《けし》たき明《あか》すみじか夜の牀《ゆか》

いかゞあるべきと紹巴《ぜうは》に見する。よろしくまうされたりと、公《きみ》の前に出すを見《み》たまひて、片羽《かたは》にもあらぬはと興《きよう》じ給《たま》ひて、又杯《さかづき》を揚《あ》げてめぐらし給ふ。淡路《あはぢ》と聞《きこ》えし人《ひと》、にはかに色を違《たが》へて、はや修羅《しゆら》の時にや。阿修羅《あしゆら》ども御迎《むかへ》に來《きた》ると聞え侍る。立たせ給へといへば、一座《ざ》の人々忽《たちまち》面《おもて》に血《ち》を灌《そゝ》ぎし如く、いざ石田《いしだ》増田《ますだ》が徒《ともがら》に、今夜《こよひ》も泡吹《あわふ》かせんと勇《いさ》みて立躁《たちさわ》ぐ。秀次《ひでつぐ》、木村《きむら》に向《むか》はせ給ひ、よしなき奴《やつ》に我姿《わがすがた》を見せつるぞ。他二人《かれふたり》も修羅《しゆら》につれ來れと仰《おほ》せある。老臣《らうしん》の人々かけ隔《へだ》たりて、聲《こゑ》をそろへ、いまだ命《いのち》つきざ

る者なり。例《れい》の惡業《あくげふ》なせさせ給ひそといふ詞《ことば》も、人々の形《かたち》も、遠《とほ》く雲井《くもゐ》に行《ゆ》くがごとし。親子は氣絶《きた》えてしばしがうち死入《しに》りけるが、しのゝめの明《あ》けゆく空に、ふる露《つゆ》の冷《ひや》やかなるに生出《いきい》でしかど、いまだ明《あ》けきらぬ恐《おそろ》しさに、大師《だいし》の御名《みな》をせはしく唱《とな》へつゝ、漸《やゝ》日出づると見て、いそぎ山をくだり、京《みやこ》にかへりて、藥鍼《やくしん》の保養《はやう》をなしける。一日《あるひ》夢《む》然《ぜん》三條《でう》の橋《はし》を過ぐる時、惡ぎやく塚《づか》の事思ひ出づるより、かの寺眺《なが》められて、白晝《ひる》ながら物凄《すさま》じくありけると、京人《みやこびと》にかたりしをそがまゝに書《し》るしぬ。

鄰の口―鄰の謗

霹靂―はげしき雷

## ○吉備津《きびつ》の釜《かま》

妬婦《とふ》の養《やしな》ひがたきも、老《おい》ての後《のち》其功《こう》を知ると。咨《あゝ》これ何人《なんぴと》の語《ことば》ぞや。害《わざはひ》の甚しからぬも、商工《わたらひ》を妨《さまた》げ物を破《やぶ》りて、垣の鄰《となり》の口《そしり》をふせぎがたく、害《わざはひ》の大いなるに及びては、家を失《うしな》ひ、國《くに》をほろぼして、天《あめ》が下に笑《わらひ》を傳《つた》ふ。いにしへより此毒《どく》にあたる人、幾許《いくばく》といふ事を知らず。死《し》して蟒《みづち》となり、或《あるひ》は霹靂《はたたがみ》を震《ふる》うて怨《うらみ》を報《むく》ゆる類《たぐひ》は、其肉《にく》を醢《しゝびしほ》にするとも飽《あ》くべからず。さるためしは希《まれ》なり。夫《をつと》のおのれをよく脩《をさ》めて教《をし》へなば、この患《うれひ》おのづから避《さ》くべきものを、只《たゞ》かりそめなる徒《あだ》ごとに、女の慳《かだま》しき性《さが》を募《つの》らしめて、其身《み》

嘉吉—後花園帝の御宇

大人—尊稱

の憂《うれひ》をもとむるにぞありける。禽《きん》を制《せい》するは氣《き》にあり、婦《ふ》を制《せい》するは其夫《そのをつと》の雄々《をゝ》しきにありといふは、現《け》にさることぞかし。吉備《きび》の國《くに》賀夜郡《かやの》庭妹《にひせ》の郷《さと》に、井澤《ゐざは》庄太夫といふものあり。祖父《おほぢ》は播磨《はりま》の赤松《あかまつ》に仕《つか》へしが、去《さ》んぬる嘉吉《かきつ》元年の亂《みだれ》に、かの館《たち》を去《さ》りてこゝに來《きた》り、庄太夫にいたるまで三代《みよ》を經《へ》て、春耕《たがや》し秋收《をさ》めて、家豐《ゆたか》に暮《くら》しけり。一子正太郎なるもの、農業《なりはひ》を厭《いと》ふあまりに、酒に亂《みだ》れ色に耽《ふけ》りて、父が掟《おきて》を守《まも》らず。父母《たらちね》これを歎《なげ》きて私《ひそか》にはかるは、あはれ良人《よきひと》の女子《むすめ》の貌《かほ》よきを娶《めと》りてあはせなば、渠《かれ》が身もおのづから脩《をさ》まりなんとて、あまねく國中《くになか》をもとむるに、幸に媒氏《なかうど》ありていふ。吉備津《きびつ》の神主《かんざね》香央《かさだ》造酒《みき》が女子《むすめ》は、うまれだち秀麗《みやびやか》にて、父母《たらちね》にもよく仕《つか》へ、かつ歌《うた》をよみ、箏《こと》に工《たくみ》なり。從來《もとより》かの家は吉備《きび》の鴨別《かもわけ》が裔《すゑ》にて、家系《すぢめ》も正《ただ》しければ、君《きみ》が家に因《ちな》み給ふは、果吉《はたよき》祥《さが》なるべし。此事《このこと》の就《な》らんは老《おい》が願《ねが》ふ所なり。大人《うし》の御心《みこゝろ》いかにおぼさんやといふ。庄太夫大に怡《よろこ》び、よくも說《と》かせ給ふものかな。この事《こと》我家にとりて千年《ちとせ》の計《はかりごと》なりといへども、香央《かさだ》は此國の貴族《きぞく》にて、我は氏《うぢ》なき田夫《でんぷ》なり。門戸《もんこ》敵《てき》すべからねば、恐《おそら》くは肯《うけが》ひ給はじ。媒氏《なかだち》の翁笑《おきなゑみ》をつくりて、大人《うし》の謙《くだ》り給ふ事甚《はなはだ》し。我必《かなら》ず萬歳《まんざい》を諷《うた》ふべしと、往《ゆ》きて香央《かさだ》に說《と》けば、彼方《かなた》にもよろこびつゝ、妻《つま》なるものにもかたらふに、妻もいさみ

心もおちゐ侍らず—心も安ぜず

祝部—神主

・

赤縄に繫ぐ—夫婦の約をなす事幽怪録に「問囊中赤縄云繫夫婦之足雖仇家

ていふ。我女子《わがむすめ》既《すで》に十七歳《さい》になりぬれば、朝夕《あさゆふ》によき人がな娶《めは》せんものをと、心もおちゐ侍《はべ》らず。はやく日をえらみて、聘禮《しるし》を納《い》れ給へと、強《あながち》にすゝむれば、盟約《ちかひ》すでになりて、井澤《ゐざは》にかへりごとす。即《やが》て聘禮《しるし》を厚《あつ》くとゝのへて送り納《い》れ、よき日をとりて、婚儀をもよほしけり。猶《なほ》幸《さいはひ》を神《かみ》に祈《いの》るとて、巫子祝部《かんなぎはふり》を召《め》しあつめて、御湯《みゆ》をたてまつる。そも〳〵當社《たうしや》に祈誓《いのり》する人は、數《かず》の祓物《はらへつもの》を供《そな》へて、御湯《みゆ》を奉り、吉祥凶祥《よきさがあしきさが》を占《うらな》ふ。巫子祝詞《かんなぎのつこ》をはり、湯《ゆ》の沸《わ》き上《あが》るにおよびて、吉祥《よきさが》には釜《かま》の鳴音《なるこゑ》牛の吼《ほ》ゆるが如し。凶《あし》きは釜《かま》に音《こゑ》なし。是《これ》を吉備津《きびつ》の御釜祓《みかまはらひ》といふ。さるに香央《かさだ》が家の事は、神の祈《う》けさせ給はぬにや。只秋の蟲の叢《くさむら》にすだくばかりの聲《こゑ》もなし。こゝに疑《うたがひ》をおこして、此祥《さが》を妻に語《かた》らふ。妻更《さら》に疑《うたが》はず。御釜《みかま》の音なかりしは、祝部等《はふりたち》が身の清《きよ》からぬにぞあらめ。既《すで》に聘禮《しるし》を納めしうへ、かの赤縄《せきじよう》に繫《つな》ぎては、仇《あた》ある家、異《こと》なる域《くに》なりとも易《か》ふべからずと聞くものを、ことに井澤《ゐざは》は弓の本末《もとすゑ》をもしりたる人の流《すゑ》にて、掟《おきて》ある家と聞けば、今否《いな》むとも承《うけが》はじ。殊《こと》に佳婿《むこがね》の麗《あて》なるをほの聞きて、我兒《わがこ》も日《ひ》をかぞへて待ちわぶる物《もの》を、今のよからぬ言を聞くものならば、不慮《すゞろ》なる事をや仕出《しい》でん。其時悔ゆるとも返《かへ》らじと、言《ことは》をつくして諫《いさ》むるは、まことに女の意《こゝろ》ばへなるべし。香央《かさだ》も從來《もとより》ねがふ因《ちなみ》

異域此繩繫不可易」

大虛にのみ聞きなして—意とゞめすして

なれば、深《ふか》く疑《うたが》はず。妻《つま》のことばに從《つ》きて、婚儀《ことぶき》とゝのへ、兩家《りやうけ》の親族《うから》氏族《やから》、鶴《つる》の千《ち》とせ龜《かめ》の萬代《よろづよ》をうたひことぶきけり。香央《かさだ》の女子《むすめ》磯良《いそら》、かしこに往《ゆ》きてより、夙《つと》に起《お》きおそく臥《ふ》して、常《つね》に舅姑《おやおや》の傍《かたへ》を去《さ》らず、夫《をつと》が性《さが》をはかりて、心をつくして仕《つか》へければ、井《ゐ》澤《ざは》夫婦は孝節を感《め》でたしとて、歡《よろこび》に耐《た》へねば、正太郎も其志《こゝろざし》に愛《め》でて、むつまじくかたらひけり。されどおのがまゝの奸《たは》けたる性《さが》はいかにせん。いつの比《ころ》より鞆《とも》の津《つ》の袖《そで》といふ妓女《あそびもの》に、ふかくなじみて、遂《つひ》に贖《あがな》ひ出し、ちかき里に別莊《べつや》をしつらひ、かしこに日《ひ》をかさねて、家にかへらず。磯良《いそら》これを怨《うら》みて、或は舅姑《おやおや》の忿《いかり》に托《よ》せて諫《いさ》め、或日は徒《あだ》なる心をうらみかこてども、大虛《おほぞら》にのみ聞きなして、後は月をわたりてかへり來らず。父《ちゝ》は磯良《いそら》が切《せつ》なる行止《ふるまひ》を見《み》るに忍《しの》びず、正太郎を責《せ》めて押籠《おしこ》めける。磯良《いそら》これを悲《かな》しがりて、朝夕《あさゆふ》の奴《つぶね》も殊《こと》に實《まめ》やかに、かつ袖《そで》が方《かた》へも私《ひそか》に物《もの》を餉《おく》りて、信《まこと》のかぎりをぞつくしける。一日《あるひ》父が宿《やど》にあらぬ間《ひま》に、正太郎磯良《いそら》をかたらひていふ。御許《おもと》の信《まこと》ある操《みさを》を見て、今はおのれが身の罪《つみ》をくゆるばかりなり。かの女をも古郷《ふるさと》に送《おく》りて後、父の面《おもて》を和《なご》め奉らん。渠《かれ》は播磨《はりま》の印《い》南野《なみの》の者なるが、親《おや》もなき身《み》の淺《あさま》しくてあるを、いとかなしく思ひて、憐《あはれ》をもかけつるなり。我《われ》に捨《す》てられなば、はた船泊《ふなどまり》の妓女《うかれめ》となるべし。おなじ

路の代―旅費

よろづに賴なく―所詮回復の見込なく

鬼化―物怪

淺《あさま》しき奴《つぶね》なりとも、京《みやこ》は人の情《なさけ》もありと聞けば、渠《かれ》をば京《みやこ》に送りやりて、榮《よし》ある人に仕《つか》へさせたく思ふなり。我かくてあれば、萬《よろづ》に貧《まづ》しかりぬべし。路《みち》の代《しろ》、身にまとふ物も誰《た》がはかりごとしてあたへん。御許《おもと》此事をよくして、渠《かれ》を惠《めぐ》み給へと、ねんごろにあつらへけるを、磯良《いそら》いとも喜《うれ》しく、此事安《やす》くおぼし給へとて、私《ひそか》におのが衣服調度《いふくてうど》を金に貿《か》へ、猶香央《かさだ》の母が許《もと》へも、僞《いつは》りて金《かね》を乞ひ、正太郎に與《あた》へける。此金を得《え》て、密《ひそか》に家を脱《のが》れ出で、袖《そで》なるものを倶《ぐ》して、京《みやこ》の方《かた》へ迯《に》げのぼりける。かくまでたばかられしかば、今はひたすらにうらみ歎《なげ》きて、遂《つひ》に重《おも》き病《やまひ》に臥《ふ》しにけり。井澤香央《ゐざはかさだ》の人々、彼を惡《にく》み此を哀《かな》しみて、專《もは》ら醫《い》の驗《しるし》をもとむれども、粥《もの》さへ日々《ひゞ》にすたりて、よろづにたのみなくぞ見《み》えにける。こゝに播磨《はりま》の國印《い》南郡《なみの》荒井《あらゐ》の里に彥六《ひころく》といふ男あり。渠《かれ》は袖《そで》とちかき從弟《いとこ》の因《ちなみ》あれば、先づこれを訪《とぶら》うて、しばらく足《あし》を休《やす》めける。彥六《ひころく》、正太郎にむかひて、京《みやこ》なりとて人《ひと》ごとに賴《たのも》しくもあらじ。こゝに駐《とゞま》られよ。一飯《はん》をわけて、ともに過活《わたらひ》のはかりごとあらんと、たのみある詞《ことば》に、心おちゐて、こゝに住むべきに定《さだ》めけり。彥六《ひころく》我が住む鄰《となり》なる破屋《あれや》をかりて住《す》ましめ、友得《え》たりとて怡《よろこ》びけり。しかるに袖《そで》、風《かぜ》のこゝちといひしが、何となく惱《なや》み出でて、鬼化《ものゝけ》のやうに狂《くる》はしげなれば、こゝに來《き》りて幾日《いくひ》も

幽靈
窮鬼—生靈
物怪
曠野の煙—火葬をいふ
黄泉—死して後魂の行く所
しみら—專ら

あらず。此禍《わざはひ》に係《かゝ》る悲《かな》しさに、みづからも食《もの》さへわすれて抱《いだ》き扶《たす》くれども、只音《ね》をのみ泣きて、胸窮《むねせま》り堪《たへ》がたげに、さむれば常《つね》にかはることもなし。窮鬼《いきすだま》といふものにや。古郷《ふるさと》に捨《す》てし人のもしやと、獨胸苦《ひとりむねくる》し。彦六これを諫《いさ》めて、いかでさる事《こゝ》のあらん。疫《えき》といふものの惱《なやま》しきは、あまた見來《みきた》りぬ。熱《あつ》き心少しさめたらんには、夢《ゆめ》わすれたるやうなるべしと、やすげにいふぞたのみなる。看る〳〵露《つゆ》ばかりのしるしもなく、七日にして空《むな》しくなりぬ。天を仰《あふ》ぎ、地を敲《たゝ》きて哭悲《なきかな》しみ、ともにもと物狂《くる》はしきを、さまざまにいひ和《なぐさ》めて、かくてはとて遂《つひ》に曠野《あらの》の烟《けぶり》となしはてぬ。骨《ほね》をひろひ、壠《つか》を築《つ》きて、塔婆《たふば》を營《いとな》み、僧《そう》を迎《むか》へ、菩提《ぼだい》のことねんごろに弔《とぶら》ひける。正太郎今は俯《ふ》して黄泉《よみぢ》をしたへども、招魂《せうこん》の法をもとむる方なく、仰《あふ》ぎて古郷《ふるさと》をおもへば、かへりて地下《ちか》よりも遠《とほ》きこゝちせられ、前に渡《わたり》なく、うしろに途《みち》をうしなひ、晝《ひる》はしみらに打臥《うちふ》して、夕々《よひ〳〵》毎《ごと》には壠《つか》のものに詣《まう》でて見れば、小草《をぐさ》はやくも繁《しげ》りて、蟲のごゑすゞろに悲《かな》し。此秋のわびしきは、我身《わがみ》ひとつぞと思《おも》ひつゞくるに、天雲《あまぐも》のよそにも同じなげきありて、ならびたる新壠《あらつか》あり。こゝに詣《まう》づる女の、世にも悲《かな》しげなる形《さま》して、花《はな》をたむけ、水を灑《そゝ》ぎたるを見て、あな哀《あはれ》、わかき御《お》許《もと》の、かく氣疎《けうと》きあら野《の》にさまよひ給ふよといふに、女か

心放─なぐさみ

刀自の君─家婦の君

心のうつるとは─心ひかるゝとは

へり見て、我身夕々《ゆふべ〳〵》ごとに詣《まう》で侍るには、殿《との》はかならず前《さき》に詣《まう》で給ふ。さりがたき御方《おんかた》に別《わか》れ給ふにてやまさん。御心《みこゝろ》のうちはかり奉《まゐ》らせて悲《かな》しと、潸然《さめ〴〵》となく。正太郎いふ。さる事《こと》に侍《はべ》り。十日ばかりさきに、かなしき婦《つま》を亡《うしな》ひたるが、世に殘りて憑《たのみ》なく侍れば、こゝに詣《まう》づることをこそ、心放《こゝろやり》にものし侍るなれ。御許《おもと》にもさこそましますなるべし。女いふ。かく詣《まう》でつかふまつるは、憑《たの》みつる君《きみ》の御迹《おんあと》にて、いつ〳〵の日こゝに葬《はふ》り奉《まつ》る。家に殘ります女君のあまりに歎《なげ》かせ給ひて、此頃はむづかしき病《やまひ》にそませ給ふなれば、かくかはりまゐらせて、香花《かうけ》をはこび侍るなりといふ。正太郎云ふ。刀自《とじ》の君の病《や》み給ふもいとことわりなるものを、そも古人《ふる》は何人にて、家は何地《いづち》に住ませ給ふや。女いふ。憑《たの》みつる君は此國《このくに》には由縁《ゆゑ》ある御方なりしが、人の纔《さかしら》にあひて領所《しるところ》をも失ひ、今は此野の隈《くま》に侘《わ》びしくて住《す》ませ給ふ。女君は國の鄰《となり》までも聞《きこ》え給ふ美人《かほよびと》なるが、此君によりてぞ家所領《しよりやう》をも亡《なく》し給ひぬれとかたる。此物がたりに心のうつるとはなくて、さてしもその君《きみ》のはかなくて住《すま》せ給ふは、こゝ近《ちか》きにや。訪《とぶら》ひまゐらせて、同じ悲《かなしみ》をもかたり和《なぐさ》まん。倶《ぐ》し給へといふ。家《いへ》は殿《との》の來《きた》らせ給ふ道《みち》の、すこし引《ひき》入りたる方なり。便《たより》なくませば時々訪《をり〳〵とは》せ給へ。待侘《まちわ》び給はんものをと、前《さき》に立ちてあゆむ。二丁あ

黒棚—ちがひ棚

たゆき眼—疲れたる眼

まりを來《き》て、細《ほそ》き徑《みち》あり。こゝよりも一丁ばかりをあゆみて、小《を》暗《ぐら》き林《はやし》の裏《うち》にちひさき草屋《かやのや》あり。竹《たけ》の扉《こぼそ》のわびしきに、七日あまりの月のあかくさし入りて、ほどなき庭《には》の荒《あ》れたるさへ見ゆ。ほそき燈火《ともしび》の光、窓《まど》の紙《かみ》を漏《も》りてうらさびし。こゝに待《また》せ給へとて、内に入りぬ。苔《こけ》むしたる古井《ふるゐ》のもとに、立ちて見《み》入るに、唐紙《からかみ》すこし開《あ》けたる間《ひま》より、火影《ほかけ》吹きあふちて、黒棚《くろだな》のきらめきたるもゆかしく覺《おぼ》ゆ。女出來りて　御訪《とぶらひ》のよし申しつるに、入らせ給へ。物隔てゝかたりまゐらせんと、端《はし》の方へ膝行《ゐざ》り出給ふ。彼所《かしこ》に入せ給《たま》へとて、前栽《せんざい》をめぐりて、奥《おく》の方へともなひ行く。二間の客殿《きやくでん》を人の入るばかりあけて、低《ひく》き屏風《びやうぶ》を立て、古《ふる》き衾《ふすま》の端《はし》出でて、主《あるじ》はこゝにありと見えたり。正太郎かなたに向《むか》ひて、はかなくて病《やまひ》にさへそませ給ふよし。おのれもいとほしき妻を亡《うしな》ひて侍れば、おなじ悲《かなし》みをも問ひかはし參らせんとて、推《お》して詣《まうで》侍りぬといふ。あるじの女屏《びやう》風《ぶ》すこし引きあけて、めづらしくもあひ見《み》奉るものかな。つらき報《むくい》の程《ほど》しらせまゐらせんと云ふに、驚《おどろ》きて見れば、古郷《ふるさと》に殘《のこ》しゝ磯良《いそら》なり。顏《かほ》の色いと青《あを》ざめて、たゆき眼《まなこ》すさまじく、我を指《さし》たる手の青《あを》く細りたる恐《おそろ》しさに、あなやと叫《さけ》んで、たふれ死《し》す。時うつりて生《いき》出づ。眼《め》をほそくひらき見るに、家と見《み》しはもとありし荒野《あらの》の三昧堂《さんまいだう》にて、黒《くろ》き

陰陽師―吉凶を占ふ人
篆籀―篆書籀書
三更―午後十二時

佛《ほとけ》のみぞ立《た》せまします。里遠き犬の聲《こゑ》を力《ちから》に、家に走《はし》りかへりて、彦六《ひころく》にしか〴〵のよしを語《かた》りければ、なでふ狐《きつね》に欺《あざむ》かれしなるべし。心の臆《おく》れたるときは、かならず迷《まよは》し神《がみ》の魘《おそ》ふものぞ。足下《そこ》のごとく、尫弱《たよわ》き人のかく患《うれひ》に沈《しづ》みしは、神佛に祈《いの》りて、心を收《をさ》めつべし。刀田《きだ》の里《さと》にたふとき陰陽師《おんやうじ》のいます。身《み》禊《そぎ》して厭符《えんふ》をも戴《いただ》き給へと、いざなひて、陰陽師《おんやうじ》の許《もと》にゆき、はじめより詳《つばら》にかたりて、此占《うら》をもとむ。陰陽師《おんやうじ》占《うら》べ考《かんが》へていふ。災《わざはひ》すでに窮《せま》りて易《やす》からず。さきに女の命《いのち》をうばひ、怨《うらみ》猶盡きず。足下《そこ》の命も旦夕《あさゆふ》にせまる。此鬼《おに》世を去りぬるは七日前《さき》なれば、今日《け》より四十二日が間《あひだ》、戸を閉《た》てて、おもき物齋《ものいみ》すべし。我禁《いましめ》を守《まも》らば、九死《きうし》を出でて全《まつた》からんか。一時を過《あやま》るともまぬかるべからずと、かたくをしへて、筆をとり、正太郎が脊《せ》より手足《てあし》におよぶまで、篆籀《てんりう》のごとき文字を書き、猶朱符《しゆふ》あまた紙《かみ》にしるして與《あた》へ、此呪《このじゆ》を戸《と》毎《ごと》に貼《お》して、神佛《かみほとけ》を念《ねん》ずべし。あやまちして身を亡《ほろ》ぶることなかれと教《をし》ふるに、恐《おそ》れみ且よろこびて家《いへ》にかへり、朱《しゆ》符《ふ》を門《もん》に貼《お》し、窓《まど》に貼《お》して、おもき物齋《ものいみ》にこもりける。其夜《そのよ》三更《かう》の比《ころ》、おそろしきこゑして、あなにくや。此所にたふとき符文《ふもん》を設《まう》けつるよとつぶやきて、復《ふたゝ》び聲なし。恐ろしさのあまりに、長《なが》き夜《よ》をかこつ。程《ほど》なく夜明《あ》けぬるに、生《いき》出でて、急《いそ》ぎ彦六《ひころく》が方《かた》の壁《かべ》

四更—午前二時

五更—午前四時

尻居に坐す—尻もちしてすわる

を敲《たゝ》きて、夜《よべ》の事をかたる。彦六《ひころく》もはじめて陰陽師《おんやうじ》が詞《ことは》を奇なりとして、おのれも其夜《よ》は寝《い》ねずして、三更《かう》の比を待《ま》ちくれける。松《まつ》ふく風物《かぜもの》を僵《たふ》すがごとく、雨さへふりて常《たゞ》ならぬ夜《よ》のさまに、壁《かべ》を隔《へだ》てて聲《こゑ》をかけあひ、既《すで》に四更《かう》にいたる。下屋《しもや》の窓《まど》の紙《かみ》に、さと赤《あか》き光《ひかり》さして、あなにくや。こゝにも貼《お》しつるよといふ聲《こゑ》、深《ふか》き夜にはいとゞ凄《すさま》じく、髪《かみ》も生毛《うぶけ》もこと〴〵く聳《そばだ》立ちて、しばらくは死《しに》入りたり。明《あ》くれば夜《よ》のさまをかたり、暮《くる》れば明《あ》くるを慕《した》ひて、此月日《このつきひ》頃《ごろ》千歳《ちとせ》を過《す》ぐるよりも久《ひさ》し。かの鬼《おに》も夜ごとに家を繞《めぐ》り、或《あるひ》は屋《いへ》の棟《むね》に叫《さけ》びて、忿《いか》れる聲《こゑ》夜ましに凄《すさま》じ。かくして四十二日といふ其夜にいたりぬ。今は一夜にみたしぬれば、殊《こと》に愼《つゝし》みて、やゝ五更の天《そら》もしら〳〵と明《あ》けわたりぬ。長《なが》き夢《ゆめ》のさめたる如く、やがて彦六《ひころく》をよぶに、壁《かべ》によりていかにと答《こた》ふ。おもき物いみも既《すで》に滿《み》てぬ。絕《た》えて兄長《このかみ》の面《おもて》を見ず、なつかしさに、かつ此月頃の憂怕《うきおそろ》しさを心のかぎりいひ和《なぐ》さまん。眠《ねぶり》さまし給へ。我《われ》も外《と》の方《かた》に出でんといふ。彦六《ひころく》用意なき男なれば、今は何《なに》かあらん。いざこなたへわたり給へと、戸《と》を明《あ》くる事半ならず、となりの軒《のき》にあなやと叫《さけ》ぶ聲《こゑ》耳をつらぬきて、思《おも》はず尻居《しりゐ》に坐《ざ》す。こは正太郎が身《み》のうへにこそと、斧引《をのひき》提《さ》げて大路に出づれば、明《あ》けたるといひし夜《よ》はいまだ暗《くら》く、月は中天《なかぞら》ながら、影朧々《かげろう〳〵》と

髻ばかりかかりて―髻ばかり軒にかゝりて

して風冷《ひや》やかに、さて正太郎が戸は明《あ》けはなして、其人は見えず。内にや逃入《にげい》りつらんと走入りて見《み》れども、いづくに竄《かく》るべき住居《すまゐ》にもあらねば、大路にや倒《たふ》れけんと、もとむれども、其わたりには物《もの》もなし。いかになりつるやと、あるひは異《あや》しみ、或《あるひ》は恐ろく／＼ともし火《ひ》を挑《かゝ》げて、こゝかしこを見廻《め》ぐるに、明《あ》けたる戸腋《さわき》の壁《かべ》に、腥々《なまぐ》しき血《ち》灌《そゝ》ぎ流《なが》れて、地につたふ。されど屍《かばね》も骨も見えず。月あかりに見れば、軒の端《つま》にものあり。ともし火を捧《さゝ》げて照《てら》し見るに、男の髪《かみ》の髻《もとどり》ばかりかゝりて、外には露《つゆ》ばかりのものもなし。浅《あさま》しくもおそろしさは、筆《ふで》につくすべうもあらずなん。夜《よ》も明《あ》けてちかき野山《のやま》を探《さが》しもとむれども、つひに其跡《そのあと》さへなくてやみぬ。此事井澤《ゐざは》が家へもいひおくりぬれば、涙《なみだ》ながらに香央《かさだ》にも告げしらせぬ。されば陰陽師《おんやうじ》が占《うら》の著《いちじる》き、御釜《みかま》の凶祥《あしきさが》もはたたがはざりけるぞ、いとも尊かりけるとかたり傳《つた》へけり。

# 雨月物語 卷之四

鰭の廣物—大魚
狹き物—小魚
都風—風流の意
羈物—手足のまとひ

## ○蛇性《じやせい》の婬《いん》

いつの時代《ときよ》なりけん、紀《き》の國三輪《くにみわ》が崎《さき》に、大宅《おほや》の竹助《たけすけ》といふ人ありけり。此人海の幸《さち》ありて、海郎《あま》どもあまた養《やしな》ひ、鰭《はた》の廣物《ひろもの》、狹《さ》き物《もの》を盡《つく》して漁《すなど》り、家豐《いへゆたか》に暮《くら》しける。男子《をのこご》二人《にん》、女子《むすめ》一人をもてり。太郎《たらう》は質朴《すなほ》にてよく生産《なりはひ》を治《をさ》む。二郎の女子《むすめ》は大和《やまと》の人の娶《つまどひ》に迎《むか》へられて、彼處《かしこ》にゆく。三郎《さぶらう》の豐雄《とよを》なるものあり。生長《ひとゝなり》優《やさ》しく、常《つね》に都風《みやび》たる事をのみ好《この》みて、過活心《わたらひごころ》なかりけり。父是を憂《うれ》ひつゝ思ふは、家財《たから》を分《わか》ちたりとも、即《やが》て人の物と爲《な》さん。さりとて他《た》の家《いへ》を嗣《つ》がしめんも、はたうたてき事聞くらんが病《やま》しき。只なすまゝに生《おふ》し立《た》てて、博士《はかせ》にもなれかし。法師《ほうし》にもなれかし。命《いのち》の極《かぎり》は太郎が羈物《ほだし》にてあらせんとて、強《しひ》て掟《おきて》をもせざりけり。此豐雄《とよを》、新宮《しんぐう》の神奴安部《かんづこあべ》の弓麿《ゆみまろ》を師《し》として行通ひける。九月下旬《ながづきすゑつかた》、けふはことになごりなく和《な》ぎたる海《うみ》の、暴《にはか》に東南《たつみ》の雲《くも》を生《おこ》して、小雨《こさめ》そぼふり來《きた》る。師《し》が許《もと》にて傘《おほがさ》かりて歸《かへ》るに、飛鳥《あすか》の神秃《かんほ》倉《くら》見やらるゝ邊《ほとり》より、雨《あめ》

遠山ずり―青摺に遠山の景をすりたるもの

三山―熊野の三山、本宮、新宮、那智是なり

もやゝ頻《しきり》なれば、其所《そこ》なる海郎《あま》が屋に立ちよる。あるじの老《おきな》はひ出《い》でて、こは大人《うし》の弟《おと》子《こ》の君《きみ》にてます。かく賤《あや》しき所に入《い》らせ給ふぞいと恐《かしこ》まりたる事。是《これ》敷《し》きて奉らんとて、圓座《わらふだ》の汚《きたな》げなるを清《きよ》めてまゐらす。霎時《しばし》息《や》むるほどは、なにか厭《いと》ふべき。なあはたゞしくせそとて休《やす》らひぬ。外《と》の方《かた》に麗《うるは》しき聲《こゑ》して、此軒《のき》しばし惠《めぐ》ませ給へといひつゝ入來るを、奇《あや》しと見るに、年《とし》は廿《はたち》にたらぬ女の、顔容髪《かほかたちかみ》のかゝり、いと艶《にほ》ひやかに、遠山《とほやま》ずりの色よき衣《きぬ》著て、了鬟《わらは》の十四五ばかりの清《きよ》げなるに、包《つゝ》みし物もたせ、しとゞに濡《ぬ》れてわびしげなるが、豐雄を見て、面《おもて》さと打赤めて、恥《はづか》しげなる形《さま》の貴《あて》やかなるに、不慮《すゞろ》に心動きて、且《かつ》思ふは、此邊《このあたり》にかうよろしき人の住むらんを、今まで聞《き》こえぬことはあらじを、此《こ》は都人《みやこびと》の三山詣《みつやままうで》せし次《ついで》に、海愛《うみめづ》らしくこゝに遊ぶらん。さりとて男だつ者もつれざるぞいとはしたなる事《わざ》かなと思ひつゝ、すこし身退《しりぞ》きて、こゝに入らせ給へ、雨もやがてぞ休《やゝ》なんといふ。女しばし宥《ゆる》させ給へとて、ほどなき住《すまゐ》なれば、つひ並《なら》ぶやうに居《ゐ》るを見るに、近《ちか》まさりして、此世の人とも思《おも》はれぬばかり美《うつく》しきに、心も空《そら》にかへる思《おもひ》して、女にむかひ、貴《あて》なるわたりの御方《おんかた》とは見奉るが、三山詣《みつやままうで》やし給ふらん。峯《みね》の溫泉《ゆ》にや出で立ち給ふらん。かうすさまじき荒磯《ありそ》を、何《なん》の見所《みどころ》ありて狩《か》りくらし給ふ。

くろしくも―萬葉集第三卷にあり長忌寸奥麿の詠

こゝなんいにしへの人の、

くるしくもふりくる雨《あめ》か三輪《みわ》が崎佐野《さの》のわたりに家もあらなくに

とよめるは、まことけふのあはれなりける。此家賤《あや》しけれど、おのれが親《おや》の目かくる男《をとこ》なり。心ゆりて雨休《や》め給へ。そもいづち旅《たび》の御宿《やどり》とはし給ふ。御見送《おんみおくり》せんも却《かへ》りて無禮《なめげ》なれば、此傘《かさ》もて出で給へといふ。女、いと喜《うれ》しき御心《みこゝろ》を聞え給ふ。其御思《みおもひ》に乾《は》してまゐりなん。都《みやこ》のものにてもあらず。此近《ちか》き所に年來住《としごろすご》し侍るが、けふなんよき日とて、那《な》智《ち》に詣《まうで》侍るを、暴《にはか》なる雨《あめ》の恐《おそろ》しさに、やどらせ給ふともしらで、わりなくも立ちよりて侍《はべ》る。こゝより遠《とほ》からねば、此小休《をやみ》に出《いで》侍らんといふを、強《あながち》に此傘《このかさ》もていき給へ。何《いづ》の便《たより》にも求《もと》めなん。雨は更《さら》に休《や》みたりともなきを、さて御住居《おすまゐ》はいづ方《べ》ぞ。是より使奉《つかへ》らんといへば、新宮《しんぐう》の邊《ほとり》にて縣《あがた》の眞女兒《まなご》が家はと尋《たづ》ね給はれ。日も暮れなん。御惠《めぐみ》のほどを指《さ》し戴《いたゞ》きて歸《かへ》りなんとて、傘《かさ》とりて出づるを見送《みおく》りつも、あるじが簑笠《みのかさ》かりて家に歸《かへ》りしかど、猶俤《おもかげ》の露《つゆ》忘れがたく、しばしまどろむ曉《あかつき》の夢に、かの眞女兒《まなご》が家に尋《たづ》ねゆきて見《み》れば、門も家もいと大きに造りなし、蔀《しとみ》おろし、簾垂《すだれ》れこめて、ゆかしげに住みなしたり。眞女子《まなご》出迎《でむか》へて、御情《なさけ》わすれがたく待戀ひ奉る。此方に入らせ給へとて、奥《おく》

現ならましかば—現ならましかばいかに嬉しからましとの意
了鬟—女子
努—決して
壁代—壁に代用する帳

の方《かた》にいざなひ、酒菓子種々《さけくだものさまざま》と歡待《もてな》しつゝ、喜《うれ》しき醉《ゑひ》ごこちに、つひに枕《まくら》をともにしてかたるとおもへば、夜明《よあ》けて夢《ゆめ》さめぬ。現《うつゝ》ならましかばと思ふ心のいそがしきに、朝食《あさけ》も打忘《うちわす》れてうかれ出でぬ。新宮《しんぐう》の郷《さと》に來て、縣《あがた》の眞女兒《まなご》が家はと尋ぬるに、更《さら》にしりたる人なし。午時《ひる》かたぶくまで尋勞《たづねわづら》ひたるに、かの了鬟《わらは》東《ひがし》の方よりあゆみ來る。豐雄《とよを》見るより大に喜《よろこ》び、娘子《をとめ》の家はいづくぞ。傘もとむとて尋ね來《きた》ると云ふ。了鬟《わらは》打ち𥬇みて、よくも來《き》ませり。こなたに歩《あゆ》み給へとて、前《さき》に立ちてゆく〳〵、幾《いく》ほどもなく、こゝぞと聞ゆる所を見るに、門高《もんたか》く造《つく》りなし、家も大きなり。蔀《しとみ》おろし簾《すだれ》たれこめしまで、夢《ゆめ》の裏《うち》に見しと露《つゆ》たがはぬを、奇《あや》しと思ふ〳〵門に入る。了鬟《わらは》走り入りて、傘《おほがさ》の主詣《ぬしまうで》給ふを誘《いざな》ひ奉るといへば、いづ方《べ》にますぞ。こち迎へませといひつゝ立出づるは眞女子《まなご》なり。豐雄《とよを》、こゝに安部《あべ》の大人《うし》とまうすは、年來《としごろ》物學《まな》ぶ師《し》にてます。彼所《かしこ》に詣《まう》づる便《たより》に、傘《かさ》とりて歸《かへ》るとて、推《お》して參《まゐ》りぬ。御《お》住居《すまゐ》見おきて待れば、又こそ詣《まう》で來《こ》んといふを、眞女子《まなご》強《あながち》にとゞめて、まろや、努《ゆめ》出だし奉るなといへば、了鬟《わらは》立ちふたがりて、傘《おほがさ》強《しひ》て惠《めぐ》ませ給ふならずや。其がむくいに強《しひ》てとゞめまゐらすとて、腰《こし》を押して南面《みなみおもて》の所に迎へける。板敷《いたじき》の間《ま》に床疊《とこだたみ》を設《まう》けて、几帳《きちやう》御厨子《みづし》の餝《かざり》、壁代《かべしろ》の繪《ゑ》なども、皆古代《こだい》のよ

き物にて、倫《なみ》の人の住居《すまゐ》ならず。眞女子《まなご》立出でて、故ありて人なき家とはなりぬれば、實《まめ》やかなる御饗《みあへ》もえし奉らず。只薄酒《うすきさけ》一杯《つぎ》すゝめ奉らんとて、高杯平杯《たかつきひらつき》の淸《きよ》らなるに、海《うみ》の物《もの》、山の物《もの》もりならべて、瓶子土器擎《へいじかはらけさゝ》げて、まろや酌《しやく》まゐる。豐雄《とよを》また夢《ゆめ》心してさむるやと思《おも》へど、正に現《うつゝ》なるを却《かへ》りて奇《あや》しみゐたる。客《まらうど》も主《あるじ》もともに醉《ゑひ》ごこちなるとき、眞女子《まなご》杯《さかづき》をあげて、豐雄《とよを》にむかひ、花精妙《ぐは》し櫻《さくら》が枝《えだ》の水にうつろひなす面《おもて》に、春吹く風をあやなし、梢《こずゑ》たちぐく鶯の艶《にほ》ひある聲《こゑ》していひ出づるは、面《おも》なき事のいはで病《や》みなんも、いづれの神《かみ》になき名負《なおほ》すらんかし。努徒《ゆめあだ》なる言《こと》にな聞き給ひそ。故《もと》は都の生《みやこうまれ》なるが、父にも母にもはやう離《わか》れまゐらせて、乳母《めのと》の許《もと》に成長《ひとゝな》りしを、此國の受領《じゆりやう》の下《した》司縣《づかさあがた》の何某《なにがし》に迎《むか》へられて伴ひ下りしは、はやく三とせになりぬ。夫《つま》は任《にん》はてぬ。この春かりそめの病《やまひ》に死《し》し給ひしかば、便《たより》なき身とはなり侍《はべ》る。都《みやこ》の乳母《めのと》も尼になりて、行《ゆく》方《へ》なき修行《しゆぎやう》に出でしと聞けば、彼方《かなた》も亦しらぬ國《くに》とはなりぬるをあはれみ給へ。きのふの雨《あめ》のやどりの御惠《みめぐみ》に、信《まこと》ある御方《おんかた》にこそとおもふ物から、今より後の齡《よはひ》をもて、御宮《おんみや》仕《づかへ》し奉らばやと願《ねが》ふを、汚《きた》なき物に捨《すて》給はずば、此一杯《つぎ》に千《ち》とせの契《ちぎり》をはじめなんといふ。豐雄もとよりかゝるをこそと、亂心《みだれごゝろ》なる思妻《おもひづま》なれば、塒《ねぐら》の鳥の飛び立つばかりに

高杯平杯—食物などのする盞

花精妙し—櫻の枕詞

受領—國守

塒の鳥の飛

び立つ云々―嬉しき形容

孔子さへ倒るゝ戀の山云々―孔子さへ戀はすて難きとの意、孔子は仲尼、周の聖人

は思へど、おのが世ならぬ身を顧《かへりみ》れば、親兄弟《おやはらから》のゆるしなき事をと、かつ喜《うれ》しみ、且恐《おそ》れみて、頓《とみ》に答ふべき詞《ことば》なきを、眞女兒《まなご》わびしがりて、女の淺《あさ》き心より嗚呼《をこ》なる事をいひ出でて、歸《かへ》るべき道なきこそ面《おも》なけれ。かう淺ましき身を海《うみ》にも沒《い》らで、人の御心《みこゝろ》を煩《わづら》はし奉るは、罪深《つみふか》きこと。今の詞《ことば》は徒《あだ》ならねども、只醉《たゞゑひ》ごこちの狂言《まがごと》におぼしとりて、こゝの海にすて給へかしといふ。豐雄《とよを》はじめより都人《みやこびと》の貴《あて》なる御方《おんかた》とは見《み》奉るこそ賢《かしこ》かりき。鯨《くぢら》よる濱《はま》に生立ちし身《み》の、かく喜《うれ》しきことといつかは聞《きこ》ゆべき。即《やが》て御答《おんこたへ》もせぬは、親兄に仕《つか》ふる身《み》の、おのが物《もの》とては爪髮《つめかみ》の外《ほか》なし。何を祿《ろく》に迎へまゐらせん便《たより》もなければ、身《み》の徳《とく》なきをくゆるばかりなり。何事《なにごと》をもおぼし耐《たへ》給はば、いかにもいかにも後見《うしろみ》し奉らん。孔子《くじ》さへ倒《たふ》るゝ戀《こひ》の山には、孝《かう》をも身をも忘《わす》れてといへば、いと喜《うれ》しき御心《みこゝろ》を聞きまゐらするうへは、貧しくとも時々《をり〳〵》こゝに住ませ給へ。こゝに前《さき》の夫《つま》の二つなき寶《たから》にめで給ふ帶《おび》あり。これ常《つね》に帶《はか》せ給へとてあたふるを見《み》れば、金銀《きがねしろかね》を餝《かざ》りたる太刀《たち》の、あやしきまで鍛《きた》うたる古代《こだい》の物《もの》なりける。物《もの》のはじめに辭《いなみ》なんは祥《さが》あしければとて、とりて納《をさ》む。今夜《こよひ》はこゝに明《あ》かさせ給へとて、あながちに止《とゞ》むれど、まだ赦《ゆるし》なき旅寢《たびね》は親《おや》の罪《つみ》し給はん。明《あす》の夜よく僞《いつは》りて詣《まう》でなんとて出でぬ。其夜も寢《いね》がてに明《あ》

ふさはしからず—相應せず

遐ろ—徐々と歩み行く義

けゆく。太郎は網子《あご》とゝのふるとて、晨《つとめて》起出で、豊雄《とよを》が閨房《ねや》の戸《ご》の間《つま》を、ふと見入りたるに、消残《きえのこ》りたる灯火《ともしび》の影《かげ》に輝々《きら〳〵》しき太刀《たち》を枕《まくら》に置きて臥《ふ》したり。あやし、いづちより求めぬらんとおぼつかなくて、戸をあらゝかに明《あ》くる音《おと》に目さめぬ。太郎があるを見て、召給《めしたま》ふかといへば、輝々《きら〳〵》しき物《もの》を枕《まくら》に置《お》きしは何ぞ。價貴《あたひたか》き物は海人《あま》の家にふさはしからず。父《ちゝ》の見給はばいかに罪《つみ》し給はんといふ。豊雄《とよを》、財《たから》を費《つひや》して買《か》ひたるにもあらず。きのふ人の得《え》させしをこゝに置きしなり。太郎、いかでさる寶《たから》をくるゝ人此邊《このあたり》にあるべき。あなむつかしの唐言《からこと》書きたる物を買《か》ひたむるさへ、世の費《つひえ》なりと思へど、父の默《だま》りておはすれば、今までも言はざるなり。其太刀《そのたち》帶《お》びて大宮《おほみや》の祭《まつり》を邀《ね》るやらん。いかに物《もの》に狂《くる》ふぞといふ聲《こゑ》の高きに、父聞附けて、徒者《いたづらもの》が何事《なにごと》をか仕《し》出でつる。爰《こゝ》につれ來《こ》よ。太郎と呼ぶに、いづちにて求めぬらん。軍將等《いくさぎみたち》の佩《はき》給ふべき輝々《きら〳〵》しき物を買《か》ひたるは好《よか》らぬ事。御目《おま》のあたりに召して問ひあきらめ給へ。おのれは網子《あご》どもの怠るらんと云捨《す》てて出でぬ。母、豊雄《とよを》を召して、さる物何《なに》の料《れう》に買ひつるぞ。米《こめ》も錢《ぜに》も太郎が物なり。吾主《わぬし》が物とて何をか持ちたる。日來《ひごろ》は爲すまゝに置《お》きつるを、かくて太郎に惡《にく》まれなば、天地《あめつち》の中に何國《いづく》に住むらん。賢《かしこ》き事をも學《まな》びたる者が、など是ほどの事わいため

面俯—面伏　不面目
後身して—後見して
保正—村長

ぬぞといふ。豐雄、實《まこと》に買ひたる物にあらず。さる由縁《ゆゑ》有りて人の得《え》させしを、兄《あに》の見《み》咎《とが》めてかくの給ふなり。父《ちゝ》何の譽《ほまれ》ありて、さる寶《たから》をば人のくれたるぞ。更におぼつかなき事、只今所縁《いはれ》かれり出でよと罵《のゝし》る。豐雄《とよを》、此事只今は面俯《おもてぶせ》なり。人傳《ひとづて》に申出で侍らんといへば、親兄にいはぬ事を誰《たれ》にかいふぞと聲《こゑ》あらゝかなるを、太郎の嫁《よめ》の刀自《とじ》傍《かたへ》にありて、此事愚《おろか》なりとも聞侍らん。入らせ給へと宥《なだ》むるに、つい立ちていりぬ。豐雄《とよを》刀自《とじ》にむかひて、兄の見《み》咎《とが》め給はずとも、密《みそか》に姉君《あねぎみ》をかたらひてんと思《おも》ひ設《まう》けつるに、速《はや》く責《さいな》まるゝ事よ。かうかうの人の女《め》のはかなくてあるが、後身《うしろみ》してよとて賜《たま》へるなり。己《おの》が世しらぬ身の、御赦《みゆるし》さへなき事は、重《おも》き勘當《かんだう》なるべければ、今更悔《く》ゆるばかりなるを、姉君《あねぎみ》よく憐《あはれ》み給へといふ。刀自《とじ》打笑《ゑ》みて、男子《をのこご》のひとり寢《ね》し給ふが、兼《かね》ていとほしかりつるに、いとよき事ぞ。愚《おろか》なりともよくいひとり侍らんとて、其夜太郎に、かうかうの事なるは、幸《さいはひ》におぼさずや。父君《ちゝぎみ》の前をよきにいひなし給へといふ。太郎眉《まゆ》を顰《ひそ》めて、あやし。此國の守《かみ》の下司《したづかさ》に、縣《あがた》の何某《なにがし》と云ふ人を聞かず。我家保正《をさ》なればさる人の亡《な》くなり給ひしを聞えぬ事あらじを、まづ太刀《たち》こゝにとりて來《こ》よといふに、刀自《とじ》やがて携《たづさ》へ來《きた》るを、よくよく見《み》終《をは》りて、長嘘《ためいき》をつきつゝもいふは、こゝに恐《おそろ》しき事あり。近來《ちかごろ》都の大《おほ》

淺ましき事—かなしきこと

國津罪—國

臣殿《いどの》の御願《ごぐわん》の事滿《みた》しめ給ひて、權現《ごんげん》におほくの寶《たから》を奉り給ふ。さるに此神寶《かんだから》ども、御寶《みたから》藏《くら》の中にて頓《とみ》に失《うせ》しとて、大宮司《だいぐじ》より國《くに》の守《かみ》に訴《うつたへ》出で給ふ。守《かみ》この賊《ぬすびと》を探《さぐ》り捕《とら》ふためなに、助《すけ》の君文室《ふんや》の廣之《ひろゆき》大宮司の館《たち》に來て、今專《もつは》らに此事をはかり給ふよしを聞きぬ。此太刀いかさまにも下司《したづかさ》などの帶《は》くべき物にあらず。猶父に見せ奉らんとて、御前《みまへ》に持ちいきて、かうかうの恐しき事のあなるは、いかゞ計ひ申さんといふ。父面《おもて》を靑《あを》くして、こは淺《あさ》ましき事の出できつるかな。日《ひ》來《ごろ》は一毛《まう》をもぬかざるが、何の報《むくい》にてかう良《よか》らぬ心や出できぬらん。他《ほか》よりあらはれなば、此家をも絕《たや》されん。祖《みおや》の爲子孫《のち》の爲には、不孝《ふかう》の子一人《ひとり》惜《をし》からじ。明《あす》は訴《うつた》へ出でよといふ。太郎夜《よ》の明くるを待ちて、大宮司の館《みたち》に來り、しかじかの由を申出でて、此太刀を見せ奉るに、大宮司驚《おどろ》きて、是《これ》なん大臣殿《おほいどの》の獻《たてまつ》り物なりといふに、助《すけ》聞き給ひて、猶《なほ》失せし物問ひ明らめん。召捕《めしと》れとて武士《もののべ》ら十人ばかり、太郎を前《さき》にたてて行く。豐雄《とよを》かゝる事をもしらで書見《ふみみ》るたるを、武士《もののべ》ら押《お》しかゝりて捕《とら》ふ。こは何の罪《つみ》ぞといふをも聞入れず縛《から》めぬ。父母太郎夫婦も今は淺《あさ》ましと歎《なげ》きまどふばかりなり。公廳《おほやけ》より召給ふ、疾くおゆめとて、中《なか》にとりこめて、館《みたち》に追《お》ひもてゆく。助《すけ》、豐雄《とよを》をにらまへて、爾《なんぢ》神寶《かんだから》を盗《ぬす》みとりしは、例《ためし》なき國津罪《くにつつみ》なり。猶種《くさ》

土にて犯せる罪

木伐る老翁—木をきる老翁

米かつ男—米を搗く男

種《くさ》の財《たから》はいづちに隱《かく》したる。明《あき》らかにまうせといふ。豐雄《とよを》漸《やゝ》此事を覺《さと》り、涙《なみだ》を流《なが》して、おのれ更《さら》に盗《ぬすみ》をなさず。かう〳〵の事《こと》にて縣《あがた》の何某《なにがし》の女《め》が、前《さき》の夫《つま》の帶《お》びたるなりとて得させしなり。今にもかの女召して、おのれが罪なき事を覺《さと》らせ給へ。助《すけ》、いたく怒《いか》りて、我下司《わがしたづかさ》に縣《あがた》の姓《かばね》を名のるものある事なし。かく僞《いつは》るは刑《つみ》益々大なり。豐雄《とよを》、かく捕《とら》はれて、いつまで僞《いつは》るべき。あはれ、かの女召して問《とは》せ給へ。助《すけ》、武士《ものゝべ》らに向ひて、縣《あがた》の眞女子《まなご》が家《いへ》はいづくなるぞ。渠《かれ》を押して捕《とら》へ來《きた》れといふ。武士《ものゝべ》ら畏《かしこま》りて、又豐雄《とよを》を押したてて、彼所《かしこ》に行きて見《み》るに、嚴《いか》めしく造《つく》りなして、門の柱《はしら》も朽《く》ちくさり、軒《のき》の瓦《かはら》も大かたは碎《くだ》けおちて、草しのぶ生ひさがり、人住むとは見えず。豐雄《とよを》是《これ》を見て、只あきれにあきれゐたる。武士《ものゝべ》らかけ廻《めぐ》りて、近きとなりを召しあつむ。木伐《きこ》る老《をぢ》米《よね》かつ男《をとこ》ら、恐《おそ》れ惑《まど》ひて跪《うづくま》る。武士《ものゝべ》他《かれ》らにむかひて、此家何者《なにもの》が住みしぞ。縣《あがた》の何某が女《め》のここにあるはまことかといふに、鍛冶《かぢ》の翁《おきな》はひ出でて、さる人の名はかけてもうけ給はらず。此家三とせばかり前《さき》までは、村主《すぐり》の何某《なにがし》といふ人の賑《にぎは》しくて住侍《すみはべ》るが、筑紫《つくし》に商物《あきもの》積《つ》みてくだりし、其船行方《ゆくへ》なくなりて後は、家に殘《のこ》る人も散々《ちり〴〵》になりぬるより、絶《た》えて人の住むことなきを、此男《このをのこ》のきのふこゝに入りて、漸《やゝ》して歸《かへ》りしを奇《あや》しとて、此漆師《ぬし》の

古き帳を立て—古き帷幔をはりて

縑—目堅く織りたる絹布

老《らう》が申されしといふに、さもあれ。よく見極《きは》めて殿《との》に申さんとて、門《かど》押しひらきて入る。家は外《と》よりも荒《あ》れまさりけり。なほ奥《おく》の方《かた》に進《すゝ》みゆく。前栽廣《せんざいひろ》く造《つく》りなしたり。池《いけ》は水あせて、水草《みくさ》も皆枯《みなか》れ、野《の》ら藪《やぶ》生ひかたぶきたる中《なか》に、大きなる松の吹倒《ふきたふ》れたるぞ物《もの》すざまし。客殿《きやくでん》の格子戸《かうしど》をひらけば、腥《なまぐさ》き風のさと吹きおくりきたるに、恐《おそ》れまどひて、人々後《あと》にしりぞく。豐雄《とよを》只聲を呑みて歎《なげ》きゐる。武士《もののべ》の中に巨勢《こせ》の熊檮《くまかし》なる者膽《きも》ふとき男にて、人々我後《わがあと》に從《つ》きて來《き》れとて、板敷《いたじき》をあらゝかに踏《ふ》みて進《すゝ》みゆく。塵《ちり》は一寸《すん》ばかり積《つも》りたり。鼠《ねずみ》の糞《くそ》ひり散したる中に、古き帳《とばり》を立てて、花《はな》の如くなる女一人ぞ座《を》る。熊檮《くまかし》女にむかひて、國《くに》の守《かみ》の召しつるぞ。急《いそ》ぎまゐれといへど、答《こたへ》もせでゐるを、近く進みて捕《とら》ふとせしに、忽地《たちまち》も裂《さ》くるばかりの霹靂鳴響《はたゝがみなりひゞ》くに、許多《あまた》の人逃ぐる間《ひま》もなくてそこに倒《たふ》る。然《さ》て見るに、女はいづち行《ゆ》きけん見えずなりにけり。此床の上に輝《きら》輝《きら》しき物あり。人々恐《おそ》る〳〵いきて見るに、狛錦《こまにしき》、呉《くれ》の綾《あや》、倭文《しづり》、縑《かとり》、楯《たて》、槍《ほこ》、靫《ゆき》、鍬《くは》の類《たぐひ》、此失《う》せつる神寶《かんだから》なりき。武士《もののべ》らこれをとりもたせて、怪《あや》しかりける事どもを詳《つばら》に訴《うつた》ふ。助《すけ》も、大宮司の妖怪《もののけ》のなせる事をさとりて、豐雄《とよを》を責《さいな》むことをゆるくす。されど當《おもて》罪《つみ》免れず。守《かみ》の館《みたち》にわたされて牢裏《らうり》に繋《つな》がる。大宅《おほや》の父子《おやこ》多くの物《たから》を贈《まひ》して、罪を贖《か》ふ

御明—神佛にさゝげる燈明

によりて、百日がほどに赦《ゆる》さるゝ事を得たり。かくて世にたち接《まじは》らんも面俯《おもてぶせ》なり。姉の大和《やまと》におはすを訪《とぶら》ひて、しばし彼所《かしこ》に住まんといふ。げにかう憂《うき》め見つる後は、重《おも》き病《やまひ》をも得るものなり。ゆきて月ごろを過《すご》せとて、人を添《そ》へて出でたゝす。二郎の姉《あね》が家は、石榴市《つばいち》といふ所に、田邊《たなべ》の金忠《かねたゞ》といふ商人《あきびと》なりける。豐雄《とよを》が訪《とむら》ひ來《きた》るを喜《よろこ》び、かつ月ごろの事どもをいとほしがりて、いつく〳〵までもこゝに住めとて、念比《ねんごろ》に勞《いたは》りけり。年かはりて二月《きさらぎ》になりぬ。此石榴市《つばいち》といふは、泊瀬《はつせ》の寺近《てらちか》き所なりき。佛《ほとけ》の御中には泊《はつ》瀬《せ》なんあらたなる事を、唐土《もろこし》までも聞えたるとて、都《みやこ》より邊鄙《ゐなか》より詣《まう》づる人の、春《はる》はことに多かりけり。詣《まう》づる人は必ずこゝに宿《やど》れば、軒《のき》を竝べて旅人《たびびと》を止《とゞ》めける。田邊《たなべ》が家《いへ》は御明燈心《みあかしとうしん》の類《たぐひ》を商《あきな》ひぬれば、所せく人の入りたちける中に、都《みやこ》の人の忍《しの》びの詣《まうで》と見えて、いとよろしき女一人《ひとり》、丁鬟《わらは》一人《ひとり》薫物《たきもの》求むとてこゝに立ちよる。この丁鬟《わらは》豐雄《とよを》を見て、吾君《わがきみ》のこゝにいますはといふに、驚《おどろ》きて見れば、かの眞女子《まなご》まろやなり。あな恐《おそろ》しとて内に隱《かく》るゝ。金忠《かねたゞ》夫婦こは何ぞといへば、かの鬼《おに》こゝに逐《おひ》來る。あれに近寄《ちかよ》り給ふなと隱《かく》れ惑《まど》ふを、人々《ひとゞ》そはいづくにと立騷《さわ》ぐ。眞女子《まなご》入來りて、人々な怪《あやし》み給ひそ。吾夫《わがせ》の君な恐《おそ》れ給ひそ。おのが心より罪《つみ》に墮《おと》し奉る事の悲しさに、御有家《ありか》もとめて、事《こゝ》の由縁《ゆゑ》

計較りつる—謀る

二本の杉のしるし—古初瀬川の邊にある二本

なもかたり、御心放《みこゝろやり》せさせ奉らんとて、御住家《すまゐ》尋ねまゐらせしに、かひありてあひ見奉ることの喜《うれ》しさよ。あるじの君《きみ》よく聞《き》きわけて給へ。我《われ》もし怪《あや》しき物《もの》ならば、此人繁《しげ》きわたりさへあるに、かうのどかなる晝《ひる》をいかにせん。衣《きぬ》に縫目《ぬつめ》あり。日にむかへば影《かげ》あり。此正《まさ》しきことわりを思《おぼ》しわけて、御疑《おんうたがひ》を解《とか》せ給へ。豐雄《とよを》漸《やゝ》人ごこちして、儞正《なんぢまさ》しく人ならぬは、我捕《とら》はれて、武士《もののべ》らとともにいきて見《み》れば、きのふにも似《に》ず淺《あさ》ましく荒《あ》れ果てゝ、まことに鬼の住《す》むべき宿《やど》に一人《ひとり》居《を》るを、人々捕《とら》へんとすれば、忽《たちまち》靑天霹靂《はたゝがみ》を震《ふる》うて、跡《あと》なくかき消えぬるを、まのあたり見つるに、又逐《おひ》來て何をか爲《な》す。すみやかに去《さ》れといふ。眞女子《まなご》涙《なみだ》を流《なが》して、まことにさこそ思《おぼ》さんはことわりなれど、妾《せふ》が言《こと》をもしばし聞《きか》せ給へ。君公廳《きみおほやけ》に召され給ふと聞きしより、かねて憐《あはれ》をかけつる鄰《となり》の翁《おきな》をかたらひ、頓《とみ》に野《の》らなる宿《やど》のさまをこしらへし。我《われ》を捕《とら》んずときに鳴神響《なるかみひゞ》かせしは、まろやが計較《たばか》りつるなり。其後船《ふね》もとめて難波《なには》の方《かた》に遁《のが》れしかど、御消息《せうそこ》知らまほしく、この御佛《みほとけ》にたのみを懸《か》けつるに、二本《ふたもと》の杉のしるしありて、喜《うれ》しき瀬《せ》にながれあふことは、ひとへに大悲《だいひ》の御德《おんとく》かふむりたてまつりしぞかし。種々《くさぐさ》の神寶《かんだから》は何とて女の盜《ぬす》み出すべき。前《さき》の夫《つま》の良《よか》らぬ心にてこそあれ。よく〳〵思《おぼ》しわけて、思ふ心の露《つゆ》ばかりをも

杉をしろしとして相見んとちかひし戀歌あればかくはいひしなり

葛城や云々―相見し夜の短くて直ちに明けやすく逢ひにしことの遲を恨む意

よき人のよしと見給ひし所―吉野

うけさせ給へとて、さめ〴〵と泣く。豐雄《とよを》或《ある》は疑《うたが》ひ、或《ある》は憐《あはれ》みて、重ねていふべき詞《ことば》もなし。金忠《かねたゞ》夫婦、眞女子《まなご》がことわりの明《あき》らかなるに、此女しきふるまひを見て、努疑《ゆめうたが》ふ心もなく、豐雄の物語にては、世《よ》に恐《おそろ》しき事よと思ひしに、さる例《ためし》あるべき世にもあらずかし。はる〴〵と尋ねまどひ給ふ御心《おんこゝろ》ねのいとほしきに、豐雄肯《うけが》はずとも、我々とどめまゐらせんとて、一間《ひとま》なる所に迎へける。こゝに一日《にち》二日《か》を過すまゝに、金忠夫婦が心をとりて、ひたすら歎《なげ》きたのみける。其志の篤《あつ》きに愛《め》でて、豐雄をすゝめて、つひに婚儀《こんぎ》をとりむすぶ。豐雄も日々に心とけて、もとより容姿《かたち》のよろしきを愛《め》でよろこび、千とせをかけて契《ちぎ》るには、葛城《かづらき》や高間《たかま》の山に夜々《よひ〳〵》ごとにたつ雲《くも》も、初瀬《はつせ》の寺の曉《あかつき》の鐘《かね》に雨收《をさま》りて、只あひあふ事の遲《おそき》をなん恨《うら》みける。三月《やよひ》にもなりぬ。金忠《かねたゞ》、豐雄夫婦にむかひて、都わたりには似るべくもあらねど、さすがに紀路《きぢ》にはまさりぬらんかし。名細《なぐは》しの吉野《よしの》は春はいとよき所なり。三船《みふね》の山、菜摘《なつみ》川、つねに見るとも飽《あ》かぬを、此頃はいかにおもしろからん。いざ給へ。出立ちなんといふ。眞女兒《まなご》うち笑《ゑ》みて、よき人のよしと見給ひし所は、都《みやこ》の人も見ぬを恨《うらみ》に聞《きこ》え侍《はべ》るを、我身稚《をさなき》より、人《ひと》おほき所、或《ある》は道の長手《ながて》をあゆみては、必氣《け》のぼりてくるしき病《やまひ》あれば、從駕《みとも》にえ出立ちはべらぬ

行幸の宮―齊明帝の御字離宮をおかれたるをいふ
石ばしろ―瀧の枕詞
績麻―うみ

ぞいと憂《うれた》けれ。山土産《やまづと》必ず待ちこひ奉るといふを、そは歩《あゆ》みなんこそ病《やまひ》も苦しからめ。車《くるま》こそもたらね。いかにも〳〵土は踏《ふま》せ參らせじ。留り給はんは、豐雄のいかばかり心もとなかりつらんとて、夫婦勸《すゝ》めたつに、豐雄もかうたのもしくの給ふを、道に倒《たふ》るゝともいかでかはと聞ゆるに、不慮《すゞろ》ながら出でたちぬ。人々花やぎて出ぬれど、眞女子《まなご》が麗なるには似《に》るべうもあらずぞ見えける。何某《なにがし》の院《ゐん》は、かねて心《こゝろ》よく聞《きこ》えかはしければ、こゝに訪《とむら》ふ。主《あるじ》の僧迎《そうむか》へて、此春は遲《おそ》く詣《まう》で給ふことよ。花もなかばは散過ぎて、鶯《うぐひす》の聲《こゑ》もやゝ流《なが》るめれど、猶《なほ》よき方にしるべし侍らんとて、夕食《ゆふけ》いと淸《きよ》くして食《くは》せける。明《あ》けゆく空いたう霞《かす》みたるも、晴《は》れゆくまゝに見わたせば、此院《ゐん》は高《たか》き所にて、こゝかしこ僧坊《そうばう》どもあらはに見おろさるゝ。山の鳥どももそこはかとなく囀《さへづ》りあひて、木草《きぐさ》の花色々《いろ〳〵》に咲きまじりたる、同《おな》じ山里《やまざと》ながら目さむるこゝちせらる。初詣《うひまうで》には瀧《たき》ある方こそ見所《みどころ》はおほかめれとて、彼方にしるべの人乞ひて出でたつ。谷《たに》を繞《めぐ》りて下りゆく。いにしへ行幸《いでまし》の宮《みや》ありし所は、石《いは》ばしる瀧《たき》つせのむせび流《なが》るゝに、ちひさき鮎《あゆ》どもの水に逆《さか》ふなど、目《め》もあやにおもしろし。檜破子《ひわりご》打散して喰ひつゝあそぶ。岩《いは》がねづたひに來る人あり。髮《かみ》は績麻《うみそ》をわがねたる如くなれど、手足《てあし》いと健《すこ》やかなる翁《おきな》なり。此瀧《たき》の下《もと》に

たる麻絲

雨篠を亂して—暴雨の形容

命得させ給へ—助けて生を全からしめ給へ

遠津神—遠津御祖として

あゆみ來《きた》る。人々を見てあやしげにまもりたるに、眞女子《まなご》もまろやも、此人を背《そがひ》に見《み》ぬふりなるを、翁渠二人《おきなかれふたり》をよくまもりて、あやし。此邪神《あしきかみ》、など人を惑《まごは》す。翁《おきな》がまのあたりをかくても有りやと、つぶやくを聞きて、此二人《ふたり》忽《たちま》ち躍《をど》りたちて、瀧《たき》に飛《と》び入ると見《み》しが、水《みづ》は大虛《おほぞら》に沸《わ》きあがりて見えずなるほどに、雲摺墨《するすみ》をうちこぼしたる如く、雨篠《しの》を亂《みだ》してふり來る。翁《おきな》人々の慌忙《あわて》惑《まど》ふをまつろへて、人里にくだる。賤《あや》しき軒《のき》にかゞまりて、生けるこゝちもせぬを、翁豐雄《おきなさよを》に向ひ、熟《つら〳〵》そこの面《おもて》を見るに、此隱神《かくれがみ》のために惱《なや》まされ給ふが、吾救《すく》はずばつひに命《いのち》をも失《うしな》ひつべし。後《のち》よく愼《つゝし》み給へといふ。豐雄地《ち》に額著《ぬかづ》きて、此事の始より語出でて、猶命得《いのちえ》させ給へとて、恐《おそ》れみ敬《うやま》ひて願《ねが》ふ。翁《おきな》さればこそ、此邪神《あしきかみ》は年經《へ》たる蛇《をろち》なり。かれが性《さが》は婬《みだり》なる物にて、牛と孳《つる》みては麟《りん》を生み、馬《うま》とあひては龍馬《りうめ》を生むといへり。此魅《まど》はせつるも、はたそこの秀麗《かほよき》に姧《たは》けたると見えたり。かくまで執《しふ》ねきを、よく愼《つゝし》み給はずば、おそらくは命《いのち》を失ひ給ふべしといふに、人々いよ〳〵恐《おそ》れ惑《まど》ひつゝ、翁《おきな》を崇《あがま》へて遠津神《とほつがみ》にこそと拜《をが》みあへり。翁打笑《うちゑ》みて、おのれは神《かみ》にもあらず。大倭《やまと》の神社に仕《つか》へまつる當麻《たぎま》の酒人《さかびと》といふ翁なり。道《みち》の程見《ほどみ》たててまゐらせん。いざ給へとて出たてば、人々《ひとびと》後につきて歸《かへ》り來《きた》る。明《あけ》の日《ひ》大倭《やまと》の鄕《さと》にいき

妖灾—物怪
覺しぬ—論しぬ
家の羈—家の手足まとひ

て、翁が惠《めぐみ》を謝《かへ》し、且美濃絹《みのぎぬ》三疋《ひら》、筑紫綿《つくしわた》二屯《つみ》を遺《おく》り來《きた》り、猶《なほ》此妖灾《ものゝけ》の身禊《みそぎ》し給へと、つゝしみて願《ねが》ふ。翁《おきな》これを納《をさ》めて、祝部《はふり》らにわかちあたへ、自《みづから》は一疋《ひら》一屯《つみ》をもとゞめずして、豐雄にむかひ、奮爾《かれなんぢ》が秀麗《かほよき》に奸《たは》けて、爾《なんぢ》を纏《まご》ふ。爾《なんぢ》又奮《かれ》が假《かり》の化《かたち》に魅《まご》はされて、丈夫《ますらを》心なし。今より雄氣して、よく心を靜《しづま》りまさば、此らの邪神《あしきかみ》を逐《やら》はんに、翁《おきな》が力《ちから》をもかり給はじ、ゆめ〳〵心を靜《しづま》りませとて、實《まめ》やかに覺《さと》しぬ。豐雄夢《ゆめ》のさめたるこゝちに、禮言盡きずして歸《かへ》り來《きた》る。金忠《かねたゞ》にむかひて、此年月奮《かれ》に魅《まご》はされしは、己《おの》が心正《たゞ》しからぬなりし。親兄《おやあに》の孝《つかへ》をもなさで、君《きみ》が家の羈《ほだし》ならんは由縁《よし》なし。御惠《みめぐみ》いとかたじけなけれど、又も參りなんとて、紀の國《くに》に歸《かへ》りける。父母《たらちね》太郎夫婦此恐《おそろ》しかりつる事を聞きて、いよゝ豐雄が過《あやまち》ならぬを憐《あはれ》み、かつは妖怪《もののけ》の執《しふ》ねきを恐《おそ》れける。かくて鰥《やもを》にてあらするにこそ、妻《つま》むかへさせんとてはかりける。芝《しば》の里《さと》に芝《しば》の庄司《しやうじ》なるものあり。女子《むすめ》一人もてりしを、大内《おほうち》の采女《うねめ》にまゐらせてありしが、此度《こたび》いとま申給り、この豐雄を聟《むこ》がねにとて、媒氏《なかだち》をもて大宅《おほや》が許《もと》へいひ納《いる》る。よき事《こと》なりて、卽《やが》て因《ちなみ》をなしける。かくて都《みやこ》へも迎《むかへ》の人を登《のぼ》せしかば、此采女《うねめ》富子《とみこ》なるものよろこびて歸《かへ》り來る。年來《としごろ》の大宮仕《おほみやづかへ》に馴《な》れこしかば、萬《よろづ》の行儀《ふるまひ》よりして姿《かたち》なども、花《はな》やぎ勝《まさ》りけり。豐雄こゝに迎《むか》

身の毛もたちて—恐怖の貌なり

和めつ驚し

へられて見るに、此富子《とみこ》がかたちいとよく、萬《よろづ》心に足《たら》ひぬるに、かの蛇《をろち》が懸想《けさう》せしことも、おろ〳〵おもひ出るなるべし。はじめの夜は事なければ書《か》かず。二日の夜、よきほどの醉《ゑひ》ごこちにて、年來《としごろ》の大内《うち》住《ずみ》に、邊鄙《ゐなか》の人は將《はた》うるさくまさん。かの御《おん》わたりにては、何《なん》の中將《ちうじやう》、宰相《さいしやう》の君《きみ》などいふに添《そ》ひぶし給ふらん。今更《いまさら》にくゝこそおぼゆれなど戯《たはむ》るゝに、富子《とみこ》即《やが》て面《おもて》をあげて、古《ふる》き契《ちぎり》を忘《わす》れ給ひて、かくことなる事《こと》なき人を時《とき》めかし給ふこそ、こなたよりまして惡《にく》くあれといふは、姿《かたち》こそかはれ、正しく眞女子《まなご》が聲《こゑ》なり。聞くにあさましう、身《み》の毛《け》もたちて恐《おそろ》しく、只あきれまどふを、女打ちゑみて、吾《わが》君《きみ》な怪《あや》しみ給ひそ。海《うみ》に誓《ちか》ひ、山《やま》に盟《ちか》ひし事を速《はや》くわすれ給ふとも、さるべき縁《えにし》のあれば、又もあひ見《み》奉るものを、他人《あだしひと》のいふ事をまことしくおぼして、強《あながち》に遠《とほ》ざけ給はんには、恨《うら》み報《むく》いなん。紀路《きぢ》の山々さばかり高《たか》くとも、君《きみ》が血《ち》をもて峯《みね》より谷《たに》に灑《そゝ》ぎくださん。あたら御身《おんみ》をいたづらになし果《は》て給ひそと云ふに、只わなゝきにわなゝかれて、今やとらるべきこゝちに死入ける。屏風《びやうぶ》のうしろより、吾君《わがきみ》いかにむつかり給ふ。かうめでたき御契なるはとて、出づるはまろやなり。見るに又膽《きも》を飛《とば》し、眼《まなこ》を閉《とぢ》て、伏向《うつぶき》に臥《ふ》す。和《なご》めつ驚《おど》しつ、かはる〴〵物《もの》うちいへど、只《たゞ》死入たるやうにて、夜明《あ》けぬ。かくて

つ―宥めて賺しつの意ならん

蠱物―妖怪術をなすもの

雄黄―鷄冠石

閨房《ねや》を免《のが》れ出て、庄司にむかひ、かう〳〵の恐《おそろ》しき事あなり。これいかにして放《さ》けなん、よく計《はか》り給へといふも、背《うしろ》にや聞くらんと、聲《こゑ》を小《さゝ》やかにしてかたる。庄司も妻《つま》も面《おもて》を靑《あを》くして、歎きまどひ、こはいかにすべき。こゝに都《みやこ》の鞍馬寺《くらまでら》の僧《そう》の、年々《としどし》熊野《くまの》に詣《まう》づるが、きのふより此向岳《むかつを》の蘭若《てら》に宿《やど》りたり。いとも驗《けん》なる法師《ほうし》にて、凡疫病《えやみ》、妖災《もののけ》、蝗《いなむし》などをもよく祈《いの》るよしにて、此郷《このさと》の人は貴《たふと》みあへり。此法師《ほうし》請《むか》へてんとて、あわたゞしく呼びつげるに、漸《やゝ》して來りぬ。しか〴〵のよしを語れば、此法師鼻《はな》を高《たか》くして、これらの蠱物《まじもの》らを捉《とら》へんは、何の難《かた》き事にもあらじ。必靜《しづま》りおはせと、やすげにいふに、人々心落《おち》ゐぬ。法師まづ雄黄《ゆうわう》をもとめて、藥《くすり》の水を調《てう》じ、小瓶《こかめ》に湛《たゝ》へて、かの閨房《ねや》にむかふ。人々驚隱《おぢかく》るゝを、法師嘲《あざ》みわらひて、老《おい》たるも童《わらは》も必そこにおはせ。此蛇《をろち》唯今捉《と》りて見せ奉らんとて、すゝみゆく。閨房《ねや》の戸《と》あくるを遲《おそ》しと、かの蛇頭《をろちかしら》をさし出《いだ》して、法師《ほうし》にむかふ。此頭《かしら》何ばかりの物《もの》ぞ。此戸口《とぐち》に充滿《みち〳〵》て、雪《ゆき》を積《つ》みたるよりも白く、耀々《きら〳〵》しく、眼《まなこ》は鏡《かゞみ》の如く、角《つの》は枯木《かれき》のごと、三尺餘《みたけあまり》の口を開き、紅《くれなゐ》の舌《した》を吐《は》いて、唯《たゞ》一呑《のみ》に飲《の》むらん勢《いきほひ》をなす。あなやと叫びて、手《て》にすゑし小瓶《こかめ》をもそこに打ちすてゝ、たつ足もなく、展轉《こひまろ》びはひ倒《たふ》れて、からうじてのがれ來り、人々にむかひて、あな恐《おそろ》し。祟《たゝ》ります御神《おんかみ》

いふいふ絶え入りぬ—言ひつゝ死す

徒々しき御心—浮きたる御思

にてましますものを、など法師らが祈《いの》り奉らん。此手足《てあし》なくば、はた命失《いのちうし》なひてんといふいふ絶入りぬ。人々扶《たす》け起《おこ》すれど、すべて面《おもて》も肌《はだへ》も黒《くろ》く赤《あか》く染《そめ》なしたるが如く、熱《あつ》き事焚火《たきび》に手《て》さすらんにひとし。毒氣《あしきいき》にあたりたると見《み》えて、後《のち》は只眼《め》のみはたらきて、物いひたげなれど、聲《こゑ》さへなさでぞある。水灌《そゝ》ぎなどすれど、つひに死にける。これを見る人いよゝ魂《たましひ》も身《み》に添《そは》ぬ思して、泣惑《なきまど》ふ。豐雄すこし心を收《をさ》めて、かく驗《けん》なる法師だも祈得《いのりえ》ず、執《しふ》ねく我を纏《まと》ふものから、天地《あめつち》のあひだにあらんかぎりは、探《さが》し得られなん。おのが命《いのち》ひとつに、人々を苦《くるし》むるは實《まめ》ならず。今は人もかたらはじ。やすくおぼせとて、閨房《ねや》にゆくを、庄司の人々こは物《もの》に狂《くる》ひ給ふかといへど、更《さら》に聞《きか》ず顏《がほ》にかしこにゆく。戸を靜《しづか》に明くれば、物《もの》の騷《さわが》しき音もなくて、此二人ぞむかひゐたる。富子《とみこ》豐雄《とよを》にむかひて、君《きみ》何の讐《あだ》に我を捉《とら》へんとて、人をかたらひ給ふ。此後も仇《あだ》をもて報《ひく》い給はゞ、君が御身《おんみ》のみにあらじ。此郷の人々をもすべて苦《くる》しきめ見せなん。ひたすら吾貞操《みさを》をうれしとおぼして、徒々《あだ〳〵》しき御心《みこゝろ》をなおぼしそと、いと懸想《けさう》していふぞうたてかりける。豐雄いふは、世の諺《ことわざ》にも聞けることあり。人かならず虎《とら》を害《がい》する心なけれども、虎反《とらかへ》りて人を傷《やぶ》る意《こゝろ》ありとや。儞人《なんぢ》ならぬ心より、我を纏《まと》うて幾度《いくたび》かからきめを見するさへあ

我弓の本末をも知りながら—武道をも知りながら

眠藏—家の納戸の如きもの

るに、かりそめ言《こと》をだにも、此恐しき報《むくい》をなんいふは、いとむくつけなり。されど吾《われ》を慕《した》ふ心ははた世人《よのひと》にもかはらざれば、こゝにありて、人々の歎《なげ》き給はんがいたはし。此富子《とみこ》が命《いのち》ひとつたすけよかし。然《さ》て我をいづくにも連《つ》れゆけといへば、いと喜《うれ》しげに點《うな》頭《づ》きをる。又立出て庄司にむかひ、かう淺《あさ》ましきものの添《そ》ひてあれば、こゝにありて人を苦《くる》しめ奉らんは、いと心なきことなり。只今暇《いとま》給はらば、娘子《をとめ》の命《いのち》も恙《つゝが》なくおはすべしといふを、庄司更《さら》に肯《う》けず。我《われ》弓の本末《もとすゑ》をも知りながら、かくいひがひなからんは、大宅《おほや》の人々のおぼす心もはづかし。猶計《はか》較りなん。小《こ》松原《まつばら》の道成寺《だうじやうじ》に、法海和尚《ほふかいをしやう》とて、貴《たふ》とき祈《いのり》の師《し》おはす。今は老《お》いて室《むろ》の外《と》にも出でずと聞《き》けど、我爲《わがため》にはいかにも〳〵捨て給はじとて、馬《うま》にていそぎ出でたちぬ。道遙《はるか》なれば夜《よ》なかばかりに蘭若《てら》に到《いた》る。老《らう》和尚眠藏《めんざう》をゐざり出でて、此物がたりを聞《き》きて、そは淺《あさ》ましくおぼすべし。今は老朽《おいく》ちて驗《けん》あるべくもおぼえ侍らねど、君《きみ》が家の災《わざはひ》を默《もだ》してやあらん。まづおはせ。法師《ほうし》も而《やが》て詣《まう》でなんとて、芥子《けし》の香《か》にしみたる袈裟《けさ》とり出で、庄司にあたへ、渠《かれ》をやすくすかしよせて、これをもて頭《かしら》に打被《かつ》け、力を出して押しふせ給へ。手弱《たよわ》くあらばおそらくは迯《にげ》去らん。よく念《ねん》じてよくなし給へと、實《まめ》やかに敎《をし》ふ。庄司よろこびつゝ、馬《うま》を飛《とば》してか

現なく伏したる―夢心地に眠りたる

へりぬ。豊雄《とよを》を密《ひそか》に招《まね》きて、此事よくしてよとて袈裟《けさ》をあたふ。豊雄これを懐《ふところ》に隠《かく》して、閨房《ねや》にゆき、庄司今はいとまたびぬ。いざたまへ。出立ちなんといふ。いと喜《うれ》しげにてあるを、此袈裟《けさ》とり出でて、はやく打被《うちかづ》け、力《ちから》をきはめて押しふせぬれば、あな苦《くる》し、儞何《なんぢなに》とてかく情《なさけ》なきぞ。しばしこゝ放《ゆる》せよかしといへど、猶力《なほちから》にまかせて押しふせぬ。法海和尚《ほふかいをしやう》の輿《こし》やがて入來る。庄司の人々に扶《たす》けられて、こゝにいたり給ひ、口のうちつぶつぶと念《ねん》じ給ひつゝ、豊雄を退《しりぞ》けて、かの袈裟《けさ》とりて見給へば、富子《とみこ》は現《うつゝ》なく伏《ふ》したる上に、白き蛇《をろち》の三尺《たけ》あまりなる蟠《わだかま》りて、動《うご》きだもせずてぞある。老和尚《らうをしやう》これを捉へて、徒弟《でてい》が捧《さゝ》げたる鐵鉢《てつはち》に納《いれ》給ふ。猶念《なほねん》じ給へば、屛風《びやうぶ》の背《うしろ》より尺《たけ》ばかりの小蛇《こへび》はひ出づるを、是《これ》をも捉《と》りて鉢《はち》に納れ給ひ、かの袈裟《けさ》をもてよく封《ふう》じ給ひ、そがまゝに輿《こし》に乘《のら》せ給へば、人々掌《て》をあはせ、涙《なみだ》を流《なが》して敬《うやま》ひ奉る。蘭若《てら》に歸《かへ》り給ひて、堂《だう》の前《まへ》を深《ふか》く掘《ほ》らせて、鉢《はち》のまゝに埋《う》めさせ、永劫《えいごふ》があひだ、世に出づることを戒しめ給ふ。今《いま》猶蛇《なほをろち》の塚《つか》ありとかや。庄司が女子《むすめ》はつひに病《やまひ》にそみてむなしくなりぬ。豊雄は命恙《いのちつゝが》なしとなん語りつたへける。

大德の聖—高僧
朸—天秤棒の義
檀越—檀家

# 雨月物語　卷之五

## ○青《あを》頭《づ》巾《きん》

むかし快庵禪師《くわいあんぜんじ》といふ大德《だいとこ》の聖《ひじり》おはしまりけり。總角《わかき》より教外《けうぐわい》の旨《むね》をあきらめ給ひて、常《つね》に身を雲水《うんする》にまかせ給ふ。美濃《みの》の國の龍泰寺《りようたいじ》に一夏《いちひ》を滿《みた》しめ、此秋は奧羽《あうう》のかたに住むとて、旅立《たびだ》ち給ふ。ゆき〳〵て下野《しもつけ》の國に入り給ふ。富田《とみた》と云ふ里《さと》にて、日入りはてぬれば、大きなる家の賑《にぎ》はしげなるに立ちよりて、一宿《ひとよ》をもとめ給ふに、田畑《たはた》よりかへる男等《をのこら》、黃昏《たそがれ》にこの僧《そう》の立てるを見《み》て、大きに怕《おそ》れたるさまして、山の鬼《おに》こそ來《きた》りたれ、人みな出でよと呼びのゝじる。家の內にも騷《さわ》ぎたち、女童《めのわらべ》は泣きさけび、腰轉《こひまろ》びて隈々《くまぐ》に竄《かく》る。あるじ山朸《やまあふご》をとりて走《はし》り出《い》で、外《と》の方を見るに、年紀五旬《としのころいそぢ》にちかき老僧《らうそう》の、頭《かしら》に紺染《あをぞめ》の巾《きん》を被《かづ》ぎ、身に墨衣《すみぞめ》の破れたるを穿《き》て、裹《つゝ》みたる物を背におひたるが、杖《つゑ》をもてさしまねき、檀越《だんをつ》なに事にてかばかり備《そな》へ給ふや。遍參《へんさん》の僧今夜《そうこよひ》ばかりの宿《やど》をかり奉らんとて、こゝに人を待ちしに、おもひきや、かく異《あやし》められんとは。瘦法師《やせはうし》の強盜《がうだう》などなすべ

水丁―灌頂、佛に香水を灌ぐ儀式

典藥のおもたゞしき―靜々たる醫者

きにもあらぬを、なあやしみ給ひそといふ。莊主《あるじ》枴《あふご》を捨《す》て、手を拍《う》つて笑《わら》ひ、渠等《かれら》が愚《おろか》なる眼《まなこ》より、客僧《きやくそう》をおどしまゐらせぬ。一宿《ひとよ》を供養《くやう》して、罪《つみ》を贖《あがな》ひたてまつらんと、禮《ゐやま》ひて奥《おく》の方《かた》に迎《むか》へ、こゝろよく食《しよく》をもすゝめて饗《もてな》しけり。莊主《あるじ》かたりていふ。さきに下等《しづら》が御僧《ごそう》を見て、鬼來《おにきた》りしとおそれしも、さるいはれの侍《はべ》るなり。こゝに希有《けう》の物《もの》がたりの侍《はべ》る。妖言《およつれごと》ながら人にもつたへ給へかし。此里の上の山《やま》に、一字の蘭若《てら》の侍る。故《もと》は小山《こやま》氏の菩提院《ぼだいゐん》にて、代々大徳《だいとこ》の住み給ふなり。今の阿闍梨《あじやり》は何某《なにがし》殿の猶子《いうじ》にて、ことに篤學修行《とくがくしゆぎやう》の聞《きこえ》めでたく、此國《このくに》の人は香燭《かうしよく》をはこびて歸依《きえ》したてまつる。我莊《わがいへ》にもしばしば詣で給うて、いともうらなく仕《つか》へしが、去年《こぞ》の春《はる》にてありける。越《こし》の國へ水丁《くはんぢやう》の戒師《かいし》にむかへられ給ひて、百日あまり逗《とど》まり給ふが、他國《かのくに》より十二三歳なる童兒《わらは》を倶《ぐ》して歸り給ひ、起臥《おきふし》の助とせらる。かの童兒《わらは》が容《かたち》の秀麗《みやびやか》なるを深《ふか》く愛《め》でさせ給うて、年來《としごろ》の事どもゝ、いつとなく怠《をこた》りがちに見《み》え給ふ。さるに玆年《ことし》四月《うづき》の比、かの童兒《わらは》かりそめの病《やまひ》に臥しけるが、日を經《へ》ておもくなやみけるを、痛《いた》み悲ませ給うて、國府《こうふ》の典藥《てんやく》のおもたゞしきをまで迎《むか》へ給へども、其驗《しるし》もなく、終《つひ》に空しくなりぬ。懷《ふところ》の璧《たま》を奪はれ、挿頭《かざし》の花を嵐《あらし》に誘《さそ》はれしおもひ、泣くに涙《なみだ》なく、叫《さけ》ぶに聲《こゑ》なく、あまりに歎《なげ》かせ給ふま

連忙—慌て周章して

楚王の宮人云々—巽遊記に、楚莊王時宮人一旦化爲野蛾との事にや

吳生が妻云云—越王蛇の故事の誤か

まに、火に燒《や》き、土《つち》に葬《はうむ》ることをもせで、臉《かほ》に臉《かほ》をもたせ、手に手をとりくみて、日を經《へ》給ふが、終に心神《こゝろ》みだれ、生きてありし日に違《たが》はず。戲《たはぶ》れつゝも、其肉《そのにく》の腐《くさ》り爛《たゞ》るゝを吝《をし》みて、肉《にく》を吸《す》ひ骨《ほね》を嘗《な》めて、はた喫《くら》ひつくしぬ。寺中《じちう》の人々院主《ゐんじゆ》こそ鬼《おに》になり給ひつれと、連忙《あわたゞ》しく迯去《にげさ》ぬる後は、夜なく〱里に下《くだ》りて人を驚殺し、或《ある》は墓《はか》を發《あば》きて、腥々《なまぐさ》しき屍《かばね》を喫《くら》ふありさま、實《まこと》に鬼《おに》といふものは、昔物語《ものがたり》には聞きもしつれど、現《うつゝ》にかくなり給ふを見て侍れ。されど如何《いかゞ》してこれを征《せい》し得ん。只戸《いへ》ごとに暮《くれ》をかぎりて堅《かた》く閉《とざ》してあれば、近會《このごろ》は國中《くになか》へも聞えて、人の往來《いきゝ》さへなくなり侍《はべ》るなり。さるゆゑのありてこそ、客僧《きやくそう》をも過《あやま》りつるなれとかたる。快庵《くわいあん》この物がたりを聞かせ給うて、世《よ》には不《ふ》可思議《かしぎ》の事もあるものかな。凡《およそ》人とうまれて、佛菩薩《ぶつぼさつ》の教《をしへ》の廣大《くわうだい》なるをもしらず、愚《おろか》なるまゝ、慳《かだま》しきまゝに世を終《をは》るものは、其愛慾邪念《あいよくじやねん》の業障《ごふしやう》に攬《ひか》れて、或は故《もと》の形をあらはして恚《いかり》を報《むく》い、或《ある》は鬼《おに》となり蟒《みづち》となりて祟《たゝり》をなすためし、往古《いにしへ》より今にいたるまで、算《かぞ》ふるに盡《つき》しがたし。又人活《い》きながらにして鬼《おに》に化《け》するもあり。楚王《そわう》の宮人《きうじん》は蛇《をろち》となり、王含《わうがん》が母は夜叉《やしや》となり、吳生《ごせい》が妻《つま》は蛾《が》となる。又いにしへ、ある僧《そう》卑《あや》しき家《いへ》に旅寢《たびね》せしに、其夜雨風《あめかぜ》はげしく、燈《ともし》さへなきわびしさに、いも寢《ね》られぬを、夜《よ》ふけて羊《ひつじ》の鳴《な》くこ

煬帝｜隋の第二世、名は廣

無明の業火｜道ならぬいかり

老衲｜老僧

ゑの聞えけるが、頃刻《しばらく》して僧《そう》のねぶりをうかゞひて、しきりに齅《か》ぐものあり。僧異《そうあや》しと見て、枕《まくら》におきたる禪杖《ぜんぢやう》をもて、つよく撃《う》ちければ、大きに叫《さけ》んでそこに倒《たふ》る。この音に主《あるじ》の嫗《うば》なるもの、燈《あかし》を照《てら》し來るに見《み》れば、若《わか》き女の打倒《たふ》れてぞありける。嫗《うば》泣々《なく／＼》命《いのち》を乞ふ。いかゞせん。捨てて其家を出でしが、其後《そののち》又たよりにつきて、其里《そのさと》を過《す》ぎしに、田中に人《ひと》多く集《つど》ひてものを見《み》る。僧《そう》も立ちよりて何《なに》なるぞと尋《たづ》ねしに、里人《さとびと》いふ。鬼《おに》に化《け》したる女を捉《とら》へて、今土に埋《うづ》むなりとかたりしとなり。されどこれらは皆女子《をんなご》にて、男たるものゝかゝるためしを聞《き》かず。凡女の性《さが》の慳《かたま》しきには、さる淺《あさ》ましき鬼《おに》にも化《け》するなり。又男子《なんし》にも隋《ずゐ》の煬帝《やうだい》の臣家《しんか》に、麻叔謀《ましゆくぼう》といふもの、小兒の肉《にく》を嗜好《この》みて、潛《ひそか》に民の小兒《せうに》を偸《ぬす》み、これを蒸《む》して喫《くら》ひしもあなれど、是は淺《あさ》ましき夷心《えびすごころ》にて、主《あるじ》の語り給ふとは異《こと》なり。さるにてもかの僧《そう》の鬼《おに》になりつるこそ、過去の因緣《いんえん》にてぞあらめ。そも平《つ》生《ね》の行徳《ぎやうとく》のかしこかりしは、佛《ほとけ》につかふる事に志誠《まごころ》を盡《つく》しゝなれば、其童兒《わらは》をやしなはざらましかば、あはれよき法師《ほうし》なるべきものを、一たび愛慾《あいよく》の迷路《めいろ》に入りて、無明《むみやう》の業《ごふ》火《くわ》の熾《さかん》なるより、鬼《おに》と化《け》したるも、ひとへに直《なほ》くたくましき性《さが》のなす所なるぞかし。心放《ゆる》せば妖魔《えうま》となり、收《をさ》むる則《とき》は佛果《ぶつくわ》を得るとは、此法師がためしなりける。老衲《らうなふ》もしこ

の自稱

巾にかたぶく―西南に傾く

の鬼《おに》を教化《けうけ》して本源《もと》の心にかへらしめなば、こよひの饗《あるじ》の報《むくい》ともなりなんかしと、たふときこゝろざしを發《おこ》し給ふ。莊主《あるじ》頭《かうべ》を疊に摺《す》りて、御僧この事をなし給はゞ、此國の人は淨土《じやうど》にうまれ出でたるがごとしと、涙《なみだ》を流してよろこびけり。山里《やまざと》のやどり、貝鐘《かひがね》も聞えず。二十日《はつか》あまりの月も出でて、古戸《ふるど》の間《すき》に洩《も》りたるに、夜《よ》の深《ふか》きをもしりて、いざ休ませ給へとて、おのれも臥戸《ふしど》に入りぬ。

山院《さんゐん》人とゞまらねば、樓門《ろうもん》は荊棘《うばら》おひかゝり、經閣《きやうかく》もむなしく苔蒸《こけむ》しぬ。蜘網《くもあみ》をむすびて諸佛《しよぶつ》を繫《つな》ぎ、燕子《つばくら》の糞《くそ》護摩《ごま》の牀《ゆか》をうづみ、方丈廊房《はうぢやうらうはう》すべて物すさましく荒れはてぬ。日の影申《さる》にかたぶく比《ころ》、快庵禪師《くわいあんぜんじ》寺に入りて錫《しやく》を鳴《なら》し給ひ、遍參《へんさん》の僧今夜《こよひ》ばかりの宿《やど》をかし給へと、あまたゝびよべども、さらに應《こたへ》なし。眠藏《めんざう》より痩槁《やせがれ》たる僧《そう》の、漸々《よわよわ》とあゆみ出で、咳《から》びたる聲《こゑ》して、御僧は何地《いづち》へ通《とほ》るとて、こゝに來《きた》るや。此寺はさる由緣《ゆゑ》ありて、かく荒《あ》れはて、人も住《すま》ぬ野《の》らとなりしかば、一粒《いちりふ》の齋糧《ときりやう》もなく、一宿《ひとよ》をかすべきはかりごともなし。はやく里《さと》に出でよといふ。禪師《ぜんじ》いふ。これは美濃《みの》の國《くに》を出でて、みちの奧《おく》へいぬる旅《たび》なるが、この麓《ふもと》の里を過《す》ぐるに、山の形《かたち》、水の流《ながれ》のおもしろさに、思はずもこゝに詣《まう》づ。日もなゝめなれば、里にくだらんもはるけし。ひたすら一宿《ひとよ》をか

あなり―あるなり

禿顱―原本くそぼうずと註す

夜もすがら―終夜

したまへ。あるじの僧いふ。かく野《の》らなるところは好《よ》からぬこともあなり。強《しひ》てとゞめがたし。強《しひ》て行けとにもあらず。僧のこゝろにまかせよとて、復《ふたゝ》び物をもいはず。こなたよりも一言《こと》を問《と》はで、あるじのかたはらに座《ざ》をしむる。看《み》る〳〵日は入果《いりは》てて、宵《よひ》闇《やみ》の夜のいとくらきに、燈《ひ》を點《つ》けざれば、まのあたりさへわかぬに、只澗水《たにみづ》の音《おと》ぞちかくきこゆ。あるじの僧も又眠藏《めんざう》に入りて音《おと》なし。夜更《ふ》けて月の夜にあらたまりぬ。影玲《かげれい》瓏《ろう》としていたらぬ隈《くま》もなし。子《ね》ひとつとも思ふ比、あるじの僧《そう》眠藏《めんざう》を出でて、あわたゞしく物《もの》を討《たづ》ぬ。たづね得ずして大に叫《さけ》び、禿顱《とくろ》いづくに隱《かく》れけん。こゝもとにこそありつれと、禪師《ぜんじ》が前を幾《いく》たび走《はし》り過ぐれども、更《さら》に禪師《ぜんじ》を見る事なし。堂《だう》の方《かた》に駈《かけ》りゆくかと見れば、庭《には》をめぐりて躍《をど》りくるひ、遂に疲《つか》れふして起來らず。夜明けて朝日《あさひ》のさし出でぬれば、酒《さけ》の醒《さ》めたるごとくにして、禪師《ぜんじ》がもとの所に在《いま》すを見て、只あきれたる形《さま》にものさへいはで、柱《はしら》にもたれ、長嘘《ためいき》をつぎて默《もだ》しゐたりける。禪師ちかくすゝみよりて、院主《ゐんじゆ》何をか歎《なげ》き給ふ。もし飢《うゑ》給ふとならば、野僧《やそう》が肉《にく》に腹《はら》をみたしめ給へ。あるじの僧いふ。師《し》は夜《よ》もすがらそこに居《ゐ》させたまふや。禪師《ぜんじ》いふ。こゝにありてねぶる事《ここ》なし。あるじの僧いふ。我あさましくも人の肉《にく》を好《この》めども、いまだ佛身《ぶつしん》の肉味《にくみ》を知ら

鬼畜に墮罪したるは―罪として鬼畜生におちたるは

江月云々―弘法大師之句也

かへるさに

ず。師はまことに佛なり。鬼畜《きちく》のくらき眼《まなこ》をもて、活佛《くわつぶつ》の來迎《らいがう》を見んとするとも見るべからぬ理《ことわり》なるかな。あなたふとと頭《かうべ》を低《たれ》て默《もだ》しける。禪師いふ。里人《さとびと》のかたるを聞《き》けば、汝一旦《なんぢひとたび》の愛慾《あいよく》に心神《こゝろ》みだれしより、忽鬼畜《たちまちきちく》に墮罪《だざい》したるは、あさましとも、哀《かな》しとも、ためしさへ希《まれ》なる悪因《あくいん》なり。夜々《よひ〱》里に出で人を害《わざはひ》するゆゑに、ちかき里人は安《やす》き心なし、我これを聞きて捨《す》つるに忍《しの》びず、わざ〱來りて教化《けうけ》し、本源《もと》の心にかへらしめんとなるを、汝我がをしへを聞くや否《いな》や。あるじの僧《そう》いふ。師《し》はまことに佛なり。かく淺ましき悪業《あくごふ》を頓《とみ》に忘《わす》るべきことわりを教《をし》へ給へ。禪師いふ。汝聞くとならばこゝに來《き》たれとて、簀子《すのこ》の前《まへ》のたひらなる石《いし》の上《うへ》に座《ざ》せしめて、みづから被《かづ》き給ふ紺染《あをぞめ》の巾《きん》を脱《ぬ》ぎて、僧が頭《かうべ》に被《かづ》かしめ、證道《しようだう》の歌《うた》の二句《にく》を授《さづ》け給ふ。

江月照松風吹《かうげつてらししようふうふく》　永夜淸宵何所爲《えいやせいせうなんのしよゐぞ》

汝こゝを去《さ》らずして、徐《しづか》に此句《このく》の意《こゝろ》をもとむべし。意解《と》けぬる則《とき》は、おのづから本來《ほんらい》の佛《ぶつ》心《しん》に會ふなるべしと、念頃《ねんごろ》に教《をし》へて山を下り給ふ。此後《このゝち》は里人おもき災《わざはひ》をのがれしといへども、猶僧《そう》が生死をしらざれば、疑《うたが》ひ恐《おそ》れて人々山にのぼる事をいましめけり。一年速《とせはや》くたちて、むかふ年の冬十月《かみなづき》の初旬《はじめ》、快庵大徳奥路《くわいあんだいとこあうぢ》のかへるさに、又こゝを過ぎ給

—歸路に

三の徑さへ —三徑就荒の意

ふが、かの一宿《ひとよ》のあるじが莊《いへ》に立ちよりて、僧が消息《せうそこ》を尋《たづ》ね給ふ。莊主《あるじ》よろこび迎《むか》へて、御僧の大德《だいとく》によりて、鬼ふたゝび山をくだらねば、人皆淨土《みなじやうど》にうまれ出たるがごとし。されど山にゆく事はおそろしがりて、一人としてのぼるものなし。さるから消息《せうそこ》をしり侍らねど、など今まで活《い》きては侍らじ。今夜《こよひ》の御泊《おんとまり》にかの菩提《ぼだい》をとぶらひたまへ。誰も隨緣《ずゐえん》したてまつらんといふ。禪師いふ。他善果《かれぜんくわ》に基《もとづ》きて遷化《せんげ》せしとならば、道《みち》に先達《せんだつ》の師《し》ともいふべし。又活《い》きてあるときは、わがために一個《ひとり》の徒弟《とてい》なり。いづれ消息《せうそこ》を見ずばあらじとて、復《ふたゝび》山にのぼり給ふに、いかさまにも人のゆきゝ絕《た》えたると見えて、去年《こぞ》ふみわけし道《みち》ぞとも思はれず。寺に入りて見れば、荻尾花《をぎをばな》のたけ人よりもたかく生茂《おひしげ》り、露《つゆ》は時雨《しぐれ》めきて降りこぼれたるに、三《みつ》の徑《みち》さへ解《わか》らざる中に、堂閣《だうかく》の戶右左《みぎひだり》に頹《たふ》れ、方丈庫裏《はうじやうくり》に緣《めぐ》りたる廊《らう》も、朽目《くちめ》に雨をふくみて苔《こけ》むしぬ。さてかの僧を座《を》らしめたる簀子《すのこ》のほとりを求むるに、影《かげ》のやうなる人の、僧俗《そうぞく》ともわかぬまでに、髭髮《ひげかみ》もみだれしに、葎《むぐら》むすぼふれ、尾花《をばな》おしなみたるなかに、蚊《か》の鳴《な》くばかりのほそき音《こゑ》して、物とも聞えぬやうに、まれ〳〵唱《とな》ふるを聞《き》けば、

江月照ニ松風一吹　永夜淸宵何所爲

禪師《ぜんし》見《み》給ひて、やがて禪杖《ぜんぢやう》を拏《と》りなほし、作麼生何所爲《そもさんなんのしよゐ》ぞと、一喝《かつ》して他《かれ》が頭《かうべ》を撃《うち》給へば、忽《たちまち》氷の朝日《あさひ》にあふがごとく消《き》えうせて、かの青頭巾《あをづきん》と骨《ほね》のみぞ草葉《くさは》にとゞまりける。現《げ》にも久しき念《ねん》の、こゝに消《せう》じつきたるにやあらん。たふとき理《ことわり》あるにこそ。されば禪師の大徳《だいとく》、雲《くも》の裏海《うらうみ》の外《そと》にも聞《きこ》えて、初祖《しよそ》の肉《にく》いまだ乾《かわ》かずとぞ稱歎《しようたん》しけるとなり。かくて里人あつまりて、寺内《じない》を清《きよ》め、修理《しゆり》をもよほし、禪師を推《お》したふとみて、こゝに住しめけるより、故《もと》の密宗《みつしう》をあらためて、曹洞《さうどう》の靈場《れいぢやう》をひらき給ふ。今なほ御寺《みてら》はたふとく榮《さか》えてありけるとなり。

## ○貧《ひん》福《ぷく》論《ろん》

陸奥《むつ》の國蒲生《くにかまふ》氏鄕《うぢさと》の家《いへ》に、岡左内《をかさない》といふ武士《もののふ》あり。祿《ろく》おもく、譽《ほまれ》たかく、丈夫《ますらを》の名《な》を關《せき》の東《ひがし》に震《ふる》ふ。此士《このし》いと偏固《かたは》なる事あり。富貴《ふつき》をねがふ心常《つね》の武篇《ぶへん》にひとしからず。儉約《けんやく》を宗《むね》として、家《いへ》の掟《おきて》をせしほどに、年《とし》を疊《つ》みて富昌《とみさか》えけり。かつ軍《いくさ》を調練《たなら》す間《いとま》には、茶《さ》味翫香《みぐわんかう》を娛《たのし》まず。廳上《ひざま》なる所に許多《あまた》の金《こがね》を布班《しきなら》べて心を和《なぐさ》むる事《こと》、世の人の月花にあそぶに勝《まさ》れり。人みな左内《さない》が行跡《ふるまひ》をあやしみて、吝嗇野情《りんしよくやじやう》の人なりとて、爪《つま》はぢきをし

作麼生―如何に同じ
初祖の肉いまだ乾かず―達磨未だ死せず
武篇―武士

崑山の璧ーー崑崙山より出づる明珠
棠谿ー劉晝新論に棠谿之劒天下之銛也
墨陽ー淮南子曰墨陽之莫邪也
刀をも赦して一帶刀を赦して
容皃ー様子

て悪《にく》みけり。家《いへ》に久《ひさ》しき男《をとこ》に、黄金《わうごん》一枚《まい》かくし持ちたるものあるを聞きつけて、ちかく召《めし》ていふ。崑山《こんざん》の璧《たま》もみだれたる世には瓦礫《ぐわれき》にひとし。かゝる世にうまれて、弓矢《ゆみや》とらん軀《み》には、棠谿墨陽《たうけいぼくやう》の劒《つるぎ》、さてはありたきもの財寳《たから》なり。されど良劍《よきつるぎ》なりとて、千人の敵《あた》には逆《むか》ふべからず。金の徳《とく》は天《あめ》が下の人をも從《したが》へつべし。武士《もののふ》たるもの漫《みだり》にあつかふべからず。かならず貯《たくは》へ藏《をさ》むべきなり。儞賤《なんぢいや》しき身の分限《ぶげん》に過ぎたる財《たから》を得《え》たるは、嗚呼《をこ》の事《わざ》なり。賞《しやう》なくばあらじとて、十兩《じふりやう》の金を給ひ、刀《かたな》をも赦《ゆる》して召しつかひけり。人これを傳《つた》へ聞きて、左内《さない》が金《かね》をあつむるは、長啄《ちやうたく》にして飽《あか》ざる類《たぐひ》にはあらず。只《たゞ》當世の一奇士《いつきし》なりとぞいひはやしける。其夜左内《さない》が枕上《まくらがみ》に、人の來たる音《おと》しけるに、目《め》さめて見《み》れば、燈臺《とうだい》の下《もと》に、ちひさげなる翁《おきな》の笑《ゑみ》をふくみて坐《を》れり。左内枕《まくら》をあげて、こゝに來るは誰《た》ぞ。我に粮《かて》からんとならば、力量《りきりやう》の男どもこそ參《まゐ》りつらめ。儞《なんぢ》がやうの耄《ほ》げたる形《さま》して、ねぶりを驚《おそ》ひつるは、狐狸《こり》などのたはむるゝにや。何のおぼえたる術《わざ》かある。秋《あき》の夜《よ》の目さましに、そと見《み》せよとて、すこしも騒《さわ》ぎたる容色《いろめ》なし。翁《おきな》いふ。かく參《まゐ》りたるは魑魅《ちみ》にあらず。人《ひと》にあらず。君《きみ》がかしづき給ふ黄金《わうごん》の精靈《せいれい》なり。年來篤《としごろあつ》くもてなし給ふうれしさに、夜話《よがたり》せんとて推してまゐりたるなり。君が今日《けふ》家の子を賞《しやう》じ給ふに

腹みつれば—腹ふくるれば
呂望—齊の
管仲
范蠡—越の陶朱公
子貢—衞人
白圭—周人
共に孔門の高弟
貨殖傳—史記

感《め》でて、翁が思ふこゝろばへをもかたり和《なぐさ》まんとて、假《かり》に化《かたち》を見《あら》はし侍るが、十にひとつも益《やう》なき閑談《むだこと》ながら、いはざるは腹《はら》みつれば、わざとにまうでて眠《ねぶり》をさまたげ侍《はべ》る。さても富《と》みて驕《おご》らぬは大聖《おほきひじり》の道《みち》なり。さるを世の惡《さがな》ことばに、富《と》めるものはかならず慳《かたま》し。富《と》めるものはおほく愚《おろか》なりといふは、晉《しん》の石崇《せきそう》、唐《たう》の王元寶《わうけんはう》が如き豺狼蛇蝎《さいらうじやかつ》の徒《ともがら》のみをいへるなりけり。往古《いにしへ》に富《と》める人は、天の時をはかり、地《ち》の利《り》を察《あき》らめて、おのづからなる富貴《ふうき》を得《う》るなり。呂望齊《りよはうせい》に封《ほう》ぜられて民に産業《なりはひ》を教《をし》ふれば、海方《うみべ》の人利《り》に走りてこゝに來朝《きむか》ふ。管仲《くわんちう》九《こゝの》たび諸侯《しよこう》をあはせて、身《み》は倍臣《やつこ》ながら富貴《ふうき》は列國《れつこく》の君に勝《まさ》れり。范蠡《はんれい》、子貢《しこう》、白圭《はくけい》が徒《ともがら》、財《たから》を鬻《ひさ》ぎ利《り》を逐《お》うて、巨萬《こゝたく》の金《こがね》を疊《つみ》なす。これらの人をつらねて、貨殖傳《くわしよくでん》を書《しる》し侍《はべ》るを、其《その》いふ所陋《いやし》とて、のちの博士《はかせ》筆を競《きそ》うて謗《そし》るは、ふかく頴《さと》らざる人の語《ことば》なり。恒《つね》の産《なりはひ》なきは恒《つね》の心なし。百姓《おたから》は勤《つと》めて穀《たなつもの》を出し、工匠《たくみ》等《ら》修めてこれを助《たす》け、商賈《あきびと》務《つと》めて此を通《かよ》はし、おのれ／＼が産《なり》を治《をさ》め家を富《と》まして、祖《みおや》を祭《まつ》り、子孫《のち》を謀《はか》る外《ほか》、人たるもの何《なに》をか爲《な》さん。諺《ことわざ》にもいへり。千金《せんきん》の子は市《いち》に死《し》せず。富貴《ふうき》の人は王者《わうしや》と樂《たのしみ》を同《おな》じうすとなん。まことに淵深《ふちふか》ければ魚《うを》よくあそび、山長《なが》ければ獸《けもの》よくそだつは、天《あめ》の隨《まにし》なることわりなり。たゞ貧《まづし》うして樂《たのし》むてふ言葉あり

七のたから―金、銀、瑠璃、珊瑚、琥珀、硨磲、瑪瑙

こゝろやり―鬱散

紙魚―學者を罵りていふ

て、字《じ》を學《まな》び韻《ゐん》を探《さ》ぐる人の、惑《まどひ》をとる端《はし》となりて、弓矢《ゆみや》とる英雄《ますらを》も、富貴《ふうき》は國《くに》の基《もとゐ》なるをわすれ、あやしき計策《たばかり》をのみ調練《たなら》ひて、ものを戕《やぶ》り人を傷《そこな》ひ、おのが徳《とく》をうしなひて、子孫を絕《た》つは、財《たから》を薄《かろ》んじて名をおもしとする惑《まどひ》なり。顧《おも》ふに名《な》と財《たから》ともとむるに、心ふたつある事なし。文字《もじ》てふものに繫《つな》がれて、金《かね》の德《とく》を薄《かろ》んじては、みづから清潔《せいけつ》と唱《とな》へ、鋤《すき》を揮《ふる》うて棄《す》てたる人を賢《かしこ》しといふ。さる人はかしこくとも、さる事《わざ》は賢《かしこ》からじ。金《こがね》は七《なゝ》のたからの最《つかさ》なり。土に瘞《うも》れては靈泉《れいせん》を湛《たゝ》へ、不淨《ふじやう》を除《のぞ》き妙《たへ》なる音《こゑ》を藏《か》くせり。かく淸《いさぎ》よきものゝ、いかなれば愚昧貪酷《ぐまいどんかう》の人にのみ集《つど》ふべきやうなし。今夜《こよひ》此憤《いきどほり》を吐《は》きて、年來《としごろ》のこゝろやりをなし侍《はべ》る事の喜《うれ》しさよといふ。左内《さない》興《きよう》じて席《むしろ》をすゝみ、さてしもかたらせ給ふに、富貴《ふうき》の道《みち》のたかき事、己《おの》がつねにおもふ所露《つゆ》たがはずぞ侍る。こゝに愚なる問事《とひごと》の侍るが、ねがふは詳《つばら》に示させ給へ。今ことわらせ給ふは、專《もは》ら金《かね》の德《とく》を薄《かろ》しめ、富貴《ふうき》の大業《たいげふ》なる事《こと》をしらざるを罪《つみ》とし給ふなるが、かの紙魚《しぎよ》がいふ所もゆゑなきにあらず。今の世《よ》に富《と》めるものは、十が八まではおほかた貪酷殘忍《どんかうざんにん》の人多し。おのれは俸祿《ほうろく》に飽《あ》き足《た》りながら、兄弟一屬《はらからやから》はじめ祖《みおや》より久しくつかふるものゝ、貧《まづ》しきをすくふ事《わざ》をもせず。となりに栖《す》みつる人のいきほひをうしなひ、他《ひと》の援《たすけ》さへなく

裘—毛衣
葛—葛の織維にておりたる帷子
顏子—顏回孔門第一の賢人

世にくだりしものゝ田《た》畑《はた》をも、價《あたひ》を賤《やす》くして、あながちに己《おの》がものとし、今おのれは村《むら》長《をさ》とうやまはれても、むかし借りたる人のものをかへさず。禮ある人の席《むしろ》を讓《ゆづ》れば、其人を奴《やつこ》の如く見おとし、たま〳〵舊《ふる》き友《とも》の寒暑《かんしよ》を訪《とむら》ひ來《きた》れば、物《もの》からんためかと疑《うたが》ひて、宿《やど》にあらぬよしを應《こた》へさせつる類《たぐひ》、あまた見來りぬ。又君に忠《ちう》なるかぎりをつくし、父《ふ》母《ぼ》に孝廉《かうれん》の聞《きこ》えあり、貴《たふと》きをたふとみ、賤《いやし》きを扶《たす》くる意《こゝろ》ありながら、三冬《さんとう》のさむきにも一裘《きう》に起臥《おきふ》し、三伏《さんぷく》のあつきにも一葛《かつ》を濯《すゝ》ぐいとまなく、年ゆたかなれども朝《あした》に晡《くれ》に、一椀《わん》の粥《かゆ》にはらをみたしめ、さる人はもとより朋友《ともがき》の訪《とむら》ふ事もなく、かへりて兄弟《はらから》一屬《やから》にも通《みち》を塞《さら》れ交《まじはり》を絕《たゝ》れて、其怨《うらみ》を訴《うつた》ふる方さへなく、汲々《きふ〳〵》として一生《しやう》を終《を》ふるもあり。さらばその人は作業《なりはひ》にうときゆゑかと見《み》れば、夙《つと》に起き、おそくふして性力《ちから》を凝《こら》し、西に東に走りまどふ蹺蹺《ありさま》さらに閑《いとま》なく、その人愚《おろか》にもあらで、才《さい》を用うるに的《あた》るは希《まれ》なり。これらは顏子《がんし》が一瓢《ぺう》の味《あぢはひ》をもしらず。かく果《は》つるを佛家《ぶつか》には前業《せんごふ》をもて說《と》きしめし、儒門《じゆもん》には天命《てんめい》と敎《をし》ふ。もし未來《みらい》あるときは、現世《げんぜ》の陰德善功《いんとくぜんこう》も來世《らいせ》のたのみありとして、人しばらく此所《こゝ》にいきどほりを休《やす》めん。されば富貴《ふうき》の道《みち》は、佛家《ぶつか》にのみ其理《ことわり》をつくして、儒門《じゆもん》の敎《をしへ》は荒唐《くわうたう》なりとやせん。靈《かみ》も佛《ほとけ》の敎《をしへ》にこそ憑《よ》らせ給ふらめ。否《いな》ならば詳《つばら》

宗廟これを云々—孝經の文句
惡業—あしき行
慳貪—苛酷
天の時に合

にのべさせ給へ。翁いふ。君《きみ》が問ひ給ふは往古《いにしへ》より論《ろん》じ盡《つく》さゞる理《ことわり》なり。かの佛《ほとけ》の御《み》法《のり》を聞けば、富《とみ》と貧《まづ》しきは前生《さきのよ》の脩否《よきあしき》によるとや、此《こ》はあらましなる教《をしへ》ぞかし。前生《さきのよ》にありしとき、おのれをよく脩《をさ》め、慈悲《じひ》の心專《もは》らに、他人《ことひと》にもなさけふかく接《まじは》りし人の、その善報《ぜんはう》によりて、今此生《しやう》に富貴《ふうき》の家《いへ》にうまれきたり、おのがたからをたのみて、他人《ことひと》にいきほひをふるひ、あらぬ狂言《まがこと》をいひのゝじり、あさましき夷《えびす》ごころをも見するは、前生《さきのよ》の善心《ぜんしん》かくまでなりくだる事は、いかなる報《むくい》のなせるにや。佛菩薩《ぶつぼさつ》は名聞利要《みやうもんりえう》を嫌《い》み給ふとこそ聞きつる物《もの》を、など貧福《ひんぷく》のことに係《かゝづら》ひ給ふべき。さるを、富貴《ふうき》は前生《さきのよ》のおこなひの善《よか》りし所、貧賤《ひんせん》は惡《あし》かりし報とのみ說《と》きなすは、尼媽《あまかゝ》を蕩《とら》かすなま佛法《ぶつほふ》ぞかし。貧福《ひんぷく》をいはず、ひたすら善《ぜん》を積《つ》まん人は、その身に來らずとも、子孫は必ず幸《さい》福《はひ》を得べし。宗廟《そうべう》これを饗《う》けて、子孫《しそん》これを保《たも》つとは、此理《ことわり》の細妙《くはしき》なり。おのれ善《ぜん》をなして、おのれその報《むくい》の來るを待《ま》つは、直《なほ》きこゝろにもあらずかし。又惡業慳貪《あくごふけんどん》の人の、富昌《とみさか》ふるのみかは、壽《いのち》めでたくその終《をはり》をよくするは、我に異《こと》なることわりあり。霎時《しばし》聞かせたまへ。我《われ》今假《かり》に化《かたち》をあらはして話《かた》るといへども、神《かみ》にあらず、佛《ほとけ》にあらず、もと非情《ひじやう》の物なれば、人と異《こと》なる慮《こゝろ》あり。いにしへに富《と》める人は、天《あめ》の時《とき》に合《かな》ひ、地の利《り》をお

ひ—時節の宜きに適ひ

三のもの—天神佛

天蒼氏—造化神

きらめて、産《さん》を治《をさ》めて富貴《ふうき》となる。これ天《てん》の隨《まにく》なる計策《たばかり》なれば、たからの此所《こゝ》にあつまるも、天《てん》のまに〳〵なることわりなり。又卑吝貪酷《ひりんどんかう》の人は、金銀《きんぎん》を見《み》ては父母の如《ごと》くしたしみ、食《くら》ふべきをも喫《くら》はず。穿《き》べき物をも著《き》ず。得《え》がたきいのちさへ惜《を》しとおもはで、起《お》きておもひ、臥《ふ》して忘《わす》れねば、こゝにあつまる事まのあたりなる理《ことわり》なり。われもと神《かみ》にあらず、佛《ほとけ》にあらず、只これ非情《ひじやう》なり。非情《ひじやう》のものとして人の善惡《ぜんあく》を糺《たゞ》し、それに從ふべきいはれなし。善を撫《な》で、惡《あく》を罪《つみ》するは、天《てん》なり、神《かみ》なり、佛《ほとけ》なり。三のものは道なり。我ともがらのおよぶべきにあらず。只かれらがつかへ傅《かしづ》く事の、うやうやしきに集るとしるべし。これ金《かね》に靈《れい》あれども、人とこゝろの異《こと》なる所なり。また富《と》みて善根《ぜんごん》を種《う》うるにも、ゆゑなきに惠《めぐみ》ほどこし、その人の不義《ふぎ》をも察《あきら》めず、借《か》しあたへたらん人は、善根《ぜんごん》なりとも財《たから》はつひに散《さん》ずべし。これらは金の用《よう》を知りて、金の徳《とく》をしらず。かろくあつかふが故なり。又身の行《おこなひ》もよろしく、人にも志誠《まごころ》ありながら、世《よ》に窮《せば》められてくるしむ人は、天蒼氏《てんさうし》の賜《たまもの》すくなく生れ出たるなれば、精神《せいしん》を勞《らう》しても、いのちのうちに富貴《ふうき》を得《う》る事なし。さればこそいにしへの賢《かしこ》き人は、もとめて益《やう》あればもとめ、益《やう》なくばもとめず。己《おの》がこのむまに〳〵、世を山林《さんりん》にのがれて、し

豐臣―豐臣秀吉

づかに一生《しやう》を終《をは》る。心《こゝろ》のうち如何ばかり清《すゞ》しからんとは羨みぬるぞ。かくいへど富貴《ふうき》のみちは術《わざ》にして、巧《たくみ》なるものはよく湊《あつ》め、不肖《ふせう》のものは瓦《かはら》の解《と》くるより易し。且我ともがらは人の生産《なりはひ》につきめぐりて、たのみとする主《ぬし》もさだまらず。こゝに湊まるかとすれば、其主《ぬし》のおこなひによりて、たちまちにかしこに走る、水のひくき方《かた》にかたぶくがごとし。夜《よる》に晝《ひる》にゆき〳〵て休《や》むときなし。たゞ閑人《むだびと》の生産《なりはひ》もなくてあらば、泰山《たいざん》もやがて喫《く》ひつくすべし。江海《がうかい》もつひに飲《の》みほすべし。いくたびもいふ。不徳《ふとく》の人のたからを積《つ》むは、これとあらそふことわり、君子《くんし》は論《ろん》ずる事なかれ。ときを得《え》たらん人の儉約《けんやく》を守り、つひえを省《はぶ》きてよく務《つと》めんには、おのづから家富み人服すべし。我は佛家《ぶつか》の前業《ぜんごふ》も知《し》らず。儒門《じゆもん》の天命《てんめい》にも拘《かゝは》らず。異《こと》なる境《さかひ》にあそぶなりといふ。左内いよ〳〵興《きよう》に乘《じよう》じて、靈《れい》の議論《ぎろん》きはめて妙《めう》なり。舊《ひさ》しき疑念《うたがひ》も今夜《こよひ》に消《せう》じつくしぬ。試《こゝろみ》にふたたび問はん。今豐臣《とよとみ》の威風《ゐふう》四海《かい》を靡《なび》し、五畿《ごき》七道《しちだう》漸《やゝ》しづかなるに似たれども、亡國《ばうこく》の義士《ぎし》彼此《をちこち》に潛《ひそ》み竄《かく》れ、或《ある》は大國《たいこく》の主《ぬし》に身《み》を托《よ》せて世の變《へん》をうかゞひ、かねて志を遂《と》げんと策《はか》る。民も又戰國《せんごく》の民なれば、耒《すき》を釋《す》てて矛《ほこ》に易《か》へ、農事《なりはひ》を事とせず。士《し》たる者枕《まくら》を高《たか》くして眠《ねむ》るべからず。今の體《さま》にては長《なが》く不朽《ふきう》の政《まつりごと》にもあらじ。誰《たれ》か一統《とう》して民をやすき

百が百的らず云々―百發百中なるをいふ
謙信―上杉謙信
柴田―柴田勝家
丹羽―丹羽長秀

に居《を》らしめんや。又誰《たれ》にか合《くみ》し給はんや。翁《おきな》云ふ。これ又人道《にんだう》なれば、我《わが》知《し》るべき所にあらず。只富貴《ふうき》をもて論《ろん》ぜば、信玄《しんけん》がごとく智謀《はかりごと》は百《もゝ》が百的《もゝあた》らずといふ事なくて、一生の威《ゐ》を三國《さんごく》に震《ふる》ふのみ。しかも名將《めいしやう》の聞《きこえ》は世擧《こぞ》りて賞《しやう》ずる所なり。その末期《まつご》の言《ことは》に、當時信長《のぶなが》は果報《くわはう》いみじき大將《たいしやう》なり。我平生《つね》に他《かれ》を侮《あなど》りて、征伐《せいはつ》を怠《をこた》り、此疾《このやまひ》に係《かゝ》る。我子《し》孫《そん》も即《やが》て他《かれ》に亡《ほろぼ》されんといひしとなり。謙信《けんしん》は勇將《ゆうしやう》なり。信玄死《し》しては天《あめ》が下《した》に對《つゐ》なし。不幸《ふかう》にして遽《はや》く死《みまか》りぬ。信長の器量《きりやう》人にすぐれたれども、信玄の智《ち》に及《し》かず。謙信の勇《ゆう》に劣《おと》れり。しかれども富貴《ふうき》を得《え》て、天が下の事一回《ひとたび》は此人に依《よ》ざす。任ずるものを辱《はづか》しめて命《いのち》を殞《おと》すにて見《み》れば、文武《ぶんぶ》を兼《かね》しといふにもあらず。秀吉《ひでよし》の志《こゝろざし》大なるも、はじめより天地《あめつち》に滿《み》つるにもあらず。柴田《しはた》と丹羽《には》が富貴《ふうき》をうらやみて、羽柴《はしば》と云ふ氏《うぢ》を設《まう》けしにてしるべし。今龍《りよう》と化《け》して太虚《みそら》に昇《のぼ》り、池《ち》中《ちう》をわすれたるならずや。秀吉龍と化《け》したれども、蛟蜃《かうしん》の類《たぐひ》也。蛟蜃の龍と化したるは、壽《いのち》わづかに三歳《みとせ》を過ぎずと、これもはた後なからんか。それ驕《おごり》をもて治めたる世《よ》は、往古《いにしへ》より久しきを見ず。人の守《まも》るべきは儉《けん》約《やく》なれども、過ぐるものは卑吝《ひりん》に陷《お》つる。されば儉約《けんやく》と卑吝《ひりん》の境《さかひ》よくわきまへて、務《つと》むべき物にこそ。いま豐臣《とよとみ》の政《まつりごと》久しからずとも、萬民和《ばんみんにぎ》はゝしく、戸々《こゝ》に千秋樂《せんしうらく》を唱《うた》は

ん事ちかきにあり。君が望《のぞみ》にまかすべしとて、八字の句《く》を諷《うた》ふ。其詞《ことは》にいはく、

蕘蓂日杲《けうめいひにあきらかに》　百姓歸家《ひやくせいいへによる》

數《す》言《けん》興《きよう》盡《つ》きて遠寺《ゑんじ》の鐘《かね》五《ご》更《かう》を告ぐる。夜既《すで》に曙《あ》けぬ。別《わかれ》を給ふべし。こよひの長談《ながものがたり》まことに君《きみ》が眠《ねなり》をさまたぐと、起《た》ちて行くやうなりしが、かき消《け》して見《み》えずなりにけり。左《さ》内《ない》つらく夜《よ》もすがらの事をおもひて、かの句を案《あん》ずるに、百姓《ひやくせい》家に歸《き》すの句《く》、粗《ほど》其意《こゝろ》を得《え》て、ふかくこゝに信《しん》を發《おこ》す。まことに瑞草《ずゐさう》の瑞《ずゐ》あるかな。

蕘蓂—蕘帝の故事、治世の瑞草蓂莢なるものなり

雨月物語　終

# 春雨物語序

春雨今日《けふ》幾日《いくか》靜《しづ》かにておもしろ。水入《みづいれ》の筆研《すゞり》とう出《で》たれど、思ひめぐらすに、言ふべき事もなし。物語ざまのまねびは、初事《うひごと》なり。されど己が世の山賤《やまがつ》めきたるには、何をか語りいでん。昔此頃の事どもも、人に欺かれしを、我また僞と知らで、人を欺く。よしやよし、寓言《そらごと》語り續けて、書《ふみ》とおし戴かする人もあればとて、物言ひ續くれば、猶春雨は降る降る。

天の大國高日子の天皇—續日本紀に天推國高彦天皇とあり平城天皇

大同の佳運—大同は平城帝の年號佳運は隆運に同じ

先帝—桓武帝

# 春雨物語

## ○血《ち》かたびら　一

天《あめ》の大國高日子《おほくにたかひこ》の天皇《すめらみこと》、開初より五十一代の大政《おほまつりごと》きこしめしたまへば、五畿《き》七道水《だうする》旱《かん》無く民腹《はら》をうちて豐年歌《ほうねんうた》ひ、良禽《りやうきん》木をえらばず巣《す》くひて、大同の佳運《かうん》、記傳《きでん》の博士《はかせ》、字《じ》をえらびて奏聞《そうもん》す。登極《とうきよく》あらせてほどもなく、太弟神野《かむね》親王《しんわう》を春《はる》の宮遷《みやうつ》らして遷《うつ》させ、これは先帝《せんだい》の御寵愛《ごちようあい》ことなりしによりてなりけり。太弟聰明《そうめい》にて君として例《ためし》なく、和漢《わかん》の典籍《ふみ》に渉《わた》らせたまひ、草隷《きうれい》、唐人《もろこしびと》のおし戴《いたゞ》き乞《こ》ひもて歸《かへ》りしとぞ。この時《とき》、唐《もろこし》は憲宗《けんそう》の代にして、徳《とく》の鄰《となり》に迎ひ來《きた》り、新羅《しらぎ》の哀莊王《あいさうわう》、古の跡《あと》とめて數《す》十艘《さう》の貢物《みつぎもの》奉る。天皇《てんわう》、善柔《ぜんじう》の御性《おんさが》にましませれば、早く春の宮に御位譲《みくらゐゆづ》らまく、内《うち〱》に沙汰したまふを、大臣參議《だいじんさんぎ》さること暫《しば》しとて、おし止め奉る。一夜《ひとよ》、夢見《ゆめみ》たまへり。先帝《せんだい》のおほん高《たか》らかに、

早良親王―御母は高野新笠、後崇道天皇と尊號を奉る

玄賓―俗姓弓削河内の人弘仁九年六月寂

妖魘をやらひし―惡魘をはらひし

けさの朝《あさ》け鳴《な》くなる鹿《しか》のその聲《こゑ》を聞《き》かずば行《ゆ》かじ夜《よ》の更《ふ》けぬとに

うち傾《かたぶ》きて、御歌《おんうた》の心おぼし知《し》りたまへりき。またの夜《よ》先帝《せんだい》の御使《おんつかひ》あり。早良《さはら》の親王《しんわう》の靈《みたま》、橿原《かしはら》の御《み》墓《はか》に參《まゐ》りて罪《つみ》を謝《しや》す。只《たゞ》おのが後《のち》なきことを訴《うた》へ歎《なげ》く、と申して、使《つかひ》は去《さ》りぬ。これは御心《みこゝろ》のたよわさにあだ夢《ゆめ》ぞ、とおぼし知《し》らせたまへど、崇《す》道天皇《だうてんわう》と尊號《そんがうおく》贈らせたまひき。法師《ほうし》かんなぎ等《ら》祭壇《さいだん》に昇《のぼ》りて、加持《かぢ》參らせはらへしたり。侍《じ》臣藤原《しんふぢはら》の仲成《なかなり》、妹の藥子《くすりこら》等申《まを》す。夢《ゆめ》に六《むつ》のけぢめを云《い》ふ。よき惡《あ》しきに數定《かずさだ》まらむやは。御心《みこゝろ》の直《なほ》きに惡《あ》しき神《かみ》のよりつくぞと申《まを》して、出雲《いづも》の廣成《ひろなり》に仰《おほ》せて、御藥調《おんくすりてう》ぜさせたいまつる。また參議《さんぎ》の臣達謀《おみだちはか》りあはせて、此處此處《こゝかしこ》の神社大寺《かんやしろおほでら》の御使《みつかひ》あり。伯岐《はうき》の國《くに》に、世《よ》を避《さ》けたる玄賓《げんぴんめ》召して、御加持《おんかぢ》參らす。この法師《ほうし》は僧都《そうづ》になし昇《のぼ》したまひしかど、一族弓削《あくゆげ》の道鏡《だうきやう》が暴惡《ばうあく》を汚《けが》らはしとて、山深《やまふか》く此處後處《こゝかしこ》に住《す》みて行ひたりけり。七日《なぬか》朝廷《みかど》に立《た》ちて、妖魔《えうま》をやらひしとて、御暇《おんいとま》たまはれと申す。み心《こゝろ》すがく〳〵しくならせ給ひしかば、猶參れと勅《みことの》らせしかど、思ふ所やある、またも遠《とほ》きに歸《かへ》りぬ。仲成《なかなり》外臣を遠《とほ》ざけむと計《はか》りては、藥子《くすりこ》・も心合《こゝろあは》せなぐさめたいまつる。善《よ》からぬこともうち笑《ゑ》みて、これが心をもとらせたまひぬ。よひ〳〵の御宴《おんうたげ》の歌垣《うたがき》、八重《やへ》めぐらせ遊《あそ》ばせたまふ。御製《ぎよせい》を歌《うた》ひあぐる。その

御土器—御杯

太弟—神野親王

養老の紀—養老は元正天皇の御宇にて續日本紀をいふ

柏原の御陵—桓武帝の御陵

歌《うた》、

さを鹿《しか》は夜《よる》こそ來《き》鳴《な》け置《お》く露《つゆ》は霜結《しもむす》ばねば朕《われ》わかゆなり

御土器《おんかはらけ》取らせたまへば、藥子扇《くすりこあふぎ》取りて立舞ふ。三輪《みわ》の殿の神《かみ》の戸《と》をおし開《ひら》かすもよ。幾《いく》久々《ひさびさ》と袖《そで》かへして祝《ことほ》ぎたいまつる。御心《みこゝろ》すがくしく、朝政《あさまつりごと》怠《おこた》らせたまはず。太弟《たいてい》の才學長《さいがくちやう》じたまふを忌《い》みて、密《ひそ》かに知らし奏《そう》する人もありけり。帝獨言《みかどひとりごと》たせたまふ。皇祖《みおやの》尊矛《みことほこ》とりて道開《みちひら》かせ、弓箭《ゆみや》み取《と》らして仇《あた》うちしたまふより、十《と》つぎの崇神《すじん》の御時までは、記《しる》すに事なかりしにや、養老《やうらう》の紀《き》に見る所なし。儒道《じゆだう》渡りて、賢《さか》しき教《をしへ》に惡《あ》しきを撓《た》むかと見《み》れば、また枉《ま》げて言を巧《たく》みにし、代々《よゝ》さかゆくまゝに靜《しづ》かならず、朕《ちん》は書讀《ふみよ》むこと疎《うと》ければ、たゞ直《なほき》を勤《つと》めむとおぼす。一日《ひとひ》大虛《おほぞら》に雲《くも》なく風枝《かぜえだ》を鳴《な》らさぬに、空《そら》に轟《とゞろ》く音《おと》す。空海《くうかい》參り合ひて念珠《ねんず》おしすり、呪文高《じゆもんたか》らかにぞ唱《とな》ふるに、即《すなは》ち地に墮《お》ちたり。怪《あや》し、蠻人《ばんにん》車に乘《の》りてかけるなり。捕《とら》へて櫃《ひつ》にこめ、難波《なには》穿江《ほりえ》に沈《しづ》めさせ、忌部《いむべ》の濱成《はまなり》おちし所の土三尺を掘《ほ》らせて、神《かむ》やらひおらび聲《こゑ》高らかなり。一日皇太弟《くわうたいてい》柏原《かしはばら》の御陵《みさゝぎ》に參りて、密旨《みつし》の奏文《そうもん》さゝげまつらす、何の御心とも誰傳《たれつた》ふべきにあらず。天皇《てんわう》も、一日御《み》墓詣《はかまうで》したまふ。百官百司、御前追《みさきお》ひ後《あと》べに備《そな》ふ。左右《さう》の大將《たいしやう》、中將、御車《みくるま》のをちこちに

うづまさに つらはへ―堆づ高く盛り連ね
丁―課役に服する男
大殿ごもらせ―御寢につかせられ
日出でて云云―治世の相

弓矢《ゆみや》取《と》りしばり、御佩刀《みはかせ》きらびやかに帶《お》びたまへり。百取《もゝとり》の机《つくゑ》に幣帛《みてぐら》うづまさにつらはへ、賢樹《さかき》の枝《えだ》に色こきまぜてとり掛《か》けたる、神代の事も思はるゝなりけり。雅樂寮《うたのつかさ》の左《さ》右《う》の人々立ち竝みて、三《み》くさの笛鼓《ふえつゞみ》の音《ね》面白しと、心なき丁《よぼろ》さへ耳傾《かたぶ》けたりけり。怪《あや》し、後《うしろ》の山より黑《くろ》き雲霧《くもきり》立ち昇《のぼ》りて、雨降《あめふ》らねど、年の夜の暗《くら》きに等し。急《いそ》ぎ鳳輦《ほうれん》にて我も我もと、數多《あまた》の丁等《よぼろら》のみならず、取《さ》りつぎて左右《さう》の大中將列《つら》を亂《みだ》して、備《そな》へたり。還御《くわんぎよ》高《たか》らかに申せば、大伴《おほとも》の氏人《うぢびと》開門す。御常《おんつね》にあらじとて、藥師《くすし》等《ら》急《いそ》ぎ參りて、御藥《おんくすり》調《てう》じ奉るに、かねておぼす御國讓《おんくにゆづり》のさがにやとおぼしのどめて、更《さら》に御惱《おんなやみ》なし。御土器《おんかはらけ》參る。御氣色《みけしき》栗栖野《くるすの》の流《ながれ》の小鯈《こはえ》に、わらびの岡の蕨《わらび》とりてはへて、膾《なます》や何《なに》や進《すゝ》めたいまつる。御氣色《みけしき》よくてぞ、夜に月出で時鳥《ほとゝぎす》一二聲《ひとこゑふたこゑ》鳴《な》き渡るを聞かせ給ひて、大殿《おほとの》ごもらせたまひぬ。空海《くうかい》あした參る。問はせたまへるは、三皇五帝は遠《とほ》し、その後《のち》の物語《ものがたり》申せとなむ。・空海《くうかい》申す。いづれの國《くに》か教《をしへ》に開《ひら》くべき。三隅《みすみ》の網《あみ》一隅《ひとすみ》我に來れと云ひしが、私《わたくし》の始なり。ただただ御心《おんこゝろ》の直《なほ》くましますまゝに、おぼし知《し》りたまへとこそ。日出《ひい》でて起《お》き、日入《ひい》りて臥《ふ》し、飢《う》ゑては食《くら》ひ、渇《かつ》して飲《の》む、民《たみ》の心に私《わたくし》なしとぞ。うちうなづかせたまひて、よしよしと勅《みことの》らす。太弟參りたまへり、御物語《おんものがたり》久し。宣《のたま》はくは、周《しう》は八百年漢《かん》四百年《ねん》、如何《いか》

高祖—漢太祖高皇帝

呂氏の亂—漢呂太后の亂

今盛なり—青丹吉寧樂の都は咲く花の匂ふが如く今盛也

この板橋—宇治の板橋

にすれば長《なが》かりしとぞ。太弟《たいてい》賢《さか》しくましませば、御心を計《はか》りて、答《こた》へたまはく、長《なが》しといへども周《しう》は七十年にて漸《やうや》く衰《おとろ》ふ。漢家《かんけ》もまた高祖《かうそ》の骨《ほね》いまだ冷《ひ》えぬに、呂氏《りよし》の亂《みだれ》起《おこ》る、謹《つゝしみ》の意《おこたり》にもあらずと答《こた》へ給《たま》ふ。さらば天の時か。天《てん》とは日々《ひゞ》に照《て》らしませる皇祖《みおや》の御國《みくに》なり。儒士等《じゆしら》、天《てん》とは則《すなはち》あめを指《さ》すかと聞《き》けば、命祿《めいろく》なりと云《い》ふ。また數《かず》の限《かぎり》にも云《い》へり。これは多端《たたん》なり。佛氏《ぶつし》は天帝《てんてい》も我に冠傾《かうむりかたぶ》けて、聽《き》かせたまふと申す。あな煩《わづら》はしと、太弟御答《おんこたへ》なくてまかむで給へり。あした御國讓《おんくにゆづり》の宣旨《せんじ》下《くだ》る。故郷《ふるさと》となりし平城《なら》に下り居《ゐ》させたまはむとぞ。元明《げんみやう》より先帝に至るまで、七代の宮所《みやどころ》なりしかば、昔は宮殿《みあらか》のありしさまを、咲《さ》く花《はな》の匂《にほ》ふが如く、今盛《いまさかり》なりと、詠《よ》みしをおぼし出《い》でたまひ、其處《そこ》にと定《さだ》めたまへりき。日《ひ》を擇《えら》びて今日出でさせたまへり。宇治《うぢ》に至《いた》りて、鸞輿《らんよ》しばし止《とゞ》めさせて、河面《かはづら》を眺《なが》めて御詠《おほんよ》ませたまへる。

武士《もののふ》よこの板橋《いたはし》のたひらけく通《かよ》ひてつかへよろづ代《よ》までに

これを歌人等《うたびとら》七度歌《うた》ひ上ぐる。網代《あじろ》の波《なみ》は今日見ねど、千代《ちよ》々々《〳〵》と鳴《な》く鳥《とり》は、河洲《かはのす》に群れ居るをとて、また御土器《おんかはらけ》めす。藥子《くすりこ》例に擎《さゝ》げ參らす。處《ところ》に附《つ》けて詠めと、仰せたうぶ。藥子《くすりこ》まづ詠《よ》む。

朝日山—山城國にあり、櫻の名所

小島が崎—山城國宇治にあり、橘は冠辭

二おもてにて—奈良山の兒手柏のふたおもてかにもかくにもねじけ人かも

北に—山城の平安に

朝日《あさひ》山《やま》にほへる空はきのふにてころもでさむし宇治《うぢ》の川波《かはなみ》

と申せば、河風《かはかぜ》は涼《すゞ》しくこそ吹《ふ》けとてうち笑《ゑ》ませたまふ。左中將藤原の惟成《これなり》詠《よ》む。

君が今日朝川《あさかは》わたる淀瀬《よどせ》なく我《われ》はつかへむ世《よ》をうぢならで

兵部大輔橘《ひやうぶたいふたちばな》の三繼《みつぐ》詠《よ》む。

妹《いも》に似《に》る花《はな》とし云《い》へばとく來《き》ても見《み》てましものを岸《きし》の山振《やまぶき》

それは橘《たちばな》の小島《こじま》が崎《さき》ならずや。飛鳥《あすか》の故郷《ふるさと》の草香部《くさかべ》の太子《たいし》の宮居《みやゐ》ありし處《ところ》よと仰《おほ》せたまふ。猶《なほ》多かりしかど忘れたり。奈良坂《ならざか》にて御晩饗《おんゆふけ》まゐる。兒手《このて》がしはいづれと問《と》はせたまふ。それは二《ふた》おもてにて、心《こゝろ》ねぢけたる人《ひと》に例へし忌事《いみごと》なり。御供《おんとも》仕うまつる臣達《おみだち》、いかで二《ふた》おもならむと申す。よしと宣《のたま》ひて、古宮《ふるみや》に夜《よ》に入《い》りて入《い》らせたまひぬ。あした御《み》簾《す》かゝげさせて見《み》はるかさせたまへり。東《ひがし》は春日《かすが》、高圓《たかまど》、三輪山《みわやま》、南《みなみ》は鷹《たか》むら山《やま》を限《かぎ》り、西《にし》は葛城《かつらき》や高間《たかづま》の山《やま》、生駒《いこま》、二神《ふたがみ》の峰々、青墻《あをがき》なせり。うべも開初《かいしよ》より宮居《みやゐ》こゝと定《さだ》めたまひしを、先帝《せんだい》のいかさまにおぼして、北《きた》に遷《うつ》らせたまひしと、獨言《ひとりごと》たせたまふ。北《きた》は元明《けんみやう》、元正《けんしやう》、聖武《しやうむ》の御墓《おんはか》立《た》ち並《なら》びたまひたりと申せば、杳《はる》かにふし拜《をが》みしたまへり。大寺《おほでら》の甍《いらか》高《たか》く層塔《そうたふ》數《かず》を數《かぞ》へさせたまふ。城市《じやうし》の家どもも、まだ今の都《みやこ》に遷《うつ》り果てねば、

大寺—奈頁の東大寺
今の都—平安京
西の國—印度
御烏帽子傾けて云々—主上の沈思の御樣
彼處に都あらせし帝—仁徳帝
御父—應神天皇
弟御子—菟道稚郎子

故鄕《ふるさと》ともあらぬたゞずまひなり。東大寺《とうだいじ》の毘盧舍那佛《びろしやなぶつ》拜《をが》まむとて、まづ出でさせたまふ。見上げさせたまひて、思《おも》ふに過《す》ぎし御容《おんかたち》なり。西《にし》の國《くに》のはてに生れて、この陸奥《みちのく》の黄金《こがね》花《はな》に、光添へさせ給ふとぞ、いぶかしと仰《おほ》せたまへば、近《ちか》く參りたる法師《ほうし》が申す。これは華嚴《けごん》と申《まを》す御經《おんきやう》に說《と》かせし御容《おんかたち》なり。如來《によらい》の變化《へんぐゑ》、天にあらせれば虛空《こくう》にはせだかり、又芥子《けし》の中にも所えさするよしに申したり。肖像《せうざう》はこゝにも渡《わた》せし。御足《みあし》の裏《うら》に開元《かいけん》の年號《ねんがう》あるが、三度《みたび》の御《おん》うつし姿《すがた》にて、五尺《いつさか》に過《す》ぎさせしを、眞《まこと》とは賴《たの》み奉《たいまつ》ると申す。露《つゆ》御答《おんこたへ》なくて、たゞたがはせて、物言《ものい》ひたまはず、この本性《ほんじやう》こそ貴《たふと》けれ。藥子《くすりこ》、仲成等《なかなりら》、惡《あ》しく撓《た》めむとするには、御烏帽子《おんゑばうし》傾《かたぶ》けてのみ御座《おは》すがいとほしき。御臺《みだい》參らす。よくきこしめして、難波《なには》の蜑《あま》が貢《みつ》ぐは、此處《こゝ》も近《ちか》きかとぞ。藥子申《くすりこまを》す。彼處《かしこ》に都《みやこ》あらせし帝《みかど》は、御父《おんちゝ》の弟御子《おとうとみこ》を立《た》てて、日嗣《ひつぎ》とは定《さだ》めたまひしかば、神去《かんさ》りたまひては、兄皇子《あにみこ》等《ら》も、たゞ宇治《うぢ》に仕う奉りたまふを、兎遲《うぢ》の皇子《みこ》は、われ兄《あに》に踰《こ》へて登極《そうきよく》せむ事、聖《ひじり》の道《みち》にあらずとて、讓《ゆづ》りたまへど、否《いな》、既《すで》に日嗣《ひつぎ》の皇子《みこ》とは君《きみ》を定《さだ》めたまひしぞとて、三年《みとせ》まで相讓《あひゆづ》りて、御座《ぎよざ》空しかりしかば、弟皇子《おとうとみこ》は遂に刄《やいば》に伏《ふ》して、世《よ》を去《さ》らせしとぞ。難《なに》波《は》の蜑等《あまら》みつぐ眞魚《まな》は、遠近《をちこち》さまよひて、道《みち》に腐《くさ》れたりしとぞ。蜑《あま》なれや、おのが物《もの》

今の帝—嵯峨帝

北に聞えて—京都にきこえて

からもていさつとなむ語《かた》り傳《つた》へたる。兄《せうと》の皇子《みこ》如何《いか》にせむ、御位《みくらゐ》に昇《のぼ》らせしを、聖王《せいわう》と申し奉《たいまつ》り、御名《おんな》は世々にあり難《がた》く申し傳《つた》へたりき。君僅《きみわづか》に四年《よとせ》にて下り居させたまへば、臣《おみ》も民《たみ》も望《のぞみ》失ひて、悲《かな》しと申すとぞ。今の帝《みかど》は唐《もろこし》の書《ふみよ》讀みて、彼處《かしこ》の簒《うば》ひ代《かは》る惡《あ》しきを識《し》らさせしよと申す。あなかまと制《せい》し給ふ。否《いな》、此處《こゝ》に仕《つか》う奉る臣達《おみたち》は、今一度平安《たひら》の宮《みや》を都《みやこ》として、御位《みくらゐ》に還《かへ》らせむことをこそ、ねぎ奉《たいまつ》ると申す。太弟《たいてい》に心通《かよ》はす奈良坂《ならざか》の人も有りて、聞《き》きもらし、あなとぞ、さゞめきたりし。仲成《なかなり》これにつきて、君《きみ》の下居《おりゐ》は暫《しばし》の御惱《おんなやみ》なりと申して、御卽位《おんそくゐ》またあらせたまへ、今上《きんじやう》の御心《みこゝろ》に違《たが》はゞ、われ兵衛《ひやうゑの》督《かみ》なり、奈良山《ならやま》、泉川《いづみがは》に軍《いくさ》だちして、稜威《みいづ》示さむとぞ申す。また市町《いちまち》の童《わらは》が歌《うた》ふに、

花《はな》はみなみにまづ咲《さ》くものを雪《ゆき》の北窓《きたまど》こころ寒《さむ》しも

と歌《うた》ふが、北《きた》に聞《きこ》えて、平城《なら》の近臣《きんしん》を召《め》して、推《お》し問《と》はせたまへば、これは藥子《くすりこ》、仲成《なかなり》等《ら》が勸《すゝ》め參らすことなり。この春《はる》の正月《むつき》の朔《ついたち》に、例《れい》の御藥參《みくすりまゐ》らすに、屠蘇《とそ》、白散《びやくさん》をのみ進《すゝ》めて、度嶂散《としやうさん》奉らず。いかにと問《と》はせしかば、君峭壁《きみせうへき》をこえたゝせまじきに、奈良坂《ならざか》平《たひら》なれど、青垣山《あをがきやま》の外《ほか》のへの山路《やまぢ》なり。この御墻《みかき》の内《うち》だに、ことゞゞは貢物《みつぎもの》奉らぬ、悲《かな》し悲しとて、涙《なみだ》を袖《そで》に包《つゝ》み漏《も》らしたり。この時御前《みまへ》に侍《はべ》りて、聞《き》きし外《ほか》は、正《たゞ》しきこと

兵仗—逆亂
上皇—平城帝
貞觀—清和帝の御世
葱嶺—印度の山名

知《し》らず侍る。聖代《せいだい》に生《うま》れあひて、誰《たれ》かは兵仗《へいぢやう》を思ふべきと申す。さらばとて、すなはち官兵《くわんぺい》を遣《つか》はされて、仲成《なかなり》を捕《とら》へ、首刎《くびは》ねさせ、奈良坂《ならざか》に梟《か》けさせ、藥子《くすりこ》は家《いへ》におろさせて籠《こ》めをらす。又御子《みこ》の高丘親王《たかをかのしんわう》は、今の帝《みかど》の上皇《じやうくわう》の御心《みこゝろ》とりて、儲《まうけ》の君《きみ》と定《さだ》めたまひしを、停《とゞ》めさせて、僧《そう》になれと宣旨《せんじ》あれば、親王頭《かしら》を薙《そ》ぎ、改名《かいめい》して眞如《しんによ》と申し奉る。三論《さんろん》を道詮《だうせん》に學《まな》び、眞言《しんごん》の密旨《みつし》を空海《くうかい》に習《なら》ひたまひ、猶奥《なほおく》あらばやとて、貞觀《ぢやうくわん》三年唐土《もろこし》に至《いた》り、行々《ゆく〳〵》葱嶺《そうれい》を越《こ》え、羅越國《らをこく》にいたり、御心《みこゝろ》ゆくまで問《と》ひ學《まな》びて、歸朝《きてう》ありしとぞ。この皇太子《くわうたいし》の御代《みよ》知《し》らせたまはばやと、密《みそ》かには上下《かみしも》申し合へりきとや。藥子《くすりこ》おのれが罪《つみ》は悔《くい》まずして、怨氣焔《をんきほむら》なし、遂《つひ》に刃《やいは》に臥して死にぬ。この血《ち》の、帳《ちやう》かたびらに飛《と》び走《はし》りそゝぎて、ぬれ〳〵と乾《かわ》かず、猛《たけ》き若者《わかもの》は弓《ゆみ》に射《い》れどなびかず。劍《つるぎ》に打《う》てば刃缺《はか》けこぼれて、たゞ恐《おそろ》しさのみ增《まさ》りしとなむ。上皇《じやうくわう》には固《かた》く知《しろ》し召《め》さゞることなれど、たゞ誤《あやま》りつとて、御《み》みづからおぼし立《た》ちて、御髪下《みぐしおろ》し、御齢《おんよはひ》五十二といふまで、世《よ》におはせしとなむ、史《ふみ》に記《しる》したりける。

## ○天津處女《あまつをとめ》 二

木にもあらず—木にもあらず草にもあらぬ竹のよのはしにも我はなりぬべらなり

毛を吹き疵—直き木に曲れる枝も有る物を毛をふき疵をいふがわりなさ、高津内親王之詠

茅茨剪らず—節約なる表象

豐岩眞戸櫛

帝《み》の嵯《さ》峨《がころ》の（破損不明）ければ、御代おし知《し》らせたまひしなり。萬機《ばんき》を試《こゝろ》みたまふに、唐《も》土《こし》の賢《かしこ》き書《ふみ》どもを取《と》りえらびて、行はせたまへば、御世はたゞ國土《くにつち》も改《あらた》りたるやうになむ人申す。皇女《くわうぢよ》の御《おん》すさびにさへ、木《き》にもあらず、草《くさ》にもあらぬ竹《たけ》のよの、または毛《け》を吹《ふ》き疵《きず》をなど、口附《くちづき》こはぐ〳〵しくて、國《くに》ぶりの歌《うた》よむ人は、おのづから口閉ぢてぞありき。上皇僅に四年《よとせ》にて、下り居させたまひしを、下《した》なげきする人も少《すくな》からず。今一度《たび》取り返《かへ》さまほしく、おほみおぼえぬらむと、額集《ひたひあつ》めて、申し合へりとぞ。嵯峨《さが》の帝《みかど》もおぼしやらせて、御弟の大伴《おほとも》の皇子《みこ》を太子に定《さだ》めたまひて、上皇《じやうくわう》を慰《なぐさ》めたまへるは、これぞ貴《たふと》き叡慮《えいりよ》ぞと、人申す。やがて御位《みくらゐ》下り居させて、嵯峨野《さがの》と云ふ山陰《やまかげ》に、茅茨《ばうし》剪《き》らずのためしして、遷《うつ》らせたまへりき。是は先帝《せんだい》の平城《なら》の結構《けつこう》を、この邦にては例《ためし》なし、瑞《みづ》籬《がき》、石垣《いはがき》の宮居《みやゐ》にかへさせしなるべし。されど長岡《ながをか》は餘《あまり》に狹くて、王臣だち家を奈良《なら》に止《とゞ》めて、通《かよ》ひて仕うまつるもあり、民はまいてなりしかば、これは誤《あやま》りつとおぼして、今の平安《たひら》の宮を作《つく》らせて、遷《うつ》らせたまふなり。土を均《なら》して、百敷《もゝしき》ついたて、豐岩眞戸《とよいはまど》、櫛岩窓《くしいはまど》の神々《かみ〴〵》に、ねぎごと誓《うけ》ひて遷《うつ》らせしかど、人の心は花《はな》にのみ、移《うつ》り榮《さか》ゆるものなれば、いつしか王臣《わうしん》の家《いへ》、殿堂《でんだう》の大《おほい》さ、奈良《なら》の古《ふる》きに復《かへ》させたまへば、老《お》いたる物知《ものしり》は、

岩慫ー手力男神の別名

賈誼ー漢雒陽の人

五筆和上ー弘法大師、左右の手足口に筆を挾みて書きければ五筆といふ

賈誼《かぎ》が三代《さんだい》の古をしのびて、政《まつりごと》改《あらた》めさせよと申せしを、賢臣等《けんしんら》いさめ奉りしは誠なりけりと、漢書《かんじよ》の某《それ》の巻探《まきさぐ》り出でて、今《いま》を仰《あふ》ぎ奉りしとなむ。上皇《じやうくわう》おり居《ゐ》の宮《みや》に、若《わか》う花《はな》やぎたまへば、たゞ參《まゐ》るものに、唐土《もろこし》の書《ふみ》よめとすゝめたまふ。草隷《さうれい》よく學《まな》び得させたまひて、おほく海舶《かいはく》の使《たより》に求めえらばせし中《なか》に、空海《くうかい》を召して、これ見《み》よ、王羲之《わうぎし》が眞《まこと》の筆《ふで》なりと、示したまへば、下《おろ》して見奉り、これは空海《くうかい》が彼處《かしこ》に在《あ》る中に、手習《てなら》ひし跡《あと》なり。これ見たまへとて、紙《かみ》の裏《うら》を少しそぎて見せ奉りしに、海《かい》が筆《ふで》と記《しる》し置《お》きたるに、御言《おんこと》なくて、嫉《ねた》くやおぼしなりにけむ。空海《くうかい》は手よく書《か》きて、五筆和上《ごひつわじやう》と云《い》ひしは、書體《しよたい》ざまぐ\に書《か》き分《わか》ちけむかし。皇太弟受禪《くわうたいていじゆぜん》したまひて、後《のち》に淳和《じゆんな》天皇と申し奉りしはこの御代《みよ》なり。元《げん》を天長《てんちやう》と改めたまふ。奈良《なら》の上皇《じやうくわう》は、この秋七月《ふみづき》に雲隱《くもがく》れさせたまへば、これを平城天皇《へいじやうてんわう》と、尊號贈《そんがうおく》り奉りたまへりき。嵯峨《さが》の上皇の職《しき》度々改《あらた》まりては、法令《はふれい》事繁《しひ》く、儒教《じゆけう》專らに取用ゐさせたまへり。されど、佛法《ぶつはふ》は專《もは》ら衰《おとろ》へずして、君の上にこの御佛《みほとけ》のたゝせ給へるよとて、堂塔《だうたふ》年《とし》なみに建《た》ちならび、博文《はくぶん》有《う》驗《けん》の僧等、司人《つかさびと》に同じく、朝には立たねど、政《まつりごと》をさへ時々奏したれば、おのづからかの教《をしへ》に引導《いんだう》せられ給ふことも、少からずぞありける。如何なれば、佛法《ぶつはふ》の冥福《めいふく》をかうぶらせたま

中納言清麿—中納言和氣清麿

今上—淳和帝

良峰の宗貞—號良少將安世の子僧正遍昭

ひて、如來《にょらい》の大智《だいち》の網《あみ》に込《こ》められたまふよと、下《した》なげきする人もありけり。中納言清麿《きよまろ》の高雄山《たかをやま》の神願寺《じんぐわんじ》は、妖僧道鏡《えうそうだうきやう》きほひて、宇佐《うさ》の神勅《しんちよく》をためさするに、淸麿明《きよまろあか》らさまに奏《そう》せしかば、怒《いか》りて一度は因幡《いなは》の員外《ゐんぐわい》の介《すけ》に貶《おと》せしを、猶飽《なほあ》きたらずして、庶人《しよにん》にくだし大隅《おほすみ》の國に謫《てき》せしむ。忠誠《ちうせい》の志よきに、稱德崩御《しようとくほうぎよ》の後に召し還《かへ》されしかど、やゝ老《おい》にいたりて、中納言に擧《あ》げられたり。本國《ほんごく》の備前《びぜん》に下りて、水害《すゐがい》を除《のぞ》き、民《たみ》を安《やす》きに置《お》かれし功勞《いさを》もありしよとて、いとほしと申さぬ人もなかりし。神德《しんとく》の報恩《はうおん》の寺《てら》なりとて、後に神護寺《じんごじ》と改めしこと、命祿《めいろく》の薄《うす》きを如何にせむ。今上《きんじやう》の皇太子正良《ひつぎのみこまさら》、御位《おんくらゐ》受けさせたまひて、淳和《じゆんな》の帝《みかど》ほどなく下り居《ゐ》させて、例《ためし》なき上皇《じやうくわう》御二方《かた》と申す事、唐國《からくに》にも聞かぬためしなりと申す。天皇仁明《にんみやう》を尊崇《そんそう》し奉りて、紀元《きげん》を承和《じやうわ》と改めたまふ。佛道《ぶつだう》はなほ盛《さか》んなること恠《あや》しむべし。儒敎《じゆけう》も相並びて、行《おこな》はるゝに似《に》たれど、車《くるま》の片輪《かたわ》の聊《いさゝ》か缺《か》け損《そこな》ひて、足遲《おそ》き如し。さて政令《せいれい》は唐朝《たうてう》のさかんなるを羨《うらや》みたまひ、終《つひ》の御心は驕《おごり》に伏《ふく》したまひたりき。良峰《よしみね》の宗貞《むねさだ》といふ六位《ろくゐ》の藏人《くらうど》なるが、才學《さいがく》あるものにて、帝《みかど》の御心にかなひ、近《ちか》う召《め》しまつはさせ、時々、文《ふみ》よめ歌《うた》よめと、御憐《おんあはれ》みのたうぶしかば、何時となく朝政《まつりごと》も密《みそ》かに問ひきゝたまへるとぞ。宗貞賢《むねさだかしこ》しくて、政は片端《かたはし》ばかりも、御答《おんこた》へ申さ

豐の明―豐明節會
淨見原の天皇―天武帝
齋の宮―伊勢大神また加茂の社にいつき仕ふる女宮
金村―笠朝臣金村、萬葉歌人
素難―醫書

ず、たゞ御遊《おんあそび》につきし事どもを、然《しか》せし例《ためし》など、御心を取りて申す。色好《いろこの》む男《をとこ》にて、花《はな》花《はな》しき事《わざ》をなむ好《この》みけるが、年毎《としごと》の豐《とよ》の明《あかり》の舞姫《まひひめ》の數《かず》をすゝめて加《くは》へさせし。これは淨《きよ》見《み》原《はら》の天皇《みかど》の、吉野《よしの》に世を避《さ》けたまひしが、御國《みくに》しらすべき性《さが》にて、天女五人《てんによいつたり》天下りて、舞《ぶ》妓《ぎ》を慰《なぐさ》め奉りし例なれば、五人《いつたり》の少女《をとめ》こそ古き例なれと申す。同じく色好ませしかば、今年の冬を初に宣旨《せんじ》下りて、花咲かせたまへりけり。大臣納言《だいじんなごん》の人々の御女達《おんむすめだち》、つくりみがかせて、御目《おんめ》うつらばやと、し構《かま》へたりき。眺《なが》め捨《す》てさせたまふは如何《いか》にせむ、伊《い》勢《せ》加茂《かも》の齋《いつき》の宮《みや》の例《ためし》に、老い行くまで、こめられはてたまひき。國《くに》ぶりの歌《うた》、この御代《みよ》より又榮《さか》え出でて、宗貞《むねさだ》につぎて、文屋康秀《ふみやのやすひで》、大友黒主《おほとものくろぬし》、喜撰《きせん》などいふ上手出でて、又女《をんな》がたにも伊勢《いせ》、小町《こまち》、古ならぬ姿《すがた》をよみて、名を後にも傳《つた》へたりき。帝五八《みかどごよそぢ》の御賀《おんが》に、興福寺《こうぶくじ》の僧《そう》がよみて奉りしを、見そなはして、長歌《ながうた》はいま僧徒《そうと》に殘《のこ》りしよと、仰《おほせ》ありしとぞ。今見ればよくもあらぬを、そのかみは珍《めづら》しければにや。人丸、赤人、憶良《おくら》、金村《かなむら》、家持卿《やかもちきやう》の手《て》ぶりは、知《し》らぬものにぞ見《み》えける。或時空海《くうかい》に問《と》はせたまへる、欽明《きんめい》、推古《すゐこ》の御時より、經典《けいてん》しきしまに渡《わた》りても、なほ一切の御經々《おんきやうぐ》は數足《かずた》らぬとか。汝が眞言《しんごん》の呪《じゆ》は如何と。空海答《くうかいこた》へ申さく、經典《けいてん》は、たとへば醫士《くすし》の素難《そなん》の旨《むね》を學《まな》び、運氣《うんき》六經《けい》を悟《さと》

黄耆、人蔘云々—薬品

桃の子食ひつみしなど云云—彌子瑕、食レ桃而甘、不レ盡而奉レ君、君曰愛レ我哉

梅の宮—山城國葛野郡梅津村にあり

りたるに同じ。我呪術《わがじゆじゆつ》は黄耆《わうき》、人蔘《にんじん》、附子《ぶす》、大黄《だいわう》の功有《こうあ》るを選《えら》びて、因《いん》より症《しやう》をしたひて病探《やまひさぐ》りて、病癒《い》えしむるに似《に》たり。車《くるま》の二輪《わ》相並びて、道《みち》は行《ゆ》かむと申す。祿《ろく》たまひて、うなづかせたまへりき。帝《みかど》、宗貞《むねさだ》が色好《いろこの》みてあざれあるくを、あらはさむとて、後《こう》涼殿《りやうでん》のはしの間《ま》の簾《すだれ》のもとに、衣《きぬ》かづきて忍《しの》びやかにあらすを、宗貞《むねさだ》たばかりたまふとも知《し》らで、御袖《おんそで》ひかへたれば御答《おんいらへ》なし。歌《うた》よみて忍《しの》びに、

山吹《やまぶき》のはないろ衣《ごろも》ぬしや誰《たれ》問へどこたへず口《くち》なしにして

と申す。帝衣《みかどこきぬ》ぬぎて見合ひたまへり。驚《おどろ》き惑《まど》ひて迯《に》ぐるを、たゞ參《まゐ》れと、召《め》したまひて御氣色《おんけしき》よし。唐土《もろこし》に桃《もゝ》の子食《みく》ひつみしを、これめせ、味《あぢはひ》いとよしとて奉りしを、忠誠《まごころ》の者に召しまつはせし例《ためし》になむ。山吹《やまぶき》を口なし色とは、この歌《うた》をぞはじめなりける。淳和《じゆんな》の后《きさい》の宮《みや》、今太后《おほぎさき》にてましませり。橘《たちばな》の清友《きよとも》の大臣《おとゞ》の御女なり。圓提寺《ゑんだいじ》の僧奏問《そうもん》す。橘《たちばな》の氏《うぢ》の神《かみ》をわが寺《てら》に祭《まつ》るべしと、先帝《せんだい》の夢《ゆめ》の御告《おんつげ》ありしとぞ。帝《みかど》さる事を許《ゆる》さまくおぼすを、太后《おほぎさき》の宮《みや》きこしめして、外戚《ぐわいせき》の家《いへ》なり、國家《こくか》の大祭《おほまつり》にあづからしむるは、却《かへ》りて非禮《ひれい》なりとて、許《ゆる》させたまはざりしなり。葛野《かどの》川《かは》のべ今の梅の宮の祭はこれなり。かく男さびたまへば、宗貞《むねさだ》が性《さが》の善《よ》からぬを、密《みそ》かに惡《にく》ませたまひしとぞ。伴《とも》の健宗《たけむね》、橘《たちばな》の

諒闇―天皇崩御の御喪
嘉祥―仁明帝の御宇
小町―小野小町
石の上云々―石の上は後撰集にいはの上とあり、苔の衣は桑門の士のきる衣也

逸勢《はやなりら》等、嵯峨《さが》の上皇の諒闇《りやうあん》の御謹《おんつゝしみ》の時に乘《じよう》じて、謀反《むほん》ある事を、阿保親王《あぼしんわう》の漏《も》れ聞《き》きて、朝廷《みかど》にあらはしたまへば、官兵《くわんぺい》すなはち至りて搦《から》めとる。太后《おほぎさき》これをも逸勢《はやなり》が氏《うぢ》の汚《けがれ》をなすとて、重《おも》く刑《けい》せよと、ひとりごたせたまひしとぞ。太子《ひつぎのみこ》はこの反逆《はんぎやく》の主に名づけられて僧《そう》となり、名《な》を恒寂《こうじやく》と申したまへるなり。嗟乎《ああ》、受禪廢立《じゆぜんはいりつ》の惡《あ》しき例は、唐土《もろこし》の文に見えて、これにならはせたまふよとて、憎《にく》む人多かりけり。帝《みかど》は嘉祥《かしやう》三年に崩御《ほうぎよ》ありて、御陵墓《みさゝぎ》を紀伊《きい》の郡深草山《ふかくさやま》につきて、葬《はうむ》り奉るなべに、深草《ふかくさ》の帝《みかど》とは申し奉るなりけり。御葬《おんはうぶり》の夜より宗貞行方《むねさだゆくへ》しらず失せぬ。これは太后《おほぎさき》、大臣《おとゞ》の御憎《おんにくみ》を恐《おそ》れてなり。殉死《じゆんし》といふ事、今は停《とゞ》めさせしかど、この人生きてあるまじきに、人《ひと》はいひあへりける。衣《きぬ》だに著《き》ず、簑笠《みのかさ》に身をやつして、此處彼處《こゝかしこ》行《おこな》ひありきける。清水寺《きよみづでら》に籠《こも》りて、ある夜《よ》小町《こまち》も今夜《こ》局《よひつぼね》して念《ねん》じ明《あか》すに、鄰《となり》の方に經讀む聲凡ならざりし、もしや宗貞《むねさだ》ならむかとて、歌《うた》よみて持《も》たせてやる。

、石《いし》の上《うへ》に旅寢《たびね》はすれば肌《はだ》さむし苔《こけ》のころもを我に貸《か》さなむ

宗貞《むねさだ》の法師《ほうし》、この紙《かみ》の裏《うら》に墨壺《すみつぼ》の墨《すみ》して書きてやるは、手《て》を見《み》れば小町《こまち》なりけりと知《し》りてなり。

世を捨てし云々―後撰集に世をそむくと、又遍昭集には山ぶしのとあり

時の帝―光孝天皇

才―學問

内に參りし事―參内せしこと

世《よ》を捨てし苔《こけ》の衣《ころも》はたゞひとへかさねて薄《うす》しいざ二人寝《ふたりね》む

かく云《い》ひて、其處《そこ》を早《はや》く立《た》ち去《さ》りぬ。小町《こまち》さればこそとて、をかしく思《おも》ひ、五條《ごでう》の太后《おほぎさき》の宮に見せ奉る。先帝《せんだい》の御《おん》かたみの者よとて、捜《さが》し求《もと》めさする時《とき》なり。如何《いか》で止《とゞ》めざると、うち呻《うめ》かせたまひぬとぞ。内《うち》つ國《くに》の此處《こゝ》彼處《かしこ》に修行《しゆぎやう》し歩《ある》けば、遂《つひ》にあらはされて、内《うち》にしき〳〵參《まゐ》りたりき。また時の帝の才有《ざえあ》る者ぞとて、頻《しき》りになし昇《のぼ》し、僧正《そうじやう》の位《くらゐ》に進《すゝ》めたまふ。遍昭《へんぜう》と名は改めたりき。これも修行《しゆぎやう》の徳《とく》にはあらで、冥福《めいふく》の人なるべし。男子二人《をのこごふたり》、兄《せうと》の弘延《ひろのぶ》は公《おほやけ》に仕《つか》へて賢《かしこ》き人なりけり。弟は、法師《ほうし》の子《こ》は法師《ほうし》になれとて、髪《かみ》おろさせ、素性《そせい》と申せしはこの人なり。歌《うた》の譽《ほまれ》、父《ちゝ》に次《つ》ぎて聞えたりしかど、時々《ときどき》よからぬ世心《よごころ》のありしは、心より發《おこ》せし道心《だうしん》にあらざればなり。僧正《そうじやう》、花山と云ふ所に寺作《てらつく》りて、行よく終らせたまへりとぞ。佛《ほとけ》の道《みち》こそいと〳〵あやしけれ。世を捨てし初の心に似《に》ずして、色《いろ》よき衣《きぬ》、唐錦《からにしき》の袈裟《けさ》纏《まと》ひ、車《くるま》轟《とゞろ》かせ、内に參りし事、かにかくに人のよしあしは、稟《う》け得《え》たるおのがさち〳〵と、云ふ人ありき、御《み》みづからも然《し》か思《おぼ》されぬらむかし。

○海《かい》賊《ぞく》　三

紀の朝臣貫之—紀長谷雄の子古今集の撰者天慶九年卒

船は風に云云—船順風を得ずしての義

守夫婦は云云—貫之夫婦は赴任中京都にて愛子の死せる事をのみ口にせる義

すは—さはこそ

紀の朝臣貫之《あそんつらゆき》、土佐守《とさのかみ》にて五年《いつとせ》の任《にん》果てゝ、承和某《じょうわそれ》の年十二月《しはす》某《それ》の日、都にまう上らせ給ふ。國人《くにびと》の親しき限《かぎり》は、名殘惜《なごりをし》みて悲《かな》しがる。民も昔よりかゝる守の、あらせ給ふを聞《き》かずとて、父母の別に泣《な》く子なして、慕《した》ひ歎《なげ》く。出舟《でふね》のほども人々こゝかしこ追ひ來て、酒《さけ》よきもの捧《さゝ》げ來て、歌詠《うたよ》み交《かは》すべくする人もあり。船《ふね》は風に順《したが》はずして、思の外に日を經《へ》るほどに、海賊恨《かいぞくうらみ》ありて追《お》ひ來と云ふ。安き心こそなけれ、たゞ〳〵平に都《みやこ》へと朝夕海の神《かみ》に幣散《ぬさちら》して、ねぎたいまつる。舟《ふね》の中の人々聚《こぞ》りて、海《わた》の底《そこ》を拜《をが》みす。和《いづ》泉《み》の國までと船長《ふなをさ》が云ふに、下《くだ》りし所々は眺《なが》め捨《す》てゝ、さる國の名覺《おぼ》えず、今はたゞ和《いづ》泉《み》の國とのみ唱《とな》ふるなりけり。守夫婦《かみめをと》は、國にて失《うしな》ひしいとし子の無《な》きをのみ言《い》ひつゝ、都《みやこ》に心は指《さ》せれど、跡《あと》にも忘《わす》られぬ事のあるぞ悲《かな》しき。こゝ和泉の國と船長《ふなをさ》が聞え知《し》すにぞ、舟の人皆《みな》生《い》き出でて、まづ落居《おちゐ》たり。嬉《うれ》しき事限りなし。こゝに釣舟《つりふね》かと覺《おぼ》しき木葉のやうなるが散り來て、わが船《ふね》に漕《こ》ぎよせ、笘上《とまあ》げて出づる男聲《をのこごゑ》をかけ、前《さき》の土《と》佐守殿《さのかみどの》の御舟《みふね》に、對面《たいめ》たまはるべきことありとて、追來《おひく》ると、聲荒《こゑあら》かにいふ。何事《なにごと》ぞといへば、國を出でさせしより、追來《おひく》れど、風波《かぜなみ》の荒《あら》きにえ追《お》はずして、今日《けふ》なむ對面《たいめ》たまはるべしと云《い》ふ。すは、然《さ》ればこそ海賊《かいぞく》の追來《おひく》るよとて、騷立《さわぎた》つ。貫之舟屋形《つらゆきふなやかた》の上

あふるゝ—横行する
國ぶりの歌—和歌
○—缺字
續萬葉集—古今和歌集の別名
柯—えだ

に出でたまひて、なぞこの男《をのこ》、我に物云はむといふやと宣《のたま》へば、これはいたづら事なり。然《き》れども波《なみ》の上隔《へだ》てゝは、聲《こゑ》を風《かぜ》のとりてかひなし。許《ゆる》させよとて、翅《つはさ》ある如くに吾船《わがふね》に飛乘《とびの》る。見《み》ればいとむさ〳〵しき男の、腰《こし》に廣刄《ひろは》の劍帶《つるぎお》びて、恐《おそ》ろしげなる眼《め》つきしたり。朝臣《あそん》けしきよくて、八重《やへ》の汐路《しほぢ》を凌《しの》ぎて、こゝまで來るは、何《なに》ごとと問はせたまへば、帶びたる劍《つるぎ》取り棄てゝ、己《おの》が舟《ふね》に抛入《なげい》れたり。さて申すは、海賊《かいぞく》なりとて、仇《あた》すべき事《こと》おぼし知《し》らせたまはねば、うちゆるびて、物答《こた》へて聞かせよ。君《きみ》が國に五歳《いつとせ》の間參らむと思ひしかど、筑紫《つくし》、九國《きうこく》、山陽道《さんやうだう》の國《くに》に守等《かみら》が怠《おこたり》を見聞きて、その遠近《をちこち》し歩《ある》きて、今日に成りたるなり。海賊《かいぞく》は心幼《をさな》きものにて、君が國能く守らすのみならず、淺《あさ》ましく貧《まづ》しき山國《やまぐに》にて、あふるゝに便《たより》なければ、餘所《よそ》にして怠《おこた》りたるにぞ、都の御館《みたち》へ參《まゐ》るべけれど、こと〴〵しく、且人《かつひと》に見知《みし》られたれば、世狹《せば》くて、とにかくに紛歩《まぎれある》くなり。さて問參《とひまゐ》らすは、延喜《えんぎ》五年に勅《みことのり》を奉りて、國《くに》ぶりの歌《うた》えらびて奉りし中に、君《きみ》こそ長

○たれと聞《き》く。續萬葉集《しよくまんえふしふ》の題號《だいがう》は、昔《むかし》の誰《た》が集《あつ》めしとも知《し》らぬに次《つ》がれしなるべし。是はよし。題《だい》の心を聞《き》けば、萬《まん》は多《た》數《すう》の義《ぎ》とは是《これ》もよし。葉《えふ》は後漢《ごかん》の劉熙《りうき》が釋名《しやくみやう》に、歌《か》は柯《か》なり、いふ意《こゝろ》は人の聲《こゑ》あるや草木《さうもく》の柯《か》葉《えふ》有るが如しとぞ。是はいかにぞや。人の聲《こゑ》

釋名―書名

舜典―書經にあり

主が序―紀貫之の古今和歌集の序

六義―一そへ歌、二かぞへ歌、三なずらへ歌、四たとへ歌、五ただごと歌

には喜怒《きど》哀樂《あいらく》につきて、聞《き》くに喜《よろこ》ぶべく悲《かな》しむべきがあり。故に聲に長短緩急《ちやうたんくわんきふ》ありて、歌《うた》ふに調整《しらべととの》はぬがあり。草木《くさき》と枝葉《えだは》の風に音《おと》するも、疾風《はやち》ならば、誰《たれ》かはあはれと聞《き》くべき。さて柯葉《かえふ》とのみにては理《ことわり》足《た》らず。そのかみの人、わづかに釋名《しやくみやう》に就《つ》きて字を解《と》く。人の愚《おろか》なるにもあらで、かく心を誤《あやま》りしが世《よ》の姿《すがた》なり。同じ代にも、許愼《きよしん》が說文《せつもん》には、歌《か》は詠《えい》なりと云ひしは、舜典《しゆんてん》に歌《か》は永言《えいけん》なりと有るを、據所《よりどころ》として云ひしはよし。字《じ》を解《と》くさへぞ、道《みち》の敎《をしへ》のさま〴〵なるを思《おも》へ。主《ぬし》が序に、やまと歌《うた》はひとの心を種《たね》として、萬《よろづ》の言《こと》の葉《は》となれると云ひしは、文《ふみ》めきたれど明かに誤《あやま》りつ。言《けん》、語《ご》、詞《し》、辭《じ》は、こと〴〵くことと讀《よ》むより他無《ほかな》し。言《こと》の葉《は》、ことばとも言《い》ひし例《ためし》なし。釋名《しやくみやう》によりて、題《だい》の意《こころ》を助《たす》くるとも、古言《こけん》に違《たが》ふ罪《つみ》、國《くに》ぶりの歌《うた》にも文《ふみ》にも、見許《みゆる》すまじきを、大臣參議《だいじんさんぎ》の人々、己《おの》が任《にん》にあづからねば、他目《よそめ》つかひてありしなるべし。又歌に六義《ぎ》ありと云《い》ふは、唐土《もろこし》にても僞妄《いつはり》の說《せつ》ぞ。三義《さんぎ》三體《さんたい》と言《い》はゞ許《ゆる》すべし。それも數《かず》の定《さだめ》あるべきにあらず。喜怒《きど》哀樂《あいらく》の情《じやう》の數多《あまた》に別《わか》れては幾《いく》らならむ、數《かぞ》ふるも徒事《いたづらごと》なり。濱成《はまなり》が和歌《わか》式《しき》に云《い》ふは、十體《たい》なりと云《い》ふも、同じ淺《あさ》はかごとなり。汝《なんぢ》は歌《うた》よく詠《よ》めど、古言《こげん》の心も知らぬから、帝《みかど》さへも誤《あやま》らせ奉るよ。又大寶《たいはう》の令に、唐土《もろこし》の定《さだめ》に習《なら》ひて、法《はふ》を立て

六いはひ歌
濱成―藤原濱成
大寶の令―大寶年間に制定せられし法令
五卷―古今集に戀部五卷あれば也
かの國―支那國
四人の筆―古今集撰者四人紀貫之、紀友則、凡河内躬恒、壬生忠岑
封事十二條

られし後は、人の道に良媒《よきなかうど》なきは、犬猫《いぬねこ》の挑《いど》み爭《あらそ》ふものに、必《かなら》ず亂《みだ》るまじく事立てられしを、歌《うた》よしとて敎《をしへ》に違《たが》へるを集《あつ》め、人の目に心を寄《よ》せては忍《しの》びあひ、見咎《みとが》められたりとて出《い》でゆく別《わかれ》の袖《そで》の泪川《なみだがは》、聞《き》きにくきをまで、えらびて奉りしは、政令《おきて》に違《たが》ふなり。さらば罪《つみ》は同じき者《もの》ぞ。戀《こひ》の部《ぶ》とて五卷《まき》まで多かるは、いたづら事の愼《つゝしみ》なきなり。淫《いん》奔《ぼん》の事、神代《かみよ》の昔《むかし》は、兄妹相思《けいまいあひおも》ひても情《こゝろ》のまことぞとて、その罪《つみ》にあらざりし。人の代《よ》となりて、儒者《すさ》盛に成《なり》んたりしかば、夫婦別《ふうふべつ》あり、また他姓《たせい》を娶《めと》らずと云《い》ふは、外國《とつくに》の賢《さか》しきをまで、選《えら》び給ひしならはせなり。さらば清涼後凉《せいりやうこうりやう》の造立《ざうりふ》はありしなり。かの國にても、初《はじめ》は同《おな》じ姓《せい》ならで、相近寄《あひちかよ》るべからぬを、國榮《くにさか》えて、他姓《たせい》とも交《まじは》り篤《あつ》くして境《さかひ》を廣《ひろ》め、人多《ひとおほ》く產《う》むべき便《たより》の爲《ため》なりしかば、これを必《かなら》ず善《よ》き事《こと》とはしたるなり。歌賢《うたさか》しくよむとも、選《えら》びし四《よ》人《たり》の筆誤《ふであやま》りしは、學文《がくもん》なくて違《たが》へるなり。菅相公《くわんしやうこう》ひとり惡《にく》ませおはせしかど、やがて外藩《ぐわいはん》に貶《おと》され給ひしかば、御咎《おんとがめ》なかりしなるべし。延喜《えんぎ》を聖代《せいだい》といふも、阿諛《おもねり》の言ぞ。君も御眼暗《おんまなこくら》くて、博覽《はくらん》の忠臣《ちうしん》をば、黜《しりぞ》けさせたまふ世なり。三《み》善《よし》の淸行《きよゆき》こそ、聊《いさゝ》かも違《たが》へずして、仕《つか》ふまつるをば、參議式部卿《さんぎしきぶきやう》にて停《とゞ》められし。選擧《せんきよ》の道暗《みちくら》し。意見封事《いけんふうじ》十二條は、文《ふみ》もよく事共《ことども》も聞《き》くべかりけるを、たゞ〳〵學者《がくしや》は古轍《こてつ》

な踏《ふ》み違《たが》へじとて、頑愚《かたくな》の言もあるなり。第《だい》一條《でう》に、齊明《さいめい》天皇西征《せいせい》の時、吉備《きび》の國を過ぎたまふに、人烟《じんえん》いと賑《にぎ》はしき里あり。誰住《たれす》みて如何《いか》なる所ぞと、御問《おんとひ》ありしかば、里《さと》の長《をさ》答へりし。近《ちか》き頃《ころ》、年《とし》に月《つき》に人多《ひとおほ》く住《す》みつきて、今は幾萬人《いくまんにん》か住《す》みたる、もし軍民《いくさびと》を召されなば、二萬《にまん》の兵士《つはもの》は奉るべしといふ。さば、この後里の名を二萬《にまん》の里《さと》と申せとありしに、延喜《えんぎ》の頃には、國《くに》の守《かみ》が數《かぞ》へしかば、幾人《いくにん》も出すべくもあらぬものに數《かぞ》へしと云《い》ふを、榮枯地《えいこち》を易《か》ふると云ふも思《おも》はず、國の爲に患《うれ》へしは愚《おろか》なり。何處《いづこ》に棲《すづく》りて榮《さか》ゆらむ、是《こ》は徒事《いたづらごと》なり。人民《たみ》は利益損益《りえきそんえき》につきて移《うつ》る事、蜂《はち》の巣《す》を組《く》みかへるに同じ。又學問《がくもん》の事は大臣公卿《だいじんこうけい》の勸《すゝめ》にて、翰林《かんりん》の士高《たか》しとも、進《すゝ》むべきに定《さだ》まらず。これこの國の俗習《ならはし》なり。學校《がくかう》に集《あつ》まる童形《どうぎやう》の君に讀書《どくしよ》奉り、文の心《こゝろ》を解く道《みち》開き申すのみなるも、思はずして朝政《まつりごと》の時々に改《あらた》まりて、この時學寮《がくれう》は坎壈《かんらん》の府《ふ》、凍餒《とうたい》の舍《しや》とうち歎《なげ》くも、心ゆかざりしなり。又播磨《またはりま》の印南野《いなみの》の魚住《うをずみ》の泊《とまり》は、行基《ぎやうき》がこの間遠《とほ》し、舟泊《ふなとまり》の便《たより》よからずとて造《つく》りしなり。その後《のち》、度々風波《たび〳〵かぜなみ》につき崩《くづ》されしは、天造《てんざう》に違《たが》へるものから、終《つひ》の世に益《えき》あるまじ。惻隱《そくいん》の心あるもむなしきものから、朝廷《みかど》には見放《みはな》ちて、置かせ給ひしなるべし。これら聖教《せいけう》にあらぬ老婆心《らうばしん》にてこそあれ。かく至らぬ事どもは、鹽梅《あんばい》の臣の任

─三善清行の作
翰林の士─文筆の士
坎壈の府─不遇の士のなる所
凍餒の舍─凍え餓ゆるものゝ舍

木偶殿—貫之は木工權頭なれば也
やんらめでた—あなめでた
辜—罪也
致仕—官を辭して退く意

にあらず。我は詩つくり歌《うた》よまざれど、文讀《よ》む事を好《この》みて、人に誇《ほこ》り憎《にく》まれ、遂《つひ》に酒《さけ》の亂《みだれ》に罪蒙《かうむ》り、追《お》ひやらはれし後《のち》は、海《うみ》に浮《うか》びわたらひす。人の財《たから》をわが財《たから》とし、酒飲み肉食ひ、かくてあらば百年《もゝとせ》の壽《じゆ》は保《たも》つべし。歌《うた》よみて、道とのゝしる輩《ともがら》ならねば、物《もの》問《と》へ。猶云はむ。咽渇《のどかわ》く、酒《さけ》ふるまへと云《い》ふ。さかな物《もの》とり添《そ》へて與《あた》ふ。飽《あ》くまでくらひ飲《の》み、今は興《きよう》盡きたり。木偶殿《もくぎの》よ、暇申《いとま》さむとて、己《おの》が舟《ふね》に飛《と》び移《うつ》り、舷叩《ふなはたたゝ》いて、やんらめでたと、聲《こゑ》たけく歌《うた》ふ。貫之《つらゆき》の舟《ふね》にもそろ〳〵と、舟子等《ふなこら》が歌《うた》ひつるゝ。海賊《かいぞく》が舟《ふね》は、はやいつか漕《こ》ぎ隱《かく》れて、後《あと》しら浪《なみ》とぞ成《な》りにけェり。都《みやこ》に歸《かへ》りて後にも、誰《たれ》とも知らぬ者の文《ふみ》もて來《き》て、投《な》げ入《い》れて歸《かへ》りぬ。披見《ひらきみ》れば、菅相公《くわんしやうこう》の論《ろん》と云ふ事、手《て》は鬼々《おに〱》しくて淸《きよ》からねど、理《ことわりたゞ》正しげに論《ろん》じたり。讀《よ》むに、

懿哉菅公、生《れて》而得《え》二人望《を》一、死《して》而耀《す》二神威《を》一、自《より》レ古惟一人已《のみ》。曾《て》聞《く》、君子無《くして》レ辜而有《り》二不幸一、小人有《りて》レ辜而有《り》二不幸一。如《き》公《の》則《ち》有《りて》レ德而非《ず》レ辜。然《して》亦不幸《にして》貶《せらる》二于外藩《に》一。其所二以不《る》レ冤《せ》者《は》一、蓋過《ひて》二君臣剋賊之天運《に》一、而不《ず》レ能《は》二致仕《して》以令《むる》二其終《を》一、又罵二辱《して》藤菅根《を》一、而結《び》二其冤《を》一、不《ざ》レ擧《げ》二三淸公《を》一、人以爲《す》レ私《こ》。且不《ず》レ納《れ》二其革命之諫《を》一、抑非《ず》レ求《に》レ之乎《を》。淸公之言云《ふ》、明季辛酉運當《る》二變革《に》一、二月建卯將《に》レ動《す》二干戈《を》一。遭《ひ》レ凶衝《にて》レ禍《に》、雖《へども》レ未《いまだらず》レ知《を》二誰是《か》一、引《き》レ弩射《い》レ市《を》、當《に》レ中《ろべし》二薄命《に》一。自《より》翰林一超《する》二昇

槐位—三公の位
勃平—周勃陳平—漢高祖に仕へ輔佐の功ありし臣
詩三百篇—詩經三百篇
文屋の秋津—承和年中に撿非違使に補せられ

槐位者、吉備公之外無復興美。伏冀知其止、則足察其榮分。由是思之、吉公當妖僧立朝之貶、持大器而不傾殆、建勃平之勳矣。今也公以朝之寵遇道之光輝、與左相公有數、終所貶黜、故雖無辜、亦不免不幸也。然生而得人望、死而耀神威。有德之餘烈、可見赫赫然于萬世矣哉。

言《こと》のこゝしき、ほしきまゝなる、かの海賊《かいぞく》が文《ふみ》と知《し》らる。また副書《そへがき》あり。前《さき》の對面《たいめ》に言《い》ふべき事を、言《こと》に餘りて漏《もら》しつ。汝《なんぢ》が名《な》以《いつをもて》一貫《つらぬく》之と云《い》ふ語《ことは》を、取りたるものとは知らる。さらばつらぬきと讀むべけれ。之《し》は助音《じよおん》、こゝには意ある事なし。之《し》の字《じ》ゆきと讀《よ》む事《こと》、詩《し》三百篇の所々にあれど、それは文《ふみ》の意《こゝろ》につきて、訓《よ》むなり。汝歌《なんぢうた》よめど、文《ふみ》多く讀《よ》まねば、目《め》いたくこそあれ。名《な》は父《ちゝ》の擇《えら》びて附《つ》くるためしなれば、汝知《なんぢし》らずば、歌《うた》の名をおとすべし。歌暫《うたしは》し止《や》めて、窓《まど》の燈火《ともしび》かゝげ、文讀《ふみよ》めかし。ある博士《はかせ》の以貫と附《つ》けしは、つらぬきとこそ讀《よ》みためれ。可惜男《あたらをのこ》よと、荒々《あら〳〵》しく憎《にく》さげに書《か》きて、杢頭殿《もくのかみどの》と書附けたり。このこと學文《がくもん》の友《とも》にあひて、誰《たれ》ならむと問《ど》へば、文屋《ふみや》の秋津《あきつ》なるべし。文讀《ふみよ》むこと博《ひろ》かりしかど、放蕩亂行《はうたうらんぎやう》にして、遂《つひ》に追《お》ひはらはれしが、海賊《かいぞく》となりて、あふれ歩《ある》くよ。それはた渠儂《かれ》が天祿《てんろく》の助《たす》くるならめ。さてなむ罪《つみ》にあたらずして、今まで縱横《じうわう》

丹波守となり同九年事に坐して貶せらる承和年中卒

文明—後土御門の御世

享祿—後奈良帝の御世

過書文—關所を過ぐる手形

し歩《ある》くよと語《かた》りしとぞ。これは我欺《わがあざむ》かれてまた人を欺《あざむ》くなり。筆人を刺す、また人に刺さるれども、相共に血《ち》を見《み》ず。

## ○目一《めひとつ》の神《かみ》　四

阿嬬《あづま》の人は夷《えびす》なり、歌《うた》いかで詠まむと云ふよ。相摸《さがみ》の國小《こ》よろぎの浦人《うらびと》の、やさしく生ひたちて、萬《よろづ》に志深《ふか》く思ひ渡り、如何《いか》で都《みやこ》に上《のぼ》りて、歌《うた》の道學《みちまな》びてむ。高き御《おん》あたりによりて、習《なら》ひ傳《つた》へたらむには、花《はな》の蔭《かげ》の山《やま》がつよと、人の云ふばかりはとて、西をさす心頻《しき》りなり。鶯《うぐひす》は田舍《ゐなか》の谷の巣《す》なりとも、だみたる聲《こゑ》は鳴《な》かぬと聞くをとて、親《おや》に暇乞《いとまこ》ふ。この頃は、文明《ぶんめい》、享祿《きやうろく》の亂《みだれ》につきて、行きかひぢを切られ、便惡《たよりあ》しよと云ふなど、一度は諫《いさ》めつれど、强《し》ひて思入りたる道《みち》ぞとて從はず。母《はゝ》の親も、亂《みだ》れたる世の人にて、鬼々《おにく》しくこそなけれ、疾《と》く行《ゆ》きて疾《と》く歸《かへ》れとて諫《いさめ》もせず、別悲《わかれかな》しくもあらずて出立たす。關所數多《せきしよあまた》の過書文《くわしよぶみ》とりて、所々の咎《とがめ》なく近江の國に入りて、明日《あす》は都《みやこ》にと思ふ心すゝみにや、宿取惑《やどりまど》ひて、老曾《おいそ》の杜《もり》の木隱《こがくれ》、今夜《こよひ》はこゝにと、松《まつ》が根枕《ねまくら》もとめに、深《ふか》く入りて見れば、風《かぜ》に折《を》れたりともなくて、大樹《おほき》の朽倒《くちたふ》れしあり。踏越《ふみこ》えて、さすが安《やす》

よんべ—昨夜

猿田彦—瓊瓊杵尊天降り給ひし時案内せし神

おらび聲—叫び聲

からぬ思して、立煩《たちわづら》ふ。落葉《おちは》小枝《こえだ》道《みち》を埋《うづ》みて、淺沼《あさぬま》渡《わた》るに似て、衣《ころも》のすそぬれ〳〵と悲《かな》し。神《かみ》の祠《ほこら》立たせます。軒《のき》こぼれ、御階《みはし》崩《くづ》れて、昇《のぼ》るべくもあらず、草高く苔《こけ》むしたり。誰《た》がよんべ宿《やど》りし跡《あと》なる、すこしかき拂《はら》ひたる處あり。枕《まくら》はこゝにと定《さだ》む。負《お》ひし物下して、心落ちゐたれば、恐《おそろ》しさは勝《まさ》りぬ。高《たか》き木群《こむら》の茂《しげ》く生《お》ひたる隙《ひま》より、きら〳〵しく星《ほし》の光《ひかり》こそ見《み》れ、月は宵《よひ》の間《ま》にて露冷《つゆひやゝ》かなり。されど明日《あす》の天氣《てけ》頼《たの》もしと獨言《ひとりごと》して、物うち敷《し》き、眠《ねむり》に就《つ》かむとす。怪《あや》し、こゝに來る人あり。脊《せ》高く手《て》に矛《ほこ》取りつ、道分《みちわけ》したる猿田彦《さるたひこ》の神代《かみよ》さへ思《おもほ》ゆ。後《あと》につきて、修驗《しゆげん》の柿染《かきそめ》の衣肩《きぬかた》に結上《むすびあ》げて、金剛杖《こんがうづゑ》つき鳴らしたり。その後につきて、女房《にようばう》の白《しろ》き小袖《こそで》に赤《あか》き袴《はかま》の裾糊《すそのり》こはげに、はら〳〵と踏《ふ》みはらゝかして歩《あゆ》む。檜《ひ》のつまでの扇《あふぎ》かざして、いとなつかしげなる面《つら》を見れば、白《しろ》き狐《きつね》なり。その後《あと》に童女《わらはめ》のふつゝかに見ゆる、これも狐《きつね》なり。社《やしろ》の前にたち竝びて、矛《ほこ》とりし神人中臣《しんじんなかとみ》の、おらび聲《こゑ》高らかに、夜《よ》まだ深《ふか》からねど、物の答ふるやうにてすさまじ。神殿《しんでん》の戸《と》荒《あら》らかに明放ちて、出づるを見れば、頭髮面《かしらがみかほ》におひ亂《みだ》れて、目《め》一《ひと》つかゞやき、口は耳《みゝ》の根《ね》まで切れたるに、鼻《はな》は有《あ》りや無《な》し、白《しろ》き打著《うちき》のにぶ色《いろ》に染《そ》みたるに、藤《ふぢ》色《いろ》の無紋《むもん》の袴《はかま》、これは今調《てう》じたるに似《に》たり。羽扇《はうちは》を右手《めて》に持ちて、歩みたるが恐《おそ》ろし。

筑石―筑紫國

宍むら―肉

心も空にてある―失心驚怖の様

正木づら―蔓草、蔦の類

神人《しんじん》申す。修驗《しゆけん》は昨日筑石《つくし》を出でて、山陽道《さんやうだう》經《へ》、都《みやこ》に在りしに、何某殿《なにがしどの》の御使《おんつかひ》して、ここを過《す》ぐるに、一度御目《おんめ》給はらずやと申して、山《やま》づとの宍《しゝ》むら油《あぶら》に煮《に》こらしたる、また出雲《いづも》の松江《まつえ》の鱸《すゞき》二尾、これは從《したが》ひし輩《ともがら》にとらせて、今朝《けさ》都《みやこ》に來りと、あざらけきを膾《なます》につくりてたいまつると、修驗者《しゆけんじや》申す。都《みやこ》の何某殿《なにがしどの》の東の君に聞立ち、申合さるべきにて、御使《おんつかひ》に参るなり。事《こゝ》起りても、御《おん》あたりまでは騷《さわ》がし奉らじ。神《かみ》云ふ。この國は無《む》益《やく》の湖水《みづうみ》に狹《せば》められて、山《やま》の物《もの》、海《うみ》の物《もの》も共に乏《とぼ》し。賜物《たまもの》急《いそ》ぎ酒《さけ》酌《く》まむと仰す。童女《わらはめ》立ちて、御湯《おんゆ》たいまつりし竈《かまど》のこぼれたるに、木の葉《は》、小《こ》枝《えだ》、松毬《まつかさ》かき集《あつ》めて熏《くゆ》らす。めらめらと焰《ほのほ》の立昇る明《あかり》に、物《もの》の隈《くま》なく見《み》渡さるゝ恐《おそ》ろしさに、笠《かさ》うち被《かづ》きねたるさまして、いかに成《な》るべき命《いのち》ぞと、心も空にてあるに、酒《さけ》疾《ど》く暖《あたゝ》めよと仰《おほ》す。狙《さる》と兎《うさぎ》が大《おほ》いなる酒瓶《さかがめ》さし荷《にな》ひて、歩苦《あゆみくる》しげなり。疾《ご》くと申せば、肩弱《かたよわ》くてと、かしこまりぬ。童女《わらはめ》事ども執行ふ。大なる土器《かはらけ》七重《なゝつかさ》ねて、御前に重《おも》たげに擎《さゝ》ぐ。白《しろ》き狐《きつね》の女房酌《しやく》まゐる。童女《わらはめ》は正木《まさき》づらの襷掛《たすきか》けて、火《ひ》たき物燬《ものあたゝ》むる樣《さま》、まめやかなり。上《うへ》の四《よつ》を除《のぞ》きて、五《いつゝ》め参らす。湛《たゝ》へさせて、甘《うま》しく〱とて、重《かさね》飲《の》みて、修驗客人《しゆけんまらうど》なりとて、賜《たま》へり。さてあの松《まつ》が根枕《ねまくら》して、空寝《そらね》入《いり》したる若男、呼《よ》びてあへせよと、言《い》へとぞ。召《め》すと女房の呼《よ》ぶに、活《い》

封食の地―封土
わろもの―下手者
道のたづき―道の便

きたる心地《こゝち》は無《な》くて、這出《はひい》でたり。四《よつ》めの土器《かはらけ》とらせて、飲《の》めと仰《おほ》す。これを飲《の》まずばとて、多《おほ》くは好《この》まねど飲干《のみほ》す。宍《しゝ》むら、膾《なます》いづれも好《この》むを與《あた》へよ。汝は都に出でて物《もの》學《まな》ばむとや、事遲《おく》れたり。四五百年前にこそ、師《し》といふ人はありたれ。亂《みだ》れたる世《よ》には、文讀《よ》み物知る事行はれず。高き人も己《おの》が封食《ふうじき》の地《ち》は掠奪《かすめうば》はれて、乏《とぼ》しさの餘《あまり》には、何《なに》の藝《けい》は己《おの》が家《いへ》の傳《つたへ》ありと僞《いつは》りて、職《しよく》とするに、富豪《ふがう》の民《たみ》も、また武士《さむらひ》のあら〳〵しきも、これに欺《あざむ》かれて、幣帛《ねき》積《つ》みはへ習《なら》ふ事の愚《おろ》かなる。すべて藝技《けいぎ》は、よき人の暇《いとま》に玩《もてあそ》ぶ事にて、傳《つたへ》ありとは云《い》はず。上手《じやうず》とわろものの差《けぢめ》は必ずありて、親《おや》さかしき、子《こ》は習得《ならひえ》ず。況《ま》いて文書《ふみか》き歌詠《うたよ》む事の、己《おの》が心より思得《おもひえ》たらむに、如何《いか》で教《をしへ》のまゝならむや。初《はじめ》には師《し》と事《つか》ふる、その道《みち》のたづきなり。たどり行《ゆ》くには、いかでわがさす枝折《しをり》のほかに、習やあらむ。東人《あづまびと》は心猛《たけ》く夷心《えびすごころ》して、直《なほ》きは愚《おろ》かに、賢《さか》しげなるは佞曲《ねぢけまが》りて、賴《たの》もしからずといへども、國に歸《かへ》りて、隱《かく》れたらむ善《よ》き師《し》求めて、心とせよ。よく思《おも》ひ得《え》てこそ己《おの》がわざなれ。酒飲《さけの》め、夜寒《よるさむ》きにとぞ。祠《ほこら》の後《うしろ》より法師《ほうし》一人出でて、酒《さけ》は戒破《かいやぶ》り易《やす》くとも又醒《またさ》めやすし。今夜《こよひ》の間、一飲《ひとつの》まむとて、神《かみ》の左坐《かみざ》に足高《あしたか》く結《むす》びて居《ゐ》たり。面《かほ》は圓《まろ》く平たく、目鼻《めはな》あざやかに、大《おほ》きなる袋《ふくろ》を携《たづさ》へたるを右《みぎ》に置《お》きて、土器《かはらけ》いざと云《い》ふ。女房取

優曇華なり—稀有なりの意

親あるからは云々—孔子曰、父母在、不遠遊、遊有方

土器—杯

りて參らす。扇《あふぎ》とりて、唐玉《からだま》やく〳〵と歌《うた》ふ。聲《こゑ》めゝしくはあれど、これもまた凄《すさ》まじ。法師《ほうし》云《い》ふ。おのれは扇《あふぎ》かざすとも、尾太《をふと》く長《なが》きには、誰《たれ》かは袖引《そでひ》かむ。若《わか》きものよ、神《かみ》の教《をしへ》に從《したが》ひて、疾《と》く歸《かへ》れ。山《やま》にも野《の》にも盜人《ぬすびと》立ちて、容易《たやす》くは通《とほ》さず。こゝまで來ること優曇華《うどんげ》なり。修驗《しゆげん》の、東《ひがし》の使《つかひ》に下るに、衣の裾《すそ》にとりつきて疾《と》く歸《かへ》れ。親《おや》あるからは、遠《とほ》く遊《あそ》ばぬと云ふ教《をしへ》は、東の人も知りたるべしとて、盃《さかづき》さす。己《おのれ》に肴物臭《さかなものくさ》しとて、袋《ふくろ》の中《なか》より大《おほ》きなる蕪根《かぶね》を干固《ほがた》めしを取出でてしがむ面附《つらつき》、童顏《わらはがほ》してまた懼《おそろ》し。何《いつ》れの御心も同じく聞《き》きしらせたまへば、都《みやこ》には明日《あす》と志《こゝろざ》したれど下《のぼ》らじ。御《おん》しるべにつきて、文《ふみ》讀《よ》み歌學《うたまな》ばむ。こゆるぎの蜑《あま》が目《め》ざす道《みち》は栞《しをり》得たりとて喜《よろこ》ぶ。土器《かはらけ》幾回《いくまはり》か巡《めぐ》らせたれば、夜《よ》や明けむと申す。神人《しんじん》も醉《ゑ》ひたるにや、矛《ほこ》とり直《なほ》して、物《もの》まをしの聲皺《こゑしわ》ぶる人なれば、をかしと聞《き》きたる。山伏《やまぶし》いざ暇賜《いとまたま》はらむと、金剛杖《こんがうづゑ》とりて、若者《わかもの》に是《これ》に取《と》りつけよと云ふ。神は扇《あふぎ》とり直《なほ》して、一目連《いちもくれん》がこゝに在りて空しからむやとて、若男《わかをとこ》を空に扇《あふぎ》上ぐる。猿《さる》と兎《うさぎ》は手打ちて笑《わら》ふ〳〵、木末《こずゑ》に至りて待《ま》ちとりて、山伏《やまぶし》は、飛《と》び立つこの男を腋《わき》に挾《はさ》みて、飛《と》びかけり行《ゆ》く。法師《ほうし》は、あの男《をとこ》よく〳〵とて笑《わら》ふ。袋《ふくろ》取りて背に負《お》ひ、低《ひく》き足駄《あしだ》履《は》きて、ゆらめき立ちたるさま繪《ゑ》に見知《みし》りたり。神人《しんじん》と僧《そう》とは人なり。人

白髪づくまで―老年まで
申の時―午后四時
あふれ者―無頼漢

なれど妖《えう》に交《まじは》りて魅《み》せられず、人《ひと》を魅《み》せず、白髪《しらが》づくまで齢《よはひ》は經《へ》たり。明《あ》けはなれて、森陰《もりかげ》の己《おの》が宿《やどり》に歸《かへ》る。女房童女《にようはうわらはめ》は、神人《しんじん》のこゝに止《と》まれとて誘《いざな》ひ行《ゆ》く。この夜《よ》のことは、神人《しんじん》が百年《もゝとせ》を生延《おひの》びて、日《ひ》なみの手習《てならひ》したるに、書記《かきしる》したるがありき。墨黒《すみくろ》くすく〳〵しく、誰《た》が見《み》るとも、能く讀《よ》むべき。文字《もじ》のふりは、大方《おほかた》に誤《あやま》りたり。己《おのれ》も能《よ》く書出でたりと思《おも》ひしならめ。

○樊《はん》噲《くわい》（卷端に什之上とあり）

昔今を知らず、伯耆《はうき》の國大智大權現《くにだいちだいごんけん》の御山《おやま》は、恐《おそろ》しき神《かみ》のすみて、夜《よる》はもとより、晝《ひる》も申《さる》の時過《ときす》ぎては、寺僧《じそう》だに下るべきは下り、行ふべきは行ひ明《あか》すとなむ聞ゆ。麓《ふもと》の里《さと》に、夜毎若《よごとわか》きあふれ者等集《あつ》まり、酒《さけ》のみ博奕《はくち》打《う》ちて、爭遊《あらそひあそ》ぶ宿《やどり》あり。今日《けふ》は雨降《あめふ》りて、野山《のやま》のかせぎゆるされ、午時《ごじ》より集來《あつまりき》て、跡無《あとな》き語言《かたりごと》して樂《たの》しがる中に、腕《うで》だてしてにくき男あり。憎《にく》しとて、おのれは強《つよ》き事いへど、お山に夜登《よるのぼ》りしるし置《お》きて歸《かへ》れ。さらずば、力《ちから》ありとも心は臆《おく》したりとて、數多《あまた》が中に辱《はつ》かしむ。それ何事かは。今夜登りて、正《まさ》しくしるし置きて歸《かへ》らむとて、酒飲《さけの》み物食ひ滿《み》ちて、小雨《こさめ》なれば、簑笠《みのかさ》かづきて、た

眉をひそめて—憂ありて澁面すること

木むら—樹木枝の繁茂したる所

おらべど—叫べども

神巫—神事

だ今出で行く。友達《ともだち》が中に老いて心あるは、無益《むやく》の爭《あらそひ》なり。渠必《かれかなら》ず神に引裂《ひきさ》き捨てられむと、眉《まゆ》ひそめて言《い》へど、追《お》ひ止《と》めむとも更《さら》にせず。この大藏《だいざう》と云ふは、足もいと早し。まだ日高きに、御堂《みだう》のあたりに行きて、見巡るほどに、日《ひ》やゝ傾《かたぶ》きて、物凄《ものすさま》じく風《かぜ》吹《ふ》きたち、檜《ひ》原杉村《はらすぎむら》さや〳〵と鳴《な》りどよむ。暮《く》れはてて、人なきにほこり、このあたり何事《なにごと》もなし、山の僧《そう》の驚《おどろ》かすにこそあれとて、雨晴《あめは》れたれば、簑笠《みのかさ》投《な》げやり、火切《ひき》り出して煙草《たばこ》のむ。いと暗うなりて、さらば、上《かみ》の社《やしろ》にとて、木《こ》むらが中《なか》を、落葉《おちは》踏分《ふみわ》け踏《ふ》みはらかして、登《のぼ》る〳〵、十八丁とぞ聞く。こゝに來《き》て何のしるしをか置《お》かむとて見巡《みめぐ》るに、幣《ぬさ》たいまつる箱《はこ》の大きなるがあり。これかづきて下《くだ》りなむとて、重《おも》きを輕《かろ》げに、うちかづきてむとするに、この箱《はこ》のゆらめき出でて、手足生《てあしお》ひ、大藏《だいざう》を安々《やすく》と引提《さ》げ、空《そら》にかけり上《のぼ》る。こゝにて心よわり、宥《ゆる》せよ助《たす》けよとおらべど、答《こたへ》なくて飛《と》びかけり行くほどに、波《なみ》の音《おと》のおどろ〳〵しきを聞《き》き、いと悲《かな》しく、こゝにうちはめられやするとて、今は箱《はこ》を強《つよ》く執へて賴《たの》みたり。夜やう〳〵明《あ》けぬ。神は箱《はこ》を地に投《な》げ置きて歸《かへ》りたり。眼《まなこ》を開《ひら》きて見《み》れば、海邊《うみべ》にて、こゝも神《かみ》の社《やしろ》あり。松杉神々《まつすぎかうぐ》しきが中に、立たせたまへり。神巫《かんなぎ》ならめ、白髮《しらが》交《まじ》りたる頭《かしら》に、烏帽子《ゑぼうし》かゝぶり、淨衣《じやうえ》なれたるに、手《て》には今朝

を行ふ人
なこ業—馬鹿わざ
日代—國司の任に赴かざる時代りて其事を司る人
辰のとき—

の贄《にへ》つ物《もの》御《み》臺《だい》に捧《さゝ》げて歩《あゆ》み來るが、見咎《とが》めて、いづこより來《きた》る、怪《あや》しき男《をとこ》なりと問ふ。伯耆《はうき》の大山《だいせん》にのぼりて、神《かみ》に戒《いまし》められ、遠《とほ》くこの幣《ぬさ》の箱《はこ》と倶《とも》にこゝに投《な》げ棄《す》て、神《かみ》は歸《かへ》らせたまふと言《い》ふ。いと怪《あや》し、汝はをこ業《わざ》する愚者《おろかもの》なり。命たまはりしこそよろこべ。こゝは隱岐《をき》の國《くに》のたく火《ひ》の權現《ごんけん》の御社《おんやしろ》なりと聞きて、目口はだけて驚《おどろ》き、二親《ふたおや》ある者なり、海《うみ》を越《こ》させて里に歸《かへ》らせたまへと言《い》ふ。他國の者の故《ゆゑ》なくて來《きた》れば、掟《おきて》ありて國《くに》所《ところ》を正《たゞ》しく問ひて後に、送《おく》り歸《かへ》さるゝなり。暫《しば》し居《を》れ。これ奉りて後、わがもとに來《きた》れ。問糺《とひたゞ》して、目代《もくだい》に行きて申すは、今朝《けさ》の御贄《みにへ》たてまつる、ふと祝詞《のりと》言高《ことたか》く申す手《て》に、物《もの》のはらく\とこぼれしに、御戸《おんと》たてゝ歸《かへ》ると夢《ゆめ》見たり。驚《おどろ》きて、急《いそ》ぎ御贄調《みにへてう》じて御社に參るに、松蔭《まつかげ》に見知《みし》らぬ者の立てり。何處《いづこ》の人と問ひしかば、伯耆《はうき》の國《くに》の者なり、しかじかの事にて、こゝに知らず參りたりと申す。卽《すなは》ちわが家《いへ》に居《を》らせて、訴《うた》へ奉《たてまつ》るとぞ。目代《もくだい》聞きて　そやつは神《かみ》の御咎《おんとが》に、こゝまでいたされしなり。この國の者ならねば、罪《つみ》すべきやうなしとて、その日の夕《ゆふべ》、潮待《しほま》つ船《ふね》に、向《じかひ》の出雲《いづも》の國《くに》に送《おく》らす。八百石といふ船《ふね》にて、小さくもあらぬを、風追《かぜお》ひていと早《はや》し。されど、よんべの神《かみ》の翅《つばさ》にかけしよりは、遲《おそ》しと云《い》ふ。三十八里《みそぢあまりはちり》の渡を、辰《たつ》のときに出でて、申《さる》の上刻《じやうこく》と云ふに、向《むかひ》の出雲《いづも》の

午前八時
申の上刻―午後四時少しすぎ
笞杖―笞杖の刑罰
うまく寐れたり―熟眠したり

國に著《つ》きぬ。こゝに崎守《さきもり》のありて、事の由問《と》ひ明《あき》らめ、さても世《よ》のいたづら者なり。憎《にく》しとて、面《つら》に吐唾《つはは》きかけて、過書文《くわしよぶみ》與《あた》ふ。里の次々《つぎ〳〵》に、二人の男に圍《かこ》まれて、七日《なぬか》とい午時《ごじ》に、故郷《ふるさと》に來《きた》る。目代《もくだい》に引出され、罪重《つみおも》からねば、笞杖《しもと》五十うたせて、里正召《さとをさめ》して渡《わた》さるゝ。一里《ひとさと》聞きつけて、大藏《だいざう》がかへり申すぞとて、まづその家に走り行きて告ぐる。母《はゝ》と兄嫁《あによめ》はいかにしてとて、嬉《うれ》しくも悲《かな》しくも、門立《かどだち》して待《ま》つほどに、送《おくり》の人《ひと》に、圍《かこ》まれて來る。まづ迎《むか》へて、物食《ものく》へ足洗《あしあら》へと、立《た》ちさうどく。父《ちゝ》は持佛《ぢぶつ》に前《まへ》に、膝《ひざ》たかく組《く》みて、烟《けぶり》くゆらせ空《そら》に吹《ふ》き居《ゐ》たり。兄《せうと》は山に出づるとて、朸鎌《あふごかま》とりて、生《なが》へ歸りしは不《ふ》思議《しぎ》の事なり、問《と》ふもうるさしとて。面《かほ》をきとにらみて出行く。里《さと》の友達《ともだち》あつまり來て、腕こき止《や》めよかし、神《かみ》に裂《さ》かれぬこそあり難《がた》けれとて、喜《よろこび》云ひて皆《みな》かへる。いつもの臥《ふし》所《ど》に入《い》りて、翌《あす》の晝時《ひるどき》までうまく寐《い》ねたり。今はたゞ親に從はむとて、兄《せうと》につきて山《やま》かせぎす。出雲《いづも》へ渡《わた》り、隱岐《をき》の島《しま》より歸《かへ》るは、罪《つみ》ある者《もの》の大赦《たいしや》にあひしなりとて、大藏《だいざう》と云ふ名は呼ばで、大赦大赦《たいしやたいしや》と、あだ名《な》したり。日數經《ひかずへ》て母《はゝ》に云《い》ふ。權現《ごんけん》の賜《たま》ひし命《いのち》なり、心淨《きよ》くして、今一度詣《まう》でんと云ふ。母危《はゝあやふ》がりて、身《み》をよく清《きよ》め心あらためてあらば、如《によ》來《らい》も神《かみ》も同じ事にこそ。よく拜《をが》みて、御《おん》ゐやまひ申して、兄《せうと》と連立《つれだ》ちて、お山《やま》には登《のぼ》れ

心太—大膽

心おくれ—氣おくれすること

申かたぶか

と云《い》ひてゆるさず。父聞きて、憎《にく》しとおぼしたまはば、命《いのち》たまはらむやは、急《いそ》ぎまうで來《こ》よと云《い》ふ。兄嫁《あによめ》つきて上《のぼ》りたまへといへば、嘲笑《あざわら》ひて、父《ちゝ》のおほせ道理《ことわり》なり、一人《ひとり》上《のぼ》れ。己《おの》が心の改《あらた》まりたるを、神佛《かみほとけ》はよくしろしめすべしとて伴《ともな》はず。大藏《だいざう》もとより心太《こゝろふと》なれば、一人《ひとり》上りて、御詫《おんわび》申して來らむとて出《い》づる。はやく歸《かへ》りて、何《なに》の事《こと》もなかりし。錢《ぜに》たまひしは、かの御前《おんまへ》に奉りてよく拜《をが》みて、さて、その夜《よ》の簑笠《みのかさ》の木陰《こかげ》にありしを取《と》りかへりしと云《い》ふ。母《はゝ》、なほ強《つよ》き事して、また御罰蒙《おんばちかうむ》るな。引裂《ひきさ》き捨《す》てたまふとて、人《ひと》は言《い》ふよ。事無《ことな》くて還《かへ》したまふはとて、物食《ものく》はせて喜《よろこ》ぶ。この後は心《こゝろ》改まりて、兄《せうと》がしりに立《た》ちて、木《き》こり柴荷《しばにな》ひ歸《かへ》りて、親《おや》の心をとる程に、大力《だいりき》なれば兄《せうと》とは刈《か》り勝《まさ》り、錢《ぜに》多《さは》に替《か》ふるを、母《はゝ》と嫁《よめ》とは、ほめごととして喜《よろこ》ぶ。年《とし》も暮《く》れぬ。いつの年《とし》よりは、大藏《だいざう》がかせぎするに、錢《ぜに》三十貫文を積《つ》みて、この年《とし》よしと、父も兄《せうと》も心よく云《い》ふに、母《はゝ》と嫁《よめ》とはまことにとて、大藏《だいざう》に布子《ぬのこ》ひとへ新《あたら》しく調《てう》じて著《き》す。年《とし》かへりて、春《はる》の長閑《のどか》なるに、またいつもの宿《やど》に遊《あそ》びて、博奕《ばくち》はじめ負《ま》けたりしかば、錢《ぜに》乞はれて、流石《さすが》に心おくれたれば、一夜《ひとよ》二夜《ふたよ》はえ行《ゆ》かず。母《はゝ》にいふ。春《はる》の御《おん》ゐやまひに山《やま》に上《のぼ》らむ、友《とも》だちが詣《まう》づるにといひて、錢乞《ぜにこ》ふ。早《はや》く歸《かへ》れ。申《さる》かたぶかば恐《おそ》ろしとて、藏《くら》に行く。後につきていく

らもたまへと乞《こ》ふ。お山に詣《まう》づとて、多《おほ》くは何する。是《これ》ばかりをとて、櫃《ひつ》の蓋《ふた》あけて攫《つか》み出《い》で、亂《みだ》れたるが百文《ひやくもん》に餘《あま》りぬべし。持行《もてゆ》けと、櫃《ひつ》の蓋《ふた》する内《うち》を見《み》れば、からげし錢《ぜに》二十貫文あり。母《はゝ》に云《い》ふ。春毎《はるごと》の遊《あそび》して錢負《ぜにま》けたり。友《とも》だちが償《つぐの》へとて、度々《たび〳〵》責《せ》むるに、その錢《ぜに》しばしたまへ。山《やま》かせぎして本《もと》の如《ごと》く積《つ》むべし。あすよりは山《やま》に入《い》るよとて、乞《こ》ふ面《つら》にくし。さても〳〵、心改めしかと思《おも》へば、博奕《ばくち》やめぬよ。目代殿《もくだいどの》より春毎《はるごと》に戒《いまし》めたまふいたづら事《ごと》なり。神《かみ》も惡《にく》ませたまはむ。この錢《ぜに》は兄《せうと》が入《い》れおきたるぞ。ゆるさねば手《て》は觸《ふ》れじとて、櫃《ひつ》の鑰《かぎ》さゝむとす。例の心より母《はゝ》を執《とら》へて動《はたら》かせず。聲立《こゑた》てな、父が晝寢《ひるね》覺むるぞとて、片手《かたて》に蓋開《ふたひら》きて、二十貫文《くわんもん》攫出《つかみいだ》して、母《はゝ》は櫃《ひつ》のなかへ押込《おしこ》めて、錢肩《ぜにかた》に置《お》きてゆらめき出《い》づ。兄嫁《あによめ》見て、その錢何處《ぜにいづこ》へ持行《もちゆ》きたまふよ。男《をとこ》の數《かぞ》へて入置きたるなり。父目覺《めさま》したまへ。又《また》いたづら心の起《おこ》りしぞとて、おらび聲《ごゑ》して云ふ。父驚《おどろ》きて、おのれ盜人《ぬすびと》め、赦《ゆる》さじとて、朸《あふご》とりて庭《には》に下り後《うしろ》より丁《ちやう》とうつ。うたれても骨《ほね》かたければ、嘲笑《あざわら》ひて門に出づ。憎《にく》し〳〵とて追《お》ひしけど、足《あし》は韋駄天走《ゐだてんばしり》して逃行《にげゆ》く。あれ捕《とら》へてよと、呼《よ》ばはり〳〵追《お》ふ。兄《せうと》も歸路《かへりみち》に行合ひて、おのれこの錢盜《ぜにぬす》まさむやとて、奪返《うばひかへ》さむとすれば、手に當《あた》らずして、蹴倒《けたふ》されたり。父足弱《よわ》くて、兄《せうと》に後《おく》れたれば、

ばー午後五時すぎなば

男のー夫の

韋駄天走ー韋駄天の如き疾走

山賤―いやしきもの
あふれにあふれて―大にたけりて
さうどきて―さわぎて
重く行はん―重罪に行

此時《このとき》にやう〳〵追《お》ひつきて、後よりしかと抱《いだ》きとむるを、年寄の力《ちから》だて、いたづら事《ごと》ぞとて、片手《かたで》にて前《まへ》へ引廻《ひきま》はし、横《よこ》ざまに投《な》げたれば、道細《みちほそ》きに溜池《ためいけ》の氷解《こほりと》けぬ上《うへ》に、轉《ころび》落《お》ちたり。兄《せうと》は親《おや》をなんとするとて、助《たす》け上らすほどに、遠《とほ》く成《な》りぬ。父も山賤《やまがつ》なれば、心はたけくて、濡《ぬ》れし衣《きぬ》からげ上《あ》げてまた追《お》ふ。谷渡《たにわた》る所にて友達《ともだち》が行合ひ、向立《むかひた》ちて強《つよ》く捕《とら》へたり。これは力《ちから》ある男なれば、おのれも腕《うで》の限《かぎ》りして面《つら》をうち、ひるむと見《み》て蹴《け》たれば谷《たに》の底《そこ》へ落《お》ちころびぬ。水いと寒き頃なれば、心猛《たけ》きにもえ這上《はひあが》らぬを、己《おの》れが博奕《はくち》の負債《おひめ》責《せ》むるから償《つぐの》はんとて、親《おや》の錢《ぜに》なれば、もて出でたるぞとて、岸《きし》に立つ石の大いなるを、また蹴落《けおと》したれば、這上《はひあが》るとする程の上に、轉掛《ころびかゝ》りて、谷《たに》の深《ふか》きに倶《とも》に落入りて、この度はえ上《あが》らず。兄《せうと》と父《ちゝ》とは追《お》ひかねて、この間《ま》にやう〳〵來《き》て、錢《ぜに》たゞ奪《うば》ひ返《かへ》さむとす。今はあふれにあふれて、親《おや》も兄《せうと》も谷の流に蹴落《けおと》して、韋駄天足《ゐだてんあし》して、いづち知《し》らず逃《に》げうせぬ。父兄《ちゝせうと》も淵《ふち》にともに沈《しづ》みて、え上らず、凍《こゞ》え〳〵て死《し》にたり。一里《ひとさと》さうどきて追《お》へど、手《て》なみは見《み》つ、目代《もくだい》へかけり行きて、しか〴〵のことと訴《うつた》へたり。さても〳〵、惡《にく》き大罪人《だいざいにん》なり。追捕《おひとら》へて重《おも》く行はん。足疾《あしと》き奴《やつ》なれば、國《くに》の内に今はあらじとて、容貌《かたち》繪《ゑ》に書《か》きて觸《ふ》れ流し、捕《とら》へむとす。里長《さとをさ》申す。山里《やまざと》には繪《ゑ》書《か》く者なし。

はん
日ごろありて—數日ありて
五ひら—五枚、判金を枚を以て數ふ

たゞ、形《かたち》を書《か》き、ことわりて言《い》ひ流《なが》したまへと申す。然《しか》らむとて、身《み》の丈《たけ》五尺七寸ばかり、面《つら》つき鬼々《おにおに》しく肥《こ》えふとり、物《もの》もよく云《い》ふぞとまで、委《くは》しく書附《かきつ》けて、國々《くにぐに》へ言流《いひなが》す。大藏《だいざう》は迯《に》げのびて、今《いま》はとて遠《とほ》く筑紫《つくし》に渡《わた》り、博多《はかた》の津《つ》に日ごろありて、博奕《はくち》うつ中に入りて、何《なに》の幸《さち》ぞ、錢《ぜに》多く勝《か》ちたり。こゝへも云々《しかじか》の大罪人《だいざいにん》捕《とら》へよと觸流《ふれなが》さるゝ。このあふれ者等《ものら》も、大藏《だいざう》なるべしとて、目《め》くはせたるを見て、早《はや》くこゝを遁《のが》れて、錢《ぜに》は重《おも》しとて、木《き》の下に投棄《なげす》て、黄金《こがね》五《いつ》ひらあるを心だよりに、旅人《たびびと》にやつし、長崎《ながさき》の津《つ》にさまよひ來りしが、こゝに孀住《やもめずみ》のわびしくてあるに身《み》を寄《よ》せて、博奕《はくち》の修行《しゆぎやう》しきりにて、勝《か》ちほこり、財《たから》の主《ぬし》ぞとて、酒醉《さけゑ》はせ明暮醉《ゑ》ひごとして、理《わり》なきが恐《おそろ》しさに、孀《やもめ》は迯出《にげ》でて、丸山《まるやま》の揚屋《あげや》がもとへ、縫事《ぬひごと》に雇《やと》はるゝを便《たより》に隱《かく》してよとこゝにあり。大藏《だいざう》醉《ゑ》ひさめて、何處《いづこ》にぞと呼《よ》べどあらず。さては、わがほしきまゝを惡《にく》みて、迯行《にげゆ》きしよ。何時《いつ》も丸山《まるやま》に某《なにがし》の所へとて行く物語《ものがたり》したれば、其處《そこ》にこそ居《を》らめとて追《お》ひ行《ゆ》きて、わが女《をんな》を返《かへ》せとて、荒《あら》く云罵《いひのゝし》る。主人《あるじ》も家《いへ》の内の者等も、こゝに宿《やど》りし客人《まらうど》も、如《い》何《か》に鬼《おに》の來《きた》るはとて騷立《さわぎた》つ。障子《しやうじ》みな蹴放《けはな》ちて、此處彼處《こゝかしこ》に亂入《みだれい》りて、まづ醉醒《ゑひさ》めたればとて、盃《さかづき》の散《さん》じたるを取《と》りて、飲《の》む〱、肴物《さかなもの》、鉢《はち》や何《なに》や引寄《ひきよ》せて食《くら》ふほどに、氣《き》

樊噲—漢の勇士なれば勇士の意に用ふ

熊掌駝蹄—熊の掌肉駝の蹄共に珍肴

雑式—雑色、無位の侍

疫やみして—病して

力益々《りよくますます》盛《さかり》に成《な》りて、我女出せよとて踊狂《をどりくる》ふ。奥《おく》の方《かた》に、唐人《もろこしびと》の宿《やど》りて遊《あそ》ぶ所《ところ》へ亂入《みだれい》りて、屛風《びやうぶ》も蹴倒《けたふ》して、唐人《もろこしびと》の前《まへ》に膝高《ひざたか》くかゝげて、どうと座《ざ》したり。驚《おどろき》懼《おそ》れて、樊噲《はんくわい》排闥《とびらをひらく》々々、発《ゆる》したまへ、我《われ》はたゞ何ごとも知《し》らずとて詫《わ》ぶる。主人《あるじ》この客人《まらうど》過《あやま》たせてはとて、手《て》すりわび、御妻《おんつま》なる人《ひと》は此處《こゝ》に來《き》て、また何處《いづこ》へか迯《に》げたりし。心靜《しづ》めたまへ。いづちにか隠《かく》れむ。倶《とも》にさがし求めて參《まゐ》らせむ。酒飲《さけの》みたまふよとて、熊掌駝蹄《ゆうしやうだてい》こそあらね、山《やま》の物海《ものうみ》の物《もの》さゝげ出《い》でてもてなすにぞ、これに心折れて飲《の》みくらふ。唐人《もろこしびと》のつけし樊噲《はんくわい》と云《い》ふ名《な》よしとて、今《いま》より後名《のちな》とせむと喜《よろこ》ぶ。夜明《よあ》けはなれたり。雑式《ざふしき》いかめしき男、四五人《よたりいつたり》つれ來りて、親兄《おやせうと》を殺《ころ》せし伯耆《はうき》の國《くに》の大藏《だいざう》出《いだ》せ、縄《なは》かけむと聞《き》きて、如何《いか》にすべきにあらねば、心を据《す》ゑて躍出《をどりい》で、我は親殺《おやころ》せし者にあらずとて、詫《わ》ぶるさまして、前《まへ》の男《をのこ》の持《も》ちたる棒奪《ぼうは》ひとりて、誰彼《たれかれ》なくうち散《ち》らすほどに、え捕《とら》へずして迯《にが》したり。こゝより何方《いづち》へともあてどなくて、野《の》に臥《ふ》し山《やま》に隠《かく》れて歩《あゆ》くほどに、疫《え》やみして、山陰《やまかげ》の所にころび臥《ふ》したり。狼《おほかみ》のおらび聲《ごゑ》して叫《さけ》べば、ゆきゝの人懼《おそれ》しとて、見《み》とゞむる人《ひと》なし。やう〳〵あつき心地醒《さ》めがたになりしかど、この頃物食《ころものく》はねば、足立たずして、道《みち》に這出《はひ》で人《ひと》の來《く》るを待つ。夜《よ》に入《い》りてこゝ過《す》ぐる人《ひと》あり。月《つき》あかりにこ

おどろ髪—荊の如く亂れたるかみ

の大藏《だいざう》が呻《うめ》く聲《こゑ》を聞《き》きて、何者ぞと咎《とが》む。己《おのれ》は旅人《たびびと》なり。病してこゝに日《ひ》頃《ごろ》ありしが、やゝ醒《さ》むるにも物食《ものく》はねば足立《あしだ》たず、物食《ものく》はせてたべと云《い》ふ。燈火《ともしび》持ちたるあかりにて見たれば、鬼《おに》の如《ごと》くにて衰《おとろ》へ、おどろ髪《かみ》振《ふ》り亂《みだ》し、たゞ物食《ものく》はせよと乞《こ》ふ人なりけりと、見《み》とゞめて、思《おも》ふ心あれば、こ奴《やつ》助《たす》くべしとて、腰《こし》の餌袋《ゑぶくろ》より飯《いひ》とうでて與《あた》ふ。ただおし戴《いたゞ》き、うゝと云《い》ひつゝ喰ふ。くらひ盡《つく》して、さて云《い》ふ。御恩《ごおん》忝《かたじけな》し。いつにても報《むくい》巾さむと云《い》ふ。旅人《たびびと》笑《わら》ひて、おのれはおもしろき男なり。落《お》ちはふれて何《なに》をかする。盜《ぬすみ》して世《よ》を渡《わた》れ。わが下《もと》につきて稼《かせ》げと云《い》ふ。うち笑《わら》ひて、盜人殿《ぬすびとどの》、よくも出合《であ》ひたる。博奕《はくち》うち誇《ほこ》りて、かく田舍《ゐなか》へはさまよひ來るなり。博奕《はくち》打《う》つも盜《ぬすみ》も、罪《つみ》は同《おな》じ。博奕《はくち》は負《ま》け色《いろ》に成《な》りて、力《ちから》わざもせさせず、盜人《ぬすびと》は筋一筋《すぢひとすぢ》なるはとて喜《よろこ》ぶ。さて己《おのれ》は膽太《きもふと》き奴《やつ》なり。伯岐《はうき》の國の親兄殺《おやせうところ》して迯《に》げし男《をのこ》めかと問《と》ふ。それなり。人里《ひとざと》に出《い》で交《まじ》りては安《やす》き心《こゝろ》なし、御手《みて》につきて、野山《のやま》に立稼《たちかせ》がむ事《こと》、よし〳〵とて喜《よろこ》ぶ。今夜《こよひ》こゝ過《す》ぐる旅人《たびびと》あり、馬《うま》に荷《に》重《おも》く負《おほ》せたり。足輕一人《あしがるひとり》老《お》いたる男《をのこ》つきたる外《ほか》には障《さはり》なし。馬士《まご》めも、共《とも》にうち殺《ころ》して、荷《に》の中《なか》に金《かね》ありと見《み》たれば、よき稼《かせぎ》ぞ、手初《てはじめ》して見《み》せよと云《い》ふ。これはいと易《やす》き事なり。なほ力《ちから》づけに、麓《ふもと》に下《お》りて酒飲《さけの》ませてたべ。我《われ》も寒《さむ》かりつればとて、十

金一分—金一分は一兩の四分の一

山だち—山賊

丁ばかり下りて、水驛《みづうまや》の戸敲《たゝ》き、酒買《さけか》はむといふ。まだ宵《よひ》のほどなれば、をと答《こた》へて戸明《あ》けたり。善《よ》き酒肴《さけさかな》、何《なに》にてもく出《いだ》せと急《いそ》ぐ。夜《よ》あるきなれば、價《あたひ》先《まづ》とらすぞとて、金《きん》一分とり出でて投與《なげあた》ふ。主人《あるじ》立走《たちはし》りて、鄰《となり》の家《いへ》に鮪《しび》の煮《に》たるありとて、酒温《さけあたゝ》める間《ま》に求來《もとめき》て、鰒《ふぐ》のつくり膾《なます》、豆麩《とうふ》の汁物《しるもの》あつくして出す。よしとて二人《ふたり》飲《の》み飽《あ》くほどに、夜《よ》更《ふ》けぬ中にとて出《い》で行《ゆ》く。主人《あるじ》、あの脊高《せたか》き男《をのこ》は、大盗人《おほぬすびと》なり。附《つ》きて來《きた》るは、見知《みし》らずといへども、手下《てした》にぞあらめとて、殘《のこり》の酒肴物食飲《さけさかなものくひの》みて寢《ね》たり。二人《ふたり》の山《やま》だちは、ここよとて木《こ》むらの陰《かげ》にたゝずみしほどに、馬《うま》の鈴《すゞ》ゆらぎて聞《きこ》ゆ。ぬかるなといへば、手《て》空《むな》しきはと云《い》ひて、松《まつ》の木《き》の一丈餘《あまり》なるを根拔《ねこ》ぎにして、振《ふ》りたてゝ見《み》する。よしよし、口いさぎよしとて笑ふ。馬《うま》の足音《あしおと》こゝに來れば、ものをもいはで、松《まつ》の木《き》振《ふ》りたてゝ、口とる男《をのこ》も馬《うま》もうち倒《たふ》しぬ。老《お》いたる足輕《あしがる》のこれはとて、刀拔《かたなぬ》くわざも知《し》らぬにや、あわて迯《に》げむとす。又追《またお》ひつきて、首細《くびほそ》き奴《やつ》かなとて、谷《たに》の深《ふか》きと思《おも》ふ所《ところ》へ投《な》げ落《おと》したり。馬《うま》は遂に踏殺《ふみころ》さぬとて、力足《ちからあし》して腹強《はらつよ》く踏《ふ》めば、嘶叫《いなゝきおら》びて死にたるべし。荷《に》の繩《なは》も解《ほど》く手《て》なしとて、ふつくとちぎりていざと云《い》ふ。よし、よくせしとて、荷ほどきて見《み》れば、思《おも》ふ如《ごと》く黄金《こがね》千兩の包《つゝみ》あり。殘《のこり》の物何《ものなに》せむ。寒《さむ》しとて馬《うま》が泣《な》かむよとて、うちきせ戲《たはむ》れ

などいひて―唯と言ひて

飾磨津―播磨國

て飛《と》びかけり山《やま》を下《くだ》る。夜《よ》はまだ暗《くら》きに、海邊《うみべ》に走下《はしりくだ》りぬ。波《なみ》よする山濁《やまにご》りありやと問《と》へば、あとこたへて、笘舟《とまぶね》漕寄《こぎよ》せたり。男二人《ふたり》出迎《いでむか》へて、今夜如何《こよひいかに》と云《い》ふ。よき男《をのこ》めを召《め》しかゝへて、稼《かせぎ》よくしたり。喜《よろこび》の酒飲《さけの》まむと云へば、をといひて、海《うみ》に釣《つ》りたるとて、鯛《たひ》や鰆《さはら》や膾《なます》につくりて出《いだ》す。樊噲《はんくわい》と申すなり、これより兄弟《はらから》とおほせよとて、盃《さかづき》二三續《つゞ》けて、かしら髪《がみ》かき探《さぐ》り喜《よろこ》ぶ。善き世《よ》に逢《あ》ひしよとて、飲みくらふさま、盗人等《ぬすびとら》も恐《おそ》れて見る。さて御名いまだ承らずと云へば、村雲《むらくも》と云《い》ふ。昔《むかし》は相撲《すまふ》とりなり、喧嘩《けんくわ》して罪《つみ》輕《かろ》けれど、追ひやらはれしかば、故郷《ふるさと》にかゞまりをらむいと寒《さむ》し、盗《ぬす》みしてあふれ歩かむとて、この三年こなたは、野山《のやま》に立ち、海に浮《うか》びて、人の寶《たから》をうばふ事いと易《やす》ければ、東國《あづま》の方へ出でず。この海《うみ》の向《むかひ》、山陽道《さんやうだう》、筑紫《つくし》、、九國の間、また伊豫《いよ》、土佐《とさ》、讃岐《さぬき》に漕《こぎ》寄《よ》せて、公《おほやけ》の手《て》に當《あた》らず。こゝは伊豫《いよ》の國《くに》なり、千兩の寶費《たからつひや》すべき所《ところ》にはあらねど、春《はる》になるまでは、熟田津《にぎたづ》の湯《ゆ》に入《い》りて遊《あそ》ばむ。酒《さけ》よし、海《うみ》の物《もの》よしとて、夜明《よあ》けたれば、漕《こ》ぎよせぬ。二人《ふたり》の男《をのこ》どもは、こゝに一日《ひとひ》二日《ふたひ》あれ。見咎《みとが》められぬために、向《むかひ》の國《くに》にて春《はる》を待《ま》て金與《かねあた》へむ。盗《ぬす》すな。商人《あきびと》にやつして、わが飾磨津《しかまつ》へ至るを待てとて、物分《ものわか》ちて舟《ふね》を漕出《こぎいだ》さす。樊噲《はんくわい》には百兩を分與《わかちあた》へたり。何處《いづこ》の人よと問へば、大師《だいし》の御跡巡《おんあとめぐ》らむと

春咲く花の外には云々—春季の花の外に黄な

て來《きた》れど、いと寒《さむ》きほどは浴《ゆあみ》して、後《のち》に出《い》でたつべしと云《い》ふ。主人《あるじ》聞《き》きて、大師《だいし》の遍照《へんぜう》金剛《こんがう》にも、交《まじは》り難《がた》き人も有るよとて、日頃《ひごろ》あらせる。樊噲《はんくわい》と云《い》ふ名《な》ことぐ〳〵し、又《また》いづちに旅行《たびゆ》くとも、この事觸《ことふ》れ流《なが》しに逢《あ》ひては、身盡《みつ》きぬべし。僧《そう》にやつしてん。あの見《み》ゆる山《やま》の峰《みね》に寺《てら》あるを、行《ゆ》きて住《す》みたるさま見《み》れば、老《お》いかゞまりし翁法師《おきなほうし》の、南無大師《なむだいし》の聲《こゑ》いとさゝやかに唱《とな》ふ。案内《あんない》して、我《われ》は都方《みやこがた》の者なり。母《はゝ》につきて四國巡《しこくめぐり》しほどに、昨日《きのふ》舟《ふね》を上《のぼ》るとて、母《はゝ》が踏《ふ》み違《たが》ひて、海《うみ》に落ちたる。あれよ〳〵といへば、舟子《ふなこ》が云《い》ふ。こゝは底深《そこふか》くして、鰐《わに》と云ふ魚の住《す》みて、人を呑《の》みくらふ、今は呑まれたるべし、力無《ちからな》しと云《い》ふ。能《よ》く思へば、父は無《な》し、兄《せうと》は賢《かしこ》き人にて、云々《しかじか》の事にて母を失ひしとて國《くに》に歸《かへ》らば、惡《にく》みて追出《おひいだ》すべし。世《よ》の稼《かせぎ》知らぬ子は、僧《そう》になりて大師《だいし》の所々巡《ところどころめぐ》りはたし、又六十六國に行きめぐりなむと思ふなり。頭《かしら》の髪煩《かみわづら》はし、剃《そ》りてたべ。衣古《ころもふる》きを一重《ひとへ》たまへとて、村雲《むらくも》が分《わか》ちし金《かね》百兩の中を、一兩取出でて、ゐや〳〵しく參らせたれば、山法師《やまほうし》春咲く花の外には、黄《き》なる光見《ひかりみ》ねば、おし戴《いたゞ》きて納め、受戒授《じゆかいさづ》けむといへば、否《いな》、たゞ大師《だいし》遍照金剛《へんぜうこんがう》の外には事煩《わづら》はしとて、手合せて高《たか》らかに唱《とな》ふ。髪剃落《かみそりおと》されて、快《こゝろよ》く成《な》りぬとて喜《よろこ》ぶ。破《やぶ》れたる鼠染《ねずみぞめ》の衣《ころも》をとう出《で》てうち著《き》せたり。假著《かりぎ》にはあれど、いと狹《せば》

る判金を見ざれば珍しくて納めたる意

身すぼめて―身かくして

逢坂山―近江國滋賀郡にあり

くて手通《てとほ》らず。これをも忝《かたじけな》しとて禮《ゐや》ごと申して、寺《てら》を下《くだ》り湯《ゆ》の宿《やど》に歸《かへ》りぬ。村雲《むらくも》待ちわびたらむとて、急ぎて參る。見て、さても〳〵、貴《たふと》き法師《ほうし》ぶりなり。よき衣《ころも》一重買ひて與《あた》へむとて、主人《あるじ》に計《はか》り、これも鼠染《ねずみそめ》の少し廣《ひろ》きを裁縫《たちぬ》はせて與ふ。身《み》にかなひたらむには、却《かへ》りて人目恐《おそ》ろしからむといふ。身《み》すぼめて修行《しゆぎやう》し歩《ある》け、笈《おむ》も見當《みあた》らば、買《か》ひて與へむと云《い》ふに、否《いな》、何《なに》を入れて負歩《おひある》かむ。佛《ほとけ》こそ頼《たの》みつれ。大師遍照金剛《だいしへんぜうこんがう》と高らかに唱《とな》ふ。うち笑《わら》ひつゝ、さて、何時までかあらむとて、向《むかひ》の播磨路《はりまぢ》に舟求《ふねもと》めて渡《わた》りて、飾磨《しかま》の津《つ》に叔母《をば》あり。こゝに先《まづ》とて、門《かど》に入《い》る。門《かど》に入《い》るより、叔母如何《をばいか》におはすと云へば、そなたの問來《とひこ》ぬ故《ゆゑ》に錢米乏《ぜにこめとぼ》し、みやげ物《もの》に多くくれよとて、立走《たちはし》り酒買《さけかひ》に行《ゆ》く。こゝに又二十日ばかりありて、東《ひがし》の方つひに見《み》ねば修行《しゆぎやう》し歩《ある》かむとて、包物《つゝみもの》一背《せ》に負《お》ひて笠《かさ》うちかぶり、狹《せは》き物衣からげ纏《まき》ひて別《わかれ》を告《つ》ぐ。都《みやこ》の東へ越《こ》ゆる坂路《さかみち》に、逢坂山《あふさかやま》と云ふ里は、軒毎《のきごと》に繪《ゑ》を書きて賣る中《なか》に、鬼《おに》の鐘《かね》たゝいて念佛《ねんぶつ》申すがあり。お僧《そう》のうつし繪《ゑ》なるぞとて笑《わら》ひて門出《かどで》にぎはしくす。酒飲《さけの》み食《く》ひ飽《あ》きて、大道《おほぢ》に出《い》でなば、見《み》や咎《とが》むる。山につきてぞ行かむとて行く。廣《ひろ》き野《の》らなる所に日暮《く》れたり。宿求《やどりもと》めむにも家《いへ》なし。ひとつ屋《や》のやうにて、一夜貸《ひとよか》したまへと云ふ。恐《おそ》ろしき僧《そう》なれど、盜人《ぬすびと》にておはすとも、

戎祭―正月十日今宮廣田神社なる蛭兒神の祭禮

鞍馬の初寅詣―正月初寅日に獅々頭山鞍馬寺の多門天に

取《と》られむ物《もの》なければ、死《し》にたる男《をのこ》の日《ひ》がらなり。息子《むすこ》は米買《こめかひ》に、惣《そう》の社《やしろ》と云《い》ふ所まで行けば、入《い》りて經讀《きやうよ》みて手向《たむけ》したまふべしと云《い》ふ。心得《こゝろえ》たりとて、先這上《まづはひあが》りて、圍爐《ゐろり》のあたり暖《あたゝか》なりとて、手足《てあし》あぶりて居る。食《くら》ふ物《もの》なし。息子《むすこ》が歸《かへ》るを待《ま》たせよとて、芋《いも》の鹽《しほ》に煮《に》たるを進《すゝ》む。これにて腹膨《はらふく》らさむとて、いくらをも盛《も》りて與《あた》ふるを、甘《うま》し〳〵とて食《くら》ふほどに、鄰《となり》の人なりとて入來《いりきた》る。谷川《たにがは》のあなたの家《いへ》よりなり。あとにつきて、商《あき》人一人《ひとり》、息子《むすこ》はいまだ歸《かへ》られずや。この商人殿《あきびとどの》は何時《いつ》もこのあたりへかへ事に來《く》る人なり、この家《いへ》に黃《き》なる金《かね》といふ物《もの》を持《も》ちたりと語《かた》りければ、それは珍《めづ》らしき物なり、贋《にせ》の金《かね》ありて、春は大坂の戎祭《えびすまつり》に、又京《またきやう》の鞍馬《くらま》の初寅詣《はつとらまうで》にも商《あきな》ふ、それらは皆僞物《みなにせもの》なり。能く見て參らすべしとて、夕飯《ゆふけ》の箸收《はしをさ》めて、たゞに來るはと云《い》ふ。息子《むすこ》が何處《いづこ》に置きつる、入《い》らぬものなりとて、人にもやらじと云《い》ふほどに、息子《むすこ》米貢《こめおは》ひねて來《きた》り、僧《そう》をとめたり、供養《くやう》の物《もの》たきて參らせよ、米洗《こめあら》へ飯《いひ》たかむとて、柴《しば》たきくゆらせ、かの黃《き》なる金《かね》見《み》せよとて、鄰《となり》へ來る商人殿《あきびとどの》が、待《ま》ち久《ひさ》しく居《を》らるゝよ。それはこゝにとて、神祭《かみまつ》る棚《たな》より取出《とりい》でて見《み》するに、包《つゝ》みたる紙《かみ》の破《やぶ》れたるより、光《ひかり》きら〳〵してまばゆきは、手《て》まさぐりせぬ故《ゆゑ》なり。されど、僧《そう》の眼《め》つきの恐《おそろ》しさに、僞《いつはり》も得《え》せず、これは眞《まこと》の金《かね》なり。

詣づること

二貫文—一貫とは一千文にあたる今日の一圓の如し

羲皇上の人—伏羲時代より以上なる義、人品の高きこと

笠かづき—

錢《ぜに》二貫文《くわんもん》に代《か》へて參らせむ。米《こめ》ならば我《われ》もたねば、社《やしろ》の町《まち》へいきて、三斗《さんど》に代《か》へて參《まゐ》らすべしぞ。樊噲《はんくわい》惡《にく》くなりて、こゝにも持《も》ちたるなり、國巡《くにめぐり》すれば、いくらも價《あたひ》も聞きたり。米は一石、錢《ぜに》ならば七貫文《しちくわんもん》には買《か》ふべしと云ふ。この妨《さまたけ》に詞《ことは》なくて、商人《あきびと》もおのが商《あきな》ふ物の外は、能《よ》くも知らずとて、迯《に》げて去《い》ぬ。あの商人《あきびと》めは盗人《ぬすびと》にもあらねど、我《われ》居《ゐ》ずば騙取《かたりと》るべし。必《かなら》ず〳〵人《ひと》に見《み》すな。今夜《こよひ》の宿《やどり》には、今一ひら増《ま》して與《あた》ふべしとて、百兩の中使《うちつか》ひしは僅《わつ》かなれば、光《ひかり》きら〳〵と、此《この》ひとつ屋《や》の中《うち》には、目《め》ざましかりけり。あしたも飯《いひ》たき芋煮《いもに》て、僧《そう》に供養《くやう》申せ、一夜の價《あたひ》に金たまひしぞとて、かく里離《さとはな》れたる所は、羲皇上《ぎくわうじやう》の人と云ふに似《に》たるべし。樊噲《はんくわい》、南無大師《なむだいし》高《たか》らかに唱《とな》ふれば、朝戸《あさと》出《で》の柴人《しばびと》、この家《いへ》には鬼《おに》が入りたるか、恐《おそろ》しき聲聞《こゑきこ》ゆるとて、立寄《たちよ》りて見ては、僧《そう》はかかるぞ貴《たふと》き。親《おや》の日《ひ》がらなり。よく供養申《くやうまを》せとて行きぬ。樊噲《はんくわい》もをかしき宿《やどり》して、別《わかれ》を告《つ》げて出づれば、又來たまへ、明石《あかし》の浦《うら》の若布《わかめ》、椎茸《しひたけ》、氷豆麩《こほりとうふ》も、惣《そう》の社《やしろ》にいきて調《とゝの》へりとてたのもし。うなづく〳〵出《い》でて、足疾《あしと》ければ、野《の》こえ山《やま》にそひて、今日《けふ》の日暮《ひぐれ》に難波《なには》に出《い》でたり。日本《ひのもと》一の大湊《おほみなと》にて、何處《いづこ》の浦舟《うらふね》もこゝに泊《と》まると聞けば、我見知《われみし》りたる者も有るよとて、宿《やどり》とらず、野寺《のでら》の門《かど》に轉寢《まろびね》して明《あ》かす。鳥《とり》の鳴《な》くに驚《おどろ》きて、又笠《またかさ》

笠被り

かづき杖《つゑ》つきて、身《み》を細《ほそ》め市町《いちまち》を通りて見れば、いとも賑《にぎは》しきが恐《おそろ》し。住吉《すみよし》、天王寺《てんわうじ》などもえ見ずて、河内《かはち》、和泉《いづみ》、紀《き》の路《ぢ》を越《こ》え、大和路《やまとぢ》の此處彼處《こゝかしこ》見巡《めぐ》りて都《みやこ》に來り、難波《なには》の騒《さわが》しきには似《に》ねど、人目《ひとめ》多《おほ》ければとて、この冬《ふゆ》はみ越路《こしぢ》の雪《ゆき》に籠《こも》りて、春《はる》は東《ひがし》の國々《くにぐに》見巡《みめぐ》らむとて、急がぬ旅にも心せかれ、近江《あふみ》の海面《うみづら》を右に眺渡《ながめわた》して、越《こし》の國《くに》へと志《こゝろざ》す。

春雨物語 終

# 癇癖談序

この物がたりは、朱《す》雀《じやく》のくつわが塗桶《ぬりをけ》の中に、へしごめてありしなり。作者は誰とも記《しる》さゞれど、傳へていふは、在鄕の中將とかや。さだめて、田舍道場の新發《しんぼ》意《ち》どのが、やつし腹して、才まぐるものか。文辭《ことは》の京《みやこ》めかせると、故事を雅俗に摘み來れるとを、これやそれと闇のつぶての、當粹《たうすゐ》なかしら書《がき》して、おのが洒落《しやれ》社中《なかま》にひけらかさむとす。されば吾妻《あづま》に京傳あり、こゝに都《みやこ》のやほ傳《でん》がまはらぬ筆は、春日野の若紫のすりこ木ちやまで。

秋成

御うはさのくせものがたり、拜借にて、寛々拜見いたし候。天王寺の法師がくすしの條、物産老人の類盡屈候書家のくだり、其人々を見るやうにて、あかずくりかへし見申候。誠に人には一くせとて、才有人は才を相手とし、わるがうを者はわるがうを言ひ倒さんとする辯にて、いづれ其才其くせを持ち腐りにはし難くて夫を捨てて仕舞、塵芥場を拵らふる物なれば、此本の作も、定めて其ごもく場なるべし。其種につかはれたる人も、定めて才子か、わるがう者なるべし。是を面白と見る人も、亦痴人にはあらざるべし。われらも其仲間入にと一本を寫して、原本を御返上申上候。法論味噌一曲、薪より貰ひ候。其御口へ御あがり可被下候。かしこ。

竹　窓

上田翁の御もとへ參る

上古こがれ—古代をしたふこと

# 癇《く》癖《せ》談《ものがたり》上

○人ごとにひとつの癖《くせ》とは、むかしく〵の諺《ことわざ》ぞかし。今の世の人は、心辭のくせの外にも、たつに癖《くせ》、居《を》るにくせ、それにもこれにも、癖《くせ》なきはあらぬを、みづからは癇症《かんしやう》と遁《のが》るゝを、他人からは惡癖《わるくせ》とも、氣《き》まゝ病《びやう》とも名づけたり。さてその誹《そし》れる人も、亦この癖《くせ》のなきはあらねば、人のくせが世《よ》のすがたとなりて、高きも卑《いや》しきも、みやこも田舎《ゐなか》も、あまねく云ひはやす癇癖談《かんぺきだん》を、癖《くせ》ものがたりとも、讀めばよめかし。きのふもむかし、さきの間《あひだ》もむかし、をとつひ、跡《あと》の月、去年《こぞ》の大《おほ》むかし、十《そ》とせ廿《はた》とせのとつとの昔《むかし》までを、語りつゞけて、冊子《さうし》めくものとはなりにけり。

○むかし、をとこありけり。ならぬ狂言《きやうげん》を、かりにも出《で》かしたがりけり。それをたとへて言はば、儒者《じゆしや》だちの經濟《けいざい》りきみ、國學家《こくがくか》の上古《じやうこ》こがれ、えせ歌《うた》よみの萬葉《まんえふ》ぐるひ、俗《ぞく》

俗あたまー俗人
仲景ー漢の張仲景
東垣ー元の人、李杲字明之
丹溪ー元の人、朱震亨
猿が餅にー猿が餅喰ふ如く速にの義
いちびりたるー狂喜せる
實體ー修身治國平天下の道を修め

あたまの座禪觀法《ざぜんくわんぼふ》、二代金持《かねもち》の緣者《えんじや》のぞみ、世になし人の先祖よばはり、小借家《こしやくや》ずまひの茶《ちや》の湯《ゆ》ぶるまひ、また醫者《いしや》の漢魏《かんぎ》見識《けんしき》も、おなじことながら、仲景《ちうけい》、孫思邈《そんしはく》、東垣《とうゑん》、丹溪《たんけい》も、瘧《おこり》をまじなふ八《やつ》はらひのそろばん、爺《ぢゞ》も猿《さる》が餅《もち》になほすが正銘《しやうめい》、それをおきては、引經運氣論《いんけいうんきろん》も、病因隨症《びやういんずゐしやう》も、筆端辨正《ふでさきくちさき》は木太刀《きだち》の芝居《しばゐ》事《ごと》、いづれ其しるしを見ずには、信《しん》じられぬ事どもなりけり。むかし人《びと》は、斯いちびりたる我《われ》がしこをなむ、りきみあひける。

〇むかし、物ふかくも思ひわたらぬ人の、世の事心得顏《こゝろえがほ》にいへりけるは、大方《おほかた》の世《よ》にもてはやされぬ事は、そのわざのよからぬが故なりと、あながちにおし極《きは》めていはれたりけり。世《よ》にはやるといふことどもを見聞《みき》くに、道々《みちみち》しきにも、藝能《けいのう》にも、よきことのみ行はるゝにはあらで、大方《おほかた》が成《な》しやすく、學《まな》びやすきことの、まづはやるなりけり。さりとて、あしきことのみ行《おこな》はるゝと云ふにはあらず、人のうたてがること、將《はた》よしといふにもあらず。いたりてのわざは、倣《ま》ねやすからず、行ひがたしとは、むかしくの人のいひしぞかし。儒者《じゆしや》といへども、むかしありしは、ひたすら實體《じつてい》にて、たのもしかりしを、今はさる師《し》は世にまれにて、詩文《しぶん》はなぐくしく作《つく》りもて、手《て》など風流《みやび》にかきすさ

し事

ありがたき人―世に稀れなる高僧

こなし―所作

大師めぐり―大師佛を巡禮すること

もののうつ

び、酒《さけ》をかしく酌《く》みあそぶもとへは、人あまた集《あつ》まれり。ほとけの道《みち》にも、よにありがたき人は、山《やま》に籠《こも》りてあらはれず、亭主《ていしゆ》ぶりよく、うときを訪らふ言葉《ことば》にも、うれしとおもはせ、物きよく調《てう》じてくはせ、今の世の茶《ちや》の湯《ゆ》もて呼《よび》呼ばれ、よろづに愛敬《あいぎやう》づきたらむには、まづ詣《まう》づるなり。翁《おきな》うばらとても、さるかたに、一度《たび》まゐりては、若《わか》き人《ひと》の遊所《いろざと》に通ひそめしにひとしく、あはれ一日も怠《おこた》らじと、思《おも》ひしめるぞかし。說經者《せつきやうじや》といふも、尊《たふと》き經文《きやうもん》の意《こゝろ》を、一すぢに說聞《ときゝこ》ゆるには、心もうつ〳〵として、眠《ねぶり》を誘《いざな》ふのみなりとて、聲高《こゑたか》くも、ひきくも、あるひは、ころもの袖《そで》に涙《なみだ》をうちはらひ、またはまなこをいからしなどして、歌舞妓《かぶき》もののこなしをまねつゝ、唐《もろこし》のやまとのものがたりをも、詩歌《しか》のふかきこゝろをも、おのがよくも心得《こゝろえ》ぬあまりに、得手勝手《えてかつて》なるかたに說《とき》こかし、また此《この》ごろなりし世說《よがたり》の中に、めざまし草《ぐさ》なるをまで取りまじへて、ひたすら興《きよう》あらむとするなり。觀音《くわんおん》めぐり、やう〳〵おとろへぬめり。大師《だいし》めぐりなむ、難波人《なにはひと》はいと猛《まう》に立ちさわぎける。神《かみ》にも御蔭《おかげ》まゐりなどは、遠《とほ》き田舍《ゐなか》のはてまでも捻《ねぢ》りうごきて、晝《ひる》とも夜《よる》とも、くふともくはぬとも、をとこも女も、老《お》いもわかきも、わらべも、田《た》かへす牛《うし》も、垣《かき》もる犬《いぬ》も、物のうつゝなくうつし詣《まう》づるが、道《みち》に病倒《やみだふ》れ、はかなくあはれ

つなく—物心なく
思ひ出ぬばかりの世—遠き昔の事
神おろせし者—神靈を我身に寄せて託宣を我が口より述べし人

なることを見《み》聞《き》くなり。または人妻《ひとづま》、かしづき娘《むすめ》など、はて〴〵、よからぬ風說《うはき》どもも出來《いでき》てぞ、やう〳〵物《もの》ごりして、さることありしとも、思出《おもひで》ぬばかりの世《よ》と、醒《さ》めはてぬるは、いと淺《あさ》まし。また稻荷《いなり》のおさがりとて、をり〳〵うつしまうづる事あり。こゝにあつまる人《ひと》は、おのがもとありしよからぬ仕業《しわざ》どもをも、今《いま》のこゝろきたなきことをも、あからさまに言ひあらはされて、なほ愚《おろか》なることのみを、祈《いの》りもすれば、大《おほ》かたはこゝろあくまでのしるしも見《み》ず、重《おも》きやまひも、及《およ》ばぬねがひも、はた甲斐《かひ》なくて止《や》みぬるぞ、いとおぢきなき。老《お》いたるきつね狸《たぬき》など、さすがに愚痴《ぐち》かたくなの人の、心《こゝろ》は動《うご》かすれど、よき人、なほき人《ひと》に向《むか》ひては、何のしるしを見することなく、これもまた、はては何方《いづち》いにけむ、その神垣《かみがき》といふも、後に見れば、のき朽《く》ち、御《み》はしは草《くさ》むして、もとの藪原《やぶはら》と生ひなりぬ。かつ其神《そのかみ》おろしせしものゝ身《み》のをはりも、大方《おほかた》よからずなりはつるを、まのあたり見《み》しぞかし。また醫師《くすし》も昔《むかし》もてはやされしたぐひの人《ひと》は、世《よ》にあらで、うちむかふに賑《にぎ》はしく、もの能くいひとりて、病《や》める人、看病《かんびやう》の人の心をもうちたのませ、人の家《いへ》のよろこびかなしみ、人より先に使《つかひ》して、物を贈《おく》りつゝ、酒《さけ》さかな調《てう》じて、をり〳〵呼迎《よびむか》へ、茶《ちや》の湯《ゆ》などして、呼呼《よびよ》ばれする門《かど》には、人の出入《でいり》おほく、

ねむりめなる―くすみ色なるの意

線―三味線

屈したり―窮屈なり

家居《いへゐ》ひろく住《す》みなし、藏高《くらたか》く作《つく》り、藥種《やくしゆ》は時《どき》をはかりて買《か》ひいれ、その益《えき》を見《み》る。さばかりならぬも、嫁《よめ》とりのなかだち、茶器《ちやき》のとりうり、茶屋《ちやや》あげ屋《や》の文《ふみ》かよはする中宿《なかやど》などするは、愛敬《あいきやう》を専《もつぱ》らとすれば、おのづからにぎはしきぞかし。また國《くに》のかみより祿《ろく》たまはりし面目《めんもく》あるも、おのが術《じゆつ》の譽《ほまれ》かと見《み》れば、さるかたなるは、いとも稀《まれ》にて、おほかたは、銀主《ぎんしゆ》ひきつけの働《はたらき》なるが多《おほ》し。また、男をんなの髮《かみ》の風《ふう》、櫛《くし》のかざり、衣《ころも》の色《いろ》あひこそ、きのふのひわ茶《ちや》はけふの栗皮《くりかは》いろ、みやこのは吾妻《あづま》にうつり、吾妻《あづま》のは浪華《なには》にうつし來《く》るも、あら忙《いそが》しの世《よ》にもあるかな。人の心ばかり頼《たの》まれぬ者はあらじかし。白茶《しらちや》、あさぎ、鼠《ねずみ》などのねむりめなるをさへ、花《はな》やかなりと見《み》し世《よ》も、まのおたりなりしを、いつしか萠黄《もえぎ》、瑠璃紺《るりこん》、紅《べに》かけ、花色《はないろ》の、深《ふか》きにうつろひ行けり。ふるき翁《おきな》だちの、ひたすら昔《むかし》をしのぶげにて、羽織《はおり》のたけ、小袖《こそで》の仕《し》たて、紋《もん》のおほきさ、いさゝかも今《いま》に移《うつ》らじとするも、それ將《はた》おのが若き昔の、浮きたるはやりごととは、思知《おもひし》らぬぞかし。いまの短羽織《みじかはおり》は昔《むかし》の短《みじか》きにあらず、寸尺《すんしやく》おなじくて、著《き》る人の心たがへばなり。また、新曲《しんきよく》などとて、線《いと》にあはするも、よき人の心づくしせしは、あな屈《くつ》したりやなど言ひて、人興《きやう》ぜず唱歌《しやうか》つゞかず、あまりなる迄《まで》されはみて、なにの心もな

御髭の塵助—追從者
さそく—早速
何格—何々家格
色きかす—大阪方言
けつくあるが中に—却

きが、遠《とほ》き田舎《ゐなか》の果《はて》ばてまで、歌ひはやせるなりけり。何事《なにごと》にもあれ、暫《しはし》はやりもて躁《さわ》ぐことの、淺《あさ》はかならぬはあらじものを。

○むかし、やむごとなき家にはあらぬ人《ひと》の、世の中の事《こと》はかばかしくも學《まな》びしらぬが、たゞ金銀おほく持たりければ、御前《ごぜん》さらずの御《お》髭《ひげ》の塵助等《ちりすけら》は、もとより然《さ》るものにて、知る知らぬ人までも、羨《うらや》みたふとがりけるほどに、いつしか思ひほこりつゝ、恩見《おんみ》せぬ世の人までに、無禮《なめ》になめちらしけり。國《くに》の守《かみ》といふ御《み》あたりよりも、餘《あまり》にまばゆきまで、あしらひもてはやさせ給ふは、陸奥《みちのく》の小田《をだ》の山より、さそく出金《しゆつきん》の花《はな》を咲《さか》すにぞ、利足《りそく》の外《ほか》に扶持《ふち》かたを賜《たま》はり、何格《なにかく》、何《なに》の席《せき》などと、武功《ぶこう》の家柄《いへがら》のひざをも乘越《のりこ》えて、いと烏滸《をこ》がましく、いみじき振舞《ふるまう》などもありて、腹《はら》ふくらしけり。

○むかし、なまさがしき男ありけり。ある遊所《いろざと》の娼婦《おやま》に、酌《しやく》とらせて遊《あそ》びけり。いたう醉《ゑひ》のすゝめるまゝに、例《れい》のわるじやれ言《い》ひけり。家のむすこはいとよい男なり。さだめていろをきかすらむ。おほかたの娼婦《おやま》は、うちの息子《むすこ》と睦《むつま》じきもの、娘《むすめ》などは、かへりて、中あしく心あはぬ者にて、よき絹《きぬ》など惜《をし》みて著《き》せじとするを、息子《むすこ》はけつくあるが中《なか》によきを選出《えりいだ》して、はれの夜《よ》のめいぼくを起さするほどに、娼婦《おやま》のかたよりいつ

りて多くあろ中に鹽政ー鹽町に住める儡塊師政太夫ぬかれけりー先ぜられけり

しか思《おも》ひつくものなり。博奕《はくち》など達者《たつしや》に打《う》ちぬらむ。人形《にんぎやう》はつかふや。鹽政《しほまさ》など、よく寫《うつ》しぬらむといふ。娼婦《おやま》うち烝みて、粋《すゐ》とおぼして黑《くろ》がりたまへど、いとまへかたなり。此方《こち》のむすこさむに限《かぎ》らず、なべて、今のむすこさむだちは、色事《いろごと》心に入れたまはず、おほ方《かた》は、茶《ちや》の湯《ゆ》、俳諧《はいかい》、學文《がくもん》とやらいふ事にこりたまひて、人形《にんぎやう》、淨瑠璃《じやうるり》、物眞似《ものまね》など、古風《こふう》な遊《あそび》したまへるは、あらずとなむ、答《こた》へけるとなり。世のなかのうつりかはるこそ、あやしうはかなきものなれ。儒者《じゆしや》は、詩文《しぶん》の風流《ふうりう》こそ日々にさかむなれ。むかしありし師《し》のごとく、こゝろおかるゝはなく、おほかたは、通《つう》を專《もつぱ》らに、秀句《しうく》、口《くち》おひなど拍子《ひやうし》よくいひ興《きよう》じ、酒《さけ》をかしく酌《く》みあそび、さらぬはまた古本《こほん》、古筆《こひつ》のうりかひに利《り》を射《い》る。また、歌舞妓《かぶき》役者《やくしや》は、五十にして天命《てんめい》を知《し》り、舞臺《ぶたい》をひくを見識《けんしき》とし、おやま藝子《げいこ》は、四十を猶《なほ》老いたりともせず、花やかがるなむ、世《よ》のすゑ又いかならむ、いと覺束《おぼつか》なしと、こゝろある人のなげかれし。

〇むかし、色このむ男ありけり。いかにもして娼婦《おやま》に思はれむと、心をつくしけれど、やゝもすれば茶屋《ちやや》あげやの亭主《ていしゆ》、子息《むすこ》、役者《やくしや》、幇頭《たいこ》持《もち》などにぬかれけり。彼いかばかりの情して、われに優《まさ》りぬらむと、年比《としごろ》こゝろをつけて見《み》れば、さることにこそ、金《かね》をつ

かふこと、われにまさりける程《ほど》に、かゝりけるとなむいひける。うべ理《ことわり》にこそありけれ。

○むかし、おきなありけり。常《つね》のことにいへりけるは、書《しよ》をよむは貧《ひん》をまねくためなりと、あながちに言はれけり。螢《ほたる》の火《ひ》かげ、雪《ゆき》のひかり、鄰《となり》の壁《かべ》のこぼれをたのむたぐひ、おほかりけり。みやこに、浪華《なには》に、書籍《ふみ》あまた買《か》ひつみて、持たりといふ人《ひと》も、こがね千《ち》枚《ひら》をつひやせし人は、いと稀《まれ》なりとや。茶器《ちやき》などもてあそぶ人は、手《て》にすゑて見るばかりの物《もの》にも、それらの價《あたひ》なるは、いくらも買入《かひい》れて持《も》ちたるをや。このためし今の世のみにあらず。源氏物語《げんじものがたり》にいへる、家《いへ》より外に求《もと》めたる裝束《さうぞく》どもの、うちあはず、かたくなしき姿《すがた》などをもはぢなく、おもゝち、聲《こわ》づかひ、うべ〳〵しくてもてなしつゝ、座《ざ》につき習《なら》ひたる作法《さはふ》よりはじめて、見《み》も知《し》らぬさまどもなりしと書《か》きしは、おほやけに仕《つか》うまつる儒者《じゆしや》だちの、貧《まづ》しきさまを見るに、淺《あさ》ましといへるなり。また、田舍《ゐなか》より上《のぼ》る書生《しよせい》は、國《くに》を出るより、人の世話《せわ》にはなりうち、寫本《しやほん》はぬすむもの、書物《しよもつ》は借り取《どり》に返《かへ》さぬものと、まづ覺《おぼ》えて來るなりけりと、ある師《し》のかたられし。

○むかし、一天下こぞりて、茶《ちや》の湯《ゆ》なる時代《じだい》ありけり。其世の人は鄕黨《きやうだう》お茶《ちや》なきには語《かた》

螢の火かげ―晉車胤
雪のひかり―晉孫康
鄰の壁云々―漢匡衡
源氏物語にいへる―源氏物語乙女巻にあり

ひだりまへなる人—運勢よからぬ人
工手間—大工の賃金
傷寒論—張仲景著
金匱—金匱要略

らず。室《しつ》お茶にあらざれば入《い》らず、割截《きりめ》お茶《ちや》にあらざればくらはず。道具《だうぐ》書附《かきつけ》なきは買《か》はず。すかさぬはお茶《ちや》と稱《しよう》し、ぬかればお茶《ちや》がないとそしる。よい女房《にようばう》は書院《しよゐん》もの、いけぬ妾《めかけ》はさびもの、利休《りきう》ばし、利休下駄《りきうげた》、大工《だいく》、中瀬《なかせ》、八百屋《やほや》、魚屋《さかなや》も、草鞋《わらぢ》解捨《ときす》つるより、花月《くわげつ》のふだとりて、すり足《あし》のたちふるまひ、是《これ》をちやつた世の中となむ、こゝろある人はいひける。

○むかし、人の家の相《さう》を見て、惡《あ》しきは善《よ》きに作り改めて、幸福得《さいはひえ》さする師《し》ありけり。さて、それがなすことどもを、後《のち》によく〳〵かへり見《み》れば、おほかたは時《とき》いたりぬる人のうへにこそ、幸福《さいはひ》は得るなりけれ。やう〳〵ひだりまへなる人の、何事《なにごと》に心まどひしては、竈《かまど》をつきかへ、厠《かはや》うつしなどすれど、たゞ〳〵ひた衰《おとろ》へにおとろへ行くには、さらにその驗《しるし》もかひなきのみならず、工手間《くでま》、釘繩《くぎなは》のつひえのみして、いよ〳〵のこりすくなの財寶《ざいはう》をも失《うしな》ひつゝ、こゝろ憂《う》き世に立ちさまよふ、いとうたてし。

○むかし、藥《くすり》あきなふ人の、醫者《くすし》かねたるが、世《よ》におほくありけり。それらの人も、傷《しやう》寒論《かんろん》、金匱《きんき》、素難《そなん》、千金方《せんきんはう》の、たふときことわりをあきらめ、また、醫通《いつう》、溫疫論《をんえきろん》など、後の世にても、いとかしこき書《ふみ》にもわたりて、ひとり衆方規矩《しうはうきく》、手引草《てびきぐさ》のみにもあらざ

千金方—遜思邈撰
あからさま—あらはにの義
調度—道具
束帛—禮物の事
身をうつこ

りけらし。さりけれど、藥《くすり》の價《あたひ》におきては、何《なに》十錢《せん》、何銅《なんどう》などと、あからさまなりけるにぞ、世《よ》の人《ひと》いとゞ心やすがりて、初《はじ》めには、まづこの人《ひと》にと思《おも》ひつきにけり。かゝりければ、世の醫者《くすし》だちの爲《ため》惡しくて、密《ひそ》かに妬《ねた》む時もありけるとや。やう〳〵、行はるるにつきては、髮《かみ》を立《た》て頭《かしら》まろげなどして、醫者《くすし》の列《つら》に數《かず》まへられけるほどに、おほ方《かた》は流《は》行《や》らずなりにけり。また、佛《ほとけ》の教にかしこき法師《ほうし》おはしけり。現世《げんぜ》をもひろく救《すく》はんの、大願《たいぐわん》をおこしたまひて、人のやまひを療《れう》したまひけり。やまひおこたりぬれば、恩謝《おんしや》にとて、金銀《きんぐ》をさゝげ持てまゐれるは、いさゝかも納《をさ》めたまはず、たゞ、絹綿《きぬわた》、調《てう》度《ど》のたぐひをば、いなみたまはずとなむ。さるは、こゝに參《まゐ》れる人は、唐山《から》の、やまとの、世に珍《めづ》らしきかぎりの物《もの》を買求《かひもと》めて、たてまつりけるとなり。唐山《もろこし》にては束帛《そくはく》といひ、我國《わがくに》にては神《かみ》には幣《ぬさ》といひ、君《きみ》には貢《みつぎ》といひてたてまつるも、おほかた帛錦《はくきん》の類《たぐひ》なりけり。さて人の世に賄賂《まひなひ》といひ、俗《ぞく》にはこれを鼻《はな》ぐすりとも、袖《そで》のしたともいふは、金銀《きんぎん》のみにもあらざりけり。それを納《をさ》め給《たま》ふは、異《い》なることとなるに、佛《ほとけ》のをしへには、さらぬ理《ことわり》ありや、いといぶかしと、人いひけり。

○むかし、色《いろ》ごのみのかしこき男ありけり。金《かね》は使《つか》はねど、娼婦《おやま》はわれに身をうつこと

と―身なくだくこと
すゞどく―するどく
鬼―おそろしき物といふに用ふ

と、つねに傲《ほこ》りていひけり。さはいへど、相應《さうおう》にかねもつかひけり。まはりごころ人にすぐれて、いとすゞどくありければ、逢《あ》ふごとの娼婦《おやま》は、もてわづらひにけり。たまたま、よるべにと思頼《おもひたの》みては、身《み》もくづるゝばかりに、心づくしすれど、とにかくにあばずれにて、たのもしげなく、うたて疎《うと》むべきふしも多かりけり。月《つき》のあかき夜《よ》、このまめ男《をとこ》たゞ二人《ふたり》、陰《かげ》くらき軒《のき》づたひして、金五郎《きんごらう》、八郎兵衛《はちらうべゑ》など、つれ節《ぶし》に聲《こゑ》をかしく流《なが》しあるきけり。鬼《おに》ある所とも知らで、とほく來にけり。そこなる辻《つじ》のかくれより、顔《かほ》よくおし裹《つゝ》みたるをとこの、背《せ》たかくおそろしげなるが、ふと出來《いでき》て、此《この》まめ男《をとこ》に強《つよ》くあたりけり。いとすさまじければ、立煩《たちわづら》ひけるひまに、女のさせる髪《かみ》のかざりどもを、いち早《はや》く拔取《ぬきと》りていにけり。あなやと云ひけれど、人氣遠《ひとけどほ》き所なれば、いづちにか逃《に》げうせにける。男あしずりして泣《な》けども甲斐《かひ》なし。さるは思ひがけぬ事にしあれば、いかにせむ。そのあした血《ち》の涙《なみだ》を流《なが》しつゝ、ありしにかはらぬを、取《と》りそろへて償《まど》ひにけり。その價《あたひ》は黄金《こがね》二十兩ばかりを、重《かさ》ねあげてやりけり。さて後《のち》よく聞けば、彼夜《かのよ》の盜人《ぬすびと》は、娼婦《おやま》の兄《せうと》といひて、實《げ》には、深《ふか》くいひ交《かは》したる男《をとこ》になむありける。それを鬼ともいふなりけり。如何にすりおろされじとするとも、娼婦《おやま》ばかりかしこき者はあらずな

さし櫛につもる云々ー梁塵の故事昔虞公の美聲梁上の塵を動かせりと云ふによる
人の女のまゆごもりー處女のこと
やつしー化粧すること

む。
○むかし、絲竹《いとたけ》のあそびに、こゝろを入れたる男《をとこ》ありけり。かなたこなたのはれの座《ざ》にも参りて、うち聞《き》く人のこゝろを、動《うご》かするあまりに、さし櫛《ぐし》につもる塵《ちり》をもたゞすばかり、またさらへ講《かう》などいひて、いみじき晴《は》れわざありけり。棧架《さじき》たかくかけあげ、毛《まう》氈《せん》まばゆきまで、燈灯《ともしび》の光に輝《かゞや》きあひて、いと目さむる遊《あそび》なりけり。これには人の女のまゆごもりなるをも、出したつることにて、髪のかざり衣《きぬ》の色《いろ》あひ取《と》りあはし、見《み》めよくして、なにも〳〵あらはなりけり。色このむ男等、若《わか》き醫師《くすし》など、いたうやつしめかして立ちならび、絲《いと》に竹《たけ》に聲《こゑ》をかしくかきあはせたるなむ、いとをかしきものから、はてばては、よからぬ口説《くぜち》なども出來《いでき》にけり。さて、かの上手《じやうず》の名《な》ある男のつひのよるべは、なにがしの自賄《じまひ》藝子《けいこ》などが、かくし夫《づま》となりて、いふがひなく路次《ろじ》のおく住居《すまひ》に、ふきはきの朝夕のいとまには、錢湯《せんたう》、髪結《かみゆひ》どこに來て、はかなきおのが昔語などしつゝ、あな太平《たいへい》やなど、後指《うしろゆび》さゝるゝをもえ知《し》らでなむある、いと淺《あさ》まし。
○むかし、人の妻《つま》ありけり。其《その》をとこ、外《よそ》ごころおほき癖《くせ》ありて、夜ごとにいづちとも知《し》らず、うかれありきけり。さりけれど、此をんないさゝかも怨《うら》みたる氣色《けしき》なく、小袖《こそで》

こゝろよしが方―おもひものゝ方
はした女―下婢
すゝばな―鼻汁、鼻涕
鍋どころ―竈
飯匕―飯匙に同じ、飯杓子
風ふけばお

帶釵《さしもの》まで、問《と》ひもとめつゝ、出したてゝやりけり。をとこ不圖《ふと》こゝろづきて、もし二《ふた》ごころありてやと疑《うたがひ》つきぬるより、例《れい》のこゝろよしが方《かた》へ行《ゆ》くふりして、せんざいの厠《かはや》のうちに隱《かく》れて、うかゞふ程に、此をんな、かゝりけりとも知《し》らで、いとうれしげに、をとこの出でしまゝに、はした女をよびて、耳《みゝ》に口《くち》つけて物いひければ、うけたまはりて出行《いでゆ》きぬ。さればこそ、二《ふた》ごころあるなれ、猶見あらはさばやと、よく忍《しの》びてあるほどに、暫《しばし》してはした女《め》のしりにつきて、男の入《い》りきたるを見《み》れば、つねにまゐれる八百《やほ》屋《な》の翁《おきな》なりけり。なにやらむ、物《もの》うち入《い》れたる籠《かご》わきばさみて、つと入來《いりきた》る。あなあさまし。年《とし》は六十《むそぢ》にこえ、齒落《はお》ち頭《かしら》はげ、すゝばな垂《た》れたるを、これに見《み》かへられぬ事のいと口《くち》をしく、さあれば如何《いか》にすらむと、なほたへ忍《しの》びつゝ見るに、あなこゝろ憂《う》、戀《こひ》するにはあらで、そこを焚《た》け、かしこに炭《すみ》つげとのゝしりつゝ、爼板《まないた》の音《おと》にぎはしく、鍋《なべ》どころあまためう〳〵と湯煙《ゆけぶり》たちて、うまくさき香《にほひ》の此所《ここ》にまで薫《くゆ》りて、あるじの女うち誇りつゝ、手《て》づから、飯匕《いひかひ》とりて盛食《もりくら》ふありさま、餘《あまり》にうちとけて、いとあさましく、つと出《い》でんにさへあぢきなく、風《かぜ》ふけばおきつしら波《なみ》、立てこされてはならぬと、心づきしより、其後《そののち》は夜《よ》ごとに出《い》でありかずなりにけり。

きつしら波―たての縁語
二條家の流―藤原俊成卿の歌風世に傳りて一家の流をなせり
手まさぐり―手なぐさみ
心さがなくして―心わろくて
かりそめならず云々―假りの事にあらず深く思ひしみての意

○むかし、人のおもひ者なる女《をんな》ありけり。裁《た》ちぬふわざよりして、手《て》などしをらしく書《か》きすさみ、和歌《わか》は二條家《にでうけ》のながれをまなび、絲《いと》をかしくかきならし、茶《ちや》かきたて、香《かう》焚《た》き薫《くゆ》らしなど、なにわざにもなみ〳〵ならざりけり。そのたのみつる人《ひと》は世《よ》のつねの人にて、道々《みち〳〵》のあはれをも知らず、たゞ朝夕酒《あさゆふさけ》くみ遊《あそ》び、めぐりなど手《て》まさぐりして、露《つゆ》も物の心なき人なりければ、よろづおとしめられて、まめ〳〵しく言ひかたらふべくもあらず、いとたのもしげなく、年月《としつき》おもひくらしけり。このあるじのやどの妻《つま》は、心さがなくて、ときどき妬《ねたま》しきこといひおこせ、ことにつきては、恐《おそ》ろしき心ばへども見《み》せつゝ、つらさのみおもひ知らせければ、わが身のうへ、今ははかなくのみ思ひなされて、ほとけの道《みち》かりそめならず思《おも》ひしみて、經《きやう》よみ花《はな》つみ精進《せちみ》などして、おこなひけるほどに、これもまた、主《あるじ》の心にかなはぬよしにて、あいなくのゝしられ、さては道《みち》に入るべき時こそ來《きた》るなれとて、つひに髪《かみ》をきりて、こゝを遁出《のがれい》でにけり。さるこゝろは、世《よ》をはなれたる庵《いほ》ずみして、松《まつ》のあらし、筧《かけひ》のみづのおとに、こゝろを澄《すま》せつゝ、おもひのまゝに念佛《ねんぶつ》して、後《のち》の世たのもしからむをと、ふるき物《もの》がたりざまに身をやつせしに、ことたがひて、師《し》とたのみたる尼の、心かたましく、今《いま》よりかく尊《たふと》げにては、修《しゆ》

心かたましく—心ねぢけて
さもしげなる—見すぼらしき
きもいり婆—口入婆
此春ばかり—深草の野べのさくらし心あらば

行《ぎやう》にあらずとて、もて來《こ》し袈裟《けさ》、衣《ころも》、小袖《こそで》まで、おほかたに奪《うば》ひとりて、あら〳〵しく身《み》に添《そ》はぬ麻木《あさも》綿《めん》の、糊《のり》さへいとこはぐ〳〵しきに、取《とり》かへられ、菜《な》つみ水《みづ》くみたくはつなどは、修行《しゆぎやう》のならひなるを、物《もの》くるゝ檀家《だんか》へは、さもしげなる重《ぢう》のうち、たえず持《も》ちはこばせ、男僧《だんそう》の夏冬の物の解《と》きあらひの賃仕事《ちんしごと》、よる晝《ひる》といとまあらず、人のかげぐち、見《み》きくまゝにいひちらし、嫁《よめ》とりのなかだち、産家《さんか》の夜とぎ、不義《ふぎ》むすめのあづかりものなど、うき世のことにのみ、かゝづらひつゝ、朝夕《あさゆふ》の誦經《ずきやう》のほかは、なにを佛《ほとけ》のみちに入りしともなく、いとあさましき世界《せかい》に迷來《まよひき》ては、また爰《こゝ》をも遁出《のがれい》でばやの心しきりなるにぞ、なか〳〵にありし世《よ》の戀《こ》ひしくもなりぬる事《こと》よ。つひにこの庵室《あんしつ》をも疎《うと》んじ出でて後は、そこと賴《たの》むべきかげもなく、さまよひ歩《あり》くほどに、はじめの道心《だうしん》もいづちにか醒《さ》めはてゝ、手《て》かき歌《うた》よみしむかしは、夢の浮橋《うきはし》かけたえて、春《はる》さむいと、秋何《あきなに》とやらいふに堪《た》へかねて、つひに恐《おそ》ろしききもいり婆《ばゝ》にかどはかされ、ある遊里《いろざと》へ、夜《よる》ばかり人目をしのぶ尼出の苦界《くがい》、四尺《ししやく》ばうしの淺黄《あさぎ》ざくら、この春《はる》ばかりのすみぞめか、はては何《なに》がしの院の把針者《はしんしや》とは、たしかそれぢやと、見し人のかたられし。

○むかし、鳥獸草木《てうじうさうもく》のたぐひの、世に見知らぬをば、あまねく能《よ》く見わかつ師《し》ありけり。

此春ばかり
墨染にさけ
把針者―裁
縫者兼梵妻

こは唐土《もろこし》にてはなにといふを、此國《このくに》にては然《しか》よぶものなりなど、いともくはしかりけり。されど、まれ〳〵には辨《わきま》へがたき物《もの》もあるにや。此《こ》は何《なに》の類《たぐひ》なりとも答《こた》へらるゝを、或人《あるひと》これを聞《き》きて、何《なに》の類《たぐひ》の、類《たぐひ》の字《じ》は、祇園町《ぎをんまち》のむすめぶんの分《ぶん》の字《じ》にひとしく、いとまぎらはしとなむ言《い》ひける。

# 癇癖談　下

えりあつめ—撰集のこと
京極中納言—藤原定家
偏執—頑固
つけ—失敗
あやまり

○むかし、市のなかに住《す》みて、歌《うた》よくよむ翁《おきな》ありけり。世の譽高《ほまれたか》きまゝに、いつしか思《おも》ひあがりて、えりあつめ、おぼしたゝれける。まづ住吉《すみよし》の神に詣《まう》でて、此《この》こと冥加《みやうが》あらせたまへと、祈《いの》りものせられけるに、其夜の夢《ゆめ》に内殿《ないでん》の御戸《みと》ひらくと見しが、うちより妙《たへ》なる御聲《おんこゑ》して、なんぢつき明《あき》らかなりと、教《をし》へさせたまふと、おぼえて目さめぬ。こはむかしの京極中納言《きやうごくちうなごん》の君のためしに、かなひし事《こと》のありがたくて、やがてえらびものせられけり。さて世におしひろめたりけるに、此所《ここ》かしこよりよからぬ風説《ふうせつ》ども聞えけるを、それが方なる人《ひと》は例《れい》の偏執《へんしふ》の世のさがぞとて思《おも》ひやみけるを、翁《おきな》なほき人にて、神《かみ》の御告《おんつげ》のありがたきを思《おも》ひたのめりしに、いかでかゝりけむ、猶《なほ》おもひあやまれる節《ふし》もあるにやと、ふたゝび詣《まう》でてなげきたてまつりしに、また先《さき》のごとくうちより高《たか》らかに、なんぢつけ明《あき》らかなりとこそ告《つ》げつるをと、聞《きこ》えたまへりとなむ。神の妙

からうた—詩

奥の細道—芭蕉翁の奥州旅行記

象潟—羽後國飽海郡にあり

なる御聲《おんこゑ》をだに、聞きたがふこともありけり。また漢文《かんぶん》からうたに遊《あそ》ぶ人も、おのれうち誇《ほこ》りて、木《き》に彫《ゑ》らせつゝ、世《よ》にみて呉れをなす人、その世《よ》にはいとおほかりけり。我なからむ世に、人のしたひて物《もの》すべかりける事《こと》なるを、さる世はおぼつかなかりけむ、みづからものせらるゝことにぞありける。こは腹《はら》ちからなき人の我《われ》かしこになむありける。また、これを名利《めいり》の功能書《こうのうがき》をちらすなりと、ある人はいはれき。

○むかし、俳諧《はいかい》のすさびありけり。芭蕉翁《はせをおう》の奥《おく》の細道《ほそみち》のあとなつかしく、はるゞゝのみちのくに下《くだ》りけり。ある國《くに》の守《かみ》の御城下《ごじやうか》にて日《ひ》くれなむとす。一夜《ひとよ》あかすべき家《いへ》もとむれどあらず、思《おも》ひつかれたるに、そこに門だちしたる翁《おきな》のあるに、立ちよりて、ねんごろに宿《やど》をもとむれば、翁《おきな》うち見て、法師《ほうし》は達磨宗《だるましう》なるかと問《と》ふ。いな、さる修行《しゆぎやう》にあらず。芭蕉《はせを》の翁《おきな》のながれを學《まな》ぶものなるが、松《まつ》がうらしま、象潟《きさがた》のながめせむとて、はるばると來れるなりと云《い》ふ。おきな聲《こゑ》あらゝかにて、何《なに》がしどの御下《おんした》には、俳諧師《はいかいし》と博《ばく》奕《ち》うちの宿《やど》する者はなきぞと、云《い》ひけるとなり。いかなれば、おなじ列《つら》に疎《うと》まれけむ。いとあさましくなむ。

○むかし、都《みやこ》がたに物がたり、いとをかしう書く人ありけり。もとより才《さい》ある人なりけれ

ちよんがれ―浪花節

しんばう藝―世話場の立役が無理なる事柄に辛抱して復讐する如き藝

置山―淺尾爲十郎

市紅―市川團藏

あんにや―伊勢の方言遊妓

しかへられ

ば、ひたすらに興あらむとて、筆はさかしきに過ぎてうちはやり、口拔くいひもて過めるほどに、讀《よ》むにいとあはたゞしく心いそがれて、ちよんがれなどを、聞《き》くやうになむありける。

○むかし、歌舞妓《かぶき》ものがたり可笑《をか》しくする翁《おきな》ありけり。それが常《つね》にいへるは、古姉川《こあねがは》がしんばう藝鍬鎗《けいたちうち》、訥子《とつし》が時代世話《じだいせわ》、獅々吼《しゝく》が武道《ぶだう》はなどいひて、頭《かしら》うちふり聲《こゑ》さまぐ\にて、今の世なるは、それらが面影《おもかげ》にもあらずといふを、わかき人露ばかりも信ぜず。いかで置山《ちざん》が逸風《いつぷう》におとるべき。市紅《しこう》もまた古市紅《こしこう》にをさく\まけじものを、れいの翁《おきな》が、むかしものがたりよとて、かへりて嘲《あざけ》りわらひけり。翁《おきな》はらだたしき人にて、うちなげき、今は山《やま》にやこもらむ、海《うみ》にやうかばむと、ひたすら巾されけるとなむ。

○むかし、伊勢の御神《おんかみ》に、講《かう》まゐりする男ありけり。色《いろ》ごのみなりければ、御師《おんし》のもとに、草鞋《わらぢ》解棄《ときす》つるより、まづ古市《ふるいち》のあんにやに酌《しやく》とらせけり。おもひきや、都にてむかし會《あ》ひかたらひし女の、こゝにありて出來《いでき》て、互《かたみ》にうちおどろかれ、すゞろになつかしくて、寢《ね》ものがたりあはれに、打ちかたらひけり。二夜《ふたよ》といふ夜《よ》、いとおもひありけにて云《い》ふやう、かくはるかなる國《くに》にしかへられ、世にたのしみなくさまよふも、親《おや》のこゝ

—寶渡されきりまして—年を重ねること

たて烏帽子—強盗の名、今昔物語に見ゆ

ろのまゝしさに由りてなるを、猶このたびもいま二年《とせ》をきりまして、こがね五兩《いつひら》おくりこせと、しきりにせめらるゝ、いつまでとか、かくつれなさのみ聞ゆるぞや。此度《このたび》をかぎりにて、親子《おやこ》の緣《えん》だに、切《き》りてたまはらば、望《のぞ》みたまふまゝならむといふ。流石《さすが》にうけがひしかば、たのもしき人々に打《う》ちたのみて、此半金《このなかは》ばかりはとゝのへぬ。なほ今なかばに思煩《おもひわづら》ひたるを、つきせぬ御《おん》ちぎりに、あひ見《み》たてまつるものから、むかしの御情《おんなさけ》わすれたまはずば、あはれおぼしめぐませたまへと、うち泣《な》きつゝいふ。男いと悲《かな》しきことを聞《き》くものかな、さばかりのはした金《がね》物にもあらぬを、こゝにふようの事こそありつれ、まうで來《こ》しつち山の宿《やど》にて、友《とも》どち酒《さけ》くみすごし、日《ひ》もかたぶきぬ。今宵坂《こよひさか》のしたのとまりにとさだめて、人々は行《ゆ》きけるを追《お》ひて、鈴鹿《すゞか》やまをたどふたり、月かげさぬ岩《いは》のがけみち越《こ》え來《く》るに、ものすさまじき木陰《こかげ》より、深山《みやま》のあゆみ出づるやうにて、たて烏《え》帽子《ほうし》のこゝにあるを知《し》らぬ歟《か》、えこそ通《とほ》すまじ、ふところのかぎり置《お》いて行《ゆ》け、いのちばかりは得《え》させんと、雷《かみなり》のおちかゝるごとき聲《こゑ》していふにぞ、魂《たましひ》も身《み》に添《そ》はず、ありつる限《かぎり》さゝげ出して、逃《に》げのびぬ。此《この》おどろきに心地《こゝち》あしければ、夜《よ》べこよひ、うさはらしにこそ來《きた》れ、またこのあはれなる事を聞《き》くは如何《いか》に。されど我《われ》さへ人のな

みしんの水牢—年貢未納のため牢獄の下水に浸しておかるゝ刑
まれ人に云—伊勢物語の歌の翻作
うかれ女—遊女
かづけたまはらば—送り給はらば

さけにて、やう〳〵かへるべければ、こゝろにもあらで、見《み》すて行《ゆ》くなり。都《みやこ》に行《い》きて後《のち》、いかにも〳〵、さばかりの事は、おくり越《こ》すべき。親《おや》なる里《さと》は横田《よこた》むらにて、みしんの水牢《すゐらう》などいふ罪《つみ》に、しづめるにあらずやと、いとしら〴〵しくいふにぞ、女《をんな》いと憎《にく》しと思《おも》ひて、つと立《た》ちてまたも來《こ》ずなりぬ。さて朝《あさ》がへりの手水《てうづ》のついでに、爪《つめ》の長《なが》きを切《き》りて、それをおしつゝみて、表《おもて》に書《か》きつけて女《をんな》の許《もと》へやりける。

まれ人《びと》にすかさずのばす爪《つめ》しあれば

をんな、此《この》すゑを、なづなの葉《は》に書《か》きて出《いだ》しける。

またあふ坂《さか》もあらじと思《おも》ひて

互《たがひ》にあさはかなる心《こゝろ》を見《み》せあひて、明日《あす》は松坂《まつざか》どまりにと、立行《たちゆ》きけり。

〇むかし、おのが爲《ため》にもならぬ事まで、何《なに》くれと能《よ》くいつはるうかれ女《め》ありけり。あるをとこの田舎《ゐなか》に行《ゆ》くとて、いとまごひしに來《き》りければ、この女《をんな》、さらば馬《うま》のはなむけに、小袖《こそで》ひとかさねして、おくりたてまつらむ。夜寒《よさむ》をしのがせ給《たま》はむには、おのが思を添《そ》へてこそと云《い》ふに、をとこ、我《われ》にものかづけ給《たま》はらば、さねよくおどしたる鎧《よろひ》一領《りやう》たまはれといひければ、それとても、御《おん》こゝろのまゝにたてまつるべし。何《なに》のれうにとて、

鐵炮―空贅、太平樂
むづかしげなる家―むさき家
夏の云々―火おこさぬ夏の炭櫃の心地して人すさめずすさまじの世や

かく恐《おそろ》しげなる物をもとめたまふと問《と》ふに、君《きみ》が鐵炮《てつはう》をうけむ爲なるはと云ひけり。いとくちがしこき男《をとこ》になむありける。

○むかし、をとこ友《とも》どちかい連《つら》ねて、住《すみ》よしのこほり住吉《すみよし》のさと、住吉のやしろにまうでけり。霜月《しもつき》のはじめころにて、ゆふさりがたのそら霜《しも》をれて、うみなく風《かぜ》の汐《しほ》しみていと寒《さむ》し。生駒山《いこまやま》を見れば、冬《ふゆ》がれのところ〴〵赤《あか》ばげて、西に入る日《ひ》のかげにあらはにてあいなく、見《み》る〳〵さむげなり。今宮村《いまみやむら》を北《きた》に横《よこ》をれくれば、長町《ながまち》の南《みなみ》がしらなり。むづかしげなる家ども、ひし〳〵とたち竝びたるなかに、はたごやのところ得顔《えがほ》ながら、時ならねば、ゐなか人のやどりもまれ〳〵にて、火《ひ》おこさぬ夏《なつ》の炭櫃《すびつ》のと、うちながめて過《す》ぐるに、青物菓物《あをものくだもの》あきなふ家は、葭簀《よしず》たて圍《かこ》ひて、束薪《たばねまき》、はかり炭《ずみ》、それこれと賑《にぎ》はし。鹽魚《しほうを》なにやかや、しびら目黒《めぐろ》の切賣《きりうり》、干鰯《ほしいわし》のいさゝか皿《さら》に盛《も》りたる、また何《なに》とかいふ魚のあぶりもの、鮪《しび》の大魚《たほうを》をいまはしげに、切りさいなみたるに、にしんの舌《した》たるげに煮《に》こごらせし、唐《もろこし》きびもち、あかむしの切目《きりめ》高《だか》なるにも、おほ路《ぢ》のつちかぜやかづくらむ。香《かう》の物、くきづけのにほひ花《はな》やぎたるが中に、芋《いも》むす湯煙《ゆけぶり》ぞあたゝげなる。日は西にしづみはてゝ、風いとあらぶきだち、厚肥《あつご》えて著《き》たるさへ、ゆふしめり

うばら―せきぞろの妻

はりの木染―榛にて染めたる

身《み》にしみて覺《おぼ》ゆ。此《この》ほとりに宿《やどり》とるとて、あさましげなる者等《ものども》、たち續《つゞ》きてかへり來るを見れば、老《お》いさらぼへる目《め》くらの、竹杖《たけつゑ》のかた手《て》には、十二なる童《わらは》にひかせて、ゆく〳〵うち倒《たふ》るべくあゆみ來る。このあたりにては米《こめ》をよばねど、聲《こゑ》をしあげば聞《き》知《し》りたらむものぞ。垢《あか》じみたるものに、面《つら》おし包みたるうばらの、手《て》に蕪菜《かぶらな》二《ふた》かぶばかりくゝりさげて、物得《ものえ》たり顏《かほ》に行くもあり。ゐざり法師《ほうし》の頭髮《かしらがみ》おどろにおひ延《の》びて、つゞれの肩《かた》のひまより、氷《こほ》れる肌《はだ》のあらはれたるが、なにごとやらむ、ひとり言《ごと》しつゝゐざり行くは、今日《けふ》の寒《さむ》さをかこつなるべし。はやく宿《やど》れるは、一錢《いつせん》が鹽《しほ》、二錢《にせん》がもち、これかれもとめありく。此《この》あきなふ家も、こゝに年月《としつき》すみふりたるは、さるものらもいぶせう卑《いや》しめず、それ召すか、これぞ良《よ》かめるなど、こゝろよげなり。此きたる中に、紺《こん》ぞめの尻たかくからげ、はりの木染《きそめ》の脚袢《きやはん》しめはきつゝ、眞鍮鐔《しんちうつば》の長劍《ながかたな》さしこはらしたるが、やどりいそぐに、さうし紙《がみ》のおほ鳥毛《とりげ》、さびしげにふり擔《かた》げたるに連《つ》れだちて、辻《つじ》だちの歌舞妓《かぶき》藝者《げいしや》の、紅《べに》おしろい斑《まだ》らにけはひたる、若者とむつましげに、うち物がたりしつゝ行くは、あるが中にもいさぎよげなれど、さすがにおどふるふ鼻《はな》のさき、太脛《ふとはぎ》など、鮪《しび》いろに凍《こゞ》えて寒《さむ》げなり。またあやしの男の、目《め》ばかり見えて、

辻君―夜鷹
白きもの―白粉
道頓堀―大阪の町名、劇場のある所
みそかごと―密事
おくれさせ―臆れしめ

手《て》には鳥籠《とりかご》のおしつぶれたるに、朽《く》ちたる簀《す》のこ板持添《いたもちそ》へて、今宵《こよひ》の焚火《たきび》のれう得《え》たりとや、うれしげに走《はし》りゆく。辻君《つじぎみ》五六人、髪《かみ》はぬれ〳〵とあげて、白《しろ》きもの衿《えり》にうつらふまで、きは〴〵しく塗《ぬ》りたて、色あひ確《たしか》ならぬもの、ひきかさね著て、低《ひく》きあしだの音《おと》こほ〳〵と響《ひゞ》かせ、から〳〵と物たからかに言《い》ひつゝ、北《きた》ざまにあゆみゆく。さらに〳〵なさけしくこそあらね、彼《かれ》もまたかなしう言《い》ひかはしたる男もあるべし。また親《おや》男の爲《ため》に、我身《わがみ》はあるものともせず、よひ〳〵出《い》でたつもありとや。あはれの操《みさを》や、わりなのまことやと、うち眺めらるゝ。やう〳〵道頓堀《だうとんぼり》に來れば、たちまち異國《ことくに》にいたりしかと覺《おぼ》ゆ。夜芝居《よしばゐ》のまうけ明日《あす》の夜《よ》よりと、櫓幕《やぐらまく》翩々《ひら〳〵》とひるがへれる、此《この》ふく風《かぜ》は、さき〴〵のにはあらぬにやと、思《おも》ふも移《うつ》りやすの人ごころや。

○むかし、色《いろ》ごのみなる男老《お》いて語《かた》りけるは、遊女《あそびめ》ほど、世《よ》にをかしき者《もの》はあらじかし。おのれときめきて、ひく手《て》あまたなるには、よるべの末のことなど露《つゆ》ばかりも思《おも》ひしらず、逢《あ》ふごとの男に心《こゝろ》をおかせ、夢《ゆめ》いふに違《たが》はじと思《おも》はせ、又みそかごとありとても、妬《ねた》き言葉《ことは》思《おも》ふなかばをも、え言《い》はぬものにしこなし、はした金《がね》くるゝには手《て》もふれず、男《をとこ》のこゝろをおくれさせ、または親《おや》かたに血《ち》の涙《なみだ》を流《なが》させても、おのが心《こゝろ》をと

竹の中より生れ出でたる人―赫夜姫
いばらじ―人妻、家主
うちしをり―責めこらす義
籠められし―かこはれしとの義

らせ、友朋輩《ともほうばい》はありて無きものによびつかひ、よろづこゝろの行《ゆ》くまゝに、うち振舞《ふるまひ》つつあるほどに、つひによき人に思はれて、黄金《こがね》あまたに請《う》けいだされて後は、いよ〳〵竹の中より生《うま》れ出でたる人のやうに、ころも調度《てうど》、あさゆふの物《もの》も、時《とき》にさきだち時におくれたる品《しな》をのみ、好《この》みごととして、猶《なほ》あくときもあらず、よろづ思《おも》ひ誇《ほこ》れるあまり、昔《むかし》しのびあひし男《をとこ》、また今のいへに、夜晝《よるひる》まゐれる八百屋《やほや》、さかな屋《や》などの、こざかしき男とかたらひて、つひに見《み》あらはされてぞ、身《み》のひとへのみに逐《お》ひやられ、その男《をとこ》のもとの妻《つま》をば別《わか》れさせて、おのれいばらじとなりても、髪《かみ》は人にあげさせ、裁縫《たちぬ》ふわざも知《し》らねば、姑《しうとめ》に逐《お》ひうたれ、をとこもまたはじめこそあれ、すゑはいかならむと、心づきては、言葉《ことは》もあら〳〵しく、時々《ときどき》うちしをりぬるにぞ、なにゝ斯くまづしき男をたのみ來《き》つらむと、負《まけ》じごころに投《な》げうちなどして、いさかひては、また此《この》をとこにもわかれて、なほいさゝかも、思《おも》ひよわることなく、もとの川竹《かはたけ》に流出《ながれい》れば、こゝかしこの好者《すきもの》らは、いと珍《めづ》らしみて、我《われ》さきとあひ見《み》るに、しばし籠《こ》められしとおもへど、かぞふれば、はや三《み》とせ四《よ》とせになりぬれば、三十《みそぢ》や過ぎぬらむと、思ふ心より見れば、いとよくけはひて、をかしからぬ事をもをかしげに、興《きよう》あるさまにもてなせど、とある

はしたなめられ―情なくもてなされ

卵の中の時鳥―娘をさしていふ五月は時鳥の鳴く時なれば娘の全盛に譬へたるなり

北野―北野天神社、攝津國西成郡

をりには物さびしく、寝《ね》がほなど恐《おそ》ろしくなり、あしたの別《わかれ》に、あらはならじともて隠《かく》せど、しろきものの剝《は》げたるひまより、にきび、面瘡《たもくさ》など、さすがにうち見《み》えたる、いとあさまし。さるは思《おも》ふにたがひ、吾《わが》こゝろさへ後《おく》れては、にはかに誘《さそ》ふ水《みづ》あらばと、こゝろいられては、かへりてもたれ氣《け》なりなど、はしたなめられ、恐《おそろ》しなども疎《うと》まれ、はてはては、いづち行きけむ、かき消《け》してあらずなりぬ。さるものの時《とき》めけるには、海道《かいだう》の馬士《まご》、あるは、人のひまうかゞふ小盗人等《こぬすびとら》にひとしく、かや斯《か》くして、おし取《と》りし物《もの》のかぎり、わけなくつかひ棄《す》てて、またも得《え》んと思《おも》ふなりけり。さるものの母《はゝ》といふは、おほかたが卵《かひこ》の中のほとゝぎすの、五月《さつき》待《ま》ちえてぞ、四尺帽子《ししやくぼうし》ひざ過《す》ぐるまでうち垂《た》れ、花見《はなみ》ものまうでなどに、女《め》のわらはに包《つゝ》める物さゝげさせて、したり顔《がほ》にあゆめるを、おなじ世界の人の、うちうらやめるも、たのむかげ雨《あめ》もりては、ひきかへ見《み》る目《め》もいぶせきを、それはもとの水《みづ》なればいかにせむ。また、むかしはあるものとも知《し》られざりしが、人妻《ひとづま》となりて、はした女《め》、小童《こわらは》、下男《しもをとこ》など召連《めしつ》れて、北野《きたの》、清水《きよみづ》まうでなどに、たびたび行《ゆ》きあひし。かれは時《とき》にあはず、友朋輩《ともほうはい》にあなどられ、常《つね》に心おかれて、いかで老《お》いたる人にもあれ、形《かたち》にくさげにもあれ、こゝろだに頼《たの》もしくば、つひのよるべと、

郡にあり
惣嫁—辻君
扇子の一手
—踊

うちたのまむをと、思《おも》ひくらしつゝ、さる人えらび出《い》でて、今《いま》の人目《ひとめ》よくうしろやすき世《よ》を經《へ》ぬるぞかし。かの時《とき》めきしたぐひの女に、をり〳〵六波羅《ろくはら》の蔽《やみ》かげ、ひる惣嫁《そうか》たてる軒づたひに行きあへるに、肩《かた》すそおなじ色《いろ》ならぬもの身《み》にまとひ、かごしま下駄《げた》の音《おと》こほ〳〵と、手《て》にはあやしの器《うつは》に、豆腐《おかべ》のからこぼるゝばかりして、われを見《み》て露《つゆ》はづる氣色《けしき》もなく、現《あらは》にうち笑《ゑ》みたる、なか〳〵に面憎《つらにく》うなむありしと語られき。

○むかし、人のあそびの座《ざ》にいでて、よく心《こころ》をとれる男ありけり。こはもろしにては幇《ほう》間《かん》とよび、この國《くに》にてはたいこもちとも、辨慶《べんけい》ともいへりけり。これらも昔《むかし》ありしは、これぞと、面《おもて》おこしなる藝《けい》もあらねど、ひたすら人の心に、たがはじとのみ用意《ようい》せしかば、遊所《いろざと》のみにあらで、月花《つきはな》の宴《えん》、または伊勢參宮《いせさんぐう》、吉野山《よしのやま》ぶみなどにもめし連《つ》れて、物《もの》よくまかなひつゝ、たゞ快《こころよ》からむ事をのみ、つとめたるなりけり。また、よき人の子の、家《いへ》をうしなひて、世《よ》にたよりなく、もとよりすける道《みち》とて、さるあそびの座《ざ》に出でて、興《きよう》を助けけるに、それらは扇子《せんす》の一手《ひとて》、笛《ふえ》、つゞみ、絲竹《いとたけ》、茶かきたて、香《かう》くゆらする事らにもたど〳〵しからず、よろづに事なれ、立《た》ちふるまひ騷《さわ》がしからずてめでたし。やゝくだりての世《よ》なるは、ひたすら、歌舞妓《かぶき》ものゝ聲色《こわいろ》、身振《みぶり》をのみやつすを、

まはしの伊助—はこまにし伊助

中居—遊里にて遊女を助けて客をとりなす老功の下女

妙見—妙見菩薩

赤山—赤山大明神

關帝—關羽廟

藝《けい》とするに至《いた》りては、よき人の子はせず、板《いた》もとの喜八《きはち》、まはしの伊助《いすけ》など、こわいろ二三ならふより、座《ざ》にをどりいで、いかにも〳〵、興《きよう》あむとするほどにいと騒《さわ》がしく、頭痛《かしらいた》き心地ぞせらる。それがなかにも、老《お》いたるは見世《みせ》かり藝子《けいこ》、やとはれ中居《なかゐ》などと庵《いほり》して、路次《ろじ》のおく淸《きよ》らかに住《す》みなし、よろづつましく娘《むすめ》のかたなりなるをも、絲《いと》の音色、なつかしきばかりに敎《をし》へたて、それにたすけられて終《をはり》をよくするもあり。また時を得たるは、茶屋《ちやや》あげやに、なりのぼれるもありき。なべて昔《むかし》のごとく、物《もの》むさぼりても、やがて手《て》を空《じな》しくするはまれ〳〵にて、泥《どろ》のごとく醉《ゑ》ひても、著《き》たる衣《ころも》のいたはり露《つゆ》わすれず、大師《だいし》めぐり、妙見《めうけん》、主夜神《しゆやじん》、赤山《せきざん》、關帝《くわんてい》などに、絶《た》えずあゆみを運《はこ》びつつ、身《み》のすゑの幸《さいはひ》あらむことを祈《いの》るに、むかしのよき人の子なるは、さること思《おも》ひもよらず、さかづきの流《ながれ》にしづみて、身《み》にいたづきの入るをも知《し》らず、娼婦《おやま》、藝子《けいこ》の密《みそ》かに情《なさけ》あらむことをのみ、心底《した》に願《ねが》ひつゝ、はて〳〵如何《いか》ならむとも思ひたどらずなむ。また、わかき醫者《くすし》などひたすらざればみて、われを粋《する》とも通《つう》とも、おもひほこりては、あげやの臺所酒《だいどころざけ》、樂屋《がくや》のすつぽん汁《じる》に、うたてきまでうち解《ど》けたる、いとあさまし。これは醫者《くすし》のみにあらず、なべて藝道《けいだう》もて世をわたる人にはおほかるべし。親《おや》の家藏《いへくら》なくして

三八の釜日―月六齋の茶湯日

しつぽくもどき―料理の名、雜煮蕎麥の類

うそひめ―鷽のこと、擬人法に由りてかくいふ。

のあり、もとの身よりなり上《のぼ》れるあり、またうはべは如何にもあそびずきと見せて、下《した》のこゝろおそろしく、妾宅《せふたく》のまかなひかた、揚屋《あげや》ばらひの取次《とりつぎ》に、一《いち》わりを貪《むさぼ》るほかにも、時々《じゞ》の附とゞけを、あてことの中やどは、三八《さんはち》の釜日《かまび》に手《て》どり鍋《なべ》のしつぽくもどき、なにかと小手《こて》のきくさがしさ。其人々のこゝろ〴〵は、そのなす所によりて見《み》むに、かれいかでか廋哉《かくさんや》、かれいかでか廋哉《かくさんや》。

〇むかし、深草《ふかくさ》のさとに、世を倦《うむ》じてや住家《すみか》もとめて、隠れたる人ありけり。しばし宿《やど》れるとおもふも、はや四《よ》とせ五《いつ》とせばかりになりぬ。さすがに、都《みやこ》なつかしきなり〱は、そなたの空《そら》をのみながめてありけり。いとまがちなる窓《まど》のもとには、枕《まくら》のみ友として、うちねむれる夢《ゆめ》のうちに、庭《には》の梢《こずゑ》にあそぶ小鳥《ことり》どもの囀《さへ》づるなかに、こま鳥《どり》の舌《した》はやなるが、人のものいふにかはらで、ひとりごとするは、はるごとに、この庵《いほ》に来てあそぶに、このあるじは、何を生業《わたらひ》にするともなきいたづら人なり。かくても世《よ》にすむかひありや、いと悪《にく》むべきものなりといふ。下枝《しづえ》にあそぶうそひめ、これを聞《き》きて、されば、このあるじはもと都の人なるが、生れつきて心せばく、世《よ》をわたらむとすれば、おひかりのおそろしく、人は心のひろきまゝに、あしきといふことも、いつはりも、世の

害にだにならぬことは、たくまずして、なすまゝなるを、それらを見聞《みき》くたびごとにうちも歎《なげ》き、あるひはいかりなどもしつゝ、また書《ふみ》よめば、昔《むかし》のみしのばしくて、今の世をうとみ、藝《けい》にあそべば、ふるき世の人は、上手《じやうず》も下手《へた》も、こゝろたかしと仰《あふ》ぎ、いまの眼《まなこ》の、つけどころをさげしみて、樂《たの》しまぬにより、とし月を、いたづらに暮《く》らすなり。世《よ》にあはれむべきものなりと答《こた》ふ。こま王《わう》きゝて、から〳〵とわらひ、さればこそ、世《よ》のおごりものか、あさましの心《こゝろ》ざまなれといふ。うそ姫《ひめ》いはく、主《ぬし》は常によき衣《ころも》を身《み》にまとふことなく、あまきをくらはず、紙《かみ》のふすま、紙の帳《とばり》に事足りて、何《なに》ごとにも倹《つゞまやか》をまもりげにて、奢《おご》れるを見《み》ずと。こま王《わう》いはく、わが奢《おご》れるといふは、さることわりにあらず。あるじは世《よ》にいふ癇癖《かんぺき》の病《やまひ》を、つのらして、え養《やしな》はぬおろかさより、我《われ》を尊《たふと》しとは思《おも》ひあがらねど、世の人はみな濁《にご》れるものにするこゝろ奢《おごり》の人なり。この主《あるじ》が思ふにかなふ世も人も、いにしへよりあることなし。漢土《から》のやまとの書《ふみ》どもに、あかず教《をし》ふるも、世の人の直《なほ》からず、おほかたは佞《ねぢ》けのみ行くを、なげきてにあらずや。其《その》ことわりを推しいたゞきても、その教《をしへ》のまゝに行ふ人はあらぬげなり。あるじもこれがたぐひなるべし。よしや、なすもなさぬも、われ賢《さか》し愚《おろか》のみにはあらで、かしこき人《ひと》も世に

文武周公—周の文王武王周公

堯舜—帝堯陶唐氏、帝舜有虞氏

壬生のしやでん—壬生狂言の鉦擊

虞世南—唐十八學士の一人、博文能書の士

投壺—遊戯壺上の壺中

おし立てられてはおこなへど、猶かひなきものか、筆《ふで》をとりては、文武周公《ぶんぶしうこう》をもそしる人《ひと》古よりすくなからず。今の世には堯舜《けうしゆん》をさへ、悪《あ》しくとりなしていふ人もあり。さてそれらがさとれる顔《かほ》に書《か》きあらはす、其墨《そのすみ》の干《かわ》かぬあひだも、我《われ》は及《およ》ばぬことを知りつつ云ひ出づるが、われ賢《かしこ》のしわざなりけり。世《よ》におし立てられても、おのれ濁《にご》らぬは先《まづ》よしといへり。それも、表面《へうめん》をにごらざれば世《よ》にはまじはり難《がた》し。此《この》あるじが輩《ともがら》は、これ行《おこな》ふこと能《あた》はぬものなり。にごるといへば悪《にく》むべきを、たゞ世のあり様《さま》と見ば、ことぐ〵しく忌《い》むべきにもあらず。花見《はなみ》嫁入《よめり》のはれの衣《きぬ》は、いつしか壬生《みぶ》のしやでんのをどり小袖《こそで》となり、俳諧師《はいかいし》のあたまに烏帽子《ゑぼうし》がとまれば、神の忌《い》がきの七五三繩《しめなは》は、關取《せきとり》の褌《ふんどし》にまとふ。はした寶《たから》のやまに入りて、とき〴〵市《いち》にくすりを商《あきな》ふかぶき仙人もあれば、穢多《ゑた》に福者《ふくじや》の高名あり。遊女《いうぢよ》のとはせぶみに、虞世南《ぐせいなん》の書風《しよふう》あり。大名仕立《だいみやうじだて》の町人あれば、阿蘭陀《おらんだ》おさへの機關士《からくりし》あり。蠻學《ばんがく》、天文《てんもん》、投壺《とうこ》、盆石《ぼんせき》、琵琶《びは》、明樂《みんがく》、世にすたれたる遊《あそび》も、ひろふ神《かみ》のまもりはありけるものを、それこれのたがひをいはで、世《よ》におしうつりつゝ、見聞かむには、怒《いかり》も怨《うらみ》も、あるまじきことならずや。それをたがへるものに打ちなげくは、我《われ》がしこの心をごりなり。淡《あは》きをくらひ、薄《うす》きを著《き》るとも、與《あた》へ

に矢を投げ
込むあそび

ば重《かさ》ねむ、餉《おく》らば食《くら》はむ。驕《おご》らずといふにはあらで、貧《まづ》しきがなす身《み》の行ぞとて、こま王のから〳〵と笑《わら》へば、百千《もゝち》とり〴〵にわらふ。うそ姫《ひめ》もきゝと笑《わら》へば、山もわらひ野もわらふ。はるの眠《ねなり》ざまし、かんぺき談《だん》とも、くせものがたりとも、何ともかとも、あらうつゝなの世がたりや。

文政六年　仲春　　　　　　　　歌城居士

此文首尾照應せず、文脉不連、且てにをは語格のあやまり數々なるを、いさゝかづつ引直したれど、倘かくてよしといふにはあらず。をしきかな、此作者こゝろ才氣は有ながら不文なるは、其性懶惰にて、學問に粗鹵なるゆゑなるべし。蠢愚なる人は、刻苦して學ぶとも、かゝる文は書く事あたはず。秀才なる人は、つとめて學ばざる故に、かゝる文は書くといふとも、一篇の始末精細なる能はず。實に兩全の得難き可歎々々。

文政壬午淡暑新秋　　四不出齋

癇癖談終

## 藤簍冊子自序

古人云、文章窮而後工、非窮之能工也。窮則門庭冷落、無車馬足之關、事務簡約、無簿書酬應之繁。親友斷絶、無徴逐遊宴之忙。生計蕭澀、無求問舍之勞。終日閉門、兀坐與書爲仇、欲其不工不可得已。不獨此也、貧文勝富、賤文勝貴、冷曹之文勝於要津、失路之文勝於登第、不過以本領省而心計閒耳。到聖人、拘囚演易、窮厄作經、常變如一、樂天安土、又不當一例論也。適有此語、聊足以暢閒情焉。頃一夜夢、垢面短鬚之老翁來云、兄也薄命不遇、去鄉土離六親、無居無產、自恣爲狂蕩、而乘閒作文、然句々皆寒酸憂愁、世塗之人誰不以蔽目哉。夫前人慷慨之言、各自愛才舞文、解悶發憤者矣。兄也不然。居常讀書有感、將以安不遇乎。抑亦遇不遇、共天地間之動物、人稟之性、不可以奈如何已。故

來慰問云、覺後思之、冷落失路、爲之窮厄、則不可樂、爲之命祿、則何以憂耶。余之薄命、及耄而無居無產。惟是愚盲淺識之歎。終日閉門、兀坐秉筆、雖不勝富勝貴之文、聊以爲消間之策耳。享和壬戌晩春。鴨塘頭乞丐翁鶉無常居士拭盲眼書之。

浪速　竹陽森世黃書

# 序

林樹あそぶ鳥のやどりところえて、おひさかゆる木草の花、人の友垣のかたらひも、おのれおのれが好めるにひかれてこゝろはゆくめり。ちゝ母に別れたいまつりての世には、うからはらから賴みつべきが、おほかめるにも思ふをあかし、憂さうれしさを語りなぐさむなん、いとゞほしき。たゞまがりねぢけだにせずは、おのがむきむきしわざいかさまにもあれな。今や老らくの世にかへり見れば、この入江の蘆が散る夕風、心さむらにおほしょめりしをも、大かたにさいだてたりしに、たゞひとり世にとゞまれるは上田の翁なり。我には齢いつゝばかりおくれたまへど、よろづにこゝろさとく、兄とも推ゆづるべかめる。常に國ぶりの歌をよみて、獨りたのしとせる、共した術めくものあまた、つゞら箱につみ入れ、我まへにもて來て、これなん、年月に刈つみし磯廻の藻屑なり。固より蘆原のしげき小屋におひ出て、ひぢりこに染みたるあのやしこと草は、久方のあふき望む御あたりには、あま彦のよびたふましく、またおなじ民草の中には、ほ

むともおとしむとも、なに心してとおもへば、ひとつものに耳過しつゝ年は經にけり。君と我、土をつみて城をかまへ、竹にまたがりてかけはしりし昔より、何のたがふ節なくて、あひおひの今までゆきかひ問かはしぬるには、歌よませたまはずとも、己がひがごころを知られまゐらすには、見せたいまつりて、ひと言をだにをかしとおもはれなん、いとうれしき。見をへて後に、はし一くだりにても書くはへてよと聞ゆ。あなわづらはしとはおもふおもふ、百たらずのとし波よせかへりて、まじらひし人のためには、國つ罪こそかしこけれ。我犯さぬ天つ罪を老が痩ぼねいたきまで仰せらるゝともとてなん。かしら髪禿なる筆に、此こと打出こそすれ、歌やふみや露ばかりも學ばぬみちは、みよし野のよしとも、あしがらぬのあしかるとも、あげてはいふべくもあらぬを、古ことの葉にならひてぞ世人さだめよ、世ひとさだめよと云ふ。享和二年の秋、ふなきほふ堀江のわたなべの岸なる生島の叟記す。

# 附言

一、此集は、翁時々のあはれにつき、其事に臨みて口すさばれし、歌や文や、物語、道ゆきぶりを、紙のはし、ものゝ裏などに、かいつけられしを、取つどへて、えらぶとはなしについでられたる也。この比かたりたまはく、思はずよ、七十と云ふ齢を數へつめるは、うつゝの夢路のたどりとや云ふべき。いでや、今歳を老が世の限りに、打みだりし事ども皆しをへ、筆とるわざも、かしこきながら、猶麟のためしに、けふよりのちは、きのふの我にはあらで、みどり子のわきまへしらぬ遊びして、世をのどかにも終らばやとて、それの御寺に、おきつき所をさだし、かつ柩をさへつくらせて、此ふみ等をも、した書のまゝに納めてんと、うちくおきて聞ゆ。おのれ、翁にしたしく交り遊ぶなべに、はしぐ〵讀見し事のあれば、翁をしれる人々と心あはせて、是を櫻木にさかすべくとてなん、御寺にまゐりて、

はかりことすを、翁聞つけて、うたて、をこわざするかな。世にはひわたらんほどは、必しも有まじきわざ也とせらる。いなや、此ぬしはすでに世を見はてて、今はおはさずとこそ聞つれ。我もの顔にのたまへる、いとあやしきと云ふ。翁打もだして、我刀に疵かうむれるよとて、長き息つぎつゝ、ゐざり入たまひぬ。

一、ふみの名の由は、常に机のかたはらに、あさらなるつゞらごをかいおき、人來たれば見せじと、しかまへらるゝを、れいの翁がつづらごよと、妬くいひあへりしもて、今は呼ぶことゝなりき。

一、歌や文や、翁の齡にしてはいと少きは、わかくておはせし昔は、よろづ打ちたはれがちに、まめ〳〵しき道に心ざしもあらざりき。四十と云ふ年より、よみ書ならひしといふ物がたり、べちにまち文と題せられし一巻あるを、こは恥あることどもありとてゆるしなし。さは四十を初めの手習の、それすら黄岐の術のいとまを偸みたる遊びなれば、うべも多かるまじく、大方はしるしもとゞめられざりし

を、七十をかぎりのわざに、つゞらごの中、又こし方かゝることのありきなど、むかし今、前しりへなく書きなめつゝ、猶それの所の障子にかゝるを見し。誰屋の壁になど、友垣の告聞ゆるをも書き集めつゝ、六まきとなりき。翁、此道に門をひらきて、しるしらぬをいざなふにあらねば、よしやあしやの褒そしりをも厭はれぬもて、其人がらをも世の人見たまへかし。

一、木にのぼすまじき巻々猶多かれど、ゆるしなきには、題號をだも書きあらはさず。翁の常言に、命はかぎりあり、知るは涯なし。かぎりあるをもて、かぎり無きにしたがふは、危しと云ふ古ことをずんじたまへる、うべことわりとは聞つる也。

文化紀元三月是の日、昇道杜多、岡崎の竹間裏にしるし侍る。

# 藤簍冊子巻之一　題云

## 藻屑

すみの江の浦《うら》のはま藻《も》のよる時々なること草《ぐさ》どもを荷田《かだ》の信美《のぶよし》の家の屛風《びやうぶ》にえらぶとはなしにかいすさめる歌

都邊《みやこべ》はちまたのやなぎ園《その》の梅かへりみおほき春《はる》になりにけり

大原《おほはら》やかすがの神《かみ》もゆるさなん子《ね》の日《ひ》の松はもりのしたぐさ

わが宿《やど》の梅の花さけり宮人《みやびと》のかざしもとむとつかひこんかも

をらばやと立ちよるうめに鶯《うぐひす》のゆるさぬ聲をおどろかすかな

とのゐ人よるをすがらの梅《うめ》が香《か》のしきりにかをる明《あけ》や近けむ

おもふ人こんといふまに梅のはなけさの嵐《あらし》にちりそめにけり

花林朧月

櫻《さくら》さく春のはやしはひさかたの月のかつらもはなぐもりして

禪林寺《ぜんりんじ》にて

さくら咲くこの山陰《やまかげ》のゆふぐもり空さへ花のいろにまがひて

高砂《たかさご》のをのへにたてる櫻ばなはやもあらしのさそひやはせん

夕日《ゆふひ》影《かげ》かがやくみねのさくら花けふもながめてくる庵《いほ》かな

太田《おほた》南畝《なんほ》子《し》のあづまにかへらるるを送《おく》る

かぜあらき木曾《きそ》山櫻《やまざくら》このはるは君をすごして散《ち》らばちらなん

あほの山をのへの櫻たづねきて伊勢までと誰《たれ》も思ひこゆらん

故郷《ふるさと》を荒《あ》るやと訪《と》へば 菫草《すみれぐさ》すみうくもあらぬ垣根《かきね》なりけり

吉野《よしの》川《がは》かはづつまよぶ夕ぐれにやどかる我《われ》もひとりねにして

宮の中はをのこをみなも白袴《しろたへ》のころもゆゆしみ夏立《なつた》ちにけり

郭公《ほとゝぎす》 ゆふかけていつもあさづまの片山岸《かたやまぎし》になくといふなり

曇日《くもりび》の岩瀬《いはせ》の森のほとゝぎすあなかま鳴《な》きてうとむとも聞く

たちばなのみえりの里の時鳥《ほとゝぎす》ぬかぬたまなる音《ね》をもなくかな
鶯《うぐひす》の古巣《ふるす》のたにはこほり解《と》けいつかあを葉《は》のかげとなりにき
かぐ山の尾《を》の上《へ》にたちて見わたせば大和《やまと》國原《くにはら》さなへとるなり
早苗《さなへ》とる時にはなりぬをとめらが難波《なには》すがかき紐《ひも》はつけてん
五月雨《さみだれ》は降《ふ》るともゆかな住吉《すみのえ》のみとしろ小田《をだ》の早苗《さなへ》とる見《み》に
山彦《やまびこ》のこたへて悲しわがをかの照射《ともし》のねらひあやまたぬかも
けふもまたよそにと見しを上部《うはしざみ》おろすまもなきゆふだちの雨《あめ》
あすか河《がは》あらしふきそふ夕立《ゆふだち》にたぎちながるる淵瀬《ふちせ》はなしに
なでしこのはなの盛《さかり》の久《ひさ》しきにはつあき風《かぜ》も吹《ふ》くといふなり
ふぢはらの三井《みゐ》の清水《しみづ》はむすばなむ天《あま》の香山《かぐやま》かげも見えけり
初秋《はつあき》のあさけの風を身にしめて思ふにかなふ比《ころ》にもあるかな
女郎花《をみなへし》さが野《の》のはらにほりつれてたが宮《みや》つこぞ夕《ゆふ》いそぎする
男《を》花《はな》ならぬ方《かた》こそなけれ大原《おほはら》や野中《のなか》ふるみち分けまよひては
あをぞらに光《ひかり》みちぬる秋《あき》の夜《よ》も月《つき》のところはさやけかりけり

紀《き》の海《うみ》のみなみのはての空《そら》見《み》ればしほけにくもる秋《あき》の夜《よ》の月《つき》

かふうちの國くさかの里に在《いま》しし時

生駒山《いこまやま》かげまだみねにわかれぬを浪花《なには》のうみは月《つき》になりけり

出《いで》て入《い》る山《やま》の彼方《かなた》のをちこちに身《み》をしわけても月《つき》を見てしが

天原《あまのはら》あきの夜《よ》わたり照るつきのひかりをさまるあかつきの空《そら》

蘆《あし》がちるあきの入江《いりえ》のゆふやみに光《ひかり》とぼしく飛《と》ぶほたるかな

このゆふべ雁《かり》なきわたる山城《やましろ》のふしみの早田《わさだ》かりやそめけむ

しなのぢをむかへこしより荒駒《あらごま》のあらき心もなれもこそすれ

御狩野《みかりの》はきのふとすぎし草村《くさむら》にいづち逃《のが》れて鳴くうづらかな

袖《そで》たれて秋《あき》の外山《とやま》をながむればもみぢにけりな時雨《しぐれ》せぬまに

津《つ》の國《くに》のこや野《や》をゆけばつゆしもに小草《をぐさ》花さき葉は紅葉《もみぢ》せり

峯《みね》にたつ鹿《しか》の八聲《やこゑ》のひまはただ紅葉《もみぢ》ふきおろす風のおとかな

秋《あき》よりもしぐれしぐれて木枯《こがらし》のふゆにうつろふ雲の立《た》ちまひ

松《まつ》が崎《さき》にて

時雨《しぐれ》の雨早くもふりて大比枝《おほひえ》や小比枝《をひえ》にかかる雲《くも》と見しまに

奈良《なら》に遊びし時

春日野《かすがの》の時雨《しぐれ》ののちのけふなれや山はみながら紅葉《もえぢ》しにけり

高雄山《たかをやま》

おく山の岩垣《いはがき》もみぢこのごろはあした霜《しも》おきゆふべ散《ち》りかかふ

枯《かれ》かづらたぐればたゆる百濟野《くだらの》の萩《はぎ》のふるえの眞柴《ましば》ゆふとて

はふり子《こ》が淸《きよ》むる跡《あと》に木葉《このは》散《ち》りて神《かみ》のみたらし氷《こほ》りゐにけり

枯草原晨霜

このあさけ茅生《ちふ》も薄《すゝき》もかれふして霜《しも》の原野《はらの》は見るべかりけり

非《ゐ》中住《なかずみ》せし時

さむき夜をあかしかねてぞ今朝《けさ》見れば生駒嶽《いこまがたけ》に雪のつもれる

ふねきはふ音もきこえず堀江《ほりえ》河《かは》かきくらしふる雪のゆふべは

雪峰寒月

こやの野に宿《やど》りてましを夕つけて降《ふ》る雪《ゆき》かなしゐなのふし原

ありあけの月の光はうづもれて峰《みね》しろたへのゆきのふりはも

御幸《みゆき》まちて野山の神《かみ》もつかふらし鳥《と》だちもらさぬ朝《あさ》かりの場《には》

廣澤《ひろさは》の水《みづ》にうきねてをしどりの羽《はね》きるおとを聞く夜さむしも

たのかみのかはべの家に宿《やど》からんあじろの波に千鳥《ちどり》しばなく

やどりする宇治《うぢ》の橋本《はしもと》さよふけてなかの河洲《かはす》になくは千鳥か

かぞふれば年《とし》はあまたにつみつるを猶《なほ》をさなきは心《こゝろ》なりけり

鳳闕

思《おも》へどもおもひやはえんいろに香《か》にひだりの櫻右《みぎ》のたちばな

舊都

いにしへの高津《たかつ》の宮にたつ民《たみ》はよろづよまでと造《つく》りけんかも

里

九重《こゝのへ》にとなりてすめるさとびとは宮《みや》なれてしも物はいふなり

貴公子

よき人のながきこころは初春《はつはる》のうらうらてらす日影《ひかげ》なりけり

武士

ゆみやおひいざ駒《こま》なめてもののふの花見《はなみ》がてらに鳥狩《とがり》する岡《をか》

僧

墨染《すみぞめ》に裁《た》ち縫《ぬ》ふ業《わざ》のなくもがな浮世《うきよ》のかどは明《あ》けずあらまし

市賈

畝火《うねび》山《やま》こずゑに譟《きわ》ぐあさどりのさきに群《む》れたつ輕《かる》のいちびと

散人

花鳥《はなどり》の色にも音《ね》にもほだされていとまある身のいとまなき哉

松

あしびきの遠山松《とほやままつ》を見さくればあらしにたえて年《とし》もへにけり

浪《なみ》にふし岩根《いはね》にたてる松の聲須磨《すま》のうらやまのほりくだりに

風をいたむ渚《なぎさ》の松になみかけて下葉《したは》のもみぢ沖《おき》にいでにけり

ふるはおち霜《しも》にはまだき凋《しぼ》まねば秋こそ松のさかりなりけれ

# 藤簍冊子 巻之二 上

## ○春歌

立春

ひさかたのはてなきそらに朝霞《あさがすみ》たなびき渡《わた》りはるたつらしも

春霞《はるがすみ》たつのの野邊のかみやしろむかふ朝日《あさひ》はけふをはじめに

去年《こぞ》よりも姿《すがた》を見せでけさぞ鳴《な》くたけの林のうぐひすのこゑ

立春霞

風《かぜ》はやき山はけしきを立ちかへて横川《よかは》の杉《すぎ》にかすみたなびく

われこそはおもがはりすれ春霞《はるがすみ》いつも生駒《いこま》のやまに立ちけり

迎㆓春東郊㆒

ひんがしの野に出《い》で見れば錦織《にしごり》の近き里からけさはかすめる

田舍《ゐなか》住《ずみ》せし時春のあしたに

のどかなる日影《ひかげ》はもれて笹竹《さゝだけ》にこもれる庵《いほ》もはるは來にけり

春盤《しゆんばん》に五穀《ごこく》を盛《も》りてくはへし歌

うけもちの神代《かみよ》ながらの田《た》なつ物としの初《はじめ》に見るがたのしさ

元日に子日《ねのひ》ありし年垂水《たるみ》の神岡に松ひきて遊びし歌　神祠在二本國豐島郡一

あらたまの　年のあしたに　めづらしき　初子《はつね》のけふを　むなしくも　宿《やど》にはあらじと　新草《にひぐさ》の　もゆる野こえて　岩そゝぐ　たるみの神の　岡のべに　のぼりて見れば　遠山《とほやま》は　霞に匂ふ　朝雲《あさぐも》に　田鶴《たづ》なきわたり　遠《とほ》じろき　三國《みくに》の河に　舟よばふ　人しも見えず　瑞垣《みづがき》の　下ゆく水の　音さむみ　衣《ころも》をさむみ　刀自《とじ》も我も　五十《いそぢ》がうへの　百足《もゝた》らぬ　老にしあれば　わがために　おふる小松の　根《ね》をはへて　千本《ちもと》さかゆる　引《ひ》きつれて　しるしもあれやと　菅の根《ね》の　永き日《ひ》くらし　夕雲の　雪をさそへば　風さえて　衣をうすみ　肌さむみ家路《いへぢ》を遠《とほ》し　かへらなんいざ

反歌

子日《ねのひ》する野邊の小松にふるゆきの白髮《しらが》づくまで年は經《へ》ななん

元日宴

けふよりぞことたつ春《はる》のくらゐやまつぎつぎたまふ千代《ちよ》の盃《さかづき》

白馬節會《あをうまのせちゑ》

いまぞひく馬《うま》の寮《つかさ》のあゆみまであなおもしろの駒《こま》と云ふなり

賭弓《のりゆみ》

眞手《まて》つがふ弦音《つるおと》たかしまとがたのうらめづらしきはるの朝庭《あさには》

早春歌

みなせ河《がは》さざれに雪のふりつみて春のみづばなした通《かよ》ふらし

春來《き》てもとけぬ汀《みぎは》のいはむらにいつ波《なみ》かけてこほりゐにけむ

はるの雪《ゆき》あかきにくたき信濃《しなの》なる菅《すが》のあら野の駒《こま》いさむなり

ゆきとけし岩田《いはた》の小野《をの》の春日影《ひかげ》みちゆきびとも若菜《わかな》つむらし

あだまもる飛火《とぶひ》絶《た》えにし春日野《かすがの》にただ新草《にひぐさ》のもゆるをぞ見る

一夜《ひとよ》來てたびねうれしきふるさとのあれし垣根《かきね》にもゆる若草《わかくさ》

柳もえあしつのぐみて津のくにのながらの堤《つゝみ》ひとのいきかふ

梅

此里《このさと》はうめの林にこめられて薫《かを》るものとも知らずぞありける

江《え》をわたる梅の追風香《おひかぜか》をとめて花のところにふねはよせなん

おなじくは梅の木本《このもと》とめてましうづみぞまどふ春のたきもの

梅の花香《か》にかをらずばかすみこめ雪に埋《うも》れてはるもすぎなん

かへし著《き》る夜《よる》の衣にしめる香はきみがこてふに似たる梅かな

雪わけてむかしの友《とも》をとひくればよし野の里に梅も咲きけり

くもり日《び》はことにぞにほふ梅の花風ふきとづる深《ふか》きかすみに

うぐひすの鳴きからしたる朽《くち》めより立枝《たちえ》うれしき梅のはつ花

野鴉《のがらす》のはぶきのかぜに散らされし名殘《なごり》の枝《えだ》のうめかをるなり

空《そら》さえて香《か》ごめに風《かぜ》のおくりくる雪と梅とをわきて見なまし

梅の花峯《みね》をくだりのはやしには里に出《い》でじとうぐひすのなく

我閭《わがをか》のはやしの梅をみやびとの酒《さけ》にうかべてわれにたまはす

山《やま》がつのくだくたきぎにゆるされて立枝《たちえ》あまたの岡《をか》のべの梅

梅の花風にちることとうぐひすの笠《かさ》とられたるここちやはする

鶯

高圓《たかまど》の野邊見にくれば新草《にひぐさ》にふるぐさまじりうぐひす鳴くも

かげろふのもゆる春日《はるひ》のこまつばら鶯あそぶえだうつりして

宿《やど》しめてねよげにもあるか鶯のうめのこまくら我《われ》にかさなん

春の野の鵙《もず》の草くき誰《たれ》見ねどおどろきがほにうぐひすのなく

鶯はまくらのまどにかげ見えて春日《はるひ》なぐさむたけのしたいほ

柳

おほでらの門邊《かどべ》にたてる古柳《ふるやなぎ》つち掃《は》くまでに枝はたれにけり

ここのへもちかくやなりぬ道ひろきゆくてにもゆる春の青柳《あをやぎ》

一葉《ひとは》よりうかべならひしかはふねをつなぐ岸根《きしね》のたまの緒柳《をやなぎ》

紅梅

此殿《このとの》の八重《やへ》のくみ垣《がき》えだこえてくれなゐふかき梅のさがりば

きさらぎや八重さく梅の紅《くれなゐ》にうたてはひさす野邊のあくた火《び》

春雨

こちかぜのけぬるき空《そら》に雲《くも》あひて木《こ》の芽《め》春雨《はるさめ》いまぞふりくる

けふ幾日《いくか》はれぬ雲間《くもま》に長閑《のどか》なる日影《ひかげ》をこめてはるさめぞふる

おもしろく雨《あめ》ふるからに春の夜を短《みじか》しと思ふはじめなりけり

春雨に著《き》ならしごろもかたしきて柴《しば》のおき火《び》を埋《うづ》みかねつも

庵春雨

稀《まれ》にとふ人をやどしてはるさめのよるをすがらに語《かた》る庵《いほ》かな

春雨枕に雫《しづく》す

春《はる》の夜《よ》のあめもる山にやどりして枕《まくら》にちかきしづくをぞ聞く

春月

みよしのの花おそげなる年だにも河瀬《かはせ》おぼろに月はかすめる

三島江《みしまえ》や玉江《たまえ》のみづも濁《にご》るなりかすみてうつるはるの夜の月

白眞弓《しらまゆみ》張りてかけたる月影《つきかげ》はみつれどいく夜《よ》はれぬかすみか

桃花

はるの水あさくながるる片岸《かたぎし》はもものはやしのやまもとの里《さと》

折花《をるはな》におなじ色なりあら染《ぞめ》のあさらのころもまくり手《で》にして

春日遊墨江

蘆原《あしはら》の　みづ穂《ほ》の國を　中におきて　そと行《ゆ》く波の　千重浪《ちへなみ》の　ゆたのたゆたに　五百津船《いほつぶね》　千船《ちぶね》をのせて　神代《かみよ》より　天《あま》のさくめの　あととめて　入《い》りくる船は　玉はやす　武庫《むこ》山風を　追風に　夕はなして　あけたてば　生駒高峯《いこまたかね》を　吹きおろす　嵐《あらし》のかぜに　朝びらき　漕ぎてぞいづる　大伴《おほとも》の　三津《みつ》の濱《はま》邊《べ》に　ありたたす　神の御前《みまへ》の　住の江の　いつはあれども　春の海　奈呉《なご》の浦邊《うらべ》に　家《いへ》わすれ　ひろへる玉を　くぐつもつ　手《て》たゆきまでに　なとめらが裳《も》のすそぬらし　みつ潮《しほ》の　夕《ゆふ》さりくれば　あはと見し　淡路の島も　霞こめほのにも見えず　葦田鶴《あしたづ》の　歸《かへ》るあし邊《べ》は　潮騒《しほさゐ》に　さわぐ入江を　こぎたみて　行くちふ船《ふね》は　蜑《あま》ならぬ　難波をとめの　家路ゆく船

反歌

奈呉《なご》の海《うみ》の餘波《なごり》の玉藻《たまも》われからん潮《しほ》みち來《く》ともおきにをれ波

櫻花

いつはらぬ春のひかずをかぞへ來て山の櫻はさきそめにけり
巻向《まきむく》の檜原《ひはら》すぎむらかすみけりほのにさくらの色にこぼれて
ひなぐもる櫻がもとをたちくればみどりの空《そら》に薫《かを》るはるかぜ
おもふことあらぬ枕《まくら》に花の香《か》のあさらに薫《かを》るはるのあけぼの
しばしとてたたずむ花に相坂《あふさか》の關《せき》はゆふべの戸《と》ざしせしかな
さくらばな咲けるを見ればかほよびと衣《ころも》にとほる光《ひかり》なりけり
さくら戸《ど》をおしあけがたの空《そら》見ればけさもおのへの花曇《はなぐもり》して

山路花

おくれじとおひこし人《ひと》にあはぬかなこころ空《そら》なる花の山ぶみ
舟《ふね》うけてたがものの音《ね》をあそぶらん嵐《あらし》の山のはなの木《こ》がくれ
夜《よ》にかくれ遇《あ》ひにし人に花やまの道にゆきあふおもなしや我《われ》

海邊花

須磨《すま》の浦のいそ山櫻さきにけり波こゝもとに立《た》ちくとや見ん
風まちてとまりする舟いそやまに咲き散る花の日數《ひかず》へしかな
しほなれしいくたのもりの櫻花春のちどりもなきてかよへる

雨中花

うちむれてきのふは見しを櫻花雨しづかなるかげとなりにき
さくら花うれしくもあるか此《この》夕《ゆふべ》嵐《あらし》にかへてこさめそぼふる

客來問二吉野之花時一。答、登山兩回、山水最奇絕、其多レ花之處、坂嶝開豁、人跡絡繹、可レ謂二淸雅之一矣。思夫上古飛鳥藤原之世々、春秋屢行幸、美二此山河之美一、而臨レ水營レ宮、雖レ見二田獵捕魚之御遊一、更無レ望レ雲踏レ雲之轍、故好古士到二于那處一、則懷レ古以永言也。又問、翁嘗咏レ花、專用二那處一者如何。答、凡題詠春花秋月采二摘其地一、以調二風姿一、猶二之生旦上一レ場、雖レ使三人歎娛悲淚一、比二之良

人世態動躁、則所感固淺矣。春花粉飾、蛛子遇雨、忽失其美焉。那處山水最奇絕、但遊以花時者俗士耳。今敎道以數言。

其歌

空《そら》に見《み》つ　大和《やまと》島根《しまね》の　國原《くなはら》ゆ　雲井に見ゆる　みよし野に　うちこえくれば　遠《とほ》じろき　河音《かはおと》さやけし　舟《ふね》よばふ　六田《むつた》の岸《きし》の　柳原《やなぎはら》　風になびける　河《かは》のべを　のぼりてくれば　花《はな》くはし　雲に埋《うづ》める　麓邊《ふもとべ》の　秋津《あきつ》の小野《をの》の　いはむらの　中切《なかぎ》りとほし　行《ゆ》く河は　瀬々《せゞ》にむせびて　たぎちあふ　みづのまにまに　棹《さを》とりて　くだす筏《いかだ》の　岩にふり　みだるをあやな　をちこちの　岸《きし》にたたずみ　我《われ》見れば　水《みづ》に影ある　山吹の　かさねの衣　ときあらひ　ほすいとまなみ　山風《やまかぜ》に　櫻吹《ふ》きまき　帶《おび》にせる　象《きさ》の小川の　みなわなし　河瀬におちて　瀧波に　亂《みだ》るる見れば　風のみに　ちりやはまがふ　いにしへの　かたりにつたふ　とつ宮《みや》は　こことしきけば　三舟山《みふねやま》　常ゐる雲を　ふりさけて　見つつしぬべる　夏見河《なつみがは》　よどめるすゑは　ゆふ花《はな》の　ぬさの手向《たむけ》か　さなく

だり　瀬《せ》おりつ姫の　河社《かはやしろ》　ところどころに　響《ひゞ》きあふ　水のたぎちも　廣きせに　流れてゆたに　淺花田《あさはなだ》　深みどりなし　木綿疊《ゆふたゝみ》　千《ち》むらの絹は　天《あめ》にます　たくはた姫の　神わざか　妻よびかねて　夕河《ゆふかは》に　かはつとよめり　よき人《ひと》の　よしと見ましし　みゑし野の　ゑしのの山は　峰高み　河遠じろし　昔見し　春の盛を　おもほゆるかも

反歌八首

芳野川《よしのがは》かはぐまことに水泡《みなわ》なしよどめる花をむかし見しかな

櫻花うきてながるるあと見れば象《きさ》のをがははまことさやけし

しらくもはあしたに晴《は》れて三舟山《みふねやま》ゆふるる峰の風のしづけさ

夏見川《なつみがは》よどせながらじさしくだすいかだが聲のはやも霞める

河かみの國栖《くず》の里人春こずばとはれぬやどとおもひたらまし

大瀧《おほたき》をくだけておつる白浪《しらなみ》のおとはあらしのたえまなきかな

ゆふかはづ秋をさかりの聲ならばたのめて又も我《われ》かへりこん

宿《やど》かさぬよしさとならば秋《あき》津野のいはが根枕《ねまくら》夜をさむくとも

題吉野宮

名《な》くはし　よしのの國は　山つみの　守《も》りてませれば　山《やま》なみの　よろしき國ぞ　よき人の　よしと見ましし　瀧つ瀨《せ》は　淸き河内《かふち》ぞ　しかれこそ　大宮人《おほみやびと》は　春花《はるはな》の　咲《さき》のをりに　鶯の　聲をとめつつ　秋霧《あきぎり》の　はれぬまよひに　蝦《かはづ》なく　瀨々《せゞ》をとぼしみ　いきかひて　見れどもあかず　遊びせし　秋つの小《を》野《の》の　とこ宮は　とこにはあらで　夏見川《なつみがは》　ながるる水の　たちやかへらぬ

反歌

御船《みふね》やま常ゐるるくものつねならば瀧《たき》の宮古《みやこ》にいまもあらぬか

禁庭花

山里《やまざと》にあらぬ色香《いろか》のさくら花かよりかくよりそふひかりかな

御《み》かはみづ花《はな》ぞながるる大宮《おほみや》のうちにも春《はる》はとまらざりけり

花頂山のふもとに住みそめし春

すまでわれ見やはさだめん粟田《あはた》山《やま》あわたつくもは櫻なりけり

花下遊

石川《いしかは》のこまのたはれ男《を》花にあそび主《ぬし》あるひとの帶《おび》な取《と》らしそ

嵐山花三章

たには路《ち》をくだるいかだの岩にふり幾瀨《いくせ》碎《くだ》けて花はみるらん

大井川《おほゐがは》くだすいかだのあとたえてゆふべの波に花ちりうかぶ

大堰河《おほゐがは》きしのさくらのかげくれて月《つき》になりぬる波のひかりは

老木花

としふかき櫻が枝はこけむして松《まつ》をともなるよはひをやへん

山寺花

葛城《かづらき》や高間《たかま》のやまのみねの寺さむき日《ひ》かげにはなも咲きけり

あはと見《み》てかへるぞはかなをとめらが門《かど》ゆるされぬ寺の櫻《さくら》は

古墳花

谷渡《たにわた》るみちはあらねどいとふりし寺《てら》こそ見ゆれ花にこもりて

しめはへし苗代小田《なはしろをだ》にかげ見えて年《とし》ふる塚《つか》のはなも咲きけり

瓶花

瓶《かめ》にさすはなはきのふの山苞《やまづと》をとひ來《き》て人のけふも見《み》はやす

山里花

やまざとは夕暮《ゆふぐれ》さむしさくら花散《はなちり》はそめねどにほひしめりて

愛花篇

うちなびく　春さりくれば　百鳥《もゝどり》の　さまよふ野邊《のべ》は　新草《にひぐさ》の　もゆる垣根《かきね》を
誰しめて　すむ人たのし　あしびきの　山の庵に　むらぎもの　心すませば　か
たらはん　人とほしきを　庭もせに　櫻花《さくらばな》さけり　ふふむより　散りはつるま
で　風をいとひ　雨をぞうらむ　春ごとに　われをたのめて　あけたてば　閨《ねや》
戸《ど》遲《おそ》しと　夕《ゆふ》やみは　ほのに見《み》えつつ　言《こと》とひを　われにはすなり　花くはし
櫻《さくら》のめでと　いにしへの　遠《とほ》つ飛鳥《あすか》の　すめらぎの　ことあげませし　にぎた
への　衣《ころも》とほりて　にほはせる　神のみことの　ゑまひにも　くらべおとらぬ
花妻《はなづま》の　あれを頼める　里《さと》にいでば　人戀《ひとこひ》よらめ　家にあらば　人とひくべみ
山口《やまぐち》に　守部《もりべ》やすゑんと　岩波《いはなみ》の　千々《ちゞ》に碎《くだ》けて　思《おもひ》をぞする　よしゑや
し　戀はよるとも　袖《そで》はへて　とひもくべきを　朝されば　霞かくりて　夕つ

けは　霧の籬《まがき》の　霧ごめに　面輪《おもわ》も見《み》せじ　かにかくに　遠《とほ》つあすかの　すめらぎの　言擧《ことあげ》ませし　花くはし　櫻《さくら》のめでの　姫神《ひめがみ》の　いろ香《か》おもほゆ　庭《には》もせの　我花妻《わがはなづま》よ　散《ち》りこすなゆめ

反歌

櫻花あかぬなげきをわれすれど一夜のかぜに散るがさぶしも

ながかれとたのみこそせね櫻花ひとよの風にちらむものかは

落花

散るまでとたのめし庭の花にうき曉《あかつき》がたのむらさめのおと

櫻ちる木《こ》のもと見ればひさかたの星《ほし》のはやしに我は來にけり

とめこじな花に初瀬《はつせ》のやまおろし春もはげしき習ひなりせば

山風の吹くとはなしに玉《たま》だれのそともに花のけさは散りくる

龍田彦《たつたひこ》風をまもりのかみやまにおのがときとや散るさくら花《はな》

朝鳥《あさとり》のこゆるはかぜにいろながらをのへの櫻散りそめにけり

よしのやま岩《いは》のかげ道春ゆけばたきつかふちに花ちりうかぶ

行《ゆ》きくれて獨《ひとり》のみ見るはるの夜の月に花ちる志賀《しが》のやまごえ

ほととぎす鳴くべくなりぬ花はみな散《ち》らせし雨《あめ》の名殘《なごり》ある空《そら》

さくらばな散《ち》るをこころのはてにして殘《のこ》る日數《ひかず》の春は春かは

根《ね》にかへる花《はな》としいへば賴《たの》まるる又《また》くる春もこずゑにぞ見ん

花遲し

花おそき櫻がもとをとめくればあをねが峰のとかげなりけり

けふと暮るる日數《ひかず》に洩《もれ》てみ山には遲《おそ》げにもあらぬ花咲《さき》にけり

花ざくらかさねてにほふ袖《そで》の色に春をとどむる雲《くも》のうへびと

すみれ草

あすもこんすみれ花さく春の野の芝生《しはふ》がくれに雉子《きぎす》鳴くなり

雲雀

春の野はひばりの床《とこ》とおもひしを空《そら》にやどりのゆふやみの聲

賀茂の翁のよめりし

霞たつ春野のひばり何《なに》しかもおもひあがりて音《ね》をやなくらん

是につきて

冬《ふゆ》の野の枯生《かれふ》に交《まじ》る草のとこにいつ立つ空とひばり鳴くらん

翁も思ありげなり我もしかりとや人聞くらんかし

かはづ

夕さればかはづなくなり飛鳥川《あすかがは》瀬々《せゞ》ふむ石のころびごゑして

躑躅花

みよしのは青葉《あをは》にかはる岩陰《いはかげ》にやましたてらしつつじ花さく

藤花

神松《かみまつ》にかかれる藤《ふぢ》も手はふれんいでや引《ひ》くてふおほ幣《ぬさ》にして

春と夏こなたかなたに咲く藤の花やいづれになびくなるらん

大原野の春日の社に詣ではべりしとき藤の花の松にいとおもしろくかかりたるを我ずさの童の何の心もなくて折りつみければ里の子らがそれは神の木なりたたりやあらんと云ふにおどろき

て泣きかなしむをとりてふとまへにささげよみて

奉れる

折《を》ると見ば罪《つみ》はかしこし大直日《おほなほび》みなほしたまへぬさの手向《たむけ》に

牡丹を人々とよめる

色《いろ》にこそ物おもはすれおほけなく國《くに》かたむけに咲ける花かは

楊太妃一捻紅を

いささめの色にそみても其君《そのきみ》のおもかげ見する花の名たてに

淺紅　信美

花にそむ人のこころの深見草《ふかみぐさ》うすくれなゐのいろににほへど

白　布濟

めでたくも咲きみてるかな白重《しらがさね》にほひけだかき花のきみにて

白帶紅　默軒

あけぼのの薄花《うすはな》ざくら忘《わす》れめやほたにのいろに匂《にほ》はざりせば

深紅　敬儀

くれなゐの色ゆるされし深見草《ふかみぐさ》あてなる種《たね》にいかで生《お》ひけめ

朱砂紅　　益

ませの内《うち》にあけなる玉や敷《し》きたると見えて花さく深見草《ふかみぐさ》かな

紫　　間　實

時めける濃《こ》き紫《むらさき》のひともとにうべも貴盛しきはなとこそ見れ

## ○夏　歌

更衣

わた殿《どの》をいきかふ裾《すそ》もかろげなり夏立《なつた》つけふの衣《きぬ》のおひかぜ

人妻《ひとづま》のこれや卯月《うづき》のなつごろも馴《な》ればかふるならひある世《よ》に

新樹

奥深《おくふか》くわけしかへさのやまぐちは青葉《あをば》茂《しげ》りてなつたちにけり

加茂祭

いとはやも蟬《せみ》鳴く陰《かひ》ときゝつるは青葉にこもる瀧《たき》のみづおと

けふてへばたかきいやしき葵草《あふひぐさ》かけて神世《かみよ》をしのびつるかも

加茂山《かもやま》のかみのおまへのするがまひ袖に桂《かつら》のかぜもかをれる

### かきつばた

身《み》におはぬつかさの色の杜若《かきつばた》きぬにすりつけおもひ出《で》に著《き》む

### 時鳥

ほととぎす待つをならひと夕《ゆふ》かけて山の庵にながゐせしかな

待ちまたぬ宿をわきてや忍音《しのびね》に小夜《さよ》ほととぎす鳴きて渡れる

橘《たちばな》のしまの御門《みかど》にとのゐしてやまほととぎす聞かぬ夜《よ》もなし

世《よ》を捨てておもふことなき暁《あかつき》に山ほととぎす鳴きて過《す》ぐなり

ここだ鳴くさとには住めど時鳥初音《はつね》はいつもうれしとぞきく

我宿《わがやど》をいつすごしけむほととぎす有明《ありあけ》の月にをちかへりなく

人やどすここは庵《いほり》ぞほととぎすこのあかつきの聲《こゑ》なをしみそ

わが袖にかけてをうれしほととぎす卯花山《うのはなやま》のあかつきのつゆ

郭公またぬとなりも聞きやせし人のけはひのしののめのそら

夏《なつ》の夜の月におくれて出《い》でぬれど山ほとゝぎすをちかへる聲

たびにして小夜《さよ》時鳥きく我をしのびていもがいねがてぬかも

高野《たかの》山槇《やままき》の木立《こだち》のほとゝぎすこのゆふぐれもおはれとぞ思ふ

時鳥をしまぬ聲をいまぞ鳴くおのがさつきのさみだれのそら

大荒木《おほあらぎ》のもりにやどりてたかだかといむことなげに鳴く時鳥

植《う》ゑはてし山田《やまだ》の長《をさ》が門《かど》に來てしこほとゝぎす何を鳴くらん

花《はな》の枝《え》のおをばたつくきこのごろは時鳥なく志賀《しが》のやまごえ

さみだれは夜中《よなか》にはれて月に鳴くあはれその鳥《どり》あはれその鳥

たかさごのをのへ落ちくる時鳥きくやひびきの灘《なだ》わたるふね

信濃路《しなのぢ》は野をあまたなり杜鵑《ほとゝぎす》すがのあら野をなのりてぞなく

夏草

いぶきやまさせもが草《くさ》のしげければ打散る露《つゆ》も雨とふりつつ

山里《やまざと》は垣《かき》ほのひまのあらければうちともあらず茂るなつぐさ

むな分《わ》けて行《ゆ》くやをじかのあともなく茂りにけりな夏草の原

あやめ

故郷《ふるさと》の長柄《ながら》の沼《ぬま》のあやめぐさうべしもながき根をばひくてふ

あやめふくためしたえねば都邊《みやこべ》に花《はな》咲きうづむ沼《ぬま》もありけり

競馬

駒《こま》きそふ神のみにはに立つ人もわがかた岡《をか》のかたをこそひけ

楝花

さればとて陰《かげ》たのまれぬ隣《となり》かなあふち花咲くまどのくらきに

蚊やり火

風《かぜ》もなきかやりの煙《けぶり》なびきあひて暮《くれ》なほあつき里のなかみち

玉《たま》だれのすげきにもれて香《か》に薫《かを》る薄《うす》きけぶりや蚊遣《かやり》なるらん

五月

なにはびと蘆荷《あしに》おもげにこぐ舟の著岸《つくきし》もなきさみだれのころ

梅雨《さみだれ》にすまの苫屋《とまや》の蘆《あし》すだれ垂籠《たれこ》めてけふも暮《く》れぬとぞ見る

うとからぬ隣《となり》ながらも蘆垣《あしがき》のまどほになりぬさみだれのころ

早苗

梅雨《さみだれ》をおもひのままにせき入《い》れて小田《をだ》の益荒男《ますらを》早苗《さなへ》とるなり

五月雨は繼《つ》ぎてふらねば近江《あふみ》の海磯回《うみいそわ》の早苗植《さなへう》ゑぞたらしつ

夏月

まつかぜの音羽《おとは》の山を越《こ》えくれば夏ならぬ夜の月澄《す》みわたる

夏河にひかりを見せて飛ぶ魚《うを》のおとするかたに月《つき》はすみけり

夏夜

夏《なつ》はただよるなき里《さと》と思ひけり立のいそきのくさのまくらに

涼み

入《い》りつどふ千船《ちぶね》のひまをこぎいでて夕涼《ゆふすゞ》みするなには人《ひと》かも

水音《みづおと》は絶《た》えし名こその瀧殿《たきどの》にゆふべすずしきかぜも吹きけり

都《みやこ》をば夜ごめに出でてあさひ山あさかぜすずし宇治《うぢ》の河づら

水亭

蘆茂《あししげ》み葉《は》うらにすがる夏蟲のかくれてもほのみゆるひかりは

わた殿《どの》の下吹く風のひやゝかにてせき入れし水に螢《ほたる》とびかふ

このゆふべひきやわすれし螢火《ほたるび》の光に見ゆるかどのいたばし

蟬

明《あ》けぬれば樗花《あふちはな》さく葉がくれにやめばつかるるひぐらしの聲

なく蟬《せみ》のやどりの松の木《こ》の本《もと》にもぬけのきぬの風に吹かるる

照射

夏山のともしのかがりうちしめり雨うちそそぐあけぼのの空

よひのまの月はかくるる雨もよにともし雲やくしがらきの峰《みね》

扇

夏ならぬ繪書《ゑがき》すさべるかはほりのそれも涼《すゞ》しき花のくさぐさ

鵜飼

御舟近《みふねちか》く波をこがせるかがりびに鵜《う》のとる魚《うを》の數《かず》も見えけり

西山夏雲

夕《ゆふ》ごとに峰《みね》なす雲《くも》はくづをるる花にあたごのあらきやまかぜ

清水むすぶ

旅人《たびびと》のいく度《たび》ひでてむすぶらんいづみの河《かは》のなつのわたり瀬《せ》

ゆふだち雨

かき濁《にご》し岩こす波もやがて住《す》むきよたきがはの夕だちのあめ

ゆふだちののきのやどりを始《はじめ》にてうれしき老《おい》が友《とも》もとめけり

湊入《みなといり》の五手《いつて》のふねははやきかも漕《こ》ぎそけてくる沖《おき》のゆふだち

風はやみ鞭《むち》さすかたに雲落《お》ちてわが駒いばふ野路《のぢ》のゆふだち

秋にまた色はならはぬ葛《くず》の葉のうら吹きかへすゆふだちの風

夕顔

たそがれにほの見し花はしらじらと有明《ありあけ》の月の影にのこれる

撫子

朝寐《あさい》髪《がみ》かきなでしこの花の上の露《つゆ》のしばしもめかれずぞ見む

藤原の宇萬伎ぬしの手向を洛陽三條の三寶寺の

御墓に烟に上げて奉れる歌

鳥がなく　あづまの國の　武藏《むさし》の海《うみ》　大江の水戸《みと》に　高殿《たかどの》を　たかしりまして天の下　まをしあづかり　すめろぎの　みことのままに　民草を　靡《な》びけ給へば　物部《もののふ》の　八十《やそ》氏人《うぢびと》は　夜《よ》の守《まもり》　晝《ひる》のまもりと　かしこみて　つかへまつれり　國つちを　たひらの宮の　大城《おほき》には　みこともち人　わりすゑて　外《と》のへまもらひ　すめろぎの　日々のみことを　はゆまして　まをしたまへり　中《なか》のへは　千々《ちゞ》の軍《いくさ》を　こめおきて　弓とりしばり　ちはやびと　たはわざやすと夜のまもり　晝のまもりに　めしくはふ　天《あめ》のかな機《はた》　足玉も　手玉もゆらに神の織《お》る　しづ屋《や》のうしは　卯《う》の花の　うき事もなく　いでてこし　道の空より　わづらひの　神やつきけん　手束弓《たづかゆみ》　杖につきつつ　中の重《へ》に　さもらひしさへ　ほとゝぎす　來鳴《きな》く五月《さつき》の　さみだれの　はるる日もなく　すゑつひにうちこやしぬれ　さね床の　夜をすがらに　故郷《ふるさと》の　家をぞしのぶ　晝はもよ　息つきくらし　みな月《づき》の　照日《てるひ》を闇に　ゆく水の　すぎてむなしき　あらたまの　來經《きへ》ゆく年を　手《て》をりて　かきかぞふれば　十あまり　三とせになりぬ　すべもなく　ねのみしなかゆ　おきつきどころ

反歌

古《いにしへ》をけふにむかへてしのぶともいや年さかるあすの日よりは

夏祓

唐崎《からさき》のみそぎは果《は》てゝたが里《さと》にたもとすゞしみ漕《こ》ぎかへる船

大幣《おほぬさ》のしがらみかけてとゞむとも流《なが》るゝなつの夕ばらへかな

## ○秋歌

初秋

紀國《きのくに》の室《むろ》のわさ田《た》の穗《ほ》むきよりけさ吹きわたる西《にし》のおきかぜ

晴砌風梧脫

軒《のき》ふかき玉のみぎりのこけの上《うへ》に夜のまの秋のきりの一葉《ひとは》は

七夕

あまのかは舟さす棹《さを》のさはればや月のかつらの花ちりみだる

あまの川河波《かはなみ》高し夜《よ》ごもりにかへすはすべな明《あ》けばおもなし

残暑

朝《あさ》がほのしぼまぬほどにふりはれて雨より後《のち》の秋のあつさは

暮れなばとたのめし秋の空見れば風ふきとづる西のやへぐも

秋蝦

秋さればしものやしろのみたらしに人まを待ちて蝦《かはづ》なくなり

稲妻

秋立《あきた》ちて幾日もあらぬに風をいたむ窓《まど》よりもるる宵《よひ》のいな妻

稲妻《いなづま》のひかりならずばくれはてて野中《のなか》の松をそこと見ましや

秋風

吉野《よしの》山紀《やまき》の路《ぢ》にかよふみち行けばささわくる野の秋のゆふ風

むらさめのはるる浅茅《あさぢ》の露原《つゆはら》にぬれてや秋のかぜは吹くらむ

初秋十七夜三井寺の高きに上りて月を見る

てるつきのかげは浪もてくだけども光は海《うみ》をわたるなりけり

あした湖上の楼に遊ぶ

しらくもに心をのせてゆくらくら秋のうなばら思ひわたらん

秋野

君《きみ》が家《いへ》のかべぐさかりに野に出れば花盛《はなさかり》なる秋にもあるかな

萩花

朝なさな露だにおもき萩《はぎ》が枝《え》のすゑふすまでに雨のふれれば

朝露はまだきしたばに消《き》えのこる野寺《のでら》のにはのあきはぎの花

萩《はぎ》が枝《え》の末はさざれにながれあひてなみも花なる野路《のぢ》の玉川《たまがは》

女郎花を植ゑて孫思邈を思ふ

あまた植《う》ゑて人や妬《ねた》めるをみなへし老《おい》を養《やしな》ふいろかとを見よ

花ごとに露をむすべる女郎花《をみなへし》こころこまかに見るべかりけり

槿花

ひとひてふそれも榮《さかえ》を朝露《あさつゆ》のひるまを待たぬ野邊《のべ》のあさがほ

ふぢ袴

花々に色はまけぬるふぢばかま野はみながらの香《か》に匂《にほ》ひけり

香《か》にめでぬ人こそなけれ藤袴《ふぢはかま》たれにゆるしてはなのひもとく

　鴨頭草

月草《つきくさ》にすらまくきぬをめうつしにあやな千種《ちぐさ》の色にまよへる

　紫苑

我《われ》ならぬあだなもよしや醜草《しこぐさ》のしこちし人もなき世《よ》なりせば

　苅萱

風わたる野路の苅萱《かるかや》したをれて穂《ほ》に出《で》し秋のかひやなからん

　虫

秋の日の峰《みね》にいるさを待ちかねて草むらごとにすだく虫の音《ね》

虫の音の多《おほ》かる方《かた》に露わけて野路のたなばしいくつ越えけん

矢《や》田野《だのの》の淺茅《あさぢ》にすだくまつむしの鳴音《なくね》をとめて我立《われたち》まどふ

こにこむる友《とも》を忍《しの》びて松虫の野にさそふとやもろごゑに鳴く

にはぐさになきにしものを蛬《きりぎりす》うたて夜さむのとこにちかよる

　虫聲非一と云ふことを

つづりさせ我機《われはた》おらん秋の野にいとまをなみの虫《むし》のこゑごゑ

秋夕

思ふことありとはなしに悲《かな》しきは秋のならひのゆふぐれの空《そら》

傷二罔雄之亡妻一歌

夏過《なつす》ぎて　秋は來《き》ぬらし　吹く風の　目にし見えねば　朝影《あさかげ》を　涼《すゞ》しと人の　夕暮は　さびしかりけり　荻の葉《は》の　音はさやぎて　蟋蟀《こほろぎ》の　なくこゑきけば　いにしへの　ひとのあはれと　言《い》ひつぎし　ときにはなりぬ　その秋の　あはれちふ事を　われのみの　身にしおふかは　妹《いも》なねは　あき立つ空のすずろにも　よみちふ國を　なにしかも　ふる郷《さと》のごと　たちて去《い》にし　むなしき床に　止《とゞ》まりて　いかにせよとか　男《をのこ》じもの　腋《わき》ばさみたる　はらからのみどり兒と共《とも》に　泣子《なくこ》なす　したひなげかひ　こいまろび　足摺《あしずり》しつつ　まどふらん　人こそあはれ　あすよりは　いかにせましや　年月を　長くともひてかたらひし　ことの悔しき　妹なねは　よみちふ國に　さきだちし　うなゐはなりに　あひ見つつ　手《て》たづさはりて　あそぶらん　面影《おもかげ》をだに　見まくほり

枕によれど　いねがてに　夢《ゆめ》もむすばず　荻《をぎ》の葉に　秋風さやぎ　こほろぎの
なくよひよひの　さね床ぞあはれ

霧

みかの原夕こえ來ればいづみ川いづこわたりも見えぬ秋ぎり
朝霧《あさぎり》の海《うみ》のたまもと見しはこのふもとにしげき杉《すぎ》のむらだち
おぼつかな濱名《はまな》のわたり霧《きり》こめて引馬《ひくま》のうまや朝立ちかぬる

　　河内の國に人をとむらひし時道の空にて讀める

伊駒根《いこまね》の雲はあらしに吹きおちてふもとの里をこむるあま霧《ぎり》

　　河内のくさかと云ふ里にやとりてあるほど

我すめどかどた叩《た》くべき人もなしこのやまでらの秋の夜の月

月歌

山《やま》の端《は》にさし出づる月の影見れば西《にし》をはじめの秋ならなくに
我《わ》がすれるはなだの衣《きぬ》のつきぐさの色なる空に月すみわたる
千里《ちさと》までてらせる影《かげ》とゆふなみの潮《しほ》のたたへに月さしのぼる

秋の月あふぎてのみもありがてにふでの林《はやし》を分《わ》けぞわづらふ

世《よ》のうさを昔《なかし》になして月見れば秋をさかりとながむばかりぞ

かぞへ聞く秋てふ秋のこゑたえて月《つき》かげ高く夜《よ》はふけにつつ

ひとへ山隔《へだ》つみやこは秋の夜の月をにぎはひ見るものにして

山月

世に出《い》づる道は絶《た》えにし山ずみの月のあはれは秋ばかりかは

峯月

ねざむれば比良《ひら》の高根《たかね》に月落《つきお》ちて残る夜くらし志賀《しが》の湖《うみ》づら

田家月

いはけなき里のわらべが夕まどひ月に指《ゆび》さしかどあそびして

故郷月

ほどもなくうつりしゆけば長岡《ながをか》のふるさと寒く月はてるらし

秋夜遊二墨江一歌

にぎはやび　神のみことの　翅《つばさ》なし　こぎこし船ゆ　空に見つ　大和島根の

青柳《あをやぎ》の　かつらぎ山も　生駒峰《いこまね》も　常ゐる雲は　秋風に　いぶきはらひて　月《つき》讀《よみ》の　出ましの空は　夕霧《ゆふぎり》の　たちも昇《のぼ》らず　住《すみ》の江《え》の　敷津《しきつ》にたてば　あからひく　入日のかげに　沖見れば　網引綱《あびきつな》ひく　磯回《いそわ》には　小船釣《つり》する　秋の葉の　風のみだれに　岸見《み》れば　あらら松原　よる浪に　根《ね》ごとさらせり　白《しら》鷺《さぎ》の　ねぐらをほのに　夕闇《ゆふやみ》の　くるると見しを　月讀《つきよみ》の　神の尊《みこと》の　いでましの　みさきをはらふ　秋風も　身にししまねば　潮《しほ》みつる　淸き濱邊《はまべ》に　秋の夜の　ふくるをしらに　あそびすわれは

反歌

伊駒峰にいざよふ月を波《なみ》の上のなかぞらまでも見つつ遊《あそ》ばん

てるつきにあられ松原ひま見ればかつらの花の地に散《ち》りしく

月前述懐

秋風に月すむ夜半《よは》のしらくもをはらへどかかる吾《わが》こころかな

夜《よ》ひ夜ひに月はいでぬかなぐさまぬ心の隈《くま》をてらすばかりに

井《ゐ》中住《なかずゐ》せし時

唯《たゞ》ならぬ雲《くも》の氣色《けしき》にかどたててすはされればこそ野分《のわき》ふくかせ

詣二八幡山放生會一歌

秋風は　日にけに吹きぬ　白露は　朝に夕べに　淺茅原《あさぢはら》　玉と見るまで　おきそふと　人のかたれば　うつせみの　世わたるわざの　いとまあらば　いきて見ましと　おもふ空　やすからなくも　たまさかに　たち出《い》でけらし　堀江川　舟きほひつつ　夕河《ゆふかは》の　みをさかのぼり　漕ぎ行けば　秋はもなかの　十日《とをか》あまり　四日《よか》の夜《よ》よしと　月影は　高くさし出《で》ぬ　伊駒山《いこまやま》　常ゐる雲は　秋風に　晴《は》れみ曇りみ　岸つたふ　水陰草《みづかげぐさ》に　鳴く虫の　こゑをし聞けば　かにかくに　秋ぞかなしき　衣手《ころもで》に　露はそぼちて　波の路　遠く來《き》にけり　ぬば玉の　夜さへ更《ふ》けぬれ　月讀《つきよみ》の　光のさやに　見さぐれば　我心さす　八《や》幡山《はたやま》　神さび立《た》てり　この夜らや　神いさめすと　宮つこら　まゐりつどひて　白妙《しろたへ》の　袖《そで》ふりはへつつ　須賣神《すめがみ》の　いでましの道《みち》は　岩がねの　こりしく道ぞ　級《しな》たてる　さかしきみ坂　たひらけく　あゆみ行《ゆ》くめり　神遊《かみあそび》の　三くさの笛は　春《はる》鳥《どり》の　百千《もゝち》の聲と　うちならす　鼓《つゞみ》の音は　あま雲の　よそにとどろく　神の

おとの　遠に聞えて　もろびとの　心ぞすめる　かけまくも　かしこけれども　いはまくは　たふとかりけり　しらぬ火《ひ》の　筑紫《つくし》の蚊田《かだ》に　あれましし　そがあととめて　里の名《な》を　宇禰《うね》とたたへて　永《なが》き世《よ》に　あれつきけらく　大神《おほかみ》のおほみ心は　遠《とほ》しろき　河内《かはち》の國の　輕島《かるしま》の　あきらの宮に　天の下　治めたまへば　たく衾《ぶすま》　しらぎの國も　言《こと》さやぐ　百濟《くだら》も高麗《こま》も　草木《くさき》なす　風に靡《なび》きて　年のはに　八十《やそ》船《ふね》うけて　貢《みつぎ》もの　奉るなべに　もろこしの　賢《かしこ》き道のふみどもを　よみて聞ゆと　から人も　つかへまつれば　萬世《よろづよ》の　今のをつつに　傳へ來《き》て　大御代《おほみよ》ことの　すめみまの　神ながらしも　みはかりに　えらびとらして　國民《くにたみ》を　をさめたまへば　そが法《のり》に　あめのます人　ますますもさかゆく事は　この神の　おほみ心ぞ　いはまくも　かしこかりけり　かけまくも　たふときろかも　しぬのめの　ほがらほがらと　天の原　あさ霧こもりいづる日《ひ》は　このいつきます　すめ神の　遠つみおやと　あがめます　大日《おほひ》靈《る》女《め》の　神《かみ》ながら　天照《あまてら》します　御影《みかげ》ぞと　あく世《よ》もあらず　拜みつるかも

雁

てる月に雁《かり》のまれ人《びと》なきわたるわが待つ友《とも》はこよひ來なくに
とぶ雁《かり》のゆくへは霧《きり》に埋《うづ》もれて鳥羽田《とはだ》の千町《ちまち》ゆふぐれにけり
たが衣《ころも》かりがねさむく鳴くなべに月見《つきみ》し庵《いほ》も戸《と》ざしせるかな

擣衣

里《さと》はまだねぬこゑすなりから衣《ころも》うつの山邊《やまべ》をこえて來《き》つれば
なにくれとかたりつづけてあしがきの隣《となり》へだてず衣《ころも》うつなり
里はあれて尾花《をばな》つゆ散る夕暮《ゆふぐれ》に秋をうづらのころもうつおと
人《ひと》やりの我《わが》ふるごろもうつ音《おと》をふもとの家《いへ》にきく夜《よ》さむしも
寢《ね》よとつぐかねよりのちに音《おと》ふけて人《ひと》まちがてら衣《ころも》うつなり

小鷹狩

武藏野《むさしの》の尾花《をばな》たかかや踏《ふ》みしをり小鷹《こたか》手にすゑ行く人やたれ

鹿

月かかるこずゑのもみぢ散果《ちりはて》て牡鹿《をじか》のたちとあらはなりけり
霜《しも》の上におきふししげきさを鹿《しか》の鳴《な》く聲《こゑ》ごとに我《われ》もねざめて

時雨《しぐれ》して宿《やど》りやはせしさよ中《なか》におどろくのきの鹿《しか》のひとこゑ

しかりとて合《あは》せし夢《ゆめ》の野にひとり妬《ねた》きをおのと恨《うら》むばかりぞ

聲《こゑ》のみやひとり月見《つきみ》る窓《まど》のまへにをのへの鹿《しか》の影《かげ》もおちくる

奈良に遊びし時

もみぢ葉《は》をとめつつくれば春日野《かすがの》の男鹿《をじか》の床《とこ》に我もやどれり

紅葉

朝戸《あさと》明《あ》けてやどりの野邊《のべ》を見わたせば近き林に紅葉《もみぢ》いろづく

大原《おほはら》や里のなかみち秋ゆけばあをばまじりにもみぢ散《ち》りしく

とめこしをかひなくぞ見る山寺《やまでら》の早き戸《と》ざしの庭《には》のもみぢ葉《は》

ここのへの秋はにしよりひがしより紅葉かざしてかへる宮人《みやびと》

庭の面《おも》にみだれて遊ぶ沓《くつ》おとのありやと見しも散《ち》る紅葉かな

あらちやま關路《せきぢ》の北のもみぢ葉に雪かしぐれか雲のたちまよふ

大荒木《おほあらぎ》の森のしたぐさ時雨《しぐれ》にも霜《しも》にもあはでもみづるやなぞ

やま里《ざと》の稻《いね》ほす賤《しづ》がかどむしろしぐれぬけふは紅葉ちりしく

## 遊箕面山歌

かみ代より　いひつぎけらく　あめつちの　はじめのときゆ　もちわきて　おほやまつみの　なしませし　いづこはあれど　あめにきる　みのおのやまの　たにま行く　きよきかふちは　まさかきの　枝《えだ》に取りかけし　かがみなす　そこひもすめり　このやまに　しづもるかみの　にぎたまと　見てやすぎなん　眞木《まき》たてる　みねのいはがね　切《き》りとほし　おちくるたきは　あまのはら　ほろに踏《ふ》みあたす　いかづちの　音にまがへれ　このやまを　うしはくかみの　あらみたまかも

瀧の肩に紅葉一木立てり

うつせども影《かげ》はとどめずおちたぎつ岩垣《いはがき》紅葉いろふかきさへ

秋のはて

秋《あき》もはやはつかみそかと手《て》をりて山の紅葉を思ふころかな

ひさかたの天《あま》の河原《かはら》もかげきえて秋の夜《よ》くらく雁鳴《かりな》きわたる

豐年《とよとし》のにひなめまつる神のまへに幣《ぬさ》をちらして秋はいぬめり

秋はつる日信美の家に庚申をまつらるるにいき
あひて歌よめといふに讀める

枕《まくら》にはよらぬならひのこよひしも秋のわかれをかねて惜《をし》まん

かへし　信美

たが宿《やど》もまくらによらぬ今宵《こよひ》とて行く秋さへも止《とま》らざりけり

# 藤簍冊子 巻之二下

## ○冬 歌

### 時雨《しぐれ》

世のことは聞《きこ》えぬ冬のやまざとにけふも時雨《しぐれ》の音《おと》づれぞする

音《おと》たつるしぐれも知らでいなこきの夜聲《よごゑ》にぎはふふゆの山里《やまざと》

笘上《とまあ》げて夜《よ》の程《ほど》見ればともぶねの其方《そなた》しぐれて波《なみ》さわぐなり

霜《しも》にのみこころつくしのきせわたにうたて時雨《しぐ》るる秋菊《あきぎく》の花

片岡《かたをか》のもりて日影《ひかげ》はさしながら木葉《このは》をささふゆふしぐれかな

蘆庵しぐれのやどりして其おした傘もたせこされしにいひやる

むらしぐれ降るにとなれる笠《かさ》の山《やま》かさでぞ君を止《とど》めましもの

### 落葉

森《もり》ふかき神のやしろのふるすだれすげきに留《とま》るかぜの落葉《おちば》は
散《ち》りはててその木ともなき冬がれに一葉《ひとは》名殘《なごり》の色は見えけり
有馬《ありま》山落葉《やまおちば》にみちはうづもれぬ君がみゆきのあと絕えしより

遊㆓佐保山㆒歌

神無月《かみなづき》　しぐれの常に　佐保《さほ》のうちは　露霜さむみ　ここに來て　いにしへも
へば　草木すら　しなえうらひぬ　ゆきおへる　伴《とも》の男ひろき　大伴《おほとも》の　ます
らたけをが　家居《いへゐ》せし　山路《やまぢ》にけふは　袖ぬらすかも

霜

おきわたす霜《しも》の絕間《たえま》と成《な》りにけり今朝《けさ》は落《お》ちたる野路《のぢ》の棚橋《たなはし》

氷

夜《よ》のほどに降《ふ》りしや雨の庭《には》たづみ落葉《おちは》をとぢてけさは零《こほ》れる
信濃路《しなのぢ》のかしこきみさか越《こ》え來《く》れば氷をわたる海《うみ》もありけり

霰

みやぎひく杣がかりねの板《いた》ぶきに霰《あられ》おときくさよの寢《ね》ざめは

霙

みぞれ降り夜のふけゆけば有馬《ありま》山井《やまい》出湯《でゆ》の室《むろ》に人のともせぬ

おぐら江の堤を冬ゆく　二章

風わたる枯葉《かれは》に朝のしも消《き》えてあしの穂《ほ》しろし淀《よど》のおほさは

何《なに》にこの茎葉《くきは》とどめしはなはちす浪もこぞめの色に見えしを

冬月

ささなみの滋賀《しが》のうみづら月冴《さ》えて氷に浪のたつかとも見ゆ

雪ふると見し夜の雲は名残《なごり》なくはれてふけ行く月のさやけさ

池《いけ》の面《おも》にとづるとぞ見し月影《つきかげ》は空にさやけくこほるあかつき

更科《さらしな》やをばすてやまの風さえて田ごとにこほる冬の夜のつき

神無月の比宇治の橋本にやどりしあした

風もなき朝たつきりのそれをさへ流れてはやき宇治《うぢ》の川《かは》なみ

冬枯

ふゆがれて荒《あれ》のみまさる菅原《すがはら》やふしみも西のみやこなりしを

散《ち》りはてて寒《さむ》げに靡《なび》く枝《えだ》ごとに芽《め》ばりて見ゆるかどやなぎ哉

かつまたの池の蓮《はちす》のかれぐきに風ふきわたるあしたさむしも

千鳥《ちどり》なくすま山陰《やまかげ》のはまつづら浦《うら》つたひしもふゆがれにけり

## 雪

故郷《ふるさと》はいかに降《ふ》りつむ今日《けふ》ならん奈良《なら》のあすかの寺《てら》のはつ雪

ひととせの昔《むかし》に絶《た》えしやま里をけふとはずばと雪踏《ゆきふ》みまよふ

大原《おほはら》の岡《をか》のおがみがふらす雪やまとぐにはらみちもなきかな

杉《すぎ》がえを雲《くも》ははしりてよしのなる樫《かし》のをのへにはたれ雪ふる

大空《おほぞら》をうちかたぶけて降る雪に天《あま》のかはらはあせにけんかも

誰《た》が戀《こひ》のつひの夜がれと成《な》りぬらんけぬが上《うへ》ふる雪のみち芝

丹波路《たにはぢ》にうちこえくれば野も山も照日《てるひ》ながらにはたれ雪ふる

くぢらよる浦山《うらやま》まつにつもる雪波《なみ》にけたれてまた降《ふ》りつもる

呼《よ》びかはす聲をたよりに夕《ゆふ》こゆる山路《やまぢ》をしらず雪《ゆき》のふれれば

## 雪淺し

いつしかと待たれし雪を旭《あさひ》さす松のしづくに見るがわびしさ

雪深し

ききしより思ひしよりも冬ふかき雪のしたなる越《こし》のたびねは

ふるさとの難波江《なにはえ》いかにさむからん鴨《かも》の河原《かはら》に雪のふれれば

根芹《ねぜり》おふ田井《たゐ》のみしぶの色ながらこほれる上に雪のつもれる

但馬《たじま》なる雪のしら濱《はま》かぜさえてなほ降りつもる雪のしらはま

冬《ふゆ》ふかみ雪ふりつけばみこしぢの松の木《こ》ずゑはみちのしば草《くさ》

積雪《つむゆき》のとところに崩《く》づるやまかげは朝戸《あさと》をおそき里《さと》のかどかど

感懐

ここのへに八重《やへ》降《ふ》りつめる白雪のしたに埋《うも》れて老《おい》やくちなん

沫雪《あわゆき》のあはれは老《おい》がおもふ事つむとはすれどしたくづれして

狩

おほぎみの御鷹《みたか》あはすと狩杖《かりづゑ》の音たかしもよ野路《のじ》のふしはら

水鳥

おほむくの入江《いりえ》の小船《をぶね》漕《こ》ぎはたち歸《かへ》ればうかぶをし鳬《けり》のこゑ

風ならば閨戸《ねやど》にきくをしづかなるそらに嵐《あらし》のあぢのむらどり

池《いけ》の島《しま》松のさえだにゐる鴛《をし》のつま呼《よ》びかねてなみの上におつ

翠池浮鴨

おのが名《な》のあをなみたてて冬の池にここだ浮《うか》べる鴨《かも》といふ船《ふね》

千鳥浦つたふ

須磨《すま》の山の松ふく風やおくるらん生田《いくた》の浦《うら》にちどり鳴くなり

大井川《おほゐがは》冬はあらしのやま松のかげ見るふちにちどり鳴《な》くなり

網代

夜舟《よぶね》こぐ宇治《うぢ》の河波さわぐらし網代《あじろ》にかかる氷魚《ひを》のみだれは

打《う》ちかけし波さへ氷《こほ》るあじろ木《ぎ》をもりあかすらん宇治《うぢ》の里人《さとびと》

冬の梅

こぬ春にあらぬ物から待つ程《ほど》を梅はこころにまかせてぞ咲く

難波江《なにはえ》や西ふく冬のうらかぜにそむけてひらく梅のはつはな

かれあしにこもれる沼《ぬま》の岸《きし》見れば花さむげなる梅のひともと
開《ひら》くやと冬のきたまど明《あ》け見《み》ればふふめる梅に雪のかかれる

佛名

こゑきよく唱《とな》ふる御名《みな》を頼《たの》まれて身は罪《つみ》なしと思ひこそなれ
御名《みな》となふ夜《よ》ゐの法師《ほうし》が緋衣《あけごろも》明けて出《い》づともたれかとがめむ

追儺

年毎《としごと》にやらへど鬼《おに》のまうでくるみやこは人の住《す》むべかりける

歳暮

谷水《たにみづ》の音羽《おとは》のかはもこほりゐてよどめど年はとまらざりけり
老《おい》らくはやすきことなり年月《としつき》のくるとあくとの跡につきては

田舍にありし時

世中《よのなか》にさはらで年《とし》もくれにけりやへむぐらさへかれし垣根《かきね》は

年の暮に荷田信郷とひ來てめづらしく都の春を
迎へらるる事よ客中の歳暮よみてきかせ給へ登

まうでんとていぬ試みらるるにやと僻こころするに日暮れて信美の來られしに筆とりてよとて

つつめきし歌

うつせみの　世《よ》はうみにかも　われはもよ　たななしをぶね　沖邊《おきべ》ゆかば　風をいたみか　澳《おき》つかい　とりがてぬかも　ありそ邊《べ》は　波のさわげば　邊津械《へつかい》も　とりえぬかもや　人皆は　然《しか》にはあらじを　我《われ》はもよ　世《よ》のしれ人ぞ　難《なに》波江《はえ》の　蘆《あし》の八重葺《やへぶき》　ひまもなく　物をぞ思ふ　こころから　すみかさだめず　草枕　たびとあはれと　都人《みやこびと》の　見《み》らくをやさし　水無月《みなつき》の　あつきひるはも　夏蟲《なつむし》の　ほむしの衣《ころも》　一重《ひとへ》こそよき　夜はもよ　露《つゆ》にぬれつつ　秋されば　ひぢこそまされ　天の河　仰《あふ》ぎて見《み》れば　月影は　滿《み》ちてぞかくる　わが齡《よはひ》　わが世もしかぞ　長月の　夜寒《よさむ》になれば　雁がねの　おほふ翅《つばさ》に　もる霜に　はだへ凍《こほ》れど　冬ぎぬの　袖も守《まも》らず　やれくだつ　しぐれの雨の　ふる衣　身にとりまとひ　ぬる夜稀《よまれ》に　わびつつぞある　然《しか》はあれど　世《よ》は海なれば　大《おほ》船《ふね》に　眞檝《まかぢ》しじぬき　わたりする　人のうけきも　よろこびも　われは知らず

え　三冬《みふゆ》盡《つ》き　春はちかけと　西の市《いち》に　立ちも走らず　ひんがしの　市にも
出でず　あしびきの　山邊《やまべ》の家に　庭雀《にはすずめ》　うずくまりをり　堅鹽《かたしほ》を　とりつつ
しろひ　さす鍋《なべ》に　湯《ゆ》わかしくみて　あら玉の　來經《きへ》ゆく年を　むかふとやき
く

右寛政五年六月、漂然來二京師一、茲歳冬十二月廿八日夜賦レ之。

## 歳晩夜坐感懷

この年や　何《なに》ぞのとしぞ　この夜《よ》らや　いかなる夜《よ》らぞ　あら玉の　來經《きへ》ゆく
月日《つきひ》　老が身に　たへぬ重荷《おもに》を　弱車《よわぐるま》　かけてしのべば　いにしへは　うけき
がうちに　よろこびも　あり經《へ》し事を　白浪《しらなみ》の　あとなき方《かた》に　過《す》し來て　今
のうつつの　よろこびに　うけきがそふは　我《われ》のみか　豐蘆原《とよあしはら》の　久方《ひさかた》の　天《あま》
のます人　おのが世《よ》の　よけきに飽《あ》かねば　悲しびを　むかひの岡《をか》の　櫻花《さくらはな》
咲《さき》のをりに　ぬば玉の　一夜《ひとよ》の風に　散《ち》りか過《す》ぎなん　其花の　みさかりの
ごと　やすみしし　國のはたてに　仰ぎ見て　阿部橘《あべたちばな》の　とこ宮と　思ひたの
みて　夜《よ》の守《まもり》　晝《ひる》のまもりの　をとめらが　赤裳《あかも》曳《ひ》きはへ　神の如《ごと》　つかへま

せしを　此年《このとし》は　何《なに》ぞのとしぞ　あら玉の　來經《きへ》ゆく月日　暮れはてて　月もかくれぬ　其月の　入りぬるがごと　闇夜《やみよ》なす　黑き御車《みくるま》　とどろかし　よみぢふ國に　出《いで》ましの　御供《みとも》の人も　鶴《つる》ばみの　にぶ色衣《いろごろも》　にふにぞ　あゆみや疲《つか》ると　をろがみの　心もあらねば　弱車《よわぐるま》　ひかれも出でず　葎生《むぐらふ》の　門さしこめて　此夜《このよ》らを　もりてぞあかす　かけまくも　かしこけれども　玉きはる　命なにせん　老《おい》が身《み》に　あくるを春《はる》とも　おもほえず　あわれあわれと此夜《このよ》らを　なげきてあかす　かしこけれども

反歌

立ちさへしよもつ平坂岩《ひらさかいほ》くえてとほらふみちと何日《いつか》なりけん

よわぐるまとほらふ道《みち》ぞたのまるる老《おい》のこゆべきよもつ平坂《ひらさか》

右國母御葬送之大路、與㆓寓居㆒相近、因有㆓斯作㆒。

年かへりて睦月のおほやけ事どもみなとどめさせたまふが二月ついたちをはじめに御ためししきしきおこなはせたまふともり聞きたいまつ

りて
年《とし》きりと思ひし花も咲きにけりにほひおくれて見ゆる物から

客舍感懷

其一

年といへば　月日《つきひ》あまたに　はる霞　秋たつ狹霧《さぎり》　ほととぎす　鳴くや五月《さつき》のさみだれの　けふをいく日《か》と　長きけに　いぶせくもあるか　神無月《かみなづき》　しぐれの雨の　晴れ曇《くも》り　雪にこもれる　比《ころ》までを　久しとをいへ　其年を　十はた三十《みそぢ》　四十《よそぢ》ちふ　老の初《はじ》めも　いつのまに　遠ざかりぬれ　百足《もゝた》らず　經《へ》ぬる齡《よはひ》は　海《うみ》にある　物とし聞《き》くを　天雲《あまぐも》の　よそにはあらで　おのが身に　積みつるやなぞ　山河《やまがは》の　七瀨《なゝせ》よどます　此年も　暮れ果てぬめり　何すとか　世《よ》には有りけん　うつし身と　我《わが》思はねば　花の如《ごと》　榮ゆる人の　今《いま》までも　世にはあらじと　住《すみ》の江《え》の　濱によるちふ　しら玉の　忘れてぞある　宿《やど》さへも訪《とは》るをやさしみ　松の戸を　さなしかためて　釘《くぎ》さして　入れじとぞすまふ此戸《このと》ひらくな　ここにある子《こ》よ

反歌

浦島《うらしま》がはこゆたなびくしらくもの天《あめ》にもゆかな老《おい》においては

其二

年《とし》てへば　明くる暮るると　ひととせを　一日《ひとひ》のごとに　いひつつも　過ぐるを惜《を》しみ　新《あた》らしき　春をむかふと　よき人の　家のためしに　清《きよ》まはり　ゆまはりしつつ　神にねぎ　こと穂咲《ほさか》して　うからやから　にぎひゆきかひ　たぬしきを　へめとぞいはふ　内日《うちひ》さす　宮のとのへの　水鳥の　鴨《かも》の堤に　草《くさ》枕《まくら》　假庵《かりほ》にはあれど　六年《むとせ》まで　おき居《ゐ》ふしなれ　世《よ》の人の　なすわざしらず　鹿《しし》じもの　ひとりある子《こ》も　うちたのむ　せなに別《わか》れて　ぬば玉の　衣著《ころもき》まどひ　ひたぶるに　後《のち》の世《よ》たのむ　すべのすべなさ

反歌

いきしにの二つの海の中《なか》つ瀬《せ》にかかりてあまた年も經《へ》にけり

○雜歌

天

八百《やほ》よろづ千《ち》よろづ神《かみ》の神《かみ》ごとも天《あめ》まづなりて後《のち》とこそきけ

日

ひさかたの日《ひ》のたてぬきに春秋《はるあき》をあやにおりなすたく機《はた》の神《かみ》

星

闇《やみ》だにも忍《しの》ぶさはりとさやけきは天《あま》のかがせ男《を》あしき神《かみ》なり

雲

晴曇《はれくも》る人のこころにくらぶれば雲《くも》のまよひはかごとなりけり

曉雲

よしの山雲《くも》にまがへる花《はな》さけば花にもまがふあかつきのくも

雲有歸山情

まがはじと花にわかれて小初瀬《をはつせ》にゆふべはかへるはるの浮雲《うきぐも》

青靄

淺《あさ》みどり我まづそめて春の色を野やまに見する朝がすみかな

煙霧

ゆふぐれのきりの籬《まがき》の島松はけぶりにたてる眞《ま》しばとも見ゆ

雨

三芳野《みよしの》の山にいりにし人とへば花にもあめはさはらざりけり

露

白露《しらつゆ》にきえはおくれぬあだ物のいのちを人はたのむなりけり

風

まきむくの檜原《ひはら》さやぎて吹く風に初瀬《はつせ》をとめの袖かへる見ゆ

おもひつつけふも暮《く》れぬる都邊《みやこべ》に山風《やまかぜ》さえていでがてにする

山

ふたら山吾妻《あづま》の空とききつるをしげき御陰《みかけ》はここにし有けり

あのくたら我《わが》たつ杣《そま》をはじめにて比枝《ひえ》の山彦《やまびこ》よばぬ日もなし

萬世《よろづよ》の國のしづめのふじのねをあふげばそらにうつしみの神《かみ》

田子《たご》の浦や千尋《ちひろ》の底にはしりでの富士は仰《あふ》ぎて高きのみかは

高嶺《たかね》こそときをも知らね春さればあをしばやまに霞《かすみ》たな引《ひ》く

消《き》えてふる雪かちりけむみな月のふじの裾野《すその》のゆふだちの雨

いほはらの清見《きよみ》が崎《さき》に朝《あさ》はれて不二《ふじ》は秋こそ見るべかりけれ

箱根路《はこねぢ》の雪ふみわけて眞《ま》しらねのふじの高峯《たかね》を空に見るかな

谷

誰《たれ》か來てすみつきにけん山深《やまふか》き谷のひとつ屋《や》けぶりたつ見ゆ

原

下野《しもつけ》や那須《なす》のしのはらしのぶともみやこは遠《とほ》しあゆめわが駒《こま》

野

むらさめの名殘《なごり》は草にうづもれて野末《のずゑ》の小川《をがは》おとまさるなり

海

越《こし》の海《うみ》は浪たかからじももふねの渡りかしこき冬は來にけり

伊豆《いづ》の海をこぎつつくれば浪《なみ》高み沖《おき》の小島よ見えがくれする

わたつみのそことも知《し》らぬ泊《とまり》して袖には波の懸《か》けぬ夜もなし

海上眺望

もろこしを出《いで》て幾日《いくひ》の波《なみ》の上に不二《ふじ》の高峯は見ゆとこそきけ

河

津國《つのくに》にありといふなるたまがはは卯花《うのはな》くたすながれなりけり

瀧

岩根《いはね》よぢかづらに懸り越《こ》えくれば落《お》つ瀧《たき》つせの水《みな》かみにして

ちる花は春のみなわに消《き》えはててとはにながるる三芳野《みよしの》の瀧《たき》

池

かふちなる狹山《さやま》の池のひろければ稻葉《いなは》かりつむ舟も見えけり

道《みち》ゆかばとひても見ませ笠縫《かさぬひ》の眞菅《ますげ》刈るてふまののふるいけ

皇都

神《かみ》ながらえらびさだめて國土《くにつち》をたひらのみやこ今さかりなり

ここのへのうちとにあそぶ鶯《うぐひす》の春はくるれどふるすわすれて

神社

神《かみ》まつるくろきの殿《との》のかりそめを松の一木につくりけるかな

里近き野中《のなか》にたてるかみやしろ木深《こぶか》からねど茂《しげ》りあひにけり

寺院

小《を》初瀬《はつせ》の寺のながやのかりまくら夜ごろになじむ鐘《かね》の音《おと》かな

墨染《すみぞめ》のくらまの寺《てら》とききつるは雪にあかるきやまぢなりけり

今はもよ片《かた》われ月《づき》のここのへにひがしの寺のにしにたつ見ゆ

曉《あかつき》はうれしとを聞くかねの音《ね》をゆふべの寺にあはれすすめる

門

かどひろきひとの情《なさけ》を見《み》聞《き》くには交《まじは》りがたきものにざりける

隣

頼《たの》めこし壁《かべ》の隣《となり》のともすればあふさきるさにうたて世のなか

宿

朝《あさ》とくと思ひし宿《やど》をうぐひすの鳴音《なくね》はだしにいでがてにする

田廬

引《ひ》きはへし山田のひたの繩《なは》くちて守《も》りにしままの岸《きし》のふせ庵

窓

餘所《よそ》はまたくれもはてぬを森陰《もりかげ》にふみ見る人の窓《まど》のともしび

法《のり》の師《し》のおこなふ窓《まど》のかみやれてたのめる西の風はさむしも

竹窓夜雨

ねざめては文《ふみ》見る窓《まど》にうゑ竹《たけ》の葉《は》をうつ小夜《さよ》のむらさめの音

軒

軒《のき》ならぶ都のにしのにしきおり音たかしもよしづかなる世《よ》に

關

逢坂《あふさか》のゆるさぬせきにたたずみて時雨《しぐれ》をよそに過《すぐ》しつるかな

僧

木葉《このは》うくあか井《ゐ》は雪にうづもれてほとけのつかへ今朝《けさ》ぞ怠《おこた》る

翁

百年《もゝとせ》をかぞへも知らぬふるおきなこのひと里《さと》の神《かみ》とかしづく

若子

弓箭《ゆみや》おひ君がみゆきのみさきおふわく子《こ》うつくし我孥《わがこ》にせん

樵父

大木曾《おほきそ》や小岐曾《をきそ》の山のふかければ眞木《まき》の杣人《そまびと》ここた入るてふ

漁父

ちぬの海《うみ》のなみまにうかぶ櫻鯛《さくらだひ》あびくや花をちらすなるらん

懸想

やまがはの岸に根《ね》はへる藤《ふぢ》かつら思《おも》ひかけては橋《はし》とならめや

疎くなる

たまだれの小簾《をす》になかれる葵草《あふひぐさ》かれがれ秋におはんとやする

夜ひとりをり

君《きみ》は今《いま》は越えはてぬらんたつた山ながむる峰《みね》の月はいりにき

名をかる

立名《たつな》をば外におふせてかつ歎《なげ》くそれをたよりに人や戀《こ》ひよる

堪へしのぶ

餘りにも老《お》いぬる人のこころかなとはねど恨《うら》む節《ふし》も見えぬは

三年たゆる

三とせこぬたよりをきけば東路《あまぢ》の草《くさ》のまくらに妻《つま》もとむてふ

月へだつ

今《いま》こんといひしもひさし我《われ》ならで親《おや》を思はばはやかへりこね

一夜をへだつ

隔《へだ》つるはひとよばかりのさね床《どこ》に心づからやちりのつもれる

不逢

たらちねのゆるせしわれを人言《ひとごと》の千名《ちな》の五百名《いほな》にあはぬ此頃《このごろ》

片戀

なかなかに思はずもあらぬ風のおとの聞《きこ》えて苦《くる》し片戀《かたこひ》にして

弓による戀

引《ひ》きならす宿直《とのゐ》が弓弦音《ゆづるおと》更《ふ》けて誰《た》が上ならんうしと告《つ》ぐなり

機による

千々《ちゞ》わくる絲《いと》のみだれや高機《たかはた》のそらなる人もこころあひては

絲に寄る

神《かみ》ごとの祟《たゝり》にかけてくる絲《いと》のたえばつがんよ戀《こ》ひなみだれそ

荻に

みだれあふ荻《をぎ》の葉風《はかぜ》のさやさやに人ぞいふなる夜《よ》には隱《かく》れよ

女郎花に

掘植《ほりう》ゑてかひある花はをみなへしぐねるも我《われ》を賴《たの》むなりけり

秋もはやすゑの原のをみなへし人に折《を》られむ時もすぎけり

ないがしろ

さりともとたのむ心《こゝろ》も我《われ》からにあくたがはにぞ身を流《なが》しつる

怠

怠《おこたり》はわれと恨《うら》みんつなひきてあふ夜《よ》あはぬよこころ見《み》しから

夢

思はぬも思ふも夢《ゆめ》のまくらとふおもふに見えて早《はや》もさめなん

竹與レ心俱空

ためずとも直《なほ》き心《こころ》はおのづから竹《たけ》とともにやむなしかるべき

野渡無レ人舟自横

冬枯《ふゆがれ》の野川の風を身にしめてあはれやひとりわたり呼《よ》ぶこゑ

世人結レ交用二黄金一

まじはりをこがねに結《むす》ぶ世の人のつひの心ぞつねなかりける

白眼看二他世上人一

世の中の人をさぐれはおのづから塵《ちり》なき庭《には》のまつのしたぶし

悔教三夫壻覓二封侯一

何《なに》にかく出《いだ》し立《た》てけん劒太刀《つるぎたち》名のをしけくも今《いま》はあらなくに

調與二時人一背、心將二靜者論一

我《われ》をしる人しなければ我しらぬ人に見《み》すべきことぐさもなし

元興寺の僧にならへる

鷹《たか》すゑて分《わ》くる野山にひく犬のさときは人にうとまれぞする

寶題　初夏晩來微雨　　澄月

よしや降れこの夕暮《ゆふぐれ》にほととぎす旅《たび》たちぬべき雨《あめ》もよのそら

盧庵

綠《みどり》そふ小雨《こさめ》やくらきこがくれにほの見えそむる窓のともし火《び》

蒿蹊

舟《ふね》とむる江の波くれて打《う》ちそそぐ雨に待たれつ山ほととぎす

立齋

橋《はし》見ゆる野川の岸のなつこだち暮れゆくいろも雨《あめ》をふふみて

夕つげて水におとなく降《ふ》る雨《あめ》のうの花くたすはじめなりけり

海島暮天舟泊圖

名《な》もしらぬおきの小島《こじま》のいそまくら夕浪《ゆふなみ》さわぎあきの風ふく

溪舟圖　天地一釣竿の心を

海原《うなばら》にただひとすぢの釣《つり》の絲《いと》の外《ほか》にうつさじおのがこころを

月下草露のかた

更《ふ》けゆかば霜《しも》やむすばんしら露《つゆ》のひかりを寒《さむ》み月すみわたる

山田に喬松立てり

植《う》ゑはてし山田の岸《きし》のひとつ松かげいとはるる時は來にけり

小松に雪かかりたる

嵯峨《さが》の山おとねのけふも風さえて小松がうれに積《つも》るしらゆき

手毬胡鬼の子

うぐひすの軒端《のきは》の聲《こゑ》をはじめにてももちどりどり遊《あそ》ぶ春の日

河柳三日月

涼《すゞ》みとる淀《よど》のさとびと河《かは》ぞひのやなぎに落《お》つる月を見るかな

鶺鴒石上に遊ぶ

いその上《うへ》におりゐるほどもいとまなき教《をしへ》に遊《あそ》ぶ庭《には》たたきかな

池水氷り千鳥群れとぶ

冬の池のささ波《なみ》とづるあかつきに氷《こほ》らぬ聲を鳴くちどりかな

紅葉散り鹿の足跡あり　　蒿蹊・

此秋《このあき》もゆきて歸《かへ》らぬあと見れば我さへもねに鳴《な》きぬべらなり

もみぢ葉《は》は猶《なほ》散りしけやさを鹿《しか》の跡《あと》をさつをの目に立《た》てぬ迄《まで》

くれてゆく秋を男鹿《をじか》の跡とめて深山《みやま》にわれもかへろとぞなく

屛風に殿つくりの上を時鳥鳴きて過ぐ

殿守《とのもり》の宿直人《とのゐ》かもたきぐちに名乗《なの》りて過《す》ぐるさよほととぎす

たかき山に雪つもり月空にすむ

白山《しらやま》をおろすふぶきの風のうへに冬のよなかの月すみわたる

楠公讚　三章

君が思ふ君にありせばつるぎ太刀《たち》ときし心のかひぞあらまし

君こそは君をしらざれ天《あめ》つちの神《かみ》し知《し》れらば知《し》らずともよし

ほまれある名《な》をば仰ぎておほかたは君が心を知らぬなりけり

浦島子

ふるさとと思ひしものを年經《としへ》ては知らぬ國にも我は來《き》にけり

東方朔偸レ桃

すまじきはぬすみなりけり幾千歳《いくちとせ》のちの世までも語《かた》り傳《つた》へて

六歌仙

言《こと》の葉《は》も人のほまれもおのづから六《む》つてふ數《かず》にあふや何《なに》なり

陶淵明

秋菊《あきぎく》の露のおきふし安《やす》き身をなど世《よ》に出《い》でて立ちやまどひし

能因窓よりかしらさし出したる

いつはりを我心《わがこゝろ》からゆるされてまよふか道《みち》のはて知《し》らぬそら

蓮性倒騎

西《にし》をさすこころの方はたがへどもそむかで法《のり》のみちあゆむ駒《こま》

西行猫の火爐戸にすゑたる

つゐかさの外《ほか》には何《なに》をから猫《ねこ》の火《ひ》とりの灰《はひ》のかかる身にして

雪中常磐子

ふる雪に羽《は》ぐくみかぬる夜《よる》の鶴《つる》かなしき聲《こゑ》もあめにきこえん

小原女の柴に腰うたけ煙くゆらせたる

休《やす》らひてあだにくゆらすけぶり草《ぐさ》それも眞柴《ましば》の空《そら》になびきて

旅人雨を凌ぎつつつれだつ

三吉野《みよしの》の花にこころの急《いそ》がれて雨《あめ》やめてともいはで行《ゆ》くらむ

庵山雨

しらくもの上《うへ》のいほりと思ひしを夜《よる》をすがらの雨《あめ》のおとかな

綠毛龜

こきとても綠《みどり》の衣《きぬ》のくらゐやまおふてふ龜《かめ》の名《な》こそをしけれ

鶴むれとぶ

なきわたる天《あま》のたづむらこゑなくば空めの秋のかぜのしら雲

松に月かかれり

月すみて松にこゑなき秋の夜は緒《を》すげぬ琴《こと》のあそびなりけり

比枝に雪つもれり

眞白根《ましらね》の日枝《ひえ》のみ雪のあかつきはふじ見ぬ老《おい》の思ひ出《で》にして

老梅

なべてとふ人もあらじなふるさとの老木《おいき》の梅の春のはつはな

立雛

別《わか》れすむをしへ習《なら》はぬいにしへのかはすの鳥《とり》に遊ぶさま見よ

明烏

夜がらすとたのめし聲《こゑ》をいぎたなきまくらに明《あ》くる東雲《しののめ》の空《そら》

其かたと云ふに

あさづまにとまりする舟寒《ふねさむ》からしたえず伊吹《いぶき》の山おろしの風

早友追門の圖

うみ苧《を》なす　長門《ながと》の國と　豐國《とよくに》の　中《なか》のわたりは　はやともの　神のまもれば
百舟《ももふね》の　小戸《をど》の汐《しほ》あひ　潮《しほ》まちて　眞《ま》かぢしじぬき　風待ちて　漕《こ》ぎこそ渡れ
この神《かみ》の　相うづなへば　鯨《くぢら》うく　大海原《おほうなはら》の　西をさし　北へ廻《めぐ》らせ　よくゆ
きて　好《よ》くもぞ歸る　此浦《このうら》の　磯囘《いそわ》に立ちて　人さはに　住みぬる里を　たに

の浦と　名には聞《きこ》えて　かしこしや　海《うみ》をたのめて　背《せ》ともなる　山に畑うち
鹽木《しほき》こり　寒きよひよひ　なみのうへに　ちどりつまよぶ　あまの子《こ》の　いづ
ちとまりと　こぎこねば　妻待《つま》ちかぬる　枕邊《まくらべ》に　波の音《なみ》さわぎ　あとべには
山風さえて　いく夜あかすも

反歌

海《わた》の底《そこ》のにきめかる夜は荒鹽《あらしほ》の干《ひ》るもみつるも神《かみ》のまにまに

見二神崎遊女宮木古墳一作歌

うつせみの　世《よ》あたるわざは　はかなくも　いそしかりけり　たち走り　高き
いやしき　おのがどち　はかれるものを　ちちの實《ち》の　父や捨てけん　ははそ
ばの　母が手《て》はなれ　世《よ》の業《わざ》は　多かるものを　何しかも　心ゆもあらず　た
をやめの　操くだけて　しながどり　猪奈《ゐな》の湊《みなと》に　よる船の　かぢ枕して　浪
のむた　かよりかくより　玉藻《たまも》なす　靡《なび》きてぬれば　うれたくも　悲《かな》しくもあ
るか　かくてのみ　ありはつべくは　いける身《み》の　生《い》けりともなしと　朝夕《あさよひ》に
うらびさぶしみ　年月《としつき》を　息次《いきつ》ぎくらし　玉ぎはる　命もつらく　おもほえて

この神崎《かんざき》の　河隈《かはくま》に　夕潮《ゆふしほ》待ちて　よる波を　枕となせり　黒髪《くろかみ》は　玉藻《たまも》となびき　むなしくも　過ぎにし妹《いも》が　をきつきを　納めてよよに　かたり次《つ》ぎいひつぎけらく　この野邊《のべ》の　淺茅《あさぢ》にまじり　露《つゆ》ふかき　しるしの石は　たが手向《たむけ》ぞも

右遊女入水之事、見二圓光大師傳記一

賀二荷田信美之新室一歌

かけまくも　かしこけれども　いはまくも　あやにたふとき　すめみまの　神の尊《みこと》の　御心《みこころ》を　たひらの宮と　定めまし　御代《みよ》のつぎつぎ　老松《おいまつ》の　千歳《ちとせ》なせれば　枝葉《えだは》おひ　根《ね》はひ廣《ひろ》ごり　天雲《あまぐも》の　上《うへ》につどへる　臣達《おみたち》の　末にまゐ出《で》て　夜《よ》の守《まもり》　晝《ひる》のつかへに　雲に乗《の》る　龍《たつ》の尾《を》をふみ　鵲《かささぎ》の　橋《はし》をわたりてかしこしと　身《み》もたな知《し》らず　汐干《うしほひ》の　荷田《かだ》のうぢびと　功《いさを》あれば　この大宮《おほみや》のとのへなる　鴨の河岸《かはぎし》　つきならし　岩根《いはね》とりなめ　眞木柱《まきはしら》　えつり壁草《かべぐさ》はこびもて　造《つく》れる家は　さき草の　さきてまさきく　うみの子《こ》の　末のすゑまで　すみつがん　始《はじめ》おこせば　大鳥《おほとり》の　羽《は》がへはせじな　河のべの　いつ藻《も》

の花の　いつも榮えむ

反歌

ついたつる君《きみ》が新室《にひむろ》もろびとのほぐ豐御酒《とよみき》にうたたのしせな

送㆓佐々木眞足東行㆒歌

あづま路《ぢ》は　はるけかりけり　わたつみの　へた行く道《みち》を　海わたり　河舟《かはふね》よばひ　ぬてゆらく　馬に鞭《むち》さし　眞木《まき》立てる　山をもこえて　ゆく人も　登《のぼ》りやはえん　雲だにも　いゆきはばかる　不二《ふじ》の峰《ね》を　何にたとへん　打ちよする　駿河《するが》の國と　なまよみの　甲斐《かひ》にうしはき　伊豆《いづ》相摸《さがみ》　國のことごと　たちきそふ　高峯《たかね》ことごと　八尺瓊《やさかに》の　五百《いほ》つつとひを　緒《を》にぬきて　きすめる玉の　あな玉は　ふたつやはある　天《あめ》にます　玉のおやちふ　神わざに　造りみがきて　たちいでの　峰にとこしく　つむ雪《ゆき》の　光かがよふ　走出《はしりで》の　麓《ふもと》の海《うみ》の　田子《たご》の浦《うら》に、ゆふ花さけり　みすまるの　玉拾《ひろ》はずば　浪《なみ》の穗《ほ》の　ゆふ花つみて　濱《はま》つとに　もてこわがせこ　歸《かへ》りこん日《ひ》は　見《み》ぬ老がため

小澤蘆庵をはじめてとひゆきしとき翁箏の琴

橘の經亮やまと琴かきあはせあるじせられしに

よめる

山里のふたきのまつの聲あひて秋のしらべは聞《き》くべかりけり

かへし　翁

やまかげのふた木の松の秋の聲《こゑ》人に聞かるるときも待ちけり

二木の松とはこの庵の庭もせに年深きが立てるをもていひよするなりき翁世を去られし時にも

たまごとの緒《を》はたちしかば君《きみ》が庵《いほ》のふた木の松よただ秋の聲

南禪寺の庵にありし時

君《きみ》がすむやどの水音ききつれば濁《にご》るこころもあらはれにけり

かへし

我庭《わがには》のさざれ石《いし》こすたにみづのすむとばかりは人目《ひとめ》なりけり

年の暮にはいつも炭を切りて贈らるるによみて

かへせし歌

埋火《うづみび》のすみつきがたきみやこにも思《おもひ》をおこすともはありけり

かへし　　翁

思《おも》ひやるかひこそなけれうづみびの炭《すみ》つきて唯久《ただひさ》にあれこそ

河内の國にとひゆく人のありてはろばろ來りき
こぞの秋なき人をここに伴ひこし事を思ひ出で
てすずろに打泣かれつつ

身はおなじ家にありとももおもふ心をいづち宿《やど》りかへてん

とし月うとかりし人のもとより度々おとづれす
れど聞えぬはいかにぞやうらみつべきものぞと
いひおこせしに

なかなかに我《わが》おこたりをしるべにてうれしき人の心《こころ》をぞ見し

といひしかば心とけぬとなん又の便にいひこせ
しなりすみかさだめずをちこちしあるくを今は

いづこにと人のとひければ

風《かぜ》の上《うへ》に立ちまふ雲のゆくへなく翌《あす》のありかはあすぞ定《さた》めん

とこたへしかば爪はじきして悄きものにいふとなん聞えし又長柄の濱松陰にかりほつくりてすむとて

むすぶより荒《あ》れのみまさる草《くさ》の庵《いほ》を鶉《うづら》の床《とこ》となしや果《は》てなん

庵を鶉居と名付けしは聖人鶉居鷇食の謂にあらず鶉は常居無しと云ふによれるなり此いほりにある夜ぬす人いりていささかある物をかつぎていにけりあしたおもふ

我《われ》よりもまづしき人の世《よ》にもあれば茨《うばら》からたち間《ひま》くぐるなり

その入りし壁のこぼれな窓に作らせて盗窓と名づけて風を入るる便りよしと人にかたりしかばあなしれじれしとてあしく云ふとも聞えし

岡男鳥と云ひしは友垣の中に物ら問ひかはしつ
いとうれしきかたらひ人なりしに病して俄に失
せしかば打泣きつつ

我《われ》こそと思ひ定《さだ》めて捨《す》てし世《よ》の人におくれんものと知らずて

まさのりと云ひしもまめがたりする友なりしが
打つづきてはやう死にけりえがたき人々をさい
だてて後は友とてもとめずなりぬ

脱換《ぬぎかへ》んひとへごろももあらでただ露《つゆ》おきそふる秋にざりける

或人世にありわびて云ひこせる

ゆく末《すゑ》の遠《とほ》きをさてもわすられて身の一つだに今はたまはせ

と聞えしによね一斗をおくりて

行末《ゆくすゑ》もあすの便《たより》もしらぬ身《み》の晝間《ひるま》ばかりはすごせとぞおもふ

岩井何がしといふ謠曲の上手の七十の賀をもと
め來たられしかばよみてあたふ

鶯《うぐひす》のねぐらの竹《たけ》のふしはかせ世《よ》のをさびとといはふべらなり

しるしらぬ人の齡つめりとていはひの歌こふ毎
にいつも贈れるうた

かぎりなく齡《よはひ》たもちて春秋《はるあき》をちぢよろづよとかぞへても見よ

あるやんごとなき御かたに時々參りて物ら聞え
たいまつるなべにわづかに散りとどまりしふみ
どもをめなし鳥のやくなき物から取りあつめ奉
るとてよみてくはへし歌

今はただ老波《おいなみ》よするくづれぎしふみとめよともたのむ君《きみ》かな

御かへしろくにそへてたまひつれどかしこければしるさず

四天寺囘錄　三章　雲水とは五層の浮圖の名なり

雲水《くもみづ》もやけか亡《ほろ》ぶとまだき世《よ》をしるせし文《ふみ》に在《あ》りやあらずや

名《な》ぞ誠《まこと》あれにしをかの冬《ふゆ》がれのむかしにかへる風のおとかな

始《はじめ》ありしむかしのときを人は見し今のをはりにあふが悲しき

船

から櫓《かぢ》を五手《いつて》にたてて四《よ》つの船《ふね》わたりし三代《みよ》のためし忍《しの》ばゆ

空《そら》かすむ難波《なには》のうみの朝なぎに帆手《はて》うちつれて出《い》づるふな人

車

東《ひんがし》にたついち見ればをぐるまのはこぶあき物《もの》ところせきまで

馬

なかなかに翅《つばさ》は折れん一日《ひとひ》にも千里《ちさと》行くてふ甲斐《かひ》のくろこま

牛

五月雨《さみだれ》の晴間《はれま》もとめてすきかへす水田《みづた》のあゆみ牛《うし》とこそみれ

犬

夜《よ》ひよひに垣《かき》もる犬におどされてにくくも妹《いも》を思ひこそなれ

戸《と》ざしせぬ野寺《のでら》のかどに伏《ふ》しなれて稀《まれ》にぞ犬《いぬ》の何をとがむる

猫

たが家《いへ》を離《はな》れてここにまよひこしとどむ一夜《よ》になるるから猫《ねこ》

猪

ふみまよふ不二《ふじ》のすそわの眞茅原荒猪《まかやはらあらゐ》のかよふ道は見えけり

鯛

安濃《あの》の浦《うら》の鯛《たひ》つる蜑《あま》がけふも又釣《つ》りほこりては酒《さけ》にかふらむ

鯉

淵《ふち》ふかくすむとはすれど淀舟《よどぶね》のさをにぞ鯉《こひ》のおどろきをして

鱸

出雲《いづも》なる松江《まつえ》の鱸《すゞき》あきかぜにすがたを見せて立てるしらなみ

鯨

松浦《まつら》がたかよふ鯨《くぢら》の跡《あと》見ればあまぢにけぶる八重《やへ》のしほかぜ

蟹

蘆原《あしはら》のことは茂《しげ》くてかひなげに世《よ》にすむわれと人も見るがに

津《つ》の國《くに》のなにはにつけてうとまるる蘆原蟹《あしはらがに》のよこばしる身は

蛛

世の中はかくこそありけれ軒《のき》わたる蛛《くも》の巣《す》がきに秋の風ふく

軒《のき》こほれかはら砕《くだ》けてふるでらの蛛《くも》の網《あみ》にもつきのかかれる

鷲

かか鳴《な》きてゆふべはかへる荒鷲《あらわし》のつばさにしのぐ筑波《つくは》やま風

鳩

野分《のわき》ふく風にはねきり飛《と》ぶ鳩《はと》のやどりまどへど友《とも》ははなれず

雀

二《ふた》むらの竹のうてなのねぐら鳥《とり》とのゐ呼《よ》び起《おこ》すゆきのあさ聲《こゑ》

色をわかちて人々とよみける中に

花《はな》に咲《さ》き絹《きぬ》に染附《そめつ》くくれなゐのうつろふ色を見はてずもがな

常に茶を煎てあそび敵とするによめる

あかでしも春のこのめをつみて煎《に》て心は秋のみづとこそすめ

東坡云　佳茗似二佳人一

すむといひ濟《きよ》しといふもよき人の常《つね》とし聞かばあかぬわが友

茶如レ接二高貴之人一失レ度其悔不レ可レ歸

天《あま》しるや眞名井《まなゐ》の水《みづ》のえらびなき悔《くい》のちたびはしれ人のとも

法《のり》にいり法をいでずばあぢきなくすむも濁《にご》りて後《のち》の世や經《へ》ん

空也堂の法師茶筅の歌乞ひしに

草木《くさき》にもあらぬ小竹《をたけ》の穗《ほ》になびき末《すゑ》はみどりの波も立《た》ちけり

茶盒子を作りて其土色もて冬衣と名づけたるに

こく薄《うす》くかさねてもなほふゆぎぬの神《かみ》まもらね寒《さむ》けなりけり

香煙一噓遣悶といふ事をよめと云ふに

憂《う》き事を空《そら》のけぶりにふきやれば垣根《かきね》の夏のくさやなになり

河内の尼足袋ぬひておくりしに

淺沓《あさぐつ》のあさましきまで老《お》いぬれば此度《このたび》を世のかぎりとぞ思ふ

かへし　唯心尼

あさぐつの淺《あさ》くはきみを頼《たの》まねばなどこのたびや限なるべき

伴蒿蹊の女のとみの病にむなしきと聞きて

よはひとて人のいはふは憂《う》きことの數《かず》そふ年《とし》の積《つも》るなりけり

翁の齢我には一とせを越えさせしかばいとほしさに言ひやりけるなりむかし今をおもひめぐらすに唐の郭汾陽此國にては皇后宮大夫俊成卿をおきて終の世までうき事しらず富と齢とためしなく聞えたるはあらずならん侍りき

冬の夜のながきをかこつ老をあはれみてかたはらにある人の何くれとなぐさめかねつるあまりに光源氏の物語をつぶつぶと讀みて聞ゆ一夜に一まき或は二卷長きはふた夜三よにも卷々の終るごとに是があたひに歌よむべく云ふいなまでよみつるがそのこころをやたがへつらんもしらずいみじきをこわざなりけらし

桐壺

宵《よひ》のまにはかなの月はいりにけり妬める雲《くも》を懸《か》けしながらに

帚木

さまざまにさだめあらそふ人の上《うへ》にはては心もさみだるる空《そら》

空蟬

やり水のほまれのかどをひき入《い》るる車は戀《こひ》のおもになりけり

夕顔

けやすしと思《おも》はばなどてよりて見《み》ん明《あ》くるをまたぬ夕顔《ゆふがほ》の露《つゆ》

若紫

ここのへの北山《きたやま》ざくら咲きにけりかけし霞《かすみ》もなごりなきそら

末摘花

中川《なかがは》にことよき橋《はし》をわたされて見るめなき野を分《わ》けもこし哉《かな》

紅葉賀

もみち葉《は》の光《ひかり》をけふはこりそへて千秋《ちあき》と君《きみ》をいはふべらなり

花宴

かすむ夜《よ》もしづえやすげに手折《たを》らるるうすはな櫻色《ざくらいろ》に匂ひて

葵

わりなしや妬《ねた》さ一つの浮瀬《うきせ》には人をも身をもしづめつるかな

さか木

神風《かみかぜ》の伊勢《いせ》は其方《そなた》とさしぐしのさしてのらねば戀《こひ》のしげけん

花散里

いろは香《か》にまけてにほへる橘《たちはな》の花散《はなち》るやどもたえずとはまし

須磨

心《こゝろ》から身はやまがつにやつせどもなほこりずまのうら嘆《なげ》きして

明石

みやこにもひびきのなだの潮合《しほあひ》にかづく白玉《しらたま》たれにささげむ

澪漂

忘《わす》らるる身《み》はかつしれど墨江《すみのえ》の濱《はま》によりこしかひはありけり

蓬生

藤浪《ふぢなみ》の懸《か》けてまつとはとひてしる露《つゆ》ふる宮《みや》のかどのしるしに

關屋

こころにはゆるせし關《せき》にあふ坂《さか》の山したしづく袖《そで》ぬらしけり

繪合

須磨浦《すまのうら》にすみは果《はて》じと繪《ゑ》に寫《うつ》し事にかこちてけふを待《ま》ちけり

松風

うつり來《き》て我宿《わがやど》ながらあかしがたなれし岡邊《をかべ》の松《まつ》のあらしか

薄雲

さりし世《よ》をむなしき空《そら》にかへり見《み》るこころの鬼《おに》よ我《われ》を誘《いざ》なふ

朝顔

あさがほの花田《はなだ》は色を深《ふか》むれどうつらでおける庭《には》のしらつゆ

をとめ

少女《をとめ》らがつれまふ衣《きぬ》のおとさえて夜《よ》やふけぬらん庭火《にはび》濕《しめ》れる

たまかつら

筑紫路《つくしぢ》をいかになれとか立出《たちいで》てみやこにも世《よ》をうみや渡《わた》らん

初音

雪《ゆき》わけてけさ谷《たに》いでしうぐひすの春《はる》の方《かた》にはこゑもこほらず

胡蝶

春《はる》の日をくるるにあかで飛蝶《とぶてふ》のゆくへは花《はな》のちりのまがひに

螢

見《み》ゆをいとひ見《み》えぬをうらむ夏虫《なつむし》の光《ひかり》は人のためならなくに

常夏

稀《まれ》に遊《あそ》ぶ庭《には》のまうけの水《みづ》うまやとこなつかしき花のゆふばえ

かがり火

まどはせし箱《はこ》のふたみのおひ難《がた》み蔽《おほ》ふははかな何《なに》のみだれぞ

野分

たまだれの小簾《をす》の見《み》いれに心さへすさびにけりな野分《のわき》てふ風《かぜ》

行幸

小鹽山《をしほやま》みゆきのためし野《の》にみちてうちちる雪に御鷹《みたか》よぶこゑ

藤袴

焚合《たきあは》すけふのくらべは秋《あき》ふかき野にぬき捨《すて》し衣《きぬ》にや有《あ》るらし

眞木柱

むぐらおふ壁《かべ》のこぼれの蝸牛《かたつむり》這《は》ひかかりてはゆくかたもなし

梅枝

うぐひすの巣立《すだち》のとりは久方《ひさかた》の雲井《くもゐ》にいまや名《な》のるひとこゑ

藤末葉

大島《おほしま》のなるとならずとしほぶねの辛《から》きわたりも風《かぜ》を待《ま》ちえて

若菜 上

なほ若きけこそ添《そ》ひぬれ春の野につむ菜《な》を君《きみ》が老《おい》のはじめに

若菜 下

陸奥《みちのく》にいつか來にけんたならしのことは緒絶《をだえ》の橋《はし》となりにき

柏木

そむきても世《よ》にあふべき心にはまけてはかなき人のかなしさ

横笛

取《と》りつたふ世々《よよ》のかたみの笛《ふえ》の音《ね》の殘りて寒《さむ》き秋にざりける

鈴虫

それにとて告《つ》げし心をふえたけの節《ふし》たがへりと嘆《なげ》きてぞよる

夕霧

まよひ入る心の奥もきりこめてしののみだれの小野《をの》の山《やま》ぶみ

御法

花《はな》やぎしつかさのきぬと見しいろは野邊の煙《けぶり》の雲のむらさき

幻

春さむみあはたつ雲《くも》にかくろひてひかりはいづら峯《みね》のしら雪《ゆき》

匂宮

昔《むかし》にはぬしこそかはれ梅《うめ》さくらにほひおくれぬ春《はる》は來《き》にけり

紅梅

折《を》りてやる花に心をそへつればこをば幾春《いくはる》みませとぞおもふ

竹河

亂碁《みだれご》のみぎまけたりと聞くからにめでし櫻《さくら》はちりぬともよし

橋姫

都《みやこ》にも色をあらそふ秋ながらひとかなつかし宇治《うぢ》のやまざと

椎本

あはれ君世《きみよ》をうぢ山《やま》の奥ふかくほだしの綱《つな》はたちて入《い》りけん

總角

なさけある人もつらしなはすのはの上《うへ》に心をのせし身《み》なれば

早蕨

法《のり》の師《し》のこれをたきぎにかへて摘《つ》む野のつくづくし山の早蕨《さわらび》

寄生木

見《み》まさりにかく咲く花を根分《ねわけ》してぬすままほしき園《その》のしら菊

四阿

打《う》ちつけに其人《そのひと》かたを垣間見《かいまみ》のおなおやしとも思ひこそなれ

浮舟

河島《かはしま》にいざよふ波《なみ》のいかにしてふたゆくこころせきや止《とゞ》めん

蜻蛉

それとだに思へどすべな宇治川《うぢがは》の玉藻《たまも》になびく妹《いも》がくろかみ

手習

己《おの》が上《うへ》をよそにききては且《か》つ嘆くたがゆるさねば死《し》なぬ命《いのち》ぞ

夢浮橋

有《あ》りてなき世《よ》の常《つね》をしも渡《わた》らへばなきが有《あ》りてふ夢《いめ》のうき橋

# 藤簍冊子 巻之三

## ○秋山記

秋の山見《やまみ》にとにはあらで、此《この》三年《みとせ》がほど、足曳《あしびき》のやまひにかゝづろひて、世《よ》のわたらひも何《なに》もはかゞ〱しからぬ。かゝるを、昔《むかし》は但馬《たじま》の城崎《きのさき》のいで湯《ゆ》にしるし見《み》しかば、此度《こたび》はもまた思《おぼ》し立《た》てるを、後《しり》に立《た》ちてくる人《ひと》も、年頃《としごろ》ふかうそみし事あれば、ともにとて、ははそばの仰《おほせ》のまゝに召連《めしつ》るゝなりけり。長月《ながつき》の十日あまり二日といふ日、かど出《で》す。親《した》しき友垣《ともがき》の女《をんな》の許《もと》より、明日《あす》なんと聞《きこ》え給《たま》ふにぞ、ゆくりなくも思《おも》ふたまふる。玉鉾《たまぼこ》の道《みち》もたえ〲にとか、覺束《おぼつか》なささへそひて、胸《むね》つぶるゝぞわりなき。

朝《あさ》なゆふな馴《な》れにし君が出《いで》てゆかば何《なに》わざをして月日《つきひ》過《すご》さん

秋風《あきかぜ》もいたう身《み》にしむ頃《ころ》にして侍《はべ》れば、いとよういたはりて、御事《おんこと》もなく彼處《かしこ》にいたり給《たま》ひね。此《この》あつごえたるもの、いとあら〱しけなれど、山里《やまざと》の朝宵《あさよひ》しのがせ給《たま》はんにはとてなん、と聞《きこ》えこしに、

足びきの云々—足引に足病をかけたり
いで湯—溫泉
はゝそば—母君
玉鉾の—枕詞
あつごえたるもの—綿入

つくし綿―筑紫綿に心をつくすをかけたり

小瓶―酒器

光源氏の君云々―源氏物語須磨の巻にあり

情《なさけ》ある人《ひと》のこころをつくし綿身《わたみ》にそへゆかば寒《さむ》けくもあらじ

宜《うべ》しも天《あま》の羽衣《はごろも》とたてまつりぬるは、こゝろざすところなん。山陰《やまかげ》の國《くに》にて、いといたう寒《さむ》き所《どころ》なりける。須磨《すま》のうみづら如何《いか》にながむらん、明石《あかし》の泊《とまり》はさぞなと、たれ〴〵もうらやみ聞《きこ》ゆるにぞ。まづかのわたり歷《へ》つゝゆかばやとて、西《にし》をさす。草《くさ》の枕《まくら》のをかしきは、蘆屋川《あしやがは》の松陰《まつかげ》にしばしおりゐて、土《つち》くぼかなるに、小石《こいし》をつみて、木葉松笠《このはまつかさ》うちくべつゝ、茶《ちや》を煎《に》てあそぶ。鶴けむりを避《さ》くるといふ句《く》のこゝろしたり。かしこくも小瓶《こがめ》一つは持《もた》せたりけり。

蘆《あし》の屋《や》の蜑《あま》のたく火《ひ》のそれかとて道《みち》ゆき人も過《す》ぎがてに見《み》む

日《ひ》高《たか》けれど、住吉《すみよし》の里《さと》にやどりぬ。須磨《す》《ま》の浦傳《うらづた》ひする今日《けふ》は、海《うみ》の面《おもて》なごやかに、百船《もゝふね》のゆきかひ、苅菰《かりごも》のうち亂《みだ》れつゝ、渚《なぎさ》には釣《つり》ほこりて遊ぶを見れば、この磯山松《いそやままつ》の色《いろ》も、人々《ひと〴〵》の眼《まなこ》もひとつ緣《ゑにし》なる、ざえある人も口《くち》とづるわたりを、まいて打出《うちいづ》べうもあらず。此《この》つれたる人の、いにしへ光源氏《ひかるげんじ》の君《きみ》の、罪《つみ》なくて流浪《さすらへ》たまひしといふ跡《あと》はいづこぞ。巳《み》の日《ひ》の高潮《たかしほ》とは、此海《うみ》の荒《あ》れたるにこそ。今日のにはよきには、さること如何《いか》でかとおぼゆるを、斯《かゝ》る所《どころ》にも、年月《としつき》ねんじ過《すぐ》させけんよ、など打呻《うちうめ》きかなしがる。いと聞《きゝ》にく

彼の式部—紫式部

おそろしき所云々—地獄、この事は寳物集今鏡等にあり

羅氏—羅貫字本中、水滸傳の著者

石山の佛—石山寺の觀世音

しとにや。齢《よはひ》のほど五十《いそぢ》にたらぬ法師《ほうし》の、おなじ松陰《まつかげ》にあるが、瞰《にら》まへる様《やう》のつらつきして、この都人《みやこびと》よ、さるあだし事《ごと》を、まさなげに打物語《うちものがた》りたまひそ。かの式部《しきぶ》とかは、あとなしごとゆゑ〳〵しく作出《つくりい》でたる報《むくい》に、おそろしき所《ところ》につながれ、永劫《えいごふ》の苦《くる》しみをうけたるぞかし。もろこしにても、斯様《かうやう》のこと書《か》ける者の報《むくい》なん、いと罪深《つみふか》しかし。羅氏《らし》が三代まで唖子《おしご》をうみしなども云《い》ふ、かまへてかまへて信《しん》ずまじき文《ふみ》ぞと聞《きこ》ゆ。思ひかけず、めざましうこそ有《あ》りけれ。法師《ほうし》もおなじ道《みち》ゆく人《ひと》なれば、行《ゆ》く〳〵物語《ものがたり》しつゝなぐさむ。いとかたじけなき事おほかりけり。只今《たゞいま》の御《おん》さとしこそ、世《よ》に珍《めづら》しくも承《うけたまは》り侍《はべ》れ。さればかの物語《ものがたり》は、佛《ほとけ》の教《をしへ》の尊《たふと》きにも、旨《むね》おのづからかよひ、現《うつゝ》の世《よ》にも、かしこきいましめと成《な》りぬる由、昔《むかし》の人々《ひと〴〵》の論《ろう》じおきてつるを、如何様《いかさま》におぼし分きて、かうまでくたし給《たま》ふらむ。そのことわり、片端《かたはし》ばかりも承《うけたまは》らばやと云《い》ふ。さればよ、道《みち》の文《ふみ》のことわり説《と》く人《ひと》は、あながちにも其旨深《そのむねふか》からんとては、兎《と》ざま角《かう》ざまにもてつけて言《い》ひしらふ程《ほど》に、はてはては本《もと》つ心《こゝろ》にもあらぬ私言《わたくしごと》をさへ取囃《とりはや》すなり、此物《もの》がたりの道理《ことわり》いふなん、わきて嗚呼《をこ》なる。しかのみならず、式部《しきぶ》は石山《いしやま》の佛《ほとけ》の變化《へんげ》なりと、いと狂《くる》はしきまでほめなせるを聞《き》けば、己《おの》がかしこむ道《みち》の案内《あない》にもやと、あたら眼《まなこ》な費《つひ》え

父の爲時―紫式部の父藤原爲時

交野少將―古物語の主人公なり不詳

まつりごちては―治めては

文王の子武王の弟―自ら周公旦に比したるなり

この君―源氏の君

たるが、今はとりかへさまほしき年月《としつき》なりけり。さるをかゝるまめごと、いかで女業《をみなわざ》ならん、父《ちゝ》の爲時《ためとき》が筆加《ふでくはへ》しと云《い》ふは、しひてあが佛《ほとけ》とあがむる人《ひと》の、ぬしなき眼《まなこ》なりき。そも詳《つはら》にかへし見ば、我《わ》がことまたずも、おのづから悟《さと》りぬべきものぞ。其一《そのひと》つ二つをかたらん。先光君《まつひかるきみ》の人《ひと》がらいかにぞや。容姿《かたち》のめでたきは言《い》ふもさら也。才《ざえ》の程も、古《いにしへ》に競《きほ》ふべきは難《かたく》ぞある。本性《ほんじやう》のまめだちたる、交野《かたの》の少將《せうしやう》には笑《わら》はれ給《たま》はんよと云《い》ふ。よく見《み》れば、あらずならん。ひたぶるに情《なさけ》ふかく、親《した》しきにも、疎《うと》きにも、萬《よろづ》にゆきたらひて覺《おぼ》ゆれど、下《した》には執《しふ》ねく、ねぢけたる性《さが》なんおはす。薄雲《うすぐも》の御《おん》ことは、人皆罪《ひとみなつみ》ふかしとこそ見《み》れ。空蟬《うつせみ》の裳《ぬ》ぬけのきぬも、猶《なほ》わかきほどとゆるすべきを、前齋宮《ぜんさいぐう》、玉《たま》かつらの、うたてもてわづらひ給《たま》ふは、親《おや》ざまあしきわろ人《びと》なるを、世《よ》の中《なか》まつりごちては、文王《ぶんわう》の子《こ》、武王《ぶわう》の弟《おとうと》と誦《ずん》じたる、いと聞《き》きにくし。右衞門《うゑもん》の督《かみ》の唐猫《からねこ》のかよひ路《ぢ》は、心《こゝろ》とまらぬあたりにさへ、いかが岩根《いはね》の松《まつ》よこたへん。ゆるしなき眼《め》に、人《ひと》のこゝろをやましめ、野分《のわき》のあしたの垣間見《かいまみ》は、親子《おやこ》の中《なか》らひにだに、執《しふ》ねきこゝろづかひも何事《なにごと》ぞや。夫があまりのわれたる戲言《ざれごと》も、此君《このきみ》の情《なさけ》しきは、世《よ》の人《ひと》には過《す》ぎけんかし。さるを須磨《すま》のさすらへ、おのれ罪《つみ》なしと思《おぼ》したるは、敎《をしへ》なき山賤《やまがつ》の心《こゝろ》とやいはん。又桐壺《またきりつぼ》の帝《みかど》

あまがけりて—天翔りて

有識—博識

戀の山には孔子たふれ—戀には孔子も迷ふの義

雨夜のものがたり—帚木の巻にあり

あなぐり—

の、此世《このよ》ばかりはさてもあらめ。神《かみ》さりましても、猶愛慾《なほあいよく》のまなこ明《あき》らかならず、汝《なんぢ》は罪《つみ》なき身《み》を、いかで斯る荒磯《ありそ》に朽《く》ちんとやすると、都《みやこ》にあまがけりては、朱雀《すざく》の帝《みかど》の雲《くも》りなきを、いかりにらみて、御光《おんひかり》をなやませ給《たま》ふは、さしもさとりなき御神《みかみ》にぞましませる。朧月夜《おぼろづきよ》のしひたるさゞめ言《ごと》、王命婦《わうみやうぶ》を責《せ》めありくなどは、いかめしき國罪《くにつみ》ならずや。夜居《よゐ》の僧《そう》が饒舌《ぜうぜつ》、老《おい》やほけたる、光にや媚《こ》びたる大學《だいがく》の君《きみ》ぞ、いみじき有職《いうそく》にて、まめ人《ひと》の名《な》をほむるかと見れば、小野《をの》の夕霧分迷《ゆふぎりわけまよ》ふは、友垣《ともがき》のまことなし。見《み》よく〱、筆《ふで》のすさびのさかしきまゝに、此源氏《このげんじ》の君《きみ》ぞ、ひとの國《くに》なる聖達《ひじりたち》にも、なさく〱劣《おと》らじのまけじ心もていひなしたる、戀《こひ》の山《やま》には孔子《くじ》たふれ、口《くち》かしこきがうたてけれ。かうやうの筆《ふで》つきなん、をみなの女《め》ゝしき本性《ほんじやう》にてこそあれ。されど言《こと》のあやに妙《たへ》なる、心《こゝろ》ばへの巧《たくみ》なる、この類《たぐひ》のものには、和漢《やまともろこし》にもならびなきを、若強《もしし》ひてこれが德《とく》見んとならば、雨夜《あまよ》のものがたりに、大かたの人の心《こゝろ》のくま、名殘《なごり》なくあなぐり出《い》でたれば、却りて讀見《よみみ》ん人の、賤心《しづごころ》の穢《きた》なきを戒《いま》しむる教《をしへ》ともなるべき。おほよそよろづの事も、私《わたくし》言《こと》もてことわり爲《な》むには、あやしう僻《ひが》める心《こゝろ》も、直《なほ》くまめ〱しく取爲《とりな》すべかめり。さるわざのうたてさよ。我佛《わがほとけ》の道《みち》も、怪しうめづらかに說《と》きなすはかたはなり。此物語《このものがたり》も、

さぐり

かたはなり―偏せり

あさり―漁り

あはと見ながらも―あれと見ながらも

其世のさまのまばゆき限を、きら〳〵しく寫《うつ》し出《い》でたれど、その遠《とほ》からぬ世に亂《みだれ》たるを見れば、まめ人のいかで推戴《おしいただ》くべき。今のおほん時ばかり忝《かたじけ》なきは、往古《いにしへ》よりも稀《まれ》なれば、君をあふぎ奉《たてまつ》るあまりには、己《おの》がどち喜びする暇《いとま》には、讀《よ》みて遊ぶべけれど、さばかり心いりて讀《よ》むとも、何の益《やく》なきいたづら文《ぶみ》なり。かまへてかまへて惑《まど》ふべからずと、いとすぐ〳〵しく聞えたり。心ざすかたの違《たが》へるには、行手《ゆくて》にわかれぬ、猶《なほ》しりへに立ちて行かまほしく、ことゝひまなぶべき法師《ほうし》なりけり。からす崎《ざき》とか云《い》ふわたりの、清《きよ》き渚《なぎさ》におり居《ゐ》て、時過《す》ぐるまであさりをり。日《ひ》も山《やま》の端《は》ならんは、と云《い》ふに、

暮るるともいとはんものか燈火《ともしび》の明石《あかし》の浦《うら》にむかふ旅寢《たびね》は

大藏谷《おほくらだに》と云《い》ふ所にやどる。今宵《こよひ》なん世こぞりて月見る夜なる、所がら徒《たゞ》にやあらんとて、濱邊《はまべ》に出でたれば、月花やかにさし出でて、風波いさゝかも立たず。さすがに海面《うみづら》は、青《あを》鈍《にび》の衣著《き》たるには、かの這《は》ひ渡《わた》る程《ほど》といへど、こしかたは夜ぎり立ちこめて見えず。あはと見ながらも淡路《あはぢ》の島《しま》はたゞさし向《む》ひて、かち路《ぢ》やあると思《おも》ふばかり也。濱《はま》づとにとて、

うら風に雲《くも》吹きはれて長月《ながつき》のながき夜わたる月のさやけさ

すまひ—相撲

えいや聲—掛聲

白玉とかしづくらん—我稚子を白玉とたふとぶ事山上憶

或人もよめる。

いづこにも露《つゆ》おく袖《そで》をこよひしも月にあかしのうらの旅寢《たびね》は

さてしも濱風《はまかぜ》をひきしかば、朝《あした》は歩《あゆみ》くるしくて、をちこち尋《たづ》ねも見ず。曾根崎《そねざき》の社《やしろ》に詣《まう》づ。今日《けふ》ぞ新嘗《にひなめ》奉《たてまつ》る日なりとて、いと賑《にぎ》はゝし。おそく詣《まう》でつれば、何わざもえ拜《をが》み侍《はべ》らず。此廣前《このひろまへ》の松陰《まつかげ》に、潮《うしほ》の涌《わ》くが如く人立ちこめて、叫《さけ》びのゝしる。何ごとぞと見たれば、すまひが庭《には》の、今ぞ手合《てあは》せすと聞ゆ。此國の手力男《たぢからを》は、けふ〳〵と待ちつけたれば競《きそ》ひ立ち、西《にし》東《ひんがし》と、百手《もゝて》つがひ定めたるべし。見る人もえいや聲《ごゑ》をつくりて、おのれおのれが引く方《かた》をたのむ、いと勇《いさま》しな。足よわき者は、岡にのぼり、木《こ》の枝《えだ》にさがりてあやふげなり。あるが中にも、老《お》いたる人の幼《いざけな》き者《もの》を脊《せ》におひて、いかで〳〵是見《これみ》んとする。人ひし〳〵と立竝《たちな》みたれば、岩《いはほ》をさくに似《に》て、幼《いざけなき》がいたう物おびえして泣く。いといたう危《あやふ》し。殘《のこり》の齡《よはひ》いつまでとか、かゝる物見《ものみ》はする。此うま子《ご》しら玉ともかしづくらん。おしうたれば、いかばかりか泣きまどはん。世に憎《にく》き者《もの》の限《かぎり》なりける。やがて事《こと》はてしよ。雲井《くもゐ》とゞろく聲《こゑ》して、人立ちさわぎ、山《やま》も動《うご》き出づる如くなるも、別れ別れに散行《ちりゆ》きぬ。それが中に今日《けふ》の拔出《ぬきで》ならめ。勝《かち》ほこり大路《おほぢ》ふみはらゝかし、いと

良の歌による　れるは誰が子ぞ—銀の目拔の太刀をはきさけて奈良の都をれるは誰が子ぞ　總角—わかもの　あつかひわざ—仲裁　はろ〴〵—遙々　よめが萩—よめな

猛《まう》に人おしわきゆく。ねるは誰《た》が子ぞ、と言問はまほしく、見る人も是羨《うらや》むなん、いみじき面目《めいぼく》なりける。こよひ豆崎《づさき》の宿にて、夜《よ》べの濱風《はまかぜ》名殘《なごり》なやましきに、此家の總角《あけまき》が、乞《かた》丐《ゐ》者《もの》と、何事《なにごと》をかからがひて、聲高《こわだか》なるほどに、鄰《となり》むかひなるも出來《いでき》て、口々なるは、雨《あま》蛙《かはづ》のやうにて、あはれ互《かたみ》に疵《きず》つきやすと心《こゝろ》ならねど、あつかひわざも由《よし》なければ、障子《さうじ》引きたてゝ籠《こも》りをり。いつしか心の限《かぎり》いひ果《は》てて、別れ〳〵に打ちしづまりぬ。よべも今宵もねられぬ草《くさ》の枕《まくら》なりけり。行き〳〵て、播磨《はりま》の國何《くになに》の郡《こほり》とか、西光寺野《さいくわうじの》とていと廣《ひろ》き荒野《あらの》に來たる。行手《ゆくて》百丁ばかりと云《い》ふ。西も東も南も山立並《たちな》みて、目もはろ〴〵なり。行く〳〵稻葉《いなは》そよぐ風も吹きたゝず。小草花《をぐさはな》さき小松《こまつ》おひ、芝生《しはふ》がくれの澤水《さはみづ》に、烏どものうきて魚《うを》をくふ。この景色《けしき》えもいはず面白《おもしろ》し。雨いさゝか打注《うちそゝ》ぎくるに、遠山《とほやま》は見る〳〵雲《くも》立ちこめて、風まぜにふりみふらずみ、人のいきかひもあらずなりぬ。色色の花ども、露を帶《お》びてうるはし。くらゝ、りんだう、女郎花《をみなへし》の名殘《なごり》なる、よめが萩《はぎ》の花《はな》、白《しら》菊《ぎく》のよろほひながら芳《かん》ばしき。大和撫子《やまとなでしこ》は濃《こ》からねど、時《とき》過したるがあはれなり。つゝじ花《はな》、薊《あざみ》のかへりざき、いひつゞくれば、春夏秋《はるなつあき》のくさ〴〵を、花一時《とき》のながめしたり。尾《を》花《はな》ぞ繁《しげ》く招《まね》きあひたる、折知《をりしり》がほにてなん。さるとりいばらの赤玉《あかだま》かゞやかしけれど、

取《さ》らば拇指《およひ》やそこなはん、是彼《かれつ》摘みはやして手束《たつか》にあまりぬ。倦《あ》かずおもしろきに、立ちぬるゝ憂《うき》もわすれて、

雨そそぎ風吹《かぜふ》き立ちて秋の野の花のひもとく時《とき》はきにけり

家もあらなくにと、人々わびしがるにぞ、人里《ひとざと》もとめて、晝《ひる》の物くひなどして出れば、日ははや西《にし》に傾《かた》むけり。辻川《つじがは》といふは、市川《いちかは》のみなかみにて、いと大きなり。瀬々《せゞ》の岩《いは》むらに、むせび流《なが》るゝ水の音の凄《すさま》じきは、雨のやがてにやある。左右に山立なみて、眺《ながめ》いとよし。嵐山《あらしやま》、大井の渡《わたり》のおもかげよといへば、吉野《よしの》川《がは》、六田《じつた》の淀瀬《よどせ》にやと云ふ。いづれによするとも、鮎《あゆ》はこの頃くだりぬらんといへばあらず。この川なん生野《いくの》の谷々《たにだに》より落ちくれば、かの山の白銀《しろがね》ふく氣《き》の滴《したゞり》には、たえてえすまぬと云《い》ふ。さればこそこれが劣りたるといふ。館《やかた》と云《い》ふは、いともわびしき山里《やまざと》なり。家どももむづかしげなれど、暮《く》れはてしかば、此處《ここ》にとさだむ。打見《うちみ》しよりも、住《す》みたる樣《さま》よしめきて、よろづ心ありげに、粥《かゆ》なども淸《きよ》うしてくはす。此處《ここ》をやかたと云《い》ふは、誰殿《たれどの》の夢《ゆめ》の跡《あと》にや。赤松山名《あかまつやまな》の昔語《むかしがたり》あるべし。主人呼《よ》びいでてもとむれば、只此國のかうの殿《との》の往古《いにしへ》こゝにとのみに委《くは》しからず。臥《ふ》すべき所ははしの間《ま》なれば、山風《やまかぜ》吹入りて、すゞろ寒けなれど、望《もち》の夜《よ》

家もあらなくに—苦しくも降りくる雨か三保が崎佐野のわたりに家もあらなくに

雨のやがて—雨後

此處にとさだむ—宿所を此處に定む

かうの殿—國守殿

山ぶところ—山に抱かれたる所
めさまし草—茶の異名
露金—山城宇治の銘茶其名に金をかけたり
堤の中納言

の影《かげ》あらはにさし入つて、尾上《をのへ》の松風《まつかぜ》、軒端《のきは》ゆく水《みづ》の音《おと》にひゞきあひて、おかしき旅寐《たびね》なりけり。明石《あかし》の浦《うら》の夜遊《よあそび》かたり出づれば、或人、

うら波《なみ》のゆたに見しよの月よりもなほ山里はのどけかりけり

波風こそたゝね、いとはるけうて、しづ心《こゝろ》もなかりしと云《い》ふ。いと幼《をさな》めきて。山ぶところなる所《どころ》は、月はやく見えずなりぬ。つとめて、雨の餘波《なごり》の道芝露《みちしはつゆ》踏けく、身にしみておぼゆ。但馬《たじま》の國に入りぬ。粟賀《あはが》といふ郷《さと》に、よき茶《ちや》ありと聞きて、其家《そのいへ》にいる。寔《まこと》や仙《せん》盧《きよ》と云《い》ふ名《な》は、懸《かけ》まくもかしこき藐姑射《はこや》の山《やま》のかひより賜はせしと聞《き》き侍《はべ》るには、道行《みちゆ》く土産《つと》にもとめて出《い》づ。

朝さむにめさまし草《ぐさ》をもとめては山路の露金《ろぎん》おきてゆくなり

さて故郷《ふるさと》いでて、七日といふに、心さす所に來たる。なやと云《い》ふ所より、かろき船《ふね》もとめて漕《こが》れゆく。このあひだ、山《やま》も川《かは》も、元見《もとみ》したゝずまひながら、昔は春山の霞《かすみ》こめたる空の氣《け》はひも、おのが齢《よはひ》もいとわかゝりしほどなりき。今や二十年へし心《こゝろ》には、朝《あさ》たつ河霧《かはぎり》の、覺束《おぼつか》なささへそひて、古きをしのぶ涙《なみだ》ぞ、秋の時雨《しぐれ》めきたる。江山皆舊游《かうざんみなきういう》と誦《ずん》じつゝ行く。いにしへ堤《つゝみ》の中納言《ちうなごん》の、こゝに湯《ゆ》あみすとて來《こ》られし時、夕月夜おぼつ

かなきをと、詠《よ》みませし二見《ふたみ》の浦《うら》は、此わたりなりと云《い》ふを聞きて、ある人《ひと》、

　けふいく日《か》とりも見なくに玉《たま》くしげふたみの浦のあさ明《あけ》の空

それは播磨《はりま》なるをこそ言へ、往古《いにしへ》こゝに來る人は、難波津《なにはつ》に船びらきして、かしこを經《へ》つゝ、加古《かこ》の島《しま》など云ふあたりより、陸路《かちぢ》をこゝには來《き》ぬらん。所のさまを見るに、しか名づくべきにもあらず。見《み》わたせば、霧《きり》のひま出づる蜑舟《あまぶね》の、櫂棹《かいさを》とりぐに、何《いづ》處《こ》にあさりすとかこぎ出づる。いとすさまじき秋の江《え》には、是《これ》ばかりにぎはしき詠《ながめ》もあらずなん。城崎《きのさき》に來《き》て見れば、やどりは昔《むかし》ながらにて、もと見し人はあらず。たまたま君われを忘《わす》れずやと云《い》ふを見《み》れば、むかしの人《ひと》なり。髪髭《かみひげ》まだらなる翁《おきな》のかなたよりも、我をいかに淺《あさ》ましとか見らん。あるじと云《い》ふも、あげまきなりし人の、今はおよずけて、昔物《もの》がたりなどす。例《れい》の局《つぼね》して住ます。故郷人《ふるさとびと》もこゝに在りて、訪《とぶら》ひ來たるにぞ、旅心地《たびごゝち》すこし忘《わす》るゝやうなり。こゝにつどひたる人《ひと》は、都《みやこ》なるも田舍《ゐなか》なるも、男《をとこ》も女《をんな》も、朝夕《あさゆふ》にとひかはし、馴昵《なれむつ》びて、打ちみだり禮《ゐや》なきは、斯る世界《せかい》とぞおほゆ。むかひの局《つぼね》に住《す》む人あり。難波《なには》人《ひと》と聞《きこ》ゆ。四十餘《あまり》と見ゆるをんな君《ぎみ》に、六十《むそぢ》過ぎたる皺《しわ》ぶる人ひとりかしづきたり。この翁《おきな》、あるじのもとに來りて、我《わが》たのめる人は、男君《をのこぎみ》に別《わか》

―藤原兼輔
夕月夜―夕づく夜おぼつかなきをたまくしげ二見の浦はあけてこそみめ
船びらきして―船をいだして
およずけて―成長して

すかい出で—賺し出でて
ひたやごもり—專ら家に籠りをること
かたほならず—美くし
しぢやう—實體
有りがたき—希なる
おこなひ人—法師

れたまひて、三年《こせ》こなた、いたうおもひくづをれつゝ、人に立ちまじり給《たま》ふをうたてきものに、山住《やまずみ》などおぼしたゝせ給へりき。太郎子《たらうご》の慰めかねておのれにあつらへ、此《こ》處《こ》にすかい出でたゝせ給へる也。ことどもあらば後見《うしろみ》させ給《たま》へといふ。何事《なにごと》をも承《うけたまは》らん。うしろやすくおぼせと答ふ。この女《をんな》いかさまにも世《よ》をうんじたると見《み》えて、人《ひと》に見《み》ゆることをもせず、ひたやごもりに垂れこめて、湯《ゆ》あみなどもをさく〳〵せず、よろづにつゝましう、操《みさを》ある人とぞ見ゆ。かたちなどもかたほならず、一向《ひたぶる》になよびかに、やせやせと色《いろ》しろく青《あを》みて、睦《む》月《つき》の半《なかは》の梅の、垣根《かきね》に散りこぼれたらんにほひしたり。この鄰《となり》しめしは、ならびの國の峰山《みねやま》といふ所《ところ》の法師《ほうし》なり。よはひ高《たか》く、しぢやうにて、聊《いさゝ》かも亂《みだ》りたる事《こと》なく、あしたゆふべにも、湯壺《ゆつぼ》の中《なか》にても、阿彌陀佛《あみだぶち》の御名《みな》をとなへやまず。有《あ》りがたきおこなひ人《びと》なり。湯《ゆ》あむいとまには此山《このやま》にたゝせます藥師《やくし》如來《にょらい》、觀世《くわんぜ》音《おん》の御《み》堂《だう》を拜《をが》み廻《めぐ》り給《たま》へりき。ひたやごもりの君《きみ》も、けふは物《もの》の氣《け》のひまありとや。此《こ》法師《ほうし》にいざなはれて、かしこにまうづ。道《みち》のほど、後《のち》の世《よ》の事《こと》などまめやかに教《をし》へさとし給ふに、罪《つみ》とがの恐《おそろ》しとにや、繰言《くりごと》はてしなく問ひ奉《たてま》りつゝかへりて、しはぶる人《ひと》何ごとにかあらん、いと腹《はら》あしく、すさまじき眼《まなこ》つきして、このふた心人《こころびと》よ、いづこに

斧の柄云々―晉王質の故事、長き時を經たりとの義

木のはし―法師をいふ、枕草紙に本づく

千賀の浦波―ちかの浦に波よせかくる心地してひる間なくても暮しぬるかな

をゝ〱と―泣く聲

蜂ぶきたる―厭ひ惡む貌

中《なか》やどりやし給《たま》へる、斧《をの》の柄《え》今《いま》はすげかふべし。あの木《こ》のはしにすかされ給ふよ。さるあだ〱しさもしらで、心《こゝろ》のかぎり御宮《おんみや》づかへし奉《たてまつ》ることの悔《くや》しさよ。今はやくなきおのれが、こゝに侍《はべ》りて何《なに》せん。たゞ今《いま》たゞ難波《なには》に出立ち侍《はべ》らんとて、旅脛巾《はゞき》とうでて、いとあわたゞしく、聲《こゑ》しわがれふるふ〱、おもゝちほてりたるに、猶鼻《なほはな》の先に、ひら柿《がき》ばかりのもの脹《は》れあがりて、赤《あか》く熟《つい》えたるには輝《て》りまけたり。をんなおどろきまどひつゝ、あが君《きみ》〱、なにごとをかゆくりなく聞《きこ》え給へる。故郷《ふるさと》出でて道《みち》の空《そら》より、御心《みこゝろ》のうれしさを聞《きこ》え給へるに、千賀《ちか》の浦波《うらなみ》よせかゝる心地《こゝち》してひるまなき袖《そで》も、君が思ひにほして日《ひ》ごろふるものを、時雨《しぐれ》すぐるばかりの暇《いとま》に、さるあだ浪《なみ》のかゝるべきかは。すぢなき濡衣《ぬれぎぬ》うちきせて、つひの世《よ》見はてじとや、あはつけく捨《す》て給はば、こゝの海にも入《い》りね。あの法師《はうし》いみじきおこなひ人《びと》なり。すゞろなる物うたがひして、佛《ほとけ》の御罰《ばち》かうふり給《たま》はんこと、御爲《おんため》いと悲《かな》しきを、とをゝ〱と泣《な》く。あの木《こ》のはしが首《かうべ》とりたりとて、なにの報《むくい》がある。ひく方《かた》に宣へるが、いよゝうしろめたきとて、あかき鼻《はな》いらゝぎ、蜂《はち》ぶきたる、いとあさまし。此やどりなる人々《ひとびと》、これを見《み》きゝて、みなあきれまどひて、やがてこの郷《さと》に、千名《ちな》の五百名《いほな》は立ちにけり。いとむくつけ、さるのちは人にもはひかく

千名の五百名に立つ—名聲喧傳の形容

ひゝな立ち云々—雛を並べたる如く暫時も離れず

なれたれど—古びたれど

時じく—時をわかず

はゝそば—母君

れず、おもなげにもあらで、たゞひよな立ちならべたる樣《やう》にてぞ有りける。このをんな何《なに》ばかりの人《ひと》ぞ、きぬなどなれたれど、いやしげにもあらず。いつき子も持《も》たりとや、家《けい》司《し》なども具《ぐ》し、うからやからも廣《ひろ》しとや。さる人々までいみじき恥《はぢ》あたふるなん、女ばかり許《ゆる》し難《がた》かりけるものはあらじ。女はた此頃《このごろ》は目をいたくやみて、いぶせくはれあがり、物などもつや〳〵いはず、打ちふしたり。氣《け》ののぼりたるにこそ。峰山《みねやま》の法師《ほうし》ぞ前の世《よ》の報《むくい》にやと、打ちうめきをる。いといたはしきことと云《い》ふ。わかき人は、されどうしろめたくや御座《おはし》すらんなど云ふ。かゝるはて〳〵の國《くに》にても、人のものいひさがなさよ。雨《あめ》は時じくにふりて、日數へにけり。今日いくかぞと問《と》へば、夜《よる》には九夜《こゝのよ》といふ。山《やま》おろし梢吹《こずゑふ》きならしつゝ、おどろ〳〵しく、幾夜《いくよ》ねざめがち也。

山里は雨さへ夜さへあらしさへよに似ぬうさのひまなかりけり

又おもひつゞけて、

いを寢《い》ねばゆめてふものも夜がれしてたよりほどふる故郷《ふるさと》の空

はゝそばのいかに寂々《さびさび》しくてやおはすらん。かう捨《す》て奉りて來《き》ぬる罪《つみ》かしこし。彼方にも山里《やまざと》いかに侘《わび》しからんなど、思ひおこせ給ふべし。いとかたじけなきことを、こゝな

ならびの國—近國

つらにおくれし—連に後れたる

かたまけて—贊成して

ろ人となげく。此人《ひと》も打ちながめつゝ、

なかぞらの雲《くも》のまよひにたぐへつつたびねの袖《そで》は時雨《しぐれ》ひまなき

とぞかこつ。冬《ふゆ》はまだきに、霰《あられ》のたしく〱と音して、いといたう寒し。夜《よ》べはみぞれなどもふりたると云ふ。物の音《ね》も聞きわくべからぬ宿《やど》なりけり。

染《そ》めもはてず散りもはじめぬ山陰《やまかげ》に早くも冬のけしき立ちけり

神無月《かんなづき》に成りぬ。風吹きあれ、雨は夜《よ》ひるふる。日の影《かげ》今はわすれにたりと人々わぶる。丹後《たんご》の國の人《ひと》のかたれるは、なべてこのならびの國は、西の風吹きくれば、冬は必ずしもかくて日頃《ひごろ》ふるなり。さなきだにも、雨は都あたりよりもおほくふるを、わたくし雨《あめ》とはいひならはす。又雪ふれば、三尺《さか》五尺《さか》もふりつむといふ。聞くにさへすゞろ寒しな。夜なか過ぐるほど、雁《かり》の啼《な》きわたるを聞きて、

小夜中《さよ》にかりなきわたる常世《とこよ》出てつらにおくれし雁《かり》なきわたる

五日といふあした、からうじて日のさし出でたるを、影《かげ》忘れし人々、立ちさうどきつゝ、山によぢて岡見《をかみ》やせんといふ。河邊《かはべ》に釣《つり》や垂《た》れましといふ。心々に定《さだ》めかねつるを、荒磯《ありそ》の小貝《こがひ》ひろはんと云《い》ふに、皆《みな》かたまけて出立つ。限《かぎり》もなくひろき海《うみ》の、雲《くも》と浪《なみ》のけぢめ

雪の白濱—かきくらしふれど波にはかつ消えて積れる方や雪の白濱
檜わりご—辨當
なごろ—海の荒れて後大なる餘波の逆卷く事高野に高くをかけたり
によぼひ—叫ぶ、呻吟す
袂ゆたかに

も見ぬ濱邊《はまべ》に來たる。はやくの人の、雪《ゆき》のしら濱《はま》とよみし所と聞ゆ。げにもまさごはそれが降りつみたるやうになん。里人《さとびと》は高野《たかの》の濱《はま》とよべり。今日はのどかにて、海はたひらかなりと云ふも、よせくる浪《なみ》は、山もこゝに動《うご》きくる樣《やう》なり。かゝるさかひは見ぬ人のみにて、たゞあきれにあきれて打望《うちのぞ》めり。しろき帆《ほ》あまた見ゆ。此見るがうちに千里《ちさと》や行く、雲《くも》に入《い》ると見れば、又追《お》ひくるが見ゆ。心魂《こゝろたましひ》も空《そら》にたぐへゆくかと思ゆ。浦《うら》の神《かみ》の丘《をか》にのぼりて、檜《ひ》わりご小がめ取りちらして遊《あそ》ぶ。此《こゝ》よする浪は、たゞこゝもとに打ちかけらるゝ心地す。例《れい》の人に、いかにながむやと問へば、おそろしさに、氣《け》ののぼりてとのみに、物もいはず。

天の原やへのしほぢを吹きこしてなごろ高野のはまのゆふ風

浦人教《をし》ふ。此東にさし出たるをかしま山と申す。又あの黛《まゆずみ》なすは、鄰《となり》の國の經《きやう》が岬《さき》也。是がさへて、猶其方《なほそなた》は見えず、後《うしろ》なる山にのぼれば、西の方《かた》は、隱岐《おき》の島《しま》雲ゐに見ゆると云ふ。萬里《ばんり》の秋に驚《おどろ》くと云ひしは、かゝる境《きかひ》にやによぼひけんとぞ思ゆ。渚《なぎさ》におりて、貝《かひ》ども拾ふ。色々の染物《そめもの》して、世にもきようらなり。人皆あきなげにて、袂《たもと》ゆたかにたてゝと言《い》はましをと嘆《つゝし》りうたふ。老《おい》もわかきも、稚心《をさなごころ》してくらべ遊《あそ》ぶ。まくる人ひと

たて―うれしきな何に包まん唐衣袂ゆたかにたてといはましな
浮だから―船
きほひつゝ―勇み立ちつゝ
夕さり―夕暮
うどん花の遊―稀れなる遊
庖丁が家―

りもあらで、いとかひある遊《あそび》とや言《い》はん。

わたつみのたむけのちぬさ散《ち》りみだり渚《なぎさ》におきの錦《にしき》をぞしく

心地あしといひし人も、これに生出《いきい》でて、

とめくれば雪のしら濱《はま》名のみして千ぐさに玉の色は見えけり

こゝに驚《おどろ》かるゝは、蜑乙女《あまをとめ》ら四人《よたり》して、ちひさき舟漕《こ》ぎかへりたるが、やがておりつれて、この浮《うき》だからを、やすく〳〵と渚《なぎさ》に引きあぐると見しほどに、おふなく〳〵荷《にな》ひもて来《き》て、この眞砂《まさご》のうへにおきすゑたり。浪《なみ》のとりていねばかくはすなりとぞ。鬼のすだきてなすにや、いとめざましくぞある。かへる山《やま》、七日の夜《よ》の月《つき》にきほひつゝ、くらぶの山路《やまぢ》ならで越《こ》えく〵いとさがしな。

山高みあらしのうへに身《み》をのせて空にさやけき月《つき》を見るかな

又の日の夕さりより雨《あめ》ふりて、昨日《きのふ》なんうどん花の遊せしと、人々喜びあへる。住《す》む軒《のき》のかへでのもみぢ、夜の間《ま》にあさましう散りはてぬ。山もはた、

苔《こけ》ふかき庭はもみぢの散りしきてくれなゐくるゝ冬《ふゆ》のやま里

夕月《ゆふづき》のおもしろきに、二さゝの浦《うら》まであゆむ。こゝに庖丁《はうちやう》が家あり。此樓《このろう》の欄干《おばしま》に時なか

酒樓

日晡―夕暮
晡は午後四時

くさはひ―話柄

けて眺《なが》むれば、山の影《かけ》江《え》に沈《しづ》みて、水《みづ》の面《おも》のをぐらきに、鷗《かもめ》の立ちゐる聲々《こゑごゑ》、釣舟《つりぶね》のこぎてかへる。是《これ》や滿璧山水《まんぺきさんすゐ》の堂《だう》と打誦《うちずん》じつるにも、唐歌《からうた》ならはねど、

水國陰山秀《にして》　江村《の》楓樹稀《なり》　日晡風浪湧《き》　漁父收《めて》レ魚《を》歸《る》

俄《にはか》に雲おこりて霰《あられ》ふり、風もはげしう吹く。

冬の夜は雲のたえまに月さえてあられ音《おと》あるささのうら風

月またさやかに、時雨《しぐれ》も打ちそよぎ、道のほどをかしき夜なりけり。初夜《そや》過ぐるより、吹《ふ》く風《かぜ》家をゆすり、雨も霰《あられ》もたゞふりに降りて明《あ》けぬ。

木の葉うく山下みづのあつごほり心とけずも日數《ひかず》へにけり

又、

斯《かく》てのみ住み果つべくば山風の烈しき音もうたてからましとぞおもふ。今日《けふ》もおなじ空《そら》にて在りわびぬ。十一日の夜、猶《なほ》けしき立ちてさふぐしきに、何くれの物語《ものがたり》して遊ぶ。里人何がし訪《とぶ》らひ來《き》て、いでや新しきくさはひ一つ奉らん。やがて昨夜《きそ》の夜のことなれば、我郷《わがさと》の者《もの》すら、此《この》夕づけて承《うけたまは》るを、まろうどのおまへに、己《おのれ》よりさきに語《かた》れるものは侍《はべ》らじ。さいつ日詣《まう》で給ふ竹《たけ》の濱《はま》に住みて、いと貧《まづ》し

まゆごもりにて—未婚にて
つぶねする男—下男
あふにしかへば—命やは何ぞは露のあだものをあふにしかへば惜しからなくに
亥の一つ—今の午後十時
山の手むけ—山の峠
大口の眞神—狼
わなゝく

きものの女《むすめ》の、まゆごもりにてあるが、この里《さと》の何《なに》がしが家につぶねする男《をとこ》と、いつの程《ほど》よりか、いとかなしう言語《いひかたら》ひけり。男時々《ときどき》通《かよ》ひけるを、あるじの翁腹《はら》あしき人《ひと》にて、聞附けて許《ゆる》さざりけり。さは心にもあらで、かれ〴〵になりにけり。女《をうな》いたう思《おも》ひわづらひつゝ、今は露《つゆ》ばかりのあだものを、あふにしかへばとて、いとさがしき山路《やまぢ》を、母の前よく言構《いひこしら》へて、出立《いでた》ちくる。春《はる》の夜の月の朧《おぼろ》なるに立《た》ちかくれて、亥《ゐ》の一つばかりに、辛《からう》じてこゝに來《き》けり。男いとうれしうて寢《ね》にけり。短夜《みじかよ》なれば、物らいふ程《ほど》もなくて、おきて行くを、男《をとこ》おぼつかなさに、後《しり》に立ちてゆけど、許多《こゝら》の坂路《さかぢ》を隔《へだ》てたれば、彼處《かしこ》までえいかで、山《やま》の手むけに手《た》をわかちて歸《かへ》り來《く》。かくてぞ時々かよひける、いとも悲しき契《ちぎり》なりけり。五月雨《さみだれ》のはれまある夜《よ》、例《れい》のたど〳〵しからで越來《こえく》るに、山のたむけ過《す》ぐるほど、草高《くさたか》くしげりあひて、風そよげるよと見る〳〵、巖《いはほ》なりと見し物《もの》、むく〳〵と起《お》きあがりて、此方《こなた》ざまに向《むか》ふを見れば、あないみじ、あなおそろし、大口《おほぐち》の眞神《まかみ》と云《い》ふものなりけり。あなやといへど、人け遠《とほ》ければいかがはせん、只戰《わなな》くわなゝく、しりへにゐざるを、神《かみ》ゆるすまじき眼《まなこ》つきして、くひつくとぞ見ゆる。かぎりなりと思《おも》ひて、この前《まへ》にうつぶし、額《ぬか》に手をすりあはせて、いとかなしき聲《こゑ》して、大神《おほかみ》聞しめせ、生《い》

〳〵—戰慄しつゝ
道の空—途中
しばし給へ—暫時待ち給へ
虎の口云々—危を遁るゝこと
うけひしこと—契言
浦よりをちに—みくま野の浦よりをちに漕ぐ

きての世に、命《いのち》ばかりいつくしきものはあらぬを、それに代《か》へんものは、思ふ男《をとこ》に逢《あ》ふことのうれしきなり。蜑《あま》の子なれど手弱女《たをやめ》なるを、神《かみ》のしめ玉ふ險阻《さが》しき岩根《いはね》ふみこえて、夜《よ》とも晝《ひる》とも分《わか》ずいきかふなん、身を惜《あた》らしとにもあらず。されど道《みち》の空《そら》にて喰《くは》れん事《こと》の口惜《くちを》しき、男の許《がり》にいきて歸《かへ》らんほどしばし給へ。よぎ道だになきものから、明けぬさきに此所《ここ》に詣《まう》でて、必ず奉らん。神にてましませば、僞《いつは》るともはた遁《のが》るまじきをと、國《くに》の守《かみ》にうたへごと申すがごとく、なく〳〵云ふ。聞入《きゝい》れたるにや、打ちゆるび、喰《くひ》附《つ》かんけしきなし。扨《さて》こそたふとき御神《みかみ》にてましますれ。やがて奉《たてまつ》らんとて、はひ〳〵もそこを逃去《のがれさ》る。虎《とら》の口《くち》まぬがれしと云《い》ふは、正《まさ》しうこのことなるべし。さて男にあひて、このこと打出《うちい》でんには、はた丈夫心《ますらをごころ》して送《おく》らんに、うけひし言《こと》そむけりとて、男《をとこ》をも倶《とも》に喰《くら》はんがいとほしき。只《たゞ》なほざりにて別《わか》れんを、と思ひ定めて、又逢《あ》ふべきにあらねば、限《かぎ》りなりと思《おも》ふにぞ、さめ〴〵と泣《な》く。男いぶかりて問《と》へど、よく〳〵念《ねん》じてあかさず。たゞ母のおもき勘當《かんだう》に宣《のたま》へば、しばしはえこそ參《まゐ》らじ。さは浦《うら》よりをちに忘《わす》られなんことの悲しき事と、涙《なみだ》とゞめかねたり。男《をとこ》、さる事《こと》いかで思ひしるべき。あなはかなげ。天《あま》の川瀬《かはせ》はへだつるとも、誰故《たれゆゑ》にかみだれん。己《おのれ》ひたすらに身《み》をぬすみて、疎《うと》

舟の我をば外にへだてつるかな

天の川瀬—牽牛織女の天の川瀬にて相逢をいふ

あはれなる言の葉—歎

かきけちて—かげも無く

あじか—ざるの類

机しろ—机の代り

御心なごして—心やは

からず問《ど》ひゆかん。そも遠《とほ》からぬ程《ほど》にと、いひ慰《なぐさ》めて別れぬ。都の人ならば、あはれなる言《こと》の葉《は》なども詠交《よみかは》すべきを、さるもの言《い》ひも知《し》らねば、明けぬさきにと出《い》でたつ。女こよひなん夢路《ゆめぢ》たどるやうにて、泣《な》く〳〵來る。心《こゝろ》たましひもきえぐ〳〵なり。此峠《このたむけ》にのぼりつくに、かきけちて物《もの》も見えず。いかに聞きわきつらん、いぶかしけれど、命《いのち》得たるうれしさに、山を早《はや》くくだりぬ。さすがに恐《おそろ》しうて、しばしは絶《た》ゆるやうなりしが、猶《なほ》はたえあらで、ある夜《よ》また出《い》でたつ。人に聞きつる事《こと》やありけん、あじかといふ物《もの》に、あざらけきもの、何やくれや取入《とりい》れて、かづきもて來て、かのたむけなる岩《いはほ》を掃《はら》ひ清《きよ》めて机《つくゑ》しろとなし、この贄《にへ》つ物《もの》をおき竝《なら》べ、峯《みね》にむかひて、手をすり額《ぬか》をつき、獨言誓言《ひとりごとうけひごと》するやうは、あが大神《おほがみ》、あが大神、かしこき御耳《おんみゝ》ふりたてゝきこしめせと申《まを》す。今まうづるは、親《おや》のたま物にあらず、寔《まこと》に神の賜《たまへ》りし命《いのち》なり。さきの夜の御徳《みとく》には、何《なに》わざして報《むく》い奉《たてまつ》らん。貧《まづ》しければ、いさゝかの寶《たから》も持《も》たらず。此さゝぐる大贄《おほんへ》は、物《もの》のけがれなく、おのが心《こゝろ》のかぎりなり。ねがふは御心《みこゝろ》をなごして聞《きこ》しなせと、千たび禮拜《ぬか》づきつゝ、こゝにこえて、さて例《れい》の曉《あかつき》またで歸りくるに、取竝《とりな》みしもの殘《のこり》なく、籃《あじか》のみぞ打《うち》散《ちら》したる。いとたのもしうて、こん夜《よ》も又奉《またたてまつ》らんとて、躍《をど》りいさみつゝ歸《かへ》り來《く》。この

らげて
おきつ物—海の物、魚類
まめ人—愛人
綱びきて—つれなくして
ことの心—事のわけ
こむらのあたり—腿の

後《のち》はいきかひごとに、おきつ物《もの》の數《かず》をつくして、かづき詣《まう》づるに、あじたは跡《あと》なくなん將《はた》ありける。こゝに竹野《たけね》の濱《はま》のこなたなる松本《まつもと》といふ里《さと》に、山賤《やまがつ》のやもを住《ずみ》にてあるが、此女をけさうして、時々《ときどき》いひよれど、さるまめ人持《もた》りしかば、いたく綱《つな》びきて、一ことをも答《こた》へず。山賤《やまがつ》いとつらしと思《おも》ひて、この女のかしこに通《かよ》ふと聞《き》きて、ある夜、峠《たむけ》の岩陰《いはかげ》に待ちふしたり。女かゝるをも知《し》らで、例《れい》の物《もの》かづきてこゝを過ぐるを、山賤《やまがつ》ふと捕《とら》へたり。聞《きこ》えつる事いつまでとか、いとさがしき御心《みこゝろ》の、猶思《なほおも》ひ堪《たへ》がたくて、今宵《こよひ》さだかに承《うけたま》はらばやと、あながちなるにぞ、こゝに人と云《い》ふべくもあらず。うち〳〵親《おや》のゆるせしにぞ、斯《かう》しのびに通《かよ》ふところの侍《はべ》る。君がおそき御心に、今は答《いら》へがたくなん。ここゆるして通《とほ》させ給へといふ。今宵《こよひ》の關守《せきもり》いかで過《すご》しやらん、強《し》ひても本意《ほい》とげんとて、こゝに待ちつれ。ひたぶるに心づよくは、命《いのち》うしなひてんと、おそろしき眼《まなこ》していひおどろかしつゝ、つよく囚《とら》へたり。命《いのち》めすともいかで從《した》がはん。あが御神《おほがみ》、あが御神、この仇《あだ》追ひ給《たま》へと叫《さけ》ぶ〳〵、山賤《やまがつ》ことの心《こゝろ》もしらねば、猶《なほ》しひ言《ごと》きこえんとするを、此尾《このをの》上《へ》より走《はし》りくる者《もの》のありて、山賤《やまがつ》がこむらのあたりを、骨《ほね》までつよく喰《く》ひつきたり。あなやとさけびて倒《たふ》る。女、あが御神あが御神と申す〳〵、山を逃《に》げくだる。山賤はむな

眠れたる邊
かれ—猨
よる蔭—賴
り
あきもの—
商品
二つの神—
二匹の猨
あつかひ—
調停
なしのぼし
—任用す
斯るさがな
きもの—猨
袖打覆はん
には—慈愛

しく喰《く》ひつくされしとなむ。いと珍《めづら》しき語草《かたりぐさ》ならずやと、いと口《くち》とくかたり出でたり。聞《きく》人《ひと》みな驚《おどろ》きあへるに、かれは猛《たけ》きものの中《なか》にも、殊《こと》にさがあしく、いと賴《たの》しげなしとこそいへ。されば世をおししる惡人《わろうど》のうへにたとへて云《い》ふめるを、又かゝるも有りけりといふ。あはれさる惡《あし》き類《たぐひ》の人も、まけて打賴《うちたの》まんには、其爲《そのため》にまめだちたる仕業《しわざ》もありとや。さりとも、其人ながくよる蔭《かひ》とも賴《たのま》れがたくなん。昔欽明天皇《きんめいてんわう》の御代《みよ》の始《はじめ》、山城《やましろ》の國深草《くにふかくさ》の里《さと》に、秦《はた》の大津父《おはつほ》といふ人、あきものあまた積《つ》みもて、伊勢《いせ》の國《くに》へ行く時《とき》、道に二つの神《かみ》くひあひて、血にまみれしに行《い》き合《あひ》たり。大津父《おはつは》志ありがたき人にて、馬《うま》よりおりて、情《なさけ》しく此《この》たゝかひをあつかひ、血にぬれしをまで拭《ぬぐ》ひつゝ、引きわかちやりしとなり。其頃帝《みかど》の御夢《おんゆめ》に、此人《このひと》なしのぼし給《たま》へと、神《かみ》の告《つげ》を見そなはしゝかば、國々《くにぐに》にもとめて召上《めしあげ》され、何《なに》の徳をかなしつるを問《と》はせ給ふに、しらず侍《はべ》る。只《たゞ》この頃《ごろ》かゝることとなん侍りきと奏《そう》す。聞《きこ》しめして、それが報《むくい》じたるなりと知食《しろしめ》して、大藏《おほくら》づかさにめさせ給へりしとぞ。斯《かゝ》る性《さが》なきものも、我爲《わがため》あしからぬには、かくむくいよくすなり。まいて世《よ》の爲《ため》よからぬ人《ひと》も、大けなく袖打覆《そでうちおほ》はんには、あなたふとゝ陰《かげ》たのむらんかし。されば大き聖《ひじり》の君《きみ》は、たかきいやしき、善《よ》き惡《あし》きも、なべて木草《くさき》の花の咲《さ》きにほへるを見

そなはし給ふが如く、美麗《うるは》しきをめで、虫ばめるを切賺《きりすか》しなどしてこそ恵《めぐ》ませ給ふらめ。」いと有りがたき心ばへならずや、と言《い》へば人皆いみじがる。己《おのれ》ぞ博士《はかせ》めきて嗚呼《をこ》がましかりける。雨はいよ〳〵降りつゞきて、かしらさし出づべくもあらず。あした、山《やま》の井《ゐ》のもとにきて見れば、

雨ふかみけさは岩井《いはゐ》のみづこえて山下しづく音まさるなり

十五日は、うぶすな神のかんいさめする日なり。一里立《さとだ》ちさうどきて賑《にぎ》はし。例《れい》は九月《なかづき》の九日なるを、其よひ八日の夜に、里人《さとびと》どち酔《ゑひ》ごこちに、いちはやく過《あやまち》し出でたれば、やがておほやけに召捕《めしと》られけり。さるさはりにて怠《おこた》らせしを、今日《けふ》なん行はせらる。午《うま》の時《とき》にわたせ玉へり。今朝《けさ》より雨はれて、日の光さへそひたれば、きら〳〵しく拝《をが》まれさせ玉へりけり。例《れい》はみやびかなる事ども多《おほ》かるを、こたびは慎《つゝ》しむべきにて、何事《なにごと》もおだしくて已《や》みぬとなり。神もおほやけにはけおさるゝ事《こと》とて、別當《べつたう》のいたう打ちうめかるゝとなん。山里人《やまざとびと》はよろづに古代《こだい》にて、いと有難《ありがた》かりける。十六夜《いざよひ》の月いとよくみがかれ出でたり。親《おや》のたまへりし日數《ひかず》、今はみちぬれば、猶《なほ》やましさの名殘《なごり》あるにも、明《あ》日《す》なん立出づべきにて、宿《やど》の別《わかれ》さへ今更《いまさら》に覺《おぼ》えて、夜ふくるまで月をながめをり。

を以てせんには

うぶすな神—産土神、土地を護る神

おだしくて—穏かにて

やましさ—疾

ひさかたの云々―久方は枕詞、桂の花は月の異名
宿世―前世の縁
柏木ならで云々―枕草紙に、柏木いとをかし葉守の神のますらんもいとかしこ

冬枯《ふゆがれ》のこずゑにかけてひさかたの桂《かつら》のはなを軒《のき》に見るかな

つとめて宿を出づ。雨もひまある空なり。久美《くみ》の入江《いりえ》に來たる、いとおもしろき所なり。れいの物《もの》おぢする人あはれがるは、波《なみ》てふ物《もの》の聊《いさゝ》かも立《た》たぬがうらやすしとや。蜑舟《あまぶね》二人して漕《こぎい》出づとて、あなうたて、あの雲《くも》なんたゞ今降《ふ》り來《く》。あはれ宿世《すくせ》なき生業《わたらひ》かなと、わびごとすを聞きて、此心《このこゝろ》よわき人の、

見るめにもまづぞ涙はさしぐみの入江《いりえ》にぬるゝ蜑《あま》ならぬ袖

雨猶なごり惜《をし》むか、追《お》ひくるが如くに降《ふ》り來《く》。いとわびし。野中《のなか》といふ郷《さと》の岡《をか》のべに、秋の色こく薄《うす》く、むら松《まつ》の中に立ちまじりたる、こも見過《みすご》しがたくて、

時雨《しぐれ》には袖《そで》こそしほれもみぢ葉《は》よ風より先《さき》に我見はやさむ

柏木《かしはぎ》ならでも守《まも》ります神《かみ》はありけり。天《あま》の橋立《はしだて》、まだ見ぬ人々のしるべして、此道芝《このみちしば》はわくるなりき。あふちの嶺《みね》より、與謝《よさ》の海原《うなはら》いとよく見ゆ。岩瀧《いはたき》といふ浦邊《うらべ》に、小き舟《ふね》かりて、こぎわたり來《き》て、此梯立《はしだて》の上をあゆむ〳〵物がたりす。この國の風土記《ふどき》に、與《よ》謝《さ》の郡《こほり》はやしの里《さと》に、天《あま》の橋立《はしだて》といふは、長さ二千二百二十九丈、ひろさ九丈《じやう》あまりとしるされたり。さてこれを天の梯立《はしだて》といふいはれは、伊邪奈岐《いざなぎ》いざなみの大神《おほがみ》、天のう

き橋《はし》にたゝせまして、瓊矛《ぬぼこ》もて、海《わた》の底《そこ》をかきなし玉ひ、この國土《くにつち》をつくりはじめ給へりと云《い》ふ其浮橋《うきはし》の、天《あめ》よりおちて、こゝに跡留《あとど》めしと云《い》へり。むかしも來《き》て、今日《けふ》また此崎《このさき》のなれるかたちを見るに、さる謂《いはれ》あるべき物《もの》とも見えず。この人の力《ちから》もて造りなせる、今の世《よ》に陂戸《はと》とかよべる物よと、見定めつるはいかに。はやくの世より事好《この》む者《もの》の、かゝるおよづれごととして、世をまどはすぞかし。心あらん人來《き》て見よ、石をたゝみてつめるさま、内海《うちうみ》の有《あり》がたち、國《くに》の利《り》にこそなしつらめ。又是につきては、天《あめ》の眞井《まなゐ》もこゝにありと云《い》ふ。廿年《とせ》の昔《むかし》こゝに遊《あそ》びしことあり。けふまた來るも命《いのち》なりけり。ある人はいたうめでて、

　ふみ見んとおもひかけきや白波《しらなみ》の上にわたせる天《あま》のはし立

都なりせばとは、昔もねぎごとせし、うべもいひ玉へるはとあはれがる。才《ざえ》のほどこそ比《くら》ぶべからね。女々《めゝ》しさのみは變《かは》らざりけり。とかくこそ言《い》へ、こゝをおきて何處《いづこ》ならんとて、

　いくそたび松の千年《ちとせ》もおひかはりとこ波《なみ》よする天のはし立

夕日の浦は、文珠師利《もんじゆしり》の御寺《みてら》のあたりを云ふとや。名のをかしさに、

---

し

瓊矛―玉にて作れる矛

およづれごと―僻説

天の眞井―天渟名井とも書く、天原にありし井

都なりせば―思ふことなくてや見ましよさの海の天の橋立都なりせば

細川の法印―細川幽齋

えいやさら―呼聲

しとゞにて―濕れ通りて

變化―鬼

源頼光―源滿仲の子左馬頭となり

おきつ風さむき日ねもすいさりして夕日《ゆふひ》の浦《うら》にかへる釣舟《つりぶね》

西の方をば枯木《かれき》の浦《うら》といふは、昔細川《ほそかは》の法印《ほういん》このわたり領《りやう》じ給ひし時、吉野山《よしのやま》の櫻《さくら》をうつし植《う》ゑさせしが、其後跡《あと》なく枯朽《かれくち》しかば、さる名呼《よ》びそめしと云ふ。花と人と共にむなしかれど、猶《なほ》今の世にしのび參《まゐ》らする君《きみ》なりけり。行手《ゆくて》の磯廻《いそわ》に、網引《あびき》する子《こ》らが、えいやさらなどをかしき聲《こゑ》あはせて、栲繩《たくなは》くりよする、いとめづらしみて、これ見はつべく佇《たゝず》めば、月出《い》づるまでもと言《い》ふに、さまではいかでと、この腰《こし》うたげし石《いし》に、かいつけて立ちさる。

與謝《よさ》の海《うみ》や夕汐《ゆふしほ》かけて引綱《ひくつな》のつなでのゆたに物もひもなし

こよひ宮津《みやつ》にやどりて、有明《ありあけ》月の夜ごもりにこゆるは、この國にふたつなき高嶺《たかね》なり。ふかうの嶺《みね》と云ふ。降來《ふりく》る雨《あめ》にきほひつゝ分登《わけのぼ》る。竹輿《たかごし》の中だにしとゞにて、登《のぼ》り果つれば、風に晴《は》れて憂《うき》を寒《さむ》さにかへてくだりて、こゝに昔《むかし》おにの住《す》みしといふ大江山《おほえやま》は、八《や》重山隔《へやまへだ》てゝおくまりたる方に、しげ山高く見さけらるゝ、變化《へんげ》のあやしく恐《おそろ》しかりしこと、源の頼光朝臣《よりみつあそん》の猛《たけ》かりしことどもを、物《もの》かづくものらが語《かた》りつゞくれど、耳留《みゝと》めて書《か》いつくべきにもあらず。越えてのこなたに、天照《あまてら》す大神《おほんがみ》の、岩戸《いはど》ごもりませし跡《あと》なり

といふは、したゝかなる巖《いはほ》に、むせぶたき浪《なみ》の音《おと》すさまじ。そのかみ大神《おほんかみ》のおましの岩《いは》床《とこ》なりと云《い》へり。こゝもてつけごとにて、たふとくもおぼえず。神山《かみやま》のもみぢ葉《は》今は散《ち》りつきしも、猶《なほ》かつ〴〵見ゆるさへ、嵐《あらし》にきほひて目もあやなり。

神風にいぶきちらして紅葉《もみぢ》せし山より冬はふかくなるらん

大神《おほんかみ》の宮居《みやゐ》あり。又豐宇氣《とゆけ》の大神《おほがみ》もたゝせます。社傳《しやでん》なりと云《い》ふを聞《き》けば、此國の鎭座《ちんざ》をはじめと申《まを》せど、いぶかしきは、垂仁天皇《すゐにんてんわう》の御代《みよ》に、やまと姫《ひめ》のみこと、大神《おほんかみ》の鎭《しづ》りますべき國求《もと》めありき給《たま》ふに、近江《あふみ》美濃《みの》の國々《くに〱》を歷《へ》て、伊勢に到ります時、御神《おほんかみ》、姫命《ひめみこと》に告《つ》げたまはく、此神風《このかんかぜ》の伊勢《いせ》の國は、とこよの浪《なみ》、しき波《なみ》よする國なり。かたつ國《くに》のうまし國なり。この國にをらまくおぼすと諭《さと》し給ふまゝに、もゝ船《ふね》わたらへの郡《こほり》さく鈴《すゞ》いすずの河上《かはかみ》に、宮造《みやづく》りし玉へりしと云《い》ふこと、日本書紀《にほんしよき》をはじめ、何くれのふるき文らに載《の》せて著《いち》じるかりけり。又こゝのいはれは、延曆《えんりやく》の儀式帳《ぎしきちやう》に見えたり。天《あま》てらす大《おほん》神《かみ》、眞木《まき》むく玉木《たまき》の宮《みや》の御代《みよ》に、伊勢《いせ》の國渡會《わたらへ》の宇治《うぢ》のいすゞ川の邊《べ》に、大宮《おほみや》づくりしましゝ後《のち》に、雄略天皇《ゆうりやくてんわう》の、大《おほ》みゆめの諭《さとし》かうぶり玉ひて、丹波の國比治《ひぢ》の眞《ま》名《な》井《ゐ》が原《はら》より、遷《うつ》らせまし給ふ由《よし》をしるされしかば、うたがひなくこゝは、豐食《とゆけ》の大神《おほかみ》の御跡《おんあと》なる

大江山の剛賊を滅す、治安元年殁

そのかみ—昔時

神風の—伊勢の枕詞

しき波—繁く寄する波

もゝ船—冠辭

眞木むく玉木の宮—垂仁天皇

大みゆめ—

御夢
つゝみ—恙
よしみ—吉見、和泉國日根郡にあり
よしめき—趣ある
こくりやうの坂道—國領の坂道

べし。見わたせば、山ひらけ、川長《かはなが》くながれて、天《あめ》の眞名井《まなゐ》が原《はら》てふ、いにしへをとゞめし國がたになんある。社傳寺記《しやでんじき》にしるせることども、國史古記錄《こくしこきろく》にたがへるが少からず。しかすがに幣《ぬさ》ちらして、今日《けふ》までつゝみ無《なか》りしを、ゐや申奉《まをしたてまつ》る。福智山《ふくちやま》の宿《やど》のむづかしげさに、いぎたなき朝出《あさで》しつれば、けさおく霜《しも》はわきて身にしみて思ゆ。よしみの竹田《たけだ》といふ鄕《さと》は、家づくりの誠《まこと》によしめきたるに、都《みやこ》とほからず思《おぼ》ゆるは、夜べのわびねの心《こゝろ》づからにやあらん。こゝなる人の、物いふとはなしに、

よしみの竹田《たけだ》すぎがてにする

と、さゝやかに聞《きこ》ゆるに、

難波人《なにはびと》芦火《あしび》たく屋《や》をしのぶにも

と、とりあへずかいつく。右手の山にそひて、煙《けぶり》のたつが賑《にぎは》しく見ゆるをとへば、氷上《ひかみ》の黑井《くろゐ》といふ。この聞《きこ》ゆる鄕《さと》は、おや祖父《おほぢ》達の住み給ひし古鄕《ふるさと》と、かねて聞《き》きしものから、斯る序《ついで》につけて尋《たづ》ねゆかましを、母刀自《はゝとじ》のいかに待侘《まちわ》びたまふらんとおもひ棄《す》てて、こくりやうの坂道《さかみち》にかゝる。丹波《たんば》の國にはふたつなき高嶺《たかね》といふ。誰も〳〵足《あし》なければ、かづかれて越ゆ。又のあした、霜の痛《いた》くふれるを、れいの物わびする人、

肩のまよひ―衣服の肩の邊のほころび

おく霜のしろきを見れば旅路《たびぢ》へし我《わが》なれ衣《ぎぬ》のいとど物うき

肩《かた》のまよひも淺《あさ》ましけれど、秋過ぎぬれば、つゞりさせとも聲《こゑ》せぬ枯生《かれふ》の道《みち》を分迷《わけまよ》ふにも、いとど故郷《ふるさと》のはるけさに、今一夜ふたよも、八千夜《やちよ》しふべき心地《こゝち》してなむ。

歌と云ふも言なり、文といふも言なり、事しあれば言に出づる、是を言擧といひしがいにしへなり。其事のよろこびうれたきにも、うたふにあかず、こちたきには言をつらねてつはらかならむとす。是を文といふ。歌てへど、事につきて長くもみじかくも、ことの數定まらぬがいにしへなり。歌垣たてゝしらべあはするには、春の鶯の囀に、あなたぬしとも人皆耳かたぶくるよ。中とみのをらび聲、物まをしのによほひ、秋鹿のつま戀に、ちかきにたけく、遠きにかなしげなるものか。されば事おほきは言水はへて、あまとぶ雁のつらつらなしては、蟹のたくつなゆるびたはめる、事少きには板屋うつあられの玉の聲、冬のもみぢの風の散かひに、彼も是もおのづからなるものとしられてこそ言はつらぬべけれ。ながきこゝ

ろを短く、事すくなきをは長はへたらむ、ほと〳〵かたきわざにしもあるが、千さとゆく龍の馬も、あまりにおひ荷はせたらんには、あゆむにたふまじくや。から猫の毬ころばせてたはるゝ如くに、歌もふみもあそばめ。歌といふも言なり。文といふも言なり。いづれをか安きにおかむ。いづれかおろそけならむ。小車のふたつの輪、かた〳〵にして道ゆかんやは。言かよはんやは。言にあげてによぼひ、言をしらべてうたふ。是を語靈のさきはひとも、又こと玉のたすくるとも、いにしへ人はたふとびてなもいへりける。ほたる飛ぶ小草川のべにやどりする旅人云ふ。

# 藤簍冊子 巻之四

## ○落葉《おちは》　ある御方の御もとめに奉る

いにしへより春秋《はるあき》に心々なることを、爭《あらそ》ひざまに言《いへ》るなん、いともはかなけれ。折《をり》につけ事に臨《のぞ》みては、常《つね》あるべきことかは。我《われ》は春《はる》のあした、秋《あき》の夕《ゆふべ》にまされりといひし人は、そらに飛《と》びたつ蘆《あし》たづの、正目《まさめ》のどけく、歌《うた》ごころをさへいざなふよと見《み》しなげきなり。花もひとつに霞《かす》まれてと詠《よ》みて、秋の月めづる人々にむかひしは、女々《めゝ》しからぬまけじ心《こゝろ》のおどろかるゝなりき。秋山ぞ我はといひしをこそ、一向《ひたぶる》にこめいたろさがと覺《おぼ》さるゝなれ。又何某《なにがし》のおとゞの、事《こと》よくすかい給《たま》へるをば、すぐ〳〵しき操《みさを》もて、つよく綱ひかせたまひし、こや秋に打ちじづもりませる賢《かしこ》さよ。山賤《やまがつ》らがあやしう常《つね》なき心《こゝろ》には、まだわかうて、物のあはれ辨《わき》まへざるほどは、春《はる》の花《はな》の林《はやし》、百千《もゝち》とりぐ〳〵の囀《さへづり》に、深き山ぶみを專《もはら》おぼし立ちたるに、やう〳〵物の心おぼし知りては、そのかた怠《おこた》りざまになりぬるを、老のはじめにて、人あまた立ちこみたる所はけのぼり、心おちる

春のあした云々―劉禹錫の詞

花もひとつに―あさみどり花もひとつに霞みつる朧に見ゆる春の夜の月

秋山ぞ我は―萬葉集第一巻にあり

額田王の歌すかい—時機に應じて誘ひたる綱ひかせ—從はずして逃る

なげの旅寢—假初めの旅寢

なべに—上に

越の國紙—越前奉書

立田姫—秋神

五日に一た

ねば、蔭《かげ》の休《やす》らひも、なげの旅寢《たびね》も、哀《あはれ》ならず成《な》んて、秋の野山に交《まじ》るかたをなん長閑《のどけ》うおぼえしが、かう老いくたちては、また若《わか》がへるにはあらで、夕《ゆふべ》ならぬにも、秋は唯《たゞ》さふ〲しくて、今一たび春にあひて死《しな》ばやと思ふは、心のひたと哀《おとろ》ふるにこそ有りけれ。此殿《このとの》の御もてあそび草《ぐさ》は、よろづ老《おい》らかに、御齢《おんよはひ》の程には、似《に》げなく打ちしづもりませば、秋に御心《みこゝろ》をとゞめさせ給《たま》ふなべに、おまへの庭《には》の風《かぜ》のすゑに、色《いろ》よきを擇《えら》びとらして、うるはしき越《こし》の國紙《くにがみ》に、おしとゞめさせしが、いともかたじけなく、かたゐ翁《おきな》めしでて、はしに物書くべくおほせたうぶ。いみじく匂ひなき言《こと》は、立田姫《たつたひめ》の思はんがやさしきを、さりとて辭《いな》み奉《たてま》つらん事《こと》のかしこさに、くらき眼《まなこ》見はたけて、朽葉《くちは》一ひら拾ひとりて、書《か》いつけてさゝげ奉《たてま》つる歌、

風に散るかろきもみぢのいろ〲は千秋にあかぬきみが御爲《みため》に

寛政十二年の冬、おまへに在りてつかうまつり侍《はべ》りき。

○十雨言　其一

五日《か》に一たび風ふき、十日《か》にひとたび雨ふると云《い》ふ、聖《ひじり》の御代《みよ》のためしにぞ云《い》ふめるを、

び云々ー玉充論衡に、太平之世五風十雨
夕つけてー夕暮
はつはつー微に
木の芽春雨ー木の芽はるな春雨にかけたり
あそび敵ー相手
凋みくたつー萎み腐さる

一年《とせ》すぐる程《ほど》のついでをしも見《み》れば、睦月《むつき》立ちて、人の心を春にあらたむるにはあらで、鶯《うぐひす》の初音《はつね》のおとづれ、梅《うめ》の南の枝《え》に綻《ほころ》びそむるとこそ見れ。山々《やま〳〵》に霞《かすみ》かゝれるも、夕つけて風《かぜ》さえ、立ちまふ雲《くも》は猶冬の名残《なごり》して、沫雪《あわゆき》の梢《こずゑ》どもにはつ〳〵かゝれど、土に落ちては、つみがてになん見ゆるも、都邊《みやこべ》は照日ながらに、日毎《ひごと》うち散《ち》るを、山里《やまざと》いかならん、思《おも》ふもすゞろ寒けしや。其ほど過ぎにては、木《こ》の芽《め》春雨《はるさめ》けふいく日《ひ》ふり次ぎて、野《の》は古草《ふるぐさ》に新草《にひぐさ》まじりて萌出《もえい》づれば、四つの澤水《さはみづ》もやゝ滿《み》ちぬべし。三吉野《みよしの》の花にとて旅《たび》たつ人《ひと》の、あまぎぬ打ちかつぎて、散《ち》りや過《す》ぎなんと、心あわたゞしく分登《わけのぼ》るぞわりなき。また垂籠《たれこ》めて籠りをる人は、春のものと眺《なが》めくらしつゝ、酒《さけ》あたゝめさせ、友《とも》なき夕《ゆふべ》は、家刀自《いへとうじ》呼びいでゝくみかはし、あそび敵《がたき》とするこそ、よそめもいとたのしけれ。若《わか》きほどは、これを恥《はぢ》らふさまなるも、中々《なか〳〵》になまめかしき。山もはた、おそきもはやきも、嵐《あらし》にさそはれて、櫻《さくら》の花《はな》は散《ち》りつきぬべし。夏の林《はやし》の緑《みどり》に染《そ》めますに、夕《ゆふべ》をつぐる鐘《かね》の音《ね》さへ、打ちしめるばかりにふるは、袂《たもと》すゞしき初《はじめ》なりけり。垣根《かきね》の卯《う》の花の雪ならば、などや凋《しぼ》みくたつらん。短夜《みじかよ》の月のあゆみいと疾きやうなるに、小雨《こさめ》打ちこぼしつゝゆく雲《くも》のかゝれるかと見るに、時鳥《ほとゝぎす》の一聲鳴捨《こゑなきす》てて、又遠方《をちかた》に二聲《こゑ》三聲《こゑ》、かすかに聞《きこ》

田子―農夫
ひぢりこ―泥土
さうどき―躁き
しらまなご―白眞砂
殿守の云々―下部
星の契へだつてふ―天河
ならの葉の

ゆるも嬉《うれ》し。田子《たご》の裳裾《もすそ》のひぢりこにそみつゝ、早苗《さなへ》とりはやす、五月雨《さみだれ》のはれまのいそぎを、里《さと》つゞきに、何とやら唄《うた》ひつるゝ、いと賑《にぎ》はしな。やす川すゞか川《かは》などの岸《きし》のをちこちに、あすや晴《は》るると、心の外の旅寢《たびね》する人、いかにわびしからん。みな月《つき》立ちぬれば、峯《みね》なす雲《くも》の、夕《ゆふ》ごとにたつも崩《くづ》るゝも、天《あめ》にますいづれの神のたくみならん。蟬《せみ》なく木《こ》かげのやどりに、汗《あせ》をぬぐひ、岩間《いはま》の清水《しみづ》を結《むす》びてあかぬ人《ひご》の、行《ゆき》つかるゝさまなるに、風《ふ》さと吹きくる跡《あと》より、黒《くろ》き雲《くも》の追《お》ひしきて、降りくる村雨《むらさめ》は、瓶《かめ》にたゞへし水をくつがへすが如くに、御格子《みかうし》おろせ、簾《みす》など立ちさうどきつゝ、見たまへれば、大《おほ》庭《には》のしらまなごは、忽ち淺川《あさかは》の瀬《せ》に流れあひて、殿守《とのもり》のとも宮《みや》つこら、こゝかしこの御垣《みかき》のくま〳〵に這《は》ひかくるゝなど、いとめざましな。落瀧《おちたぎ》つ瀬《せ》の水上《みなかみ》にはしらぬ濁《にごり》の、いはほを越《こ》え、岸をくづしつゝ、みかさ増ると見しも、たゞ片時《かたとき》にながれ落ちて、水陰《みづかげ》草《くさ》の露おもげに萎《な》へふし靡《なび》きあひたる、今朝《けさ》よりの暑《あつさ》わするゝ夕《ゆふべ》なりけり。初秋《はつあき》の空に横《よこ》たはりて、星《ほし》の契《ちぎり》へだつてふかたり言《ごと》は、唐土人《もろこしびと》のまこと僞《いつはり》はしらねど、文に書《か》き歌《うた》につくりてもてはやすを、こゝにも、ならの葉《は》のはやき昔《むかし》より雨《あま》ざはりやすと、打ちまねび出でたるはかなげなり。大方《おほかた》の年並《としなみ》を見れば、夏秋《なつあき》のあひだは、山田《やまだ》澤田《さはだ》水をそぎ

云々—奈良時代
雨ざはり—雨障つれずる君は久堅のきのふの雨に籠にけんかも
雨たばれ—雨賜れ
唐土云々—蘓東坡の喜雨亭記
ながめ—霖雨
はらめるこころ—抱ける思
立待居まち

かねて、ことしの秋《あき》いかならんと、夜《よ》を晝《ひる》につぎつゝ、男《をのこ》ら立走り、池沼《いけぬま》も小川《をがは》も、淺《あせ》はつるまでせきあぐる此頃《このころ》、空に乞《こ》ひ神にいのりつゝ、夜もいをねず、鐘《かね》つゞみの聲《こゑ》、里とゞろきあひ、燒《や》くかゞりの火影《ほかひ》は、をちかた野邊《のべ》の隈々《くまぐ》をさへ隠《かく》れぬものにてらし、雨《あめ》たばれなど、聲々《こゑぐ》によびのゝじる、且《かつ》はかなしく、且《かつ》はいさましげなり。やがておそろしげなる夕雲《ゆふぐも》の、空に立滿《たちみ》ちて、降《ふ》りくる雨《あめ》は、玉うちなどする音《おと》して、風《かぜ》吹きそひ、林をゆすり、河波《かはなみ》をあげ、とぶ鳥《とり》は翅《つばさ》を折《を》られ、蛙《かはづ》の歌《うた》もしばしは聲なくなん。さは思《おも》ふに叶《か》ふ今日《けふ》ぞとて、里《さと》ごと家《いへ》ごとに、千秋《あき》よろづ代《よ》をうたふたのしさよ。唐土《もろこし》にても、かゝるに雨をよろこぶてふ文《ふみ》かきて、世に寫《うつ》し傳へし例《ためし》もありき。風は野分《のわき》こそかなしけれ。ながめと降りかへては、いとさふぐ〳〵しき秋になん。八月十日あまりの空《そら》の雲《くも》のまよひ、人の心をなやましうするよ。文つくり歌《うた》よむ人の、はらめる心《こゝろ》なたがへ、酒《さけ》くみ舞《ま》ひあそばんのをかし業《わざ》も空《むな》しからめ。望《もち》の夜《よ》の更行《ふけゆ》くまでも、軒《のき》の雫《しづく》のつれなく音《おと》するは、誰もく〳〵思《おも》ひきゆらんかし。曉《あかつき》がたのおぼつかなき空《そら》に、雲間《くもま》もりてきらく〳〵しき影《かげ》をば、大かたの人は見ずてやあらん。立待居《たちまちゐ》まちして見る月は、すこし虧損《かけそこ》なはれこそすれ、待戀《まちこ》ひし夜にいかで劣りなん。夜はいつにまれ、村雨過《むらさめす》ぎし名殘《なごり》の雲に、は

云々―陰暦十七日十八日の月

時しぐ雨―晴まなくふる雨

この心ひとつ―この戀の心

冬は年の餘云々―冬者歳之餘夜者日之餘陰雨

かなくさし出でたらん影《かげ》に、垣根《かきね》の草《くさ》の露《つゆ》、玉とちり時雨とそゝげるこそ、いともいともあはれとは眺《なが》めらるれ。打ちかはす雁《かり》の翅《つばさ》のひまもりて、木末《こずゑ》に滴《したゝり》するばかりなるは、こや長月《ながつき》のしぐれの雨なるべし。山の色の微《はつ》かにそむると見るに、こゝかしこ山めぐりしてふる雨は、すゞろ寒げなり。神無月《かんなづき》の雲のけしき、宮古《みやこ》も田舍《ゐなか》もおなじ樣《さま》にはるゝ日なきは、これや時じく雨のよしなるを、其頃《そのころ》すぎにては、みぞれとふり、雪あられとこりて、枕《まくら》をおどろかし、窓のもとに夜更《ふ》くるまで、文よむ人《ひと》の、心《こゝろ》すさびをもよほすなん、いとあはれとおぼゆる。戀《こひ》する人《ひと》ばかり、時《とき》をもいはず、いつの夜《よ》もいつの夜《よ》も、これが障《さはり》をかこてるこそ、いともなきめかしう、かつは物《もの》ぐるほしからめ。この心《こゝろ》ひとつは、老《おい》がわかゝりし昔《むかし》より、露《つゆ》も思ひしらぬかなしみなりけり。

## ○十雨言　其二

冬は年の餘《あまり》、夜は日の餘《あまり》、雨は陰《いん》のあまりなり。文讀《ふみよ》む人は、此三のあまりもてなると云《い》ふ。かたり言にはいへど、老《おい》がたぐひのおろかものは、唯《たゞ》いたづらに、埋火《うづみび》に炭《すみ》たきつぎ、春《はる》の木芽《このめ》を煎《に》つゝ、飽《あか》ずすゞろひをる己《おのれ》は、何《なに》をして齡《よはひ》たもつらんとは思《おも》ふもの

者時之餘と魏略に見ゆ
春の木芽―茶
鳥の跡―文字
いつきむすめ―愛孃
ふゝめて―含くめて
御使ざね―使者
目塞笠―細く編みたる藺の編笠

から、まなこ暗《くら》く、歯《は》落《お》ちつきて、何をかよみ、なにをか語らん。雨をなつかしきものにするは、家富み人多くもたりて、賑《にぎ》はしきあたりにも、友垣《ともがき》のとひくる道《みち》を絶え、家《いへ》の業《わざ》などもさへられて、宿《やど》にのみこもりをり、文《ふみ》を讀《よ》みては、いにしへをしのび、鳥《とり》の跡《あと》はかなう書《か》きすさび、或《ある》はいつきむすめに琴《こと》かきならさせ、酒《さけ》あたため、佳物《よきもの》とりなめて、日《ひ》ねもす夜《よ》すがらならむ、いとたのしき。あしたよりおきいでて、夕暮《ゆふぐれ》過ぐるまでも立走《たちはし》りても、たつる烟《けぶり》たえ〴〵に、人《ひと》の情《なさけ》をだにうくる由《よし》なき者等《ものら》は、たゞ打ちうめき、つら杖《づゑ》つきて、つれなしやこの雨とながめたらん、いとはかなし。宿《やど》りなき乞丐者《かたゐもの》らは、こゝかしこの軒《のき》、木陰《こかげ》などにくぐまをり、むさき髪《かみ》かきなで、ふたつの乳《ち》、ふたりの子《こ》にふゝめて、難波《なには》すが笠《がさ》破れたるを打ちかづき、空《そら》さしあふぎては、今日《けふ》をいかにせんと佗《わび》しがるさま、いとかなしき。高き御《おん》あたりのありさまは思《おも》ひかけねば、おぼし知《し》られぬを、祭《まつり》の日、馬《うま》も御車《みくるま》も、なべて雨衣《あまぎぬ》打ちかづけ引出《ひきい》でたる、今日《けふ》の御使《おんつかひ》ざねをはじめ奉《たてまつ》り、歌《うた》づかさ、御隨身《みずゐしん》、小舍人《こどねり》、わらは、仕丁《しちやう》なんどに至《いた》るまで、大笠目塞笠にかくれかねて、しとどに濡《ぬ》れつゝ、脛《はぎ》たかくかゝげて、歩《あゆ》みなづめるを、これ見るとて出でたつ人も、今日《けふ》はいとすくなく、さふ〴〵しげにて、かい連《つら》ね出《い》で給《たま》はんを、見る

石はじき―遊戯

へん次―偏突、漢字の旁を見せ偏をあてしむる遊戯

むくつけもの―恐ろしき者

めのくるしげに、あへがたうも見奉《みたてまつ》らぬ、いと心《こゝろ》ありや。東路《あづまぢ》なるわたり瀬《せ》の、高浪《たかなみ》をあげ、岸を越えては、國《くに》の守《かみ》のまゐりまかれるも、わりなくさへられては、武士《もののふ》のたけき心《こゝろ》も、手弱女《たわやめ》にうみつかれ、千さとゆく駒《こま》も、鼠《ねずみ》の如《ごと》くつながれゐたる、何も〳〵無《む》徳《とく》にこそ見ゆれ。人待たぬ家《いへ》には、若き女どもまどゐして、古代《こだい》の繪《ゑ》ども卷《ま》きかへしつゝ、あるは石《いし》はじき、へん次《つぎ》、貝合《かひあは》せなどして遊ぶ。かゝる夜にこそ、ぬす人どもはたよりよしとや、下笑《したゑみ》しつゝ打《う》ち入《い》らめ。あはれあはれ老《おい》がまづしき庵《いほり》には、欲《ほし》きものもたらねば、かれら入りてぬすまんともせず、燈火《ともしび》かゝげあかし、文《ふみ》よみ、手ならひはかなう書《か》きすさびて、曉《あかつき》しらず起《お》きあかしたる、昔《むかし》のしのばしきは、林《はやし》にやどる目《め》無鳥《なしどり》の、今《いま》の身《み》のうきことになん。

## ○花　園　題㆓上田耕夫東山第㆒

園《その》の花々に戲《たはぶ》れて、あかぬさまなる胡蝶《こてふ》の、眠《ねぶり》をおどろかして、蜂《はち》といふむくつけものの、いと腹《はら》だたしげにいぶきちらしつゝ、飛《と》び來《き》りて云ふ。いにしへの世には、南山の蕨《わらび》、東門の栗《くり》、おつる梅《うめ》、その實《み》いくらなど云《い》ひて、淺《あさはか》に花《はな》の色香《いろか》をのみ懐《なつか》しめる例《ためし》は、

眼を靑く云々ー喜悅得意の貌
陶隱居ー晉陶淵明
汝はー蝶をいふ
ねぢけ人ー唐李林甫、口有蜜腹有劍と
なさいなみそー責むる勿れ
あかれ〳〵ー別れ〳〵
うべ〳〵ー宜なり

なかりき。世うつり、人の心あだ〳〵しければ、眼《まなこ》を靑《あを》くし、鼻《はな》をさがしがるこそ、うたて女々《めゝ》しき心ざまなれ。おのが友《とも》はしからず。昔《むかし》の陶隱居《たういんきよ》がまめ心をまなび、甘《あま》きを吸《す》ひも食《くら》ひもしつゝ、腹《はら》みたんことを務《つと》むるなり。汝はかは蟲《むし》の恐《おそろ》しきよりなりたるを、わすれ貌《がほ》に、今の容《かたち》のなよびかなるに誇《ほこ》りて、人《ひと》の目《め》おこせたらん事《こと》をつとむるよ。あなつらにくと云ふ。蝶《てふ》は長き袖《そで》たれて、いとも聞《きゝ》にくしかし。人とても、このめる道《みち》に名を揚《あ》げ、そしりを求《もと》むとや。ましてあなづらしき己《おの》が類《たぐひ》の、さる辨《わきまへ》やはある。たゞ心《こゝろ》のすゝめる方《かた》にたはぶれて、命生《いのちい》きにはしかじ。何がしとか聞えしねぢけ人《びと》を、口《くち》に蜜《みつ》して、心《こゝろ》に針《はり》ありとたとへしは、誰《た》が上ぞや。さあれ、誰々《たれ〳〵》も親《おや》のうみて給ひしまゝなるを如何《いか》にせん。物とがめしていたくな責《さいな》みそとて、彼方《かなた》の枝《えだ》に移《うつ》りぬ。木末《こずゑ》の小鳥《ことり》ども、この理《ことわり》をうべ〳〵しとにや、花《はな》に實《み》におのが好《この》めるかたに、あかれ〳〵にいきぬ。花にあかぬ人の家《いへ》には、鳥蟲《とりむし》さへもあかぬ遊《あそび》して、爭樣《あらそひざま》なることはすなりけり。

花ありて住みやはつきしすみつきてうつしや植ゑし山本の庵《いほ》

また此頃、榜亭源子《かうていげんし》の愛花人の詞を見せらる。其詞、

野史載、大江佐國者、性太愛花、嘗有六十餘回看不足、他生定作愛花人之

大江佐國—後雀朱帝の朝詩文に長ず

華甲—六十一歳をいふ

句。沒後其子某夢父來告曰、我今化爲胡蝶、每春遊于花園。某不堪感慕、多種花木、塗蜜于花房、以供養群蝶云。其事極奇、而詩不見全篇、因竊補之。續以後事、命曰愛花人詞。

一花看損一花新。占斷百花領九春。六十餘回看不足。他生定作愛花人。

他生不待更爲人。蛺蝶居然是後身。歲々化成千百億。醉芳詡々了前因。

前因方了舊園花。花作寢牀香作家。昨夜分明來入夢。不知何蝶是爺々。

聚芳迎蝶意何深。手取蜂糖仔細淋。休問恩情知也否。這般難得憶親心。

迷惑三生芳樹霞。癡心未必笑他家。卽今我亦値華甲。花已滿園又買花。

この事《こと》まことといつはりを知るべからねど、誰採《と》り出でて昔《むかし》をしのぶ人《ひと》もなかりしに、君常《つね》に花めづる性《さが》のおはせるには、相憐《あひあはれ》みて、この詞はつがるゝなるべし。さは思《おも》ひをやるほど、我《われ》や蝶《てふ》やのふるごとの、香を嗅《か》ぎ露《つゆ》をなめつゝ、花に心を遊《あそ》ぶらん。我もこれにいざなはれては、

夢に入りうつつにはまた身《み》をかへて春は胡蝶《こてふ》と花につけけん

それとだに親のつかへをたのめては花の日數《ひかず》の惜《をし》まるるかな

新撰字鏡―僧昌狂の著寛平四年の作

園蔬の葉―爾雅に、嘗見園蔬其葉有爲蝶者三分二、已蝶矣

烏足云々―

開元遺事に、明皇宮中春宴、令妃嬪挿艶花、帝親捉粉蝶放之、隨蝶所止幸之。

楊妃專寵不復此戲。

花に驕《おご》る君がかほよを憎《にく》してふつばさの風にうちてゆくらん

手に摘《つ》めば床《ゆか》しき袖の色につくこやこてふとて人のめづらん

新撰字鏡《しんせんじきやう》といふ文《ふみ》に、蝶をかはひらごと讀《よ》みたるを、和名鈔《わみやうせう》には、蛾《が》をひびると見えしが、東《あつま》にては手《て》ひら子《ご》と呼《よ》ぶとも聞きし。蛾《が》は蝶《てふ》の小さきを云《い》ふとなれば、ひとつ物にてぞある。堤《つゝみ》の中納言《ちうなごん》の物語《ものがたり》の、蟲《むし》めづる姫君の卷《まき》に、かは蟲《むし》の恐しきを手《て》にすゑさせ給ひて、蝶《てふ》とて人のめづるも是がなるなり。よろづのもの、其をはりをまで見はてゝこそと見えたりき。さは烏毛《うもう》といふかは蟲《むし》のなれるをもて、かはひらごとは呼《よ》ぶか。しかすがに是《これ》のみにはあらで、園蔬《ゑんそ》の葉《えふ》、三つが二つは蝶となる。ゆゑに字は葉にしたがふと云へり。又烏足《うそく》といふものの根は蠐《せい》となり、葉《は》は蝶となれりとや。又百合《ゆり》の花かならずなれりと云ふ。猶さま〳〵にくげなる蟲《むし》のなりかふるを、昔の田舎住《ゐなかずみ》に見たりき。又蟲や木草《このは》の葉のみならず、人もなるなり。莊周《さうしう》、大江《おほえ》の翁《おきな》も是になりにたるなりけり。その佐國《すけくに》といふ人は、御堂《みだう》の關白《くわんぱく》どのの仰《おほせ》ごとたうびて、萬葉集《まんえふしふ》をよみて奉りしとも聞き

荘子至樂篇にあり

荘周―荘子名周、

大江の翁―佐國

ゆほびかに―ゆるやかに

もちひ―餅

蜀の山兀たらん―杜牧之の阿房宮

侍るには、此集よみふける我《われ》もあやし。死《し》しては人の園《その》にや遊ぶべきと、いとはかなき思ひこそせらるれ。

さまざまに色ある衣の袖《そで》はへてこひすてふとや花にたはるる

## ○年木

とし木こりつむといふことをよめる　唯《ゆゐ》心《しん》尼《に》

たき木こる峰《みね》の手斧の音きけばほどほどとしも暮果《くれは》てぬめり

あら玉の年を送《おく》り迎《むか》ふるわざこそ、千年《ちとせ》のいにしへ、今のうつゝ人も、變《かは》らぬ喜《よろこ》びはすなりけれ。春のまうけ、つかさ〳〵の衣《きぬ》はかまの色《いろ》あひ、ゆほびかに、新《あらた》ならんがめでたし。民草《たみぐさ》もおのがほど〳〵につけて、染《そ》めぬひするめでたし。貧《まづ》しきは解《と》き洗《あら》ひ調《てう》ずる急《いそ》ぎの哀《あはれ》ながら、そもよろこびする心ばへなん、おろそげならずめでたし。米積《よねつ》みはえ、もちひ臼《うす》づき、海《うみ》のもの山《やま》のもの、何くれと送《おく》りかはす、あかずたのしき。おはら賤原《しづはら》、大江山《おほえやま》、生野《いくの》の道を、都にかづき持てはこぶ年木《としき》のにぎはしきを見れば、蜀《しよく》の山《やま》兀《こつ》たらんと言《い》ひしをさへおぼゆるかし。此《この》あるじなん、今年五十《いそぢ》のよはひを、事なくつ

賦

つゝみなくて―恙なくて

不材の木云云―莊子逍遙篇にあり

御釜木―正月十五日百官より奉る薪

えつり―椽たるきの類

つみなくて、この年《とし》も暮《く》れぬるを、悦《よろこび》のあまりに、まろうど設《まう》くべき新室《にひむろ》二間《ふたま》立ちそふるとて、手斧《てをの》つちの音いと賑《にぎ》はしく、加茂《かも》の河瀬《かはせ》のあまびこに呼《よ》びつたふるこそ、年むかふる中《うち》には、殊《こと》にはえ〳〵しきを、待《ま》つことなき翁《おきな》さへ、打ちゑみさかえ、いとも頼《たのも》しう思ふたまへらるれ。むな木《ぎ》、うつばり、柱《はしら》、簀《す》の子《こ》の板《いた》になひ入《い》るを、工《たくみ》の長《をさ》がおもひがねに造りたるわざの、いともかしこき。もろこし人《ひと》の、不材《ふざい》の木天年《てんねん》に終《を》ふると云ひしを、理《ことわり》なるなるものに思《おも》ひしめりしが、今おもへば、あはつけき徒事《いたづらごと》なりけり。其ねぢけゆがみし木も、はた斧《をの》にくだかれては、御《み》釜木《かまぎ》をはじめに、賤《しづ》が朝夕《あさゆふ》の煙《けぶり》にたきほろぼさるゝを思へ。和泉《いづみ》の杣《そま》がひきたつる宮木《みやぎ》はもとよりなん。今この造る家居《いへゐ》の新しきが、子うまごの裔《すゑ》のすゑらまで住《すま》ふわたらんを、何かは命短《いのちみじか》きといはん。打出でて見れば、山づみのゆるさぬ谷峰《たにみね》もあらず、こりくだき、かづきつれて、都にもてはこぶを見よ。不材《ふざい》の木の天年《てんねん》をまたぬ事《こと》、またかくの如し。此新室《にひむろ》のついたつる柱《はしら》は、あるじが心《こゝろ》のふとしきなり。千木《ちぎ》えつりのしげきは、あるじが心のにぎはひなり。かく造《つく》りたてゝは、幾春《いくはる》をか迎《むか》ふらん。迎へて先いたる客人《まらうど》は、ひんがしより來たる朝彦《あさひこ》の君《きみ》なりけり。

此家のたつる柱のえだえだはたがとし木にかやどに積《つ》むらん

右賀二荷田信美新室一詞

## ○御獄《みたけ》さうじ

ことし、寛政《くわんせい》十一年《ねん》の春三月《やよひ》それの日、役《えん》の優婆塞行者《うはそくぎやうざ》の一千年にあたらせ給ひき。おほけなきみことのりして、神變大菩薩《しんぺんだいぼさつ》の御名《みな》を贈《おく》らせ給へりとなん。千とせの後に、光をかかげさせ給ふことの忝《かたじけ》なさのそひ給へる事を、誰もたふとみ奉《たてまつ》るなりけり。大和の國かづら木《き》の郡《こほり》、茅はらの里《さと》にうまれさせ給《たま》ひて、いときなきよりも、道に御こゝろざしふかく、かたちは優婆塞《うはそく》ながら、修行《すがう》世の人にこえ、孔雀明王《くじやくみやうわう》の法《のり》をうまくおこなはせ、まこと雲風《くもかぜ》に乘《の》り、かくれ神《がみ》を使はしめ、吉野《よしの》葛木《かづらき》の高根《たかね》を常の住家《すみか》にて、凡天《およそあめ》が下のけがれなき所には、いきて住《す》み給《たま》はぬもあらずとなん。韓國《からくに》のむらじ廣足《ひろたる》といふ人《ひと》、つねにしたしく參《まゐ》りて、教《をし》へかしこみつゝつかうまつりしが、後には、其才の高きを忌《い》み憎《にく》みて、時《とき》の帝《みかど》に優婆塞《うはそく》こそ、うちうち天《あめ》の下《した》おししらんの汚《きたな》き心《こゝろ》ありと奏《そう》せしかば、やがて伊豆《いづ》の島國《しまぐに》に流《なが》しやり給《たま》ふこと、文武《もんむ》の御卷《みまき》のそれの年にしるされたり

役の優婆塞行者―役小角文武帝の朝にありし行者

優婆塞―善宿男、僧籍に入らずして佛に歸依する人

時の帝―文武帝

押しらん―檀にせん

順逆の道―春は大和路よりするを順といひ秋は反對に吉野路より登るを逆といふ

晝の物―辨當

この御神―菅原道眞をまつりし事

はるけき觀音寺の云々―土師寺に

き。おほけなく、一たびは國《くに》つ罪《つみ》にあたらせしかど、まが事《ごと》にしも侍《はべ》りしかば、やがての世《よ》より今にいたりて、うつゝの事《こと》、後《のち》の世のこと、この御《み》陰《かげ》をひたぶるに頼《たの》む人おほかりき。昔は御嶽《みたけ》さうじ、順逆《じゆんぎやく》の道たがてひ詣《まう》でしとや。今は世《よ》こぞりて、芳野《よしの》を山口に登《のぼ》る。これなん往古《いにしへ》の秋山《あきやま》の逆《ぎやく》の峯《みね》の坂路《さかぢ》なりける。翁三十あまりの古《いにしへ》、この高根《たかね》に登《のぼ》らまくのすずろごころして、年々《としどし》詣づる行人《おこなひびと》のしりに立ちて門出《かどで》す。八月三日のあした、猶《なほ》あつけさの名残《なごり》に、道芝《みちしは》は眞砂《まさご》のやけに焼《や》けて、足《あな》うらをさすばかりに、歩みぐるしかりしをさへ思し出られぬ。大和川《やまとがは》のつぎ橋《はし》中絶えて、水なきかちわたりす。藤《ふぢ》井寺《ゐでら》に詣づ。門《かど》の前なる水うまやに入りて、晝《ひる》の物とう出《で》たるに、憎《にく》し、蠅《はへ》のむらがりてけがすを、修行《すがう》のはじめに、かゝる事物《こともの》のかずならじとおほす。土師《はにし》寺《でら》にまうづ。この御神《みかみ》のことを、こゝにつたへ給ふは、國つ文《ふみ》にあらぬことどものいぶかしきを、さるいはれのありつらめ。我《わが》見たるものには、いまそかりし御時《おんとき》は、龍《たつ》の雲《くも》に乗りて、大《おほ》虚《そら》に登《のぼ》るごとくに、つかさ位御心《みこころ》のまゝなりしかば、誰《た》ぞや忌《い》みにくみて、あらぬ御とがめをばかうむらせ給ひき。三《み》清公《よしこう》の革命《かくめい》のいさめいれさせ給はましかば、はるけき觀《くわん》音寺の鐘《かね》に寢《ね》ざめかなしませ給はじを、みかくれさせて後は、天《あめ》の下《した》に惜《をし》み奉りし餘

に、光《ひかる》の御子《みこ》の頓《ころ》にはかなくならせしこと、大宮《おほみや》の内に鳴《な》るいかづち災《わざわひ》ありしことどもは、この御祟《おんたゝり》ぞといふおよづれ言《ごと》の、大路《おほち》にまでいひあへりしかば、やがてもとのつかさくらゐにかへり給ひ、世を經《へ》て後、ひだんの大臣《おとゞ》、又太政大臣《おほきおとゞ》をも贈《おく》らせしが、またほどなくて、大富天神《おほとむてんじん》といはひまつるべく、御使《おんつかひ》給へりしことも見えたり。天滿大自《てんまんだいし》在天神《ざいてんじん》と崇《あが》めまつるは、いつの御代のかしこみにや、博《ひろ》からぬ眼《まなこ》にはかけても云《い》ふまじく、いみじき御罰《おんばつ》かうむるべきを、産砂神《うぶすながみ》にてましませば、あはれみ許《ゆる》させ給はんかし。先づこの旅路《たびぢ》恙《つゝ》みなかれと、幣《ぬさ》ちらしかけて、寺《てら》を出《い》づれば、南の方《かた》わづかにして、譽田天皇《ほんだのすめらみこと》のみさゝぎにいたる。里人《さとびと》はこん田《だ》と横《よこ》なまれるよ。この大宮所なりし輕島《かるしま》のあきらの宮《みや》は、いづこぞ。此國のこのあたりには、丘陵《きうりよう》のあまた見ゆるが、こと〴〵御墓所《みはかどころ》の名やあるべきを、卒にはおぼし定めがたくて過ぎぬ。古市《ふるいち》といふも、此さとつゞきの市町《いちまち》なり。細川畠山《ほそかははたけやま》の軍《いくさ》の君のこもりし大城《おほき》の跡もあるべし。もとめても見ず。石川郡《いしかはごほり》の石川、繼橋《つぎはし》してわたる。越ゆればあすかべ郡《ごほり》なり。壺井《つほゐ》の祠《ほこら》と申すは、源の賴《より》義《よし》、よし家朝臣《いへあそん》の御《おん》たま屋《や》なり。阿妻《あづま》の大《おほ》とのゝみおやの君達《きみたち》にてましませば、いとしも造《つく》りみがかせ給ふべき由ある所なり。上宮皇子《じやうぐうたいし》は級長《しなが》の御《おん》はか、いとたふとし。こゝ

菅原道眞の伯母學講をりて左遷の時當寺にて別を惜みて涕泣せしと

譽田天皇―應神天皇

石川郡―河内國にあり

阿妻の大との―德川家

を截《き》れ、かしこをたて、後あらじのみことには似ず、いかめしき御跡なり。山背王《やましろわう》の御みづからわなゝきて、後を斷《たゝ》せ給ふにはかなふべくおもへど、こも御罰《おんばつ》かうむるべきにや。いと闇《くろ》うなりしかば、山はえ越えず。山口なる春日《かすが》の里にやどりぬ。蚊《か》のいと多きに、帳《ちやう》はやれまよひて、いを寢《ね》られず。かの檜《ひ》わり子《こ》にむらがりし惡《わろ》き物《もの》にまさりて、いとつらし。こも修行《すがう》のからきにや數《かぞ》ふべき。いとうれしきこと、辛《から》きことは忘《わすれ》ぬものから、三十《みそぢ》とせまりの昔《むかし》を、おろ〳〵にも思《おぼ》し出《い》でられて、この筆《ふで》のあゆみはすなりけり。つとめて竹の内の山道《やまぢ》こゆる。雨いさゝか降《ふ》りそゝぎて、簑笠《みのかさ》の下に汗《あせ》ながれ、いと苦《くろし》しげなり。行手《ゆくて》に柿本《かきもと》の里《さと》の柿《かき》の本寺《もとでら》といふに、人丸の御墓《みはか》、石《いし》ぶみも立てりといふ。此神《このかみ》の御跡《おんあと》とめて、歌聖傳《かせいでん》といふ文《ふみ》かいあらはせしに、こゝも確《たしか》ならぬものなれば、いきても見ず。茅原寺《ちはらでら》、よぎ路《ぢ》なれど詣《まう》づ。菩薩《ぼさつ》の若《わか》うておはせし御《おん》かたちをうつし留めしは、世にも稀《まれ》らなりと云ふ。今木《いまき》の里を過《す》ぐ。こゝの古物《ふるもの》がたりは、花の頃吉野の山ぶみせし、岩橋《いははし》の記に書《か》き出《い》でたれば、同じこと思出づべくもあらず。車坂《くるまざか》越えて、吉野川《よしのがは》の邊《ほとり》に出づ。山のたゝずまひ、水の流《ながれ》、いとおもしろし。岸陰草《きしかげぐさ》にすだくは、機《はた》織《おり》が鳴《な》く音《ね》よ。河内女《かはちめ》の窓《まど》のあたり過《す》ぎらん思ひせらる。巨勢野《こせの》の方より、我《わが》おとべより、

康
上宮太子―廐戸皇子
惡き物―蠅
人丸―柿本人丸
歌聖傳―僧快存著
菩薩―役小角

うたてなど云々ー甚しなど言はゞ
建武の帝ー後醍醐帝
三柱ー藏王千手彌勒の三尊
蜂ぶきーうそぶき
松ー松明

追ひくるがごと、金剛杖《こんがうづゑ》とかいかめしく突き鳴らし、都田舍《みやこゐなか》ひとつ聲《こゑ》して、南無行者大菩《なみがうざだいぼ》薩《さつ》と、高く叫《さけ》びをらびつゝ來る。うたてなどつゝめかば、うちも殺《ころ》しつべし。こも修行《すがう》のひとつに念じて追《お》はれ行く。むつ田《だ》のわたりに來りて見《み》わたせば、

柳ちる六田《むつだ》の淀《よど》のきしかげに秋をときとて鳴《な》くかはづかな

こゝにて河垢離《かはごり》といふことす。河におりて、かみつ瀬《せ》ははやしなど、ひとりごちてみそぎす。これにこゝろのあらたまりて、山路《やまぢ》にかゝる。此行手《ゆくて》、建武《けんむ》の帝《てい》の、都《みやこ》をこゝにうつし給ひし時の作道《つくりみち》なりとや。昔は飯貝《いひがひ》の方より登《のぼ》りしとか。藏王權現《ざうわうごんけん》に詣《ま》うづ。ふん怒《ど》の御かたち三柱《はしら》、夕暮《ゆふぐれ》のほのにはいとも恐《おそろ》しな。こよひ吉水院《きつするゐん》の前なる家にやどる。相枕《あひまくら》の行者《がうざ》たちは、はやりかにたけ〴〵しく、物がたりからかふが如くに、隔《へだて》の障子《さうじ》とりやり、知る知らぬどちもいと睦《むつま》しげにて、やう〳〵眠《ねむ》るほどに、蜂《はち》ぶきや、あがきや、夜すがらにて、貝鐘《かひがね》たえず耳驚《みゝおどろ》かすが如し。すがうの數々《かず〳〵》にはたふべけれど、忘《わす》れては何しにと打ちうめきて明《あか》しぬ。夜《よ》ごめに出づるは、此宿《このやど》のみにあらず。松《まつ》あまたともしつれて、南無《なむ》がうざ谷峯にとよめかしつゝ登《のぼ》る。此ゆくも、きのふも、物となへよと敎《をし》ふるは、文字《もじ》の數《かず》こそ歌《うた》のやうなれ。こゝろ言《こと》がらもえ心《こゝろ》うまじきを、陀羅尼《だらに》などのやう

西上人―西行法師
我に事たる云々―淺くともよしや又汲む人あらじ我に事たる山の井の水
宇婆塞―優婆塞
くだしも見れば―下方を見れば
さいなまれ

にてぞ、其時すら、今一うたも思《おぼ》し出《い》でんやは。安禪寺《あんぜんじ》にのぼりつく。西上人《さいしやうにん》の、やがて出でじとの三年の跡《あと》とどめしを、來《き》て見《み》れば、此處《ここ》ならめとは思《おも》へど、心もなくてつくりしかば、今《いま》はなつかしくもあらず。我《われ》に事《こと》たる山《やま》の井《ゐ》はあとなくて、筧《かけひ》をとく〳〵と落《おと》しかけたるはうたてし。青根《あをね》が峯《みね》、こゝよりさし向《むか》ひてのぞまるゝ。

宇婆塞《うはそく》が旅寢《たびね》の床《とこ》ぞあはれなる青根《あをね》が峯《みね》の苔《こけ》のさむしろ

御嶽《みたけ》によぢのぼる。南無行者《なむがうざ》が聲《こゑ》あとさきにかまびすしく、しばし杖《つゑ》とゞむべくもあらず。巖《いはほ》をはひ、かづらをたよりに、或ははし立《だて》をつたひてのぼる〳〵、いと險《さが》しきがあひだも、をちこち見《み》さけ、くだしも見れば、この來る道々《みち〳〵》、高くあふがれし山々峰々《やま〳〵みね〳〵》は、原野《はらの》田畑《はた》のやうにて、たゞ高見山《たかみやま》ぞさゝげ出《いだ》されたる。蛇腹《じやはら》、小天上《こてんじやう》、大てんじやうなど、恐ろしげなる名《な》も、追ひのぼされつゝ、かね掛《かけ》といふ巖《いはほ》の本《もと》に至りて見れば、ここなん山《やま》のつかさなりける。久方《ひさかた》の光こそあれ、ゆく雲《くも》も吹《ふ》く風《かぜ》の音も、我より下の物にぞ有りける。西ののぞき岩《いは》と云ふは、いくち尋《ひろ》しらぬ谷《たに》の深さにさし出《い》でたる巖《いはほ》なり。さし覗《のぞ》けば、白雲《しらくも》その下を走り過《す》ぐるひま〳〵に、を闇う見ゆるは、此《この》ふかきに生《お》ひ茂る松杉《まつすぎ》の群立《むらたち》なるべし。修行《すがう》どもこゝに押《お》しおろされてさいなまるゝ。さいなまれて、今

て―苦まれて
大菩薩―役小角
北畠中納言―源親房
山ふところ―山の凹所

より親兄《おやあに》によく仕《つか》へんとて、手をすりてわぶる、いとも見るめの恥《はつか》しきは思はぬなるべし。御堂《みだう》にまうづるまでに、まがり路《みち》を行く〳〵、みなおこなひする所々のついで、今しれたり。ひんがしの覗岩《のぞきいは》、蟻《あり》のとわたり、平等石《びやうどうせき》、何《いつ》れも〳〵からき目《め》見する所なり。修行《すがう》らが、おそろしきに身も冷《ひ》え、足は土《つち》を踏《ふ》まず、髪《かみ》ひげそびえ立ち、聲《こゑ》いといたうかなしげに、陀羅尼《だらに》や何や口やまず、夜路《よみち》がへりして、御堂《みだう》のうしろよりめぐり下《くだ》る。いと大けく造《つく》られしに、雲霧《くもきり》つねに蒸《む》しこめたれば、木《き》が根《ね》のけぢめ知られず、たゞ黒《ぐろ》にすさまじ。こゝに釣《つ》りたる鐘《かね》は、大菩薩《ぼさつ》の御杖《みつゑ》にかけて、はる〴〵こゝにといふ。遠《とほ》江の國何の郷《さと》、何がし寺の物なりとか。一つの傳《つたへ》には、北畠《きたはたけ》の中納言《ちうなごん》殿《との》の、奥より上《のぼ》られし時、道にて陣《ぢん》がねにとり來《きた》られたるともいふ。そのまこと僞《いつはり》を問《と》ひあきらめんも由なしや。又こゝより五十町《ちやう》ばかり奥《おく》まりたる所を、小篠《をしの》と云ふ。そこは年毎にこの七日といふ日。天《あめ》の下《した》平らに安《やす》けからんを、いのり行《おこな》ひ奉《たてまつ》るなり。この御法《ごほふ》にあはばやとて、今日《けふ》なんこゝに詣《まう》づるなりける。谷《たに》にくだり、坂路《さかぢ》ふみこえつゝ、からうじて到る。日は山ふところに暮《く》れはてゝ、物ども見さだめがたし。板屋《いたや》のあやしげなるに、板敷《いたじき》の上《うへ》に、おみの木《こ》の葉《は》打ちしきて、藁《わら》むしろを其上《そのうへ》に竝《なみ》しけり。ともし火《ひ》もかゝげず此處《ここ》に

心あかくて—心安くすて
天狗つぶて—天狗のうてる飛礫
あなとて—あゝとて
くはや—さればよ、こ

明《あか》すべく聞ゆ。圍爐《ゐろ》のほだ木《ぎ》のもゆる光《ひかり》に、人々さぐりあひつゝ、誰《たれ》がしはこゝにか、あなうしや、腹《はら》の寒《さむ》きと云ふ。飢《う》ゆともこゝに死《し》なん命のかたじけなき、ただ〳〵大菩薩《だいぼさつ》をたのみ奉《たてまつ》れと云ふ。親戀《おやこ》ひし女戀《めこ》しとかこてるが中に、こゝに置《お》きつるもの、いづちへか行《ゆ》きし。かくたふとき御山《みやま》にも、盗人《ぬすびと》の入りぬるよと云《い》ふ。あなかま、あないみじ。さるものうたがひなせそ、心あかくてあしたをまで、神だにつかふまつる御徳《おんとく》には、物失ふべくもあらず、今日《けふ》こゝ彼所《かしこ》にて誓《ちか》ひしこと忘《わす》れやせし。天狗《てんぐ》といふ神《かみ》の、屋《や》の棟《むね》に立ちて聞《きか》せや給ふ、ゆめ〳〵といましむ。皆わなゝくわなゝく、夜の明《あ》くるを念《ねん》じをる。五日の夜《よ》の月《つき》、窓《まど》のひまにさし入るを、佛の來迎《らいがう》ありしやうに、人々手すりて伏拜《ふしをが》む。山ふかき所《ところ》は、月あかしと見しは、忽にむら雨《さめ》木立《こだち》を鳴《なら》し降《ふ》りくる。枯枝《かれえ》などの吹《ふき》折《を》れてや、屋の上にばさと落《お》つるを、あはや天狗《てんぐ》つぶてなめり、あなとて、死入《しにい》るばかりの聲《こゑ》して泣《な》きさやめぐ。己《おの》が聲《こゑ》だに山彦《やまびこ》の呼《よ》びかはしつれば、くはやと云ひあへつゝ、夜はやう〳〵明けぬ。かしら髮《かみ》もしらげぬべし。立出《たちい》でて見たれば、思《おも》はずよ、こゝは山のかひのいとさく道もなきに、大なる木《こ》どもの、雲《くも》すきも見えずおひ茂りたるに、よべの雨の名殘《なごり》の雫《しづく》、絶《たえ》ず落《お》ちて、身にしむ所なり。こもり屋《や》こゝかしこ、十あまりぞ立

れよ
かしらの髮云々―驚怖の貌
ひりかけ―汚穢物
大ぼさち―神變大菩薩役小角
ずんの峰―順の峰
聖寶僧正―讃州の人光仁帝之後也

ちたるに、入《い》りつどひし人々千々あまりなりとや。草高《たか》く生ひて、常《つね》には人すまねば、むづかしげなるに、ひりかけをさへし散《ち》らしたれば、物うくわびしき事《こと》かぎりなし。木立《こだち》は、おみ、むろ、岩楠《いはくすのき》のたぐひのみにて、松杉《まつすぎ》などは見えず。鳥蟲《とりむし》の音も、ふつに聞《きこ》えぬわたりなり。山ふかき所は、なべてかゝるにや、ならはぬには、いと悲《かな》しくおぼしなりぬ。我やどりなる人の三四人、こゝより奥《おく》の、經《きやう》が岩屋《いはや》拜《をが》みせばやと云《い》ふ。したがひ待《はべ》らんにはとて、簑笠《みのかさ》よろひ、跡《あと》につきて行く。山をめぐり、谷を越《こ》えつゝ、道も無き小篠原《をしのはら》の、肩《かた》すぐるばかりなる中を分迷《わけまよ》ふ。十町ばかり來《き》て、もとの小篠《をしの》と云ふ。ここにも大ぼさち、利元大師《りぐわんだいし》の御堂《みだう》ならび立てたり。今の所には、後《のち》の世に移《うつ》されしと云ふ。行く〳〵道もありやなしや。されば年に一度はこゝに分入《わけい》りて、紀《き》の三《み》熊野《くまの》に行《おこなひ》すとか。昔はそなたより拜《をが》みめぐりつゝ、御嶽《みたけ》に到《いた》るを、ずんの峰《みね》と申せし。逆《ぎやく》なりといふ吉野《よしの》の道《みち》は、再び聖寶僧正《しやうはうそうじやう》の開《ひら》かせしと云《い》へり。僧正は光仁の御裔《みすゑ》にて、修驗道《しゆけんだう》のたふとき御傳《おんつたへ》のかしこみを思ひ給へらるゝにも、ひたぶるに心《こゝろ》して、賴《たの》みたいまつべき御蔭《みかげ》なりけり。利元《りぐわん》大師と申《まう》すは、僧正の御諡名《おんおくりな》なり。からうじてさす所に到《いた》る。見れば、いとも大なる巖《いはほ》をうつろにゑりて、けたに削《けつ》りなしたれば、御經《みきやう》いくらをも納《をさ》むべし。何やく

清見原のおほんに—文武天皇の御時

三芳野の云云—萬葉集第一巻にあり

丸かせ—球

行尊僧正—天台の高僧にて朱雀帝の歸信を得謌を善くす長承四年二

れやの御かたみどもを見奉《みたてまつ》るにも、寔《まこと》にかくれ神は、この御爲《おんため》にたぢからを盡《つく》して仕《つか》んまつりしにこそ、神變大菩薩《しんぺんだいぼさつ》の御《おん》ことわり言《いは》まくも惶《かしこ》かりけりと、天の下にものの悟《さと》りある人のかぎりは、あふぎてたゝへ奉《たてまつ》るべき御名《みな》なりけり。今朝より雨はをやみたれど、簑笠《みのかさ》あゆひしとゞに濡《ぬ》れとほりて、時《とき》しらぬ寒《さむ》さに、思もぞ出づる清見原《きよみがはら》のおほんに、三《み》芳野《よしの》の、みゝ義《が》の峰《みね》に、時《とき》じくぞ、雪《ゆき》は降《ふ》るちふ、時じくぞ、雨《あめ》はふるちふ、と詠《よ》みませしは、將《はた》まことなりける。みゝ峨《が》の嶺《みね》、一つには御《み》かねが嶽《たけ》とよみしも見ゆ。山の神を金精明神《こんじやうみやうじん》と申す。又古《ふる》き物語《ものがたり》に、此山《このやま》にて、こがねの丸《まろ》がせを拾《ひろ》ひしといふことも見ゆれば、おろそけなる翁《をきな》が思ふには、御金《みかね》が嶽《たけ》てふ名の由《よし》心うべかりける。

　みよしのの山分《やまわけ》ごろもひろまなみ秋のしぐれに涙そへつつ

行尊僧正《ぎやうそんそうじやう》の笙《じやう》の窟《いはや》の雫《しづく》は、おこなひ人のあはれなるを、何におとす涙《なみだ》ぞやと、おのれとがめられて、かいやりすつべく、猶分入《なほわけい》れば、釋迦《しやか》が嶽《たけ》、三かさねの瀧《たき》にも到《いた》るべしと聞《き》く。人々思し入らねば、もとの小《を》篠《しの》かき分《わ》けつゝくる。其三層《みかさね》の瀧《たき》は、西上人《さいしやうにん》のいきてよめる歌《うた》ありしかと思ゆ。いざ見まほしきを、一人《ひとり》はいかでと、今ひとつの心の許《ゆる》さねばえゆかず。その時こそあれ、今はうつゝなく迷《まよ》ひゆく心の、すゞろに到《いた》りて、仰《あふ》

月五日寂
山づみ—山神
大名持の神—大國主神
閼迦—水

ぎ見《み》れば、

山こそはかさぬとを見れ瀧《たき》つ浪《なみ》雲をひらきて雲《くも》に落《お》つるは

あやし、山《やま》づみの工《たくみ》なせることは、人の思ひかねの外なるが多かる。物《もの》しり達《たち》は、何物《なにもの》をもいとせめて理《ことわり》盡《つく》さんとするこそ淺《あさ》はかなれ。こもり屋《や》の上《うへ》に、大《たい》こくの窟《いはや》といふは、大名持《おほなもち》の神《かみ》のすませたまひしにや。世に大黒《だいこく》と稱《さな》ふるは、一に大己貴《おほなむち》と書《か》けるよりや。こゝに集《つど》へるにひ行者《かうざ》達《たち》が、一夜《よ》さんげといふ事して後に、この岩屋戸《いはやど》に詣《まう》づ。其詣《まう》づるさまは、閼迦《あかく》汲む桶《をけ》を荷《にな》ひつれ、楊《やなぎ》が枝《え》のけづりかけしを、手に持《も》ちそへ、口にくはへしさま、いと戯《たはぶれ》たりな。あまた打ちつゞきてのぼり行く。いきて何わざ行《おこ》なふらん、小《を》笹《ざさ》分《わ》けしにうみつかれて、追ひものぼらず。此夜《このよ》月いと淸し。

みよしのの芳野《よしの》の奥《おく》に旅寢《たびね》して世に似《い》ぬ秋の月を見るかな

光は宵《よひ》のまにて、入《い》るかたとおぼしきより、雨しきりなり。今夜《こよひ》もうく、わび泣《な》きして明《あ》けぬ。七日の行《おこなひ》、あしたより雲《くも》の名殘《なごり》なくて、人々歡《よろこ》ぶ。まろうど來《き》れり。奥山住《おくやまずみ》の里人《さとびと》といふ。老《お》いたる人の、頭《かしら》に黑き巾《きぬ》をかうぶりてあやし。額《ひたひ》に角《つの》あるかたちを作《つく》りなし、身には駕輿丁《かよちやう》の著《き》るべき麻《あさ》布衣《ごろも》をふし染にして、僧俗《そうぞく》のけぢめ知られぬ出立《いでたち》した

やつこらま—奴、下男
魯褒—晉の人錢神論を著す
この煙—護摩の煙
さな下り—直下に
南のみかと

り。大菩薩《おほぼさつ》のまへしりへに、萬《よろづ》をつかんまつりたる。かくれ神《がみ》のみ末《すゑ》の人と名《な》のる。行《ぎやう》者《ざ》達《たち》よ。御身《おんみ》を守《まもり》の札《ふだ》いたゞかせ給へとて、唯錢《たゞぜに》ほしげなり。さるはおく山人《やまびと》といへど、此御爲《このおんため》には、やつこらまとなりて立走《たちはし》るよ。もろこし魯褒《ろほう》と云ひし人、これが神變《しんぺん》を擧《あ》げて空《そら》ほめせしを、人あさはかに、又是をば大菩薩《おほぼさつ》とあがむるなりけり。行《おこなひ》の時になりぬ。神變利元《しんぺんりぐわん》の御堂《みだう》の前に、護摩木《ごまぎ》高く積《つ》みはえ、導師《だうし》をさいだてゝ、驗者《げんざ》たちあまた、いかめしき容《かたち》してまゐりたり。千人にあまれるといふ行者《ぎやうざ》、この前後《まへしり》へにはひふす外は、木にかゝり、岩《いはほ》に腰《こし》うたげて、拜みせんとす。げんざの讀經《どきやう》、鈴錫《れいしやく》ふり立てて、螺《ほら》はとき〴〵に吼《ほ》ゆる。ごま木《き》の煙《けぶり》、御堂《みだう》の軒《のき》に繞《めぐ》りて、空に昇《のぼ》る、黑《くろ》くすさまし。日の光《ひかり》をさへて、谷峰《たにみね》にたなびくを、聲《こゑ》のかぎりあげて、いみじく尊《たふ》とがる。天《あめ》の下《した》の事《こと》は、この煙《けぶり》のなびくまゝにしるし見るといふ。事果《ことは》てしかば、おがどちおがどち呼びかはしつゝ、歸《かへ》る山路《やまぢ》あわたゞしげなり。どろ辻《つじ》と云《い》ふ所より道《みち》たがへて、どろ川《かは》に下る。さな下《くだ》り八十町《ちやう》と云ふ。下《くだ》りて、右手《めて》の高きに岩屋《いはや》ありといへど、足折《あしをれ》たればいきても見ず。寺あり、洞川寺《とうせんじ》とまうす。文字につきて思へば、どろ川《かは》のどろの岩穴《いはあな》なるを、今はとうろうと呼《よ》ぶよ。寺は南のみかどの、足利《あしかゞ》の爲《ため》にせばめられ給ひて、實城寺《じつじやうじ》の皇居《くわうきよ》をさ

—南朝

かんさび—神々しく

まぢの小路殿—萬里小路源藤房

へ再びこゝに遷《うつ》しませしとや、むべもさる御造《おんつくり》ざまなりと見給へしらる。何をおぼし知るにはあらねど、昔しのばるゝに身《み》にしみておぼえ奉《たてまつ》る。

みよし野《の》の奥《おく》こそあはれ世を捨《す》てて入りにし人《ひと》の憂《うき》は數《かず》かは

むかしも山口《やまぐち》の花見《はなみ》に分《わ》けこし時《とき》、如意輪寺《にょいりんじ》にたゝせます後醍醐《ごだいご》の御陵墓《みささぎ》に詣《まう》でたいまつりしに、木立《こだち》いとかんさび、物心《ものごころ》ぼそく、すゞろに悲《かな》しくもおぼえ侍《はべ》りしがば、

みやま木のひかげももらぬ下露《したつゆ》にふりそふものは涙《なみだ》なりけり

まぢの小路殿《こうぢどの》の諫《いさ》めおぼしに叶《かな》ひなんには、かゝる所《ところ》におはさふべきやはと、恐れみながらも思ひはべりし事をさへ思出《おもひい》でにき。こみなみ坂《ざか》といふは、河南《かなん》と書《か》くべきを、下《くだ》れば河戸《かはど》の里《さと》といふにむかへられては、この坂路荒野《さかぢあれの》の狀《さま》にて、細枝《しもと》だにおはぬ草《くさ》の原《はら》なり。時《とき》しる花《はな》のくさぐ〲、そよ吹《ふ》くかぜに靡《なび》きあひたり。萩《はぎ》の花《はな》、しのゝをすゝき、桔《き》梗《かう》、女郎花《をみなへし》、野藍《のあゐ》、りうたん、我《われ》見しらず名づけもしらぬ花々《はな〲》、行くてに色をまじへて咲《さ》きみだれたるが中に、何ならん芳《かんば》しきが、吾荒妙《わがあらたへ》の袖《そで》にしめる物から、いといたうすずろに物いはまくすれど、此見《このみ》るにはまけて、口はふたがりながら、

またも來《き》て衣《ころも》はすらん露《つゆ》ふかき野はみながらの秋のいろ香《か》に

秋つの野邊に—萬葉集第一卷、幸于吉野宮之時柿本朝臣人麿作

月は流な—石川や瀬見の小川の清ければ月も流を尋ねてぞすむ長明の歌

柿本《かきもと》の朝臣《あそん》の、秋つの野邊《のべ》に花《はな》ちらふと詠《よ》みませし、かしこの昔《むかし》をこゝにうつし出《い》でられて、かひあるけふの山踏《やまぶみ》なりけり。下市《したいち》の水驛《みづうまや》にて、墨壺《すみつぼ》を取忘《とりわす》れし事《こと》をさへ思《おも》ひ出《い》でしかば、こゝよりの道《みち》は、むなしくて止《や》みぬべくなりぬ。

この昔語《むかしがたり》は、秋の夜のつれ〴〵言《ごと》に、いにしへ何《なに》くれの事どもいひ慰《なぐさ》むが中《うち》に、吉《よし》野《の》の奥《おく》のたゞずまひを語《かた》り聞《きこ》ゆとて、つゞめき出《い》でたるを、あるじの信美《のぶよし》さかしく筆《ふで》とりて、書《か》いつらねられしなり。三十年餘《みそとせあまり》の古《いにしへ》は、おぼろかにこそあれ。されど譌言《いつはりごと》して何《なに》せんに、違《たが》へるふし〴〵は、垣根《かきね》の萱草《わすれぐさ》にかいつみやりてん。

## ○初秋

月あかき夜を誰《たれ》かはめでざらん。文月望《ふみづきもち》のこよひ、庵《いほり》を出《い》でて、わづかに杖《つゑ》をひけば、鴨《かも》の河面《かはづら》なり。雨降《ふ》らぬほどなれば、月は流《ながれ》を尋《たづ》ねてやすむらん。音《おと》をしるべにとめくれば、むべも清しとて、人々《ひとびと》手にむすび、かいそゞぶりなどして遊《あそ》ぶ。風《かぜ》高く吹《ふ》き、雲《くも》消《き》え、影《かげ》さやかにて、何をか思ふくまのあるべき。月見ればすゞろに物の悲《かな》しきぞとは、竹《たけ》の中《なか》より生《うま》れ出《い》でし貌《かほ》よ人《びと》の、天にいまやの別《わかれ》をしむにこそ、泉漲《みなぎ》れども似《に》るべき物も

かいそゝぶり—かき廻し
竹の中より生れ出でし云々—竹取物語の赫夜姫
面輪—月かげ
夕とゞろき—夕暮のさわぎ
もろこし人の—蘇東坡赤壁の遊

持《も》たらず、酒《さけ》もとむる家《いへ》もちかゝらずとて、たゞさし仰《あふ》ぎて語《かた》りことすとはなしに、大《おほ》方《かた》の人は、古《いにしへ》の跡《あと》につきて、八月のこよひ、文作《ふみつく》り、歌《うた》よみ、杯《さかづき》の流のまゝに遊《あそ》ぶよ。さはをかしき一節《ふし》をはらみなしては、夜《よ》よしとのみ思《おも》ひたのめしに、あしたより雲立《くもた》ちまよひ、野分《のわき》たつ物《もの》の音《ね》して、村雨《むらさめ》さとふり通《とほ》りし跡《あと》の雲《くも》まより、さし出でたる面輪《おもわ》うれしけれど、さすがに思《おも》ふに違《たが》ふ事《こと》のあるには、とばかり眺《なが》めすてゝ、さしこめし閨戸《ねやど》のすきまより、物《もの》にさはらてさし入《い》りたる光《ひかり》は、目さめ心もすむらんかし。さてしも君《きみ》まつばかりに夕《ゆふ》とゞろきして、居《ゐ》たちつゝあらんも、あひなう若々《わかわか》しかるべき。時《とき》はいつにもあれ、宵《よひ》あかつきをもいはじ、垣根の荻の葉のさわぎ、草深き蟲の音のみやは、朧《おぼろ》夜《よ》の花の木《こ》がくれ、時鳥《ほとゝぎす》一二聲《こゑ》の音《おと》づれ、片山里《かたやまざと》の門涼《かどすゞ》みに、螢《ほたる》三つ四つ飛《と》びかふには、命《いのち》も延《のべ》へなん心地《こゝち》もせらるべき。雪霜《ゆきしも》のしら〲しき光《ひかり》などは、餘《あま》りにすざましとや言《い》はん。しらぬ浪路《なみぢ》の舟《ふね》とまりして、笘《とま》のすきもる影《かげ》は、いかに侘《わび》しからんものぞ。もろこし人《ひと》の、友《とも》どち舟《ふね》うかべて、さがしき山《やま》の岸陰《きしかげ》に、物の音《ね》かなしく遊《あそ》びたらんには、さすらへずば何《いか》で。かゝる境《きかひ》の秋を見るべきと、おぼすらんと、罪《つみ》なくてさる邊《わたり》までをと、ひとりごち給ふといづれ。都府樓《とふろう》近きにも、垂籠《たれこ》めていませし君《きみ》こそは、月をかなしき

罪なくて云々—中納言顯基の詞
都府樓云々—菅原道眞の詩
ともしく—愛すべく
みをつぐし—澪標
はろく—遙々

ものとも打守《まも》り給ふらめ。老《おい》が家《いへ》をうしなひ、人をもさきだて、世に落《お》ちはぶれよろぼひつゝ、命生《いのちい》きたらんを、暫時《しばし》にてもといふ人々《ひとびと》に扶《たす》けられて、女々《めゝ》しくあなづらしき身《み》の、月見て遊《あそ》ぶは何心《なにごゝろ》ぞや。

歌もよむとはなしに

月《つき》こそはかげも身にしめはつあきのさよ風《かぜ》涼しかもの河《かは》づら
月見つつ夜《よ》の更《ふ》けゆくはひさかたの天の河《か》原《はら》も河たがひして

## ○中秋

八月十日まり五日、あしたより空《そら》いとよう晴《は》れたり。故郷人《ふるさとびと》誰かれ、こよひ月見んと言《いふ》語《かた》ふ。野や分けまし、棹《さを》やとらせんといふ。翁今《おきないま》は都住《みやこずみ》して、野山《のやま》の秋ともしくもあらじ。みをつぐしの邊《ほとり》まで漕《こ》ぎせんにはとて、輕《かろ》らかなる舟《ふね》もとめて、酒《さけ》よき物などはとのへたるべし。五百津舟《いほつぶね》つどふ中《なか》を漕《こ》ぎそけて、河尻《かはじり》に漂《たゞ》よひ出《い》でぬ。月はやく生駒《いこま》根《ね》にさゝげ出《い》でたれば、夕潮滿《ゆふしほみ》ちたゝへ、風そよめくにぞ、蘆《あし》の浦廻《うらわ》きたなくもあらず。武庫《むこ》の高嶺《たかね》に入日《いりひ》のにほひ殘《のこ》りて、西の海《うみ》はろぐしと見わたさるゝ、帆手《ほて》打ちつれて

いさりす―漁獵す
栲ひればかりの―布きれ程の
貫之―紀貫之
躬恒―凡河内躬恒
洞庭―湖南省にあり
西湖―江蘇

入來《いりく》る大船《おほふね》、いさりすとや漕出《こぎい》づるちひさき舟《ふね》、秋《あき》の木葉《このは》のみだれに散《ち》りうきたり。鴉《からす》のいづこにか、やどりさだめて飛《と》びかへる空《そら》、鷗《かも》のあさりすとをりぬる渚《なぎさ》、さしくる汐《しほ》の波がしらに躍《をど》る魚《うを》の光《ひかり》は、昔もあまたゝび見しを、この夕《ゆふべ》あそびそむる心地《こゝち》せられて、いともたのし。おのれよりさきにうかべし舟《ふね》、あとより追《お》ひくる舟《ふね》、皆千里《みなせんり》の外《ほか》に心《こゝろ》を遊《あそ》ばしむとぞ見ゆ。絲《いと》あり、竹《たけ》あり、調《しらべ》いとをかしうて、海《うみ》の神《かみ》をおどろかしつべし。月はいと花《はな》やかに澄《す》みわたるほど、宮人《みやびと》のかくる栲《たへ》ひればかりの雲《くも》もなびかず、星《ほし》の林《はやし》のもみぢも、こよひの光にはまけたりな。風いさゝか吹《ふ》きいでて、波《なみ》のあやいとよう見極《みきは》めらる。暮《く》れはてぬれば、繞《めぐ》れる山はをぐろうなりて、淡路《あはぢ》さすがに見えずなりぬ。友《とも》垣《がき》一人が云ふ。こよひの遊《あそび》、誰々《たれ〳〵》も心《こゝろ》くまなくこそおはすらめ。唐歌《からうた》やまとうた、きたなげなりとも打《う》ちうめき出《い》でばや。翁先《まづ》よめと云《い》ふ。あひなの言《こと》や。昔《むかし》の貫之躬恒《つらゆきみつね》にあらずば、今夜《こよひ》の影《かげ》に光あらそふべきかは。洞庭西湖《どうていせいこ》にこがれ出《い》でたらん棹《さを》の歌《うた》も、醉《ゑひ》のすゝみにこそ、ほこりかにも打出づべけれ。翁《をきな》が木《こ》の芽煎て、はかなう荒《すさ》めるこゝろに、何《なに》ごとかまねび出でん。舟《ふね》のよそめばかりに、歌《うた》や文《ふみ》やはかなう遊《あそ》ぶらんと見おこせたらんを、譽《ほまれ》にしてやみなまし。此《この》さしあふげる影《かげ》にも、面《おもて》ふせつべき業《わざ》なれと云《い》ふ。一

省にあり風光佳麗の地

淀のわたりの云々—何方になきてすくらん郭公よどの渡のまだ夜ふかきに忠見の歌

常世のまろうど—鴈のこと

みさきおひ—前駈

人が高《たか》らかに、棹《さを》にさはるは桂《かつら》なるべしとうたふ。淀《よど》のわたりの夜深《よふか》きてふ例《ためし》に、これをあはれがりて、人々よまずなりぬ。月は中空《なかぞら》にかゞやきて、あかく〳〵と澄《す》みわたりて、常世《とこよ》のまろうどの、かり〳〵と鳴《な》きて來たるぞ、いと珍らしな。海《うみ》の色《いろ》は青《あを》にびのきぬ引《ひ》きはへたらんごとに、さすがに風冷《ひやゝ》かなれば、衣《きぬ》かさましといふべき人もなきわたりに、飲《の》みほし、くひみちて、すゞろ寒《さむ》しな。かへらやと舟《ふね》ばたをたゝきて、楫《かぢ》とりにも歌《うた》へと云《い》ふ。かれも醉《ゑ》ひたれば、棹《さを》の歌《うた》をかしげにうたふ。須磨《すま》よりや明石《あかし》よりや吹《ふ》く西の風にいざなはれて、漕《こ》ぎもて歸《かへ》るほどに、夜は丑《うし》みつ許《ばかり》にやなりぬらんと言《い》ふ。

○月の前

文治《ぶんぢ》それのとしの秋、八月十五日、鎌倉《かまくら》の大將殿《たいしやうどの》、鶴《つる》が岡の宮居《みやゐ》に詣《まう》でさせ給ふ。れいの事《こと》にて、御供《おんとも》つかうまつる人々《ひと〴〵》、みさまおひ、御《おん》あとべ仕《つか》ふまつれる。渚《なぎさ》に遊《あそ》ぶ蘆《あし》たづのあゆみして、疾《とく》からず遲《おそ》からず、列《つら》をみださずねり出《い》でさせ給《たま》へるを、大路《おほぢ》に膝折《ひざをり》ふせ、かしこみ奉《たてまつ》る人《ひと》あまたあるに、けいめいして、あなとだにいはせず、世《よ》に嚴《いかめ》しくたふときみ有樣《ありさま》なり。かへりまをしして、御手輿《おんたごし》にめさせ給《たま》ふほど、さとき御《おん》まなじり

なほ人―只人

ゆくりなさに―突然なろに

圓位―西行法師

大となぶら―燈火

藐姑射の山の御宮―上皇の宮

八百日ゆく―濱の枕詞

に見とゞめさせ給《たま》ひ、御階《みはし》の忌垣《いがき》のもとにかしこまりをる。法師《ほうし》のあるが、見上《みあ》げ奉《たてまつ》るつらつき、旅《たび》に飢《う》ゑて、いと痩黒《やせくろ》みづきたるに、衣杖笠《ころもつゑかさ》なども乞食《かたゐ》ものの様《さま》したるが、めを偸《ぬす》みてうすずまりをる、なほ人《ひと》ならずおぼしけん、あの法師《ほうし》が修行《すぎやう》するやう、名《な》をも問へと仰《おほせ》たうぶ。御輿《みこし》ぞひの若侍《わかざむらひ》いそぎ走《はし》りよりて、ありがたく御目《おんめ》たまへり。何處《いづこ》よりの修行《すぎやう》ぞ。名をも申《まう》せよと云《い》ふ。ゆくなりきに驚《おどろ》きざまして、雲水《くもみづ》にありか定めず侍《はべ》るものにて、名は圓位《ゑんゐ》と申すといふ。聞《きこ》しめされて、さればこそ聞知《きこし》りたれ。穴熊《あなくま》のたけき獲《え》もののたぐひならで、賢《かしこ》き人得《え》たるためしに、いざなひ歸らん。我《わ》が後《あと》につきて來たれといへとて、召《めし》つれさせ給へり。御館《みたち》に入《い》らせ、御裝束《おんさうぞく》改めさせ給《たま》へば、やがて大《おほ》となぶらあまた照《てら》しかゝげたり。けふの道ゆきづとひてこと仰《おほせ》たうぶ。法師《ほうし》參《まゐ》れとて、おまし近《ちか》き所《どころ》の、一間《ま》なる所《どころ》の、すの子《こ》に召《め》されたり。大將殿《たいしやうどの》見おこせ給《たま》ひて、昔《むかし》は藐《は》姑《こ》射《や》の山の御宮《おんみや》づかへせし人の、世を儚《はかな》きものに思《おぼ》ししみて、身は黒《くろ》くやつしたれど、月《つき》花《はな》の歎《なげき》のほまれは、物《もの》の心《こゝろ》なき吾妻人《あづまびと》さへ聞知《きこし》りたるぞ。文字《もじ》の數《かず》だに歌《うた》とのみ思《おも》ひしも、かう指向《さしむか》ひては、武士《もののふ》の負《まけ》じ心《こゝろ》もあらずなりぬるぞ。八百日《やほか》ゆく濱《はま》の眞砂《まさご》の中には玉《たま》とて拾《ひろ》ひ收《をさ》めたらん、かたりて聞《きこ》ゆべく仰《おほせ》たうぶ。いみじくかしこまりて、思ひか

伊勢の海—伊勢の海千尋の濱に拾ふとも今は何てふかひかあるべき
まつりごちたまふ—治め給ふ
其おほん—其御歌

けず、大木《おほき》の御蔭《みかひ》に參《まゐ》り侍《はべ》れば、いともかゝやかしきにぞ、たゞ夢路《ゆめぢ》たどるやうに侍《はべ》りて、聞《きこ》え奉《たてまつ》るべきことも侍《はべ》らず。さとき御まなこに見現《みあら》はされ侍るこそ、いとも有難《ありがた》けれ。伊勢《いせ》の海《うみ》ちひろの濱《はま》におり立ちならひ侍れど、效《かひ》あることも打出《うちい》で侍《はべ》らぬには、是《これ》とて捧《さゝ》げ奉《たてまつ》るべくもあらず、君にもかねて學《まな》ばせ給ふとも漏《も》り聞奉《きゝたてまつ》る。天の下《した》まつりごち給《たま》ふ御うつは物の大《おほ》いなるに、おほしよらせ給ふには、かけても及《およ》ぶまじきをさへおほし知《し》り侍《はべ》る。大空《おほぞら》に羽《はね》打ちつけて飛《と》ぶたづの聲《こゑ》、霜枯《しもがれ》の淺茅《あさぢ》がもとの蟲《むし》の音《ね》、いかで取《と》りなめて聞《きこ》ゆべき。あなかしこしと申す。打ち笑《ゑま》させ給ひ、弓《ゆみ》とりし人《ひと》の、もとの心《こゝろ》の猛《たけ》きには、よむ歌《うた》も直《なほ》くあからさまにと聞《き》くはまことか。歌は武士《もののふ》の荒々《あら〳〵》しき心《こゝろ》には、詠《よ》み移《うつ》すまじきものに、宮人達《みやびとたち》はさたし給《たま》へりとや。軍に出立《いでた》ちて、箙《えびら》つゞみの音《おと》、馬《うま》のいなゝきは物《もの》とも思《おも》はぬを、この三十餘《みそぢあまり》の學《まなび》には、心《こゝろ》のおくるゝはいかに。こはかしこき御心《みこゝろ》にもおほしまどはせ給ふものか。いにしへの代々《よゝ》の帝《みかど》は、馬《うま》に鞍《くら》おき、弓《ゆみ》矢《や》みとらして、軍《いくさ》にたゝせたまひし、其《その》おほんをよみ見奉《みたてまつ》れば、たけく直々《なほ〳〵》しく、調《しら》べもいと高しとこそ打聞《うちき》き侍《はべ》れ。いでや歌《うた》よまんとては、ますらを心《こゝろ》をとりかくし、貴《あて》になよびかにのみ詠移《よみうつ》すべくするこそ、此道《みち》のいみじき煩《わづらひ》なれ。君が敏くたけき御心《みこゝろ》のまゝ

大風起り云々―漢武帝
烏鵲南に云々―魏武帝
鬼―鬼神
秀郷―藤原秀郷、西行は其後裔
士卒の疽を

に、打ちまねばせ給《たま》はんには、今《いま》の世《よ》の人、誰かは立《た》ちあへ奉《たてまつ》らん。三尺の劍《つるぎ》をとりて、大風起《たいふうおこ》り、雲飛揚《くもひやう》すとうたひ、槊《ほこ》を横《よこた》へて、烏鵲南《うじやくみなみ》にと詠《えい》ぜし君達《きみたち》は、鞍《くら》の上《うへ》にて文《ふみ》に遊《あそ》ばせ給《また》ふならずや。玉造《たまづくり》らがいみじきを磨《す》りみがき、染殿《そめどの》のやしほの色《いろ》も、はかなき目うつりばかりは何《なに》にかは。されど谷《たに》ふかき鶯《うぐひす》の聲《こゑ》、信濃路《しなのぢ》出づる荒駒《あらごま》のあゆみ、いづれの道《みち》、何《いづれ》の業《わざ》にも、始《はじめ》より優《すぐ》れたらんは、鬼《おに》にこそ侍《はべ》らめと云《い》ふ。人々《ひとびと》あれ聞《き》き給《たま》へ。世《よ》は棄《す》てのがれても、頼《たの》しき人《ひと》の心《こゝろ》ならずや。汝《なれ》が遠《とほ》つ祖《おや》の秀郷《ひでさと》といひしは、世《よ》にいみじき弓《ゆみ》の上手《じやうず》となん聞《きこ》ゆ。傳《つた》へたる事《こと》もあるべし。かくこそと思《おぼ》ししみぬる事《こと》は、忘《わす》れずてぞあらめ。事《こと》一つことにても教《をし》へ承《うけたまは》るべく、こはます〱恐《おそ》れある御《おん》とはせなり。御《おん》物語《ものがたり》のはて〱は、はつ物《もの》の道《みち》しばしも怠《おこ》らせ給《たま》はぬ御心《みこゝろ》より、野山《のやま》をすみかの痩法師《やせぼうし》にだに、物《もの》とはせ給《たま》ふ事《こと》の忝《かたじけな》さよ。むかひ奉《たてまつ》りては、嗚呼《をこ》がましく、家《いへ》の傳《つたへ》なりなどとて聞《きこ》えや奉《たてまつ》るべき。まして有難《ありがた》き大宮《おほみや》づかへを否《いな》みたいまつり、みおやだちの慈愛《いつくしみ》をさへ徒《あだ》なるものに、年《とし》わづかに廿五にして家《いへ》を出《い》でたる徒者《いたづらもの》の、弦《つる》ひき一つだに、心《こゝろ》にとゞめし事《こと》も侍《はべ》らず。たゞ一言《こと》のわすれがたきは、賞《しやう》を重《おも》くし、罰《はつ》を輕《かろ》くせよといひしと、任《にん》ずる者を恥《はつか》しむれば、危《あやふ》しと云《い》ひし有難《ありがた》さよ。士卒《しそつ》の疽《しよ》を病《や》めるを吮《す》ひしは、人《ひと》

云々—史記吳起傳に、卒有病疽起爲之吮之云々—齊孫臏の故事

竃を滅して云々—齊孫臏の故事

鹿猿—武士を惡みて云ふ

火とり—香爐

くゝり袴—指貫

の心《こゝろ》をよく買《か》ひなすといへども、まことの情《なさけ》よりとも覺《おぼ》え侍《はべ》らず。竃《かまど》を滅《へら》して人をあやふきに陷《おと》し入《い》るは、將帥《しやうすゐ》のさがしきにて、國《くに》を治《をさ》め、天の下をしるべき君の御心《みこゝろ》に非《あら》ず。軍《いくさ》を出し給《たま》へる事《こと》の、あやしきまで賢《かしこ》くませるを、餘所《よそ》ながら聞《き》き奉《たてまつ》るには、此方《このかた》の御《おん》問ひゆるさせ給《たま》へとて、額《ひたひ》を板敷《いたじき》にすりつけて申《まを》す。君ゑみほこらせ給ひ、口とく心《こゝろ》さとき法師《ほうし》なり。こよひは月見《つきみ》る夜《よ》ぞ。物《もの》がたり今ははたしてん。人々《ひとびと》と杯《かはらけ》とりはやし、曉《あかつき》かけて遊《あそ》ばん。まれ人《びと》は酒《さけ》のまざるべし。鹿猿《しゝさる》の中に立交《たちまじ》りて、歌《うた》よめといふとも詠《よ》むまじ。たゞ我《わが》まへに遊《あそ》べ。風ひやかなるにもおかず飮《の》み、ものきたなげに喰《く》ひちらす人々《ひとびと》は、あたゝかにもこそ。此火《このひ》とり法師《ほうし》に參《まゐ》らせよとて、白《しろ》がねもて作りたる猫《ねこ》のかたちしたるをとり傳《つた》へて、君より賜《たま》はるとて、前《まへ》に置《お》きたり。獅子《しし》猿は猾心たけし。鼠《ねずみ》をだにえとらぬ瘦法師《やせぼうし》が爲《ため》には、似《に》つかはしき御賜物《おんたまもの》ぞとて、三度押《たびおし》いたゞきぬ。あした御暇《おんいとま》たまはりて立出《たちい》づるに、御館《みたち》の人やどりに、誰殿《たれどの》のわらはべならん、くゝり袴《ばかま》のすそ、朝露《あさつゆ》にぬれそぼちて、いと寒《さむ》げにをるを見て、是《これ》とらせん、火埋《ひうづ》みて手足《てあし》あたためよとて、彼《かの》きらきらしき物《もの》を與《あた》へて、かへり見《み》もせず立ちぬ。童《わらべ》打ちおどろき、これ見給《みたま》へ。見《み》もしらぬ法師《ほうし》の、見もしらぬ物《もの》を賜《たま》ひつるはとて、青《あを》ざむらひに見《み》すれば、

目口《めくち》をはたけ、かく尊《たふと》き寶物《はうもつ》を、誰《たれ》かは得《え》させん。盗《ぬす》みやしつと云《い》ふ。さらに〳〵、道《みち》のそらに斯《か》くるものやはあるべき。あなおそろし。殿《との》に奉《たてまつ》りてたまへと云《い》ふ。やがて御《み》館《たち》にもて參《まゐ》り、つかふる君《きみ》を呼出《よびい》で、しか〴〵の事となんと申す。いとあやし、大將《たいしやう》どのの法師《はうし》にたまはりしを、いかで童《わらは》には得《え》させけん。いぶかしとて、先《ま》づいそぎて聞《きこ》え奉る。君打ちゑみたまひ、彼《かの》ゑせ法師《はうし》、おなづらしく、幼《をさなけ》なるものくれしとて、腹《はら》だゝしくや思《おも》ひけん、我門《わがかど》の前に捨行《すてゆ》きつるよ。法師《はうし》とても男《をとこ》だましひなくば、修行《すぎやう》もえせぬなるべし。されど家《いへ》を出《い》でて猶《なほ》身を守り、才《さい》に誇《ほこ》りて、野山《のやま》にまじり、歌《うた》よみてのみあるは、捨人《すてびと》の棄《す》てらるべき淺《あさ》ましさぞかし。一度《たび》けがれし物《もの》、其童《そのわらは》にとらせよとて、取りおろさせ給《たま》ひぬ。西行《さいぎやう》後に此事《このこと》を人《ひと》に語《かた》りて云《い》ふ。右府《うふ》はまことにねぢけたる君《きみ》なり。口に蜜《みつ》したまへど、心《こゝろ》には針《はり》のおはすぞ。漢高《かんかう》の大度《たいど》、曹孟德《さうまうとく》の智略《ちりやく》あるに似《に》て、天下の人みな此君《このきみ》の網《あみ》の中に入《い》れられたるは、我佛《わがほとけ》の冥福《みやうふく》といふ事《こと》を生れ得《え》させけん。たゞ悲しむべきは、神《かみ》の御裔《おんすゑ》の、此後《このご》やう〳〵衰《おとろ》へさせ給《たま》はん世の姿《すがた》なるはとて、涙《なみだ》とゞめがたくして物《もの》がたりしとなり。心《こゝろ》なき身《み》にもこれを聞傳《きゝつた》へては、秋《あき》の夕暮《ゆふぐれ》ならずも打ちそみぬべし。

道のそら―途中。
男だましひ―武夫魂
右府―右大將賴朝
漢高―漢高武皇帝
曹孟德―魏武帝
神の御裔―天皇

此話《は》、服子選《が》所《の》ㇾ撰《する》、大東世語徳行篇《に》出《づ》焉。余偶讀《み》ㇾ之《を》思《ひ》ㇾ之《を》、釋氏捨《て》ㇾ家《を》唯身無住。而況《るをんや》是等小物何有《る》ㇾ所ㇾ用《ふる》邪。然《れは》徳行《は》過當耳。由《りて》ㇾ是《に》今戯《に》以《て》㆓斯言《を》㆒演《ぶ》ㇾ之《を》。惟恐《くは》損㆓害《せんことを》古人《を》㆒乎《か》。

伊豫守源の朝臣—源義經

うての使—追討使

扇の上手—

## ○劍の舞

伊豫守源《いよのかみみなもと》の朝臣《あそん》、鎌倉《かまくら》の大將殿《たいしやうどの》の御心《みこゝろ》にたがはせ給ひしかば、都をひらきて、吉野《よしの》の山ふかく隱《かく》れさせ給《たま》ひしかど、其所《そこ》にもはたえおはせで、いづちしらず逃《のが》れゆき給《たま》ひけり。おもひ人靜《しづか》の子《こ》、かひがひしく此所《ここ》まで從《したが》ひ奉りしが、中々《なか〱》の御情《おんなさけ》をかうむりて、都《みやこ》にかへるべく仰《おほせ》たまはりぬれば、打泣《うちな》きてとまりしを、山《やま》の法師等《ほうしら》、やがて捕《とら》へて、うての使《つかひ》に奉《たてまつ》る。御行方《おんゆくへ》あからさまに知《し》らずと申《まを》せば、問《と》ふべき使《たより》の人なれば、猶《なほ》うたがはしさに、東《あづま》に召下《めしくだ》したまへりき。本《もと》より直々《なほ〱》しき操《みさを》のまゝに、知《し》り侍《はべ》らぬ事《こと》を、問《とは》せ給《たま》はんより、命《いのち》めされよかし。天《あめ》の下《した》は御心《みこゝろ》のまゝならずや、いづちに逃《のが》れかくれ給《たま》ふとも、遂《つひ》には得《え》られ給《たま》はん。いみじきこと見奉《みたてまつ》らぬ程《ほど》にとて、其後《そののち》は露《つゆ》ばかりも言《ことば》を交《まじ》へず、いかにし給《たま》ふべくもあらず。唯守《たゞまも》らせてこめ置《お》き給ひぬ。御代《みよ》はをさまりしかど、猶怠《おこた》るまじき此頃《このごろ》に、いたく屈《く》し給《たま》ひてやおはしけん。靜《しづか》は天の下の扇《あふぎ》の上手《じやうず》となん聞《き》く。

舞の上手
北の方—夫人政子
氏の大神—八幡祠
廷尉の君—源義經
つゝみ—恙
なほらひ殿

一さし舞《ま》ひて見《み》すべく仰《おほせ》たうぶ。いとつらくうるさく、今は立舞《たちま》ふべくもあらぬ身《み》の程を、打泣《うちな》きて否《いな》みたいまつる。北《きた》の方《かた》より御使《おんつかひ》あり。うち〳〵の仰《おほせ》ごとを、さこそ情《なさけ》なくも覺《おぼ》し疎《うと》むらめ。いと欲《ほし》きことなれど、此御心《みこゝろ》をとり月日過《すご》さんほどには、御はらからふたゝび枝《えだ》をつらねさせ給はん世をも待《ま》ちつけ給へ。其御契《おんちぎり》の爲《ため》にこそとて、いで斯《かく》すゝろぎて聞《きこ》えたいまつるなれ。されど御土器《おんかはらけ》のはえばかりには情《なさけ》なし。氏《うぢ》の大神《おほがみ》に詣《まう》でて、廷尉《ていゐ》の君《きみ》の御身《おんみ》つゝみ勿《なか》れのねぎごととして、神《かみ》をいさめ給《たま》へかし。おほけなく天《あめ》の下《した》の爲《ため》、御はらからの御中《おんなか》むつまじからん御爲《おんため》に、心ゆかずとも、打ちまけて立《たゝ》せ給《たま》へといひ聞《きこ》えさする。さすがに賴《たの》まれて、涙《なみだ》をおさへつゝ、いかさまにも御仰《おんおほせ》のまゝにかしこまりぬと申《まを》す。大將殿《たいしやうどの》よくも賺《すか》いこしらへつ。神《かみ》もたのしとや御覽《ごらん》ずらんとて、日《ひ》を擇《えら》びていそがせ給ふげる。其日《そのひ》になりぬ。あしたより空淸《きよ》うはれて、御垣《みかき》の内外の松《まつ》杉《すぎ》のむら立《たち》、枝《えだ》をならさず、鳥《とり》の囀《さへづり》ほがら〳〵と長閑《のどか》なり。大將《たいしやう》どの、北の御方《おんかた》、若君《わかぎみ》たちの御輿《みこし》かきつらね出《い》でさせ給へり。捕はれ人《びと》のは、あづかりの武士《もののふ》の中に取りかこみて、御《おん》あとにつきて參《まゐ》る。みてぐらあまた、おほん神《かみ》のふと前《まへ》に高《たか》く積《つ》みはえなし、巫《かんなぎ》がふとのりとごと、大宮《おほみや》の内にとどろき聞《きこ》ゆ。事はてゝ、なほらひ殿《ごの》に入《い》らせ給へりけ

一神事終りて後の宴會所

ふみはらゝかし一蹴散し

ものゝね一音樂

かぜふかぬ世に一平和なる世

る。いで物《もの》見るべく、北の方若君《わかぎみ》はみ簾《す》たれこめておはす。老《お》いたるものゝふ達《たち》、左右《ひだりみぎ》に居《ゐ》なみて、袖《そで》打ちたれて見る。いと物うく、心にもあらで、歌垣《うたがき》の中よりすゝみ出《い》でたり。烏帽子《ゑぼうし》の緒《を》むすびたれ、色《いろ》こききぬ打ちかさねたる上《うへ》に、山藍摺《やまあゐずり》もとらせし袖《そで》長きに、赤き袴のこはく〳〵しきを踏《ふ》みはらゝかし、立《た》ちたるさま、あてにこめいて、白《しろ》くにほひかなる面輪《おもわ》の、すこし衰《おとろ》へしやとおぼすは、まみの重《おも》げなるやうにぞ打見《うちみ》えたる。繪《ゑ》にやうつしうべきと、人々さざめきあへり。ものゝね高《たか》く調合《しらべあは》するほどに、扇《あふぎ》をややをらとりかざし、袖《そで》すこしひるがへし、聲《こゑ》はいとほそう匂《にほひ》ありて、先あはれとぞ聞《きこ》たまへる。その歌、

三草《みくさ》かる　鎌倉《かまくら》山のや　神のみづ　垣の松には　つるぞ巣《す》をくふ　千とせのどちに

あしびきの　山のさくらはや　色香《いろか》あく迄も見ん　かぜふかぬ世に

一さし舞《ま》ひをはりて　ふし拜《をが》みす。君をはじめて、人々あかずめでたしと見《み》たまへり。

又立ちあがりて、

みよしのの　吉野《よしの》の山はや　時なくぞ　雪《ゆき》はふるといふ　時なくぞ　雨はふる

いきし君はも—源義經

もは—感動辭

狡兎は死して云々—史記准陰傳にあり、敵國亡びて功臣殺さるの義

御たたう—檀紙

といふ　その雨《あめ》の　時なきがごと　我涙《なみだ》の　雨は降りける　よしの山　雪ふみわけて　いづちしらず　いきし君はも

いとかなしげに歌《うた》ふを聞《き》く人、みな身《み》にしみて、鼻《はな》からくおぼゆ。また立ちあがりて、木曾《きそ》の麻衣《あさぎぬ》ならぬ色《いろ》よき袖《そで》を、まくり手《で》にして、扇《あふぎ》は劒《つるぎ》と打ちふりつゝ、

山《やま》ゆかば　草《くさ》むす屍《かばね》　海《うみ》ゆかば　水《み》つくかばねぞ　大君《おほぎみ》の　國《くに》のみために　死なんと　立てしみ心の　たけく直《なほ》きを　誰いひさきて　世にはふらしけん　狡《かう》兎《と》は死して　狗《いぬ》は烹《に》られ　高鳥《かうてう》盡《つ》きて　弓は嚢《ふくろ》に　うたての古言《ふるごと》や　いたはしの我君《わがきみ》や

かくうたひつゝ、舞踏《ぶたう》あらゝかに、扇《あふぎ》をはた〳〵と打《う》ちはらゝかしつるは、たれをか打つと、見る人あやしがる。これまでなりとて、幕《まく》をかゝげて入《い》りぬ。大將殿《たいしやうどの》おぼす。はての劒《つるぎ》の舞《まひ》は、我を憎《にく》しとてうちしならめ。さは物《もの》かづけたりとも、うれしとも思《おも》はじとて、御硯召《おんすゞりめ》して、御たたうの物《もの》の香《か》しめる紙《かみ》に、御筆《みふで》はしらせ、取《と》りつたへさせ給へり。

をみなへし主《ぬし》なき宿《やど》の庭草《にはぐさ》はくねりてひとり立つがかなしき

胡地の妾―漢の王照君の故事

また、

我《われ》ぞ先《さき》見てましものをあだの野《の》の葛《くず》のうら葉《は》の恨《うら》みきくにも

今日《けふ》は胡地《こち》の妾《せふ》ならぬを、せめての心《こゝろ》やりにてありわびよとなん。見奉《みたてまつ》りては、涙《なみだ》いよよ止《とゞ》めかたくてぞある。其紙《そのかみ》のはしつかたに、墨《すみ》つぎ、見《み》わかつまじく、はかなげに書《か》きて、そこに棄置《すてお》きたるを、又とりつたへて、御前《おんまへ》に奉《たてまつ》るを、とりて見《み》たまへば、

鎌倉《かまくら》のみこしがさきによする波いはだにくやすこころ砕《くだ》けて

哀《あはれ》のことや、よくいたはれ。放《はな》ちて返《かへ》すとも、いづちにかいぬべき。直《なほ》き操《みさを》を狂《まぐ》るわざしてしひて、物《もの》とふなとて、情《なさけ》しくこめおき給《たま》へるとなん、語《かた》りつたへたる。

漢高斬《り》韓信《を》、右府滅《す》廷尉《を》、佞大一般。然《れども》韓信《は》外臣、廷尉《は》骨肉、残忍過《ぐ》漢高《に》者矣。

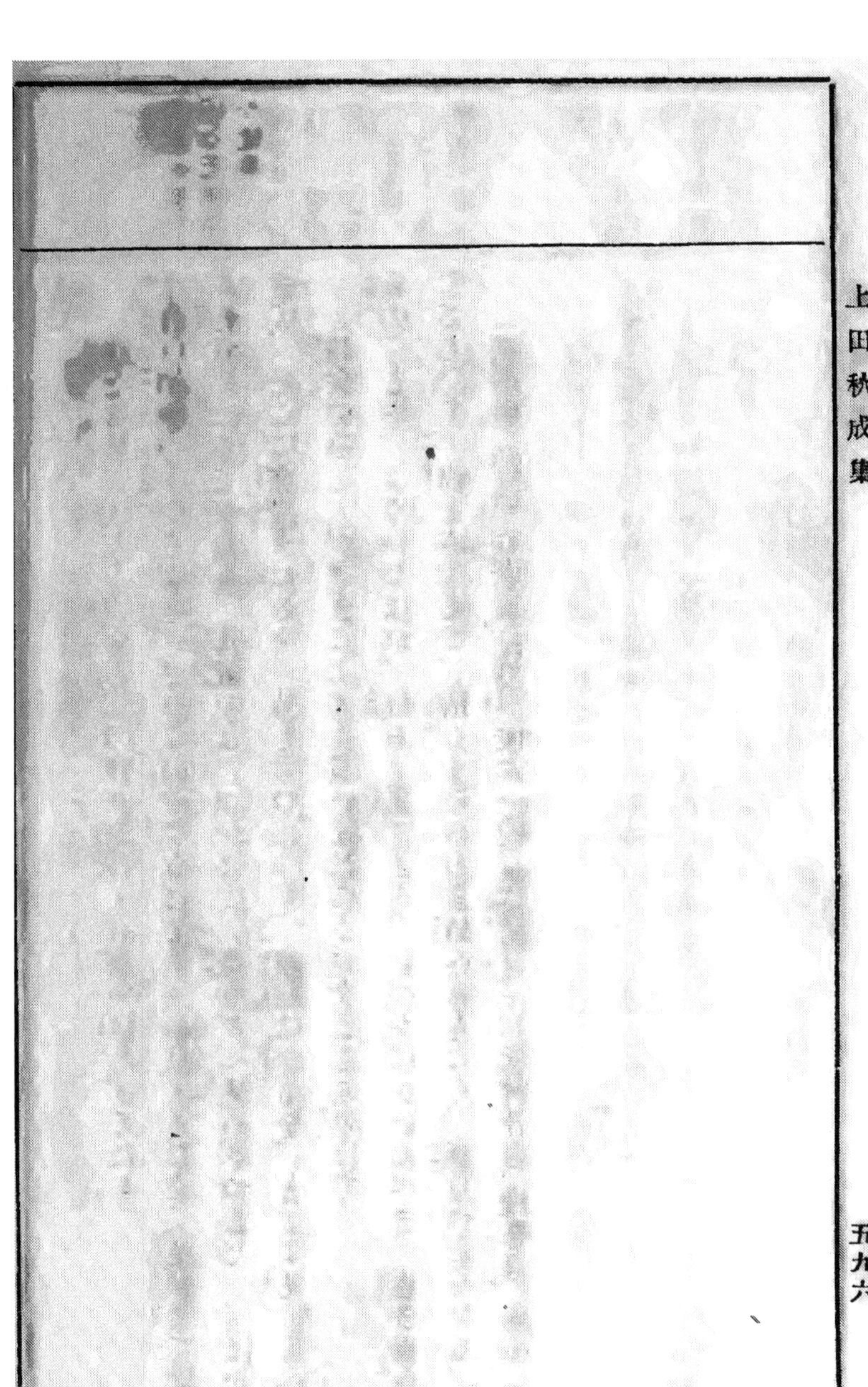

# 藤簍冊子　巻之五

説文—漢許慎撰

## ○水無瀬川

安永庚子冬十月、遊《ぶ》于京師《に》。道歴《へ》攝北《を》、而過《ぐ》水無瀬川《を》。川《は》在《り》于山城《の》國界《に》也。然《れは》溯《り》流《に》尋《ね》徑《を》、乃《ち》入《る》溪澗中《に》。巖上之飛湍高丈許、所《の》墜《ろ》激浪撒珠、其響《き》與松風《と》相應《じ》、濺々《として》走下。未《だ》陟《ら》百歩《を》、水淺涓々《きこゑたり》。石出《て》沙明《に》、旋入《りてる》幽篁裏《に》。忽然不《ず》見下流《を》。而溪遶《く》林過《ぎ》、即《ち》出《づ》前路《に》。則厓間丈餘、水勢倏洶湧《す》。足《る》以《て》灌《ぐ》田野《に》矣。於《て》是《に》始《めて》覺《る》、其脈潛《り》地中《に》、及《で》于此《に》復湧出《する》乎。説文《に》云《ふ》、水派行《く》地中《に》濆々《たり》、蓋此類《なり》也。嗟呼造化《の》一奇事《なる》哉。于《て》此《に》古人之詠詩不《して》待《ず》解《を》、而旨趣自了然《たり》。因《て》以《て》賦《す》之《の》二章《を》。

阿理氏那幾《ありてなき》　豫乃多免之登波《よのためしとは》　加都志連騰《かつしれど》　美那世能河伯迺《みなせのかはの》　女豆羅之幾加母《めづらしきかも》

徽南珂味八《みなかみは》　毛三遲知禮婆敍《もみぢちればぞ》　彌奈勢我破《みなせがは》　斯堂仁文安紀乃《したにもあきの》　以呂半迦與遍類《いろはかよへる》

## ○郝廉留錢

一介—一芥

爪くはろ—恥ぢて臆す

使のろく—使賢

かど人—賢人、鄰ない

伴蒿蹊の家に人々あつまりて、題《だい》を分《わか》ちて文かける。其題蒙求《そのだいもうぎう》といふ文《ふみ》の中《なか》に採《さぐ》れる。

風俗通云《にふ》。郝子廉、飢不《てず》レ得レ食《を》、寒不《きにず》レ得レ衣《を》。一介不《ず》レ取《ら》二諸人《をに》一。曾過《てて》レ姉飯《にす》。留《めて》二錢席下《を》一《に》而去《る》。毎行飲《みを》レ水、常投《にず》二一錢井中《をに》一。

むかし、飢《う》ゑて物《もの》ほしみせず、年寒《こしさむ》けれど、秋《あき》の蟲《むし》のつゞりだにささず、肩《かた》のまよひも侘《わび》しともおぼさずなん。まいて塵《ちり》ひとつだに世《よ》にもとむべきかは。氏《うぢ》は郝氏《かくし》にて、名《な》を廉《れん》といふ。むべも譌《いつはり》ならぬ親《おや》のたまものなりけり。姉《あね》ひとりもたりき。それの郷《さと》、それの人の女《め》にて、その家《いへ》なんよき酒《さけ》つくり、田圃《でんぽ》多く領《りやう》じ、門高《もんたか》く、家の子あまた召つかひて、いと賑《にぎは》はしかりける。されど此廉《このれん》なる人、己《おのれ》いふがひなく、爪《つめ》くはるゝとにはあらねど、常《つね》にいき訪《とむら》ふこともをさ〳〵せざりけり。あね君《ぎみ》よき男子《をのこ》ふたり。女の子《をうなこ》一人、朝《あさ》ゆふ前《まへ》におきすゑて、萬《よろづ》たらはぬことなき世《よ》にも、只《たゞ》この弟《おとうと》の心《こゝろ》一つをとりかねて、時々使《ときどきつかひ》して、何《なに》やくれやの物《もの》おくりやれば、いとも忝《かたじけ》なきよしに、推《お》しいたゞきて後《のち》、使のろくにとらせて、聊《いさゝ》かの物《もの》もとゞめざれば、いともすべなく、悲《かなし》う覺《おぼ》しわづらひにけり。かど人物《ひともの》へまかる使《たより》にとむらひにけり。いとうれしうて、北《きた》おもてなる所《ところ》の、我《わが》

おましー御座所
まかん出たまー來給へ
いたいけー幼なき
かいそゝふるーつき纏ふ
青雲の立身出世の志
壁のこぼれ云々ー晋匡衡の故事
何某とかいふ云々ー晋魯褒、錢神論の著者

おましにゐていきて、年月のことども、心くまなく問《と》ひみ語《かた》りみ、いかで時々《ときどき》まかん出《で》たまへ。斯《か》くておはすを、主人《あるじ》もあたらしき事《こと》とは、ことにしも宣《のたま》へるものを、こゝにも日比《ひごろ》とゞまり給《たま》はんには、いとうれしくなん。いたいけなる者等《ものら》が、かいそゝぶるはむつかしけれど、あはれと覺《おぼ》しめぐみて、生長《おひた》たんやうをも見つがせてよなと言《い》ふ。あるじ外《ほか》よりかへり來《き》て、世に稀人《まれびと》こそ入《い》らせけれ。酒《さけ》いかで參《まゐ》らせざる。問《と》はせ給《たま》はぬ事《こと》は、己《おのれ》がだい〳〵しさに咎《とが》むべうもあらず。こゝなる人と時々《ときどき》申出《まうしい》づること、あたら物《もの》しりと人の羨《うらや》むを、青雲《せいうん》の志《こころざし》だにおはせぬ、あひなう侘々しき。いともいぶかしきは、物《もの》まなびなん。そのかたの爲《ため》とこそ承《うけたまは》りつれ。世を政《まつりご》つべきみかど參《まゐ》りなもせで、ふかき山《やま》はやしに逃《に》げかくるゝためし、我世《わがよ》より見《み》れば、いかなる事《こと》ともおぼし知《し》られぬよ。壁《かべ》のこぼれに鄰《となり》の光をたのまんより、身《み》の財《ざい》もて如何《いか》でかゞやかさゞる。何某《なにがし》とか云《い》ふかしこき人《ひと》の、錢《ぜに》ばかり貴《たふと》きものもなし。翼《つばさ》あらねど空《そら》をかけり、足《あし》なくて千里を ゆくなど、いとあり難《がた》きことを書《か》きあらはせしを、人のよみて聞《きか》せ給《たま》ふるまゝに、いよよます〳〵あが佛《ほとけ》とも、君《きみ》とも親《おや》ともかしづき奉《たてまつ》るにや。人なみ〳〵になりて、親《おや》おほ父《ぢい》より住《す》みふりし所々《ところどころ》修理《すり》し、いな倉酒《ぐらさか》くらの町をつくり添《そ》へ、あの見ゆる竹《たけ》の葉山《はやま》の

ゆるびて—打寛ぎて
にひしぼりの—新酒醸造の
もだし—默し
やをら—徐ろに
あるじ—饗應
なめし—禮なし

限《かぎり》までは、おのが田ばたに領《りやう》じなりぬ。あながらに世《よ》を逃《のが》れまく思《おぼ》さば、此邊《このわたり》いづこにも住み給へ。朝夕《あさゆふ》のことどもは、子《こ》どもらがみつぎ奉《たてまつ》らむ。生《お》いさきあるものらに、うちうち家《いへ》とみ榮《さか》ゆべきことを教《をし》へ給《たま》へかし。猶《なほ》うちゆるびて、こよひもあすも御物《おんもの》がたり聞《きこ》えかはすべし。にひしぼりのこの頃《ころ》、己《おの》が二つの眼《まなこ》をてらして、多くの手《て》足《あし》をあだあだしがらせぬを、錢《ぜに》の神《かみ》はよしとや思《おぼ》すらん。只今《たゞいま》たゞ參《まゐ》りきこゆべしとて走《はし》り出《い》づ。姉君《あねぎみ》立ちかはり、あるじはかく懇《ねもごろ》になんおはす、一向《ひたぶる》におもひたのみ給《たま》へ。世《よ》に御《おん》爲《ため》あしからじ。親《おや》のかだみとなん覺《おぼ》ししみぬるにはとて、いと放《はな》ちがたく聞《きこ》ゆ。たゞかたじけなしとのみ、默《もだ》しがたくぞ答《こた》ふ。女《め》のわらはのさがしげなるが、やをら障子《さうじ》あけて、御膳《おもの》いとよう侍《はべ》り。參《まゐ》らせばやといふ。何《なに》も〳〵淸《きよ》うして參《まゐ》らせよと云《い》ふ。わらは御《み》臺《だい》さゝげ參《まゐ》る。汁《しる》もの、あつもの、何《なに》くれと取《と》りそろへたり。ゐや盡《つく》しつゝ喰《く》ひはてぬ。茶《ちや》くだものまで心《こゝろ》ゆくあるじなり。今日《けふ》なんむね〳〵しきことの侍《はべ》りて、此方《このあなた》までまかんで侍《はべ》るを、こゝ打ちかたぶきて過《すご》し侍《はべ》らんは、いとなめしとて、彼處《かしこ》に待《ま》ちわびたらんが情《なさけ》なし。遠《とほ》からずまうで侍《はべ》らん。兄《せうと》の御《おん》うしろみさせ給《たま》ふ御《み》心《こゝろ》ざしの、いとも忝《かたじけ》なきを、朽《く》ちばみたる袖《そで》にはえも包《つゝ》みあへず侍《はべ》るとて、つと立ちて出づ。姉君《あねぎみ》、あなう、我《わが》

みあへ代—酒肴代

ゆめ—決して

蜂ぶく—けなす

思ふなかばをも思《おぼ》さぬには、何事《なにごと》もきこえ給《たま》はずと打ちうらむ。あるじも来りあひて、此《こ》はいかにぞや。さりがたき行《おこなひ》どもかつぐ〴〵仰《おほ》せて、頓《やが》て参《まゐ》るべくするを、わりなの御《おん》急《いそ》ぎや。けふは放《はな》ちてむ。とく給《たま》へとて門送《かどおく》りす。姉君《あねぎみ》いと本意《ほい》なげに、居《ゐ》させし所《ところ》の塵《ちり》はらふとて、筵《むしろ》とりやりたれば、物《もの》その下《した》にあり。あやし、とりて見《み》たれば、銭《ぜに》いくらをつゝみて、みあへ代《しろ》と書《か》きつけたり。餘《あまり》のことに憎《にく》くさへなりて、これ見給《みたま》へとて見《み》すれば、さるにても、物知《ものしり》ばかり頑《かたく》なしきものはあらぬ。乞食《かたゐ》などのさまなるを、おのれ見《み》にくしともおもはで、獨世《ひとりよ》をすましたる、中々《なかなか》に面悪《つらにく》し。おひさきあるものら、ゆめ物學《ものまな》ばすなと、爪《つま》はじきをして蜂《はち》ぶきたる、世《よ》の理《ことわり》とは、誰《たれ》も聞《き》きつべし。あね君僊《ぎみせん》方《すべ》なくて打泣《うちなか》れたる。かしこきにや、あらずや、知らずかし。昔《むかし》もかゝる人《ひと》は珍《めづ》らかなれば、記るして傳《つた》へたりき。

## 〇古戰場

唯心尼《ゆゐしんに》、我難波《わがなには》のやどりをとひ来《き》て、語《かた》りなぐさむる程《ほど》に、れいの手《て》ならひにすべく、物ら言《い》ひてきかせ給へと云《い》ふ。翁《おきな》もしばし物わするゝには、何ごとをもまなび

心ゆかず—面白からず

まん名—漢字

秦か漢か云々—李華の弔古戰場文に、秦歟漢歟將近代歟

しづ屋の主人—加藤宇萬伎

出づべきを、山《やま》の紅葉《もみぢ》、野《の》の淺茅《あさぢ》の色《いろ》づきたらんも、月影《つきかげ》きよく、雁《かり》のつれわたらんも、かう垂《た》れこめてあるには心《こゝろ》もゆかず、いふとも何《なに》の句《にほひ》やあらん。それは年《とし》のはにおかぬ哀《あはれ》ながら、耳《みゝ》ふりたりし、あながちなることを今《いま》おぼし出《い》でたるを、求《もと》め奉《たてまつ》らばや。此頃《このごろ》よみつるもろこし人《びと》の、いにしへの戰《いくさ》の場《には》を過《す》ぎて、いと悲《かな》しげなること書《か》いたまへるが、まん名《な》に書《か》きすくめたるには、讀《よ》むにこはぐ〳〵しく、聞《きゝ》知《し》るまじきことのみ多《おほ》かり。これが心《こゝろ》ばへ、すこし學《まな》びて聞《きゝ》しらせ給《たま》へと云ふ。あなさかし、それは秦《しん》か漢《かん》か、近き代《よ》かなどあるには、猶《なほ》まのあたりにも、世の亂《みだれ》をおぼししみて、打ちも出《い》づらめ。治《をさ》まれる世《よ》の民草《たみぐさ》の、さる凄《すさま》じきさかひに行到《ゆきいた》るべくもあらず。ましてまのあたりなる事《こと》ならぬは、何の辨《わきまへ》もあらず。いとも徒々《あだ〳〵》しきを、されど俳優《わざをぎ》らがたつゝ舞《まひ》のたぐひに、見聞《みきか》ぬことをも語《かた》り出《い》でなぐさめんにはとて、物に凭《よ》りかゝりたるまゝに、つぶ〳〵とつゞしり出《い》でたる、いと物ぐるほしきはかなごとなりや。

昔、しづ屋《や》の主人《うし》、難波《なには》の大城《おほき》もるつらに召加《めしくは》へられて、まうのぼり給《たま》ひし時、信濃《しなの》の國《くに》きちかうの原《はら》といふ所を過《す》ぎて、詠《よま》せ給《たま》ひし歌、

加茂の翁―加茂眞淵、

おてもこのも―此所彼所

うらみおもてみ―葉の裏をあらはし表をあらはし

御笠と申せ―古今集にみ侍御笠と申せ宮城野のこの下露は雨にまされり

もののふの草むすかばね年ふりて秋風《あきかぜ》さむしきちかうのはら

此歌《このうた》、加茂《かも》の翁《おきな》のよしと褒《ほ》めさせしかば、友垣《ともがき》の中には、いと譽《ほまれ》あるものに語《かた》りあひ侍《はべ》りき。其野《そのの》はや、人の語《かた》りしを、今おぼし出《い》づれば、限《かぎり》もなくひろらなる所《ところ》なり。西のかたの、大木蘇《おほきそ》小岐曾《こきそ》の嶺《みね》を越《こ》えて、この野《の》には下《くだ》り來るなり。東は、諏訪《すは》、和田《わだ》、風ごし、碓氷《うすひ》の嶺々《みね〳〵》に立ちつゞきたるべし。それがあまりの山々嶺々《やま〳〵みね〳〵》、立繞《たちめぐ》りたるには、ゆくさくさ、おてもこのも、限《かぎり》のありて見ゆれば、さばかりの原野《はらの》とも思《おぼ》さぬなるべし。夏過ぎ、秋風吹立《あきかぜふきた》ちて、篠《しの》ずすき蘆《あし》がやに、這《は》ひまつはるゝ眞葛《まくず》の、怨《うら》みをもてみ蹂ぎたつ。露《つゆ》は御笠《みかさ》と申《まう》せなど云《い》ふべく散《ち》りみだれしには、道《みち》ゆく人の、弓末《ゆずゑ》のみに見えがくれして、はたご馬《うま》の、行々《ゆく〳〵》人すまぬ霧《きり》の籬《まがき》に立隠《たちかく》るゝ、此處《ここ》なん、甲斐《かひ》、越後《ゑちご》、此國のますらたけをの、たゝかひの場《には》にて、旗《はた》さし物《もの》は、今見る雲霧《くもきり》のたえ〴〵なびくに似《に》て、弓ほこつるぎ刄《やいは》の亂《みだれ》は、尾花《をばな》高がやよりもしげく、大《おほ》ぶえ小笛《こぶえ》の音《おと》は、ありかさだめすだく蟲《むし》の聲《こゑ》か。吹渡《ふきわた》る風の音《おと》か。仇《あた》がうつ鼓《つゞみ》か。こゝち惑《まどひ》ぞしぬべき。今日《けふ》は彼方《かなた》にかちほこり、あすは又うしろを見《み》せて追討《おひうた》るゝよ。その仇《あた》むすびし始《はじめ》をとへば、深《ふか》きうらみのあるにもあらず、かたみに、龍《たつ》の雲《くも》にのりてみ空《そら》をかけりわたらんと、ほこり

龍の雲にのりて云々―風雲に乘ぜんとする
霧原望月―信濃國にある牧場
おくて―晩稻
道觸の神―旅路にて其行程にあたる神

奢《をご》れる心《こゝろ》の、凄《すさま》じきがなすにこそあれ。流《なが》るゝ血《ち》は小川《いさゝかは》とせかれ、碎《くだ》くる骨《ほね》は小石《さゞれ》とも敷《し》きみちぬべし。かくて年《とし》ふりたらん後《のち》は、此あらがねの土《つち》の下《した》は、こと〴〵屍《しかばね》の積《つ》み埋《うづ》みたらんが上《うへ》にこそと、ふとおもへば、身《み》の毛《け》たち、つめたき汗《あせ》は衣《ころも》をとほすべし。しか心《こゝろ》まどひしては、霧原望月《きりはらもちづき》の野《の》に、放《はな》ちかふ駒《こま》のいなゝきを驚《おどろ》かれぞする。殘《のこ》れるあつさの空《そら》に、流《なが》るゝ星《ほし》のゆくへを、鬼《おに》の火《ひ》に見《み》のおそれして、行手《ゆくて》や近《ちか》き、こし方《かた》やなどおぼしまどふを、心《こゝろ》をしづめて思《おも》へば、我其仇《われそのあた》か、彼《かれ》を敵《かたき》とも怨《うら》むべきにあらず。大《おほ》君《ぎみ》の御垣《みかき》の内《うち》の國《くに》なりとも、いづこの土か人《ひと》の骨《ほね》の埋《うづも》れたらざらん。年《とし》をふり、土《つち》にかへりては、春のら小田《をだ》すきかへすより、千町《ちまち》の晩稻《おくて》かり納《をさ》むるまで、男《をとこ》をとめの汚《よご》れまみるゝ泥土《ひぢりこ》も、そのいみじき物《もの》のまじこりたらめ。今《いま》のあたりならずとも、賢《かしこ》き人は思《おぼ》ししるらめ。あなはかな、あないみじ。猶《なほ》うたへらく歌《うた》は、

みこもかる　信濃《しなぬ》の國は　山《やま》ゆけど　野《の》ゆけど荒き　其道《そのみち》の　道觸《ちぶり》の神の　み
心も　荒びやすらん　國柄《くにがら》に　生《あ》れます人も　荒《あら》し雄《を》の　たけびをらびて　人《ひと》
國《くに》を　おのが家庭《やには》に　人の君は　おのがやつこと　あたむすび　恨みをむくい
大鳥《おほとり》の　長き啄《はし》して　とれどあかず　家をばいでて　親《おや》も子《こ》も　かなしき女《め》を

うけ沓をぬきつるが如ー破れたる沓脱ぐごとく容易に
紫のー枕詞

も　うけ沓《くつ》を　ぬぎつるがごと　いかり猪《ゐ》の　かへり見もせず　劒太刀《つるぎたち》　夜もとり寢《ね》て　夏蟲《なつむし》の　ともし消《け》つまで　身をわすれ　刃《やいは》をしのぎ　戰の　場《には》に死《し》すとも　紫の　名高《なだか》の浦の　名《な》ををしみ　末の世《よ》までに　かたり次《つ》ぎ　いひつぐことを　ひたすらに　もとむる人も　天《あめ》つちの　かぎりあらねば　いさをとて　人のほむるも　此野らの　草葉における　しら露《つゆ》の　落ちてくだけて　後《のち》あらんやも

反歌

ちはやふる人をとらふと馬《うま》はせて荒野《あらの》の末《すゑ》に日はかたむきぬ

かがりたきたてつきなめてをちかたの仇守《あたまも》る野《の》に月澄《す》み渡《わた》る

後《のち》の名をたのみはてずはますらをの命《いのち》をかぜの塵《ちり》になさめや

## ○聽雪　其一

あはれ〳〵、老《お》いたる人《ひと》ばかり、見ぐるしく口惜《くちをし》きものはあらぬ。昔は都邊《みやこべ》の雪いかならんと、風《かぜ》だにさむく、雲《くも》の立《た》ちまふ夕《ゆふべ》は、出《い》でや立《た》ましなど思ひを動《うご》かせしに、それ

さることにて、この四年《とせ》ばかりいにしへ、こゝの宿《やどり》もとめて、住《す》みつきぬる時《とき》までも、睦《む》月《つき》それの日、雪いとふかう降《ふ》りつみたるを、待《ま》ちよろこべる友どち、二人《ふたり》みたり搔《か》いつらねて、消《き》えがてまでも野山《のやま》にまじりしは、たどきのふの如《ごと》わすれぬを、斯《か》うもおとろへけりな。都《みやこ》を雪《ゆき》のふるさとにせよと、伴《とも》の翁《をう》のよみて聞《きこ》えられしに、又小澤《をざは》の翁《をう》の、如《い》何《か》にながめつらんとて、

かつ咲きてかつ吹《ふ》きちらせ花《はな》よりも花なる庭《には》の松《まつ》のしら雪《ゆき》

となんいひ送《おく》られしかば、

さくとちる風のながれのあやしきは空目《そらめ》の花《はな》の林《はやし》なりけり

とかへし聞えしなど思《おほ》し出でらる。今は目《め》こそ疎《うと》けれ、足《あし》こそなえたれ、この降《ふ》る雪《ゆき》に物ばかりは言《い》はんとて、紙《かみ》すゞりとう出《で》たれど、指《ゆび》は龜《かめ》のごとにかゞまりて、筆《ふで》あゆますべくもあらねば、おき火《び》かいまさぐりつゝ、こしかたを忍《しの》び、今を打ちなげきては、例《れい》の繰言《くりごと》すなん。いとはかなしや。神無月《かみなつき》、時雨《しぐれ》の雨に染《そ》めし木末《こずゑ》の散《ち》りはてゝ後《のち》は、野《の》山《やま》は色なくなりてん。高《たか》きいやしき、おのが程々《ほど〳〵》に冬《ふゆ》ごもりして、春を待《ま》つこそわりなけれ。あしたより雲《くも》けしきだち、嵐《あらし》はげしきに、やれたる窓《まど》の紙《かみ》は風《かぜ》を啜《すゝ》りて、いとい

かいつられて—連りて
伴の翁—伴信友
小澤の翁—小澤蘆庵

夕づけて—夕方に
かほよ人—美人
けぢめ—文目、あやめ
いさらけ—いささか
木の芽—茶
土器—酒器

たう寒きに、夕《ゆふ》づけて雪やもよほす、物《もの》の音《ね》ふつに絶《た》えたりしに、たゞしとく〳〵と鬼《おに》のあゆみてくる音《おと》するは、雪《ゆき》かみぞれかと這《は》ひ出でて、北《きた》の窓《まど》すこし明《あ》けて見たれば、ほどなき庭《には》をさしおほふ。鄰《となり》の松《まつ》が枝《え》の葉《は》に、いとしろう降《ふ》りつみたるを見るにも、いでいかで出《い》でやたゝまし。比枝比良《ひえひら》に立《た》ちつらなる山々《やま〳〵》、高《たか》きは雲《くも》にかしらつき入れ、低《ひく》きは物《もの》につゝまれたる樣《さま》して、よそほひ立ち、ゑめるが如く、妬《ねた》めるに似《に》て、われ天の下のかほよ人とや打ちほこりたらん。野はもろこし人の白銀《しろがね》を布《し》くと見しは、猶《なほ》くもりげなり。神の織《お》りけん栲《たへ》の白布《しらぬの》を、幾千々《いくちゞ》むら引《ひ》きみだりたりと見ば、そも機《はた》ばりのけぢめ見ゆべし。林《はやし》は、賢木《さかき》葉《は》に木綿《ゆふ》とりかけて、神《かみ》のいでましの御前《みさき》にさゝげ出《い》でたつとも讚《たゞ》ふべし。やゝ光《ひかり》をのこして暮《く》れはてぬと見る〳〵、空晴《そらは》れ風《かぜ》すこし吹《ふ》きて、雁《かり》がねの鳴《な》きてわたるほどに、月《つき》や出でぬと、すのこに立ちいでて見れば、はやく山《やま》の端《は》をはなれて、晝《ひる》よりも實《け》にあかくしらぐ〳〵しく、星《ほし》のかゞやきそへて、千里《ちさと》の外《ほか》までも、いささけの隈《くま》もあらじと思《おも》ふは、かくひたやごもりして、閉ぢたる眼《まなこ》にさへ、まさめのけしきして、心なぐさむなん、いとあやしき。埋火《うづみび》たきつぎ、湯《ゆ》たぎらせ、木《こ》の芽《め》の香《か》のみすずろひをり、瓶子《へいじ》土器《かはらけ》とりはやさぬ、よそめ如何にさふ〳〵しからん。我難波人《わがなにはびと》は、雪《ゆき》

あはになふりそ—萬葉に、降る雪はあはにな降りそなよばりのゐがひの岡のせきならなくに

は都《みやこ》の物とのみ思ひこがれては、いかに眺《なが》めつらんなど、その折々《をりをり》は問《と》ひこしつるを思《おも》ふにも、老《お》いたる己《おのれ》ばかり、見ぐるしく口惜《くちをし》き人はあらじものを、かうまで居《ゐ》かくまりぬれば、山と降《ふ》りつみ、巖《いはほ》とこほりたる下にうづもれて、春立《はるた》つぞともおぼし知《し》らぬ、三《み》越路《こしぢ》の山里人《やまざとびと》ぞ、我は。

## ○聽　雪　其二

雁《かり》がねの故郷《ふるさと》としも云《い》ふめる、越《こし》の國々《くにぐに》はや、冬《ふゆ》の雪《ゆき》の山《やま》とふりつみ、いはほと凝《こ》り、深き谷は丘《をか》となり、高き木末《こずゑ》も、道《みち》の芝草《しばくさ》と埋《うづ》もれ、或《あるひ》は崩《くづ》れなだれて、旅行《たびゆ》く人の關路《せきぢ》となりて、老《お》いたる駒《こま》さへさす方をうしなふ。さるわたりならぬにさへ、あはにな降《ふ》りそと、いにしへ人《ひと》のなげきしは、これが煩《わづらは》すなりけり。宮古《みやこ》べの雪《ゆき》は、時雨《しぐれ》ふる神無《かんな》月《づき》過ぎて、風《かぜ》ひやゝかに、雲《くも》がちなるには、朝よひとなく、照日《てるひ》ながらに散りかひて、衣《ころも》寒しもといひつゝも、立出《たちい》で見れば、高山端山《たかやまはやま》、なべて赤《あか》はだかに見るめなく、野《の》ははたつ物こそあれ、下紅葉《したもみぢ》せし小草《をぐさ》も枯《か》れはてて、霜《しも》に碎《くだ》かれ、風《かぜ》の塵《ちり》とゆく方《へ》なく吹《ふ》きまよひ、いは橋《はし》ふみこゆる山川《やまがは》の瀬《せ》も、薄《うす》ら氷《こほり》とづるほかは、さゝやかにだに音《おと》もせず、

望の日—陰暦十五日
まろうどざね—主賓
ゑみをひらき—綻び
ゐや〳〵しく—禮義正しく
あめのした云々—佳人薄命の諺

野路《のぢ》の小川のさゞれもしがらみも、風に吹《ふ》きかはかされて、池沼《いけぬま》は忘れ水《みづ》とや見すぐすべき。さはこゝを瀬《せ》と、きは〳〵しく、あめにみち、つちを覆《おほ》ひて、降《ふ》りつむながめのしらしらしさよ。雪《ゆき》よ〳〵、冬《ふゆ》をおのが時《とき》とはすれど、大かたの年なみを見るに、睦月《むつき》立ちて、望《もち》の日ごろまでにこそ、一さかたらず降《ふ》りつみて、あな面白《おもしろ》のながめはあんなれ。冬をおのが時《とき》とすれど、春はおのれまろうどざねに、心《こゝろ》ゆくあそびするか。睦月《りつき》立《た》ち、なほ吹風《ふくかぜ》は寒《さむ》きにも、日《ひ》の影《かげ》うら〳〵と、山の南《みなみ》おもてに霞《かすみ》たな引きそめて、去《こ》年《ぞ》よりふゝみし梅《うめ》の、ゑみをひらき、鶯《うぐひす》の初音《はつね》さゝやかならず軒《のき》におとづれて、芽《め》はる柳《やなぎ》の枝《えだ》は、空《そら》に動《うご》くけしきなん見ゆ。さるは人の心もゆたけく、高き卑《いやし》きゐや〳〵しく、喜《よろこ》びをのべつゝ、疎《うと》きもいきかひして、ことなきを祝《いは》ふたのしさよ。唐《から》うた、やまと歌《うた》、道々《みち〳〵》しげに、絲竹《いとたけ》の遊も何《なに》も、春をまづことぶくなん、年のはにおかぬためしなりける。雪《ゆき》よ〳〵、冬《ふゆ》をおのが時《とき》にて、春をいかに。霞《かすみ》をけち、花《はな》を降《ふ》りうづみ、鶯《うぐひす》の涙《なんだ》を氷《こほ》らするは、物みな嫉《ねた》ましくするか。人の心《こゝろ》をなぐさめ、人の心を傷《いた》ましむはなぞ。天《あめ》の下《した》のかほよ人《ひと》の、あやにくなるさがにも似《に》たるか。あしたより雲《くも》けしき立ち、照日《てるひ》ながらにいと寒《さむ》き日、立出《いでた》ちて見たれば、

行く水—行く水とすぐる齢と散る花といづれ待ててふことをきくらん古今集の歌
あすは雪—今日こずば明日は雪と

たちめぐる山《やま》のあらしにくだかれて散《ち》るか都《みやこ》の春のあわゆき

〇應《じて》二雲林院醫伯之需《に》一擬《す》二李太白春夜宴《する》下桃李園《に》上序《に》一

やよひの望《もち》の夜ごろ、かすみながらに、夕《ゆふ》かけて月いと華《はなや》かにさしのぼりて、庭《には》の櫻《さくら》が枝《えだ》に先《まづ》かゝれる影《かげ》の、花《はな》に色《いろ》をあらそふは、似《に》る物もなくあはれなり。人々此木《このき》の下《もと》におりゐて、酒《さけ》くみあそぶ。あるじの翁《おきな》いへる、月日《つきひ》は箭《や》を射るに譬《たと》へ、人の命はゆく水《みづ》の跡《あと》なきに云《い》ふも、こよひや引《ひ》きてはなたぬほど、瀬《せ》によどむ暇《ひま》といはばいかに。さは徒《いたづら》にながめんやは。花《はな》の思はんをやさしみ給《たま》へとて、かはらけをすゝめ、筆硯《ふですゞり》さゝげいでて、物求《ものもと》め顔《がほ》なり。まろうどざね云《い》ふ。行《ゆ》く水《みづ》と、過《す》ぐる齢《よはひ》と、ちる花《はな》をまてと云《い》ふにとゞまらずとや。我如《わがごと》きは止《とゞま》りて何ごとをかなすべき。年もゆけかし、水もよどまざれ、只《たゞ》こよひの花《はな》ばかりは、あすは雪ともと打ちまもらへをる。わかく賢《さか》しだちたる人の云ふ。酌《く》みてあかぬは、大伴《おほとも》のそち君《きみ》こゝに坐《おは》すに似《に》て、言に擧《あ》げて歌《うた》はゞ、貫之《つらゆき》躬恒《みつね》も昔《むかし》の人ならず、酒《さけ》はばかり淺《あさ》くとも、琴《こと》の調《しらべ》つたなしとも言へ、此めづる心《こゝろ》ばかりは劣《おと》らじものを、我先《われまづ》とて、打ちうめき、はやりかにて、

ぞ降りなまし消えずはありとも花を見ましや
同上
大伴のそち君―大伴家持
はやりかにて―華やに
爪くはろゝ―恥づべき
あかとき―曉
壺の中に―醉裏乾坤大

大原《おほはら》やおぼろの淸水《しみづ》はるの夜《よ》の月をさくらにかけてうつれる

醉《ゑひ》なきせぬ人の云《い》ふ。山《やま》のたゝずまひ、水《みづ》の流《ながれ》、時々の草木《くさき》の色香《いろか》、鳥《とり》の聲蟲《こゑむし》の音《ね》、いにしへ今《いま》たがはじを、これめづる心《こゝろ》ことばの、古きにおとるこそ、いとも爪《つめ》くはろゝ業《わざ》なれば、我は中々《なかなか》なることいはじとて、袖《そで》たれ打ちもだしをる。一人は觴《さかづき》を擧《あ》げながら、

櫻花《さくらばな》かげのやゝとればひさかたのかつらの枝《えだ》もともにかざさん

翁《おきな》さびたる人《ひと》の、

よしさらば齡《よはひ》は花にゆづらなんかたぶく月《つき》よわれをいざなへ

さすがに打泣《うちな》きたるはうたてし。まろうどざねも心《こゝろ》すさびやして、

咲花《さくはな》のしづくにぬるゝわが袖を月に干《ほ》すとて夜はふけにつつ

主人《あるじ》いとう醉《ゑ》ひずゝみして、人々の詞《ことば》の花《はな》は、木末《こずゑ》も色《いろ》なくぞ見ゆ。風《かぜ》さそはねば散りもはじめず。月《つき》もあかときかけては、春《はる》の夜《よ》みじかくもあらじ。酒《さけ》の泉《いづみ》猶盡《つ》きぬぞとて、ふとき拍子《はうし》とり、聲いとたからかなり。

この酒《さけ》を醸《か》みてたたへし壺《つほ》の中《なか》に長き月日《つきひ》はありとこそ聞け

壷中日月長の意。

憩ふ—愛好する

春夜宴—李白の春夜宴桃李園序

鼻しらむ—恥づべきの義。

物らいはぬ人々は、おのがじじ酌《く》みつゝ、御罰いたう蒙《かうむ》りぬといひてなん。

## ○故　郷　倣㆘韓退之送㆔李愿歸㆓盤谷㆒序㆖

一夜《ひとよ》力齋主翁《りきさいしゆをう》かたりて云ふ。蘇子瞻《そしせん》云《い》ふ。唐に文章《ぶんしやう》なし。唯韓昌黎《たゞかんしやうれい》の、李愿《りげん》が盤谷《ばんこく》に歸《かへ》るを送る序のみきらく〱し。常に之にならはまく思《おも》ひでは、筆《ふで》を止る事幾度《いくたび》、ああ彼《かれ》をゆるして獨《ひとり》たゝしめんと、此語《このことば》につきて、此序を憩《あまな》ふこと年久し。前《まへ》には太白の春夜宴《しゆんやえん》を、國《くに》ぶりに書《か》い改《あらた》めて贈《おく》られしを、世に珍《めづ》らかに思えて藏《をさ》めたる。又《また》是《これ》をも其ためしならばやと、試《こゝろみ》るにあらざれば、これをいなむは蘇子《そし》にまねぶに似《に》たり。よしや、これが註《ちう》かく人にならぶべく、若《もし》よみたがへ、心を誤《あやま》るとも、道々《みち〱》しからぬたは業《わざ》は、人とがむまじきぞとて、筆はとりぬ。いと鼻《はな》しらむべきさがしらなり。

むかしの人《ひと》も、世に合《あへ》るあり。時《とき》を失《うしな》へるあり。其跡《あと》いとも多《おほ》かめるを、更《さら》にかぞへあげんが煩《わづら》はしき。世にあへるが賢《かしこ》きにもあらず。時うしなへるが愚《おろか》なるにもあらず。身の幸《さいはひ》のおくれさいたち、あひ遇《あ》はぬにこそあらめ。世に遇《あ》ひてほまれとる人《ひと》の、後に陷《おち》

みかど—朝廷
中空にして—中途にして
垣根の菊な

しめらるゝもあり、樂《たの》しとするも、うしといふも、求《もと》るまゝにはあらぬ、誰《たれ》が與《あた》ふるたま物《もの》ぞや。昔《むかし》は聖《ひじり》の御代《みよ》に生れあひて、賢《さか》しと云《い》ふ人《ひと》の、ひとりは高きみくらにのぼり、一人は山《やま》に這《は》ひ隱《かく》れしをおもへば、身の程《ほど》の違《たがひ》あるをいかにせん。世にあへば馬車《うまくるま》を道《みち》にとゞろかし、みかどに參《まゐ》りては、司々《つかさ〳〵》のうへになり、思ふを奉り、言《ことば》を納《い》れまゐらすに、君《きみ》を始め、このしらせます國《くに》の限《かぎり》は、其事行《そのことおこ》なはるゝは、いとも有難《ありがた》き幸人《さいはひびと》なりけり。さるは求めねど、四方《よも》の國《くに》つ寶《たから》を庫《くら》につみ、山《やま》や江《え》や、獲《え》がたきものを、朝夕《あさゆふ》の箸《はし》に下《くだ》し、心《こゝろ》のゆくまゝなるを、かしこき人は、足るとのみにはあらで、あな恐《おそろ》しとさへ思議《おもひはか》りては、忌《い》みさくる人もありしとや。是《これ》を露《つゆ》ばかりも思知《おほしし》らで、あたゝかに打《う》ちかさね、腹《はら》ふくるゝまで食《くら》はんが、酬惡《むくいあし》からず終《をは》るもあり。或《ある》は中空《なかぞら》にしてやめられ、あるは後いかならんと仕《つかへ》をやむる、やむるをかしこしとせば、出《い》づるを愚《おろか》なりとせんか。出《い》で遁ざるは退《しりぞ》き、擧《あ》げらるゝは進《すゝ》む。是《これ》ぞ世《よ》に立《た》つ人《ひと》の心《こゝろ》にして、おのが程々《ほど〳〵》を保《たも》つなりき。あながちに隱《かく》れ退《しりぞ》きたらんも違《たが》ひたらめ。進《すゝ》むべくに退《しりぞ》くは、身をあやまれるにて、後《あと》とりかへさまほしき世《よ》も出《い》で來《こ》んものぞ。又退くべき時《とき》をうしなひて、罪《つみ》かうむるな後《のち》いかにせん。垣根《かきね》の菊《きく》を折《を》りはやし、南《みなみ》の山を朝《あさ》よひに打望《うちのぞ》みたりし人は、此いはほの

云々ー晉の陶淵明
我と避けて云々ー楚の屈原
罪なくて云々ー中納言顯基
かの谷ー盤谷
おに／＼しくー恐ろしく
そば／＼しくー險岨

中にかへりし類《たぐひ》の、程々《ほど／＼》をたもちて安《やす》きを樂《たの》しむなり。やめられて悲《かな》しともおぼさぬ人ことにたふとし。我《われ》と避《さ》けて飢《うゑ》につき、水に入《い》りし人《ひと》を、おろかなりとも言《いは》ぬは、さるべき理《ことわり》のいとせめたるにこそ御坐《おは》すらめ。罪《つみ》なくて海山《うみやま》の面白《おもしろ》き所の月《つき》を見てましと、獨《ひと》ごちし人《ひと》は、公《おほや》けにまめ／＼しからぬにはあらで、みそかに打歎《うちなげ》かるゝ由《よし》もありつらめ。かの谷《たに》深き所の民《たみ》は、心こそきすぐなれ、つらつき鬼々《おに／＼》しく、鳥の囀《さへづり》に物《もの》いひつゞけなんは、何語《なにかたら》ふべくもあらぬ。そも故郷《ふるさと》なればこそあれ、こゝに歸《かへ》るは、心《こゝろ》を安《やす》きにおかんの願《ねがひ》なり。しらぬ國《くに》、とほき境《さかひ》にゆけば、山は高くそば／＼しく、荒磯《ありそ》の波《なみ》おどろ／＼しくて、すむ人も容心《かたちこゝろ》のおに／＼しからんには、いきて誰《たれ》とか交《まじ》はらん。都《みやこ》わたりこそ、山のたゝずまひ、水《みづ》の流《ながれ》、木草《くさき》の花《はな》も、自《おのづか》らにこやかに、あなおもしろと眺《なが》めらるゝ。こゝを棄《すて》ていづこにかは。されど在《あ》りたき所《ところ》をさへ憂《う》しとおぼすは、たゞやすき一かたの願《ねがひ》にたがふからなり。世《よ》を見《み》れば、若《わか》き男《をのこ》どもの、酒《さけ》うる家《いへ》にうかれ遊ぶにさへ、十《とを》に二度《ふたゝび》などや心《こゝろ》にかなふらめ。おほかたは主人《あるじ》が立舞《たちまひ》を空《そら》ほめし、歌姫等《うたひめら》が心《こゝろ》をとりつゝ勤《つと》むるには、思《おも》ふにかなふ夜《よ》こそとぼしからめ。怒《いかり》をたへ、足《た》らざるを忍《しの》ぶは、いとも苦《くる》しげなりとは、老《お》いて後《のち》にこそ思《おも》ひしらるれ。物《もの》ひろくしり、人に越《こ》

すまで―山ふかくさこそ心は通ふともすまで哀はしらんものかは衆好の歌
退之―韓昌黎
ひとり立たる―獨歩なる
行く雲は―

えたらんと思《おも》ふも、若《わか》き程《ほど》のはやり心の煩《わづらひ》なり。物學《ものまな》ぶは、人に諛《おも》ねるにひとしと云《い》ふ教《をしへ》もありとや。田舎《ゐなか》とても、鄙《ひな》のみやこと六ふあたりの人《ひと》は、この煩《わづらひ》を求《もと》むるまけじ心のおほかり。都《みやこ》にあれど、老《おい》が如きあやしげに生ひ立ちしものは、此所《ここ》のふる堤《つつみ》の陰《かげ》に、乞食《かたゐ》ものの樣《さま》してよろぼひをるにも、むかし、かた端《はし》ばかり見聞《みきき》しことさへ、名殘《なごり》なくわすれにて、眼《まなこ》やみつかれ、花《はな》の匂《にほひ》、月《つき》の光《ひかり》も見とゞめぬは、在りて何のかひやはある。中々《なか〱》に昔の田舎住《ゐなかずまひ》こそしのばしけれ。さきのほまれ、後《あと》のそしりもあな煩《わづら》はし。只《たゞ》うまれたる程々《ほど〱》に、寒《さむ》からず、ほしからずば、ひとの國《くに》、故郷《ふるさと》のけぢめもあらじ。かの谷《たに》ふかきところの有樣《ありさま》、いきて見るとも、すまで哀《あはれ》をしらんやは。往きて都《みやこ》のわびしきは、身の程《ほど》のまづしきなり。退之《たいし》の文《ふみ》の、世にひとり立《だ》ちたるは、天のたま物か、つとめて到れるか。是ゆるしてしりに立つ人も、おのが程《ほど》を知《し》りたるなり。出《い》でてはつかへ、過《あは》ざるはしぞく。其ほど〱に安《やす》んずる人《ひと》の、樂《たの》しみふかきをさへ思ひしらる。それにつきてうたへる歌《うた》

山高み　めぐれる谷《たに》の　水きよみ　木草の花は　春秋《はるあき》の　色香《いろか》あらそひ　鳥の聲《こゑ》　ほがらほからと　明くれの　しづけき空に　行く雲《くも》は　こゝろなしとふ

歸去來辭に雲無心而出岫
なりはひ―生業
たぬし―樂し
雨雲の―よそにかけていふ枕詞
ふつま―肥馬
あぢまさの車―檳榔毛車
すがるなどとめ―腰の細き少女、美女

心しも　ありやあらずや　山深き　谷隱《がく》れして　住《す》む民の　篠屋葺《しのやふ》きあへ　松の戸の　待つこともなく　夏冬の　うさをもいはで　晝《ひる》はも　田刈斧《たかるをの》とり　夜はもよ　眞柴《ましば》折りたき　かづら綯《な》ひ　おのがほどなる　なりはひを　うしともあらず　たぬしとも　知らでありふる　故郷《ふるさと》を　なにごころして　雨雲《あまぐも》の　よそに見すてて　此谷の　深きゆいでて　中空《なかぞら》に　そびえたちたる　喬《たか》き木に遷《うつ》りて見れば　こちごちの　枝葉《えだは》をしげみ　香《か》ぐはしき　花をよそほひ　眞玉なす　實《み》をばさゝげて　大宮《おほみや》に　つかへまつれば　天《あめ》の下　おほふばかりの袖《そで》ふりはへ　ふつまに鞍《くら》おき　あぢまさの　車とゞろに　飛彈人《ひだびと》の　繩《なは》引きはへし　大路《おほぢ》さへ　ところせきまで　雲の旗《はた》　風になびかせ　まへしりへ　八十《やそ》とものを等《ら》　弓箭《ゆみや》おひ　鉾《ほこ》つきたてて　あゆまする、つかさにしあれば　皆人《みなびと》は　野邊《のべ》の鳥《とり》むし　七種《なゝくさ》の　寶《たから》はさざれ　家にあれば　錦《にしき》をまとふ　こし細《ほそ》のすがるをとめら　右にゐみ　左に媚《こ》びて　甘ざけの　泉をたたへ　山に入《い》り江《え》につりえたる　くさぐさを　かしはでめして　かしは葉《は》を　敷きとりなべてあかなくも　きこしし家は　いつのまに　和泉《いづみ》のそまが　うつ斧《をの》に　枝葉《えだは》はし、

くひはららかし—蹴散らし、くひはくえの誤
紫の—枕詞
けたれつる—消されたる
かけろふの云々—蜉蝣 淮南子に、蜉蝣朝生而暮死而盡其樂

ほみ 根《ね》をつらね 薪《たきぎ》となしぬ そを見れば 喬《たか》きはいづら 靑雲《あをぐも》に 聳《そび》えし
峯《みね》は 世《よ》の塵《ちり》の つみてなりにし 山なれば くづれたをれて 赤駒《あかごま》の あが
きに碎《くだ》き 玉ほこの 道行く人の わら沓《ぐつ》に くひはららかし はてはては、
夢《ゆめ》がたりして ほまれとて 人の羨《うらや》む 紫の 名高《なたか》のうらに よする浪 磯《いそ》に
みだれて 後の世に そしりくだしぬ あしたには 樂《たぬ》しと見しも かけろふ
の 夕べになれば そこともしも かきけたれつる 燈火《ともしび》の 光も闇に 天《あま》の戸《と》
の 岩屋戸《いはやど》たてて こもらしし 神代《かみよ》のかたり おもほえて 今のうつつに
思ひえば おのがほどほど 一日《ひとひ》には 三度《みたび》ならずも かへり見て それにつ
けつつ ありなめと おもふはただに うらやすの やすきをたのむ こころ
ひとつぞ
　李氏は
出《い》であそぶ魂《たま》は夢路《ゆめぢ》かうつつかもさむれば歸《かへ》るふるさとの宿《やど》
　我は
故鄕《ふるさと》にあらぬ都《みやこ》にありわびてかへる日《ひ》しらぬなげきをぞする

月なき夜をてらす光の云々―夜光の珠
ふんで―筆
三たり―硯、筆、墨
不材の木―樗、荘子に出づ
おみのつかさ人―官人
眞手は不壞―蘇軾が硯

## ○硯の銘

すゞりはや、石の滑《なめら》かなるをよしとす。石なめらかなるは、たゞに玉《たま》にたぐひす。玉《たま》はや、價《あたひ》かぎりなく貴《たふと》しと云《い》ふも、月なき夜をてらす光《ひかり》のむなしく、目《め》を喜《よろこ》ばしむには過《す》ぎざるべし。硯《すゞり》はや、墨《すみ》に筆《ふんで》に心《こゝろ》あはせつゝ、古《いにしへ》のことのまゝを書《しる》しつたへつゝ、後に教《をし》ふるまめものの、光《ひかり》こそ劣《をと》りたれ、いかで玉《たま》の弟《おとゝ》とや云《い》ふべき。誰《たれ》か云《い》へし。硯《すゞり》はにぶきに生《う》れて靜《しづか》なれば、齢《よはひ》は世《よ》もてかぞふべし。墨《すみ》や、ふんでや、さかしき程々《ほど〳〵》に、命《いのち》も月《つき》に日《ひ》にをはるとなん。おのれ思へらく、この三たり心を合せて、はらからなし、千《ち》世《よ》萬代《よろづよ》の昔をつたふる功績《いさを》の、齢《よはひ》もおなじと言《い》はばいかに。鈍《にぶき》にうまれて、よはひ久《ひさ》しきと云《い》ふは、きのふの山路《やまぢ》の不材《ふざい》の木《き》の譬《たとへ》こそあたりたらめ。海《うみ》をふかめ、肌《はたへ》をなめらかにすりみがきつゝ、玉《たま》にたぐふらんものを、いかで鈍《にぶ》きに生《うま》れしとは云《い》ふ。ふみは君《きみ》なり。硯《すゞり》はおみのつかさ人《びと》なり。筆《ふんで》や墨《すみ》や、各《おの〳〵》かろからぬ司々《つかさ〳〵》に仕《つか》ふまつりて、いみじき功績《いさを》をたてたらんが、永《なが》き代に朽《く》ちせぬめでたさよ。いにしへ人《びと》の云《い》ふ。眞手《しんし》は不《す》壞《やぶれ》、眞硯《しんけん》は不《す》損《ぞ》と、此理《ことわり》をうまく心《こゝろ》うべかりける。されば山にもとめ江に探《さぐ》るは、聖《ひじり》の君の

賦の語
・
そゝや—其
其すはや竹をあみて云々—竹簡に漆にて書きて文とせしこと古代の習
潮のみちひる玉—古事記に、攻めんとする時は汐滿珠を出し憂を增せば潮干珠いだして救ふと

臣の司《つかさ》を擇《えら》ぶにも似《に》たりかし。玉《たま》を求《もと》むるは、かほよ人をえらぶに同《おな》じく、光やかたちを愛《めづ》る昔事《むかしわざ》にしも覺《おぼ》ゆれ。硯《すゞり》なめらかなりとも、堅《かた》きに過《す》ぐれば、墨《すみ》を鈍《にぶ》からしむ。やわしければ、するはくだくにひとし。そゝや往《いに》しへをとむれば、竹をあみて漆《うるし》をおとせしと云《い》ふ光《ひかり》の、石なめらかならずばと誰《たれ》しも思《おも》すなるべし。又聞《き》く、硯《すゞり》のおろそげなる筆ついえ、墨《すみ》あらびて、友《とも》を損《そこな》へりとや。獨《ひとり》硯のみならず、萬《よろづ》の事《こと》しからさるは無《な》しとなん。さは色や容《かたち》をえらぶは後《のち》なりけり。かれうたへらく、

神《かみ》の代《よ》に潮《しほ》のみちひる玉《たま》てふもつねなきものをなにか求《もと》めん
光こそ玉《たま》にはおとれ世の爲《ため》にひかりをみするたまはこのたま
海《うみ》づらにくもをおこしてゆくかたに浦洲《うらす》の鳥の跡《あと》は見《み》えけり

右は學半齋翁のもとめにて

○風鈴

峯《みね》なす夕雲《ゆふぐも》の立居《たちゐ》する比《ころ》は、必ずよ、南《みなみ》の風《かぜ》の薫《かを》りくると云《い》ふ。むべも河内《かはち》の足立《あだち》の尼《あま》がおとづれ聞《きこ》えしに、取《と》りそへて、風鈴《ふうれう》の詞《ことは》、かうばしき紙一ひらに書《か》きつらねたるを、

大德ー僧
ふん土の墻の手枕ー宰予の故事、論語公冶長篇にいづ
常陸の海ー草若み常陸の海のいかが埼いかで相見ん田子の浦波
つら杖ー頰杖

抜《ひら》きて見たれば、思《おも》ひぞ出《い》づる。こは此春《このはる》、翁《おきな》が與《あた》へつるかしまし物が上を、なつかしびて打出《うちいで》しなりけり。是をもろこしの何がしと云《い》ふ大德《だいとこ》の渾身口《こんしんくち》に似たりとは、かたちの見にくしとにはあらで、西より東よりの風《かぜ》をいとはず、物らいひつゞくるを、にやう舌《ぜつ》とや疎《うと》ませけん。口は瓶《かめ》の如くに守《まも》れの戒《いましめ》をしらぬげに、風《かぜ》だにふけば、滴一凍《てきいつこう》やまず聞《きこ》ゆるはんにやの聲《こゑ》の、いともかしましきは、ふん土《ど》の墻《しやう》の手枕《たまくら》をおどろかすを、あな憎《にく》しともうとむらん。なめて世にあるものを思ふに、鳥蟲《とりむし》の音《ね》、木《き》草《くさ》のさやめき、浪《なみ》の立居《たちゐ》もおどろ〳〵しからぬはなつかし。たゞ打ちしづもりたらん時は、あはれ、けはひばかりも聞《きこ》えよとおほゆかし。心《こゝろ》ふかき人の、聲《こゑ》を息《いき》の下《した》にひきいれて、物云《ものい》ふこそいとも惡《にく》くこそあれな。常陸《ひたち》の海《うみ》の伊賀《いが》が埼《さき》、打ちもつゞかぬことを、舌《した》とく囀《さへづ》るは、男《をのこ》だにあるを、まいて女《をみな》はいともはしたに、なめしとも見《み》おとさるゝを、我《われ》はさとらで、木《こ》末《ずゑ》の日ぐらし、蘆《あし》の葉《は》がくれの群雀《むらすゞめ》、くるとあくとに、物《もの》の音《ね》をさへ奪ふぞうたてある。此中空《なかぞら》なるものが、野邊《のべ》の松蟲《まつむし》をまねび、遠山寺《とほやまでら》の夕《ゆふべ》を告《つぐ》るよと思《おぼ》しなさるゝ時は、文《ふみ》よみふける眠《ねむり》の友《とも》となり、つら杖《づゑ》に物思《ものおも》ひつゞくるをも止《や》めてんを、誰《たれ》かは疎《うと》んずべき。峯《みね》の松風琴《まつかぜこと》の緒《を》にかよひ、蘆《あし》のそよぎの笛竹《ふえたけ》にやと聞《き》きまがふは、野《の》分吹立《わきふきた》ち、門《かど》さしこ

むるゆふ暮《くれ》ならずかし。世に風《かぜ》を待ち、風をいとふものすくなからず、たゞ〳〵人の音《おと》づればかり、絶《た》えず吹けかしと思ふも、老《お》いて物がなしく、心《こゝろ》のひまの多《おほ》かるになん。

○枕の硯

盗人《ぬすびと》書をとらず、鼠《ねずみ》硯をひかずと聞《き》きつるを、怪《あや》し、我《われ》あらぬひまに、只一つある硯を、蓋《ふた》と共に割棄《わりす》てしは、人のしわざにはあらじ。神《かみ》やなしましけん。さは老《お》いほれて、徒《あた》徒《あた》しきすさび已《や》めてんと思ふを、猶《なほ》いとまある心《こゝろ》の煩《わづら》ひては、又も求《もと》めまくす。價《あたひ》たふときはいかでと、木《き》に作らせしを、是はた神《かみ》の燒《や》きほろぼさせ給はんかし。此あらたなる友《とも》を枕《まくら》邊におきて、夜はつれなし、あしたより問《と》ひみ語《かた》りみなぐさむなん、人笑《わら》へとしもしる〳〵。

此頃《ころ》人のかたりて聞《きか》せ給《たま》へる、六如上人《によしやうにん》の十春のこと〴〵、玉の聲なるに次《つ》ぎて、人々のおなじ響《ひゞき》をなん、さえ〴〵鳴《なか》させ給へりとや。我《われ》にも是《こゝ》に大和《やまと》歌《うた》よみ次《つ》ぐべく求《もと》めらる。いと思《おも》ひもかけぬ事《こと》なりとて、打ちそむけをる。御心《こゝろ》にたがへるは、御《おん》かんだうい とかしこし。をかしき物語《ものがたり》もとめ來て、罪《つみ》あがなはんとて、いにし跡《あと》に、おき忘《わす》れしや

火とり—火爐
清原なる人の女—清少納言
つぶね—部屋住

うにて、彼十《かのとを》の題《だい》ばかり書列《かいつら》ねて見するなりき。さかしき人《ひと》のしわざやとて、取收《とりをさ》むともなしに、机《つくゑ》のはしにおきぬ。その人《ひと》あしたとく來《き》て、よき茶《ちや》くだ物《もの》たいまつる。きのふの題の心《こゝろ》うけ給《たま》はらばや。御枕《おんまくら》の硯《すゞり》に、筆かはらせたまへと云《い》ふ。つらつきいとにくけれど、けふは何して永《なが》き日暮《くら》すべきと、おもひつる心《こゝろ》になだめられてぞ。いかさまにもはかりて、翁《おきな》をもてあそばせ給《たま》へとて、火《ひ》とりの肩《かた》につら杖《づゑ》つき、此さがし人に物語りするやうにてなん。

むかし、清原《きよはら》なる人の女《むすめ》の、世《よ》に優《すぐ》れて賢《さかし》きがおはしけり。をさないよりも、親《おや》の慈《いつくし》みのあまりに、唐《から》やまとの文《ふみ》らひろく讀習《よみなら》はせ給ひしかば、やう〳〵およずけゆくに、自《おのづ》から女《め》々しからざりしかば、後《のち》はたよからじと、私言《みそかごと》する人もおはしけり。年月《としつき》におほしおきたりし事《こと》ども多《おほ》かりけれど、家《いへ》やまづしかりけん、紙《かみ》のとぼしさに、徒《いたづら》にえしるさでなん過《すご》いたまへりける。つかふる御《み》かたの、何のろくにか、よき紙《かみ》あまた賜《た》うびしかば、局《つぼね》のいとまある折々《をり〳〵》、筆《ふで》とり、心《こゝろ》のゆくまゝにつゞしり出《いだ》し給ひけり。其《その》はじめに、春《はる》もやう〳〵明《あ》けゆく空《そら》の景色《けしき》、先おぼし出《い》でたる、よむにさへ心長閑《こゝろのどけ》くぞありける。睦月《むつき》のおほやけ事《こと》はたさせ給《たま》ひては、いとまありげにて、宮人《みやひと》たちの櫻折《さくらを》りかざし、

酒壺の君—大伴家持、萬葉集に讃酒の歌あればなり
如來—釋迦如來
提婆—提婆達多
玉水—雫

永《なが》き日《ひ》ぐらし、土器《かはらけ》とりはやさせ給《たま》はん、生《い》きての世《よ》にだに樂しくば、蟲《むし》に鳥《とり》にもよしならばや、と宣《のたま》ひし酒壺《さかつぼ》の君の醉泣《ゑひなき》も、春《はる》の花《はな》のもとの遊《あそび》、たぐひあらじと思《おも》ふを、秋《あき》の月の前にはいかでとや。春秋《はるあき》の爭《あらそひ》といふ事《こと》して、立ちむかへる宮《みや》びわざの、おのがひくかたに、しひて言《い》ひ定《さだむ》るよ。それさもあれ、道々《みち〳〵》の教《をしへ》にも、我《わが》ときえたりと誇《ほこり》かなるも、己《おの》がまことの心《こゝろ》にはいかゞ思ふらん。問《と》へかしな、是《ぜ》きくわかき人は、あが佛《ほとけ》ともおしいたゞくべし。如來《にょらい》の提婆《だいば》をしをり給《たま》へりしかば、かくまで我《われ》をさいなむは如何《いか》にと問へば、不平《ふへい》の心《こゝろ》には、おなじ心《こゝろ》してと、こたへ給ひしとか。爭《あらそひ》の直《なほ》からぬなんかゝりける。物《もの》いへばよそ〳〵しくなりもて行く。老《おい》は誰《たれ》しもしかりとや。春《はる》に心《こゝろ》よすとも、秋《あき》のあはれ思《おも》はざらんつれなし。

## 右春晴

霞《かすみ》引きわたし、曇《くも》りげなるあした、やがて晴《は》れゆけば、九重《こゝのへ》のとのへにめぐれる山々《やま〳〵》の、大《おほ》かたは見どころなるを、ゆかで思《おもひ》のいたれるを、若《わか》き人しらんやは。

又八重雲《やへぐも》たちかさなるけふは、雪《ゆき》か雨《あめ》かと見《み》る〳〵、ふる屋《や》の軒《のき》の玉水《たまみづ》も、たる氷《ひ》も、心《こゝろ》

魏々—盛大の形容
仕丁—雜役に使はるゝ者
松—松明
もんりうの御かたぐ—一門の分家の方々
みどり子—幼子

あたゝかならん人《ひと》は、是《これ》かいそゝぶりても遊《あそ》ぶべし。

右春陰

夜はなほ長《なが》きをなげく老《おい》こそあれ。住《す》むあたりのつい垣《がき》をもれて、三くさの笛竹《ふえたけ》の音《おと》、空にすみのぼり、魏々《ぎゝ》洋々《やう〱》のしらべ、雲のうらより落《お》ちくるを聞侍るには、いかばかり御心《みこゝろ》すさびし給《たま》ふらん。知らぬにあはれのすゝめるは、世《よ》にめでたき物《もの》の音《ね》なればなり。七日の節會《せちゑ》の夜《よ》、日《ひ》の御門《みかど》の前《まへ》に、御轅《おんながえ》いくらかき捨《す》てて、仕丁《しちやう》等檜垣《ひがき》の人《ひと》やどりにかがまりをり、火《ひ》たきほこらしつゝ、手足《てあし》あたゝむる、初夜《そや》過ぎぬらん、ねり出《い》でさせ給《たま》ふ。松あか〱と照《て》りさせ、もんりうの御《おん》かたぐ、左《ひだり》みぎにそひ、音《おと》から〱と滑り出《い》でさせ給《たま》へる御《おん》かたちども、世にゐやゝかに尊《たふと》く拜《をが》まれさせ給《たま》へるは、たとふるに物もあらずなん。誰《たれ》やの軒《のき》に泣きこゞゆるみどり子《こ》の、沫雪《あわゆき》ふり懸《か》ゝれるを見《み》つけて、あたりの人よりつどひ、如何《いか》に〱とばかりあはする。あはれ〱、捨《す》てし親は何地《いづち》にか這《は》ひかくるる。すべなき世《よ》に在《あ》りわびてこそ斯《か》ゝらめど、いきゝの人も打《う》ちひそみぬべし。

右春夜

にほひかなり―韵致あり

駿河なる―駿河の富士山

尾上―峯

あかつきは春こそわきて、峯《みね》の松《まつ》のひま〳〵あかねさし、横雲《よこぐも》かゝれるあしたは、えも言《いは》れずにほひかなり。風《かぜ》さと吹《ふ》きて、花《はな》の香《か》おくりくる其方《そなた》を見《み》れば、鶯《うぐひす》の舌《した》とく鳴きて、枝《え》うつりする樣《さま》うれしげなり。旅《たび》たつ人の、馬《うま》の上に殘《のこり》の夢《ゆめ》を見つけるに、衣《ころも》はゞき、露霜《つゆしも》にぬれとほりて、いといたうさむし。山さくばかりの雉子《きゞす》の一聲《こゑ》には、目《め》やさむらん。染《そめ》ぎぬにも、花鳥《はなどり》ぬひちらせしすそに、ほの〴〵なるはめでたし。

右春曉

山は駿河《するが》なるぞ、御國《みくに》の外にもたぐひなく高きと、夷《えびす》の國人《くにびと》の、こゝにたゞよひ來て物《もの》語《かた》りしを、なにがしの法師《ほうし》のから歌《うた》につくりて、世にとゞめられしを見しが、都方《みやこがた》には日枝《ひえ》なん秀《ひえ》でたるを、近江《あふみ》の人は、比良《ひら》倘《なほ》たかしと云ふ。駒《こま》とめて、此をのへの花《はな》見し人の目こそうら山《やま》しけれ。我《わが》ふるさとにては、武庫山《むこやま》さしもそびえたちたれど、たゞあか金《がね》を打延《うちの》びたるやうにて、見《み》のうたてし。いこま嶺《みね》朝ゆふに望《のぞ》まるゝ。此東おもてなる大和人《やまとびと》も、おなじながめに云《い》ふは、形《かたち》なり整《とゝの》ひたればなり。又是につゞきて、葛城《かつらぎ》や高《たか》間《ま》の山《やま》、ふたがみの峯々《みね〳〵》を西に、春日《かすが》高《たか》まど、布留《ふる》三輪《みわ》はつ瀬、南なる膽《たか》むち山《やま》、たむ

大和國原—大和國、國原とは國土の廣大なる所を云ふ

山城川をさかのぼり云云—この歌は石之日賣命の御詠古事記下巻にあり

の嶺《みね》打ちこえて、吉野の方も見ゆると云ふ。藤原《ふぢはら》のみやこ人のよみたりしをおもほゆ。

見わたせばかすみかかれる山々も名にはかくれぬ大和國原《やまとくにはら》

三輪山《わやま》なん立出《たちいで》も走出《はしりで》もよろしと見る。昔まうで侍《はべ》りし時、よぶこ鳥《どり》のしば鳴きし事おぼしいづ。

しるしなき音《ね》をも鳴くかな三輪山《わやま》の杉の木むらに誰呼子鳥《たれよぶこどり》

右春山

三輪川ははつせ川より流れて、末《すゑ》は龍田《たつた》の立野《たての》にいたりて、立田川《たつたがは》とよびしを、今は大《やま》和川《とがは》とよぶ。それは河内《かなち》の國に入りての名なるをや。紀路《きぢ》に落來《おちき》てよしの川とよめる。山《やま》城川《しろがは》を遡《さかのぼ》りにとは、まだ難波江《なにはえ》こがするほどの御歌《おんうた》なるべし。さる遠《とほ》しろき流《ながれ》も、野路《のぢ》のいさら川《がは》も、池沼《いけぬま》も、凡《なべ》てぬるめる春《はる》は、魚《うを》も千里《せんり》にのぼりゆくとや。それは師《し》にしたがひて、道《みち》にすゝむたとへごとゝも云《い》ふ人あり。

右春水

蛙のよぶと―雨に前だちて雨蛙のなくは妻なよぶなりと

しくものなし―てりもせず曇も果てぬ春の夜の朧月夜しくものぞなき

比良の八講 十二月二十四日比良明神の祭禮に延暦寺僧法

雨ははるさめぞおもしろと云《い》ふ。花《はな》の父母《ちゝはゝ》のやうに言《い》へど、うたて嵐《あらし》のさそふ散《ちり》がたには何《なに》とか云ふ。蛙《かはづ》の妻《つま》よぶと聞《き》く人《ひと》もありしが、おほかたは、雨《あめ》もよの聲《こゑ》とて、衣《きぬ》とき洗《あら》ふ乙女《をとめ》らが憎《にく》しとうらめるものを、澤田《さはだ》に水《みづ》たくはへまくする里々《さと〲》には、かしましものともいはで。

右春雨

雨もよならでも、月は霞《かす》める宵々《よひ〲》を、よき人のしく物《もの》なしと宣《のたま》ひしは、思《おもひ》のいたりがたうこそ侍《はべ》れ。

右春月

春寒《はるさむ》しとは、鞍間《くらま》の初《はつ》とら詣《まうで》、比良《ひら》の八講《はかう》、かすが祭の御つかひざねの御裝束《みさうぞく》の、杉の下道、雪解《ゆきげ》の雫《しづく》にしとゞに立ちぬれさせ給へる、又東大寺《だいじ》の羂《けん》ざく院《ゐん》の修行《おこなひ》する夜、つぼねして居明《ゐあか》す。いかに寒からん。難波《なには》船《ぶね》のみを曳《ひ》きのぼして、淀《よど》わたり過《す》ぎ、伏見《ふしみ》の岸《きし》まだ夜《よ》ぶかければ、宿《やど》の戸あらく打ちたゝかするに、應々《わう〱》とのみに、明《あ》けぬほど、さえ

華經を講ず

夢見草―櫻の異名

そゝや―すはや

效なくたん名の惜し―周防内侍の歌

爪くはれ―恥かしく

かへりし河風《かはかぜ》いといたう寒《さむ》し。しかならん夜ごろに、醫師《いし》の門《かど》けはしく音《おと》なひて、さりがたき方《かた》のむかへ來《き》たる、立出《たちい》で見れば、空《そら》たかく、星《ほし》きら〱しくかゞやきたる、身にしみとほりて寒《さむ》かるは、おのが上《うへ》にもむかし思《おも》ひ出《い》でらるゝを、また年《とし》ごとにはあらねど、

戀《こ》ひくれば吉野のやまぢ風冴《さ》えて花のはやしに雪《ゆき》ふりかかる

右春寒

あわたゞしく風に散る花故《はなゆゑ》に、夢見草《ゆめみぐさ》とはいふよ。そも躬恒《みつね》の君にや基《もとづ》きけん。年越《こ》ゆる夜《よ》の敷寐《しきね》のならひの、是や夢《いめ》の浮橋《うきはし》とも云《い》ふべし。さてしも云《い》ひつゞくれば、後はた取《と》り返《かへ》さまほしくこそ。そゝや、效《かひ》なくたゝん名《な》の惜《を》しといはれて、むなしく手引《てひ》きこめたらん君《きみ》は、爪《つめ》くはれ、如何《いか》にさふぐ〱しくやおはしけん。

右春夢

倘日高し。歌よめとて、えらべる題、追擬《つゐぎ》十春《しゆん》。そやの鐘鳴りてよみはてぬ。

春天

風もなく晴《は》れたる春の空《そら》見ればつかさの色はみどりなりけり

春日

日を春とおもひそめけり垣《かき》めぐるいさら小川《をがは》の音《おと》のとよけさ

春雪

あわにふる春の雪まの春日野《かすがの》にしめしやけふと若菜《わかな》つむひと

春水

山の井《ゐ》の淺《あさ》きになれて掬《むす》ぶ手のしづくもこほる春のあらしに

春風

めはるより枝《えだ》になじめる春風《はるかぜ》の訪《と》はぬ日《ひ》もなし野路《のぢ》のあを柳《やぎ》

春野

くさしげみあすの御狩《みかり》にしめはへしかたのの櫻《さくら》今さかりなり

春江

つかさのいろ—六位の官の色は緑なり

いさら—小さき

めはる—萌芽

あはと見し―あれと見し

禮月令―禮記の月令

あはと見し舟《ふね》は入江《いりえ》にこぎはてぬ千里《ちさと》や來《き》けんながき春日に

春行

この春は花見《はなみ》がてらのふるさとに散りての後《のち》も日數《ひかず》へしかな

春眠

いぎたなき朝戸《あさど》を洩《も》るる花の香に日影《ひかげ》も高し起《お》きよいざ子《こ》ら

春宴

此殿《このとの》のよはひをいはふ庭《には》もせにあすは雪《ゆき》とも咲くさくらかな

この筆とる人は、翁《おきな》をよくすかいこしらふる人なりけり。

○覆舟硯　此云不世賀太

硯材以《てするは》二豫章《を》一者、蓋神代之遺制也。覆舟之名見《ゆ》二禮《の》月令、及古事記播磨風土記等《に》一。所用《のふろ》、文成《り》筆止《りて》、覆而《て》置《く》之《を》。別《に》不《ず》以《せ》蓋《な》也。訓不世賀太。因《て》二播磨風土記一爾云。

○雨かはづ

何がしの亭—東坡の喜雨亭

花々あはせ—昔花を左右に分ちて優劣を争ひたること

はとり—服部、古の機工

蟻の火ふき—桔梗の異名

奈良人—山上憶良

後撰集—村

みな月《つき》つごもりがた、むら雨《さめ》一日《ひ》ふた日《ひ》降《ふ》りとほりて、秋《あき》の初風《はつかぜ》すゞしきあした、此里《このさと》の人々《ひと〴〵》、みとしおひ栄《さか》ゆらん事を喜《よろこ》びつゝ、我《わが》やどりを、もろこしの何がしの亭に準《なず》らへて、人々とあつまり、ひと日《ひ》くひのみしつゝ遊《あそ》びのゝしるなべに、前栽《せんざい》の花々《はな〴〵》あはせしてん。それいとをかしき事なりとて、さま〴〵花瓶《はながめ》とりなみ、露《つゆ》打ちそゝぎつゝ、枝《えだ》たわめ葉《は》すかしなどして、是観《これみ》る。めづらしく心ゆく遊《あそび》なりけり。其草々《そのくさ〴〵》や、夏秋《なつあき》のけぢめをいはず、おのがまゝに咲《さ》きほこりたる、呉《くれ》の文《あや》の服部《はとり》らがたてぬきの工《たくみ》にも、まことの色香《いろか》はひときは匂《にほひ》かにこそあれ。萩《はぎ》が花のやゝほころびそめし、桔梗《きちかう》は唐《かん》ごとにこはごはしけれど、蟻《あり》の火《ひ》ふきと云ふ名《な》の、歌《うた》にはまねぶべくもあらず。白きはちすの花さゝげ出《い》でたるは、いくらの城《き》にや代《か》ふらん。無價《むか》の珠《たま》とは是《これ》をこそと思ゆ。かきつばた時過《ときすご》したれど、猶色《なほいろ》おひは勝《すぐ》れたる、高きつかさ人《ひと》の袖《そで》たれて御座《おは》すらんにむかひや奉《たてまつ》る。一日の栄《さかえ》の朝顔《あさがほ》は、奈良人《ならびと》の、秋《あき》の七種《なゝくさ》にかぞへしは、むくけなりしとぞ。なでしこの花、唐《から》やまとのくさ〴〵多《おほ》かめれど、古《ふる》き歌物《うたもの》がたりなどに云《い》ふは、水かれし川邊《かはべ》の眞《ま》なご原《はら》、草《くさ》むらの中より、なよびかによろほひたるをぞ詠《え》みたる。それは秋《あき》の末《すゑ》、神無月《かんなづき》の比《ころ》までも、かつ〴〵咲《さ》きのこりしを、後撰集《ごせんしふ》、さらしなの記《き》にもいはれた

上天皇の御宇の勅撰歌集

さらしなの記—更科日記菅原孝標の女著

むせる粟の如し—源順の賦に花色如蒸粟

承和—仁明帝の御宇

師—釋迦

薏苡—後漢馬援在交趾嘗餌薏苡實用能輕身省

る、しのゝをすゝき、まだき穂《ほ》に出《い》でねど、袖《そで》打ちふりて人《ひと》まねきたらん。秋の野末《のずゑ》のあはれ忘れんやは。をみなめしをむせる粟《あは》の如しと云《い》ふは、文字《もじ》のたがへるにて、何某《なにがし》の璧《たま》の賦《ふ》に、黄《き》なるは蒸粟《むしあは》に似たりとありよと、江《え》の帥《そち》のいはせ給ひし、寔《まこと》に粟《あは》は蒸《むさ》ずとも黄《き》なるをや。菊《きく》は唐《から》よもぎといふ名《な》、歌《うた》にはよまねど、此花《はな》や承和《きうわ》の御時《おんとき》にめでそめしともいへど、それは唐國《からくに》のくさはひにて、こゝにも秋《あき》の山路《やまぢ》の、露霜《つゆしも》によろぼへるが、花に似《に》ぬ香《か》の、いきゝの袖《そで》にうつす許《ばかり》なるは、久しき代《よ》より有りけん。よめが萩《はぎ》の花《はな》の今も摘《つ》みはやさぬ類《たぐひ》にやとも思《おぼ》さる。此くさ〴〵は、古《いにしへ》よりめではやせるにつきて、歌《うた》にはよむを、是《これ》があまりなるも、色香《いろか》などや劣《おと》らん。檀《たん》どくの花《はな》と云《い》ふ名《な》は、本《もと》師《し》の菜《な》つみ水《みづ》くみ薪《たきぎ》こりつゝ、道學《みちまな》ばせし山《やま》にや生出《おひい》でけん。さるは御寺《みてら》ごとに植《う》ゑおほし給《たま》ふべきくさはひなりき。射干《ひあふぎ》をからす扇《あふぎ》と云ふ名、物《もの》に見《み》えたる、是《これ》が實《み》の黒《くろ》きをば、ぬば玉《たま》と云ふとぞ、古《ふる》ごと知《しり》のいはれし。漢《かん》の馬援《ばゑん》と云《い》ふ人、薏苡《よくい》の實《み》を七車《くるま》に積《つ》みて、夷《えびす》の國《くに》よりもて歸《かへ》りしと云《い》ふ。光をおび、かつ粥《かゆ》にも煑《に》てくらふと聞《き》くには、野《の》なる眞玉《またま》とは、是《これ》をやと思《おぼ》ゆれど、射干玉《ひあふぎ》と正《まさ》に書《か》きしをもては、まがはじと云《い》ふよ。名《な》と物と、いにしへより呼違《よびたが》へつるが多《おほ》かれば如何《いか》にせん。秋《しう》かいどうは、花の色、春《はる》さ

愁以勝降氣
援欲以爲植
軍還載之軍
くゝたち—
塑立
ひれもす—
終日
草香江—河
内國にあり

く木《き》にもをさ〳〵劣《おと》らじものを、それは花《はな》散りて後《のち》、葉《は》のくろみづき、厚肥《あつごゆ》るがうるさし。けいとうの花《はな》、くゝたちよりもいとたけ〳〵し。養《やしな》ひえては、猿田《さるだ》彦《ひこ》の神《かみ》の、すめみまの尊《みこと》のみさきおひて、つきならし給ふ長鉾《ながほこ》は、是《これ》が形《かたち》したらめ。猶《なほ》多かめれど、から名《な》やまと名《な》の正《まさ》しからぬはおきぬべし。茶《ちや》かきたて、餅《もちひ》くだ物《もの》くひつみつゝ、ひねもすなん山里《やまざと》のさふ〴〵しさも忘れたりな。簀《す》の子《こ》にゐざり出《いで》てさしあふげば、伊《い》駒高根《こまたかね》に雲《くも》も居《ゐ》ず。草香江《くさかえ》の澤田《さはだ》の千《ち》町《まち》、はろ〴〵と青《あを》やぎて、鳥《とり》の聲《こゑ》は、此岡《をか》の松《まつ》のむら立《だち》に囀《さへづ》りかはし、草《くさ》むらにすだく蟲《むし》のね、心細げながらも、いとなつかしう哀《あはれ》なり。かれも是《これ》も我を慰《なぐさ》むよと、おぼしよろこべるにも、たゞ春《はる》の霞《かすみ》秋の夕霧《ゆふぎり》ならで、物《もの》のあや見さだめがたきひとつなん。我身《わがみ》に寒《さむ》き秋《あき》なりける。人々歌よめり。

萩　　　　　　　　　　　　　　　　　　和瑩

さをしかのまだきこひせぬ秋《あき》の野ににほひなつかし萩《はぎ》の初花《はつはな》

はちす

吹《ふ》く風《かぜ》に露《つゆ》もこぼさぬはちすばの花に朝日《あさひ》のひかりまばゆき

すゝき　　　　　　　　　　　　　　　　公逵

まねく—薄の風のなびく形容
常夏—野生撫子の異名
家路のつとに—家にかへる土産

誰《たれ》をかも松の木陰《こかげ》の花《はな》すすきまねくたもとにかよふあきかぜ

かきつばた

かきつばた手折《たを》る袂《たもと》の露にさへ濃《こ》きむらさきの色にうつろふ

朝顔　常之

日《ひ》影《かげ》さすにほひもはかな中垣《なかがき》に露《つゆ》おきまさるあさがほのはな

常夏

夏草《なつくさ》にまじりて咲けどなでしこの露《つゆ》に秋《あき》そふはなのさかりは

菊　唯心尼

山踏《ぶみ》の家路《いへぢ》のつとに折《を》りてこし香ぞなつかしきしらぎくの花

桔梗

あきちかうなりも行く哉故郷《ふるさと》の野らにと宿はすみはそめねど

翁もよめと云ふに、

むら雨《さめ》の後のあしたのをみなへし誰《たれ》にわかれの露《つゆ》のなみだぞ

重正けふ來《き》たらず。歌よまぬ人々も、花になん心つくしして、文月《ふみづき》十一日、昨日《きのふ》の夕づ

十日にひと度―諺に五風十雨

竹のねぐらの云々―雀躍して喜ぶこと

さいなまれん―責られん

うらぼん―盂蘭盆

けてより雨《あめ》ふる。うま時《とき》にはれぬ。十日にひと度のためしいとよろこぶべし。里人云《さとびとい》ふ。是《これ》や銭米《ぜにこめ》の降りたるなり。野分《のわき》だに吹きあれずばと、竹のねぐらの雀《すゞめ》をどりして、喜《よろこ》ぶさまいとたのしき。あやしの小家《をいへ》どもの垣根《かきね》を過ぎて、かたるを聞《き》けば、此雨《このあめ》よ猶《なほ》ふれかし。田《た》ばた大方《おほかた》にゆきたらひぬれど、あすあさての程《ほど》や、又せき入《いれ》切りとほし、露《つゆ》のいとまあらんやは。我《われ》ともにあづけし里長達《さとをさたち》の笑《ゑ》み誇《ほこ》りたらん、中々につらにくし。年もやがて暮《く》れゆくべきを、今《いま》より思へば、しもと杖《つゑ》打ちふりてさいなまれん。あさましの世やなど、己《おの》がどち〳〵言合《いひあ》へなげく。あく時《とき》しらぬけに、さこそは怨《うら》むれ、うらぼん来《き》たらば、をどりて遊《あそ》ぶらん。秋《あき》の祭《まつり》には物むさぼり食《くら》はんなど、是打楽《たのし》みつゝ待《ま》ちたらん。嘴長《くちはしなが》き鳥《とり》のさる階々《きざみ〳〵》の人がらなれば、此いひごとは神《かみ》も罪《つみ》ゆるし、仏菩薩《ほとけぼさつ》もあはれと見《み》つがせ給はんものぞ。たゞ〳〵銭《ぜに》の神《かみ》ばかりは、塵《ちり》もつかじと、よらせ給はぬ人《ひと》のほどなりけり。

右寛政十年の夏五月廿日まりより、文月《ふみつき》のつごもり方までの事を、日なみのさまに唯心尼に筆《ふで》かはらせし、山霧《やまぎり》の記《き》といふ中に書出《かきいだ》せし也。目《め》おもくやみていたはりすと、河内《かはち》の日下《くさか》の里《さと》の、正法寺《しやうほふじ》と申す御寺《みてら》にやどりして、ありし時のことなり。

さがしおろか—賢愚

あけまきめざし—何れも幼者の髪

## ○旌孝記

人の世にあるや、大かた才能《さいのう》のほまれの、名を求《もと》めて知《し》らるゝと、求《もとめ》ずして聞《きこ》ゆるの、さがし愚《おろか》のけぢめはあれど、此二つは倶《とも》に徒事《いたづらごと》なりける。子《こ》の親《おや》に事《つか》ふるこそ、このいやしき名を思《おも》ふにはあらで、親《おや》の給《たま》へるうみの眞心《まごころ》をしも損《そこな》はず、學《まな》びて行《おこな》ふと、庭《には》の教《をしへ》をかうべにして務《つと》むるあり。又學《まな》ばず受《う》けず、只《たゞ》露ばかりも違《たがは》じとする人《ひと》のたふとさよ。近き世《よ》に見聞《みき》くは、いと貧《まづ》しき人《ひと》の子《こ》の、まだあげ巻《まき》めざしなるほどより、誰《た》が教《をしへ》を見聞くにもあらず、いと有難《ありがた》き志《こゝろざし》もてつかふるは、うみの寶《たから》の子《こ》とこそ思ひしに、やうやう生長《およずけ》ゆくまゝに、そこに在《あ》りとだに聞えぬは、いかに成立《なりた》ちけん、いといぶかしうもこそあれ。つかさ位《くらゐ》高き公達《きんだち》は、御親兄《おんおやあに》のまへに冠《かぶり》を正《たゞ》し、容《かたち》つくろひ、ゆめたがはじとかしこみ給へば、御心《みこゝろ》の怠《おこたり》はいかなりとも聞《きこ》え流《なが》れずおはせりき。富人《とみびと》の子《こ》も是《これ》にならひて、よしあしの名《な》は世に聞《きこ》えぬにや。今の世語《よがたり》に人の聞《きこ》えし、都《みやこ》六條《でう》わたりに、馬場《はは》の何某《なにがし》と云《い》ふ人、兄《あに》の病《やまひ》して、儚《はかな》かりしことにつきて、事《つか》ふる君の御いとまたまはり、母一人《はゝひとり》、兄《あに》の子《こ》の幼《をさなき》をつれて、市《いち》に隠《かく》れたりしに、親《おや》をかしづき、みなし子をいと

おほやけ―朝廷
うたへ出ん―訴へ出ん
おとゝえ―兄弟
物かづけ―物を賜ひ
大とこ―高僧

惜《をし》むまめ心を、あたりの人の見聞きて、公《おほやけ》のみことのまゝに、うたへ出《い》でん事《こと》を告《つげ》しらせしに、あなかなし、子《こ》の親《おや》に事《つか》ふるをほまれとせん事《こと》、いとも恥あることなり。我《われ》はあからさまにこそ物《もの》すれ。召《めさ》れて物問《ものとは》せ給はんに、何とかは答へ奉るべき。うたへ出《い》でられぬさきにとて、母をおひ、をさなきが手《て》を引きて、夜《よ》にかくれ、いづちへも逃去《にげさる》んとす。家《いへ》ぬし鄰《となり》の人々あわてまどひ、かくたふとき志《こゝろざし》を奪《うば》ふべからずとて、うたへの事止《ことゞま》りぬ。今《いま》は昔《むかし》の御宮《みや》づかへに召《めし》かへされ、家《いへ》をおこし給へりとや。又我難波《わがなには》の故《ふる》さと人《ひと》の、母一人《はゝひとり》を、兄《あに》おとゝ妹《いも》はらから三人《たり》がかしづきて、兄《あに》は老《お》いゆくまゝに、娶《めと》れといへど、いかなるものゝ出來《いでき》て、親《おや》につらき事《こと》やあらんとて迎《むか》へず。弟といもうとは、人の養《やしな》はんといへど、母《はゝ》の傍《かたはら》をさらじとてゆかず。母物《もの》に詣《まう》でんといへば、おとゝえ二人して輿《こし》にかきのせ、になひもてゆく。妹《いもと》はつとそひて慰《なぐさ》むる、はたおほやけに聞《きこ》し召《めさ》れて、物かづけ、重《おも》く賞《しやう》せさせ給ひしなり。或人《あるひと》の母《はゝ》是を聞きて、あなたふとし、かゝる寶《たから》の子《こ》を産《う》みならべし人《ひと》は、神《かみ》ほとけの化身《けしん》にや。たゞいぶかしきは、めとらず、養《やしな》はせず、後いかなりともはかり思《おも》はで、其《その》こしに乗りて出遊《いであそ》ぶらん親《おや》の心《こゝろ》こそしらねと、我にかたられし。これも世のことわりに承《うけたまは》り侍《はべ》りき。又鎌倉《かまくら》の何《なに》がし寺《てら》に住《すま》せ給ふ大德《だいとこ》は、

知識—僧

かうの殿—國守殿

黄かれ白かれ—金銀

曾子のふみ—孝經

陵遲—事の次第に衰ふること

伊豫《いよ》の國大洲《おほす》のうら邊《べ》に、いさりする人《ひと》の子《こ》とか、知識《ちしき》の名《な》天《あめ》の下《した》に聞《きこ》えたまひしかば、國《くに》の守《かみ》の菩提院《ぼだいゐん》に召《めさ》れて、道《みち》の教《をしへ》を聞せ給ひし。この便《たより》につきて、まづ母《はゝ》の老いておはすを拜《をが》み奉《たてまつ》らんとて、詣《まう》で給ひしに、母のいはく、思《おも》ひきや、蜑《あま》の子《こ》のかく尊《たふと》きになり昇《のぼ》りて、かうの殿《との》の御召《おんめし》をさへ蒙《かうむ》らんとは。されどそれたゞ才能《さいのう》のかたの學《まなび》をえて、まこと佛《ほとけ》の教《をしへ》には疎《うと》きにやあらん。さき〳〵の便《たより》ごとに、文に卷《ま》きそへて、黄《こ》がね白《しろ》がねを送《おく》りたまはること、いかなる心ぞや。今《いま》の子《こ》の立走《たちはし》りて、網曳《あびき》釣《つり》だにせば、たふとき財《ざい》寶《はう》をも何にかはせん。この贈《おく》らるゝは、世《よ》の人の佛に奉《たてまつ》りし物ならずや。さらば道《みち》の爲《ため》にこそちらすべきを、淺《あさ》ましき世わたりする身《み》の、是《こ》を納《をさ》めて、いかばかりの罪《つみ》をかむくはれん。親《おや》の爲《ため》思はぬなり。いと恐《おそろ》しさにかへすぞとて、包《つゝ》めるまゝあまた投《な》げあたへぬ。大德《だいとこ》おそれみかしこみ泣《な》きわびぬとや。これら人の語《かた》りしまゝなれば、まこと僞《いつはり》はしらねど、學《まな》ばでも斯《か》く尊《たふと》き人もありけらし。庭《には》の訓《をしへ》を受《う》け、曾子《そうし》のふみをよみし人《ひと》の、かたはじだにえ行《おこな》はぬは、なべての事陵遲《りようち》とかいふ文字《もじ》の心《こゝろ》にながれくだりて、誰《たれ》もつとめねば、たま〳〵なるを召上《めしあげ》られて、物《もの》かづけ、名《な》を旗《はた》にしるさせて、家《いへ》の風《かぜ》を國《くに》にひゞかせ給《たま》ふこと、いと賢《かしこ》きまつりごとになん侍る。伊豫《いよ》の國《くに》今治の民矢野《やの》養父《やうふ》と

母刀自—刀自は婦人の尊稱
國のいましめ—國禁
つばらに—詳に
日を愛すべき—孝子愛レ日楊子法言に出づ
水無月ならぬ汗に云々—不暑而汗即ち恥づること

いふ人《ひと》、六十《むそぢ》踰《こゆ》るまで、母刀自《はゝとじ》につかふまつり、千々《ちゞ》の一つもたがはじと行《おこな》へるを、國《くに》の守召上《かみめしあげ》られて、しろがねあまた賜《たま》ひ、且《かつ》國の戒《いましめ》をゆるべて、絹著《きぬき》ることを親子《おやこ》ともにゆるさせし事《こと》を、遠《とほ》く都《みやこ》に在《あ》る、其弟宮河保恭《みやかはほきよう》と云ふ人、はかせ皆川《みながは》の翁《おきな》に請《こ》ひて、つばらに記《しる》させ、國に贈りしなべに、我《われ》にもことくはへてよと、人《ひと》して求《もと》めらるゝ。我この人を相見《まみえ》ず。且皆川《みながは》がしるせし事《こと》、再《ふたゝ》び述《の》ぶべきにあらず。さりけれど世《よ》の寶《たから》の子《こ》の、六十こゆるまで操《みさを》のたがはざりしことを、羨《うらや》みつべきものに、世語《よがたり》ども一二つ書出《かきいで》て贈《おく》り侍《はべ》る。噫《あゝ》父に別れて四十餘年《よとせ》、母《はゝ》二人、さきなるはいときびはにて、面《おも》をだに見《み》知り奉《たてまつ》らず、後の母は今已《すで》に十四年のむかし人《ひと》となし奉りぬ。いまそかりし時《とき》は、日を愛《あい》すべき心を露《つゆ》ばかりも持《も》たらず、大方《おほかた》の事《こと》ども御心《みこゝろ》にたがひて、重《おも》き罪《つみ》かうむりし者《もの》の、いみじき人《ひと》のうへを思ふには、水無月《みなづき》ならぬ汗《あせ》に衣《きぬ》をとほし、ながき息《いき》をのみ續《つが》るゝこそ、いともうれたけれと思ふも、くいの八千度《やちたび》かひなき事《こと》になん侍《はべ》る。養父《やうふ》の父尙正《なほまさ》と云ふ人、國《くに》ぶりの歌をよみて玩《もてあそ》ばれしとや。父の好《この》める道《みち》なりとて、次《つい》で學《まな》べるも孝《かう》の篤《あつ》きなり。我《われ》も歌《また》よむ事を深《ふか》う思し入《い》りたれど、父母《ちゝはゝ》の庭《には》の訓《をしへ》にあらぬには、私《わたくし》ごとにして、是も仕《つかへ》にたがへる一《ひとつ》なりけり。さるは何の徒《いたづら》なる名をやもとめん。さがし愚《おろか》はは

なかき息ー長大息くいの八千度ー先立たぬ悔の八千度悲しきは流るゝ水の歸りこぬなり

た親《おや》のうみのたま物《もの》なれば、我なすわざかは。養父《やうふ》、名は畜《ちく》、俗稱《ぞくしよう》は養三郎《やうざぶらう》、父尚正《なほまさ》、俗《ぞく》稱《しよう》は丹助《たんすけ》、安永《あんえい》七年、齡《よはひ》六十五にて世を去りぬ。母ふさ、窪田氏《くぼたし》、今年齡《よはひ》八十五。いとも世《よ》に有難《ありがた》きかたり言《ごと》になん侍《はべ》る。于時《ときに》享和《きやうわ》二年三月《ことせやよひ》かいしるしぬ。

# 藤簍冊子　卷之六

鶉居―不定の居所

首をむしろ

## ○鶉《じゆん》居《きよ》

つながぬ船《ふね》とこそいへ、波《なみ》によせられては、しばしとまりの岸《きし》も有りけり。長柄《ながら》の濱松《はままつ》の林《はやし》はすこし隔《へだ》たりたれど、鄰《となな》れる杜《もり》の神《かみ》の木《き》の、千年《ちとせ》の陰《かげ》にさしおほはれて、よそよりはやき冬《ふゆ》ごもりの竹《たけ》の編戸《あみど》を、夜《よ》は引寄《ひきよ》せしまゝに、是《これ》をも賴《たの》るゝよと獨言《ひとりごつ》を、刀自《じ》が聞《き》きとがめて、よしや、釘《くぎ》さしかためし小《こ》がな戸も、君いまさぬ夜《よ》は、昔《むかし》は物《もの》すさましかりしを、今の時々《ときどき》のひとり寐《ね》、念《ねん》じわびつゝもあかすは、齡《よはひ》といふものゝ心得《こゝろえ》さするよ。よう年《とし》をわたりて住《す》みつき給《たま》はぬにも、めでたしと思《おも》ひし家《いへ》には事《こと》しげく、君がおぼし知《し》らぬ物うさの侍《はべ》りしを、此草《このくさ》むらの宿《やど》には、かうのどけき世《よ》も有りけるなと、詫《わび》しさにかふるには、善《よ》しとも惡《あ》しとも思《おも》ひ定《さだ》むる心なんあらぬと云《い》ふ。あなかしこし、さらずば如何《いか》でかゝる物狂《ものぐるひ》を見《み》つぎて、三十年《みそぢ》が程《ほど》をねんじ過《す》させ給《たま》はん。我爲《わがため》のまもり神《がみ》にておはしけりと、首《かうべ》をむしろにつきて、手《て》をすりあはす。打ち笑みて、かう常《つね》にも

につきてー敬禮して
おに〳〵しー恐ろし
くすしー醫師
笠翁ー李笠翁、清の傳奇作者
舟にまじろし云々ー刻舟求劒守株

たはれごとしてあらせるを、人《ひと》は知らで、おに〳〵しとのみ忌《いみ》にくまれ給《たま》へれ。此御《このみ》有《あり》さま、さいふ人々《ひと〴〵》に見《み》せ奉《たてまつ》らぬが口惜し。兎《と》まれ角《かう》まれ、かしづきはつべきには、憂《う》しとも恨《うら》めしとも思《おも》はで、たゞ〳〵夢路《ゆめぢ》のたどり、一夜《ひとよ》の草《くさ》の枕《まくら》に思ひ過《すご》して侍《はべ》ればとて、打ちしづもりをる。竹《たけ》の戸《と》やをらに推《お》しひらきて、寐《ね》やし給ふらんと云《い》ひつゝ入《い》りくるは、此里《このさと》に住《す》みふりし飛彈人《ひだびと》なり。やゝ寒《さむ》うなり侍《はべ》るには、己《おの》がわざの暇《いとま》のみになりぬるを、くすし許《ばかり》にはおはさずぞ侍《はべ》る。雪見《ゆきみ》給ふべき窓《まど》あけんとの給ひしは、いかにと云《い》ふ。さは云《い》ひつれど、此《この》ごろの貧《まづ》しさにはえせぬ、いと口惜《くちを》し。あはれ〳〵、寶《たから》だに乏《とぼ》しからずば、此森陰《このもりかげ》をも建《た》ちふたけてんものをと、時々《とき〴〵》打ちうめく。この煩《わづら》はす神《かみ》こそなつかしけれ。この神《かみ》は世《よ》の人にもつきて、物《もの》に狂《くる》はするが中に、茶《ちや》かきたつる人々《ひと〴〵》こそ殊《こと》にも煩《わづら》はさるれ。其友《そのとも》どちばかりあはすには、たゞ〳〵轍《わだち》のあと聊《いさゝ》かも踏《ふ》みたがへじとするよ。笠翁《りふおう》と云《い》ひしすき人《びと》にも神のつきて、西湖《せいこ》に臨《のぞ》む家《や》づくりして、さま〴〵工《たく》みなせしが、其こと〴〵に我《われ》より出《い》でざるはなく、船《ふね》にまじるし、株《かぶ》を守《まも》る人《ひと》をあざめる其事《そのこと》一家《か》言《けん》と云ふ書《ふみ》に見《み》えたりしが、我《われ》も此人《このひと》にならはまく思ふは、たゞおろそげなりとも、便《たより》よからん事を宗《むね》とすればなり。昔五井の何《なに》がしと云《い》ひし難波人《なにはびと》にも神《かみ》のつきた

待兎支那の古諺
一家言―李笠翁の著
李唐―唐の天子の姓は李
かゞよひ―耀き
おしゝりたろ―治めたろ
兀たらんにも―木を伐り盡しても
足一きざみあがりの宮―足一騰宮

れど、財乏《ざいとぼ》しさに、なさばやと思《おも》ふつくりわざまをば、文《ふみ》に書《か》きあらはして思《おも》をやりたるは、物しりて心《こゝろ》の高《たか》き也。又思うてのみに爲《な》さゞるは、李唐《りたう》の高祖《かうそ》の、隋《ずゐ》の時《とき》の宮女《きうぢよ》を召《め》しつどへて、物《もの》がたりせさせし中《うち》に、年《とし》くるゝ夜に、大宮《おほみや》の内《うち》ともし火《ひ》をかゝげず、玉《たま》のいと大きなるを間毎《まごと》に釣《つ》りたれて、庭火《にはび》たきほこらせ、其光《そのひかり》をうつしとりて、かゞよひかはせしかば、さしも廣《ひろ》らなる殿《との》のくま〴〵おちなく、見渡《みわた》されしと聞き給ひて、心《こゝろ》しばし是《これ》に醉《ゑは》はせ給《たま》ひしかど、立《た》ち歸《かへ》りて、あないみ〳〵じ。さることのはて〳〵は、我《われ》に國をさへあたへつるよとて、いよゝつゝしみいませ給《たま》ひしとぞ。萬《よろづ》おのがほどをかへり見《み》てすべき物に云《い》ふ。されば天《あめ》の下《した》おしゝりたる君の、それぱかりの事《こと》何かはと云《い》ふべきを、思《おも》ひのまゝにはせじとおぼしゝこそ、三百年《ねん》の久《ひさ》しきを保《たも》ち給《たま》ふべき初《はじめ》の君《きみ》なればなり。蜀《しよく》の山兀《やまこつ》たらんにも、猶《なほ》つくりはてず。都《みやこ》をにしひがしに廣《ひろ》めて、殿《との》の名《な》こと〴〵唐《たう》の代《よ》にならはせしも、天暦《てんりやく》の火《ひ》に跡《あと》なく成んては、やゝ下《くだ》りにくだりて、蘆《あし》のすだれ、うばらからたちの垣《かき》、賤《あやし》げにめぐらせ給《たま》ふ、かなしき御世《みよ》も有りしと云《い》ふ。古《いにしへ》に又立《た》ちかへりて思《おも》はゞ、足《あし》一きざみあがりの宮《みや》、尾花《をばな》さかぶき、黒木《くろき》の柱《はしら》のためしに、いたくかなしぶべきにもあらじ。まして己《おの》が友《ども》のふせ屋《や》のひた出《いで》に、稻からのむしろ取

りしきて住《す》むべきを、ほど〳〵と心得《こゝろえ》たらんにも、たゞ便《たより》につきては、いつも〳〵神《かみ》にわづらはされて、身《み》の程《ほど》を忘《わす》れゆくめり。そこは神《かみ》の御使《おんつかひ》して、雪見《ゆきみ》る窓《まど》をもよほし來《く》るよと云《い》ふに、飛彈《ひだ》人片《びとかみ》ゑみして、我《わが》ともがらの願言《ねぎごと》に、ぬしは堅《かた》かれ、柱《はしら》は弱《よは》かれと申《まを》すは、此御物語《このおんものがたり》にも叶《かな》ふらめ。壁《かべ》ごとに窓《まど》ゑりはたし給《たま》ひては、又立《またた》ちかへり、さむ風《かぜ》の爲《ため》にふたがせ給《たま》へ。さらずば何《なに》して世《よ》をはひわたらん。岩根《いはね》したゝかに杵築《きづき》の宮《みや》つきならし、木曾《きそ》の山吉野《よしの》の奥《おく》に、いづみの杣人《そまびと》入《い》りみだれ伐出《うちいだ》しつゝ、つくりみがかせし寺《てら》も、神《かみ》やしろも、天狗《てんぐ》と云《い》ふ神《かみ》のほこり來《き》ては、跡《あと》なくほろぼすを見《み》れば、おろそげに時々《とき〳〵》つくりそへ給へるをこそよかめれ。あなさがしの我《われ》をわづらはす神事《かみごと》や。孔子《くじ》の敎《をしへ》、能仁《のうじん》の道《みち》のふみも、註《ちう》かく人《ひと》の、おのが心《こゝろ》のひく方《かた》にことわり云《い》ひまぐるよ。ひとよせ九重《こゝのへ》の内外《うちそと》名《な》殘《ごり》なくなりし時《とき》、一劫《いちごふ》と云《い》ふ灰《はひ》は是《これ》にやと、人の泣《な》きかなしみし聲《こゑ》は、澤邊《さはべ》の鶴《たづ》ならで、天に聞《きこ》えあぐるばかりなりしを、我獨《われひとり》さがしだつにはあらで、

四《よつ》のうみ靜《しづか》なる代《よ》にすむ民《たみ》をしばしの波《なみ》の立居《たちゐ》をぞ見《み》る

と云《い》ひしを、宜々《むべ〳〵》しく云《い》ひたりなど云《い》ふ人《ひと》も有りけりと語るを、刀自《とじ》かたはらより、文《ふみ》よむと、この墨《すみ》わづらはすとには、よくもふかう思《おぼ》ししみ給《たま》へるには、さまざま空《そら》に思《おぼ》

豐前にあり宇沙都比古宇沙都比賣神武帝を款待せんとて造りし宮

杵築の宮—豐後速見郡にあり

能仁—釋迦

澤邊の鶴—詩經に、鶴鳴九皐聲聞于天

ほうの木——厚朴
いはうじ——奥様
兎賀野なら

し出《い》で給ひて、夜更《よふ》くるをもしらず、舌《した》とく御座《おは》すよと云ふ。飛彈人《ひだびと》ふところがみの中より物《もの》とり出《い》でて、是《これ》なんさきに見せ給ひし、秋鹿《あきしか》よぶ笛《ふえ》を、この頃《ごろ》の暇《いとま》につくりて侍《はべ》る。こゝろみさせ給《たま》へとて見《み》す。ほうの木《き》をすんばかりに、げたにはあらでけづりなし、鹿《しか》の子《こ》の腹皮《はらけ》もて口をつゞりなしたり。我《われ》もたるをもとうでて比《くら》ぶれば、あらたにこそあれ、たがふ所《ところ》なしと見ゆ。いざ吹きてこゝろみ給《たま》へ。まなび傳《つた》へたうびてよと云《い》ふ。とりて音《おと》を入《い》るに、所《ところ》は山邊《やまべ》ならねど、松《まつ》の下庵《したいほ》の風《かぜ》に吹《ふ》きあはせては、外《よそ》に悲《かな》しとも聞《きこ》ゆらんかし。飛彈人《ひだびと》はやく學《まな》びとりて、いはうじの御目《おんめ》こそいたく重《おもだ》けなれとていぬ。門《かど》いでて、二十歩《ほ》ばかりや過《す》ぎらん、しらべ高《たか》々とふきつゝ行く。我もいで吹きあはすれば、草《くさ》むらの蟲《むし》どもの聲《こゑ》たえたるは、聞知《きゝし》らぬにか、かれも戸《ど》に入《い》ぬるにや吹《ふ》きたえぬ。この飛彈人《ひだびと》は田舍《ゐなか》ならぬ木工《むく》の頭《かみ》にて、かうさがしき業《わざ》をなんしなへる人《ひと》なりける。歌《うた》よまずばとて、ふし戸《ど》にも入《い》らず。

たれしかとねざめてや聞くなきかはす秋の末野《すゑの》のさよの哀《あはれ》な

あしびきの山《やま》のさつ男《を》がよぶ鹿《しか》のをぶえに秋《あき》の風《かぜ》のかなしさ

兎賀野《とがの》ならねば、こよひに絶《た》えるとも、人《ひと》の心《こゝろ》をわづらはしめずこそ。刀自《とじ》もよむ。

れば—一名闘鶏野、昔大伴黒主ある時二鹿の問答を聞きぬ後夢に牡鹿は人に殺されしを見人をして之を窺はしむれば果して然りと

しかぞとも住《すみ》もさだめずなくねかな山邊《やまべ》にいまは入《い》らぬ許《はかり》ぞ

あした野《の》にゆくをのこ等《ら》が、夜《よん》べの鬼《おに》の聲《こゑ》のおそろしきを聞きつやとなん。山遠《やまとほ》き里人《さとびと》は、聞きしるまじければ。

## ○鶉居　其二

世を避《さ》くる人のかしこきに傚《なら》へるにはあらで、たのむ陰《かげ》を、加茂の古堤《ふるづつみ》のほとりに、おしふせたる庵づくりして柱にかいつけゝる。

里住《さとずみ》の松のとびらをさしこめてこころを山のおくになさばや

又ひとりごたるゝ、

たえだえの宿の煙《けむり》に身をなさてはひかくれなん事のかなしさ

老朽《おいく》ち、まなこやみ疲《つか》れしには、身投《みな》げてんふかき谷《たに》をこそ求《もと》むべけれ。あはれなる山《やま》陰《かげ》のすみか、いかで思《おぼ》しよるべきを、彼五井《ごせ》の何某《なにがし》の書《か》きおかれし物《もの》の中に、いとをかしき事《こゝ》をこそ見出でたれ。曰く、

造《るの》レ室《を》法僧兼好云《ふ》。以《て》レ宜《きを》レ夏《に》爲《すは》レ佳《さ》、確言也。余衍《して》ニ其說《を》一云《ふ》。開ニ豁《し》東南《を》一、仍設《て》ニ戸套《を》一而收《む》

之、如常式。乃環以緣、緣方言也。戸外簷下、連布竹或板、以便登降、猶衣有緣。緣外置水盤、連筧引水以盥嗽、又以灌庭中草木。室西北必墻壁。壁下繋低牖以通風。互席亦設戸開闔、或垂葦簾可。北距墻壁五六歩。就建書庫、西北隅植竹、以遮夏日。東植梧桐數十株、以障朝日。厠溷必於室北。巽屋別墻。架板爲歩。低欄左右、防傾跌。溲缸圂在厠外、俱勿及日。即及日、臭甚蟲生。方暑登降、穢雜不可耐也。其製以意消息可。浴室必於室東。勿與溷相及。世人與溷相鄰、浴時臭大不淨潔、是皆以燕居之室、及書齋四席半六席八席而言。若其正堂、自有定法。然不失此意而可。余性苦熱。夏日屈膝危座、倦憊殊甚。於是有書齋別式、以四席半六席爲限。營造依前制、不用緣板。磚地設榻或椅、皆倣淡人居。鑿北壁設水盤茶具。茶人謂之庋者、具噴壺以洒磚、庶可以耐煩歊。冬日別制牀、以排布磚上、仍席如常式以禦寒。到夏則徹去其牀、是一室二用。嗚呼此營、不過費三四十金、事可辨矣。以財乏且居屢徙、故竟不果、可歎。因以遺好事者、可謂爲他人作嫁衣裳矣。又哂曰、富貴之家、冬夏適居、何必一室二用。窮措大之言、往々如斯。

これや文《ふみ》に心《こゝろ》をやりて、ねぎ言《ごと》をはたさゞりしは、いとも有難《ありがた》き人《ひと》の心《こゝろ》なりける。己《おのれ》

も若《わか》きより家《いへ》つくる事《こゝ》をあかぬものから、この文《ふみ》のをかしきに附きても、心をこそ山住《やまずみ》にはえなさゞれ、住《す》む庵《いほ》ばかりはとて、をちこち思《おも》ひめぐらすに、まなこしひまどへるには、便《たより》おぼつかなき境《きかひ》には、心ばかりもえゆかで、南禪寺《なんぜんじ》の内に、昔《むかし》しばしが程假初《ほどかりそめ》ずみせし庵《いほ》の、今は荒《あ》れにつきて、野《の》となりし處《どころ》をなん、先思《まづおも》ひよれるまゝに、彼博士《かのはかせ》の、人の爲《ため》にと云《い》ふ。我そのすき者と名のらん事、人笑《ひとわらひ》に、かつは物狂はしけれど、心ばかりに云《い》ふ。

一室僅《に》八席、中以《て》二四席一《を》爲《す》二起臥之處一《と》。而左右四席、以《て》二居常當《るの》レ有《に》物一《を》備《ふ》焉。南面亙《て》レ席《を》設《け》レ戸《を》、開闔如《し》二常式一《の》。戸外竹緣、國語《に》云《ふ》須乃古。廣《さは》四尺長《さは》九尺。西《のかた》磚地三尺、以《て》便《りす》二昇降一《に》。緣外以《て》二葦竹一《を》造《り》二矮籬一《を》、庇下垂《れ》二葦簾一《を》、蓋《し》炎夏庭地焦爍、烟氣蒸《ず》二室中一《に》、故《に》將《に》レ禦《んとす》レ之《を》。籬上或竹欄《は》、可《し》二以《て》倚《る》一レ肱《を》。宜《く》二納涼一《に》、宜《し》二翫月一《に》。室中東壁亙《り》二四尺一、所《の》レ藏《する》之書畫一二幅展觀《す》焉。其北鑿《て》レ牖《を》置《き》二文机一《を》、又北《に》火《し》二坑爐一《を》、架上置《く》二飲器茶具及米鹽一《を》焉。西壁亦鑿《ち》二戸牖一《を》以《て》昇降《す》。但使《しむ》レ客《を》不《ざら》レ入《ら》耳。其北一席垂《れ》二梅花紙帳一《を》、以《て》爲《す》下藏《す》二褻衣被褥一《を》之處上《と》。北窓半席、開《て》レ戸《を》迎《ふ》レ風《を》。戸外板緣、東庇下竹架上《に》、水甕湛《へ》二飲漿一《を》、但烈寒之夜不《はず》レ貯《へ》。恐《くは》堅氷破裂《せん》。西北東司別《にし》レ宇《を》以《て》レ廊《に》通《ず》レ之《に》。廊間置《き》二水盤一《を》、且火爐沸二香湯一《を》以《て》避《く》二臭一《を》也。然《も》小室不《ず》レ堪《へ》二寒暑一《に》。故屋

須乃古―簀子

梅花紙帳―梅花を畫ける紙帳

花は散りて云々—芳野山やがて出じと思ふ身の花ちりなばと人やまつらん山ごもり—西行上人

車につみて

上以茅覆之、且東西壁外簷下垂葦簾、簾中蓄柴薪、以防山嵐之氣、唯聯外除之。然春朝秋夕座望戸外、則粟田獨秀如意叡嶽、低昂斷續、青藹々雨陰々、北牕相對。黒谷吉田、峻宇層塔、映帶竹樹如畫。丘陵田野似織。或聞野鶯水鷄、或聽鳩聲鹿鳴、松風颯々、草蟲啣々、足以爲閑友矣。北籬外泉聲潺湲、恰似枕流、而有乞火喫茶之憐、扶老最志誠、薄命之病隱、舍此又何處耶。然土木之費今靡所辨、默而止矣。噫、斯言爲誰書而遣之。惟是解憂遣悶已。

しかすがに山住《やまずみ》も長閑《のどか》なるのみにはあらで、夏《なつ》の毒《どく》ある蟲《むし》の啄《ついばみ》をいたみ、冬は霜《しも》ゆき氷《こほり》の朝《あさ》な夕《ゆふ》なは、いかに思《おも》ひきゆらん。花は散《ち》りても暫出《やがてい》でじといひし山《やま》ごもりの、住《す》までのあはれを知らんやはと打泣《うちな》き、又雪《ゆき》のふる日《ひ》は寒くぞあるなども云《い》ひつる。三年《みとせ》がほどの有様《ありさま》も、おほながら心の通《かよ》ふなりけり。其住《すみ》捨てし跡《あと》、をちこちに見《み》れば、修行《すぎやう》と云《い》ふ事《こと》のいみじさ、なほ人の學《まね》ぶべからぬをさへ思《おぼ》ほゆ。又世《よ》の亂《みだれ》に都《みやこ》の内外も荒《あ》れにあれゆけば、只《たゞ》かりそめの庵《いほ》づくりを、車《くるま》につみて彷徉《さまよ》ひありきしとや。あなう、柄《え》轅折れ、柱《はしら》ゆがみて、すきまの風をやいたむらん。かくても世にありふべきは、修行《すぎやう》の大事《だいじ》にや羈《ほだ》されけん。さるかたの教《をしへ》、ふつにおぼし知《し》らぬには、いぶかしむべうもあら

云々—鴨長明の方丈の庵
河原のおとゞ—河原左大臣源融
宇治殿—藤原頼通
西園寺殿—藤原公經
わづかのよねに—五斗米の爲に腰を屈せんやといひし陶淵明
緒をすけぬ琴—陶淵明無絃の琴を撫して自ら

ずなん。たゞ心《こゝろ》の迷《まよ》ふまじきは、河原《かはら》のおとゞの棲霞觀《せいかくわん》のありしさま、宇治殿《うぢどの》の河邊《かはべ》のたゞずまひ、西園寺《さいをんじ》どのの津《つ》の國吹田《すいた》の山莊《さんざう》などは、翁等《おきなら》がいやしき思《おも》ひしては、露《つゆ》ばかりもおぼし知《し》らるまじきものぞ。又大宮仕《おほみやづかへ》をゆるされ、或はやめられて、野山にのがれし人《ひと》の上《うへ》は、文《ふみ》につたへてあまた見聞《みき》くが中《なか》に、司《つかさ》の衣《きぬ》の色《いろ》ながら、山ふかく入りしこそいみじう尊《たふと》けれ。みかどに立《た》ちては世《よ》をまつりごち、庵《いほ》のどかに住《す》みなしては、あまねく病《やまひ》にしるしある藥《くすり》をなめわきて、惻隱《そくいん》とかの心《こゝろ》をいたらせしとや。わづかの米《よね》に腰《こし》は折《を》らじとや、其始よりさる操《みさを》ならんには、さる下《しも》づかさには出《い》でたつまじきを、事に當《あた》りていざやかへんなん。歸れば童等《わらべ》が門《かど》むかへして立ちをどり、田《た》ばたあまた持《も》たるには、濁《にご》れる酒乏《さけとぼ》しからず。垣根《かきね》の菊《きく》を手折《たを》りて、軒《のき》にあたれる南《みなみ》の山《やま》を望《のぞ》み、心なぐさむにも、一たびは己《おの》が賢《かしこ》きにいざなはれて、世には立交《たちまじ》はりけん。緒《を》すけぬ琴に趣《おもむき》をしらば、つかへの道《みち》のうるさげなるを、いかで思《おぼ》し知《し》らざりけん。又隱《かく》るゝを名《な》にて、人の望《のぞみ》をえまくする人は、翁《おきな》がくらき眼《まなこ》にさへ見止《みとゞ》めらるゝをや。心《こゝろ》たかきが這隱《はひかく》れずして、よく隱《かく》るゝにいたりては、いかで見給《たま》へしるべき。言續《いひつゞ》くれば、あやしのしこ翁《おきな》と、世の人つまはじきやすらん。ある人《ひと》のいへる、山棲《やまずみ》のたのしきも、國《くに》の趣《おもむき》をかへ

樂しむ曰く唯知琴中趣何勞絃上聲

總角—兒童

糲食—粗食

狗の尾繼たりとや—貂足らず狗尾

ては、人目をかしからんと營《いとな》むには、市朝《してう》の人に同《おな》じとや。宜《うべ》も心《こゝろ》たかき人の言《こと》は、思《おも》ひしみて忘《わす》れぬぞかし。翁《おきな》世に立《た》ちさまよふ事《こと》、三十とせあまりが中に、村居《そんきよ》ふたゝび也。世の人云《い》ふ。村居必ず閑寂幽趣ならんとや。翁云《い》ふ。しかれども愛憎の二つあり。其愛すべき者。遠山青靄匹《き》練《を》。曠野陰霧成《す》籬《を》。菜花誘繍。霜葉丹青。春曙。秋夕。月夜旅雁。深更寒蛩。春雨蕭々。草露顆々。總角驅《て》犢《を》時謳《に》且叱《す》。野寺鐘《の》聲夕《は》悲《み》且待《はつ》。霜如《し》衾《の》。雪僞《す》墩《を》。菘菁鮮美。新穀先嘗《つなむ》。其憎むべきもの。亢旱祈《る》雨《を》。三冬無《し》被。藥牀糲食。三月垂《るゝ》蚊帳《を》、非《して》綿或紙《はに》韈入《もる》。蜂結《て》房人來則螫《れはさす》。蛛布《はき》網除《をへはちす》即幘。春夜蛙鳴妨《る》眠《を》。秋風暴吹害《す》禾《を》。野鼠佩《て》穿《つ》墻《を》。狐狸竊《うて》盜《む》飯《を》。或水濁《り》或柴薪乏《し》。無《く》朋無《し》詒。貧民餓鬼《は》、里正閻王。誰《か》嘗《ふ》粒々皆辛苦。然《れども》稅稻《を》非《れは》精《に》不《す》納。又思《ふ》。苦樂不《す》偏《ら》。風雪雖《も》不《へきらす》可《か》出《つ》門《を》、開《けは》牕濟氣直先臻《にいる》。古人云《ふ》。硯之發《る》墨《を》者《は》、必費《す》筆《を》。不《されは》費《さ》筆《を》則退《す》墨《を》。二德難《し》兼《ね》。非《す》獨硯《のみに》也。大字雖《も》結密《くに》、小字常局促《はに》。眞書患《ひ》不放《を》、草書苦《む》無法《に》。茶苦《はくして》患《ひ》不美《を》、酒美《にして》患《ひ》不辣《を》。萬事無《し》不《る》然《ら》。僕云《ふ》。世途將亦如《し》斯《の》哉。

噫《あゝ》、文なん唐さまは習はねばたどくしきを、五非の博士《はかせ》のしりに立て學び出でたる、狗《いぬ》の尾《を》繼《つ》ぎたりとや。老のほれ〴〵しくて、垣根《かきね》にすだく秋の蟲《むし》の、つどりいと見ぐるし

續く惡きものを以て良きものに繼ぐ喩

こと木―他木

ふつゝかめきて―賤く見えて

くもさせるものか。

○こを梅

鶯《うぐひす》の宿《やど》、春《はる》かけてしめしも、漸々《やう〳〵》あれゆくさまに、梢《こずゑ》にしぼみ、木《こ》ごとに散《ち》りこぼるるも、香ばかり匂《にほ》はしきは、雪《ゆき》にこぼりに、寒《さむ》きあらしを煩えしのぶが、こと木《き》にすぐれたればなりけり。きさらぎ立ちて、水《みづ》の鏡《かゞみ》をくもらせては、老《おい》をかくさふとするよ。風《かぜ》けぬるく、野山《のやま》の霞《かすみ》をかしう引《ひ》きわたしたるを、おのが時《とき》ならずとて、散《ち》りはつる心《こゝろ》の、いとすざましな。おなじくさはひながら、紅《くれなゐ》に匂ふは、薄《うす》きもこきも、香《か》こそおくれたれ。春知顔《はるしりがほ》とはこれが盛《さかり》をこそ云《い》ふべき。すむ庵《いほ》の軒《のき》ちかう五本《もと》六本枝《もとえ》をかはし、色《いろ》香《か》を競《きそ》ひつゝ咲出《さきい》でたるに、春日《はるひ》のかゞやかしう照《てら》かはして、いと花々しきに、鶯《うぐひす》の木《こ》末《ずゑ》なつかしう、又是《こゝ》にうつり來《き》て、巣《す》つくりなどするは、子《こ》をばいかでか生《う》まんとすらんと、人《ひと》の咎《とが》め給《たま》へるばかりに、住馴貌《すみなれがほ》もにくましからずなん。花《はな》のかたち、濃《こ》きも薄《うす》きも、すこしふつゝかめきて、八重《やへ》にあつごえたるを、よき人《ひと》の見《み》給《たま》ひては、若《わか》き女《にょう》房《ばう》の、おもてあらはに笑《ゑ》みほこり、土器《かはらけ》とりはやし、今《いま》やう一手《て》二手《て》、扇《あふぎ》打ちひろげて

かはらけと、りはやし—酒くみて
いまやう—今様歌
あてなる—富貴なる
ひねり—捻重、衣の名
ふかうそぎなし—剃髪し

まなび出《い》でたるさまになん思《おぼ》すらめ。さればあまりにやしほに染《そ》めつきたるは、枝《えだ》もこちたく、うたて打見らるれ。春毎《はるごと》に目馴《めな》れなつかしまれては、この花咲《はなさ》かざらましかばと思ひなりぬるは、さすがに貴《あて》なることども見《み》しらぬ心《こゝろ》から相《あひ》思ふなるべし。やう〱散《ち》りがたになれば、薄《うす》きはもとより、濃《こ》きもあさましう冷《さ》めゆくを見《み》れば、雪《ゆき》とまがひしには、宜《うべ》もおとりて見ゆるをや。きぬの色《いろ》あひ、紙《かみ》のかさねなどをうち見ては、まさりげにてぞ。それはた世《よ》にあてやかならん人の、針目《はりめ》をかしうひねり縫《ぬ》ひてめさせ給《たま》はんと、墨次《すみつぎ》はかなう書《か》きけち給《たま》ふらんをこそ、いとめでたしとは見奉《みたてま》つれ。髪《かみ》の末《すゑ》ほそり、額《ひたひ》すこしあがりたる人の御爲《おんため》には、いと無徳《むとく》にやと思《おぼ》すはいかに。まして世《よ》をすて、ふかうそぎなしたらん己《おの》が類《たぐひ》の、今《いま》は手《て》だに觸《ふ》るまじきけざやかさを、身《み》におはぬ言《こと》めでして何《な》にかはせん。夏《なつ》の來《き》て、さみだれのころに、三つ七《なゝ》つ落ちこぼれたる實《み》をひろひては、精進《さうみ》のいみじ者《もの》にたふべかりける。されど高《たか》きいやしき、老《おい》もわかきも、まづ目《め》移《うつ》りするは、この花《はな》の色《いろ》あひになん。しかすがに解《ざ》きあらひぎぬの黑《くろ》みづき、黃《か》ばみなどしたるを見《み》れば、こと色よりもうたて思へば、はやりかに花一時《はなひとゝき》の色とは定《さだ》めらるゝなりき。山風《やまかぜ》さと雨《あめ》をさそひては、ひと夜のほどに散《ち》りはてたるを見《み》るに、色《いろ》は卽《すなはち》空

壽藏—生前に造れる墓所

好文木—梅の異名

しく、假初《かりそめ》ものなること、是《これ》につきても思《おも》ひしらるゝなりき。

河内國くさ香《か》の鄕《さと》の唯心尼《ゆゐしんに》が、住《す》む軒《のき》の木立《こだち》に、あるじにかはりていへるは、しひたる求《もとめ》のさりがたければなり。今や花《はな》の時過《ときす》ぎにたるは、昔聖武《むかししやうむ》のみかどの、西《にし》の池《いけ》の宮《みや》の花《はな》の宴《えん》を、五月のそれの日に、御遊《おんあそび》有りし例《ためし》をおぼし出《い》でてぞ、物《もの》はいふなりける。

僕已《に》不才且不幸、泊然三十年。齡將《に》七旬《ならんとす》。心力形骸漸《く》衰《へ》、死後無《し》一人之有。瘞《む》骨《を》者矣。是《を》以《て》卜《し》壽藏《を》于南禪山中西福淸舍之紅梅樹下《に》、且作《て》棺以《て》託《し》寺僧《に》、優遊《として》俟《つ》天命《を》已。於《て》是《に》二三《の》名家、以《て》老友之故《を》忝《す》斯文《を》。嗚呼不《ずや》亦幸《なら》哉。

學半齋

此翁何所《の》餘《を》、餘《す》年藏《して》卜《す》壽《を》、厥卜在《り》南禪《の》好文木所《に》有《る》、先試《て》入《り》寫生《に》、應《ずに》將《に》造化《の》手《を》、節《を》月渡《るの》江《を》春、新題屬《す》舊友《に》。余長《するこ》翁五年。生天恐《はらん》不《れ》後。亦嘗《て》營《す》壽藏《を》、帝鄕《に》遊《て》待《こと》久《し》。墨痕同《じく》暗香《に》、文名餘《す》不朽《に》。

力齋

翁之淸節不羈、可比梅樹勁幹屈曲不撓。梅花紅嬌芳馥、與敵含英茹華之文雅。翁可驕于梅、梅可不愧于翁。余不能詩賦、聊書此語塞其需云。

右二章應瑞甕上之題言

長夜室—墓

小杜—唐の詩人杜牧之號樊川

瓜期—滿期

## 長夜室記

南畝子

客歲于役浪華吏事之餘、見一奇文。云是餘齋翁文。激賞不已、願見其人。既見之常元精舍、不啻奇其文、而其人亦奇矣。乃請山家記。翁亦不拒、不日而成。益信其奇之爲奇也。小杜所謂、杜詩韓筆愁來讀、似倩麻姑手爪搔。余於翁文亦云。夫一見而贈縞帶一絕、而不復鼓琴、古人之於知己、有如此者矣。今歲聞翁作長夜室、以著焉。一棺未蓋、萬事既休。予亦瓜期將還江戶、便道過京、與翁訣矣。噫翁無用於天壤間、々々亦無用於翁。無用之用知者幾希矣。白日昭々、長夜冥々、昭々之中冥々如此、冥々之中亦有昭々者否。是我獨奇翁、而人所以不奇翁也。翁上田氏、名秋成、號餘齋、一號無腸、又號休西。去客於京。

ゆるしの色—紅のうすいろ

ふふみながら—含みながら

棺をつくらせて其蓋《ふた》にかいつけゝる

長き夜の室としきけば世の中を秋のおきなが住むべかりける

一日紅梅の樹下に遊びてよめる　信美

散る迄《まで》はゆめ手をふれじ梅の花をるをゆるしの色に咲くとも

きえがての雪《ゆき》にたぐへて咲出《さきい》づるまかきの梅《うめ》の花《はな》のくれなゐ　信愛

なきつつもつまこひてふる鶯《うぐひす》のなみだや梅《うめ》のいろをそむらん　間齋

我もよめと云ふによむ

紅《くれなゐ》はふみみながらにちりてまし咲《さ》くをうつろふ始《はじめ》とおもへば

○嵐山夕曉

おいが世《よ》にこころとめねばこの春《はる》の花《はな》に名残《なごり》の旅寢《たびね》をやせん

ひと夜《よ》の草《くさ》の枕《まくら》の夢《ゆめ》がたりに、花《はな》の散《ち》るのみ見つゝあかせし正夢《まさゆめ》は、いかにはかなうも

いめ—夢

さゐ〳〵しき—さわがしき

木にのぼる魚—蛙のこと

ちればこそ—散ればこそいとゞ櫻はめでたけれ浮世に何か久しかる

おはしけん。

いめ破《やぶ》るあらしの山のまつの聲むせび流るる瀧つ瀬《せ》の音この群《むれ》來る人《ひと》のさはめきには爭ひかねたりな。蛙《かはづ》うぐひすも是がために音《ね》をいるゝよ。戀《こ》ひする人の夕《ゆふ》とゞろきの、おのれ胸《むね》さわがるゝには、立《た》ちかへておひなうもあるかな。やや家路《いへぢ》に行《ゆ》きわかれては、山《やま》の色《いろ》、水《みづ》の面《おも》くれはてぬるを、あやし、花《はな》の影《かげ》のみ朧《おぼろ》に見《み》ゆるは、うつゝの夢《いめ》のたぐひにかも、其《その》うづる瀬《せ》ごとに、かはづの聲《こゑ》のさゐ〳〵しきは、河洲《かはす》たが歌垣《うたがき》にやしらぶらん。木にのぼる魚《うを》の躍走《をどりはし》りても、花《はな》に宿《やど》はからぬなるべし。河洲《かはす》の鳥《とり》の聲《こゑ》、千代《よ》をことぶくよと聞《き》くも、ひが心《こゝろ》なる翁《おきな》こそ、いまはしく耳《みゝ》ふたがるれ。こよひ磯枕《いそまくら》ならぶる人々《ひとびと》は、あかずも聞《き》きあかすらんかし。花の日《ひ》數《かず》のしばしなるには、八千代の聲《こゑ》は、鴉《からす》てふ鳥《とり》の虚《そら》ごとにや習ひけん。春《はる》の花《はな》、秋《あき》の紅葉《もみぢ》も、ときはかきはの色《いろ》なれば、いざ駒《こま》なめてともとめこじ。散《ち》ればこそとは、世の理《ことわり》をいはれたれ。夜の更《ふ》くるを告《つ》ぐるかねの音《ね》は、花《はな》にさはらぬをとて、人々《ひとびと》やすいして、明《あ》けぬほどより、うつゝの夢《ゆめ》路《ぢ》をたどる〳〵、瀧《たき》にむかひて見《み》れば、夕《ゆふべ》は山《やま》のみな暮《く》れはてしにも、水《みづ》の色《いろ》にとめて見し、其影《そのかげ》の夜すがらなりしは、明行《あけゆ》くまゝに梢《こずゑ》にかへるも、ときと遅《おそ》きは、濃《こ》さ薄《うす》さ

べき

つるばみ—濃き鼠色

袖がさ—袖を笠にして

妻呼あはれに—谷川の淺き瀬ごと

にこそあれ、木《もと》ごとに朝心して、容《かたち》つくろふさまを、何《なに》にかたとふべき。そゝや南《みなみ》の殿《との》の簀《す》の子《こ》に、つかさ人次々居《つぎ〳〵ゐ》竝《なら》び給ひて、袖《そで》たれ襟《えり》を正《たゞ》して、歌づかさらが立ちまひ御《ご》覧《らん》ずらんにや似《に》たる。きのふ今日《けふ》、とからず遲《おそ》からぬが、峯《みね》におひのぼり、岨《そば》にそひ、峽《かひ》にかくれ、ときは木のひま〳〵、繞《めぐ》れるが如、蟠《わだかま》るに似《に》て、尾《を》を曳《ひ》き、雲《くも》に吼《ほ》え、或は落《おち》たぎつ瀬《せ》なし、流《ながれ》に影《かげ》見《み》るとしづえを垂《た》れ、空に指《ゆび》ざし手《て》とりかはす梢《こずゑ》、さま〴〵に色香《いろか》き添ふとぞ見る。まだき散《ち》りそめねば、花《はな》おもげにも見ゆるかな。けさの雨《あめ》もよに、空《そら》はつるばみの下染《したぞめ》して、雲《くも》のむらごの立《たち》まひは、月をのみ妬《ねた》むにはあらぬか。河霧《かはぎり》の立《た》つとも見えぬが、峯《みね》に立昇《たちのぼ》りては、蘆火《あしび》たくいぶせさに薫《かほ》りみちて、小雨《こさめ》打ちそよぐ。袖笠《そでがさ》かづきつれて來《く》るほども、返《かへ》り見すれば、薄雲我跡《うすぐもわがあと》をうづみ、さと降《ふ》りく。風吹《かぜふ》きそはねば散りもはじめず。けふを盛《さかり》のほまれ顔《がほ》なりけり。朝蛙《あさかはづ》のかくれぬ聲《こゑ》、木傳《こづた》ふうぐひすの高音《たかね》、いと竹《たけ》の曲《きよく》に及《およ》ばぬあはれさ也。雨しきりならねど、今日《けふ》のひねもす翅《はね》しほれて、梅《うめ》の花《はな》がさ求《もと》めわびぬべし。又蛙《かはづ》の夕《ゆふ》かけてこゞろくを、誰《たれ》も耳欹《みゝそば》だたするを、妻呼《つまよ》ぶあはれに詠《よ》みたりしは、出《いで》ましの宮《みや》の宿直人《とのゐびと》の、家《いへ》の妹戀《いもこ》ひしらに思《おぼ》す心まどひして、なれもこそとは打泣《うちな》たらめ。老《おい》が頼《たの》める人《ひと》をさいだてて、けふこそ花に腰《こし》

にみがくれて妻よぶ蛙こゑきこゆなり
谷ぐく—蝦蟆
唫蜒—吟咏

は反《そら》すれ。今年《ことし》ばかりのながめと思《おも》ふには、この谷《たに》ぐくが聲《こゑ》よ。あはれ〳〵と聞《きこ》ゆるなりけり。宵曉《よひあかつき》のけぢめあらずも、現《うつゝ》の夢《ゆめ》の正夢《まさいめ》を、又もいめの幻《まぼろし》に、散《ち》りかふさへ見ゆるなん。昔の躬恒《みつね》の君《きみ》が花心《はなごころ》にもあゆるかな。歌もはた夢がたりの樣《やう》にて、

ゆふなみにかげほの見えし櫻花香は夜すがらの風《かぜ》にかをれる
雨もよぶふかき霞《かすみ》のひまもれて花《はな》にいろかすあけぼののそら
色わきし花も霞《かす》めるあまぎりに朝よひしらず鳴《な》くかはづかな
山彦《やまびこ》は答《こた》へこそせぬうぐひすの聲《こゑ》のさかりのはなの木《こ》がくれ

櫻天幷序　　閒齋

瀧原豐常、設《く》二櫻花《の》宴《を》于西峨《に》一。會者無腸老翁、小川布濟、前波默軒、田山敬義、澤登等、都《て》十有五人也。可レ謂二盛事《さ》一矣。無腸翁有《り》二夕曉《の》篇一、敍事歷々、令《し》三人遺想《をして》不《らしむ》二止《ま》一。予復傚《ひ》レ蟬《を》賦《す》二櫻天篇一章《を》一、聊貫《ふ》二餘勇《を》一而已。實癸亥二月十九日也。

春立七十有五日。處々櫻候多《は》一律。今年正月有《り》二閏餘一。稍覺《えて》二芳《を》春脚《の》残《きを》一、上京何處無《のか》二雲花《らん》一。就《て》二中《に》西義富《む》一烟霞《に》友人折《り》レ管《を》兼《ね》レ訂《す》レ約《を》。唫蜒飲得《たり》二賞酒《の》家一。是日櫻天色如《し》レ卵《の》。郭外《の》春陰濃烟

の席

四難—諸佛難値、人身難得、好時難逢、大善難修

石鷄—石上にゐる鷄

金母—西王母

毛女—毛嬙支那の古の美人

玉あへる友—親友

暖。嬌鶯百囀呼吟朋。戲蝶雙飛迴女伴。吾曹扶翁後群至。同人跋望虛座遲。相逢先忻幷四難。團欒把杯訪幽致。乘醉晩歩峽水頭。春漲一畫碧于油。滿山春風香靄合。臙脂滴々膩欲流。昏鴉已定遊人散。渡口片々舟閣岸。愛看花邊暮色遲。山光水色互續斷。石鷄呼雨自弄聲。水禽驚夢時打更。共驚簾鏬已生白。起曳枯藤重吟行。曙色澄濛雨靄々、天然畫幅眞妙繪。芳潤正知花魂王。或疑此中女仙會。金母蹈雲欲朝天。毛女横陳枕岸眠。靑童捧珠王女盞。白鸞彩鳳相後先。須臾亂雲生松枝。起滅無端幾追隨。到此花事極萬態。生看花未看此奇。此奇況復得奇文。吾曹何須更云々。歸木燈下離簑睡。兩袂翠烟帶餘芬。

## ○秋　芽

蟬《せみ》の羽衣《はごろも》猶なつかしまるれど、朝おく露夕《つゆゆふ》吹く風《かぜ》は、秋を告《つ》ぐる便《たより》のいとこそ憘《うれ》しけれ。垣根《かきね》の荻《をぎ》のおいしはぶける聲《こゑ》、牀近《ゆかちか》らぬきりぐ〳〵すの鳴音《なくね》、月《つき》の光《ひかり》も花々《はなぐ〳〵》しき比《ころ》なり。玉《たま》あへる友《とも》みたり四人さそひ出《い》でて、野《の》や分《わ》けましと云《い》ふ。雪間《ゆきま》の若菜《わかな》をこそ春日野《かすがの》にはまじるべけれ。高圓《たかまど》の野邊《のべ》の秋萩《あきはぎ》かざさばやとて來る。習はぬ道芝《みちしば》は、まどふともな

高圓―大和國添上郡にあり

谷くゞが大名持の云々―蝦蟆が大名持命の前に這ひ出でたる有樣

かや野姫―野を守る神

飛火―烽火

くて、いと覺束《おぼつか》なさにぞ、袖裳《そでも》裾《すそ》しとゞにてあゆむ〳〵、野《の》つかさめける所《ところ》に、こむらさきの色花々《いろはな〳〵》しく、露《つゆ》おきみだりて、はつ〳〵咲《さ》きそめしを、かひあるものに、先《まづ》とめよりて見れば、押《お》し伏《ふ》せたらん樣《さま》のいほりして、人も住《す》むとぞ見《み》ゆる。あなづらしけれど、まよはし神《がみ》や附《つ》きたらんとて、さし覗《のぞ》きてもの問《と》へば、いとも古代《こだい》なる翁《おきな》の、谷《たに》くゞが大名《おほな》持《もち》のおまへに這《は》ひ出《い》でたるさまして、いづちの便《たより》にこゝに來《き》たまへるぞと申《まを》す。秋《あき》芽《はぎ》の花見《はなみ》はやさんとて、ふかう分入《わけい》りぬ。いと口惜《くちを》し。一枝《えだ》だにかざさで家路《いへぢ》たどらんはと云《い》ふ。翁《おきな》かたゑみして、をかしの御《み》ありきや。さは千年《ちとせ》のむかし人達《ひとたち》にこそ御坐《おは》すらめ。此野《このの》の秋《あき》にめでて宮居《みやゐ》つくらせ、御幸《みゆき》あまたゝびなりしこと、文《ふみ》に歌《うた》に傳《つた》へたれど、今ならぬはるかの世に跡《あと》なくなん成《な》りて、おく露《つゆ》も吹《ふ》く風《かぜ》も、色《いろ》に匂《にほ》はぬには、山もはた、里人《さとびと》のこりすさび、刈《か》りあらして、鶯《うぐひす》かほ鳥《どり》の宿《やど》をうしなひ、鹿《しか》の立所《たちど》もあらはに、いと淺《あさ》ましとこそみゆれ。されど山祇《やまつみ》かや野姫《のひめ》の御心《みこゝろ》ばかりは、あらびはて給《たま》はじものを、谷峯《たにみね》のをちこち、野《の》のくまぐ〳〵には、御《み》袖匂《そでには》はすばかりは咲《さ》きたらめを、ようこそ分入《わけい》らせ給へと云《い》ふ。形《かたち》をもては、論《ろう》ずまじき敎《をしへ》をさへ思《おも》ひ出《い》でられて、人々恥《はぢ》かゞやかしつゝ、翁《おきな》はいみじの物知《ものしり》にこそおはしけれ。昔《むかし》の飛火《とぶひ》守《も》りし人《ひと》にてや御坐《おは》しつ

麿—われ
乾飯—辨當
はひもとほりつゝ—這廻りつゝ

らん。物いはゞ猶《なほ》やさしからめと思《おも》ふ〲、墨つぼに笹葉《さゝは》の露そゝぎ入れて、おそる〲かいつけ見す。

高圓《たかまと》の野邊《のべ》見にくれはそでひちて露《つゆ》ふる人《ひと》に遇《あ》ふかともしさ

翁《おきな》あまた度《たび》おしいたゞき、あなめづらか、さればこそ古事《ふるごと》好《この》ませ給ふ御かた〲なれ、聞《き》きもならはぬには、何ごとか御禮《おんゐや》まをし奉《たてまつ》らん。蛙《かはづ》うぐひすの音《ね》にも聞過《きゝすご》させ給《たま》へとて、萠えさしたる竹柴《たけしば》の炭《すみ》して、垣根《かきね》の黍《きび》の葉《は》ひとひら摘《つ》みとり、書《か》いつけ出《いだ》すを、とりて見れば、

秋萩《あきはぎ》の花《はな》すりごろも見るなべにつづりさせとも蟲《むし》のなくなる

都人《みやこびと》のいとけがしとや思《おぼ》すらめ。心もことも身《み》のさまも、きたなき麻呂《まろ》にこそ侍《はべ》れといひて、打《う》ちかしこみをる。此野《このの》の遊こゝを去りて何處《いづこ》ならんとて、芝生《しばふ》の塵《ちり》うち拂《はら》ひつゝ團欒《まどゐ》して、翁《おきな》酒たうぶや、乾飯《かれひ》も持《も》たるはとて、檜《ひ》わり子《ご》草《くさ》の上《うへ》に置《お》きちらし、人《ひと》人《ひと》物聞んげに、山邊《やまべ》の鹿《しか》の膝折《ひざを》りふせ、あら野《の》の鶉《うづら》の這《は》ひもとほりつゝ、あるは面杖《つらづゑ》つき、うち誦《じん》じをる。なにくれの語事《かたりごと》の、いと珍《めづら》かなること多《おほ》かり。杯《さかづき》の流あまた度《たび》なるに、翁《おきな》も醉《ゑ》ひしれて、今日この野《の》に遊《あそ》ばせ給ふ御歌《みうた》よみて聞《きか》せ給《たま》へ。翁《おきな》もすゝびたる儘《まゝ》

高圓―大和春日の南にあり

霧のむた―露と共に

に、まねび奉《たてまつ》らんと云《い》ふ。人々けふ詠《よ》まずばとて、打《う》ちかたぶき、うめき出でせる。いとも晴歌《はれの》にて、例《れい》よりは穢《きたな》げなる、いとくちをし。

祝部基因

たかまどの山のふもとの眞萩原《まはぎはら》ふるえみだれて花さきにほふ

度會氏麻呂

高圓《たかまど》の野行《のゆ》きやまゆきあきはぎの花すりごろも我《われ》ぞにほはす

高向日陰

芽《はぎ》の花《はな》つきてさかなんますらをの射《い》る高圓《たかまど》の野邊《のべ》のつゆばら

大丁法師

高圓《たかまど》の野路《のぢ》のはぎはらむな分けて雄鹿《をじか》のかよふ道《みち》は見えけり

和氣垂水

たかまどの宮出《みやで》の朝《あさ》のそですりて露《つゆ》のむたにぞはぎの花ちる

鞍作植竹

はぎの花《はな》今さかりなり高圓《たかまど》の野《の》にいほりしてひとやどりせん

およづれごと―漫言

そなた―其方

田ぶせ―庵

べうざの尼

やゝ聞きふけりて、さて詠《よ》める。

身のはての枕《まくら》の岡《をか》のはぎの花ひとのかざしに今日はにほひて

翁

およづれごとも文字《もじ》の數《かず》ばかりはとて見《み》する。人々《ひとびと》醉《ゑ》ひごゝちして、たゞほめに、ふかう心《こゝろ》をまでは求《もと》めずや有《あ》りけん。秋《あき》のならひに、暮《く》れやすき日《ひ》は伊駒高根《いこまたかね》に落ちかゝる。今はあかぬ別《わかれ》を告《つ》げて、又詣《まう》でんと云《い》ふ。とく出立《いでた》たせ給《たま》へ。野《の》には犬《いぬ》と云《い》ふ恐《おそろ》しきものの立《た》ちはしりて、喰附《くひつく》ぞかし。そなたをさゝせ給《たま》へ。御《おん》かた〴〵の家路《いへぢ》ぞと、ゆびさし教《をし》へて、もとの田《た》ぶせにはひ入りぬ。見かへる見かへる野《の》づかさこそ見《み》ゆれ。夕霧《ゆふぎり》のまよひに立《た》ちやこめけん、何《なに》も〳〵あらずなりぬ。古言《ふるごと》あながちに學《まな》べば、又そのかたの迷《まよ》はし神《がみ》のつくぞかし、ゆめ〳〵。

## ○枕の流

みな月《つき》の初《はじめ》より、秋《あき》かけて、河邊《かはべ》の宿《やどり》のあらはなるにも、打ちみだりがちに、老いては禮《ゐや》なきを、人々の許《ゆる》し蒙《かうむ》りてありふるほどに、ひと夜《よ》小雨《こさめ》うちそゝぎ、人げなく凄々しさに、寢《ね》やせましと枕《まくら》によれば、べうざの尼《あま》、今宵《こよひ》こそいとも長閑《のどか》なれ。よひね珍《めづら》し

病床にありし瑚璉尼なるべし
よひれ—宵寢
秋立ちて云々—秋立ちて幾かもあられどこのれぬる朝げの風は秋涼しも
龍田彦の神—風神
さぶ〳〵し

とて、うれしげに戸《と》たてなどす、夢《ゆめ》もまだむすばぬほどに、廂《ひさし》の古《ふる》すだれの、己《おの》がどち打ちたゝかひさやめくほど、立ちよろぼひたるやり戸《ど》を、おすか叩《たゝ》くか、破《や》れたるまどの紙《かみ》は、あつものをすゝる音《おと》して、燈火《ともしび》やけたると、人よびおこせば、物《もの》におそはるるやうにて、起《お》きもこず。秋《あき》たちて幾日《いくか》もあらねば、といひけんをも思《おも》ゆ。枕《まくら》の流《ながれ》はささら浪《なみ》や立つ。ふなぎほひこそせね、棹《さを》かぢのいきかひ、よそろ〳〵など聲《こゑ》よびかはし、漕《こ》ぎわかれ行《ゆ》くとぞ聞ゆ。やゝ更《ふ》けゆくまゝに、ならべる軒《のき》、岸《きし》のむかひの家《いへ》どもの、ひしひしと鳴《な》きさやけるは、何《なに》ならん。ぬす人《びと》や入りると耳《みゝ》そばだたるゝを、あらで、西《にし》みなみの風《かぜ》あらく吹來《ふきき》たるなりけり。野分《のわき》とて、小田《をだ》の益荒男《ますらを》の立走《たちはし》りつゝ、龍田彦《たつたひこ》の神《かみ》あらびな給《たま》ひそと、なげきするにも似《に》たりかし。さりけれど、此年《このとし》のあしきよなど聞《きか》ぬことのうれしき。老《おい》が貧《まづ》しきにつきては、年豐《としゆたか》なりとも、あしくとも、何《なに》ばかりのことかは。富人《とみびと》もはた然《しか》るべかりけり。古《いにしへ》より秋《あき》にあひて驚《おどろ》きざまに、或《あるひ》は寂《さび》しさなかこつ人は、その思《おぼ》しよる所《どころ》さま〴〵にて、歌《うた》よみ文《ふみ》つくる人《ひと》ばかり、身《み》ひとつに思《おぼ》ししめて、悲《かな》しむことの、かへりては心《こゝろ》そらなりとやいはん。家《いへ》をうしなひ、かなしき女子を先立《さいだ》てて、獨《ひと》りおきふしたらんには、春《はる》の曙《あけぼの》秋の夕《ゆふべ》も、さふ〴〵しさはさらなり。今は

—寂寥

まさめならずは—目前ならずは

ゆめ此夜の云々—少しも夜半の喧噪を知らず

かけても思《おぼ》し知らぬ古《いにしへ》の戰《たゝかひ》の場《には》の、幾《いく》とせ經《へ》ても、人住《す》みつかぬあら野らの尾《を》花高茅《はなたかがや》己《おのが》まゝに靡《なび》き合《あ》ひたらんに、雨《あめ》ふり風《かぜ》さむき夜は、鬼《おに》の火の飛《さ》び走たらんをさへ、まさめ成《な》らずはおぢ迷《まど》ひせじ。はぎの花、女郎花《をみなへし》、くらゝ、りんだう、眞葛《まくず》の這ひ歩きたらんに、夕《ゆふべ》をまたで鳴《な》きさかる蟲《むし》のこゑ〴〵、名《な》もしらぬ小草《をぐさ》の花々《はな〴〵》、露霜《つゆしも》にもみづる淺《あさ》茅原《ぢはら》、木枯《こがらし》にちりかゝる何《なに》くれの廣葉《ひろは》の、からからと音《おと》して、そことはてなく走《はし》り行《ゆ》くも、山《やま》の紅葉《もみぢ》のから錦《にしき》なるをも、悲《かな》しとのみは誰《たれ》も眺《なが》むまじきをや。木《こ》の葉《は》の落《お》つるは、下《した》より惠《めぐ》みつのぐさからぞと言《い》ひしを思《おも》へば、天地《あめつち》のまゝのあはれを、怨《うら》みつべきことかは。秋《あき》に心《こゝろ》をよする人《ひと》は、春《はる》のにぎはゝしきを、うたて垂籠《たれこ》めてもあらめ。荒《あ》れたる此宿《やど》の秋《あき》の夜《よ》といへど、吹きゆがめだにせすばと思《おも》ふ〳〵、戸を吹《ふ》きはなつらんとて、暫《しば》時《し》もまどろまぬに、我尼《わがあま》は、ゆめ此夜《このよ》のさわがしきを知《し》らで、熟睡《うまい》せしほどに、夜《よ》はやう〳〵明《あ》けぬらん、小舟《をぶね》どもの漕《こ》ぎつれて、かたり事するは、河尻《かはじり》いかに吹《ふ》きつらん、入集《いりつき》ひしが打ち傷《そこなは》るゝばかりにはあらじかし。やう〳〵吹《ふ》きよわりきれば、己《おの》がともの積《つ》みはこぶ便《たより》こそ善《よ》けれとや。鴉《からす》のやどり立《た》ちて、叫《よ》びかはしつゝいづち行《ゆ》くらん。やをら起出《おきい》でて、朝戸《あさど》やりはなちたれば、雲《くも》の名《な》ごりこそすざましけれ。あかねさす空《そら》

の、この大江《おほえ》に影《かげ》うつれるを見《み》れば、いつもの花《はな》のいつも〳〵、曙《あけぼの》ばかり悦《うれ》しきものはあらずなん。ひとへ打ちかさねたれば、秋のさむさも悲《さび》しさも、いと〳〵なつかしうて、思ふにかなふ比《ころ》よとは、昔打出《うちいだ》し己《おの》がつたなき事《こと》をさへ、おほし出《い》でられてなん。

一木だにかげ見ぬ軒《のき》におとたてなにに聲《こゑ》かす秋《あき》のこの夜は　　聞齋

秋聲賦—歐陽脩の作

草《くさ》に木《き》にそれにもからでおほぞらに高くきこゆる秋の聲かな

癸亥之秋、寄包于阮先生浪華大江橋塊寓舍之日、一夜天已三更、四壁蕭寂、淸風瀏亮、恰如在萬里波濤之中。話次偶及秋聲賦。先生卒然口占乃文。予走筆記之。即時文成矣。嗚呼斯文搜索古人之遺失、而悲哉之情盡于此矣。謂之吾家歐公、恐不強也。

享和癸亥初秋晦夜、繋纜于大江橋西、偶風雨暴至、不能上岸、倉庚困臥、既而着北岸、宿通家某。有使侍婢通于先生、及曉天少晴、走謁文階、獲觀此卷。如余不文、徒苦于實、不能華于其文。如先生巧撫其景、能踐其實、不及熟讀終篇、遂服其妙々兼具。因跋。

十時梅厓

三餘―冬、夜、陰雨、魏略に、冬者歲之餘夜者日之餘陰雨時之餘

なげのやどり―假初の宿

雨夜の物語―源氏帚木の巻にあり

夜の殿のひ

## ○三　餘

あしのまろやの假初《かりそめ》ずみの、はやも六とせになりぬ。風にかたぶける軒《のき》のひさし、むぐら這ひのほる壁《かべ》のこぼれはさてもあるを、あなかしこ、かや野姫《のひめ》の神《かみ》の御心《みこころ》のあらびたまひて、雨《あめ》だにふれば、枕《まくら》にそぼち、衾《ふすま》はしとゞに濕《ぬ》れとほりて、夜をいも寢《いね》ず。よしや、なげのやどりの花《はな》の陰《かげ》におぼしなすを、こちたくなげく人《ひと》の爲《ため》にふいあらためさす。野邊《のべ》にかりこし茅《かや》の亂《みだれ》は、飛彈人《ひだびと》の眞鉋《まかな》もてけづりなすが如《ごと》に、あなすが〳〵し。翁《おきな》がための萱《かや》の宮居《みやゐ》ぞとかたゑみして、心《こころ》ゆく喜《よろこび》はすなりけり。一夜《よ》暮《く》れぬと見る空に、雲《くも》立ちかさなりて、ふりに降《ふ》りつゝ、かしら出《いだ》すべからぬにも、こちたかりし尼《あま》の、いとこそ嬉《うれ》しけれ。面《おも》しろの雨《あめ》やと云《い》ふ。おとせぬ草《くさ》ぶきも、窓《まど》をうち、廂《ひさし》をたゝきつゝ、夜たゞこれに、夢《ゆめ》もあらじをと、炭《すみ》たきほこらせ、茶烹《ちやに》させてすゝる〳〵、語り言《い》はす。雨夜《あまよ》の物《もの》がたりとて人すなるは、にぎはゝしきあたりの遊《あそび》なり。甍《いらか》高々《たかだか》にふきなせし御《み》館《たち》には、園《その》の林《はやし》や、池《いけ》なみやにめさまされて、土器《かはらけ》とりはやし、みやびごと誦《ずん》じ出《いだ》し給ふらん。昔《むかし》の帝《みかど》の、これが音《おと》のうときを思《おぼ》したらぬものに、夜《よん》の殿《おとゞ》のひさしに、板《いた》さし

さし云々―海人藻芥に、淸涼殿の孫子庇と申すは檜皮葺の外に板庇をさゝろなり板庇さして時雨の音聞し召さん爲なりと
喜雨亭―蘇東坡の亭
庭たづみ―庭上の水潦

はさませて、聽雨《ちやうう》と是《これ》をなん名《な》づけ給へりしとや。過《す》ぐれば民《たみ》のなげきともなれど、天《あま》つ水乞《みづこ》ひ得《え》ては、ひと日《ひ》一夜《よ》あそびのよしりたる宿《やどり》をば、喜雨亭《きうてい》となん書《か》いつけしとや。こよひの雨《あめ》をうれしと思ふは、うさにかへつる喜《よろこび》のあまりなり。あなおもしろの軒《のき》のしづくやとて、戸《と》すこし遣《や》りはなちて見たれば、くらき夜にも、庭《には》たづみの流《なが》れあふに、ともし火《び》のかゞよひて、落《お》ちたる雲《くも》は、此處《ここ》にはひ入《い》るよと思《おぼ》すにも、かや野《の》姫《ひめ》のあらみ魂《たま》は、こよひにぎ魂におぼし靜《しづ》もらせて、おほけなき袖《そで》うちかづけ給《たま》へる事《こと》のかたじけなさよ。このまた荒《あら》び給《たま》はんまでは、世《よ》に這《は》ひかゞまりをらん翁《おきな》かは。

此夜《このよ》らやみつのあまりのあまごもり文《ふみ》見しまどは昔なりけり
うしと歎きうれしとも聞《き》く夜《よ》の雨《あめ》は昔《むかし》もしらぬ戀《こひ》のみだれか
冬の夜に何をたのめて明《あか》すらん萱《かや》がいほりのあめをもりつつ

享和癸亥霜月二十一日の夜、ひとり言を、尼《あま》に書《か》かせおきつるを、二十二日のあしたかひ淸《きよ》めぬ。

○よもつ文

瑚璉尼—秋成が妻

夢に六のけぢめ—夢の差別にして正、噩、思、寤、喜、懼、の六種

つばらに—詳に

此文《ふみ》は、瑚璉尼《これんに》の三年《とせ》になりにし比《ころ》に、又乳母《めのと》のやうにて召しまつはせし、はした女《め》の身《み》まかりしをさへ思《おぼ》し嘆《なげ》きて、夢《ゆめ》がたりを書《か》かせし也。わざとに書きあらはすべきにあらねど、この文共《ふみども》のしりへに、書《か》いつらねつ。

夢《いめ》の六つのけぢめを云《い》ふも、なべては愚《おろか》さの煩《わづら》ふにや。うつゝの夢《いめ》てふなん、まして遣《やる》方《かた》なき心《こゝろ》の迷なりける。

まぼろしの人の行方をたつぬればおのが心にかへるなりけり

霜《しも》こほり、風《かぜ》いたう身《み》にしむ夜《よ》、れいの寐《ね》ざめがちなるにも、しばし微睡《まどろ》むやうなる枕《まくら》を、驚《おどろ》かしてくる人あり。誰《たれ》ならん、かしらもたけて見れば、この三年《とせ》がほど、我《われ》をいたはりかしづきしうばら也。松山貞光 俗稱いさ 難波《なには》よりまう上《のぼ》りし後は、假初《かりそめ》ぶしのやうに日ごろ過《すご》せしが、よくこそ訪《と》ひ來《きた》りつれ。いと覺束《おぼつか》なかりしをと云ふ。いとかたじけなく、如《い》何《か》におはすらん。心もとなくてのみ過《すご》い侍《はべ》りしを、今宵《こよひ》めづらかなる御使《おんつかひ》してまるで侍りしなり。たゞ今《いま》いきて住《す》みつきたる所に、ゆくりなくいきあひ奉《たてまつ》りしかば、御有樣《みありさま》、かつ御《おん》むすめの御事《おんこと》、我《われ》もまめ心《ごころ》して、御宮《おんみや》づかへし奉りし樣《やう》をも、つばらに物《もの》がたり聞《き》こえ侍りしかば、いとうれしき事、御いとほしさ覺《おぼ》し知らぬにはあらねど、國《くに》の境《さかひ》あ

すくよかに —しかと

墨の江の小濱の蜆云々 —住吉の粉濱の蜆開けも見ずこもりてのみや戀ひ渡りなん

いきす魂—生靈

りて、たゞ物のへだたりつれば、いきて見奉《みたてまつ》らんとも、またこゝに迎《むか》へ奉《たてまつ》らんとも、すくよかには思《おぼ》したゞずなん。そこには四十九日《なゝぬか》が程《ほど》かしこに行きかひてん、便《たより》につけて、文《ふみ》ひとつ參《まゐ》らせよとてたまひぬ。猶《なほ》のたまひしかど忘《わす》れつとて、さゝげ出《いだ》したるを、いそぎとりて披《ひら》き見《み》れば、にび色《いろ》のこまやかなる紙《かみ》に、例《れい》のことえりなく、まめ〳〵しく、書《か》いすくめたり。

しばし見《み》奉《たてまつ》らぬ程とおぼしゝを、此まめ人のかたるを聞《き》けば、三年なん過《すご》い侍るとか。こゝには春秋《はるあき》と云《い》ふ時《とき》もなく、年月とかいひて、指折《ゆびをり》かゞむるわざせねば、垣《かき》根の忘草《わすれぐさ》おふしたつるにもあらでなん。墨《すみ》の江《え》の小《こ》濱《はま》の蜆《しゞみ》、あきてだに見《み》えさせ給はぬ御目《おんめ》の、いといたう悲しき。常《つね》の御《おん》ことに、いさぎよく、ほど〳〵海川《うみかは》にも入りてんなど、こちたく聞《きこ》え給へるを、うたて耳過《みゝぎゝ》し侍りしを、今もしいきす魂《たま》などのさそひ出《い》づらん。いと覺束《おぼつか》なく思《おも》う給へらるゝなり。御むすめの御《み》心《こゝろ》にかなはぬとて泣《な》いたまへる。人の心々《こゝろ〳〵》なるは其面《そのおも》の如しと、常《つね》に敎《をし》へたまはずや。世に玉あへる人やはある。手を折れば、十と云ひつゝ四つを歷《へ》て、御宮《おんみや》づかへし奉《たてまつ》りしほどにも、困じさいなまれ、からくおぼえしも幾《いく》そたびぞや。たゞ見《み》放《はな》ち給《たま》はぬをのみ

かうじさいなまれ―責められ
鬼々し―恐ろし
むごに―甚しく
うどん花の―稀なる
野中の清水云々―古の野中の清水

忝《かたじけ》なきものに、老いよろぼひつゝ、つとそひ奉りしは、松《まつ》の操《みさを》の数《かぞへ》にならぶにもあらで、身幸《みさいはひ》なく落《お》ちはぶれ給ふ、いとほしさの一筋《すぢ》をなん。深《ふか》うおぼししみぬるものから、如何《いか》にせよとか、我を捨《す》てけんの御《おん》かこち言《ごと》、いと身に餘りかたじけなう承《うけたまは》りはべる。鬼々《おに〳〵》しとて人の忌《い》むなるをも思し知《し》りつゝ、たふまじき御本性《ごほんじやう》こそいともすべなけれ。御よはひ高《たか》く、世《よ》に知られたまふを、むごに言《い》ひくだし給《たま》へるを、誰《たれ》も惜《あたら》しきものに聞《きこ》えたまふなり。御《おん》ひかり、醫師《くすし》の御徳《おんとく》見給へるを、おもふに、御世も猶《なほ》しばしあらせ給《たま》はんがいとほしき。物狂《ものぐるひ》といふ名、早うより負《お》ひ給《たま》へる。いでや御心なる世も出《い》でこじものを、かう言へば、御佛《みほとけ》に物きこえ奉《たてまつ》るためしにもこそ。いとも賢《かしこ》けれど、此《この》うどん花《げ》のたよりに、繰言《くりごと》たど〳〵しく聞《きこ》え奉《たいま》つる。あなかしこしともかしこし。

よもつ坂《ざか》千曳《ちびき》の石《いし》も取りやらんあなうごきなき君がこころは

却りてはおに〳〵しくこそ。よみはてゝ、今は國たがひつれど、野中《のなか》の清水《しみづ》もとの志《こゝろざし》のまゝなるぞいと忝《かたじけ》なき。よろづよく念《ねん》じてんと言《い》へ、竹のねぐらのめなし鳥《とり》も、くちをしくかへり聞《きこ》えずばとて、此

ゐろけれど
もとの心な
しろ人ぞく
む
うれたき眼
―愁眼

文のうらに、たゞ言《こと》みじかくて、

むかしの人《ひと》のいへる、國《くに》を去《さ》り、うからやからにうとまれ、家わざをせず、遊《あそ》びてかへらざるは何人《なにひと》ぞや。是を狂蕩《きやうたう》の人《ひと》と云ふ。また才能《さいのう》にほこり、名《な》をひゞかさん事《こと》をのみつとめ、おのれを如何《いか》なりともかへり見《み》ぬは、何人《なにひと》ぞや。是《これ》を智謀《ちぼう》の人《ひと》と云《い》ふ。此ふたつともに道《みち》を失ふとや。翁《おきな》此ふたつをのがれず。然《しから》ばみじかき才《ざい》に苦《くる》しまんよりは、狂蕩《きやうたう》の人と呼《よば》れて遊《あそ》ばん。一つだにうれたき眼《まなこ》を、見はたけて何せん。死《し》は安《やす》しと聞《き》く。只今《たゞいま》たゞ追行《おひゆ》かん。國《くに》へだてゝは言ふかひなし。

とりはなつ千引《ちびき》の石《いし》の安《やす》けくは越《こ》えんよやがてよもつひら坂

是奉れ、相むつまじく翁《おきな》をまてといへと云《い》ふ。うばらかしこまりて、此處《ここ》にはかゆきようして誰《たれ》かはまゐらす。まめ麩《ふ》時々煮《に》て奉《たてまつ》るや、いと覺束《おぼつか》なくなん。とく出立たせ給へといひて、目さめぬ。あな恥《はづ》かし。愚《おろか》さのあまりには、かく淺《あさ》はかなる夢見《いめみ》はすなりけり。

煙の下に拾ひどめし—火葬せる遺骨

袖笠して—袖を笠の代用として

糺の川—山城の賀茂にあり

## ○露分衣《つゆわけころも》

瑚璉尼

あはれ〳〵、身一つなる此秋《このあき》を、いつの日にかは忘《わ》するゝ、煙《けぶり》の下に拾ひ留めしを、みおや達《たち》とひとつ所に納《をさ》むべく、我をも召しつれ給ふべきに従《したが》ひ侍《はべ》りて、都《みやこ》の二條河原《でうかはら》なる眞行寺《しんぎやうじ》と云《い》ふにさゝげまうづ。こゝにしも今更《いまさら》なる別の、すゞろに悲《かな》しうてぞ。

誰《たれ》も世《よ》に在《あ》りはてぬ身《み》をながらへていつまで袖の時雨《しぐれ》ひまなき

長月十日あまり一日のけふよ。しぐれの雨《あめ》に袖笠《そでがさ》して、いづこしらず晩《おく》れじと歩《あゆ》む〳〵、下《しも》の社《やしろ》の森陰《もりかげ》に來《き》ぬ。はやう幼《をさな》かりし時に、過《す》ごさせ給ひし親達《おやたち》の、難波《なには》にうつり給ふに従《したが》ひ參《まゐ》らせたれば、都《みやこ》の名だかき所々《ところ〴〵》も、老いゆく今まで尋《たづ》ねも見ず、今の母君のおはする世《よ》には、いかでと思ひたえにしを、此《この》はかなき便にこそ、をかしき野山《のやま》にはまじりぬれ。いとめづらしな。糺《たゞす》の川《かは》にさしおほへる梢《こずゑ》どもの、やう〳〵匂《にほ》ひそむるを、なつかしう眺《なが》めらるゝ。秋ふかみ色《いろ》ならぬ枝《えだ》もいろぞます、まなく時雨《しぐれ》の雨《あめ》のふれゝば、今《こ》

年《とし》の夏《なつ》のえやみは、まさしう此下風《このしたかぜ》をはじめぞと聞《きこ》え給へるには、したには恐《おそろ》しけれど、すくよかなるけふの御遊《おんあそび》に、過《す》ぎにしうさも忘《わす》られて、いと面白うてなん。十日まり三日の夜《よ》の月《つき》を、嵯峨野《さがの》に見《み》すべく出《い》でたゝす。親《した》しきひとの御女をそゝのかし參らせて、己《おの》が友《とも》に物語《ものがたり》しつゝ行く。梅津《うめづ》の里なる橘《たちばな》の君のがり訪《とむら》ひつれば、けふは内參《うちまゐり》し給《たま》へる由《よし》にて、はゝそば、若草《わかぐさ》の御《おん》かたぐ〳〵立ちむかへ、萬《よろづ》ねもごろに聞《きこ》え給《たま》へり。此軒《このゝき》ちかき櫨《はじ》のもみぢ、いとよく染《そ》めたるを見て、

時雨《しぐれ》するもみぢの秋を尋來《たづねき》て先木《まづこ》のもとのうれしかりけり

今宵《こよひ》こゝにと強《し》ひて宣《のたま》へど、心ざす野の草枕《くさまくら》むすばんとて、あながちながら立出《たちい》づ。さが野《の》の厭離庵《えんりあん》といふは、去年《こぞ》の秋とひ寄《よ》らせしゆかりして、わりなく宿《やどり》もとめ侍《はべ》るに、尼《あま》君《ぎみ》心ゆく饗應《あるじ》し給《たま》へれば、うたて思すまで打《う》ちとけたる。いともなめしかし。此庵《このいほり》は、昔京極《むかしきやうごく》の中納言《ちうなごん》の君《きみ》の、老《お》いて住《す》み給ひし御跡《おんあと》にて、其世のかたみなる柳《やなぎ》の井てふ泉《いづみ》あり。また御むすこの冷泉大納言殿《れんぜいだいなごんどの》の御墓《みはか》のしるしも立《た》たせませり。庵《いほり》のたゞずまひ世に似《に》ず、木立物《こだちもの》ふり、砌《みぎり》の苔深《こけふか》うむしたるに、露《つゆ》打ちらしつゝすだく蟲《むし》の音《ね》の弱《よわ》りげなる。かれやこれや、とりあつめたる哀《あはれ》さの、身《み》にしみて思ゆるにぞ。

・

橘の君のがり―橘君の許

はゝそば―母君

若草の御かたぐ〳〵―御子達

京極中納言―藤原定家

冷泉大納言―藤原爲相

山風やひく—風邪に冒されすや

聞きしより思ひしよりも悲《かな》しきはさが野《の》の庵《いほ》の秋《あき》の夕暮《ゆふぐれ》

月早くさしのぼる。雲がちながら、

幾とせかかけし思の雲はれぬ小倉《をぐら》の野邊《のべ》のあきの夜の月

見せまつれば、やがて其端《はし》に書《か》かせ給へり。

思ふ世のあるは命ぞなほや見ん嵐《あらし》の山のはるのあけぼの

さは打ちたのまれてなん。此ともなひし君の御歌、

わけそめしさが野《の》の原《はら》に宿《やど》りして心くまなき月をこそ見れ

眺《なが》めつゝあれば、

秋風に雲のまよひも吹きはれて更《ふけ》ゆく空《そら》にすめる夜《よ》の月

翁

露さむき秋のにはぐさ蟲鳴《な》きて所《ところ》がらなる月のさやけさ

山風やひくといさめ給へば、名殘《なごり》あれど臥しぬ。あくるあした、この野のくまぐ〻分け見んとさだめ給ひしも、今日《けふ》のそらの長閑《のどか》なるに、高雄山《たかをやま》の梢《こずゑ》の心にかゝりて、打ちこえゆく。大澤《おほさは》の池《いけ》の面《おも》は、木葉《このは》散りうきて、秋菊《あきぎく》の影《かげ》も見えず。梅《うめ》が畑《はた》といふを過ぎて

露も時雨も—しら露も時雨もいたくもる山は下葉のこらず色つきにけり

心よし—親友

この野—嵯峨

見れば、

染《そ》めつかぬ梢《こずゑ》ながらに久方《ひさかた》のもるる光《ひかり》をもみづとや見む

となんいひて過ぎさせ給へる。むべも雁《かり》の翔《つはさ》は蔽《おほ》はねど、露《つゆ》も時雨《しぐれ》も漏《も》らぬ林《はやし》なりけり。こゝに心《こゝろ》よしのおはして、山《やま》づと一枝《えだ》給へるを、さしかざして、とがの尾《を》の橋《はし》に佇《たゝず》み見れば、こゝなん思《おも》ふに勝《まさ》りて、いとをかしく染《そ》めなしたりと見る。此光《このひかり》のまばゆさには、言《い》ふべき樣《やう》もしらずて、庵《いほ》に歸《かへ》れば、梅津《うめづ》の經亮の君《きみ》とくよりとひ來《き》て、待《ま》ちわび給へり。山產《やまづと》見せ奉れば、

手折《たをり》こし一枝《えだ》にしるき高雄山《たかをやま》みねの紅葉《もみぢ》のそむる染《そ》めぬは

物語とばかりして暮《く》れはてぬ。君おくりがてら、河邊《かはべ》に出でて月を見る。橘《たちはな》の君、

山の名のあらしに峰《みね》の雲晴《くもは》れて川せさやけき月を見るかな

我《わ》がおきなの、

大井川早瀬《はやせ》にくだく月かげのすゑはかつらの波にすむらん

照かはさせ給ふ。翌朝《つとめて》又とひ來り給へり。けふ此野のしるべして給《たま》ふべき爲なり。たゞふた夜のほどを、千代のむつびして、別《わか》れがたくす。尼君《あまぎみ》のたまはす。昔《むかし》の君《きみ》の御たむけ

圓光大師—法然上人

檀林皇后—橘嘉智子嵯峨帝の皇后

野の宮—皇女の齋院に行くに先つて齋戒し給ふ宮

だになくて、あわたゞしげに立出《たちい》で給ふよと、翁《おきな》かしこまりて

しき島の道しるべせし君とへばさがのの原のこけのしたつゆ

尼君とりつたへて奉《たてまつ》り給へり。局を出づるより、をちこちたづねありく。をぐら山ふもとの御寺《みてら》にまうづ。この峰《みね》なる時雨《しぐれ》の亭《てい》と云《い》ふは、まこと圓光大師《ゑんくわうだいし》を火葬《くわそう》むりし奉《たてまつ》りし御《おん》跡《あと》なるを、何《なに》ものの僞言《いつはりごと》せしぞと、物知《ものしり》のかたり言《ごと》せし由、尼君《あまぎみ》の聞《きこ》え給へりしかば、昔《むかし》しのばしからず、のぼりても見ず。檀林皇后《たんりんくわうごう》の御墓《はか》、野《の》の宮《みや》の跡拜《をが》みめぐりつゝ、大《おほ》井《ゐ》の大寺《おほでら》なる三秀院《しうゐん》にまうづ。こゝに任有亭《にんうてい》と云《い》ふは、近き世のすき人の跡《あと》とめし、いと幽《かす》かなる庵《いほ》のなつかしさに、窓《まど》ども打《う》ちやりて遊《あそ》ぶ。こゝに橘《たちばな》の家刀自《とじ》より、さゝえわり子《ご》もたせ御使《おんつかひ》あり。いとかたじけなくなん。翁《おきな》、昔此いほりに一夜《ひとよ》あかし給《たま》へる事《こと》のおはせしよしを語《かた》り給へり。御歌《おんうた》ありしと、

なげきこる山にもいらじ今日《けふ》よりはうきを命のあるに任せん

おぼし出《い》でて語り給ふなべに、唐歌壁《からうたかべ》におし給へり。

枕《は》是碧溪《の》石　衾《は》使丹楓《の》巓　終身只任《す》レ有《とに》　詩思一僧《の》禪

もとの主人《あるじ》をしのばせる心ばへなりとぞ。こゝは山の淙川《すがた》の流、世にならぶ所なしとや。

わきて、

春《はる》ごとの名《な》にしおひたるあらしやま紅葉の秋の色やまさらん

と申せば、我《われ》は云《い》ふ。春のあした秋の夕《ゆふべ》にまされりと、から歌《うた》うたはせ給へり。秋を引きかたに言ひしは、大津《おほつ》の宮の古事とのみ思へりし。ぬかだ姫《ひめ》の御《み》心ばへの慕《しの》ばしきにならひていひしを、いと古《ふる》き代《よ》よりも爭《あらそ》ひはてぬことゝや。杯《さかづき》の流《ながれ》あまたゝびなるに、醉《ゑ》ひほころびしかば、經亮《きやうすけ》の御《み》歌《うた》ありしかど洩《も》らしつ。河をわたりて、法輪《ほふりん》、松《まつ》の尾《を》、月讀《つきよみ》の社《やしろ》拜ためぐりつゝ、やゝふかう、西方寺《せいはうじ》にわけ入《い》る。此所もなかばばかり染《そ》めて、いとにほひかなり。この庭《には》のたゞずまひ世《よ》に聞《きこ》えたる。昔は琉璃《るり》の閣《かく》とていときらきらしく寛《ゆほび》かなるが立たせしを、今はほろびて、名をだに聞《き》きしらぬよ。梅津《うめづ》川《かは》をわたりて、梅津《うめづ》の橘《たちはな》の家《いへ》に、やどり給へる男どちは、聞きしらぬ昔《むかし》のことども語《かた》りあはせ給へり。をみなどちは、めゝしき事のみいひつゝ、笑《わら》ふ〱夜更《ふ》けて、枕《まくら》の野《の》邊《べ》の風《かぜ》のおとかと聞《き》けば、うたて、むら雨《さめ》のそゝぐなりけり。あなうとのみに明しぬ。立《た》ちまふ雲《くも》のひまより、かゞやき出づる朝彦《あさひこ》の御《み》影《かげ》、いとうれしく〱、猶しばしをと聞《きこ》え給《たま》へど、古《ふる》さとに心ひかるゝ事《こと》のあれば、主人《あるじ》のけふの内參《うちまゐり》の御後《おんあと》につぎて、また都《みやこ》をさす。こも

大津の宮の古事—萬葉集第一卷に天皇詔内大臣藤原朝臣競憐春山萬花之艶秋山紅葉之彩時額田王以歌判之歌

朝彦—朝日

こも枕—枕詞

いめ人—射部人にて狩の射手

ねもごろに—懇ろに

ざえ—才

すくよか—健康

枕高瀬《まくらたかせ》こぐ舟《ふね》を、いめ人の伏見《ふしみ》の岸《きし》に乗《の》りかへて、夜べのなごりの村雨《ひらさめ》の雫《しづく》を、苫《とま》のひまに詫《わ》びあへつゝ、夜をすがらに目《め》もあはでなん。

## ○夏野の露

田鶴《たづ》の居《ゐ》る、長柄《ながら》の濱松陰《はままつかげ》にすむ翁《おきな》ありけり。身《み》の病《やまひ》はたさんほどを、いとかり初《ぞめ》なるいほりして住《す》みけり。この垣《かき》の鄰《となり》に、世に貧しきが、親《おや》はらから住む人あり。心ざしの直《なほ》かりければ、朝夕《あさゆふ》とひかはしつゝ、ねもごろになん語《かた》ひける。女をむかへて、なのこ子《こ》の生《うま》れしを、かいだきて見《み》す。いとおほきやかに、玉《たま》の光《ひかり》をさへして、めでたかりければ、誰《たれ》も〳〵喜《よろこ》びあへりけり。此子の二つと云《い》ふ年《とし》に、うばは病《やまひ》して死《し》にけり。年月《としつき》ふるほどに愛敬《あいぎやう》づき、舌《した》とく物らいひて、萬《よろづ》にざえありと見ゆるを、翁《おきな》いとうつくしがりて、身《み》のなやめるやうをも忘《わす》るゝものに、膝《ひざ》の上《うへ》にすゑ置《お》きて、いとほしみ給へりき。我《われ》はまして是《これ》をのみ傅《かしづ》くやうにて、翁《おきな》の物《もの》、おのが物を縫《ぬ》ひつどりて打著《うちきせ》せ、とりはやすにぞ、此ひとさとの貧《まづ》しきが子もたるは、おやしう妬《ねた》り羨《うら》むものもありとなん。三つになりぬる秋《あき》の比《ころ》より、ふとしも惱《なやま》しげにて、すくよかなりと見しも、やう〳〵衰《おとろ》へぬ

三輪の山本云々—ふる雪に杉の青葉も埋れてしるしも見えず三輪の山本

おきて—定め

るにぞ。翁《おきな》かなしがりて、薬《くすり》のしるし見《み》せ給へと、さながらにてなん年も暮《く》れにける。親《おや》はまして、神佛《かみほとけ》に願《ぐわん》たてけり。此ゆゝしきめ見《み》るにたへがたくて、心《こゝろ》も亂《みだ》るゝばかりなるに、人の敎《をし》ふるは、いづれの御神《おほがみ》、御佛《みほとけ》にまさり劣《おと》り給ふはあらじを、地藏菩薩《ぢざうぼさつ》なん、かうやうの時は打賴《うちたの》み給へと告《つ》ぐるまゝに、近き所に祭《まつ》れるに、日毎《ひごと》あゆみて、かきくどきねぎごとして、打ちあづけたいまつれど、いかにせん、三輪《わ》の山本《やまもと》しるしなくて過《す》ぎ行《ゆ》くほどに、いとたのみなく、いみじきこと限《かぎ》りなし。春《はる》さり、夏《なつ》の初《はじめ》の、この菩薩《ぼさつ》の拜《をが》みすると云《い》ふ日《ひ》に、導かせ給へるにや、むなしくなりぬ。あなやあなやと、泣《な》きさけべどかひなし。翁《おきな》足ずりをしつゝ、聲《こゑ》をあげて泣《な》い給へり。是をも見るめの苦《くる》しくて、いかなる宿世《すくせ》にや、親《おや》にまさり、おひ立《た》たらん末《すゑ》までを、兎《と》やせましかくやなど、うちおきてさせ給《たま》ふものを、今は何《なに》も〳〵かひなきぞと、枕《まくら》にのみ獨《ひとり》ごたせ給ふ。この二年《とせ》がほどは、萬《よろづ》に恐《おそろ》しきまでおとなびつるも、長《なが》かるまじきにやなど口々《くちぐい》云ふ。限《かぎり》あれば、野《の》に送《おく》りいきて、灰《はひ》になしはてぬ。作法《さほふ》よりして、何《なに》も〳〵我《わ》が翁《おきな》の德《とく》になんおこなひ給《たま》ひぬ。手足《てあし》もゝがれて、立居《たちゐ》だに心《こゝろ》に任《まか》せず、ない暮《くら》す程《ほど》こそあれ、煙《けむり》の下《した》に拾《ひろ》ひとゞめしを、今《いま》はとて、難波《なには》なる一心寺《しんじ》と申す御寺《みてら》にをさめまく、我肌《わがはだ》につけて、

人目無德に—見ろかひもなく

園の神の御祭—大物主神の御祭

みそかごと—密言

翁《おきな》を扶《たす》けつゝ、はる〴〵詣《まう》ではべりて、

花見れば秋の霜にもあふものをこのなでしこよ盛《さかり》またずて

といへば、翁《おきな》は耳ふたぎ給《たま》ひて、物《もの》もいはせ給《たま》はず、ここに納《をさ》むとこそいへ、捨《すて》てゆくものに、杖《つゑ》をもつきたがへて、こいまろび給へるを、涙《なみだ》に目《め》のくらみて、扶《たす》けかねつゝなん。日をふれど、さらに〳〵疎《うと》からず、人目無德《ひとめむとく》にこそおはしけれ。五月雨《さみだれ》降晴《ふりは》れぬれど、心《こゝろ》は更《さら》に〳〵あかゝらずとて、ひとりごち給へる。

こゝろはせで目《め》にのみ見ゆるさみだれの闇《やみ》のうつつの山郭公《やまほとゝぎす》

是のみならず、此里の宿《やどり》のうたておほす事《こと》ども多《おほ》かめれば、今は旅《たび》に飢《う》ゑて死《し》なんとしも思《おぼ》しさだめて、先都《みやこ》を心ざし給へり。晩《おく》れじと従《したが》ひまつる。我《わが》古里なれば、昔《むかし》おほし出《い》でて、まぎるゝ事もあるを、中々に淺はか者とや思《おぼ》したゝん。水無月《みなつき》の七日は、園《その》の神《かみ》の御祭《みまつり》とて、大路《おほぢ》せく人《ひと》立ちつどへり、物見《ものみ》べき心《こゝろ》にもあらねど、ともによろほひ出《い》でて、をちこちしあるく、あるものならば、是《これ》見せたらんに、笑《ゑ》みさかえたらすを、いな、みそかごと世《よ》にしもあらば、今日《けふ》こゝに出でたゝんやは。絆《ほだし》ならぬことのくちをしと、しつゝも、此きら〳〵しく眩《まばゆ》き、さま〴〵の物《もの》もめざましからず、人のいつき子のい

いたいけしたろ—愛らしき

照る日にも云々—涙の滂沱たるをいふ

たいけしたる、商《あき》もののいみじく造《つく》りたてたるを見ては、是得《これえ》させたらんにはと、囁《きゝや》きつるを、とくよりしか思ひつれ。今は物《もの》も見《み》じ。色香《いろか》とて人のめではやすは。我爲《わがため》の鬼《おに》のすだくにぞ有りけるとて、やどりいそがせ給ふ御心《みこゝろ》の、いとほしさ言はんかたなく、御うしろみする身《み》も、ともに涙《なみだ》をのみそへまゐらす、いといふかひなしや。

忘れんと思ふ心《こゝろ》の中々に見るにまされるうさにこそあれ

かくばかりしのぶ心《こゝろ》を、をさなきが知らで、戀《こ》ふらん事《こと》の悲しさ、何にとゞまれる世《よ》ぞと、又うち泣かるゝよ。此照《このて》る日《ひ》にも、しとゞにひぬ袖《そで》なるを見て、都《みやこ》の友垣達《ともがきたち》の、さる歎《なげき》のみこりつむ藪原《やぶはら》に、待《ま》つ人とてもなきを、何いそはしくいなん。今しばならずとも、月《つき》を嵯峨野《さがの》大《おほ》くら江《え》にながめ、紅葉《もみぢ》を北山《きたやま》のくまぐゝにかざせよかし。伊駒嶺《いこまのみね》すこしはるけきには、比枝《ひえ》のみ雪《ゆき》見ずてやは。いづこもいづこも草の枕の假初《かりそめ》ぶしをと、聞《きこ》えたうびぬるに、御心《みこゝろ》のとゞまるとはなくて、よしや繋《つな》がぬ舟《ふね》は、風《かぜ》のまにくゝとてなん。白雲のあはだつ山《やま》の麓《ふもと》に、膝《ひざ》ふたつは入《い》るまじき宿《やど》もとめて、何すとか明《あか》しくらすにも、さすがに見聞《みき》く事《こと》どもの珍《めづら》しきは、あしかる事のみになれこし、難波田舍《なにはゐなか》の賤《しづ》の女《め》がひが心になん。

いつの暇《いとま》にか、かゝるはかな言《ごと》して打ちおき給へりしを、物の中にさぐり出でたる、やり棄《す》てんは、忘《わす》れんとする一《ひと》つの心なり。しかずとも豈《あに》わすれんやは。兎《と》まれかうまれ、老《お》いくだち、活《い》くべきにあらぬ命《いのち》には、外目《よそめ》やさしくとも、露分衣《つゆわけごろも》とともに書《か》い清《きよ》めて、親《した》しみあつき御寺《みてら》にをさめ奉《たてま》りぬ。本九條《でう》の農家《のうか》の女《むすめ》、いときなき時《とき》に、植山《うゑやま》の某に養《やし》なはれ、父母にしたがひて、難波《なには》にうつり來《き》たる。年二十一、我にかしづき、去年《こぞ》の冬、五十八にして世を逝《ゆ》き給ひぬ。常に多病《たびやう》のゆゑに、齢《よはひ》五十一と云《い》ふ年《とし》、我母《わがはゝ》、おのが母をも見つぎはてゝ、髪《かみ》をなぎ、名をも改《あらた》む。文よみ手習《てなら》ふわざは、はかぐ〵しからざりしかば、人に見すまじくせしに、多《おほ》くは止《とゞ》めも置ずなん侍る。

## 後序

蓋吾見世善和歌者矣。未聞善國文者。凡國文之難非啻今也。自古而然。若夫古今集序之駢儷也、三鑑之典實也、勢語之簡潔也、源氏之繁富也、可謂金聲而玉振之也者矣。嘗讀扶桑拾葉集、
皇朝文藻炳焉可觀。而至於中葉以下、則意達而已矣。唯惺窩長嘯二老、以脩辭爲文。所謂豪傑之士者。然藤偏於古、而聱牙難讀。豐偏於漢、而餖飣可厭。蓋國文之難不其然乎。辛酉祇役浪華、得見餘齋翁。邂逅相遇、頗適談劇。翁手書歌若文數篇見贈。吉光片羽、可以爲儀。意在筆先、如不覺其難者。然甲子有崎陽之命。倉皇上道、道過浪華再見翁。翁年七十、禁絶筆硯、平生所著藏之香火院。有昇道師者、與翁善。固請上木。吾聞之喜而不寢。到崎視事、簿書堆案。餘冬

儉間、略綴數語、郵致諸昇道師。不知吾之所蘊、能中翁意否。

文化紀元甲子仲冬之吉

江戶大田覃書於瓊浦客舍

上田秋成集終

# 上田秋成集索引

（語句の排列は凡て發音に従ひ其假名遣に拘泥せず）

## ア


○相生　二七ノ四
○相生浦之助　三五ノ一〇
○あゐがしみついて　五八ノ二
○愛染樣　二六ノ三
○挨拶　五一ノ四
同　八〇ノ三
同　八三ノ四
同　九七ノ六
同　一二四ノ四
同　一三三ノ四
同　一三四ノ一〇
同　一四六ノ一三
同　一五一ノ四
○相借家　七五ノ一三
○相賦〔アヒズリ〕　一六三ノ七
○哀莊王　三三五ノ七
○相對にて　一六八ノ一二
○相床　一三八ノ一三
○緋染〔アチゾメ〕の巾　三三九ノ八
○青道心　七六ノ一〇
○青頭巾　三三一ノ二
○青菜勘兵衛　一九六ノ八
○青葉半之介　一九五ノ四
○赤木の柄　三〇ノ一三
○明石がた　三四〇ノ二
○縣の眞女兒　二八七ノ一〇
○あかぬけのせぬ　七七ノ一三
○あがり口　八四ノ六
○阿形氣　二六ノ一
○秋葉御夢想の藥　八五ノ二
○惡右衛門　一〇一ノ四
○懸ぎやく塚　二七一ノ五
○惡性　九〇ノ三
○惡所狂　一七四ノ一三
○あくろめ　二七ノ七
○揚ちや　一三ノ一
○嚼の茶器　一三ノ六
○揚屋　八五ノ四
同　一四五ノ一二
○揚屋入　八〇ノ一三
○網子〔アゴ〕　二九一ノ一
○あこぎ　一四ノ一
○淺井藤八　一六九ノ一二
○朝歸　九四ノ四
○淺黄印金　二一ノ五
○淺黄印金の夏帶　二三ノ四
○淺黄繻子　八五ノ一三
○淺草　四七ノ九

○浅草の観音　一五二ノ三
○朝倉一東　一七二ノ九
○麻衣に青衿　二五一ノ二
○朝茶　一七ノ五
○浅づけ　一三五ノ四
○朝妻船　二五七ノ九
○朝日山　三四〇ノ一
○朝脈　二〇一ノ一
○朝迎　一八一ノ一〇
○足軽奉公人　一三三ノ二
○足代〔アシシロ〕　二四一ノ四
同　一四三ノ一
同　一七五ノ八
○足揃　一八一ノ四
○足一きざみあがりの宮　六四三ノ一四
○足痘の黒焼　三八ノ三
○蘆屋川　五二四ノ五
○蘆屋道満　一〇一ノ三
○蘆屋の里　二七ノ一三
○あしらひ　八一ノ一
○遊〔アソ〕します　八六ノ二
○妓女〔アソビモノ〕　二七四ノ六
○愛宕火　一七五ノ九
○あだ口　一三八ノ一
○仇酒　三一ノ一
○あだしが原の道の霜　三五ノ一
○あだて　四二ノ四
同　一七五ノ一一
○あたふた　一四ノ一一
○仇惚　一五七ノ三
○頭ごなし　八三ノ一〇
○頭に血の多き　一〇五ノ一一
○あだ夢　三三六ノ四
○あぢな　一五一ノ一三
同　二〇六ノ一四
○あつかひ代　六三ノ四
○厚びたひ　一三〇ノ一一
○あて　一三ノ一三
○あてがひ　四一ノ一四
○あてずゐ　一四三ノ三
○あての槌　一三〇ノ五
○跡方　八三ノ四
○あなた　三七ノ一
同　三七ノ一三
同　三八ノ一四
同　一〇〇ノ一一
同　一〇五ノ二
同　一〇五ノ五
同　一二四ノ一三
○姉が小路　一〇九ノ八
○あのゝものゝ　一九四ノ二
○あばずれ　一三ノ九
○あぶな物　一三三ノ四
○油扇　二〇三ノ一三
○油ぎりたろ　一三九ノ四
○油屋の絞　五八ノ一四
○安倍晴明　九六ノ一〇
○安部の弓鷹　二八五ノ八
○尼が崎　二七ノ一三
○あま〳〵　七一ノ五
○甘口　二五ノ六
同　一〇六ノ一
同　一三一ノ五

○甘茶宵　一六ノ六
○天の橋立　一二八ノ一〇
同　五四七ノ一〇
○阿彌陀池　五八ノ一〇
○阿彌陀如來　五三ノ九
○あんだら　五ノ六
同　一四ノ五
同　一三五ノ七
○あんにや　四〇一ノ二
○按摩とり　八五ノ八
同　一三三ノ三
同　一四三ノ一
○雨
四季の趣　五五六ノ三
樂むと恨むと　五六一ノ一
○天の大國高日子の天皇　三三五ノ二
○天の眞井　五四八ノ六
○あや　八一ノ二
○あらひ金　一四三ノ五
○荒井の里　二七五ノ九
○荒事　三九ノ九
○荒こなし　一〇六ノ一四
○嵐山　一〇九ノ三
○あられ酒　七三ノ六
○あられぬ　五〇ノ五
○蠟の火ふき　六三一ノ八
○ありべかゝり　一四六ノ七
○有やう　七ノ二
○有狀　一二五ノ一
○粟賀　五三二ノ六
○粟田口　一三五ノ一
○あはづの森　一〇八ノ三

## イ、ヰ

○居あひ抜　一〇八ノ二
○いひごと　七二ノ三
○飯蛸　一四一ノ五
○家島與左衛門　四一ノ三
○家の接木　一三九ノ八
○伊右衛門　三〇四ノ一二
○庵に木瓜　二〇ノ七
○いかい　一三三ノ一〇
同　一三三ノ三
同　一三九ノ九
同　一四九ノ三
同　一四九ノ七
○伊賀の成仲の娘　七四ノ三
○いがみ　一六一ノ九
○いがむ　三四ノ一〇
○生馬の十兵衛　一一ノ四
○いき過　五三ノ六
○いき過者　一六ノ七
同　一九九ノ四
同　三〇五ノ一三
○窮鬼〔イキスダマ〕　二七六ノ三
○息勢はつて　一〇八ノ三
○生頻くはさるゝ　一三ノ三
○いきはり　一四六ノ一〇
○意氣張　一五〇ノ一二
○いきりかゝつて　一九五ノ八
○生田河　一三〇ノ一
○生田の森　一〇三ノ八
○幾野屋藤左衛門　一三三ノ九

○池田山　一七五ノ九
○意見封事十二條　三五四ノ一四
○生駒新八　四四ノ七
○生駒山　四〇四ノ五
○伊左衞門　七一ノ九
○いさご山　一〇三ノ八
○井澤庄太夫　二七二ノ二
○石臼鳴　二六ノ六
○石垣　一三六ノ六
○石河五郎市　六八ノ四
○石川松庵　四四ノ四
○石に根繼ぎなる　一六八ノ一
○石屋　一四五ノ五
○醫者
醫術の書　三九一ノ一三
十兩に二人扶持　一七八ノ一三
出入醫者　一四七ノ九
流行る醫者　三八六ノ一
藥料の宜　五四ノ三
○石山　六一ノ一三
○伊勢音頭　一五一ノ一二
○伊勢講　一五ノ六
同　八〇ノ六
○石の上古太夫　一〇ノ四
○磯貝　二七四ノ二
○板敷山　三八ノ六
○いたづら節　三一ノ一三
○徒者　六二ノ七
○韋誕　一七ノ一三
○いためつけて　一三四ノ四
○板元　四三ノ一
○板もとの喜八　四一〇ノ一
○いたり仕出　一三五ノ一一
○市宇賀の伽羅煉　六三ノ一三
○一圓　五〇ノ八
同　一二一ノ五
○一夏〔イチゲ〕　三一一ノ一三
○一膳三文　三六ノ五
○一番手　一五一ノ二
○一番槍　四七ノ三
○いちびりたる　三八四ノ五
○一歩二十切　六九ノ二
○一分立たず　一〇七ノ三
○一分たゝぬ　一五三ノ四
○一分のすたる　一五五ノ一四
○一分はたつ　一五九ノ五
○一僕　一ノ二
○一まい　一〇七ノ一三
○一文餅　一三九ノ八
○一來法師　四七ノ六
○一力　六八ノ一
同　一〇〇ノ一三
○いぢりたて　二六ノ八
○一粒金丹　八四ノ一三
○一騎討　五ノ八
○一休の自畫贊　一二五ノ一〇
○伊豆藏　一四八ノ二
○一向一心　四〇ノ五
○泉五のお客　一三ノ四
○一心寺　六八二ノ一四
○一寸八歩の念じ佛　二ノ四
○いつそ　四三ノ二
同　五〇ノ二

いつそ 一〇九ノ三
同 一五三ノ九
○井筒屋 六四ノ一
○逸風 四〇一ノ七
○一服盛て 八三ノ四
○一風 八一ノ一四
○一本綱 五八ノ四
○いつまで草 一三九ノ六
○知泉式部 二一ノ一四
○出雲沖 一三一ノ一〇
○出雲の廣成 三三六ノ七
○絲くり女 一三六ノ一〇
○いとしく 九〇ノ二
○糸縞の薄綿 一五〇ノ一
○稲おほせ鳥 七五ノ二
○東南〔イナサ〕 一三一ノ一〇
○居なし 六一ノ三
○稲田姫 一〇ノ八
○因幡鴉 七一ノ一
○印南野 二七四ノ一三
○いなり喰 一〇〇ノ一三
○稲荷のおさがり 三八六ノ三
○犬追物 九六ノ六
○犬堂 一三八ノ八
○いなうやれの畜生 九六ノ一
○命毛 八七ノ三
○茨木屋 八五ノ五
○いばらじ 四〇七ノ七
○居びたれ遊 一〇九ノ一〇
○衣服―色の流行 三八七ノ六
○いぶり者 一〇一ノ一
○伊兵衛 七三ノ三
○今小式部 一三六ノ三
○今七 八三ノ五
○今團十郎 八三ノ八
○今宮の心中 一七三ノ三
○伊萬里新左衛門 二〇八ノ三
○印可 五三ノ八
○韻鏡 八六ノ二
○因果經 五四ノ三
○隱者の攻撃 四二一ノ六
○印譜の繡帶 八九ノ三
○忌部の濱成 三三七ノ二
○印籠 六九ノ一
○入家 一七九ノ八
○入江屋甚太夫 一三〇ノ七
○入米 三〇ノ八
○入まいのわるい 六四ノ三
○いりわけ 一三九ノ四
○色遊 六四ノ六
○色稼 一四三ノ四
○色酒 一三六ノ六
同 一五一ノ一〇
○色黒 一八八ノ九
○色柄にぎりて 一四五ノ二
○色なほし 一九六ノ三
○小豆の蒸飯〔イロノオコハ〕 一九六ノ一〇
○色目 七四ノ七
○色屋 三〇五ノ八
○入端〔イレハナ〕 四九ノ六
○入麹 四〇ノ七
○岩井風呂の小袖 一九四ノ一
○岩瀧村 一六六ノ一三

## ウ


○外郎〔ウヰラウ〕　五四ノ六
○上臈〔ウヘワラハ〕　九三ノ一
○魚住の泊　三五五ノ二
○鵜飼屋　七一ノ八
○妓女〔ウカレメ〕　二七四ノ四
○浮名の立つ　一五ノ二
○浮枕　一四六ノ五
○浮世之介　一一九ノ四
○浮世小路　一四六ノ九
○鶯の谷渡　五八ノ八
○土龍〔ウゴロモチ〕　三一ノ二
○牛市　一七八ノ一
○牛若丸　七七ノ二
同　一〇一ノ七
○薄雪風　八七ノ一
○迂作〔ウソ〕　七三ノ四
同　九三ノ五
○噓の皮　四七ノ二
同　一〇一ノ一〇
○うそひめ　四一ノ三
○謡屋　三五ノ八
○うだしうなる　八五ノ三
○歌比丘　二〇八ノ二
○歌枕修行　七四ノ五
○内入　九四ノ四
○うぢ〳〵とした　一二五ノ六
○宇治江　六三ノ一
○内がた　一四九ノ七
○打ちかたげて　一三四ノ三
○内がよひ　一四四ノ一〇
○うち切　一四三ノ四
○内藏　三一ノ一
○打込んで　一三〇ノ一三
○宇治　一四三ノ七
○兎道の王　二九ノ二
○宇治橋　一五〇ノ九
○うち風俗　一三ノ八
○打身藥　五四ノ一三
同　六〇ノ七
○宇宙―劇場の譬　七七ノ八
○うつし　一〇四ノ五
○訟ぶん　一六一ノ六
○現なぬかし　九六ノ三
○うつの山　四一ノ四
○靱　一四四ノ一〇
○うつぼ物語　七五ノ一
○有德なる　一九七ノ一〇
○有德人　九四ノ七
○うどんげ　一三〇ノ五
○宇野三平　一三五ノ一〇
○姥　三四ノ一〇
○うばら　四〇五ノ四
○菟原の里　二七ノ四
○うまひ　二五ノ一
○馬の沓　七ノ一三
○馬若衆　六九ノ八
○梅津の經　六七八ノ六
○梅の御符　一三四ノ一
○梅の宮　三四八ノ一三
○梅若の塚じろしの柳　四八ノ一〇
○裏打帯　一四三ノ一

○浦島太郎　一三七ノ一四
○浦之助　三五ノ一〇
○盂蘭盆　九三ノ六
○盂蘭盆會　一六〇ノ八
○瓜生　八〇ノ八
○漆間〔ウルマ〕の翁　二四九ノ一四
○うはがしこく　一三五ノ九
○うはもり　一三五ノ三
同　一九七ノ二

## エ、ヱ

○叡山　四七ノ四
○永德の三幅對　二一ノ五
○衛夫人　八四ノ九
○疫　二七六ノ一三
○繪師　一一五ノ一〇
○惠心僧都　二〇三ノ六
○蝦夷錦　二〇三ノ一三
○越中ふんどし　一六五ノ二
○越中屋齊次郎　一〇五ノ一四
○江戸　四三ノ一三
○江戸合羽の煙草入　一六ノ八
○江戸塗　四〇ノ二
○江戸役者　八〇ノ二
○戎島　五ノ五
○海老藏　二〇ノ八
同　八〇ノ一〇
○閻位（西行参照）　二三五ノ二
○艷道通鑑　一九ノ五
○役の優婆塞　五六八ノ三
○厭符　二七九ノ四
○厭離庵　六七六ノ九
○延朗法師　二六四ノ二
○ええう　一四六ノ五
○襟數　八〇ノ四

## オ、ヲ

○おいぐろしく　一四一ノ七
○お石　一四三ノ一〇
○老曾の杜　三五八ノ三
○お糸　一七ノ七
○追剝ぎ原　六一ノ四
○お居間　六三ノ三
○老病　一三〇ノ一〇
○お梅　一四三ノ一〇
○大井河　八三ノ九
○大堰川　一〇九ノ七
○大江山　五四九ノ二
○相可　三六一ノ三
○大叶　四八ノ一
○大瓶谷　六〇ノ一〇
○王羲之　八四ノ九
○扇の一手　七三ノ七
同　一六六ノ一
○扇屋　一四四ノ五
○大口の眞神　五四一ノ二
○大口啣　一四ノ三
○大黒の大黒樣　三四ノ三
○王元寶　三三〇ノ四
○大小闘物　四八ノ一
○黄金佛　八一ノ一三
○逢坂の關路　三六ノ三
○大阪の長町　五八ノ一

○逢坂山 三七六ノ一〇
○大鷦鷯の王 二九ノ二
○大芝居 四八ノ一
○王照君 八七ノ六
○大蕎麥切 四八ノ二
○大津馬の追がらし 五八ノ八
○大津繪 一二六ノ四
○大津繪襖 五四ノ一一
○大津脚半 八二ノ一三
○大鼓 四四ノ五
○大津八丁 五四ノ一〇
○大津八丁札の辻 六一ノ一〇
○大津屋四茂八 六一ノ一四
○大年 一〇八ノ四
○大伴の皇子 三四四ノ七
○黄檗 一四三ノ七
○黄檗山 九一ノ五
○大三十日 一三七ノ一三
○大湊 四八ノ一
同 三七八ノ一三
○近江八景 四〇ノ八
○青梅縞 一四二ノ一
○大森 一四ノ五
○大宅 二九五ノ一四
○大宅の竹助 二八五ノ一
○大夜著 一三六ノ六
○大寄 六八ノ一
○お影參 一一九ノ三
○御蔭まゐり 三八五ノ一三
○岡左内 一六六ノ九
同 三一一ノ九
○おかち 一七八ノ九
○御勝手 九四ノ一一
○雪花菜〔オカベノカラ〕 一〇ノ一〇
○岡部六之介 一七一ノ一三
○岡目 六一ノ一三
同 一七四ノ八
○お瓶 二〇四ノ一三
○置頭巾 一六ノ九
○小櫛 一二四ノ一
○臆説 一三五ノ一〇
○お國御前 二一〇ノ一三
○お國樣 一二〇ノ三
同 一九九ノ二
○奥の細道 四〇〇ノ六
○御藏米 一ノ四
○お幸夫人 八五ノ一
○お琴 一九七ノ一一
○保正〔ヲサ〕 二九二ノ一三
○押へた 七五ノ一四
○おさかべ 二七ノ九
○小佐川 七七ノ一〇
○御棧敷 四四ノ六
○納 一三一ノ六
○御七里仕立 八二ノ一四
○おしで 一〇ノ八
○小篠 五七四ノ一〇
○出女〔オジャレ〕 五五ノ九
○御宗旨 三七ノ六
○おすが 一四五ノ四
○お好樣 五〇ノ一三
○おすそわけ 一四七ノ二
○おすゝめ 三六ノ一四

○おすみ　一五一ノ六
○お清書屋　一〇四ノ二
○お園　一三六ノ四
○御大家　三三ノ五
　同　四四ノ三
○御逮夜　三七ノ六
○お辰稲荷　九七ノ七
○おたれ　一九五ノ四
○小田原外郎　五四ノ六
○御知行　七ノ七
○おち目　一七六ノ九
○お勤　三七ノ四
○お當　一四三ノ一
○お露　一四二ノ一〇
○お姿〔テカ〕　七五ノ一
○おてき　一三三ノ三
○音右衛門　八二ノ六
○御堂様　三九ノ八
○お伽　一三一ノ一
○男をみがく　一八六ノ一
○男妾　一三四ノ二
○落し佩　四一ノ七
○落咄　九三ノ四
○落しつけて　一八一ノ四
○おどもりの濕の瘡　五〇ノ一三
○お内儀　二〇一ノ八
○お流　一四ノ八
○鬼　三一三ノ三
　同　三九三ノ三
○鬼鹿毛　三九ノ一三
○鬼面　二七ノ三
○鬼の鐘　三七六ノ一
○鬼の喜介　四一ノ二
○鬼日　八一ノ九
○鬼若の辨藏　六八ノ二
○お猫様　一四〇ノ三
○尾上　二五ノ一〇
○小野のお通　八四ノ一〇
○小野小町　二一ノ四
○お橋　一九七ノ一三
○お初德兵衛　六ノ二
○お初德兵衛の道行　三四ノ三
○お花半七　一三七ノ一四
○御祓様　三六ノ七
○お春　一三〇ノ五
○御引合　四三ノ七
○御髭の摩助　三八八ノ四
○帶箱　一四八ノ四
○御扶持人　四四ノ四
○御文様　三六ノ一三
○お部屋　三四ノ一〇
○おぼこ　八四ノ三
　同　一四六ノ八
○御賄方　一三四ノ七
○おませう　一九一ノ一三
○御眞向様　三六ノ八
○音樂
　絲竹のおそび　三九四ノ三
　新曲　三八七ノ一五
　太平の調子　七七ノ六
○溫泉宿―浴客のいろ〳〵　二九三ノ一
○音頭　四三ノ一一
○女楠　六ノ三

○女の外科　六三ノ一四
○陰陽師　二七九ノ四
○お目利　三三ノ三
同　五三ノ五
○お目見　四四ノ四
同　三四ノ三
○思ひばかがゆかなんだ　三四ノ六
○思入　三九ノ一〇
同　三九ノ一三
同　六〇ノ九
同　一〇八ノ二
同　三一ノ一四
同　一七九ノ一四
同　一八〇ノ三
同　一九ノ一
○思ひざし　一五七ノ四
同　一五八ノ一三
○思ふ壷　二一ノ一〇
○表家　一六〇ノ六
○思はく　五九ノ一〇
同　七四ノ二
同　一四一ノ八
○親方　一三ノ二
同　五五ノ一三
同　五八ノ一
同　六八ノ七
同　二一ノ一三
同　一七七ノ三
同　一八一ノ九
同　二〇七ノ八
○親里　六〇ノ二
○親判　二〇七ノ七
○親分　一五二ノ九
同　一五三ノ八
○女形〔オヤマ〕　八〇ノ四
同　八〇ノ一四
同　一四四ノ九
同　一六五ノ八
○おゆふ　一〇ノ六
○御湯神樂　一九五ノ一〇
○妖言〔オヨヅレゴト〕　三一二ノ五
○おらん　八五ノ八
○紅毛〔オランダ〕　五九ノ四
○阿蘭陀おさへ　四一三ノ二
○おらんだ流の外科　八五ノ六
○おりさ　八〇ノ二
○折障子　一五七ノ七
○織殿　一三六ノ九
○織物　一五三ノ五
○おりん　一二ノ九
○おれん様　一四六ノ三
○おろ〳〵と　一三三ノ一四
○蛇〔ヲロチ〕　三一三ノ一三
○蛇の塚　三一〇ノ二
○御脇掛　三六ノ八

## カ、クワ

○快庵禪師　三三ノ二
○外淫　一五〇ノ七
○買がかり　一〇ノ三
○搔暮　一〇三ノ一
○懷紙　二四ノ一三
○かいしよげに　一八九ノ一〇

○介副加　一九六ノ一
○かい鄰　一五一ノ一四
○懷義和倘　一三五ノ三
○かいふり　一〇三ノ九
○楓屋松右衛門　二一〇ノ四
○替名　八六ノ五
○替紋　二一ノ一
○かへり討の繁野　一六六ノ五
○顏見世　八〇ノ一
同　一七四ノ四
○拖　一八九ノ一〇
○加賀笠　一四七ノ三
○嚊衆　二六ノ六
○嚊逢　八四ノ三
○加賀の繻絆　六二ノ四
○鏡立　六三ノ二
○かゝり　一五七ノ一〇
○かゝり子　二六ノ八
○柿の袴の肩衣　五八ノ五
○隱藝　三九ノ八
○學者贅乏　三九〇ノ三
○郝子廉　五九八ノ三
○學道　六〇ノ六
○角内　一一九ノ四
○學文　八四ノ五
○樂屋　八二ノ五
○かくや姫　七四ノ一三
○赫夜姫　一九七ノ三
○がくや見舞　八〇ノ一一
○隱神　二六八ノ五
○かけ錢倒れ　一四ノ九
○かけても　二九四ノ一一
○かけ流し　一四六ノ一一
○駈拔　二七ノ一
○掛屋　一三三ノ一三
○掛屋敷　一一六ノ一
○かごしまド駄　一四九ノ一
同　四〇九ノ三
○かごや町　一四三ノ一
○冠付〔カサヅケ〕　一〇四ノ一一
○重草履　一三ノ一一
同　一四三ノ五
○笠の臺　一二四ノ一
○貸座敷　一五一ノ五
○嘉七　八二ノ五
○花實の一體　三二ノ二
○花車　六四ノ二
同　八五ノ一四
○過書文　三五八ノ一一
同　三六六ノ二
○繪手〔カシハデ〕　三五六ノ五
同　三五八ノ八
○柏原　三六ノ七
○春日樣　七三ノ三
○數とり　一三〇ノ七
○榊谷宇左衛門　三五ノ六
○歟夕　八六ノ五
○家相　三九一ノ六
○かた息　一〇六ノ四
○片板の松　二八ノ八
○肩がすぼる　一四ノ四
○敵討御未刻〔オヤツ〕の太鼓　一八八ノ七
○肩衣　三六ノ九

○かたげ賣　五ノ一〇
同　一七九ノ五
○かたし　一二六ノ一
○かた藏　一四五ノ五
○片側　一八一ノ五
○帷子　三五ノ一
○堅門徒　二六ノ七
○光棍〔カタリ〕　一〇七ノ一四
同　一三五ノ一四
同　一六二ノ六
○歩荷〔カチニ〕　二七ノ一一
○加持人　一〇四ノ五
同　一〇五ノ一
○家中　六ノ一四
○渇々　五四ノ一四
○勝四郎　二四一ノ一〇
○河童　八三ノ一三
○客板〔カツパン〕　一七ノ四
○桂の鏽黏　一二〇ノ一一
○桂の宮の相撲會　一八一ノ五
○かてつけれぱ　一二一ノ六
○川東　九三ノ八
○角屋敷　二ノ一
○かなゆづすり　一九七ノ三
○鐵輪のともし　一五〇ノ九
○銀屎息子　一〇九ノ九
○銀口入　六一ノ三
○鐵漿付け　一三ノ一三
○銀箱　六八ノ七
○金役人　四ノ一三
○娥眉少女　八五ノ一四
○歌舞妓　三八五ノ八
同　四〇九ノ一四
○かぶき仙人　四一三ノ九
○歌舞伎ものがたり　四〇一ノ四
○我物不入　八一ノ一三
同　八三ノ一三
○禿　八五ノ一八
○鎌倉の大將殿　五八三ノ八
同　五九一ノ三
○かます袖　四一ノ九
○鎌婆　二六ノ七
○神おろし　八三ノ一三
○上方　一五二ノ六
○上方野郎　四〇ノ九
○紙蚊帳　一二六ノ八
○上京風　一三五ノ一一
○髮切後家　一六二ノ九
○紙子仕立　一一〇ノ二
○上樣　一三八ノ二
○神たゝき　一五ノ六
○神なぶり　一五ノ九
○髮生藥　一九三ノ一一
○紙花　一五一ノ四
○上宮津　一三七ノ三
○觀音參　四七ノ九
○勸學寮の錦袋圓　五四ノ六
○閑居―愛憎の二つ　六五一ノ三
○神崎　二七ノ一三
○神主香央造酒　二七二ノ七
○韓信　一六ノ二
○勸進相撲　二六ノ一三
○勸進能　一四七ノ一四
○癇症　三八三ノ二

○懸狀　一ノ四
○管相公の論　三五六ノ八
○眼痴　一二ノ一三
○管仲　三三五ノ七
○水丁〔クワンヂヤウ〕　三二二ノ八
○勘定方　四ノ一三
○勘定場　九四ノ五
○神奴　二八五ノ八
○汗吐下梅毒　一三六ノ一
○勘當　一〇九ノ一三
○寒取　二六ノ一三
○神野親王　三三五ノ四
○關白秀次公　二六九ノ一三
○神箸　一〇四ノ一一
○客坊もち　一五九ノ八
○丸藥入　二三三ノ九
○眼力　二七ノ一
○勘六　四ノ一一
○蒲生氏郷　三三二ノ九
○鴨別　二七三ノ九
○茅の宮　三二四ノ一〇
○唐織の尻からげ　八〇ノ一三
○機關〔カラクリ〕　二五ノ九
○唐網　二七ノ二
○輕口　九三ノ五
○樛蒲〔カルタ〕なぶり　一四ノ一一
○輕業　四七ノ六
同　五八ノ一三
○枯木の浦　五四九ノ二
○川瀨　九三ノ五
同　一〇一ノ五
○河伯　二五七ノ一三
○かわき　九〇ノ二
○川口屋磯右衞門　九三ノ一三
○川竹　九一ノ六
同　一八六ノ一三
○皮卷の竹刀　五一ノ一四
○土器酒　一五六ノ九


キ


○競　五二ノ九
○競組　四一ノ九
○競伊達衆　四〇ノ七
○妓王寺　一一〇ノ一
○祇園南禪寺　二三六ノ一三
○祇園町　六八ノ一
同　一〇〇ノ一三
○木折〔キヲリ〕　一三六ノ一四
○木折の異見　一六五ノ七
○木折〔キヲレ〕　一八八ノ一三
○著替　七ノ一一
同　二七ノ一一
同　三八ノ一三
○其角　四八ノ六
○聞き耳潰して　一四ノ一〇
○桔梗　五四ノ一三
○桔梗屋の花野太夫　一〇九ノ一四
○菊亭　一七ノ七
○菊栄島　一九一ノ六
○機嫌上戶　一四七ノ八
○喜撰上の人　三七八ノ八
○貴樣　一三五ノ一三
同　五九ノ二

貴樣　六〇ノ五
同　一〇〇ノ一〇
同　二二五ノ一
同　一七九ノ四
○岸屋榮五郎　一七七ノ六
○岸屋の藤野　一七五ノ八
○鬼笑　八六ノ八
○疵持足　一五六ノ二
○著そけ　五五ノ一〇
○北側　八〇ノ二
同　八一ノ一
○北濱　一六ノ四
○吉彌結　六三ノ一三
○氣中　一五三ノ二
○木津川　二四ノ一四
○ぎつちり　六五ノ八
○きつと　二〇ノ一
同　八三ノ九
同　一五三ノ一三
○狐　三五九ノ一〇
○狐を釣る　九五ノ一〇
○黄緞子　八五ノ三
○砧の水指　二二ノ五
○紀の朝臣貫之　三五一ノ一
○城崎のいで湯(但馬)　五三三ノ二
同　五三三ノ七
○魏の明帝　一七ノ一〇
○擬筆士　一二五ノ一三
○吉備津の御釜祓　二七三ノ七
○氣伏し　一九五ノ七
○貴布れ　一五〇ノ九
○木部屋二階　四一ノ五
○きまつて　一五三ノ四
○君　二〇〇ノ一
○きんくるべいこの　三六ノ二
○歸命無量　九〇ノ一
○金作　一四三ノ一
○金絲の房　六三ノ一四
○錦繡萬花　一九六ノ一三
○きんしやう　六三ノ一三
○金錢
傳くに集る　三九ノ七
寶の最　三六ノ六
皆金づく　一七三ノ四
○錦袋圓　五四ノ六
○金太郎　一三七ノ一
○金糖もち　一四七ノ三
○金百疋相應　三三ノ四
○金襴の大廣袖　三九ノ一〇
○金紐　二五七ノ一
○肝いり　二〇五ノ九
同　三九七ノ二
○肝入　一一ノ一四
同　一四三ノ七
○氣もせ　一四一ノ一〇
○逆緣　六五ノ九
○脚色　七七ノ九
○脚布　一四一ノ四
○氷山伏の豐心丹　四三ノ五
○ぎやまんの入齒　二〇三ノ九
○伽羅の油　一〇九ノ九
○給銀　二七ノ一〇
同　三〇ノ五

○久七殿 一四六ノ三
○經が岩屋 五七六ノ五
○京學 一三五ノ九
○行基 三〇ノ九
○經供養 一八一ノ四
○狂言 三八三ノ八
○狂言師 四二ノ一
○鏡臺 六三ノ三
○京女房 五八ノ二
○喜代三 八二ノ六
○清麿 三四六ノ一
○淨見原の天皇 三四七ノ二
○清盛 三三三ノ五
○清原の俊蔭 七四ノ四
○切りかけ 一三ノ八
○切紙傳授 二二四ノ二
○きりはたり 一三六ノ九
○きりまして 四〇三ノ一
○切もり 八四ノ三
○斷れ 一六二ノ三
○切戸の職 一三八ノ四
○季日 一〇九ノ五
○極め 二三ノ九
○きはめて 二〇ノ四

ク

○くひため 二ノ三
○空海 三三七ノ一〇
○苦界させ 一一ノ五
○苦界 一四ノ三
同 八五ノ八
同 一〇九ノ三
同 一七六ノ九
同 一八一ノ八
○草雙紙 一七三ノ三
○草中 五九ノ五
○櫛笥 六三ノ三
○葛だまり 一三六ノ三
○楠の亡魂 一四ノ五
○葛の葉 一九七ノ八
○葛の葉の道行 一〇二ノ五
○藥子 三三六ノ六
○藥揃 九一ノ七
○口說 八四ノ三
○久世戸の文珠 一三六ノ三
○くだの禪 一八八ノ四
○口合 四三ノ一
○口入商賣 一四ノ六
○口が重たう 五ノ一〇
○口がため 一〇七ノ七
○口車 一〇ノ二
同 一〇九ノ一
同 一四三ノ五
○口だんばく 一三六ノ六
○口次 七ノ一
○口の文 八七ノ三
○口松 五八ノ一
○闢口ひて〔クチヒラヒテ〕 二四六ノ三
○亡八〔クツワ〕 八五ノ一
○口說いて 八〇ノ一〇
○工藤左衛門 一四ノ三
○國津罪 二九三ノ一四
○口入〔クニフ〕 一二ノ四

口入 一五〇ノ五
同 一六八ノ一
同 二〇〇ノ七
同 二〇六ノ一
○狗賓 一〇一ノ七
○熊谷次郎太夫 一六六ノ六
○熊野參 五五ノ三
○久美の町 一三〇ノ七
○軍學 二ノ二
同 四ノ四
○軍學咄 二ノ一三
○軍師 三ノ七
○軍書講釋 一七二ノ八
○郡內紬 一六六ノ二
○郡內の大縞袷 二七ノ五
○くめい 一三四ノ四
○雲助 五五ノ二
○雲介 五五ノ一四
○具物 二四八ノ九
○鞍馬山 一〇一ノ七
○繰引 三ノ一
○遊廓〔クルワ〕 八七ノ九
○廓中〔クルワ〕 九〇ノ一三
○ぐれて 一五七ノ二
○黒小袖 一五九ノ一一
○黒繻子の中幅帶 一五〇ノ一
○黒紬の小豆色 一二五ノ一〇
○黒紬の衿まき 一四五ノ五
○くろとがろ油 八一ノ六
○黒羽 四一ノ七
○黒羽織 一五一ノ一一
○くろまろ 一七七ノ三
○くろめて 一七八ノ二
○黒門 一九六ノ七
○桑名の渡 八三ノ一
○桑名屋の德藏 一〇八ノ四

ケ

○蹴上の水にぬれた同士 一三五ノ一
○藝氣 一三七ノ九
○藝子 六五ノ七
同 六五ノ一二
同 八一ノ六
同 一九二ノ八
同 一九六ノ九
○藝者 三九ノ四
○藝者根性 四三ノ一四
○傾城 一一ノ六
同 八四ノ一
同 二〇〇ノ一
○傾城狂 一一五ノ二
○外科 六三ノ一四
同 一七八ノ二
○現形し給ふ 二三五ノ八
○下作 三八ノ三
○下作者 二〇五ノ一三
○袈裟屋墨五郎 九四ノ一四
○芥子 三〇九ノ一二
○けしからぬ 一七ノ八
同 三八ノ一
同 九六ノ三
○下世話 六八ノ八
○けちぶとい 二一一ノ九

○月宮殿　九一ノ九
○けつく　三八ノ一三
○けに　一四九ノ五
同　一四九ノ一一
同　一六〇ノ一
○見一無體さつきやく　一〇九ノ二
○玄界谷　八一ノ五
○げんこ取の餅　八三ノ一
○兼好　七四ノ一三
○謙信　三三一ノ五
○源氏物語
一法師の評論　五二五ノ八
三箇の傳　七三ノ一〇
○獻上鯛　四三ノ一三
○元帥の劍　一六ノ一
○憲宗　三三五ノ七
○けんたんや　三一ノ一
○けんど　四三ノ九
○建仁寺垣　八〇ノ一〇
○建仁寺町　一五七ノ七
○支賓　三六ノ九
○見物　四八ノ二
○外面如菩薩　六五ノ六
○假令の信心　三六ノ四
○けはしい　一三九ノ一

## コ

○小揚　二七ノ四
○古姉川　四〇一ノ四
○戀衣　四〇ノ三
同　六五ノ一
○戀知り　六五ノ五
○小いたづら　一四一ノ八
○小うさん　七六ノ三
○聲―そのいろ〳〵　六二〇ノ六
○興義　二五二ノ一
○康熙帝　七七ノ九
○孝經　二三ノ一
○香具商人　八七ノ七
○後見　四四ノ七
○孝行―孝子賢母の話　六六ノ二
○孔子　六ノ一
○庚申の夜　六八ノ一
○恒寂　三四九ノ四
○高倘　七三ノ一一
同　七三ノ四
○黄石公　七ノ一四
○口錢　七ノ一
同　一四ノ一
同　二〇ノ五
同　一五〇ノ五
○高宗　一三五ノ三
○幸田嘉兵衛　四三ノ二
○高直　八五ノ一
○講中　三五ノ四
同　三九ノ五
○香包　六九ノ一
同　二四ノ一
○講頭　一三五ノ五
○高等親父　一六ノ五
○紅梅　六五三ノ六
○弘法大師　四〇ノ八
○高名頭　四四ノ三

○高野大師　一〇ノ二
○紅葉五器　一四八ノ八
○高麗茶碗　二一ノ六
○高麗橋　一三ノ四
○合力　一四ノ七
同　四三ノ九
同　七六ノ五
同　一二五ノ四
○蠶飼〔コカヒ〕　一四〇ノ四
○五岳の眞形五所紋　八五ノ二
○小學文　八七ノ二
○五器　一三五ノ一三
○小吟　一四二ノ一〇
○古今の三島三木　七二ノ一〇
○古金襴　一八九ノ一〇
○國府　一四五ノ三
○極樂　一〇ノ二
○極樂世界　七六ノ一三
○極樂參　三八ノ八
○御經廻　三七ノ一〇
○苦衣　九〇ノ五
○こけら鮓　四七ノ八
○ここなりよつても　四三ノ四
○こごり　八二ノ三
○心いき　一五ノ一
○心入　一三ノ一三
同　一三五ノ一三
○心をいり　一三七ノ八
○心をおとしつけて　一三五ノ五
○心おちたる　一七六ノ四
○心おとす　一二六ノ五
○心覺　四ノ七
○心憎し　五三ノ二
○小座敷　一八七ノ二
同　一八六ノ一四
○ござられまい　四九ノ八
○ござる　四九ノ一四
同　六一ノ四
○古市紅　四〇一ノ七
○腰おし　一一五ノ六
○腰纏絆　一六〇ノ一一
○御時分　一一四ノ七
○五尺いよこの手拭　二〇五ノ一一
○五十三次　八二ノ一四
同　八四ノ五
○五種香　五九ノ五
○御相伴　三六ノ四
○御所方　五二ノ三
○御所育　一三五ノ一
○揃屋　二〇ノ一一
○鐺　一〇ノ一一
○巨勢の熊檮　二九五ノ五
○古戰場　六〇一ノ一一
○小染　一三六ノ一
○小太　八一ノ五
○御大家　四ノ一三
○御大身　二ノ一四
○小鯛の難波煮　五〇ノ五
○子種　一二七ノ八
同　一三九ノ一三
○小玉銀　六八ノ九
同　六九ノ一
○兒玉嘉兵衛　二四二ノ一五

○こちとら　一四九ノ九
○こちのお人　一四九ノ四
○五帖一部　三六ノ三
○御重寶暦　三ノ八
○子女郎　一三ノ二
○小柄　六九ノ一
○木辻　七二ノ一
○ごつそり　七六ノ九
○兀頂　一四三ノ七
○兀頂の茶屋　一三ノ三
○小鼓　四四ノ五
○骨肉　八五ノ一〇
○骨法　三一ノ二
○こづらの憎くい　一三ノ五
○後藤黒子丸　五四ノ六
○後藤流　一三六ノ一
○ことない　五一ノ三
○諺、格言
　麻につるゝ蓬　二一ノ二
　蟹なれやおのが物からもていさつ　三四一ノ一四
　穴へも入りたかるべし　六三ノ六
　有馬の湯の談合　四二ノ一
　生馬の目を抜く　一三ノ六
　石部金吉　一六六ノ七
　醫者と干蕪は若い内には賞翫せず　一三五ノ一四
　伊勢人のひがごといふ　七二ノ一
　一粒が萬倍　一二〇ノ四
　一犬吼ゆれば百軒の噂　六八ノ一四
　犬の手も人の手　三五ノ一三
　煎豆に花咲く　一三七ノ一三
　浮世の月満れば虧くる　一一七ノ五
　內兜を見すかした　一六一ノ一
　氏素性は恥しき物　二〇七ノ九
　氏なうて玉の輿　一四三ノ一
　瓜生の蔓に茄子はならぬ　八四ノ七
　教へて歸る子は知識　五八ノ三
　鬼の女房に鬼神　一六八ノ六
　お鉈の塵とり　一五一ノ二
　親に似ぬ鬼　三六ノ九
　親の恩より義理の恩　一七七ノ九
　親の光は七光　六三ノ一
　親は稼ぐ子は樂す　三二ノ一
　女は氏なうて玉味噌のあぢしらぬ身と成る　一九七ノ八
　稼ぐを追ぬく貧乏神　二六ノ四
　神は正直の頭にやどり　一〇ノ一
　支離な子が可愛い　一九九ノ八
　汚う稼いで清う暮せ　二〇ノ九
　氣でくへ　二〇三ノ八
　禽を制するは氣にあり婦を制するは其夫の雄々しきにあり　二七二ノ一
　喰うた人魚の鱗につかはる　一七ノ一
　孔子さへ倒るゝ戀の山　二九〇ノ九
　窪い所へ水も溜らぬ　二〇九ノ六
　來る粹よりもこぬ野暮がしにくい　一四四ノ九
　庚申の夜に宿る子　六八ノ八
　小糠三合　一三七ノ六
　嵐山の雙しみだれたる世

には瓦礫にひとし　三三ノ二
逆さまにしてふろうたとて鼻血の外はしたらぬ　四三ノ八
死れがな目くじろ　一六五ノ三
釋迦でもくはぬ　一六ノ六
借屋かして本家とられ　一三七ノ一
初祖の肉いまだ乾かず　三一ノ四
しらぎ半分直　七ノ四
尻まくつて三べん舞ふ　八〇ノ六
白い歯見せず　二五ノ八
すいもあまいも知りぬいて居る　一四四ノ二
寸善尺魔　四三ノ六
世間の口へ手をあてゝ　六〇ノ三
脊中に腹のさびしさを替へて　一一ノ三
千金の子は市に死せず　三三ノ三
竪な事横へもせず　二六ノ一
頼む木蔭に雨もりて　三八ノ五
玉に疵　四九ノ四
町人は算筆　三三ノ三
田鼠化して鶉となる　一〇一ノ五
天の口壁の耳　一三七ノ四
桃林に冠を糺さず瓜田に沓を入れず　四四ノ三
年寄と紙袋は入れにや立たぬ　五五ノ六
妒婦の養ひがたきも老ての後其功を知る　二七一ノ七
虎は死して皮を止む　七四ノ六
女房は大黒ばしら　二九ノ八
ぬしは堅かれ柱は弱かれ　六四四ノ三
延びて行く鼻毛　一六ノ六
花は三吉野人は武士　五ノ三
人かならず虎を害する心なけれども虎反りて人を傷る　三〇八ノ三
人ごとにひとつの癖　三八三ノ一
一つ竈の物喰うて　七一ノ三
人によりて法をとく　一六五ノ一
人の心同じからざるは其面のごとし　七一ノ三
人は一代名は末代　七四ノ六
淵深ければ魚よくあそび山長ければ獸よくそだつ　三三ノ三
佛は決定往生　一〇ノ一
末世に殘る名こそ恥かし　五ノ三
身の内の財は朽る事なし　四四ノ二
ものした物がものしらるる　一九七ノ一
茶火ればなほらぬ　二五ノ三
山城の人は八十宇治　七一ノ二
世の中に無祿の人はない　一二六ノ五
夜目遠目　六三ノ一四
○小半合酒［コナガラ］　九四ノ一
○こなし自慢　八二ノ二
○こなた　六四ノ二
○小西三十郎　一ノ七
○小西攝津守　一ノ七
○小西行重　三ノ六
○五人扶持　一三〇ノ四

○兒手がしは　三四〇ノ七
○小博奕　二六ノ五
○琥珀の羽織　七ノ一
○木幡　二〇四ノ三
○木挽　一五一ノ九
○木挽町　三三ノ八
○媚茶繻子　一一〇ノ二
○古筆　一七ノ一〇
○五筆和上　三四五ノ七
○小姫　一三六ノ一〇
○吳服所　一五一ノ一
○小平六　一〇三ノ四
○古法　一三五ノ一〇
○五寶丹　三〇ノ二
○駒が林　一〇三ノ二
○こましたら　一四四ノ六
○小町　三四九ノ一〇
○小町形氣　二〇〇ノ二
○こまづけ　一五五ノ一〇
○こま鳥　四二一ノ九
○ごまの灰　八三ノ二
○小間物　五三ノ一〇
同　六ノ六
同　七ノ五
同　七三ノ五
○小間物油　七三ノ四
○駒よせ　三ノ一〇
○吼噦〔コンクロイ〕　一〇〇ノ六
○根元本家　五四ノ一〇
○こんたん　一五四ノ一
同　一五五ノ六
同　一五九ノ七
同　一六〇ノ五
○こんたんでのゑちやへ　三六ノ二
○蒟蒻色　一六五ノ三
○今春太夫　七三ノ七
○ごみ　一〇九ノ四
○米市　三五ノ七
同　一七五ノ二
○米市場　一七ノ三
○米問屋　一六ノ四
○少婦〔コメロ〕　一七ノ四
○小女郎〔コメロ〕　一八一ノ三
○小者　四八ノ四
○小家がけ　五八ノ四
○小宿　一四九ノ四
○御用達　三三ノ三
同　三四ノ七
○御用人　六ノ七
○小よろぎの浦人　三八ノ四
○御靈樣　一四四ノ四
○御家人　七三ノ三
同　二〇一ノ五
○御靈祭　九三ノ七
○瑚璉尼—略傳　六八五ノ一
○五郎政宗一尺八寸　四ノ七
○衣の棚　九四ノ三


## サ


○在家　三六ノ三
○才覺　五五ノ五
同　一三五ノ一
○西行法師　七四ノ五

西行法師 二五ノ三
○西光寺野 五三〇ノ六
○在所 二七ノ四
同 三一ノ一
同 三六ノ五
同 三八ノ七
同 一三ノ七
○妻妾
　嫉妬せぬ妻 三九五ノ一三
　女房のくさ〴〵 一一九ノ九
　一月定めて錢壹貫文 一五〇ノ五
　一夜百疋 一六八ノ一一
　部屋めぐり 一六五ノ一〇
○西照庵 一三ノ七
○宰相の劍 一六ノ一
○さいたおさへた 五〇ノ四
○才太郎 一七五ノ五
○催馬樂 一三ノ一一
○最福寺 二六四ノ二
○在宮の神子 七五ノ二
○堺 二ノ一
同 五五ノ一三
○堺町 六八ノ六
同 一五一ノ九
○堺町の五郎市 六九ノ九
○逆馬 六二ノ三
○逆落し 三〇ノ二
○榊山 八二ノ六
○逆さま竹 三八ノ八
○坂田 七七ノ一〇
○酒壺の君 六三ノ二
○さがにくき 一四一ノ一
○嵯峨野 九五ノ一四
同 一〇九ノ三
○相模 二三三ノ八
○月代 一三〇ノ一一
○前肩 八三ノ三
○櫻塚 一七五ノ五
同 一七七ノ一四
○櫻戸の中將殿 一三〇ノ九
○提重 九七ノ一
同 九七ノ一一
○雜魚寢 六八ノ二
○小竹筒〔サヽエ〕 九七ノ一
同 一〇〇ノ一〇
○さざんざ 一五四ノ六
○さし合 一三七ノ一四
○棧敷 一〇一ノ二
同 一四七ノ一四
○さしぐち 一三六ノ一三
○差添 二〇ノ一三
○さす 三四ノ二
○座禪 三五ノ一三
○沙汰 一〇ノ一〇
同 二三ノ五
同 六三ノ五
同 七三ノ九
同 一二四ノ九
○さつばりと 五九ノ三
○產所〔サト〕 二四二ノ六
○佐藤則清 七四ノ五
○眞田山 一八九ノ九
同 一九一ノ一三

○作之治　二六一ノ四
○三郎　二八五ノ四
○佐保川　七二ノ五
○三絃　七七ノ六
○三右衛門町　一四三ノ五
○三界　三〇ノ三
○算學　四ノ二
○三箇の津　七七ノ七
○產業　五九ノ一三
○三鈷　二六三ノ三
○殘口　一一九ノ五
○三國一　一五四ノ六
○さんざめかして　二〇九ノ一一
○三十棒　一七ノ四
○算術　五ノ一
○山上樓　一四二ノ一一
○山水な醫者　一一五ノ一〇
○三挺がけ　七一ノ一〇
○三條口　七六ノ一
○三度笠　八二ノ一三
○三の浦　八五ノ四
○三ばん　一七四ノ四
○三分鎹　七五ノ一三
○三平　五五ノ九
○三枚　八四ノ六
○三枚肩　一六六ノ一一
○算用　七ノ一
○三割の口錢　七ノ一
○鮫蒲團　八〇ノ四
○小夜がらす　二四ノ一三
○さらへてしまはねば　七二ノ一〇
○猿澤の池　七六ノ七
○猿の木のぼり　五八ノ八
○障なとり　一七ノ四

シ

○思案酒　一二六ノ一三
○仕出〔シイデ〕　一三六ノ一三
○しひぶん　一五五ノ九
○仕入染　一九ノ六
○鹽　三七ノ八
○鹽尻　七五ノ二
○鹽瀨　三ノ一三
○鹽瀨の巾紗　二〇一ノ二
○鹽なれ衣　一四九ノ一
○鹽政　三八九ノ一
○しがく　一三三ノ八
○しかけ　一四四ノ一三
同　四二ノ六
○仕かけて　一一ノ七
同　九三ノ九
○志賀寺　一七七ノ一
○志賀の湖　七三ノ八
○似我蜂　二〇ノ六
○鹿よぶ笛　六四五ノ二
○信樂茶　二二六ノ六
○時氣を受け　五三ノ一〇
○敷金　一三〇ノ二
同　一五三ノ一四
同　一九七ノ二
○紙鳥　四六ノ一一
○式三番叟　三八ノ七
○賤〔シケ〕　一三三ノ一〇

陰 一三一ノ一〇
○重仁 二二八ノ五
○紙鳶〔シケン〕 二五九ノ一
○試劍石 一〇一ノ八
○重盛 二三三ノ九
○子貢 三二三ノ八
○市紅 四〇一ノ七
○しこなし風 一五一ノ二
○しこり博奕 五八ノ一
○獅々吼 四〇一ノ五
○猪小屋 七六ノ三
○獅子の洞入 五八ノ一
○蜆川 一七五ノ八
同 一八一ノ七
○四尺帽子 三九七ノ三
同 四〇八ノ八
○仕過 四一ノ二
同 四三ノ三
同 五八ノ一
○時代蒔繪 一四七ノ二
同 三〇二ノ一

○仕出 六二ノ一
同 一四五ノ一三
同 一四六ノ四
同 一五一ノ六
○仕立物屋吟七 一五七ノ七
○しだら 一〇八ノ一
同 一二五ノ七
同 一五八ノ一〇
同 一六二ノ四
○七首和讃 三六ノ一三
○七星壇 一ノ五
○質種 一〇ノ九
同 四一ノ八
○七三郎 一六ノ六
○七郎右衛門 一七ノ一
○しつかへ人 一三三ノ一〇
○静の子 五九一ノ五
○四塚屋五郎右衛門 八一ノ一三
○四塚屋の東下 八三ノ一三
○實體者 六三ノ一三
○十服つぎ 四一ノ九

○疾病
濕の瘡 五〇ノ一三
濕病 二六ノ一三
同 一四九ノ三
腎虚火動 一三〇ノ一三
大傷寒 三八ノ一四
旱瘡 三九ノ一
○しつぽくもどき 四一一ノ一三
○しつぽりと 五一ノ一三
○師弟ー亂世の師道 三六一ノ一三
○しで野 一二ノ一三
○してもの 一四三ノ八
○志戸の海 三一一ノ一
○竹刀 五一ノ一
○品川 四一ノ二
同 一五〇ノ一
○しなせ 一三七ノ六
○死一倍 八一ノ八
○仕舗 五五ノ二
○仕にせ 一〇八ノ一
○詩嚢袋 八七ノ三

○信多快庵　一九五ノ三
○忍のつとめ　一五〇ノ五
○芝居　三六ノ一
同　七七ノ七
同　八〇ノ一〇
同　八二ノ八
同　一〇一ノ七
同　一四六ノ七
同　一四七ノ一四
同　一五一ノ九
同　一七四ノ四
○柴崎　七七ノ一〇
○芝の庄司　三〇三ノ一〇
○司馬忠庵　八五ノ六
○芝能　七三ノ七
○次妃　一三〇ノ三
○澁團扇　三一ノ一四
○澁谷藤作　一七一ノ七
○子房　一六ノ三
○四方髮　一三〇ノ二
○四本綱渡天　五八ノ九
○島　一三ノ八
同　一四三ノ七
同　一九三ノ七
○自賄〔ジマイ〕　一三ノ一三
同　一三ノ四
○自賄藝子　三九四ノ一〇
○仕舞所　一五三ノ七
○島桐の一枚板　一四八ノ五
○始末　三一ノ七
○しまつ　三八ノ二
同　一〇ノ九
○島の内　一七四ノ三
○島原の菜種の匂　一〇九ノ九
○しみたれ　一四九ノ一
○しみらに　三七六ノ一〇
○新院、　三五ノ一〇
○心外　一三四ノ九
○人外の交　七六ノ二
○新機關　一五五ノ九
○じんき　一四一ノ八
○神願寺　三四六ノ二
○信芝　三三一ノ二
○神護寺　三四六ノ七
○眞言　四七ノ一
○心齋橋　三六ノ八
○神州　七一ノ一
○身上　六ノ二
同　七三ノ三
同　一五六ノ二
○尋常　一五七ノ一〇
○身上は乘つて　一六ノ四
○信西　三一ノ六
○しんぞ　五一ノ八
同　一二〇ノ一四
同　一四五ノ一〇
○甚藏　一五〇ノ一〇
○仁體　九九ノ二
○新地　一七四ノ五
○心中　六ノ五
○神道者　一〇ノ四
同　一五ノ九
○眞如　四五ノ四

○眞柱　七三ノ一四
○神佛怪異
一段の陰火　二三三ノ三
磯貝の靈　二七八ノ一二
甦生者の夢物語　二五二ノ一二
生曾森前の怪物　三五九ノ六
黄金の精靈　三三二ノ一三
墓ふ魂　二四八ノ六
變人車に乗りてかける　三三七ノ一一
秀次の靈　二六四ノ一一
伯耆の大山の變異　三六四ノ九
山の鬼　三一一ノ六
龍女　二二八ノ一三
○神變大菩薩　五六八ノ四
○しんばう藝　四〇一ノ五
○新町　九四ノ七
○新町の三筋　八五ノ四
○新命　二〇ノ一二
○神文　三ノ一三
○親鸞上人　三五ノ一〇
○注連　三五ノ一三
○注連繩　一三ノ七
○しめり豆ならぬ　一三六ノ一二
○しめる　五〇ノ一三
○霜さき　八〇ノ一
○下立賣　五二ノ二
○四匁花　六八ノ四
同　八四ノ一三
○寺役　五〇ノ一二
○借錢　一〇九ノ一
○癪の上る　一一四ノ一三
○尺八簱　五四ノ二
○釋名　三五二ノ一三
○借屋札　四八ノ一
○しやくち商　八七ノ九
○麝香　五九ノ四
同　六一ノ一一
○社人　一〇〇ノ一三
○しや〳〵り　三〇ノ一
○しやでん　四一三ノ七
○しやにかまへて　一二ノ一三
○じやみて　九三ノ八
○秀句　二三三ノ八
○十四經　五四ノ一
○宗旨　三六ノ一
○十種香　一五一ノ八
○十兵衛　一一ノ四
○叔雄　八六ノ一〇
○壽齋　一三七ノ五
○朱鞘の相口　二〇ノ七
○朱鞘の大小　九七ノ五
○朱雀野　九四ノ三
○繻子　八〇ノ五
同　一四二ノ一
同　一五二ノ五
○守隨の秤竿　二〇四ノ六
○繻子の帶　一五五ノ一〇
○繻子髪　四四ノ一〇
○集錢出　九四ノ九
○呪咀—空海の呪術　三四八ノ一
○出頭　一三一ノ六
○出頭手代　六二ノ四

○朱漆器　二一ノ八
○首尾　五八ノ一
同　九〇ノ一〇
同　一三四ノ一三
同　一一五ノ四
○朱符　二七九ノ一〇
○衆方規矩　五四ノ一四
○順縁　六五ノ九
○順慶町　一四二ノ七
○春水あやめ　八二ノ六
○俊成卿　二五ノ七
○撞木町　二〇八ノ一三
○集禮倒　一〇八ノ一三
○修羅の時　二七〇ノ一一
○機關の葉幕　三九ノ六
○機關幕　四二ノ一三
○尉　四三ノ一〇
○笙　七七ノ五
○淨　七七ノ九
○傷寒論　一三五ノ一〇
○商業、商人
賣藥店の店看板　五四ノ七
腹の中から十露盤蛸　一七三ノ六
○障化　二三三ノ四
○淨慶　五三ノ二
○上戸　三五ノ一四
○聖護院　九七ノ七
○上國　七一ノ七
○招魂の法　二七六ノ九
○上作物　二一ノ一三
○正信偈　二六ノ一〇
○精進酒　三九ノ六
○正眞　九六ノ一
○仕用帳　一二四ノ一四
○上塵紙　一七九ノ五
○聖天の油賣　三三ノ五
○淨土寺　四四ノ一三
○讃道の歎　三九ノ九
○上東門院　八四ノ九
○性根玉　二一一ノ九
○紹巴　二六五ノ七
○常彼岸　三六ノ一
○常服丸　六一ノ一三
○正法寺　六五ノ一四
○常盆　三六ノ一
○常脈　一九五ノ一三
○淨瑠璃　五ノ一〇
同　三六ノ一四
同　三七ノ四
同　三九ノ一〇
○勝劣散　五四ノ一三
同　六〇ノ一三
同　六一ノ四
同　六三ノ一
○上薦達　八四ノ九
○職原式　一二四ノ三
○續萬葉集　三三ノ三
○所在なうて　一二四ノ七
○所作事　八〇ノ四
○諸色　一七九ノ六
○初日棧敷　六一ノ一四
○一筆〔ショフデ〕　三九ノ五
○諸譯　一四〇ノ一二

諸譯　一五四ノ一
同　一四五ノ二
同　一五五ノ一
○諸譯發明の臣　一ノ六
○しら河　一三〇ノ九
○白川の宮　一三三ノ二
○しらけて　二三ノ四
○しら聲　三五ノ六
同　六〇ノ一三
○白茶　一四五ノ五
○しらになつて　二一ノ一四
○白絖〔シラヌメ〕　一一〇ノ三
○白鼠　一四四ノ一一
○白はへ日和　一三一ノ九
○白髭の神　七三ノ八
○白峯　二三三ノ七
○尻からげ　一〇三ノ六
○尻くゝり　一三五ノ一三
○尻くらへな仕うち　八一ノ三
○尻つまらず　五五ノ一〇
○尻ぬけ　一三五ノ一〇
○尻のつまりし　一六ノ一〇
○汁のたらぬ　一三ノ一一
○二郎　二八五ノ三
○素人方　三三ノ一四
○素人衆　三三ノ二
○白瓜野郎　八三ノ七
○白がれの猫の火取　五八九ノ八
○白銀屋金七　一三四ノ七
○白子女郎　一九六ノ四
○白子屋の三郎七　一五一ノ一
○素人　八二ノ七
○城取　二ノ三
○代物　三〇ノ一三
○卑吝人　七一ノ一〇

ス

○すあひ　七ノ七
○粹　四三ノ八
同　八〇ノ一三
同　一四四ノ九
同　一三三ノ八
同　一八八ノ三
○隨緣　三三〇ノ五
○吸付け　六三ノ九
○水府　二五七ノ一
○粹方　一五一ノ四
同　一五九ノ四
○末六十日　二六ノ一三
○すゑり　一二四ノ九
○すかさぬ　一三ノ一
○すかんぴん　四一ノ一三
○菅原道眞　五六九ノ一〇
○すきと　一八七ノ八
○杉原一束　一三ノ一三
○杉本佐兵衛　八五ノ一三
○梳鬢　一四ノ四
○數寄屋行燈　五〇ノ三
○菅笠　四八ノ四
○佐國死して胡蝶となる　五六三ノ一四
○助高屋　八二ノ九
○祐經　二〇ノ一三
○すげない挨拶　五ノ一

○すご〳〵　七ノ八
○すご〳〵と　一五ノ一〇
同　一〇三ノ一四
○雀をどり　一六〇ノ九
○硯石　一〇九ノ六
○すつきり　一五六ノ一
○ずつしりとした　一三一ノ六
同　一七四ノ六
○すつぱ　二〇〇ノ一三
○すつぱの皮　六五ノ三
○すつぺらぽんと　一九八ノ一一
○すつぽぬけ　八一ノ一三
○泥亀　八〇ノ一一
○すつぽん汁　四一〇ノ一三
○捨金　一二〇ノ四
○崇道天皇　三三六ノ四
○崇徳院様　一三ノ一三
○砂物　二ノ三
○すれ　二〇六ノ八
○素咄　九四ノ一
○須磨　三〇ノ二
○蟲商人　七一ノ八
○隅田川　四八ノ七
○すみどり　一四五ノ六
○すみどりや　一四二ノ六
○住屋吉介　八七ノ七
○住吉　二七ノ一四
同　五五ノ三
同　四〇四ノ一三
○住吉講　一四ノ九
○ずん〳〵　七ノ二一
○ずんど　一〇五ノ七
同　一五〇ノ二一
○ずんばい　一九八ノ八
同　二〇五ノ九
○相撲　二五ノ一〇
同　五三九ノ六
○相撲形氣　三一ノ八
○相撲取　三五ノ一
○賊(スリ)　四一ノ一〇
○揩消　八五ノ一三
○駿河町　一五一ノ一〇
○すはといふ時　二ノ五
○諏訪の海　一八九ノ一
○すはま　二〇一ノ四

セ

○制外　八〇ノ一四
○誓願寺　一五七ノ一三
○聖語　一三七ノ六
○贅こき　一四五ノ二
○勢語に七箇　七三ノ一〇
○誓言だて　一五八ノ一〇
○誓紙　八六ノ一三
○誓詞
刀實理　一七〇ノ七
弓矢八幡　一〇〇ノ八
○青漆皮　四五ノ二
○清少納言　六三三ノ八
○四蜀　一六五ノ一三
○靜四郎兵衛　一七一ノ六
○清太郎　三六ノ九
○政道　一四一ノ一〇

○誓文 一〇〇ノ五
同 一〇七ノ六
○せいらい 一〇八ノ二
○關口 五一ノ二三
○關寺小町 六四ノ九
○世間ふさがり 四四ノ一
○石祟 三三三ノ四
○關取 二六ノ九
同 二七ノ一
同 三一ノ一三
○下水溜〔セ、ナゲ〕 八三ノ一一
○世尊寺樣 一一〇ノ八
○世帶 一一九ノ九
同 一三〇ノ二
○世態人情
其推移 三八九ノ二
算盤を枕に 一ノ三
○せたげられ 一三八ノ四
○せたげる 三一ノ三
○節季 一三ノ六
同 一三ノ八
同 八〇ノ一三
同 一四九ノ六
○說經者の常態 三八五ノ五
○殺生石 九三ノ二
○攝取不捨 三九ノ三
○雪踏 九四ノ一三
○節刀使 二四六ノ九
○拙判官 四二ノ二
○節分 一二七ノ一二
○說文 三三三ノ四
○節用集 一九六ノ一
○脊中の兀し 六五ノ一三
○蟬丸夫婦 五五ノ五
○禪學 一七ノ一
○善光寺の御印文 四九ノ四
○千石頂戴 一六六ノ六
○禪宗臭き庵 四八ノ一三
○先生家 八一ノ一
○仙臺 三六ノ三
○仙臺川岸 一七七ノ一四
○せんだく袴 一五四ノ四
○先達 一〇八ノ一
○千住 一五一ノ五
○仙人鶴之介 五八ノ一
○占卜萬年草などしたしもの 一三一ノ一三
○千本搗のお糸 一六二ノ一三
○泉涌寺の舍利會 一八一ノ五
○千兩道具 一三ノ七
○貴念佛 五〇ノ一
○糴り 二一ノ九
○糴上げて 二一ノ一〇
○せり立て 四二ノ三
○せりふ 一四六ノ三
○糴分け 二一ノ六
○世話 四四ノ三


## ソ


○惣嫁 四〇九ノ二
同 六九ノ八
○宗祇法師 七二ノ一
○雜行 三六ノ七
○曾子 二五ノ一

○僧正が谷　一〇一ノ七
○僧正遍昭　三五〇ノ六
○宗長　七三ノ二
○象頭山　一〇五ノ九
○宗哲の夜食膳　五〇ノ四
○僧尼―尼僧の亂行　三九六ノ一四
○惣の社　三七七ノ一
○相場　一六ノ四
同　三五ノ八
○惣髪　五四ノ一三
○象鼻の格　四九ノ四
○葬禮ごみ　一四八ノ九
○曾我兄弟　二〇ノ八
○則天皇后　一三五ノ二
○若干　七二ノ四
○そこひ目　一三三ノ三
○祖師　三六ノ六
○祖師上人　三七ノ九
○訴訟　七六ノ四
同　二〇七ノ五
○素性　三六〇ノ七
○そゞろれば　八二ノ九
○ぞつとして　三四ノ九
○ぞつこん　八〇ノ八
○袖　二七四ノ五
○袖結め　一三ノ一三
○袖なし羽織　一四ノ一三
○袖のした　一五五ノ七
同　三九三ノ一一
○袖のにしき　一三九ノ一四
○そと致したろ者　六〇ノ二
○曾根崎　一七四ノ三
○曾根崎の社　五三九ノ三
○曾根の鹽濱　三六ノ二
○そんぢよ其處　四三ノ一〇
○ぞめき　一五九ノ一二
同　一六三ノ一
○そもじ　六四ノ一〇
同　一四四ノ一四
○空色縮緬の羽織　三七ノ六
○空色加賀の長羽織　一〇二ノ三
○剃下　一〇二ノ九
○剃下の奴　六〇ノ三
○十露盤　二ノ三
同　五四ノ三
同　一五一ノ三

## タ

○大吉髻　六三ノ三
○大愚　三五ノ一一
○幇間〔タイコ〕　八一ノ三
同　一五一ノ一〇
○梵妻〔ダイコク〕　三五ノ三
○大こく窟　三七八ノ四
○大黑屋富太郎　一〇九ノ九
○大黑屋の地黄丸　三四ノ六
○幇間〔タイコモチ〕　六八ノ二
○來頭持〔タイコモチ〕　三八九ノ一三
○たいこもち　四〇九ノ七
○大事ない　二四ノ六
○大臺　八三ノ八
○大藏　三六四ノ三
○大きうたてゝ　三〇ノ六

○大智大權現の御山　三六三ノ七
○大豆屋七兵衞　一六ノ四
○大豆屋七郎右衞門　二一ノ一四
○大東世語德行篇　五九一ノ一
○臺所　六八ノ一一
同　一〇一ノ二
○大兵　二七ノ二
○大名目見　一九九ノ一
○代物　六一ノ六
○大門　一五一ノ三
○大文字の送火　一八一ノ五
○平の淸盛　一三ノ一
○平の助の殿　二五三ノ五
○內裏上臈　一三三ノ六
○高丘親王　三四三ノ三
○高木屋橋　二七ノ三
○高砂　二五ノ一〇
同　二七ノ三
○鷹匠足袋　二ノ四
○高遠　三三〇ノ一三
○高なしの下作女房　一四ノ一四
○高野の濱　五三八ノ二
○高原　一〇ノ三
同　一五ノ一〇
○高天が原　一〇ノ二
同　一五ノ九
○高村宮內　一〇二ノ二
○高持の百性　三六ノ七
○瀧口　一一〇ノ三
○たき所　八〇ノ一
○當麻の酒人　三〇〇ノ一三
○瀧本の自畫贊　二一ノ五
○たく火の權現　三六五ノ四
○たくりかけて　一三三ノ三
○涿鹿の岐　二四一ノ一三
○たけ　一五五ノ一〇
○竹折髷　一三ノ一〇
○竹床几　一三六ノ六
○竹田　二五ノ九
○竹田周益　五四ノ一四
○竹取の翁　七四ノ九
○竹の內　五一ノ一二
○竹の內峠　三一ノ一三
○たしない　一〇五ノ七
○嗜　三ノ一三
○足のまゐろ　七ノ二
○だだけても　四七ノ四
○忠度の墳　一〇三ノ一
○忠正　二三ノ一
○疊上げて　四一ノ一〇
○たちぐく　二八九ノ六
○立ぐらみ　六〇ノ一四
○橘の逸勢　三四八ノ一四
○立役　八〇ノ一四
○立煩　一〇四ノ八
○龍田　七一ノ七
○龍の國　一三九ノ五
○辰巳屋宇治江　六三ノ七
○たて烏帽子　四〇三ノ一一
○立髮風　七七ノ一二
○堅縞のかます袖　四一ノ九
○立荷　四三ノ七
○店がり　二ノ七

店がり 九三ノ三
○棚經 一六〇ノ八
○店ざらし 五四ノ九
○田邊の金忠 二九六ノ四
○頼母しづく 一〇九ノ一四
同 一四三ノ八
○煙草入 六九ノ一
○足袋屋 一四二ノ一〇
○玉川 二六五ノ一一
○魂きれて 一〇六ノ一三
○鶏卵酒 一〇〇ノ一三
○玉造 一八九ノ五
○玉手箱 一三九ノ八
同 一四四ノ一三
同 一三五ノ七
同 一三九ノ七
○玉藻の前 九六ノ九
○旦 七七ノ八
○談義僧 一五七ノ一四
○短句 二六九ノ五
○談合相手 八〇ノ一四
○丹後ちりめん丹後縞 一三六ノ九
○丹後の一番鰤 一七五ノ一
○男色
若衆の惣嫁 六九ノ八
美少年 三三ノ九
○丹竈 九一ノ八
○團藏 八三ノ六
○段々 九六ノ四
○たんと 四七ノ六
同 一五三ノ八
○堪能 一五一ノ一三
○丹波茶 一六ノ一〇
○丹波屋 六四ノ七
○丹藥 九一ノ七
○爲朝 一三三ノ一
○爲義 三二一ノ一四
○多門 一五五ノ八
○太夫 四四ノ五
同 五八ノ二
同 八五ノ二
同 八七ノ二
同 九〇ノ一三
同 一〇九ノ一三
○太夫遊 一四五ノ二
○たら〳〵 一〇〇ノ六
○達摩宗 四〇〇ノ九
○達摩大師座禪車 五八ノ八
○太郎 二六五ノ一三
○太郎右衛門 三六ノ七
○太郎左衛門 四〇ノ一
○太郎七 三六ノ八
○俵屋ふり出し 五四ノ七

## チ

○知惠の餅 一三六ノ一三
○地黄丸 五四ノ六
○地黄煎玉 一五八ノ七
○智恩院 六〇ノ七
同 一五七ノ一三
○知恩寺 一三八ノ七
○地女 一四五ノ一三
同 一四六ノ四

地女　一五〇ノ一三
同　一八六ノ一三
○近付　三七ノ三
○近松門左衛門　六三ノ二
○力足　二六ノ一一
同　三九ノ一三
○ちから草　一三五ノ九
○知行　五ノ四
○兒が嶽　二三三ノ九
○地獄落　一三九ノ一一
○地獄極樂　七七ノ三
○置山　四〇一ノ七
○智識　七六ノ一四
○智積院　四七ノ八
同　六四ノ九
○地築の棒　三九ノ六
○ちとまへめで　三五ノ二
○地取　三ノ八
○千葉の實胤　二四一ノ七
○ちびり暮　一一〇ノ九
○血文　八六ノ一三
○ちんこの呪　一〇〇ノ二
○陳じ　四ノ九
○賃苧　二〇五ノ二
○陳皮　五四ノ二
○ちんぷんかん　一五ノ五
同　一六ノ七
○茶粥　一三ノ九
○茶杓　一一〇ノ六
○ちやつた　三九一ノ四
○茶紬の置頭巾　一六ノ九
○茶飲　二六ノ七
○茶の湯　一六ノ一〇
同　九三ノ四
同　一五一ノ八
○茶の湯の勝手　九三ノ四
○茶の湯の流行　三九〇ノ一四
○茶店　一三六ノ三
同　一三六ノ三
○ちやんぎり鍋　一四一ノ一〇
○茶屋　八五ノ二
○茶屋文　六一ノ三
○茶屋者　一四六ノ一
同　一九二ノ一三
同　一九四ノ一三
○茶屋奉公　二〇七ノ五
○ちやるめら　五八ノ四
○茶碗屋　一四三ノ六
○丑　七七ノ九
○宙覺　三六ノ一四
○中華の禮　八六ノ一
○中風　六〇ノ一四
同　六四ノ四
○定　四三ノ四
○帳切　七五ノ一三
○定業　五四ノ四
○蝶鮫　四一ノ七
○丁子屋　八三ノ一
○丁子屋丁山　一七一ノ一三
○手水　三三ノ一三
○町人衆　二七ノ四
○蝶の傳説　五六五ノ五
○蝶花形　一五六ノ九

○張飛　一〇一ノ三
○張本　二一一ノ八
○鳥目　一九〇ノ九
○張良　一六ノ二
○猪牙　一五一ノ五
○如才　一五三ノ一
○ちよつこと　八〇ノ九
○ちよんがれ　四〇一ノ二
○女郎　六五ノ二
同　八一ノ六
○ちよろまかして　一三三ノ一三
○ちらし文　八七ノ一
○ぢり／＼として　八一ノ三
○塵灰　七三ノ一三
○ちり灰つかず　一八八ノ二
○縮緬　六一ノ一三
同　一四七ノ三
同　一五三ノ五

ツ

○通辭　一三三ノ一三
○追從　七三ノ四
○ついど　三四ノ三
○ついまつ　一四二ノ一三
○柄絲　一〇三ノ四
○柄袋　四八ノ四
○摑取　三〇ノ七
○月　五八一ノ八
○付合　一七ノ五
○つき上がつた　五〇ノ一
○つきあがる　三一ノ五
○月がこひ　九一ノ一〇
○月君　一四八ノ一四
○月切　一四三ノ四
同　一四六ノ五
○築島　三〇ノ一
○つき出し　八五ノ五
○欟橋　二四三ノ七
○月蝶子　四二ノ二
○肉米〔ツギマイ〕　四五ノ七
○づきりとせねども　一六六ノ三
○筑紫綿　四〇ノ一
○九十九髪　一四〇ノ一
○つくも髪　二一一ノ四
○つけ　三九九ノ一〇
○附髪　四四ノ三
○付屆　六八ノ一三
同　一四三ノ一三
○辻川　五三一ノ五
○辻君の風俗　四〇六ノ二
○對馬　一三三ノ一
○土人形　一六ノ八
○恙蟲　六〇ノ六
○づつなは　七七ノ七
○つゝぽりと　三〇〇ノ一三
○鼓　七七ノ六
○鼓打　四二ノ八
○つゝもたせ　七五ノ四
○常綠　二四一ノ七
○角髪の大童　三九ノ一〇
○角結のくけ帶　一九ノ六
○石榴市　三九六ノ四
○つばめあはぬ　一四八ノ六

○奴〔ツブネ〕　二七四ノ一〇
同　二七五ノ一
○壺井の祠　五七〇ノ一三
○爪はづれ　一〇ノ七
同　一五七ノ一〇
○つまみ錢　一四一ノ九
○つまらず　一三三ノ一三
○つまらぬ　二〇ノ九
同　二六ノ一三
同　七三ノ一四
同　一八一ノ三
○つまろ紋日　一三ノ五
○屯〔ツミ〕（助數詞）　三〇三ノ一
○つんと　一五九ノ六
○爪だくみ　一五四ノ一
○つもり書　一二四ノ一四
○釣　四三ノ九
○釣鐘町　一四三ノ二
○劔の舞　五九四ノ一一
○つれ／＼の鐵槌抄　二〇五ノ六
○つれ彈　一五一ノ一三
○つれぶし　三六ノ一〇
同　三九三ノ五

## テ

○出合　六二ノ一一
同　九五ノ九
○定家卿の小倉色紙　一二四ノ一三
○定家卿の鼻鑷　二一ノ六
○出開帳　一三一ノ五
○妾〔テカケ〕　一二七ノ八
同　一四一ノ五
同　一六七ノ六
○出かけ　一五〇ノ一一
○妾形氣　一三三ノ九
○妾口入　二〇六ノ二
○妾種　一二〇ノ四
同　一四一ノ六
○妾分　一三四ノ八
○妾者　一四五ノ一一
同　一四六ノ一
○出かける　二ノ一三
同　一〇八ノ三
○手竹輿　一四七ノ一三
○出がはり　一五五ノ一一
○手利　一二〇ノ二
○手くだ　一三五ノ一四
同　一三六ノ一四
同　一四六ノ八
○手煎　一〇九ノ一三
○手そゝぶり　一五〇ノ八
○てつきり　一四四ノ一三
○僕兒〔デッチ〕　一七ノ三
同　七一ノ一〇
○丁稚　一四一ノ七
○でつち打出した　一四八ノ一一
○手鼓の中音　一三三ノ一四
○鐵砲　四〇四ノ一
○てゝくり　七四ノ一三
○手取　二五ノ一〇
○手判　八四ノ四
○手ふり棒　一五六ノ一〇
同　一七九ノ一三

○出ほうだい　一四三ノ六
○手前よろしく　六一ノ一〇
○手廻　七四ノ八
○天狗　一〇三ノ一
同　一〇六ノ六
同　一四三ノ二
同　一四四ノ七
○天狗酒盛　一〇四ノ一四
○天狗賴母子　一〇五ノ二
○天狗道の熱鐵の苦　一〇六ノ三
○天狗の羽箒　一〇五ノ六
○天狗俳諧　一〇四ノ一三
○傳三郎　一三一ノ一
○天子の劍　一六ノ一
○天神講　一四ノ九
○天蒼氏　三三九ノ三
○天竺　九三ノ一
○天竺の禮　八六ノ三
○手んづもんづ　一〇三ノ六
○てんと　二〇一ノ五
○天王寺　五八ノ三
○天王寺の大法會　一八八ノ七
○天の川　三六一ノ七
○てんば　一九九ノ八
○天滿　一四二ノ六
○傳馬町　一五〇ノ三
○出店　六一ノ三
○寺子　一四三ノ三
○出る息なしの世渡　一四三ノ六
ト
○戸明　一四三ノ二
○吐息　一三三ノ五
○十重の箱　三三ノ二
○唐音　六三ノ二
○遠かみ惠美ため　一〇ノ六
同　一五ノ二
○董其昌　八五ノ一〇
○同行　三五ノ一〇
同　三八ノ一〇
同　一三三ノ七
○同行衆　一三四ノ九
○同行中　一三三ノ一四
○道具會　二二ノ三
○道具屋　三三ノ一
同　一四七ノ八
同　一四八ノ九
○道具屋衆　三三ノ一
○藤九郎　九五ノ四
○唐犬額　一二二ノ三
同　一七八ノ六
○投壷　四一三ノ二
○洞濟二派　一七ノ一
○通籠　八四ノ六
○唐紙の二切　八六ノ三
○堂島　一七三ノ三
同　一七五ノ六
○道成寺　三〇九ノ七
○道者衆　三五ノ一三
○澗川寺　三七九ノ一三
○東大寺の毘盧舍那佛　三四一ノ一
○道中雙六　八四ノ四
○道中附　八三ノ二

○道場　三九ノ四
○遠津神　三〇〇ノ三
○道頓堀　五ノ三
同　一七四ノ四
同　一九三ノ四
同　四〇六ノ七
○胴木偶　五四ノ七
○どうはれ茶屋　八三ノ一
○唐筆　一七ノ八
○どうぶくら　一三三ノ四
○唐饅頭　九一ノ五
○唐物　五ノ七
○唐弓　一八九ノ六
○胴慾　一三ノ三
同　三一ノ四
○通札　一六ノ二
○得意方　五ノ一四
○獨活　五四ノ二
○得心　五四ノ五
同　七四ノ七
同　一五三ノ三
○德乘が緣がしら　二一ノ五
○渡月橋　一〇九ノ七
○所ふがき　一七五ノ五
○床脇　二一ノ四
○どさん　一四七ノ六
○土產盃　四一ノ三
○刀自　二九二ノ四
○年籠　一八一ノ三
○年じまひ　一二七ノ三
○年の夜　一〇八ノ七
○體仁　二一八ノ四
○登城　七ノ九
○度嶂散　三四二ノ三
○年忘　九三ノ四
○刀田の里　二七九ノ四
○とちめん棒　一七四ノ二
○とちや遲し　二六ノ三
○百々越前守　一六九ノ九
○とつゝおひつ　一三八ノ六
○飛火野　七二ノ五
○富子　三〇三ノ三
○富十郎　六ノ一
同　一九三ノ八
○富十郎が江戶土產　八三ノ三
○富田　三一一ノ四
○純子　六一ノ三
同　八〇ノ五
○吐胸　一三五ノ八
○鳶俳諧　一〇四ノ三
○留壽楠〔トメキ〕　八五ノ四
○伴の健宗　三四八ノ一四
○どやがしやれ　一二四ノ二
○山富反魂丹　五四ノ六
○豐宇氣の大神　五五〇ノ五
○どよみ　五八ノ三
○豐の明の舞姫　三四七ノ二
○豐雄　二八五ノ四
○虎屋伊織　一四七ノ三
○取替　四三ノ九
同　八一ノ二
○取沙汰　一三ノ四
同　一〇七ノ三

○取沙汰　一三三ノ六
○取捌　一五一ノ四
○取〳〵　九三ノ九
○とりしめて　七四ノ一
○取次　四ノ二
同　六ノ三
同　三六ノ三
同　三三ノ一三
○とりつめて　三八ノ一四
○とりて　二七ノ二
○鳥篠　一〇三ノ四
同　一〇五ノ五
同　一〇七ノ四
○鳥叉の驚　八一ノ四
○どれ合巾　一三三ノ四
○とれろ客　一三ノ三
○泥仕合　八〇ノ四
○泥町　二〇四ノ八

ナ

○内儀　一三ノ四
同　六二ノ五
同　八五ノ七
○内證　五五ノ一〇
同　六八ノ三
同　一三三ノ七
○内證の桃　一五ノ六
同　一五九ノ三
○名印　一七ノ九
○名うて　六五ノ二
同　一三六ノ一三
○名うて者　一六六ノ四
同　一七三ノ一〇
○中川沖之進　八七ノ七
○長煙管　一三ノ二
○長崎御菓子　九一ノ五
○長崎仙人鶴之介　五八ノ三
○中正島　二〇四ノ八
同　二〇五ノ八
○長髄彦　一三ノ五
○中戸の客板　一七ノ四
○中臣の祓　一三ノ八
○長暖簾　二六ノ三
○長羽織　一三〇ノ二
同　一五九ノ二
○長橋の局　六四ノ一〇
○長堀　一四五ノ五
○長町　四〇四ノ六
○中村勘三　五三ノ七
○中村吉左衛門　五ノ三
○中宿　一五五ノ六
○流をたつる　一八五ノ一〇
○流をたてる　一四四ノ九
○流の身　一七六ノ六
○薙刀石突　五三ノ一三
○仲人　一五三ノ八
同　一五六ノ一〇
○仲人顔　一五四ノ四
○媒口　一三五ノ一
○媒嫁　一三四ノ一四
○名社の瀧　一〇九ノ四
○名古屋山三　七七ノ三
○那須野　九三ノ二

○那須野紙 二四八ノ一〇
○なつた口 九〇ノ九
○七階子 四一ノ三
○七重の服紗 三ノ一〇
○難波屋何某 五二ノ七
○七日の相撲拾 三ノ一〇
○なぶして 八一ノ二
○鍋燒 八一ノ二
同 一〇〇ノ一三
○生灸 一四五ノ一
○涙ごかし 一一ノ八
○南圓堂 一二四ノ一四
○難經 五四ノ一
○難波煮 五〇ノ五
○南畝子 六五五ノ四
○なめ過ぎた 七五ノ六
同 一六一ノ五
○寧樂 七一ノ八
○ならず客 四一ノ八
○ならずもの 四一ノ一三
○なら茶 一七八ノ七
○奈良法師 四七ノ四
○成りのぼらろゝ 一四六ノ九
○なりのぼれども 一四一ノ一
○業平 六五ノ四
同 七五ノ一三
○成相寺 一三一ノ三
同 一三五ノ八
○なれ 二一ノ一三
同 三三ノ一三
○なれ過ぎた 一五一ノ二
○繩手 一三六ノ六
○繩張 三ノ九
同 五ノ八

## 二

○庭妹「ニヒセ」の鄉 二七二ノ二
○にがり 一四九ノ三
○にがり切つて 一三ノ一三
○熱田津の湯 三七四ノ一一
○握り墨 七一ノ九
○肉走りて 三一ノ九
○逃代 一三五ノ一三
○錦の小路 一一六ノ一
○西代村の蓮池 一〇六ノ七
○西堀 一四二ノ七
○二十四輩 三七ノ一三
○贋物 一三〇ノ二
○二重切の花活 二一ノ八
○二條新地 一六〇ノ六
○二挺太鼓 五八ノ五
○二挺立 四一ノ一
○二條室町 九三ノ三
○日光屋和三郎 一九二ノ四
○につこらしく 七三ノ二
○荷賣 八七ノ九
○二の替 五三ノ七
同 八〇ノ一
同 八一ノ二
同 八二ノ八
同 一九四ノ三
○鮸「ニブシ」の刃 一七三ノ一
○日本一 三一ノ二

○日本堤 一六六ノ一〇
○二枚屏風 二四〇ノ一〇
同 四三ノ一
○二萬の里 三五五ノ四
○人果大 三三ノ三
○人魚 一二七ノ一
○人形屋 一四三ノ七
○人參の問屋 一九三ノ四
○入相 五九ノ三
同 一二ノ一
○人相見 六〇ノ一〇
○仁和寺の御室 三二ノ一三
○入津 一五三ノ五
○女房 六三ノ八
○如來樣 三九ノ二
○俄坊主 四四ノ一
○鷄塚 一三八ノ八

ヌ

○縫事 二七〇ノ九
○縫紋 一六八ノ二
○椺悅 一五六ノ一〇
○幣 一三ノ八
○落草〔ヌスビト〕 二四三ノ一
○布子 六九ノ六
○布引 一〇三ノ九
○塗下駄 六三ノ一四
○濡衣 四一ノ一
同 一三〇ノ一三
○ぬれ衣 一三ノ一
○濡れられて 二一ノ八

ネ

○根から 一六ノ八
同 一七ノ一四
同 一五三ノ五
○猫いらず鼠取婆 一九九ノ一三
○寐ごき 六八ノ一〇
○猫なでごゑ 一四ノ一〇
○寐酒 六四ノ七
○根滲 七六ノ三
○鼠縮緬 八〇ノ二
○鼠小紋羽織 二三ノ七
○ねすり事 一六六ノ八
○直段 三一ノ二
○ねたれ者 七六ノ一
○ねつ〱と 二四ノ七
○根拔 三三ノ一
○根の鬮 二二ノ一
○ねまつた 一七八ノ八
○年季 一四三ノ四
同 二〇七ノ七
○念比分 八〇ノ一三
○念じ佛 二ノ四
○年役 一三三ノ三
○ねむりめ 八五ノ二
○閨の花 一三〇ノ三

ノ

○納銀 一ノ五
○熨斗目 四ノ一三
○のたづき 一三四ノ四
○咽かわかさぬ 一九七ノ一

○咽かわかして　一一ノ七
○咽のかわく　一四八ノ一一
○上り役者　八〇ノ一
○信頼　三一一ノ一三
○野風呂　九七ノ一一
○飲代　三〇ノ一四
○のんこの赤手　二〇一ノ四
○野等道具　一五一ノ一一
○乗合　五九ノ一〇
○糊けのある　一五四ノ四
○糊屋　一四三ノ二

ハ

○馬鞍山　一〇一ノ八
○俳諧師　四一ノ八
○俳諧師と博奕うち　四〇〇ノ二
○俳諧風　二六九ノ六
○媒介　一五三ノ七
○賣女　一六七ノ一三
○賣藥　五四ノ五
○羽團　一〇五ノ七
○博多の津　三七〇ノ三
○萩山鹿之介　二〇九ノ一三
○柏莚　八二ノ九
○白圭　三三ノ八
○伯人　二五ノ八
○伯藏主　九六ノ一
○博奕　二六ノ八
同　五八ノ一
同　七六ノ一
同　三六七ノ一三
○白馬寺　一三五ノ三
○箱王丸　二〇ノ一三
○箱傳授　七五ノ一〇
○箱根の關　八四ノ四
○箱根の別當　二〇ノ一三
○挾箱　五九ノ一〇
○挾箱覆　四三ノ二
○ばし　二〇〇ノ一
○橋がかり　四四ノ一〇
○端詞　二六八ノ二
○端錢　九四ノ二
○橋立　一三六ノ四
○はした枕　四一ノ三
○把針者　三九七ノ一三
○芭蕉の手紙　一二五ノ一一
○はしり　一四五ノ八
○はしりもと　一四五ノ八
○はすは　一四六ノ三
同　一六八ノ八
○裸人形　六三ノ一〇
○裸百貫の相場　四〇ノ一一
○はたき　八三ノ一
○はたき散らして　八四ノ五
○旅籠屋　五五ノ一三
同　七二ノ一四
○旗さし物　四七ノ二
○秦の大津父　五四五ノ六
○鉢を飛せて　一三一ノ四
○八丈絹　一七九ノ一四
○八陣の法　三ノ二
○八文字　八七ノ三

○八文字　二〇五ノ三
○初午　一〇三ノ七
○八苦の地獄　七六ノ一三
○八卦　一〇四ノ四
同　一四三ノ三
○八首和讃　三六ノ三
○泊瀬　二九六ノ六
○初相場　一七五ノ二
○はつゝて　一〇三ノ六
○八百比丘尼　一三六ノ三
○はづみ　二一ノ七
同　二七ノ五
○はつむいた　一三五ノ七
○發明　三三ノ一
同　一二七ノ一
同　一五六ノ三
○發明者　一七ノ七
○初日見　一四五ノ一五
○鳩の杖　七七ノ一
○花　二七ノ九
○花合　六三一ノ[illegible]
○場中　二一ノ二
○花傘居合　五八ノ七
○鼻紙　一七〇ノ四
○涕紙袋　六八ノ九
○鼻ぐすり　三九二ノ二
○花隈の城跡　一〇三ノ八
○咄し伽　二ノ六
同　一三三ノ四
○花相撲　三一ノ九
○花園　一三〇ノ三
○花出す鹽　二七ノ八
○花の露　二一〇ノ六
○花の本　七三ノ八
○土師寺　五六九ノ九
○幅廣繻子の三重廻　六五ノ一五
○羽二重　一四七ノ三
○謫られ　三三ノ一五
○濱千鳥　三一ノ一五
○濱成　[illegible]ノ三
○濱松の草鞋　八三ノ四
○はまりこみ　八七ノ九
○はまりて　四一ノ一一
○はみ出し錺　一三〇ノ一一
○判入れた　一三ノ一〇
○樊噲　一〇一ノ一三
同　二七一ノ二
○半季　一四三ノ四
同　一五三ノ六
○半季究め　一七ノ四
○蠻國の圖　四三ノ五
○斑足太子　九五ノ一
○半太夫　一五一ノ一三
○番附　三六ノ一五
○同　八一ノ五
○はんなり　六四ノ三
同　一三六ノ六
○般若坂　七五ノ三
○范蠡　五三ノ八
○囃子　四四ノ五
○坪惠氏　三六一ノ一五
○拂直段　三一ノ一五
○はらけ髮　三四ノ四

○腹心の淋しい　四ノ四
○腹淋しい　五五ノ六
○腹はれ　三〇ノ七
○腹脹　二一ノ四
○はり代　三〇ノ八
○針手　二六ノ六
○磔柱　二五ノ四
○針屋耳介　五五ノ七
○春－其十態　六三ノ一〇
○春秋の爭　五五ノ一
○春木德右衛門　二〇〇ノ四
○ばれる　二四ノ一

ヒ

○火打　一一〇ノ三
○比叡の山風　四〇ノ三
○日傘　六三ノ一四
○東の石垣　六四ノ一
○東山の六本杉　一五八ノ三
○氷上の黑井　五五一ノ一〇
○引きあて　一三五ノ二
○引貧　七五ノ一〇
○引きそもない　六ノ五
○引舟　九〇ノ二
○比丘尼　四九ノ一
○髭油　七三ノ四
○髭牛房　二〇三ノ九
○ひけらかさる　三六ノ一〇
○ひけらかす　一四五ノ四
○彥六　二七五ノ九
○挫ぎ付け　三一ノ四
○美少年　三二三ノ九
○黠〔ヒス〕からぬ　一三〇ノ三
○額面に鑵あてぬ　四〇ノ二
○常陸　二六五ノ二
○常陸帶　一五八ノ三
○悪錢びらなか　二七ノ四
○左勝手　八三ノ九
○ひだり袵　七五ノ一〇
○ひだりまへ　三九一ノ八
○ひだるい　二六ノ一
○犇と　三ノ一〇
○秀吉　三三一ノ八
○人挨拶　一三〇ノ二
同　一三ノ五
○人がらをつくり　四四ノ三
○一腰　四ノ六
同　一三四ノ四
○人群集　二七ノ三
○一節季　一四八ノ三
○一月切　一四六ノ二
○一つ目　三五九ノ三
○一節　三九ノ七
○一口　一六ノ一
○聽上〔ヒトマ〕　三二一ノ二
○一本花　一八六ノ三
○一山越した　八一ノ一〇
○一夜流　一五一ノ五
○雛介　一四三ノ一
○雛祭　一四三ノ九
○雛館　一四三ノ一三
○皮肉に入り　一〇五ノ三
○ひねり口上　六〇ノ一三

○火の雨 三〇ノ三
○日の岡 一三五ノ二
○日の岡峠 三五ノ三
○緋熨斗目に長上下 四四ノ一〇
○雲雀の焼鳥 五〇ノ九
○響の灘 二六ノ一
○美福門院 二八ノ六
○脾腑ざかり 一〇三ノ五
○脾腑づかなんだ 三一ノ八
○貧富—貧福論 三三ノ三
○貧乏人町の光景 四〇四ノ九
○貧乏柱 二六ノ四
○備安 一四三ノ七
○檳榔子染 一七八ノ一〇
○姫うるり 一五一ノ六
○檜物屋 一〇四ノ六
○百燈 一三ノ八
同 一五ノ六
○百銅 四三ノ二
○百度参 七五ノ七
○百歩一 四七ノ九
○百萬遍 一三一ノ八
○比喩
悪田に苗を植うるごとし 三五ノ九
海士が玉出すやうに 三〇ノ五
加賀笠ほどな 一四七ノ三
鰹節編んだやうに 六三ノ三
九萬里に羽をのす大鵬ほど 六三ノ八
酢でさすやうに 八三ノ一四
雪隠へ錢落したやうな 三五ノ一〇
朝鮮人を三度見たよりは嗤のない男 一六六ノ二
鞦ほども 九一ノ九
土俵ほどな涙 二六ノ九
生爪はがして山の背猫はりさうな勢 七五ノ八
河豚の蛛 三五ノ四
鳳凰の磐 七七ノ五
三井の掘ぬき井戸 五一ノ六
武蔵野の如し 四八ノ二
武蔵野の様 四七ノ九
山伏の布施ほどな 三一ノ二
龍のなく音 七七ノ五
割子の松川菱になる程 一二七ノ六
○兵庫騎馬の町 一〇五ノ一四
○表裏侍 七ノ六
○鴨越 三〇ノ一
○ひょんな 一二五ノ八
○日和 一三一ノ三
○日和が落ちた 四八ノ二
○牧方 六〇ノ九
○ひらじひ 一二五ノ八
○平戸梶右衛門 一九七ノ一〇
○ひらとも 一〇〇ノ九
○平野町 一四三ノ二
○平野屋七左衛門 九四ノ七
○ひら詫 八二ノ一四
○毘比なる 一五〇ノ一
○豊さがりし黒羽 四一ノ七
○貫舟 五九ノ九
○廣澤の月 一二〇ノ一〇
○弘延 五九ノ七

○廣蓋　二〇ノ二
○ひわ茶　一四一ノ一〇
○鶸茶子の駒高帯　一三ノ一〇
○檜破子　二九九ノ三、

フ

○笛　七七ノ五
○風雅集　二六八ノ一
○風俗
旅装束　八二ノ三
竹折髷胸高帯　一三ノ一〇
能役者の服裝　四四ノ一
○風鈴　六一九ノ一
○ふかうの讃　五四九ノ九
○深川　四一ノ二
○吹越　二〇八ノ七
○不器量　三一ノ六
○福州　一三一ノ三
○服大　二一ノ七
○福田　二六二ノ一〇
○服所　九三ノ四
○福牛　一三ノ一
○福牛の足下　一三ノ八
○深田　一〇六ノ七
○步口錢　一七四ノ一
○不沙汰　一四九ノ六
○富士三里　八四ノ三
○武士道　一六六ノ一四
○富士の山　八三ノ一四
○富士八　一五三ノ二
○伏見　一四三ノ四
○富士見が原　八三ノ二
○伏見町　二一ノ三
○不心中者　一三三ノ三
○不心底　一三四ノ四
○富士屋八左衞門　一五一ノ一〇
○不順　六〇ノ一四
○不祥帽子　一五八ノ五
○不世賀太　六三ノ一〇
○ふぞろか　一〇九ノ一
○二髷　一五七ノ四
○札の辻　六一ノ一〇
○札の辻の雲助　五五ノ二
○扶持　一四三ノ二
○藤色羽二重　一一〇ノ二
○緣がしら　二一ノ五
○藤川武左衞門　七七ノ一
○府中　一二一ノ一
○不定世界　三八ノ一
○物價相場
一尺二十匁切　八〇ノ五
一服二十四文　五五ノ二
一俵十二匁　一六ノ一〇
一兩十四五文の五種香　五九ノ五
金百疋　一ノ二
獻上鯛一枚が百兩　四三ノ三
五百文より六貫　一九一ノ一〇
三枚で金七兩二步三百文　八四ノ六
七八十兩　一四八ノ九
錢二貫文七貫文　三七八ノ一
千枚畫いて一匁五分　二〇三ノ三
疊一枚が金子一兩　四八ノ一
月に四匁　一〇ノ五

十を百文　二一〇ノ一
十串さして二文　二〇五ノ三
百を三文　一四一ノ八
○ぶつかけ　一七八ノ七
○ふづくつて　二一ノ一四
○不勤め　一五五ノ一一
○筆まめ　六二ノ二
○舟遊　五八三ノ八
○舟開帳　一三一ノ五
○船泊の妓女　二七四ノ一四
○船櫓　一〇八ノ五
○舟宿　一五一ノ一四
同　一六六ノ一〇
○武邊　四ノ一四
○武鑑　三三一ノ一〇
○踏みかぶり　二一ノ九
同　一七ノ五
○踏みだんだく　八〇ノ五
○文屋の秋津　三五七ノ三
○分一致　一五四ノ一
○文花　九〇ノ二
○文庫　六九ノ一
○文身　四〇ノ六
○文宗　一三五ノ三
○文徵明　八五ノ一〇
○文室の廣之　二九三ノ三
○ぶらさがり　六ノ一三
○ぶらさがりたる　一七九ノ四
○ぶらぶら病　一〇ノ三
○ふり出し　四四ノ七
○不臓な事　三八ノ一〇
○ふりわけ　三五ノ七
○古市川　三一ノ一三
○古太夫殿　一五ノ四
○古手店　一六三ノ一
○古手屋　四三ノ一〇
○風呂敷包　四八ノ四
○風呂屋　一三ノ一三
同　八五ノ二

## へ

○平家座頭　一二〇ノ四
○平治の亂　二三一ノ一三
○臍繰　三五ノ二
○へちまなく　一三〇ノ六
○へち物好　七七ノ七
○紅粉　一三四ノ一
○辨慶　四九ノ七
○遍參の僧　三二一ノ一〇
同　三一五ノ八
○辯目もの　二〇五ノ七
○部屋めぐり　一六三ノ一〇
同　一六八ノ一三
同　一七三ノ九
○表札　四三ノ二
○べらりと　一三ノ三
○へり口　五三ノ二

## ホ

○ほいつけて　八〇ノ七
○ぼいまくれ　七五ノ七
○法會　一〇四ノ一

○法海和尚　三〇九ノ七
○奉加米　一三一ノ七
○幇間　四〇九ノ六
○伯耆猫　七一ノ一
○棒藥　六九ノ七
○反古染　一一〇ノ三
○頬桁盗人　四三ノ九
○保元の御謀叛　二一五ノ一四
○奉公　三五ノ一一
○放參　一七ノ四
○豐心丹　四三ノ五
○方寸器物　一六ノ三
○法施　二六二ノ七
○棒鱈　八二ノ三
○ほうと　七七ノ一
○法然上人の尿瓶　三二ノ六
○傍輩　六ノ一三
同　二七ノ一一
同　五五ノ一四
同　六八ノ六
同　九〇ノ一一
○ほうばる　八〇ノ三
○蓬萊山のすくみ龜　四三ノ一
○行器〔ホカヰ〕　一五三ノ一四
○ほぎやあ〱　一三〇ノ二
○干鰯屋　一四四ノ一〇
○細川幽齋　一三六ノ五
○螢狩　六一ノ四
○ぼつかり　一五三ノ一〇
○北京　一三三ノ一四
○法華者　二六四ノ三
○拂子　一七ノ二
○法體　一六ノ一三
同　四四ノ一〇
○ほつて　七三ノ一〇
○ほつと　一四ノ一〇
○薄雪〔ボツトリ〕　一五一ノ六
○ぼつとり者　七四ノ九
○布袋の土人形　八五ノ二
○ほどけし　一三八ノ六
○佛付合　三七ノ二
○醮案文　三七ノ二
韓退之送㆔李愿歸㆓盤谷㆒序　六一二ノ二
李太白春夜宴㆓桃李園㆒序　六一〇ノ二
○ぼんじやり　七七ノ一三
○譽田の天皇　二一九ノ一
○本調子　六四ノ八
○本詰　一六五ノ四
○本道　一七八ノ一三
○凡夫心　三五ノ六
○盆家　七六ノ一
○ほめき　四三ノ一三
○洞　七三ノ六
○掘ぬき井戸　一五一ノ二
同　一七三ノ一〇
○掘りぬき世帯　二六六ノ五
○堀江　一一ノ一〇
○惣藥　八五ノ一

マ

○舞子　三九ノ四
同　六三ノ七

舞子 六四ノ二
○まへかた 三八九ノ二
○まへかどに 二〇ノ八
○前髮相撲 二七ノ九
○前巾著 二〇四ノ八
○前句付 一〇四ノ一
○前垂 一四九ノ一
○密夫 一三三ノ三
○任米 一一九ノ六
○まかなひ 一五五ノ八
○眞切りて 一三一ノ二
○眞葛の原 八〇ノ一
○眞葛牛平 一三〇ノ一四
○幕のうち 八二ノ七
○枕繪 一六五ノ一三
○枕金 一〇九ノ三
同 一五六ノ二
○まくり 一七ノ一三
○まくり出して 一〇九ノ一〇
○眞桑瓜 八〇ノ七
○まけて 五五ノ一〇
○まげられた 二〇ノ九
○まさかのとき 一ノ二
○まさかは 一三七ノ一三
○雅仁 二八ノ六
○正夢 二九ノ一四
○突くら 一四ノ三
同 五三ノ八
○魔神 一〇六ノ一三
同 一〇七ノ五
○麻叔謀 三一四ノ八
○升落 一三九ノ一
○升かけなきり 一三〇ノ六
○まそつと 二一一ノ一
○町番間 九三ノ一三
○待女郎 一五四ノ五
○町所 四一ノ一〇
○末 七七ノ八
○松風 四四ノ四
○眞黒の天狗共 八〇ノ一〇
○末社 一四八ノ一
○松山いさ 六九ノ九
○まで 二〇〇ノ八
○間鍋 二六ノ七
○摩尼の御山 一六一ノ八
○眞野の手兒奈 三五一ノ一
○麻痺 六〇ノ一四
○麻木 六〇ノ一四
○まゝの皮 五〇ノ八
○萬作 二六五ノ五
○萬年草 一三一ノ三
○萬寶全書 一七ノ六
○まめ男 六三ノ一〇
○豆巾著 一五一ノ八
○まめしげのない 一四一ノ九
○摩耶詣 二七ノ一四
○まや藥 六一ノ九
同 一〇八ノ一三
○摩耶參 一〇三ノ七
○眉おろさせ 一九四ノ一三
○丸の内に抱枠 一四五ノ六
○丸山の揚屋 三七〇ノ九
○鞠子 二一ノ二

○まろや　二八九ノ三
○まはしの伊助　四一〇ノ一

ミ

○三井寺　四七ノ四
○三浦介兵衛　九五ノ一〇
○眞尾坂の林　二一三ノ五
○御釜祓　二七三ノ七
○蜜柑籠　一三〇ノ三
○御鬮　一〇五ノ一〇
同　一四三ノ三
○眉間尺の首　四〇ノ八
○御崎　一八〇ノ一〇
○化粧部屋　八七ノ九
○三島海苔　二〇四ノ六
○みしんの水牢　四〇三ノ二
○身過　三ノ三
同　二六ノ四
同　六〇ノ二
同　一〇八ノ八
同　一二六ノ二
同　一六八ノ七
○三筋　二〇六ノ一〇
○みす〳〵なる　一六一ノ六
○みすや針　五四ノ一〇
○見せつけ　五二ノ九
○味噌鹽のたし　一三ノ一四
○みそこし婆　一三七ノ四
○御嶽さうじ　五六九ノ三
○御手洗　四一ノ一
○水揚げ　一三一ノ六
○水遊　四一ノ一三
○三井　六一ノ一三
同　一四八ノ二
○三井の掘ぬき井戸　五一ノ六
○水驛　三七三ノ一
○水櫛　八五ノ一三
同　二〇二ノ四
○水仕男　一三三ノ三
○水の變のふり出し　三八ノ三
○蘋蘩行潦〔ミツムケ〕　二五〇ノ九
○道行文
伊勢や尾張　一七〇ノ一〇
あふ坂の關守　二三三ノ一
神崎川中　二七ノ一三
長等の山おろし　二五七ノ五
○見通の八卦　一〇四ノ四
○南側　八〇ノ二
○美濃絹　二〇三ノ一
○御廟野　一三五ノ二
○身櫛　二六ノ一〇
○壬生のしやでん　四一三ノ七
○耳塚　一六ノ七
○木兎なつた脊中　四三ノ一四
○耳よりな　九五ノ四
○三圍の明神　四八ノ六
○宮川町　六四ノ七
同　六八ノ四
同　八〇ノ九
同　一五九ノ一
○宮川町のあがり口　八四ノ六
○宮河保恭　六三九ノ三
○宮古路　一三一ノ三

○都女郎　四八ノ九
○宮芝居　一四一ノ七
○宮津　一三六ノ八
○宮津の町　一三七ノ二
○三山詣　二八六ノ九
○冥加　一八六ノ七
○冥加錢　三六ノ三
○冥加ない、　三七ノ三
○茗荷の子　八五ノ二
○三善の清行　三四ノ三
○三輪の崎　二八五ノ一

ム

○夢應の鯉魚　三五二ノ六
○むかひ提燈　一五一ノ三
○無間の鐘介　二一ノ八
○武庫川　三七ノ三
○むさい　七三ノ四
○むさき　七六ノ七
○むさし坊　三六ノ二
同　四七ノ六
○むさと　二ノ三
○蟲おさへの丸藥　三八ノ二
○無心　一四ノ三
同　五〇ノ二
○武者草鞋　二ノ四
○無宿善　三七ノ八
○むすび昆布　一四一ノ八
○夢然　三六一ノ四
○夢想國師　一七ノ五
○無手　五三ノ二
○駒高帶　一三ノ一〇
○むべ山の遊　一四三ノ一五
○疋〔ムラ〕(助數詞)　三〇三ノ一
○村雲　三七四ノ六
○紫式部──一法師の評論　五三五ノ二
○室　四一ノ一
○室町殿　三三ノ八

メ

○迷信　三八六ノ五
○目かい　一三ノ一五
○目かけ　一三七ノ八
○めかして　三九四ノ七
○目利　一六ノ三
同　一七ノ六
同　二二ノ三
同　三三ノ二
同　三三ノ三
○目利所、　三五ノ八
○目利者　一六ノ四
○めくら付　一〇四ノ三
○目こぼし　一三六ノ二
○目迹先生　三五ノ一〇
○めつさうな　一三三ノ三
○めつた踊　四五ノ二
○めつたに　一三五ノ六
同　二〇ノ八
同　三三ノ一五
同　九五ノ六
○目づらもあかぬ　七三ノ一
○目貫　二〇ノ七
○めのこ算　一九七ノ九

○目見え　一四三ノ二
同　二〇六ノ四
○眠藏　三〇九ノ一〇
同　三一五ノ九
同　三一八ノ五
○綿服　一二六ノ一
○めんような　一三五ノ七
○目やす　一八一ノ七
○女郎　七五ノ七

モ

○孟子　二二九ノ一
○毛氈　三九四ノ四
○木香丸　一二四ノ一〇
○目錄　一五四ノ八
○もじ　七五ノ四
○文字替の錢　一四五ノ六
○勿體ない　三七ノ五
○勿體なの姿　三〇三ノ一一
○本錢　一三六ノ一
同　一五ノ六
○求塚　三七ノ一四
○元結　一二四ノ一
○文言〔モノイヒ〕　七一ノ一
○物腰　一一ノ一三
同　四九ノ三
同　一二一ノ二
○物生　一三七ノ四
○物眞似　五一ノ二
同　六一ノ一
○物見多藝　三九ノ四
○ものもう　八六ノ三
○ものまうの聲　一三〇ノ二
○もみ立　一八〇ノ一
○もみで　三二ノ三
○紅絹の小袖　一五一ノ八
○紅組の八兵衛　一七ノ一四
○文作　一六ノ二
○文珠樣　一三八ノ七
○文珠四郎　二〇四ノ四
○紋所　二〇ノ八
○文盲　一七ノ一四
同　八六ノ五
同　八七ノ一〇
○木綿布子　一四二ノ一
○木綿羽織　一四五ノ五
○桃山の流　九一ノ八
○唐土大犬　八五ノ五

ヤ

○館　五三一ノ一〇
○野干　一九三ノ五
○柳生流　五一ノ三
同　五二ノ八
○燒栗　三八ノ八
○燒餅屋傳介　一五一ノ一四
○厄神女房　一五ノ一三
○役者—その給金　八〇ノ二
○やくたいもなき　三六ノ一三
○藥入　六九ノ一
○藥能　六一ノ一
○役場仕舞　八〇ノ一四
○櫓下　一七四ノ五

○櫓幕　八〇ノ一
○野狐　一八九ノ二
○八島の謠　四五ノ一
○夜叉　三一三ノ一三
○夜食　九四ノ九
○夜食膳　五〇ノ四
○夜食腹　二五ノ八
○家賃　一〇ノ六
○奴仕立　一六〇ノ九
○やつれて　一三七ノ一〇
○宿の妻　一四五ノ一三
同　一四六ノ九
○宿這入　一〇ノ二
○宿引　五五ノ一三
同　五八ノ一
○柳屋儀兵衛　三三ノ二
○柳原　四三ノ一〇
○矢の根曾我　三九ノ九
○矢野養父　六三八ノ一四
○矢刎の橋　八三ノ六
○矢橋の船頭　五九ノ五
○野暮　一四四ノ九
○山揚　二七ノ一
○病船　三四ノ九
○山岡頭巾　九七ノ五
○山轉　二七ノ一
○山科　八三ノ一
同　一三五ノ三
○八岐の大蛇　一三ノ七
○山路のお菊　一四二ノ八
○日本武の尊　一五〇ノ一〇
○大和の國　七一ノ四
○大和の御所　三一ノ九
○やまと姫　三五〇ノ六
○大和山　七七ノ一〇
○山の神　一三七ノ九
○山吹の滯出端　二五ノ五
○山伏　三二ノ二
同　二八ノ六
○山伏の布施　四二ノ二
○山繭紬の服大　三一ノ七
○山本勘介　二ノ九
○山木勘六　二ノ七
○山もどり　六四ノ一
○病みつき　三四ノ九
○寡茶屋　四一ノ三
○遣手　九〇ノ二
同　二四ノ七
○やるせのなき　八二ノ七
○野郎　八二ノ三

**ユ**

○唯心尼　六〇一ノ二
○唯一の貧乏　一〇ノ四
○維摩　五五ノ八
○雄黃　三五ノ八
○幽王の后　九三ノ一
○遊戯—ついまつむべ山の遊　一四三ノ一五
○白唐〔ユフダチ〕　四八ノ六
○遊女遊里
五年百兩の定　二七ノ八
三年切つて五十兩　八五ノ八

その生涯　四〇六ノ一〇
○夕の字義　八六ノ六
○遊冶郎　三九二ノ一四
○雪
その光景　六五〇ノ一
春の雪　六〇九ノ四
○弓削の道鏡　三三六ノ九
○湯島の天神　一七三ノ八
○湯津の爪櫛　一〇ノ七
○湯の談合　四二ノ一
○弓張提燈　六四ノ四
○夢―六のけぢめ　三三六ノ六
○由良の舟乗　一三一ノ一
ヨ
○楊貴妃の天冠　二一ノ六
○養拙流　五四ノ一三
○養老の紀　三三七ノ七
○與勘平　一〇一ノ四
○横煙管　三〇ノ一三
○横倒　六〇ノ三
○横道遊　一四ノ二
○横物　一七ノ八
○四座　四一ノ一三
○夜ざえ　一三六ノ七
○與左衛門　四三ノ五
○よし助　九〇ノ四
○義朝　三一ノ一三
○吉野　七一ノ七
○吉野折敷　八六ノ一四
○吉野榧の菓子　一六ノ一〇
○吉野舊蹟　五六九ノ三
○吉野山　一三六ノ五
○夜芝居　七二ノ二
○艮峰の宗貞　三四六ノ一三
○豫讓　七ノ一三
○葭原　四一ノ一
同　一五〇ノ一二
○よすが　二ノ一二
○妓衆　六五ノ三
○妓女衆　八五ノ四
○妓交　六五ノ一
○夜咄　一七ノ六
○夜半切　九四ノ一
○嫁入の輿　一五〇ノ九
○嫁御寮　一五六ノ一〇
○よめた　七三ノ三
○よめれば　二一ノ五
○弱みを喰ふ　一四四ノ七
ラ
○喇叭　五八ノ四
○闌亭の盃流　八五ノ一三
○羅綾の袖　七三ノ七
リ
○力士立　二六ノ一
○力味　四〇ノ九
○利元大師　五七六ノ八
○里江　五三ノ二
○利口せられ　七三ノ九
○鯉長　八三ノ二
○利に入つた咄　九四ノ一四

○格氣　一三七ノ六
○各階—蠟燭の費　九四ノ八
○龍神燈明　一二八ノ四
○龍女　一二八ノ三
○龍燈の松　一二八ノ四
○凌雲臺の額　一七ノ一
○兩替屋　一三ノ四
○了簡　三ノ三
同　五五ノ一
○兩口錢　一四三ノ四
○兩國橋　四八ノ三
同　五三ノ六
○龍泰寺　三一ノ三
○兩部　一〇ノ二
○涼風堂　一四三ノ二
○慮外　三四ノ二
○呂望齊　三三ノ六

レ

○戀愛　一念のよる所　一七三ノ三

猨に救はれし女　五四一ノ一
○連城の璧　三ノ八

ロ

○朗詠　一三ノ一
○猨藉者　七ノ一〇
○樓門に琴を挽らしての請答　一ノ五
○露金　五三ノ九
○六右衞門　一三三ノ二
○六齋　一三ノ八
○六條の御息所　一九ノ二
○六條參　三六ノ三
○六如上人　六三一ノ九
○轆轤　一七ノ三

ワ

○和歌　八六ノ五
歌の字義　三五三ノ一三
歌は何なり　三九九ノ一
撰集の失敗
和歌式　三五六ノ一三

○和歌、詩、俳句（藤簍册子中の詩歌を省畧す）
あかなくに　一九六ノ三
石の上に　三四九ノ三
いで人は　一六五ノ一
いにしへの　二五一ノ三
妹に似る　三四〇ノ五
枝たかき　八七ノ一四
寒林獨座草堂曉　二六三ノ三
川竹の　六五ノ一四
君が今日　三四〇ノ五
與レ君相向相轉親　九〇ノ八
堯蓂日杲　三五三ノ三
尿ふむや　七六ノ二
鯢とる　一七三ノ二
蜘の圍に　一五〇ノ七
くるしくも　二八七ノ三
けさの朝げ　三五六ノ一
芥子たき明す　三七〇ノ八
戀せじと　一九ノ一
江月照松風吹　三二九ノ一〇
こゝにしも　一四一ノ一

極らくの　一五七ノ一
今宵しも　一三三ノ一四
さを鹿は　三三七ノ二
さま〴〵に　二〇三ノ三
同(思ふ)　二四八ノ三
さりともと(待し)　一八〇ノ二
脊菩匪ヾ衣岩猶寒　九〇ノ三
鳥の音も　二六四ノ六
夏の夜は　一三六ノ二
南無阿彌陀　二〇八ノ一
はづかしや　六四ノ八
花はみなみに　三四二ノ九
松の尾の　二六四ノ一
同　(涙に)　二一五ノ五
松山の(涙の)　二二四ノ二
まれ人に　四〇三ノ六
道しるべ　二一〇ノ一
身のうさは　二四一ノ一
百とせに　一三六ノ一〇
武士よ　三三九ノ二
山吹の　三四八ノ六
世を捨てし　三五〇ノ一
よしや君　二三四ノ一
わすれても　二六五ノ三
○若衆〔ワカイシ〕　八一ノ七
○若草山　七一ノ一
○若狹の國　一三六ノ二
○若衆　六九ノ八
同　一〇一ノ一〇
○若代　一九二ノ一〇
○若鳥　一五一ノ三
○ワキ　四四ノ九
○脇ひら見ず　一一〇ノ一
○わけだち　一五四ノ三
○譯どり　一五五ノ一〇
○わごれ　一六一ノ二
○わざくれ　一三〇ノ八
○海若〔ワタツミ〕　二五六ノ一四
○渡邊の綱　四一ノ二
○渡邊橋　一七五ノ一一
○和田の笠松　一〇三ノ八
○綿帽子　一五五ノ四
○わたり繻子のくけ帯　二〇一ノ二
○わたり奉公　七三ノ一
○割符〔ワップ〕　一一五ノ三
○わんざん　一九三ノ三
○わりくどき　九〇ノ一四、
○割口說　一五三ノ一三
○わりなくも　九〇ノ六
○わるざれ息子　八一ノ三
○わる性根　一一五ノ五
○わろ　一四ノ七
同　三四ノ四
同　一六〇ノ四
同　一六一ノ四


上田秋成集索引終

大正元年九月三日印刷
大正元年九月六日發行

上田秋成集




編輯兼發行者　東京市神田區錦町一丁目十九番地　三浦理
印刷者　東京市本所區番場町四番地　平井登
印刷所　東京市本所區番場町四番地　凸版印刷株式會社分工場
發行所　東京市神田區錦町一丁目十九番地　有朋堂書店
大賣捌所　東京市神田區裏神保町一番地　三省堂書店
同　大阪市東區南本町四丁目　三宅莊藏書店

（渦口製本）

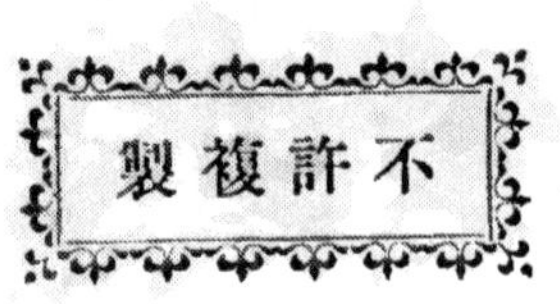

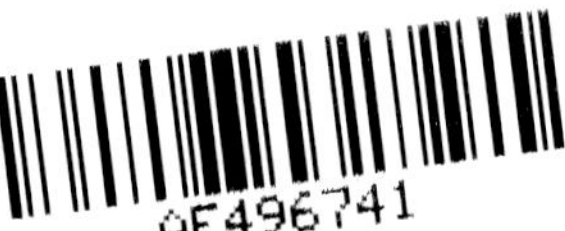